elefante

Conselho editorial
Bianca Oliveira
João Peres
Tadeu Breda

Edição
Tadeu Breda

Assistência de edição
Fabiana Medina

Preparação
Tamires von Atzingen

Revisão
Laila Guilherme

Capa
Celso Longo + Daniel Trench

Direção de arte
Bianca Oliveira

Diagramação
Victor Prado

Novas fronteiras das histórias LGBTI+ no Brasil

Org. Paulo Souto Maior & Renan Quinalha

9 **Prefácio**
James N. Green

17 **Apresentação**
Paulo Souto Maior
Renan Quinalha

1 Fronteiras históricas

31 História cronológica da homofobia no Brasil:
das capitanias hereditárias ao fim da Inquisição (1532-1821)
Luiz Mott

61 Homoerotismo, sodomia e vida cotidiana
no Brasil colonial (séculos XVI-XVIII)
Cássio Bruno de Araujo Rocha

91 A sodomia no mundo luso-brasileiro do século XVII:
entre o delito e a espécie
Matheus Rodrigues Pinto

111 Contradições no masculino: notas sobre sexualidades
dissidentes na cidade da Bahia oitocentista (1839-1900)
Daniel Vital dos Santos Silva

141 Literatos do Rocio e criados efeminados: uma análise
das representações da homossexualidade masculina nas
páginas do jornal *O Rio Nu* (1898-1916)
Natália Batista Peçanha

165 Por entre melindrosas, almofadinhas e transformistas
do Triângulo: novos gêneros e sexualidades na
Belle Époque paulistana do início do século XX
Remom Matheus Bortolozzi

197 Desejos em trânsito: sociabilidades LGBTQIA+
em Belo Horizonte (1946-1980)
Luiz Morando

219 "O espantoso casamento de Caxias": lesbianidade
e transmasculinidade nos anos 1960
Augusta da Silveira de Oliveira

2 Fronteiras territoriais

241 Da sociabilidade à militância: histórias das movimentações e dos movimentos LGBT em Cuiabá e no Mato Grosso
Marcos Aurélio da Silva
Moisés Alessandro de Souza Lopes

257 "Farras e fervos" com a "Carmen Miranda do Pantanal": condutas homossexuais, geração e agência
Guilherme R. Passamani

283 "Recife é brega, meu amor!": modos de subjetivação, homossexualidades masculinas e música eletrônica bagaceira
Chiara Albino

301 Pontos de encontro e desencontro: a sociabilidade e o cotidiano de homossexuais em ruas, cinemas, bares e boates na cidade do Recife (1970-1980)
Sandro Silva

323 História das homossexualidades e travestilidades em Campina Grande (1970-1980)
Paulo Souto Maior
Bruno Silva de Oliveira

345 "Periferias", mobilidades e (homo)sexualidades de Norte a Sudeste e vice-versa: fronteiras citadinas de uma pesquisa
Ramon Reis

371 Subversivas/os nas margens do rio Madeira: uma breve história LGBTQIA+ em Rondônia (a partir da década de 1980)
Lauri Miranda Silva

393 "Ser o que eu queria ser": quando travestis e transexuais manauenses contam (suas) histórias
Michele Pires Lima

3 Fronteiras temáticas

419 **Por uma história *queerindígena*: uma retomada transespécie**
Jean Tiago Baptista
Tony Boita

445 **"Todo mundo sabe": (in)visibilidade, afetos e desejos dissidentes entre mulheres indígenas em Mato Grosso do Sul**
Tanaíra Silva Sobrinho
Tiago Duque

465 **Homossexualidade e favela: reminiscências e diálogos etnográficos interseccionais**
Silvia Aguião
Paulo Victor Leite Lopes

489 **Velhices gays nas publicações homoeróticas brasileiras (1978-2013)**
Fábio Ronaldo da Silva

513 **Processos de subjetivação, temporalidades e mundos afetivos, éticos e morais entre mulheres maduras que se relacionam afetiva e sexualmente com mulheres**
Jainara Gomes de Oliveira

531 **"Valente que só o cão", "Sim, eu sou uma lésbica!": lesbianidades no cordel e no romance**
Kyara Maria de Almeida Vieira
Rozeane Porto Diniz

555 **Masculinidades homossexuais afeminadas: hierarquias e virilização do(s) masculino(s) no Brasil, décadas de 1970 e 1980**
Fábio Henrique Lopes

577 **Violência e anseios de aparecimento em uma igreja LGBT: relatos de Si, uma travesti evangélica**
Marcelo Natividade

James N. Green
Professor de história moderna da América Latina e diretor
da Iniciativa Brasil na Brown University, Estados Unidos.
Especialista em estudos latino-americanos e brasilianista,
viveu no Brasil entre 1976 e 1982. Sua trajetória esteve
sempre ligada ao ativismo pelos direitos LGBT.

Prefácio

James N. Green

Quando cheguei a São Paulo em 1994 para iniciar a pesquisa para a tese de doutorado que cursava na Universidade da Califórnia em Los Angeles (UCLA), eu planejava escrever um estudo comparativo entre o Somos: Grupo de Afirmação Homossexual, primeiro grupo LGBT-QIA+ politizado do Brasil, do qual fui membro fundador, e a Frente de Liberación Homosexual da Argentina, que funcionou naquele país de 1971 até 1975, quando deixaria de atuar por causa da ditadura militar que se seguiu.

Uma das primeiras coisas que fiz foi visitar o Arquivo Público do Estado de São Paulo. Lá fui calorosamente recebido por Lauro Pereira, um amigo dos anos em que morei no Brasil que trabalhava no Arquivo e fez comigo um *tour* pelo prédio. Um dos acervos que ele me mostrou continha os prontuários do Sanatório Pinel de 1929 a 1944, cuidadosamente guardados em caixas metálicas para protegê-los de qualquer dano. Imediatamente, pensei que, entre todos os mais de mil registros, devia haver pelo menos alguns casos de homossexuais cuja família os internava forçadamente no hospital psiquiátrico para "curá-los" de seu desvio ou para puni-los por seu comportamento sexual.

Eu tinha razão. Entre os oito casos que encontrei que mencionavam a homossexualidade, estava o do jovem diretor de uma pequena escola particular que se mudou para um bairro operário e morou com um dos professores da escola. Quando a família dele descobriu o romance entre os dois, internou-o no sanatório. Ao contrário da maioria dos prontuários médicos, este continha duas cartas escritas pela pessoa internada para seu amante, que nunca foram entregues ao destinatário. Eram mensagens discretas de amor e esperança, de dois homens que queriam construir uma vida juntos, apesar de todos os obstáculos que enfrentavam em uma sociedade que os considerava doentes, imorais e depravados.

O final da história foi triste, refletindo o destino de muitos homens e mulheres que amavam pessoas do mesmo sexo, mas eram incapazes de levar a vida devido à pressão social, ao ostracismo e à repressão. Ainda assim, esse caso me inspirou a abandonar o estudo comparativo das histórias dos movimentos homossexuais — termo utilizado nos anos 1970 — de Brasil e Argentina e tentar escrever uma história social da homossexualidade masculina em duas das principais cidades do Brasil: Rio de Janeiro e São Paulo. Meu orientador da UCLA concordou com a nova ideia, e eu comecei uma aventura de nove meses, buscando rastros e restos do passado entre diversos arquivos.

Na época, havia um artigo e três livros que logo se tornaram referências importantes para mim. Em 1959, José Fábio Barbosa da Silva escreveu um pequeno artigo intitulado "Aspectos sociológicos do homossexualismo em São Paulo", que foi publicado na revista *Sociologia*. Ele tinha entrevistado principalmente homens gays de classe média e realizou o primeiro estudo "moderno" sobre homossexualidade masculina, que foi metodologicamente rigoroso. Mais tarde, localizei e publiquei o projeto de pesquisa original, que era um trabalho para a Escola de Sociologia e Política de São Paulo (Green, Trindade & Barbosa da Silva, 2005). O comitê de avaliação incluía Florestan Fernandes, Octavio Ianni e Fernando Henrique Cardoso — ou seja, não foi qualquer banca. Uma fonte importante para mim foi o pequeno livro de Peter Fry e Edward MacRae, *O que é homossexualidade* (1983). Esse trabalho serviu como guia fundamental para a minha própria pesquisa, especialmente porque abordava os trabalhos dos criminologistas e médicos da primeira metade do século XX que moldaram as noções nacionais sobre a homossexualidade. Outra obra foi a de João Silvério Trevisan, *Devassos no Paraíso*, que é um importante estudo sobre a homossexualidade desde os tempos coloniais até os anos 1980, mas sem o rigor metodológico de uma obra histórica (Trevisan, 1986). Por fim, havia o estudo pioneiro de Néstor Perlongher (1987), ex-militante da Frente de Liberación Homosexual da Argentina, *O negócio do michê: prostituição viril em São Paulo*, no qual o autor oferecia um estudo antropológico importantíssimo em um momento de poucos trabalhos sobre o assunto.

Nos nove meses seguintes, viajei entre o Arquivo Nacional, a Biblioteca Nacional, o Arquivo Público do Estado do Rio de Janeiro, o Arquivo Público do Estado de São Paulo e o Arquivo Edgard Leuenroth da

Unicamp, em Campinas, entre outros lugares, em busca de documentos, imagens e outras fontes. Complementei essa pesquisa com histórias orais de um grupo social que publicava o jornalzinho mimeografado *O Snob*, além de ex-integrantes do grupo Somos e de outras pessoas que relembraram a vida gay no Rio e São Paulo nos anos 1960 e 1970 do século XX.

Quando finalmente terminei a tese de doutorado e publiquei *Além do Carnaval: a homossexualidade masculina no Brasil do século XX*, agora em terceira edição com um novo capítulo tratando do período mais recente da história brasileira, imaginei que pudesse inspirar imediatamente um *boom* de outras obras semelhantes sobre Porto Alegre, Salvador, Recife, Brasília, Manaus e Belo Horizonte. Somente assim poderíamos realmente pensar em uma história social nacional sobre a homossexualidade masculina no Brasil do século XX. Como eu tinha poucos recursos para fazer a minha pesquisa, só consegui focar Rio e São Paulo, apesar do título mais ambicioso da minha obra. Estava muito consciente do fato de que a vida de homossexuais nessas duas cidades não captava as complexidades do homoerotismo masculino em outras partes do país.

Acabou demorando muito mais do que eu imaginava a criação de uma produção acadêmica ampla o suficiente para que tivéssemos uma massa crítica de pesquisadores capaz de consolidar um novo campo de estudos no Brasil. Felizmente, porém, isso aconteceu.

Novas fronteiras das histórias LGBTI+ no Brasil é uma das várias obras e coletâneas publicadas na última década que refletem esse *boom* nos estudos sobre o tema no país, não apenas na história, mas também nas ciências sociais, na saúde pública, no direito e em outras disciplinas.

Há muitas razões que explicam a demora para tal expansão. Até cerca de 2000, havia poucos professores dispostos ou capazes de orientar trabalhos acadêmicos em estudos de gênero e sexualidade. Muitos professores gays e professoras lésbicas hesitavam em se concentrar nessa temática, em parte pela homofobia enraizada no mundo acadêmico. Muitos aliados heterossexuais não tinham certeza de que possuíam conhecimento suficiente sobre as questões que os seus alunos queriam estudar para orientá-los tranquilamente. Além disso, havia poucos estudantes trans — mulheres e homens — nas universidades, e elas e eles enfrentavam enorme discriminação e marginalização.

No entanto, o crescimento dramático do movimento LGBTQI+ nos anos 1990, incluindo a fundação da Antra (Associação Nacional de

Travestis e Transexuais) e da ABGLT (Associação Brasileira de Lésbicas, Gays, Bissexuais, Travestis, Transexuais e Intersexos), a formação de grupos de ativistas em todo o país e a realização de enormes Paradas do Orgulho nas grandes capitais, que dobravam de tamanho a cada ano antes da pandemia, foram elementos importantes, entre muitos outros, na criação de um espaço acadêmico mais acessível para pesquisa e publicação de novos trabalhos sobre o assunto.

Como os organizadores desta coletânea apontam na apresentação, a expansão das universidades e de recursos públicos para pesquisa durante os governos petistas também foi um importante fator para estimular uma nova onda de produção acadêmica. Isso esteve combinado com as vitórias do movimento, sobretudo por meio do Poder Judiciário, que garantiram diversos direitos, ao menos formalmente. Apesar da recente reação da ultradireita contra os avanços dos direitos das pessoas LGBTQI+, não há dúvida de que existe hoje um novo campo de pesquisa legítimo dentro e fora das universidades.

Novas fronteiras das histórias LGBTI+ no Brasil é uma contribuição de grande valor nesse sentido, que conta com estudiosos veteranos como Luiz Mott e Luiz Morando. No entanto, os organizadores conscientemente também buscaram uma nova geração de pesquisadores e pesquisadoras de todo o Brasil, que trabalham em uma ampla gama de temas desde a sodomia e a Inquisição até a sociabilidade lésbica, a vida das trans e as igrejas LGBTQI+ nos séculos XX e XXI. Também conseguiram ampliar a abrangência geográfica no conteúdo dos artigos para examinar cidades, estados e regiões nos quais há muito menos produção acadêmica.

Sempre argumentei com meus amigos brasileiros gays de classe média, que acham o movimento LGBTQI+ tedioso, extravagante e excessivamente identitário, que se não fosse pelos ativistas — desde os primeiros anos do movimento até o presente, tanto no Brasil quanto no exterior — eles ainda enfrentariam marginalização, discriminação, dor e sofrimento. É importante lembrar que as mudanças sociais no Brasil ou em outros lugares não aconteceram nem acontecerão magicamente. As sociedades não se tornam automaticamente mais sensíveis e progressistas com o passar do tempo. As vitórias podem ser alcançadas para depois serem revertidas, como foi o caso nos últimos anos sob o governo reacionário de Jair Bolsonaro.

Nesse sentido, o movimento cumpre um papel fundamental. Para citar apenas um exemplo, as Paradas no Brasil e em outros países oferecem às pessoas a oportunidade de se expor ao ar livre, em público, com aqueles que compartilham desejos semelhantes e enfrentam desafios semelhantes. O conteúdo revolucionário do movimento LGBTQI+ sempre esteve em ser aberto, assumido, exigindo que a sociedade mude, em vez de aceitar a imposição de valores de uma sociedade que espera que *nós* mudemos. Essa afirmação, essa visibilidade são elementos-chave nas transformações sociais que ocorreram na reversão de centenas de anos de LGBTfobia.

A produção acadêmica, a exemplo deste volume, oferece outra forma de afirmação e apoio. Como aprendemos nesta obra, a sexualidade entre pessoas do mesmo sexo e as formas variadas de identidade e performance de gênero existiram no Brasil desde os tempos coloniais e não apenas nos grandes centros urbanos, mas em todo o país. Conhecer a história de frescos, sapatões, trans e outras e outros dissidentes de diversas partes do Brasil rompe com a sensação de isolamento e solidão; permite identificar-se com outras pessoas em outros momentos históricos. Ainda que, por exemplo, a realidade de uma lésbica na década de 1950 seja bem diferente da de hoje, essas obras dão a sensação de fazer parte de algo maior do que sua própria vida e seu tempo.

Embora a realização do meu sonho do começo dos anos 2000 — ver dezenas de livros, centenas de dissertações de mestrado e teses de doutorado e milhares de acadêmicos produzindo pesquisas — tenha demorado mais do que eu imaginava, isso agora é uma realidade. Este livro é uma importante contribuição para a produção de novos conhecimentos que estão transformando nossa compreensão do passado e do presente do Brasil. Como uma importante intervenção política dentro da academia, ele deve inspirar muitos outros trabalhos que nos contarão ainda mais sobre a diversidade de experiências de pessoas LGBTQI+ em diversos momentos históricos e lugares do país.

Conhecimento é poder. Aprender e nos sentir conectados a uma infinidade de experiências que são semelhantes e diferentes das nossas pode nos ajudar a entender nosso lugar social. É uma conscientização que é também um instrumento de transformação.

Referências

BARBOSA DA SILVA, José Fábio. "Aspectos sociológicos do homossexualismo em São Paulo". *Sociologia*, v. 21, n. 4, outubro de 1959, p. 350-60.

FRY, Peter & MACRAE, Edward. *O que é homossexualidade*. São Paulo: Brasiliense, 1983.

GREEN, James N. *Além do Carnaval: a homossexualidade masculina no Brasil do século XX*. Trad. Cristina Fino & Cássio Arantes Leite. 3. ed. São Paulo: Editora Unesp, 2022.

GREEN, James N., TRINDADE, Ronaldo & BARBOSA DA SILVA, José Fábio (org.). *Homossexualismo em São Paulo e outros escritos*. São Paulo: Editora Unesp, 2005.

PERLONGHER, Néstor Osvaldo. *O negócio do michê: prostituição viril em São Paulo*. São Paulo: Brasiliense, 1987.

TREVISAN, João Silvério. *Devassos no Paraíso*. São Paulo: Max Limonad, 1986.

Paulo Souto Maior

Professor adjunto da Universidade Federal do Rio Grande do Norte (UFRN). Professor colaborador no Mestrado Profissional em Ensino de História, da Universidade Federal da Paraíba (UFPB). Doutor em história pela Universidade Federal de Santa Catarina (UFSC). Pesquisador do Grupo de Estudo e Pesquisa em Educação, História e Diversidade (GEPHED/UFRN) e do Laboratório de Estudos em Gênero e História (LEGH/UFSC). Co-organizador de *Páginas de transgressão: a imprensa gay no Brasil* (O Sexo da Palavra, 2021) e autor de *Assumir ou não assumir? O Lampião da Esquina e as homossexualidades no Brasil (1978-1981)* (Fi, 2020).

Renan Quinalha

Professor de direito da Universidade Federal de São Paulo (Unifesp), onde também é coordenador adjunto do Núcleo Trans. Advogado de direitos humanos, é membro-consultor da Comissão da Diversidade Sexual e de Gênero da OAB-SP. Publicou, dentre outros livros, *Contra a moral e os bons costumes: a ditadura e a repressão à comunidade LGBT* (Companhia das Letras, 2021) e *Movimento LGBTI+: uma breve história do século XIX aos nossos dias* (Autêntica, 2022). É especialista da CNN Brasil para diversidade e direitos humanos.

Apresentação

Paulo Souto Maior
Renan Quinalha

Esta coletânea apresenta ao público um conjunto de 24 artigos inéditos sobre dimensões ainda pouco exploradas da história LGBTI+ no Brasil. A despeito de um notável crescimento no interesse pelo tema nos últimos anos, o fato é que a maior parte das pesquisas ainda tem se concentrado em períodos recentes, com foco no Sudeste brasileiro, e adotado recortes mais consagrados. Os estudos aqui presentes buscam, precisamente, suprir lacunas e evidenciar zonas de silenciamento e de invisibilização na literatura especializada, pois privilegiam momentos menos visitados desde o período colonial até a atualidade, adotam um recorte espacial que procura interiorizar e ruralizar os olhares e abordam temáticas que colocam em primeiro plano a vivência LGBTI+ em contextos de maior vulnerabilidade e precariedade.

Como se sabe, há, no mercado editorial, publicações que traçam a história das dissidências de gênero e sexualidade no Brasil com recortes amplos. Tais obras responderam a questões urgentes à época em que foram escritas, sobretudo no sentido de evidenciar que as homossexualidades e as transgeneridades existem, têm história e, portanto, direito às narrativas do passado. A partir desses trabalhos pioneiros, uma geração de leitores/as pôde compreender quem eram essas pessoas, como se identificavam, qual lugar ocupavam na sociedade, quais referências compunham sua formação como sujeitos. Não à toa, um conjunto de pesquisadores/as tomou tais obras como guia e ponto de partida para novas incursões. Muitos desses estudos, contudo, enfocaram grandes centros urbanos brasileiros e, salvo algumas exceções, têm predominado recortes que privilegiam a segunda metade do século XX.

Assim, escrever histórias LGBTI+ no Brasil não é mais algo inédito: é herança que recebemos desses autores e autoras pioneiros. De todo modo, um livro é fruto do seu tempo, e este não é diferente. A ideia original do projeto, pensado inicialmente em 2015, era reunir e sistematizar trabalhos voltados a períodos mais afastados dos tempos atuais. Com a abertura de vários programas de pós-graduação durante os governos federais do Partido dos Trabalhadores (PT), foi possível ampliar o financiamento de pesquisas, visitar outras fontes, propor deslocamentos teórico-metodológicos, enriquecidos por intercâmbios de pesquisadores/as, trazer à baila espaços ainda invisibilizados e enriquecer o universo temático dos estudos de gênero e sexualidade nas mais diversas áreas acadêmicas.

Na última década, alcançamos conquistas importantes no processo de cidadanização de pessoas LGBTI+. Dentre os inúmeros avanços, talvez os mais notáveis tenham sido os direitos reconhecidos pelo Supremo Tribunal Federal, tais como o reconhecimento das uniões homoafetivas em 2011, o direito à adoção por casais de pessoas do mesmo sexo em 2015, o direito à identidade de gênero em 2018, a criminalização da homofobia e da transfobia em 2019 e o fim da proibição de doação de sangue por "homens que fazem sexo com outros homens" (HSH) em 2020. Paradoxalmente, a despeito dessa revolução nos direitos, ao menos do ponto de vista formal, o Brasil continua sendo um dos países com os mais elevados índices de homofobia e a nação onde ocorre o maior número de assassinatos de pessoas trans no mundo. O cenário fica ainda mais complicado diante da falácia em torno de uma suposta "ideologia de gênero", espantalho moral utilizado por conservadores para silenciar e interditar os debates sobre gênero e sexualidade no âmbito da educação e da cultura.

Quando os debates morais tomam o centro da cena pública, torna-se ainda mais imperiosa a necessidade de intervirmos na sociedade com vistas a informar, educar e sensibilizar a população para a importância de combater todas as formas de preconceito e valorizar nossas tantas diferenças.

Uma dessas formas de intervenção é divulgar a pesquisa acadêmica, com viés crítico, desenvolvida em nossas universidades, um compromisso comum ao time aqui reunido. Quando pesquisamos e escrevemos sobre essas histórias, estamos inscrevendo na ordem do reconhecimento experiências marcadas por exclusão e marginalização. Assim, a reconstrução de memórias LGBTI+ vai além de uma prática de pergunta, arquivo, reflexão e síntese; é um modo de intervenção e combate no espaço social, por ter conexão com dilemas vividos por milhares de sujeitos que se identificam com a sigla LGBTI+ ou mesmo com a identidade heterossexual.

O ato da leitura geralmente é acompanhado das fissuras causadas no sujeito leitor/a. É bem possível que os textos aqui presentes acionem lembranças, inquietações, questionamentos, discordâncias. Certamente haverá quem leia estas páginas e se lembre de espaços "onde a gente que é gente se entende", de histórias protagonizadas por si mesmo/a ou por amigos/as na calada da noite, ou sentirá raiva de eventos do passado, refletirá sobre o futuro com expectativas e curiosidade sobre a escrita de histórias LGBTI+ do seu tempo. Muitas sensações e reações são possíveis. Se a leitura suscitar prazer e deleite aos/às interessados/as, trazendo novas informações e provocando reflexões, também terá alcançado um de seus objetivos.

Reunir estes artigos e apresentá-los ao público é também um chamado aos/às futuros/as pesquisadores/as. Talvez tenha chegado a hora de desbravarmos outras temáticas, temporalidades e geografias, inventariar outros corpos e espaços, deixando de vê-los apenas como cenários para nossas pesquisas, mas percebendo o quanto são frutos de práticas sociais e adquirem significado e possibilidades de leitura na agência dos diferentes sujeitos que os constituem.

Por isso escolhemos a noção de fronteira como o fio condutor que traça o diálogo entre os textos e o mote que organiza a estrutura deste livro. Fronteira, na definição dos dicionários, remete a uma ideia de limite ao mesmo tempo que opera uma distinção. Mas não apenas: ao demarcar uma diferença, a linha da fronteira também coloca em contato, aproxima e facilita a troca entre universos distintos. Assim, pareceu-nos que o conceito de fronteira poderia nos ajudar a organizar a produção bibliográfica recente nos estudos de gênero e sexualidade em três eixos: fronteiras históricas, fronteiras territoriais e fronteiras temáticas.

A primeira parte do livro, "Fronteiras históricas", reúne artigos que privilegiam recortes temporais ainda pouco comuns nas pesquisas da área. Nessa seção, Luiz Mott, um dos mais renomados pesquisadores da história das homossexualidades em nosso país, em seu artigo, intitulado

"História cronológica da homofobia no Brasil: das capitanias hereditárias ao fim da Inquisição (1532-1821)", apresenta um relato minucioso sobre o que chama de "sodomiafobia tropical". A partir de fontes documentais, relatos de viajantes, diários e um conjunto de publicações, Mott traça um panorama bastante amplo dos eventos relacionados a homossexualidades e homofobias no Brasil Inquisitorial.[1]

Outro olhar para esse período é construído no artigo "Homoerotismo, sodomia e vida cotidiana no Brasil colonial (séculos XVI-XVIII)". Nele, Cássio Bruno de Araujo Rocha, valendo-se de minuciosa pesquisa documental, destaca o papel da Inquisição ao voltar-se para o Império ultramarino português, examinando, vigiando e controlando muitas pessoas, com destaque para aquelas que podem ser consideradas homoeróticas, criando uma "pastoral do medo". Porém, isso não bastou para barrar o desejo homoerótico, que, ao encontrar formas de subverter a ordem, acabou arranhando as fronteiras entre o público e o privado.

No artigo "A sodomia no mundo luso-brasileiro do século XVII: entre o delito e a espécie", Matheus Rodrigues Pinto aprofunda a análise sobre a sodomia na Idade Moderna. Sem rejeitar a conhecida diferenciação traçada por Foucault entre a figura do sodomita e a do homossexual, o texto nos convida a refletir sobre nuances em torno do estatuto dos adeptos de práticas homoeróticas na Idade Moderna, permitindo-nos pensar menos sobre a ruptura e mais sobre as continuidades entre essas duas identidades historicamente construídas.

Em "Contradições no masculino: notas sobre sexualidades dissidentes na cidade da Bahia oitocentista (1839-1900)", Daniel Vital dos Santos Silva analisa um período ainda pouco visitado da história das sexualidades no Brasil, o que se segue ao fim da criminalização da sodomia, com a edição do Código Criminal do Império, e se estende até o início da República. A partir de fontes jornalísticas e trabalhos acadêmicos na área da medicina, Silva tece os diversos deslocamentos e classificações em torno das dissidências de gênero e sexualidade na Bahia, lançando luz para fora do eixo Sudeste do país.

As sexualidades dissidentes incomodavam os padrões da família tradicional e eram alvo de muitos estigmas, sobretudo quando se tratava

---

1 A coleção completa dos 139 Cadernos do Promotor, dos anos de 1541 a 1802, encontra-se digitalizada e disponível no site do Arquivo Nacional Torre do Tombo.

de trejeitos ou modos considerados femininos. É o que destaca Natália Batista Peçanha no artigo "Literatos do Rocio e criados efeminados: uma análise das representações da homossexualidade masculina nas páginas do jornal *O Rio Nu* (1898-1916)". Recorrendo a um olhar interseccional, Peçanha mostra de que modo alguns personagens masculinos, como literatos e empregados domésticos, eram encarados com desconfiança frente às normas da época.

Em "Por entre melindrosas, almofadinhas e transformistas do Triângulo: novos gêneros e sexualidades na *Belle Époque* paulistana do início do século XX", Remom Bortolozzi estuda as identidades sexuais e de gênero que emergem na cidade de São Paulo, tomando por fonte jornais, obras literárias e revistas de costume. A circulação de sujeitos como as melindrosas e os almofadinhas é problematizada pelo autor, que destaca a influência de modelos estrangeiros de identidades homossexuais e detalha o processo de ridicularização de tais indivíduos pela mídia da época.

"Desejos em trânsito: sociabilidades LGBTQIA+ em Belo Horizonte (1946-1980)", de Luiz Morando, permite conhecer espaços apropriados por pessoas sexualmente dissidentes na capital mineira, além de personagens emblemáticas dessa história, a exemplo de Jandir, Edmundo de Oliveira e Cintura Fina. Além da emergência da militância homossexual na cidade, Morando nos conduz por um passeio a lugares que são resignificados no cair da noite, a exemplo do Parque Municipal Américo Reneé Giannetti, e outros locais de sociabilidade, como a boate Palácio do Chopp e o bar Chica da Silva, este mais voltado para lésbicas.

Em "'O espantoso casamento de Caxias': lesbianidade e transmasculinidade nos anos 1960", Augusta da Silveira de Oliveira analisa as questões trans que envolveram a vida de Jackson Marino de Paulo, que vivia com a sua companheira, Carmem Lúcia. A imprensa da época, notadamente o jornal *Última Hora*, voltou-se para o caso inédito e acionou uma série de enquadramentos de gênero e sexualidade para noticiá-lo, tencionando a fronteira entre lesbianidade e transexualidade, submetidos ao olhar atento da historiadora.

"Fronteiras territoriais" constitui a segunda parte do livro e privilegia o olhar para regiões pouco observadas, parte delas em contextos interioranos, provocando um repensar da história desses espaços. O estado do Mato Grosso, com destaque para a capital, é analisado por Marcos Aurélio e Moisés Alessandro Lopes em "Da sociabilidade à militância: histórias das movimentações e dos movimentos LGBT em Cuiabá e no Mato Grosso". Se a militância homossexual aguarda até a década de 1990 para ser estruturada entre cuiabanos e cuiabanas, com a criação do Livre-Mente (Grupo de Conscientização em Direitos Humanos), desde a década anterior havia registros de vários locais de sociabilidade gay e lésbica na capital mato-grossense, chegando a receber turistas do interior para aproveitar esses lugares. Atentos a essas questões, Aurélio e Lopes destacam momentos marcantes dessa história.

Guilherme R. Passamani revisita as sexualidades dissidentes em cenários interioranos. Dessa vez, em "'Farras e fervos' com a 'Carmen Miranda do Pantanal': condutas homossexuais, geração e agência", o autor conta uma história que se passa no Pantanal, na cidade de Ladário, em Mato Grosso do Sul. A personagem Gica, nas palavras de um entrevistado, "a bicha mais famosa da cidade", na lente de Passamani tem a chance de pensar geografias distantes das grandes capitais ou de centros urbanos. O antropólogo apresenta formas de sociabilidade, acontecimentos, agências e resistências que envolveram diversos sujeitos no âmbito de uma casa, a de Gica, e para além dela.

Recife aparece duplamente na coletânea. No texto "'Recife é brega, meu amor!': modos de subjetivação, homossexualidades masculinas e música eletrônica bagaceira", a antropóloga Chiara Albino retoma sua pesquisa de mestrado sobre a relação entre música eletrônica, sociabilidade urbana e experiências homossexuais masculinas na cidade nordestina. A partir de uma etnografia composta por bares, festas e baladas bregas/bagaceiras frequentadas pelo público LGBT, a autora nos revela os modos de subjetivação que acompanham as performances e a "infregatividade" por parte desses jovens.

Sandro Silva apresenta, em "Pontos de encontro e desencontro: a sociabilidade e o cotidiano de homossexuais em ruas, cinemas, bares e boates na cidade do Recife (1970-1980)", locais de sociabilidade ocupados por sujeitos LGBTQIA+ na capital pernambucana. Recorrendo a fontes como o *Diário da Noite*, conhecemos nomes de boates, sua localização, os públicos que as frequentavam, sem deixar de lado os cinemas, lugares convidativos para curtir as noites do fim de semana. A população de Recife parecia não saber, mas a cidade se modificava ao cair da noite, momento convidativo para fazer outros usos dos espaços públicos.

No artigo "História das homossexualidades e travestividades em Campina Grande (década de 1970-1980)", Paulo Souto Maior e Bruno Silva de Oliveira problematizam histórias de vida, conflitos familiares, compreensões de si, formas de opressão e táticas de resistência arquitetadas contra e por pessoas homossexuais e travestis no interior da Paraíba. No texto, lançando mão da pesquisa em periódicos e entrevistas com sujeitos campinenses, os autores detalham a presença de locais de sociabilidade na cidade e o cerco policial, e pincelam o impacto da epidemia de aids.

Em "'Periferias', mobilidades e (homo)sexualidades de Norte a Sudeste e vice-versa: fronteiras citadinas de uma pesquisa", Ramon Reis retoma sua importante pesquisa de doutorado, realizada entre 2012 e 2016, sobre as (homo)sexualidades tramadas nas cidades de São Paulo e Belém. A partir da proposta de uma "etnografia móvel ou em situação de mobilidade interestadual", o autor lança luz às complexas intersecções entre marcadores sociais, por um lado, de território/região e, por outro, de sexualidade em dois contextos fundamentais para a compreensão de sentidos de modernidade e cidade.

No texto "Subversivas/os nas margens do rio Madeira: uma breve história LGBTQIA+ em Rondônia (a partir da década de 1980)", a historiadora Lauri Miranda problematiza a emergência da conscientização e da luta homossexual na cidade de Porto Velho, em Rondônia. Como a autora pontua, o artigo nasce da ainda ausente produção de estudos que problematizem as sexualidades dissidentes em seu estado, o que também se reflete na dificuldade de encontrar documentação. Mesmo assim, Miranda compartilha conosco a luta LGBTQIA+ rondoniense desde a fundação do grupo Camaleão, do grupo Tacuxi, que teve por efeito a emergência de outros grupos locais, detalhando objetivos, metas e atividades.

Em "'Ser o que eu queria ser': quando travestis e transexuais manauenses contam (suas) histórias", a historiadora Michele Pires Lima enfoca um território pouco explorado nas histórias LGBT: a de travestis e transexuais na cidade de Manaus. Navegando pelas narrativas orais de Rebeca Carvalho, Nichole Oliveira e Flor de Lis, Lima consuma, na prática, uma guinada historiográfica que coloca em questão a hegemonia de uma história única, cisgênera e branca.

Por fim, a última seção do livro, "Fronteiras temáticas", dá conta de alguns assuntos que emergiram em estudos nos últimos anos e compõem um painel provocativo para futuras pesquisas. O artigo "Por uma história *queerindígena*: uma retomada transespécie", de Jean Tiago Baptista e Tony Boita é estruturado em três partes que buscam pensar a presença e os modos de tratamento dos corpos abjetos indígenas durante o Brasil colonial (inclusive via colonização de verbetes dos povos originários), das noções psicanalíticas nos estudos acadêmicos nas primeiras décadas do século XX e do que chamam de "indígenas transespécies em retomadas". Neste caso, se trata de performance *queer* que visa se reapropriar dos corpos outrora exilados pela abjeção de que foram alvo.

"'Todo mundo sabe': (in)visibilidade, afetos e desejos dissidentes entre mulheres indígenas em Mato Grosso do Sul" é assinado por Tanaíra Silva Sobrinho e Tiago Duque. Valendo-se de uma etnografia com quatro mulheres dos povos Terena, Kaiowá e Guarani, o capítulo destaca a relação delas com a sexualidade, os processos de subjetivação e os regimes de (in)visibilidade e negociações com a comunidade de origem. Com isso, o artigo lança luz a uma temática ainda muito silenciada nos estudos sobre gênero e sexualidades no Brasil.

No artigo "Homossexualidade e favela: reminiscências e diálogos etnográficos interseccionais", os antropólogos Silvia Aguião e Paulo Victor Leite Lopes estabelecem uma articulação entre suas respectivas pesquisas envolvendo os temas favela, homossexualidade e raça. Ambos fizeram análises etnográficas em favelas cariocas em períodos distintos dos anos 2000, e o diálogo comparativo entre os trabalhos revela dimensões extremamente interessantes para pensar a ampliação e a ramificação dos estudos de gênero e sexualidade em um contexto de amplas mudanças políticas e culturais no Brasil.

Fábio Ronaldo da Silva traz para o debate um tema que tem despertado cada vez mais interesse: a questão do envelhecimento de pessoas LGBTQIA+. Em "Velhices gays nas publicações homoeróticas brasileiras (1978-2013)", o autor nos mostra como várias imagens sobre o sujeito gay velho disputam lugar nas fontes em estudo. Se nos anos 1970 a velhice era vista como algo assustador, que deveria ser ocultado, posteriormente é alvo de outras discursividades que a refletem ora como uma etapa da vida passível de correção por técnicas de si, ora como uma fase em que os sujeitos merecem ser lembrados pelo seu êxito profissional, no caso de gays velhos intelectuais.

Já o artigo "Processos de subjetivação, temporalidades e mundos afetivos, éticos e morais entre mulheres maduras que se relacionam afetiva e sexualmente com mulheres", de Jainara Gomes de Oliveira, parte de relatos de histórias de vida de lésbicas nordestinas na faixa de 40 a 65 anos para examinar os modos de construção de subjetividade sempre em relação com os afetos, as normas e as violências.

Kyara Maria de Almeida Vieira e Rozeane Porto Diniz, no artigo "'Valente que só o cão', 'Sim, eu sou uma lésbica!': lesbianidades no cordel e no romance", colocam em diálogo suas pesquisas de doutoramento para analisar a etimologia das palavras usadas para definir mulheres que desejam/amam outras mulheres, fazendo uso de distintos suportes literários, como folhetos de cordel e o romance *Eu sou uma lésbica*, da escritora Cassandra Rios.

Fábio Henrique Lopes escreve "Masculinidades homossexuais afeminadas: hierarquias e virilização do(s) masculino(s) no Brasil, décadas de 1970 e 1980". No texto, encontramos uma discussão importante e necessária sobre a construção da virilidade e os lugares de preconceito e estereótipos atribuídos à masculinidade homossexual afeminada. O historiador recorre ao famoso jornal *Lampião da Esquina* para analisar de que modo, em fins da ditadura militar, criaram-se lugares entre o que era aceitável ou não a um homem homossexual.

O antropólogo Marcelo Natividade, em "Violência e anseios de aparecimento em uma igreja LGBT: relatos de Si, uma travesti evangélica", compila resultados de uma pesquisa de campo multicêntrico, realizada em diversas cidades brasileiras, sobre religião, diversidade sexual e políticas de identidade. Tomando como ponto de partida suas observações em diferentes contextos de igrejas inclusivas ou LGBT, Natividade aporta uma contribuição relevante para compreender de que maneira tais congregações operam nas brechas e lacunas do Estado, provendo amparo e proteção social diante de situações de extrema vulnerabilidade.

Como se pode notar nesta breve e panorâmica apresentação, as páginas que se seguem reúnem pesquisadores/as de diferentes regiões do Brasil e fases da carreira profissional para lançar luz a aspectos ainda negligenciados da história LGBTI+ em nosso país. Este livro não deixa de ser um convite e um guia para que novas incursões e excursões nas fronteiras históricas, territoriais e temáticas possam acontecer. É por meio dessas viagens, trânsitos e deslocamentos entre distintas fronteiras que conseguiremos escrever uma história diversa, plural e inclusiva.

Fronteiras históricas

1

Luiz Mott

Bacharel em ciências sociais pela Universidade de São Paulo (USP), mestre em etnologia pela Sorbonne Université, doutor em ciências humanas pela Universidade Estadual de Campinas (Unicamp). Autor de vinte livros e duzentos artigos sobre etno-história da homossexualidade, Inquisição, catolicismo popular, relações raciais, aids, direitos humanos. Fundador do Grupo Gay da Bahia e decano do Movimento Homossexual Brasileiro, também é comendador da Ordem do Rio Branco e do Mérito Cultural.

História cronológica da homofobia no Brasil: das capitanias hereditárias ao fim da Inquisição (1532-1821)

Luiz Mott

O delito de sodomia tem pena de morte por direito.
— Anotação na capa do Processo Inquisitorial de
André Lessa, sapateiro, Pernambuco, 1595

Raízes da homofobia

Quando os colonizadores desembarcaram no Brasil, ficaram alguns encantados, outros, horrorizados, com a liberdade sexual dos nativos. Na própria carta de Caminha ao rei, anunciando a descoberta, encontra-se que uma das índias nuas "era tão bem-feita e sua vergonha (que ela não tinha), tão graciosa e inocente, que de tão inocente não nos causavam vergonha" (Caminha, 1500). Honra e vergonha eram dois princípios morais basilares das sociedades do Antigo Regime e, ao depararem com povos cujos costumes sexuais eram tão diversos — liberais e pecaminosos, segundo os cânones católicos —, viajantes, missionários e cronistas registraram e condenaram tais "abominações" opostas às virtudes preconizadas pela Igreja.

A tentação diabólica dos prazeres carnais, facilitados pela nudez e pela licenciosidade dos costumes da "indiaiada" e da "negrada", como se dizia na época, pelo secreto das matas e pelo mandonismo advindo da superioridade estamental dos conquistadores escravocratas, constituía, de um lado, ininterruptas preocupação e atuação catequética dos missionários, reforçadas pela Justiça real, e, do outro, o cobiçado, rotineiro e lúbrico *modus vivendi* dos colonos menos obedientes à autoridade religiosa. "*Ultra equinotialem non pecari*", era dito então, o nosso conhecido e cantado refrão "não existe pecado abaixo do equador", uma tentação e realidade para muitos que conseguiram atravessar ilesos o oceano e estabelecer-se no Novo Mundo.

"A homossexualidade é tão antiga quanto a própria humanidade", dizia Goethe. Parafraseamos nós: a homossexualidade e a travestilidade estavam presentes no Brasil milhares de anos antes da chegada dos europeus. Pinturas rupestres na Serra da Capivara, Piauí, datadas de vinte mil anos, mostram cenas explícitas de homoerotismo masculino (Pessis, Martin & Guidon, 2014). Portugueses e franceses, ao penetrarem na Terra dos Papagaios, encontraram e registraram, estupefatos, a existência de numerosos índios e índias praticantes do que a cristandade condenava como "abominável e nefando pecado de sodomia". Gabriel Soares de Sousa (1587), erudito vereador e senhor de engenho no Recôncavo da Bahia, escreveu:

> os Tupinambá são tão luxuriosos que não há pecado de luxúria que não cometam [...] sendo muito afeiçoados ao pecado nefando, entre os quais se não tem por afronta; e o que se serve de macho, se tem por valente e contam esta bestialidade por proeza. E nas suas aldeias pelo sertão há alguns que têm tenda pública a quantos os querem como mulheres públicas. (Sousa, 1971, p. 308)

Pero de Magalhães Gândavo, autor do *Tratado da terra do Brasil* (1576), por seu turno, descreve detalhadamente a presença de institucionalizada subcultura lésbica nas aldeias:

> Índias há que não conhecem homem algum de nenhuma qualidade, nem o consentirão ainda que por isso as matem. Estas deixam todo o exercício de mulheres e imitam os homens e seguem seus ofícios, como se não fossem fêmeas. Trazem os cabelos cortados da mesma maneira que os machos e vão à guerra e à caça com seus arcos e flechas, perseverando sempre na companhia dos homens, e cada uma tem mulher que a serve, como quem diz que é casada e assim se comunicam e conversam como marido e mulher. (Gândavo, 1964, p. 56)

Tão generalizada era a homossexualidade na Terra Brasilis que os Tupinambá tinham nomes específicos para designar e identificar os praticantes dessa performance homoerótica: aos homossexuais masculinos chamavam de Tibira e às lésbicas, de Çacoaimbeguira (Mott, 1992a). Condutas radicalmente opostas ao ensinamento oficial da cristandade.

A sexualidade do povo brasileiro, portanto, é resultado da conjunção de três complexas matrizes culturais: de um lado, o modelo sexual hegemônico dos donos do poder, representado pela moral judaico-cristã fortemente marcada pela "sexofobia", um medo paranoico dos prazeres sexuais; de outro lado, os modelos periféricos indígena e africano, marcados por grande permissividade sexual, nos quais os próprios deuses tribais reproduzem as mesmas descarações praticadas pelos humanos. Para evitar tais ameaças desestabilizadoras, diversas instâncias da Igreja e do Estado no Brasil Colônia se mobilizaram, impondo como modelo único a moral católica, fortemente marcada pela homofobia, tendo como régua e compasso o *Catecismo romano* que acabava de ser oficializado pelo Concílio de Trento (1566).

Como traços fundamentais da moral sexual católica, imposta por padres, bispos, visitadores e comissários do Santo Ofício da Inquisição e reforçada pelos agentes do Estado, salientam-se o tabu da nudez, a monogamia e a indissolubilidade do matrimônio sob o comando do *pater familias*; a noção de honra e a virgindade pré-nupcial como requisitos para as alianças matrimoniais, visando à consolidação patrimonial; e a condenação agressiva da homossexualidade e do travestismo. Tolerava-se, contudo, oportunisticamente, o pecado mortal da prostituição, um mal necessário para garantir a pureza das donzelas casadouras e desafogar a libido masculina, conforme ensinava um dos principais doutores da Igreja, Santo Agostinho, ele próprio um refinado devasso antes de se converter ao catolicismo (Santo Agostinho, 1984).

Na contramão de moral tão rígida, as culturas sexuais dos indígenas e africanos escravizados tinham em comum sua relação tranquila com a nudez, a prática generalizada da poligamia e diferentes tabus de incesto que causavam escândalo nos cristãos, além de conhecerem diversos afrodisíacos e magias sexuais, empreendendo convivência pacífica com os praticantes da travestilidade e do homoerotismo masculino e feminino.

Farta documentação comprova que o machismo e a homofobia, condicionados pelas peculiares características demográficas e sociológicas decorrentes da escravidão, assumiram, no Novo Mundo, uma feição muito mais agressiva e estruturante do que a observada na Península Ibérica à época dos Descobrimentos. Nas Américas, onde os brancos donos do poder representavam, quando muito, um quarto dos colonos, somente o autoritarismo e a extrema violência conseguiram manter submissa toda aquela enorme e esfomeada massa populacional de índios, negros e mestiços escravizados, seres humanos explorados como gado, mantidos subservientes a ferro e chicote pela minoria senhorial. Numa sociedade tão marcada pela desigualdade material e social, somente homens ultraviolentos seriam capazes de garantir a ordem e o respeito junto à "raia miúda". Daí ter-se desenvolvido um código de hipervirilidade, que repelia como a peste, entre os machos brancos, qualquer conduta ou atitude efeminada, posto que ameaçava os alicerces da manutenção dessa sociedade estamental dominada por um punhado de truculentos machos brancos. Aí está a raiz do machismo e da homofobia à brasileira, filhos bastardos da escravidão (Mott, 1994).

Com vistas a evitar que a Terra da Santa Cruz se convertesse em uma nova Babel ou, pior ainda, em uma sucursal de Sodoma e Gomorra, a cruz e a espada se uniram para manter o rebanho cristão obediente à tradicional moral cristã, de tudo fazendo para garantir a exclusiva primazia da única expressão não pecaminosa e permitida de canalização dos desejos da carne: o leito matrimonial heterossexual, visando à reprodução da espécie, cumprindo assim o decreto divino: "Crescei e multiplicai-vos".

Muitas foram as estratégias utilizadas pela hierarquia eclesiástica na repressão às sexualidades desviantes, interpretadas como ciladas do demônio contra a salvação dos filhos de Deus e o perigo de perdição do Novo Mundo lusitano: o catecismo ensinado nas igrejas por padres e catequistas, dando particular ênfase ao sexto mandamento, "não pecar contra a castidade"; as pregações em púlpitos e santas missões, multando os imorais e ameaçando com o fogo do inferno os incorrigíveis; as devassas episcopais e as visitações do Santo Ofício da Inquisição que percorriam de tempos em tempos vilas, cidades e sertões da América portuguesa, estimulando as denúncias e as confissões, com ênfase nos desvios da moral sexual, prendendo e enviando para os cárceres secretos do Tribunal da Inquisição de Lisboa os imorais mais devassos.

O confessionário, o medo do inferno e a vigilante repressão capitaneada por vigários, missionários itinerantes, comissários e familiares do Santo Ofício, acrescidas do apoio dos prepostos das justiças civil e episcopal, foram os principais instrumentos da imposição da moral católica e a consolidação da homofobia no Brasil colonial e imperial. Todas as pessoas eram obrigadas a se confessar ao menos uma vez por ano, por ocasião da Páscoa, comprometendo-se o pecador a desfazer uniões sexuais pecaminosas sob o risco de não receber a absolvição, expondo-se ao infortúnio de ir direto para o inferno ao morrer inconfesso, e todo católico era obrigado a apresentar seu indispensável "certificado de desobriga" assinado pelo vigário ou confessor, além de pagar o dízimo anual, podendo inclusive ser multado ou até degredado para a África por ordem do bispo ou preso pela Inquisição, caso se tratasse de um desviante homossexual público e notório, pior ainda se escandaloso e incorrigível.

Cerca de duas centenas desses desviantes homossexuais foram efetivamente denunciados ou se autodelataram no Brasil inquisitorial, e uma dezena de sodomitas penaram rigorosos castigos nos Cárceres Secretos da Inquisição de Lisboa. Como parte da pedagogia do medo destinada a aterrorizar os faltosos e inibir novas delinquências, além de proclamar as sentenças condenatórias nos concorridos Autos de Fé em Lisboa, tais indiscretas e minuciosas sentenças eram igualmente lidas na mesma freguesia onde os réus viviam e cometeram tais escândalos imorais, abusando a Igreja desses mecanismos intimidatórios, incluindo castigos públicos como o que foi imposto pelo Visitador do Santo Ofício em Salvador (1591) contra a primeira lésbica condenada no Novo Mundo, a costureira Felipa de Sousa, 35 anos, culpada de diversos namoricos com outras mulheres, "dormindo na mesma cama, ajuntando seus vasos dianteiros e deleitando-se". Seu castigo foi exemplar: o ouvidor da capitania levou-a acorrentada do Terreiro de Jesus até a Sé da Bahia, onde, vestida simplesmente com uma túnica branca, descalça, com uma vela na mão, defronte às principais autoridades eclesiásticas e civis, ouviu sua ignóbil sentença. Em seguida foi açoitada publicamente pelas principais ruas da capital da Colônia, enquanto um meirinho lia o pregão para toda a população ouvir: "justiça que o ordena fazer a Mesa da Santa Inquisição, manda açoitar esta mulher por fazer muitas vezes o pecado nefando de sodomia com mulheres, useira e costumeira a namorar mulheres. Que seja degredada para todo o sempre para fora desta capitania" (Mott, 1999).

Alguns dias depois, foi a vez do primeiro gay[1] sofrer a mesma punição: o mameluco Marcos Tavares, 22 anos, acusado de ter cometido o nefando pecado algumas quinze vezes, sendo agente e paciente. Ainda que tenham respeitado o fato de ser menor de 25 anos quando delinquiu e "outras considerações pias que se tiveram, usando de misericórdia", e o poupado das penas do direito e ordenações que "mandam que os tais delinquentes sejam queimados", ordenaram que fosse ao auto público, descalço, "em corpo, desbarretado, cingido com uma corda e vela acesa na mão", para que no dia seguinte fosse açoitado publicamente e degredado por dez anos em Sergipe de São Cristóvão (Mott, 1989, p. 7).

Sodomafobia tropical

Ao desembarcarem na Terra dos Papagaios, os colonizadores traziam arraigado na consciência forte sentimento anti-homossexual, sedimentado desde a Idade Média e reforçado por leis, regimentos e posturas constantemente lembrados em altas vozes nos pelourinhos das vilas e púlpitos das igrejas. Há registro de alguns casos de sodomitas que foram ameaçados de ser jogados no mar ou sofreram graves agressões durante as viagens transoceânicas, acusados de provocar a ira divina, manifesta através de calmarias, tempestades, ataques de corsários ou epidemias ocorridas durante as travessias. Mitos homossexuais povoavam o imaginário de nossos colonos: malgrado o mandamento paulino de que "estas coisas não sejam sequer mencionadas entre vós", as pessoas não resistiam à tentação de conversar e até citar causos tendo o "amor italiano" como mote. Eis um exemplo: em 1594, Estêvão Cordeiro, 31 anos, lavrador residente no Engenho Carnijo, na freguesia de Santo Amaro, em Pernambuco, confessou perante o inquisidor que,

---

1 O termo "gay", segundo Boswell (1980, p. 43), era utilizado desde o século XIII no catalão-provençal (*gai*) para designar pessoas abertamente praticantes do homoerotismo, daí derivados, no português, os termos "gaio", "gaiato", "gaiatice".

estando em prática com alguns vizinhos, não se lembra em que tempo nem a que propósito, disse que em Roma andavam as mulheres com os peitos descobertos e que os Padres Santos concediam indulgências aos homens que com elas dormissem carnalmente, por respeito de com isso divertir aos homens de fazer o pecado nefando [...] (Mott, 2002)

Imaginário homofóbico persistente no Sertão do Itapicuru, Bahia, no fim do século XVII: temos registro de que "os moradores costumavam desempulhar-se (fazer troças, zombarias) com falar sobre um mulato fanchono [...]" (Mott, 1989).

Após séculos e séculos de condenação e repressão ao "mau pecado", eis que os reinóis se confrontam de repente, na Terra Brasilis, com povos que, além de viverem nus, sem nenhum pejo ou vergonha, ostentavam práticas sexuais completamente antagônicas à moral cristã, incluindo incesto, poligamia e outras "perversões", então rotuladas de "invenções diabólicas", sobretudo a generalizada prática do abominável e nefando pecado de sodomia. Destarte, o primeiro perigo a ser evitado pelos colonizadores era o risco do "contágio" pelo abominável pecado. Temor e risco ampliado com a chegada dos primeiros escravos da Guiné, posto que, também na África, documentação fidedigna atesta que o "vício dos bugres" era igualmente praticado e, em certas etnias, socialmente aceito e até divinizado. Não é por menos que a primeira prototravesti documentada na história pátria é um negro, Francisco Manicongo, natural de Angola, habitante de Salvador, que se recusava a usar as roupas masculinas fornecidas por seu senhor, sendo identificado como membro da temida "quadrilha" de feiticeiros homossexuais, os quimbandas (Mott, 2011).

Acresce-se outro fator à temida homossexualização da América portuguesa: o próprio perfil moral desviante e heterodoxo dos primeiros povoadores da novel colônia. Já em 1547 desembarca em Pernambuco, na época ainda denominado Nova Lusitânia, o primeiro sodomita degredado pela Inquisição: Estêvão Redondo, jovem criado do governador de Lisboa cujo nome fora assentado no Livro dos degredados com o selo do governador local. Seguindo-se a esse, nas décadas subsequentes, contabilizamos 26 degredados sodomitas (sete no século XVI e dezenove no XVII), entre jovens e adultos, que se estabeleceram sobretudo nas capitanias do Nordeste, todos inculpados no "vício nefando", condenados ao degredo perpétuo na Terra Brasilis. A imensidão do território e sua ocupação rarefeita, o afrouxamento da moral e o relaxamento do clero são alguns dos fatores que tornavam nossa terra, senão um paraíso, quando menos terra franca para quantos quisessem se entregar aos amores proibidos. E foi o que ocorreu com alguns desses que se mantiveram "escandalosos e incorrigíveis" nas fanchonices mesmo após terem sido torturados e degredados do Reino pelo Tribunal da Fé.

Portanto, preocupados em evitar que a Terra de Santa Cruz se tornasse uma reedição tropicalista de Sodoma e Gomorra, el-rei delibera cortar a cabeça da hidra sodômica em seu nascedouro: no próprio regimento de instalação das capitanias hereditárias (1532), confere-se aos capitães-mores autoridade para condenar à morte, sem necessidade de autorização da metrópole, apenas os culpados em quatro gravíssimos crimes: traição e aliança com índios e invasores; heresia; prática da sodomia; e fabricação de moeda falsa. Pena capital a traidores e trânsfugas, porque ameaçavam a soberania e a posse da terra; aos hereges, por desafiarem a unicidade da Santa Madre Igreja; aos falsificadores de moeda, por desestabilizarem a vida econômica e os cofres reais; aos sodomitas, não só pelo risco de atraírem deletérios castigos divinos, mas também por revolucionarem os costumes, sobretudo os alicerces do patriarcado, da moral e da própria dominação estamental dos machos brancos.

São vários os paralelos que podemos traçar entre o desenvolvimento ideológico da homofobia nos primórdios da colonização da América portuguesa e sua gênese histórica no mundo abraâmico (Mott, 2001). A primeira analogia tem a ver com o projeto demográfico pró-natalista de nossos primeiros povoadores: urgia que a imensidão dos brasis fosse ocupada e possuída pelos descendentes dos portugueses, caso contrário outros aventureiros lançariam mão deste éden tropical. Numa sociedade em que, generalizadamente, os descendentes de europeus representavam no máximo 25% da população, se excluirmos desse contingente as mulheres, os idosos e as crianças, restariam não mais que 10% de homens brancos, responsáveis pela manutenção da ordem e da subserviência da multidão de todos os demais oprimidos (Mott, 1994).

Como já dissemos, somente homens fortes, ultraviolentos, machões truculentos conseguiram a proeza de manter sua hegemonia face aos 90% da população carente desse diferencial privilégio: ser macho branco. Daí o machismo latino-americano apresentar-se muito mais virulento e institucionalizado que o observado na Península Ibérica, pois, nas regiões plurirraciais dominadas pelo modo de produção escravista colonial, ser super-homem foi condição *sine qua non* da manutenção do projeto colonial em si. Um homem delicado, medroso, efeminado, sensível, que dá as costas para índios e negros, jamais conseguiria manter o indispensável clima de terror para conservar submissa a "gentalha", como eram rotulados todos os não brancos.

A união livre dos homossexuais, desrespeitando as barreiras de raça, estamento e idade, parceria baseada tão somente no tesão, na paixão e na empatia mútua, detonava a ordem familista patriarcal tradicional. Isso explica o afinco com que os donos do poder colonial reprimiram os "filhos da dissidência" (Mott, 2001).

Cronologia dos principais eventos relacionados à homossexualidade e à homofobia no Brasil Inquisitorial

1521 Ordenações Manuelinas condenam os sodomitas à fogueira, equiparando o nefando pecado aos crimes de lesa-majestade e traição nacional, tornando seus descendentes inábeis e estigmatizados por três gerações.[2]

1532 O Regimento dos Capitães-Mores autoriza a pena de morte aos sodomitas sem consulta prévia à Metrópole.

1547-1549 Estevão Redondo, jovem criado do governador de Lisboa, é o primeiro sodomita degredado pelo Tribunal da Santa Inquisição de Portugal para o Brasil (Pernambuco).

1549 O padre Manoel da Nóbrega relata que "os índios do Brasil cometem pecados que clamam aos céus e andam os filhos dos cristãos pelo sertão perdidos entre os gentios, e sendo cristãos vivem em seus bestiais costumes".

1551 Escreve o jesuíta Pero Correia, de São Vicente, São Paulo, que "o pecado contra a natureza, que dizem ser lá em África muito comum, o mesmo é nesta terra do Brasil, de maneira

2 A maior parte dessas referências está em Mott (1980, 1992b, 1999).

que há cá muitas mulheres que assim nas armas como em todas as outras coisas seguem ofício de homens e tem outras mulheres com que são casadas. A maior injúria que lhes podem fazer é chamá-las mulheres".

1557 O calvinista Jean de Léry refere-se à presença de índios "tibira" entre os Tupinambá como "praticantes do pecado nefando de sodomia".

1580 Isabel Antônia, natural do Porto, é a primeira lésbica a ser degredada pelo Tribunal do Santo Ofício da Inquisição para o Brasil (Bahia), condenada e presa pelo bispo de Salvador. Foi denunciada na Visitação de 1591 por usar um falo envolto em veludo.

1586 Gaspar Rois, feitor, ex-combatente na armada de dom Sebastião em Alcácer-Quibir, é denunciado ao vigário-geral da Bahia por praticar sodomia com um negro da Guiné. O réu pagou então a um escrivão dez cruzados para queimar os autos que o incriminavam. É o primeiro sodomita "rebelde primitivo" da história pátria a reagir à homofobia institucional.

1591 O padre Frutuoso Álvares, setenta anos, vigário em Matoim, no Recôncavo da Bahia, "sodomita incorrigível", é o primeiro sacerdote homossexual a se confessar na primeira Visitação do Santo Ofício à Bahia.

1592 Felipa de Sousa, lésbica contumaz, "useira e costumeira a namorar mulheres", é sentenciada pelo visitador do Santo Ofício na Sé da Bahia e açoitada publicamente pelas principais ruas de Salvador. Foi degredada para todo o sempre para fora da capitania.

1591-1595 Na primeira e na segunda Visitação do Santo Ofício à Bahia, a Pernambuco e à Paraíba, são arrolados 158 sodomitas, dos quais 124 denunciados e 34 confitentes.

1593 Marcos Tavares, mameluco, 22 anos, é o primeiro sodomita do Brasil a ser açoitado publicamente pelas principais ruas de Salvador e degredado para a capitania de Sergipe.

1606 As Ordenações Filipinas confirmam a pena da fogueira aos somítigos.

1613 É publicado o segundo Regimento da Inquisição Portuguesa, de dom Pedro de Castilho, determinando-se a pena de morte na fogueira aos sodomitas.

1614 Índio Tibira, Tupinambá do Maranhão, é executado como bucha de canhão por ordem dos capuchinhos franceses em São Luís, "para desinfestar esta terra do pecado nefando", sendo o primeiro sodomita mártir condenado à morte no Brasil. [O Grupo Gay da Bahia e a Santa Igreja Celta do Brasil (Feira de Santana, Bahia) pleiteiam sua canonização, posto ter sido martirizado imediatamente após seu batismo.]

1621 No *Vocabulário da Língua Brasílica*, de autoria dos jesuítas, aparece pela primeira vez em um dicionário a referência a *çacoaimbeguira*: "entre os Tupinambá, mulher macho que se casa com outras mulheres".

1630 O padre Amador Amado Antunes, clérigo de Epístola, 25 anos, natural do Porto, morador da Bahia, sodomita tão infamado que, "em o vendo nas ruas de Salvador, muitos diziam: lá vai o somítigo, e, chegando um estranho na cidade, logo lhe diziam que tivesse cuidado com o padre", foi aconselhado a partir para Portugal para livrar-se do escândalo. Viajou, mas voltou com a mesma fama. Morreu antes de ser preso.

1640 É publicado o terceiro Regimento da Inquisição Portuguesa, de dom Francisco de Castro, no qual é ratificado o poder do Santo Ofício de perseguir os sodomitas, condenando à fogueira sobretudo "os mais devassos no crime, os que davam suas casas para cometer este delito ou perseverassem por muitos anos na perdição".

1642 O vigário-geral do bispado de Pernambuco desvia das mãos do escrivão do crime um sumário de culpas contra dois criminosos no nefando, suborno de 300$000 (trezentos mil-réis).

1646 O lesbianismo deixa de ser perseguido pelo Tribunal da Inquisição, passando à alçada da justiça real e da episcopal.

É realizada na cidade da Bahia a "grande inquirição", comandada pelo reitor do Colégio da Companhia de Jesus, de onde saem denunciados dezoito homossexuais, entre estudantes, mulatos, cristãos novos e sacerdotes.

Mateus Lopes, mulato escravizado, comediante de rua em Salvador, acompanha seu senhor nas comédias, fazendo a figura de um bugio e dançando com um pote na cabeça. É infamado de somítigo, leva três cutiladas e uma estocada de um homem, ficando a perigo de morte. Confessa que "só fizera as punhetas com o soldado, não somitigaria". Salvo erro, Lopes foi o primeiro ator de teatro cômico gay conhecido no Brasil, quiçá nas Américas.

O padre Simão Ferreira, coadjutor de Jaguaribe, surpreendeu, na torre do Colégio dos Jesuítas de Salvador, os estudantes Bartolomeu Ferreira Perene e Manoel Leão, ambos sem calças, "fazendo as punhetas *ad invicem* [reciprocamente]", e ameaça mandar queimá-los, açoitando um deles e fazendo ambos, de joelhos, implorarem para que não os denunciasse.

1657 O padre Gregório Martins, 47 anos, ex-deão da Sé do Porto, que advogou em Pernambuco, é acusado de que "inculcava e doutrinava no abominável pecado nefando, dizendo que só em Roma se podia viver, que este pecado era muito gostoso e [para] aquele que uma vez o começasse, era impossível a emenda e não tinha mais circunstância que a fornicação simples e era mais inibido por impedir a reprodução natural, e nesta matéria falava dissoluta e escandalosamente que este pecado era o mais delicioso aos homens, e isto falava sem pejo". É o mais elaborado discurso de um sodomita "dogmatista" que viveu na América portuguesa.

1678 Em Sergipe, o fazendeiro Luís Gomes manda "matar de açoites um seu escravo moleque por ter cometido o nefando com o capitão Pedro Gomes, que o presenteara com umas ceroulas". É o segundo gay executado no Brasil vítima da homofobia. Nessa ocasião, "o capitão se ausentara para o Sertão e disseram que foi para não tratar sobre esta matéria com o bispo dom Estevam Brioso (1678-1689), que fazia devassa na capitania de Sergipe" (Mott, 1989).

1689 O padre Antônio Vieira, Provincial da Companhia de Jesus na Bahia, aluga sítio em Santo Amaro de Ipitanga, próximo a Salvador, a um casal de sodomitas notórios, Luiz Delgado, processado por sodomia pela Inquisição de Évora, e Doroteu Antunes, ator transformista de mulher.

O arcebispo da Bahia, dom Frei Manoel da Ressurreição, informa: "logo que entrei nesta minha Igreja, comecei a ouvir as vozes de um grande escândalo contra um homem chamado Luiz Delgado, dizendo que era devasso no pecado nefando, fui apurando o fundamento e achei que não era aéreo e que a fama era antiga [...] e que se ausentara para o sertão despovoado com um muchacho com o qual estava vivendo no mesmo escândalo [...]". Ele ordena a prisão do casal, remetendo-os para o Tribunal do Santo Ofício de Lisboa.

1707 As Constituições Primeiras do arcebispado da Bahia, no artigo 958, prescrevem "como se deve proceder no crime da sodomia", considerado "o mais torpe, sujo e desonesto pecado". Deve o infrator ser preso e encaminhado ao Tribunal da Inquisição de Lisboa. Artigo 964: "As mulheres que uma com outra cometerem o pecado de molície [masturbação recíproca] sejam degredadas por três anos para fora do arcebispado e tenham penas pecuniárias". Artigo 965: "Sendo homens que com outros cometerem o pecado de molície, serão castigados gravemente com penas de degredo, prisão, galés e pecuniária. E sendo clérigos, além das ditas penas, serão depostos do ofício e benefícios".

1730 Vem a público que o padre Antônio de Guizeronde, jesuíta, reitor do Colégio da Companhia, em Salvador, "viveu com notável escândalo todo o tempo de seu reitorado. Tinha dois recoletos no Recolhimento, Francisco de Seixas e Luiz Alves, pelos quais fazia incríveis excessos, indo alta noite, descalço e com chave falsa, ao Recolhimento, ter com eles [...]. A prostituição dos mestres jesuítas com seus discípulos era tão grande e notória que me não atrevo a dizer que poucos foram os mestres naqueles pátios que não tivessem declaradamente seus amásios. Tudo isto que tenho dito é trivial na Bahia, principalmente entre os alunos daqueles pátios".

1756 O frei Matias dos Prazeres Gayo, carmelita calçado da Província da Bahia, 37 anos, entrega ao Comissário do Santo Ofício esta confissão: "Remordido de sua própria consciência e temor de Deus mais do que outro castigo", declarando que, quando tinha dezoito para dezenove anos, cometeu o pecado nefando com frei José de Jesus Maria, carmelita da província de Pernambuco, "persuadido de sua autoridade e ignorando a enormidade do delito e das penas, não sabendo ser matéria privativa do Santo Ofício, e que nestes atos sempre foi paciente e só uma vez agente, sob instância de seu superior".

1781 Sobre Ana Joaquina, enclausurada no Recolhimento da Misericórdia de Salvador, diz-se "levava vida escandalosa pelas excessivas amizades que contraía com outras mulheres do mesmo recolhimento, chegando até a meter e ocultar dentro da cela outras mulheres para o mesmo pecaminoso fim".

1795 Dois comissários do Santo Ofício de Minas Gerais, ao serem consultados pelo promotor da Inquisição de Lisboa a respeito de um tal capitão Manuel José Correia, de Vila Rica, acusado de ser sodomita "público e escandaloso", afirmam sobre o capitão: "[tem] o gênio de mulher e muito extravagante, não obstante suas ações de católico serem edificantes, tendo feito várias festas nesta matriz de São José com todo o zelo ao culto divino, além de ter em sua casa um santuário que é o melhor que existe em toda a comarca, e por ter fama de impotente, e nunca se lhe soube [ter tido] praça alguma com mulheres, dizem que costumava convidar homens para uns com outros, na ação de [se] esquentarem, chegar o delato a ter polução...".

1821 São extintos o Tribunal do Santo Ofício português e a pena de morte para os sodomitas.

1830 O primeiro Código Penal do Império do Brasil, por influência do Código Napoleônico, descriminaliza a sodomia.

Estatísticas da perseguição aos sodomitas do Brasil

Até hoje são raras e incompletas as estatísticas sobre a população homossexual e transexual no Brasil. Apesar de desde o ano 2000 termos insistido pioneiramente, junto ao Instituto Brasileiro de Geografia e Estatística (IBGE), na inclusão da variável "orientação sexual" nos últimos censos demográficos, o complô do silêncio continua ignorando, preconceituosamente, o fato de mais de 10% da população nacional ser constituída pelo segmento LGBT+.[3]

Para o período colonial, contudo, conseguimos reunir esparsas mas significativas informações quantitativas sobre a perseguição aos sodomitas, dados que, embora fragmentários e bastante subnotificados, revelam certas tendências da homotransfobia capitaneada pela Inquisição e demais instâncias civis colaboracionistas. Como teria dito Lévi-Strauss, "é melhor pouca estatística do que nenhuma".

Analisaremos, a seguir, quatro *corpus* documentais relativos à repressão aos LGBT na sociedade colonial brasileira:

1) sodomitas do Brasil listados nos Repertórios de nefandos;
2) sodomitas portugueses degredados para o Brasil;
3) residentes na Colônia confessos e acusados de sodomia;
4) réus do crime de sodomia do Brasil encarcerados e sentenciados no tribunal de Lisboa.

1) Sodomitas do Brasil listados nos Repertórios de nefandos

Dentre as muitas preciosidades conservadas no Arquivo Nacional da Torre do Tombo, em Portugal, destacam-se em especial quatro livros manuscritos, os chamados Repertórios de nefandos, nos quais foram registrados, em ordem alfabética, o nome e mais alguns dados identificadores de todas as pessoas comprometidas com o "mau pecado" constantes da farta documentação processual que chegava aos Tribunais do Santo Ofício. Os Repertórios e seus Índices remetem aos Cadernos de nefandos, uma coleção composta de dezoito brochuras para Lisboa, três para Évora e três para Coimbra, nas quais foram anotadas as denúncias e as confissões dos somítigos, transcrevendo-se aí também as referências atinentes à homossexualidade citadas nas visitações que o Santo Ofício realizou em diferentes partes do Reino e no ultramar. Com datas-limite entre 1587 e 1794, encontramos nos Repertórios de

---

3 "Homossexuais denunciam IBGE por discriminação", *Diário do Grande ABC*, 3 ago. 2000.

nefandos um total de 4.419 pessoas denunciadas ou que confessaram algum envolvimento com a sodomia.

Localizamos nesses documentos um total de 209 sodomitas naturais ou residentes no Brasil (4,7%), incluindo "apresentados, confessos e presos". A Bahia, então capital da América portuguesa, era a capitania que abrigava o maior número de desviados sexuais, 28 (41%), seguida de Pernambuco, 13%, Minas Gerais, 9%, e Rio de Janeiro, 5%. Também são citados nessa lista nefanda, em ordem decrescente, Maranhão, Paraíba, Pará, São Paulo e Ceará, capitanias que abrigavam, sobretudo a partir do século XVII, diversos comissários e familiares do Santo Ofício (Calainho, 2006; Rodrigues, 2009). Dentre os fanchonos, há registro de mais de quarenta qualificações étnicas, profissionais e ocupacionais, predominando o estamento militar (soldado, capitão, cabo de esquadra, tenente, alferes), 7%; oficiais mecânicos (oleiro, carpinteiro, barbeiro, sapateiro, alfaiate, boticário, ourives), 6%; e eclesiásticos (notadamente embatinados do clero secular, mas também frades sodomitas: carmelitas, beneditinos e trinos), 3%. Se reunirmos em um só grupo os serviçais livres, pajens e criados, incluindo-se escravos, encontramos então o conjunto com mais praticantes do "vício dos nobres", 11%. De acordo com o relato de um fanchono em 1651, "como não tinha galinhas que não pusessem ovos, não tem criado que não fosse para cometer com ele sodomia, porque este era o serviço que deles se queria...".[4]

Como categorias étnico-raciais, foram registrados nos Repertórios de nefandos, além de dominante maioria branca, também pardos, mulatos, mestiços, crioulos, mamelucos e pretos. É citado apenas um senhor de engenho e um feitor, mas uma dezena de homens do mar: pescador, marinheiro, grumete, piloto de canoa. Também foram inculpados estudantes, professores e um advogado.

Em suma: os 209 brasileiros ou colonos praticantes do amor cujo nome não se ousava dizer registrados nos Repertórios de nefandos pertenciam a praticamente todos os estamentos coloniais, presentes em toda parte: dos claustros às caravelas, nas forças armadas e nas senzalas, incluindo denúncia contra dois estrangeiros, um francês e outro flamengo.

---

4 Caderno de nefandos n. 9, fl. 243, ANTT (Arquivo Nacional da Torre do Tombo), IL (Inquisição de Lisboa), 22 jul. 1651.

2) Sodomitas portugueses degredados para o Brasil

Como antecipamos, o Tribunal do Santo Ofício foi estabelecido em Lisboa em 1536, e, apesar de el-rei dom João III ter autorizado a perseguição ao crime de sodomia somente em 1553, competência ratificada pelo cardeal dom Henrique em 1555, já em 1547, portanto onze anos antes, um sodomita foi degredado para a novel colônia: em 1549 chega a Pernambuco Estêvão Redondo, criado do governador de Lisboa, Manoel Telles. Redondo tinha contra si meia dúzia de denúncias de fanchonices, incluindo como cúmplices outros serviçais de nobres, brancos, negros e mulatos, relações mantidas em olivais e nas casas de seus senhores. Após dois anos mofando nos cárceres do Santo Ofício, foi sentenciado: "Que cumpra o degredo de dez anos, onde, servindo a Nosso Senhor, faça penitência de suas culpas e de suas graves ofensas, o qual o Brasil lhe assinam por cárcere e nunca mais entrará em Lisboa e Santarém onde ofendeu Nosso Senhor". Foi embarcado na nau *Jesus*, do capitão Antônio Gomes Penteado, "entregue em ferros, com uma carta selada da Inquisição". Aos 4 de abril de 1549, o juiz ordinário da nova Secretaria de Olinda e o governador Duarte Coelho oficiam ao inquisidor João de Melo, informando ter recebido o réu em fevereiro, assentando no Livro dos degredados sua pena: "degredado para sempre". Fica a dúvida se os inquisidores agravaram a pena original de dez anos ou se o governador se equivocou em detrimento do infeliz réu.[5]

De uma relação de 124 sodomitas condenados ao degredo pelos tribunais da Inquisição de Lisboa, de Coimbra e de Évora entre os séculos XVI e XVIII, 26 foram embarcados para o Brasil (20%), notadamente para as capitanias da Bahia, de Pernambuco e de Minas Gerais, sete no século XVI e dezenove no XVII (73%) (Mott, 1992b). Infelizmente não há notícia complementar sobre o Livro dos degredados de Olinda e de nenhum outro congênere, onde fora assentado o nome de nosso primeiro sodomita. Em Salvador, um século depois (1646), outra referência aos tais livros dos degredados: o mestre da caravela *Nossa Senhora da Salvação* diz que vai levando o réu sodomita Manoel Costa para o Brasil "e obrigado a entregar ao procurador da Bahia com a carta do

---

5 ANTT, IL, proc. n. 352, 1547.

Santo Ofício", informando o escrivão da Câmara de Salvador que foram entregues as cartas de três degredados, entre eles Manoel Costa, cujos nomes ficam registrados nos livros dos degredados".[6] Talvez o tempo, as traças e os cupins tenham destruído tais brochuras ou, quem sabe, os próprios descendentes dos degredados, ávidos por apagar sua nefanda história familiar, que os aviltava por três gerações, conforme previam os regimentos inquisitoriais.[7]

No rol dos apenados nos Autos de Fé, predominaram os sodomitas condenados a cinco anos de degredo para os Brasis (46%), variando tal temporalidade de três a dez anos de purgação. Três réus considerados mais culpados tiveram "degredo perpétuo" ou "para sempre". Dois sentenciados se beneficiaram da "misericórdia" inquisitorial: as penas originais de degredo para África ou para as galés foram comutadas para viver no Brasil. Um dos sentenciados alegou em sua petição que o custo de vida na América portuguesa era mais baixo que no continente negro.

Pouquíssimos são os sodomitas degredados que tiveram algum registro de sua vida após o desembarque no Brasil. Ou se emendaram do "mau pecado", ou, por cautela, deixaram de "dar bandeira", escapando assim da bisbilhotice dos vizinhos homofóbicos e do olhar condenatório das autoridades eclesiásticas. Alguns desses fanchonos, mas também mulheres sodomitas, entretanto, ousaram "cutucar a onça com vara curta": por volta de 1578 aportou em Salvador Isabel Antônio, "mulher sem marido", chamada "a do veludo", por usar em suas somitigarias lesbianas um falo artificial revestido de veludo. Sendo agasalhada pela mulata Francisca Luiz em sua casa, "tiveram ajuntamentos pondo-se uma em cima da outra e ajuntando seus corpos e vasos, sendo ambas presas pelo Juízo Eclesiástico". Consta que a mulher teria protagonizado o "maior barraco" em um de seus desentendimentos, gritando: "Velhaca! Quantos beijos dás ao seu coxo [amante] e abraços não dás a mim um! Não sabes que quero mais a um cono [vagina] que a quantos caralhos aqui há!". Tudo isso aos berros e à vista da vizinhança, pegando a amante pelos cabelos, trazendo-a para dentro de casa com açoites e bofetões (Mott, 1999, p. 29-37). Lesbianidade tóxica...

6 ANTT, IL, proc. n. 10.340, 1646.
7 "Os Regimentos da Inquisição". *Revista do Instituto Histórico e Geográfico Brasileiro*, n. 392, jul./set. 1996, p. 595-1.011.

Poucos anos após esse homérico "bafão", outro degredado deixou sua marca na incipiente história da América portuguesa: o setuagenário padre Frutuoso Alvares, o primeiro sodomita a se confessar na Visitação do Santo Ofício à Bahia em 1591. Viera degredado de Cabo Verde pelo crime nefando, persistindo incorrigível no mesmo "vício", sendo mais três vezes investigado pelas autoridades soteropolitanas por recaídas no "mau pecado". Confessou que, "nos quinze anos que está nessa capitania, cometeu a torpeza dos tocamentos desonestos com alguns quarenta moços e mancebos, abraçando e beijando, e tendo ajuntamento por diante e cometimentos pelo vaso traseiro com alguns deles, sendo ele o agente e consentindo que eles cometessem a ele no seu vaso traseiro, sendo ele o paciente..." (Mott, 1999, p. 31-3; Rocha, 2014).

Outro degredado que se manteve publicamente incorrigível na Terra Brasilis foi Luiz Delgado, que de violeiro no Reino ascendeu a estanqueiro de fumo na Colônia, sodomita ousado e apaixonado. Em 1666 fora sentenciado na Inquisição de Évora, sendo torturado e degredado para as fronteiras de Bragança. Viveu por duas décadas (1670-1689) desbragado homoerotismo na Bahia e no Rio de Janeiro, mantendo união estável homoafetiva quando menos com quatro parceiros, sendo também acusado de dezenas de assédios a jovens de diferentes estratos sociais. Em Salvador, espalhou-se "a fama geral entre brancos e pretos que Luiz Delgado era fanchono e sodomita". Foi denunciado em duas visitas paroquiais, sendo finalmente preso por ordem do bispo e enviado para o Tribunal de Lisboa acompanhado de seu último amante, Doroteu Antunes, dezesseis anos, paixão arrebatadora desde que Delgado o viu vestido de mulher "com cara de dona" em uma representação teatral de rua no Rio de Janeiro (Mott, 2010).

Nesses e em demais casos de sodomitas degredados mais de uma vez, como a lésbica tóxica, o velho sacerdote e esse violeiro, destacam-se duas regularidades: de um lado, a persistente, pública e notória incorrigibilidade desses homoeróticos de ambos os sexos, descartando a hipótese infundada de Foucault de que, antes da medicalização da homossexualidade no século XIX, não havia identidade ou uma persistente orientação e *modus vivendi* homossexual entre os praticantes do amor socrático (Mott, 2002), asserção aliás confirmada pelos detalhistas inquisidores que consideravam "a pouca emenda que costumam ter em seu vício semelhantes culpados, como tantas vezes se tem visto na Inquisição";[8] do outro, a repetição dos mesmos procedimentos persecutórios por parte da justiça episcopal, zelosa por cumprir as determinações homotransfóbicas das Constituições Eclesiásticas do Reino de Portugal e dos Regimentos Inquisitoriais. Perseguição igualmente inclemente por parte das autoridades civis e da população em geral, doutrinadas pelos ditames homofóbicos das autoridades religiosas. Diversos sodomitas do Brasil, inclusive degredados, tinham indeléveis cicatrizes causadas por pancadas ou estocadas perpetradas por homófobos mais violentos (Mott, 1999).

3) Residentes na Colônia confessos e acusados de sodomia

Diferentemente da América espanhola, onde funcionaram cárceres inquisitoriais no México, no Peru e na Colômbia, no Brasil não havia tribunais da Inquisição, então cabia a comissários e familiares do Santo Ofício inquirir, prender e remeter a Lisboa os colonos considerados graves suspeitos ou culpados por crimes atinentes à Inquisição, a saber: hereges, feiticeiros, sodomitas, bígamos e padres solicitantes. Todos os anos, na Quaresma, eram lidos nos púlpitos e afixados nas portas das igrejas os Monitórios do Santo Ofício, com uma longa lista de "crimes do conhecimento da Inquisição", determinando que os desviantes se confessassem e denunciassem a quantos estavam afastados da grei católica. Esporadicamente também foram realizadas, sobretudo no Nordeste, as temidas Visitações do Santo Ofício. A primeira, de 1591 a 1595, capitaneada pelo inquisidor Heitor Furtado de Mendonça, devassou as capitanias da Bahia, de Pernambuco e da Paraíba. A segunda, ocorrida entre 1618 e 1620, concentrou-se na Bahia e teve como inquisidor o licenciado Marcos Teixeira (Novinsky, 2002). Além delas, houve outras Visitações menores que deixaram poucos registros documentais, a mais exitosa realizada no Grão-Pará entre 1763 e 1769 (Amaral Lapa, 1978).

Segundo as pesquisas de Ronaldo Vainfas, entre 1591 e 1595 foram comprometidos com o crime de sodomia 158 colonos do Brasil, dos quais 124 foram denunciados e 34, confitentes. Nesse rol, 30 criados e trabalhadores

---

8 ANTT, IL, proc. n. 1.983, 1667.

dependentes, 21 eclesiásticos, 16 escravos, 13 lavradores, 12 desclassificados, 11 funcionários e profissionais liberais, 10 membros da elite, 7 trabalhadores livres, 6 mercadores de grosso trato, 2 soldados e marinheiros (Vainfas, 1989, p. 349). Nessa listagem de inculpados no nefando pecado, 97 eram do sexo masculino, 27 do feminino. Também nessa amostra das Visitações do Santo Ofício às capitanias do Nordeste confirma-se a presença generalizada dos homoeróticos em todos os estamentos da sociedade colonial, de cativos e desclassificados a governador, destacando-se os serviçais, eclesiásticos e escravizados. Quanto à composição étnico-racial, prevaleceram brancos (60%), seguidos de mestiços (17%), incluindo pardos, mulatos, mamelucos, negros, índios e ciganos, 44% deles aqui nascidos. Entre esses "filhos da dissidência", 33% se declararam casados, também aqui confirmando a importância estratégica do matrimônio no antigo regime, no qual a divisão sexual do trabalho praticamente impunha a companhia de um cônjuge para o cumprimento de trabalhos domésticos específicos (Mott, Pereira & Soares, 2006). Em outro quadro, "Perfil social dos homens acusados nas visitas inquisitoriais e/ou processados por relações homossexuais no Brasil nos séculos XVI-XVIII, incluindo portanto a Visitação do Grão-Pará (1763-1769), Vainfas contabilizou 145 sodomitas, sendo 32% criados, artesãos e trabalhadores livres e 25% escravizados, dos quais 25% declararam ter até 25 anos e 29%, de 25 a 39 anos, 4% com mais de 55 anos, sendo 23% deles casados, 46% brancos, 28% mestiços e 25% negros (Vainfas, 1989; Amaral Lapa, 1978). Ratifica-se também nessa amostra documental a variada e complexa composição demográfica dos homossexuais na Colônia, sua presença fazendo-se notar em todos os grupos da pirâmide estamental. Embora os brancos representassem não mais que 1/4 da população total da América portuguesa, sempre foram o grupo mais numeroso na documentação do Santo Ofício na medida em que eram mais controlados pelas autoridades religiosas e civis devido à condição socioeconômica superior.

Como vimos, os Cadernos de nefandos e também os Cadernos do Promotor são fontes fundamentais para conhecimento da tribo de Sodoma no Brasil Inquisitorial. Foi sobretudo por meio desse acervo documental que Fernando José Lopes, em sua dissertação de mestrado (Lopes, 2019), sistematizou o total de sodomitas do Brasil denunciados a partir do início do século XVIII até a extinção do *horribilem tribunalem*: 127 homoeróticos acusados do crime de sodomia, predominando 79 moradores de

Minas Gerais (62%), 13 da Bahia, 12 de Pernambuco, 7 de São Paulo, 5 do Pará, 5 do Rio de Janeiro, 2 do Maranhão, 2 do Mato Grosso e 2 do Ceará. Tomando como amostra os sodomitas denunciados e confessos das quatro comarcas da capitania de Minas Gerais, as idades oscilaram entre 13 e 63 anos, predominando jovens com menos de 25 anos. Como alhures, os sodomitas mineiros pertenciam a uma vintena de categorias socioprofissionais, sobrelevando-se membros dos estamentos superiores, escravizados, militares, sacerdotes e oficiais mecânicos.

No levantamento por mim realizado na Torre do Tombo em todos os Cadernos de nefandos (1610-1799), disponibilizados até a ocasião da pesquisa na década de 1980, localizamos 110 acusações e confissões de sodomia relativas ao Brasil: 37 em Minas Gerais, 31 na Bahia, 14 em Pernambuco, 10 no Rio de Janeiro, 3 no Pará, 3 em São Paulo, 2 em Mato Grosso, 2 no Ceará, uma ocorrência em Tocantins, uma no Maranhão e uma na Paraíba, e mais 10 casos identificados apenas como Brasil e América. Quanto à caracterização socioprofissional dos desviantes, encontramos predominância dos eclesiásticos (carmelitas, beneditinos, gracianos, franciscanos, mercedários, notadamente padres seculares), seguidos por militares (capitão, cabo de esquadra, soldado, tenente), oficiais mecânicos e pequenos negociantes, lavradores e roceiros, estudantes e professores, desclassificados, escravizados e uma banda de músicos: em 1749, comparece perante o comissário do Santo Ofício de Mariana o músico Antônio do Carmo, natural dos Açores, acusando-se de que, indo tocar na festa de São José dos Pardos, em Congonhas do Campo,

> estava chumbado de aguardente e de pitar e se deitou na cama com vários rapazes músicos, por muitas vezes, e com eles estava com brincos desonestos, fazendo pulsões com as mãos e outras vezes por entre as pernas dos ditos rapazes, e foi no pecado de sodomia agente e paciente com o pardo Valentim Pereira, com um moleque cujo nome ignora, com o mulato João Antunes e com outros mais. (Mott, 1986)

4) Réus do crime de sodomia encarcerados e sentenciados no tribunal de Lisboa e nas Visitações às partes do Brasil

Segundo Novinsky (2002), nos 285 anos de funcionamento do *monstrum horribilem*, dos 1.076 colonos do Brasil sentenciados pela Inquisição de Lisboa, cinquenta foram indiciados/processados pelo nefando pecado de sodomia, sendo 44 sodomitas do sexo masculino e 6 mulheres, perfazendo 7,6% do total dos réus. Destes, 24 no século XVI, 12 no XVII e 10 no XVIII, além de quatro sem data especificada (Novinsky, 2002, p. 39). Atenção: três quartos desses réus foram sentenciados no Brasil durante as visitações, alguns degredados para fora de suas capitanias de origem ou mesmo para as galés, outros receberam penas espirituais, ouvindo sua sentença perante a mesa inquisitorial local ou foram "absolutos". Não informam os documentos se os condenados às galés por sentença proferida nas visitações brasileiras foram de fato enviados para as galés do Reino.

Em nosso minucioso levantamento efetuado nas Listas de Autos de Fé, Repertórios e Cadernos de nefandos, assim como nos livros das visitações do Santo Ofício arquivados na Torre do Tombo, localizamos 35 colonos do Brasil que foram processados pelo crime de sodomia, 22 dos quais sentenciados em uma das três visitações realizadas no Nordeste e Norte, 13 (37%) efetivamente remetidos aos cárceres secretos do Tribunal da Inquisição de Lisboa. Número bastante reduzido, verdade seja dita, o que comprova nossa teoria de que a Inquisição portuguesa foi muito menos persecutória e mortífera do que as congêneres de outros Reinos e inclusive menos homofóbica que a justiça real (Mott, 1980). Dos fanchonos remetidos a Lisboa, o primeiro foi Luiz Gomes Godinho, soldado original de Setúbal, preso em 1646 em São Paulo por culpas cometidas em Lisboa (Lima, 2014), e o derradeiro, em 1748, o escravizado Daniel Pereira,[9] natural da Costa da Mina, quarenta anos, residente em São Lourenço da Mata, Pernambuco. Desses encarcerados, oito no século XVII e cinco no XVIII, dentre os quais oito condenados às galés (de três anos a "galés sem remissão"), um degredado para o couto de Castro Mearim, no Algarve, um para Angola e três absolvidos. A capitania mais reprimida no tocante ao encarceramento de homoeróticos, surpreendentemente, foi o Pará, com quatro fanchonos, seguida de

---

9 ANTT, IL, proc. n. 8.760, 1748.

Minas Gerais, com três, Bahia e Pernambuco, com dois réus, e um caso no Maranhão e outro em São Paulo. Consta que três desses sodomitas tiveram seus bens sequestrados, dois foram obrigados a cumprir penitências espirituais, dois foram açoitados em público, um foi repreendido severamente na Mesa Inquisitorial, e dois tiveram seus processos inconclusos. Se reunirmos todos os 35 sodomitas sentenciados no Tribunal de Lisboa com os processados nas visitações do Brasil, Pernambuco ocupa o primeiro lugar, com treze réus, seguido de Bahia, com onze, Minas Gerais e Pará, com quatro casos cada, e São Paulo, Rio de Janeiro e Maranhão, com uma ocorrência em cada um. Nenhum colono do Brasil foi condenado à fogueira; contudo, o citado escravizado Daniel Pereira veio a falecer doente na enfermaria dos estaleiros da galé de Lisboa quatro anos após sua detenção.

Dentre os colonos do Brasil condenados na Primeira Visitação a Pernambuco, foi o sapateiro André Lessa o mais severamente punido, sem dúvida por sua contumácia na prática nefanda: na pequenina Olinda, confessou ter sodomizado 31 jovens, dez no mesmo ano de sua prisão e degredo por dez anos para as galés. Sapateiro retado!

À guisa de conclusão

Percorrendo a documentação inquisitorial — tanto os Regimentos quanto os manuscritos cartoriais —, notamos que, ao degredar seus réus, o Santo Ofício tinha como objetivo e esperança emendar os apartados do rebanho católico, afastar os dissidentes do lugar onde delinquiram a fim de erradicar o perigo da contaminação imoral e aplicar a pedagogia do medo, atemorizando os habitantes locais para que não caíssem nos mesmos desvios.

No caso dos sodomitas, o degredo para as galés, para as fronteiras do Reino ou para o ultramar representava sempre uma interminável via sacra de sofrimentos e humilhações para os réus, além de gravíssima infâmia e estigma para seus familiares. Tais réus eram, primeiro, açoitados publicamente nas ruas localizadas nas imediações dos tribunais onde foram julgados, sendo então vítimas de insultos, agressões e pedradas por parte da turba indignada; as vergonhosas sentenças eram lidas publicamente no auto de fé; os condenados eram embarcados imobilizados por terríveis correntes e algemas, sendo confinados nos mais úmidos e abafados espaços das embarcações, com certeza passando fome e sede, sob ameaças de serem jogados ao mar para evitar ou atalhar os castigos divinos contra os praticantes do "mais torpe, sujo e desonesto pecado"; ao desembarcarem no local do degredo, além de terem seus nomes registrados nos Livros dos Degredados, sem dúvida tornavam-se *ipso facto* publicamente reconhecidos e apontados como fanchonos e somítigos, sofrendo atroz apartação espacial e social, sobretudo os mais efeminados.

Por ser a sodomia crime abominável, embora coubesse principalmente à Inquisição a investigação e a prisão, também el-rei e o bispo tinham autoridade para perseguir tais delinquentes, daí encontrarmos diversos sodomitas denunciados, inquiridos e presos por múltiplas autoridades, comendo o pão que o diabo amassou nas mãos de tais prepostos. Vários foram inquiridos por ordem do Juízo Eclesiástico, presos em calabouços e cadeias civis, e suspeitos foram lançados em grilhões por ordem do ouvidor da comarca ou mesmo presos no vil tronco, como se procedia com escravizados. Outros fanchonos foram denunciados nas devassas paroquiais e visitas episcopais, sendo tais sumários de culpas enviados para os comissários inquisitoriais ou diretamente ao Tribunal de Lisboa, e somente então embarcados para o Reino.

A "sodomiafobia" era estrutural no Antigo Regime e impregnava a mente de todas as pessoas e estamentos, inclusive dos próprios sodomitas, como foi o caso de um morador das Minas Gerais, Manoel Álvares Cabral, em 1739, ao procurar o comissário da Inquisição:

> para salvação de sua alma e reforma de sua vida e costumes se vinha denunciar ao Santo Ofício e pedir-lhe misericórdia em que cegamente se arrojou, esquecido da lei da natureza, divina e eclesiástica, porquanto levado e vencido de sua miséria e tentação, há oito anos tem cópula sodomítica sendo agente com oito de seus escravos africanos, [porém] há três meses abrira os olhos da razão conhecendo melhor as obrigações de católico: pede misericórdia e promete cumprir o castigo.[10]

Encontramos na documentação pais e irmãos mais velhos ensinando seus adolescentes a reagir, inclusive a facadas, caso fossem assediados por

---

10 Caderno de nefandos n. 19, ANTT, IL, 143-7-43, fl. 439, 1739.

algum fanchono mais ousado. Um jovem baiano de dezesseis anos, Luís da Costa, disse que seu irmão mais velho o proibiu de ter conversação com nosso já conhecido incorrigível Luiz Delgado e "que não aceitasse coisa alguma dele, que era sodomítico, e lhe deu muitas pancadas por cujo medo ele testemunha fugiu sempre de conversar com ele, e quando o encontrava dizia que era muito gentilhomem, e que tinha uma cara como uma dona".[11]

Há registro de que diversos sodomitas foram efetivamente esfaqueados ou tiveram a cabeça quebrada a pauladas: o escravizado Jerônimo recebeu "uma bordoada com um pau na cabeça fazendo-lhe uma grande ferida", e o mestiço Francisco Rodrigues, escravizado na freguesia de São Gonçalo, Bahia, "tem fama pública e constante em toda aquela freguesia e seus contornos que é relapso neste delito cometendo os escravos assim do engenho de seu senhor como outros, sendo visto oscular e beijar na boca aos cativos Pedro Picapau e Antônio Camelo, levando pancadas, mordidas e outros ferimentos" devido a seus assédios, mesmo oferecendo tostões a seus agressores. Consta que ameaçaram lançá-lo numa fornalha do engenho.[12]

Existem evidências históricas de que, no dia a dia, as pessoas falavam sobre esse tema proibido, comentando as fanchonices de sodomitas mais notórios e ousados, como o citado mulato Jerônimo, de quem se sabia que viera do Porto mandado por seu senhor "para fugir de culpa e cuja fama corria pelo sertão da Bahia e Sergipe, onde os homens diziam uns aos outros: 'guarda do mulato Jerônimo!'". Outros fofocavam sobre a devassidão que julgavam existir nas ruas da Roma pontifical, inclusive suspeitando da homossexualidade do papa reinante e até da própria Santíssima Trindade: o poeta Gregório de Matos (1636-1695) era um deles e foi denunciado por ter falado que "Jesus fora nefando, usando palavra mais torpe e execranda", certamente tendo dito que Nosso Senhor Jesus Cristo era "puto, somítigo ou fanchono", as expressões mais torpes correntes naquela época, várias vezes utilizadas pelo poeta em sua lavra. Noutras ocasiões, ao passar em frente à casa de algum sodomita mais descarado, as pessoas se persignavam, indagando "como se não fundiam aquelas casas com a sodomia que nelas havia".[13]

---

11 ANTT, IL, proc. n. 4.769, 1689.
12 Caderno de nefandos n. 15, ANTT, IL, 143-6-40, fl. 227, 1693.
13 Caderno do Promotor n. 29, ANTT, IL, 1645.

Jovens e adultos com desejos homoeróticos se reprimiam devido ao temor de ser denunciados por algum cúmplice indiscreto ou por bisbilhoteiros que espreitavam pelo buraco da fechadura ou escondidos atrás de uma árvore no recôndito das matas e praias desertas. Temiam ser presos e queimados na fogueira, muitos com a clareza de que a sodomia era "pecado reservado", não podendo ser absolvido por qualquer sacerdote no ato da confissão sacramental, somente por confessores *ad hoc* indicados pelo prelado.

O controle social dos desviantes sexuais era fortemente exercido por meio do disse que disse tão castrador presente nas pequenas comunidades: no Arraial do Tijuco, Minas Gerais, em 1762, "era voz geral do povo [...] pequenos e grandes falam da torpeza do pecado cometido pelo cabo de esquadra Miguel Inácio Geraldes com seu escravo Anselmo, [os quais] faziam maganagem de frente e como de mulher por de trás". Certa feita, a crioula forra Joana Salazar disse: "Você sabe a novidade que vai? Que os soldados camaradas de Miguel Inácio disseram que ele usava pela via de trás desonestamente com Anselmo".[14] Em lugares pequeninos, como na vila de Goiana, em Pernambuco, fofocas a respeito dos supostos sodomitas rapidamente se espalhavam. "Domingos da Costa contou a outras pessoas do rancho, donde correu logo murmuração, que dois meninos pecavam no nefando" (Mott, 2002). Murmurações que muitas vezes descambavam para agressões verbais: "Quando lhes remocavam ['insinuação indireta'] de somítigos, respondiam que não zombassem deles", demonstrando que ambos os meninos ficaram infamados de nefandistas, e não apenas o suposto paciente. Quem sofreu maior discriminação, contudo, foi o mancebo que estava na posição de súcubo numa fatídica noite quaresmal de 1595: "por causa disso, Pedralvares deitou logo fora o dito criado". Perdeu o emprego pela má fama de ser somítigo — aliás, discriminação ainda praticada impunemente em nossos dias. Enquanto cristãos-novos, bígamos, feiticeiros, hereges, maçons e demais "réus da Inquisição" foram redimidos de suas antigas culpas, os sodomitas contemporâneos/LGBT continuam a ser discriminados e mortos simplesmente por serem praticantes do amor cujo nome não se ousa dizer.[15]

O Tribunal do Santo Ofício foi extinto em 1821, há mais de duzentos anos. Inquisição nunca mais!

---

14 Caderno de nefandos n. 20, ANTT, IL, 149-7-698, fl. 329, 1762.

15 "Brasil: o país que mais extermina LGBTs no mundo", *Sul*, n. 21, 28 jun. 2020.

Referências

AMARAL LAPA, José Roberto do (org.) *Livro da Visitação do Santo Ofício da Inquisição ao estado do Grão-Pará: 1763-1769*. Petrópolis: Vozes, 1978.

BOSWELL, John. *Christianity, Social Tolerance and Homosexuality. Gay People in Western Europe from the Beginning of the Christian Era to the Fourteenth Century*. Chicago: The Chicago University Press, 1980.

CALAINHO, Daniela Buono. *Agentes da Fé: familiares da Inquisição portuguesa no Brasil colonial*. Bauru: Edusc, 2006.

CAMINHA, Pero Vaz de. *Carta a El-Rei dom Manuel sobre o achamento do Brasil (1500)*. Ministério da Cultura. Fundação Biblioteca Nacional. Departamento Nacional do Livro.

Catecismo romano. Trad. e org.: Frei Leopoldo Pires Martins. Anápolis: Serviço de Animação Eucarística Mariana, 1950.

GÂNDAVO, Pero de Magalhães. *História da Província Santa Cruz: Tratado da Terra do Brasil (1576)*. São Paulo: Obelisco, 1964.

LIMA, Wallas Jefferson. *O entremeio de uma vida: o pecado de sodomia à luz do processo inquisitorial de Luís Gomes Godinho (1646-1650)*. Dissertação (Mestrado em História). Irati: Unicentro, 2014.

LOPES, Fernando José. *"O pecado indigno de ser nomeado": delito inquisitorial de sodomia nas Minas Gerais (1700-1821)*. Dissertação (Mestrado em História). São João del-Rei: UFSJ, 2019.

MOTT, Luiz. "Pagode português: a subcultura gay em Portugal nos tempos inquisitoriais". *Ciência e Cultura*, v. 40, fev. 1980, p. 120-39.

MOTT, Luiz. "A maconha na história do Brasil". *In*: HENNAN, Anthony & PESSOA JR., Osvaldo (org.). *Diamba sarabamba: textos sobre a maconha no Brasil*. São Paulo: Ground, 1986, p. 117-35.

MOTT, Luiz. *A Inquisição em Sergipe*. Aracaju: Fundesc, 1989.

MOTT, Luiz. "As Amazonas: um mito e algumas hipóteses". *In*: VAINFAS, Ronaldo. (org.). *América em tempo de Conquista*. Rio de Janeiro: Jorge Zahar, 1992a, p. 33-7.

MOTT, Luiz. "Justitia et Misericordia: a Inquisição portuguesa e a repressão ao abominável pecado de sodomia". *In*: NOVINSKY, Anita Waingort & CARNEIRO, Maria Luiza Tucci (org.). *Inquisição: ensaios sobre mentalidade, heresias e arte*. São Paulo: Edusp, 1992b, p. 703-39.

MOTT, Luiz. "A sexualidade no Brasil colonial". *Diário Oficial Leitura São Paulo*, n. 141, fev. 1994, p. 6-8.

MOTT, Luiz. *Homossexuais na Bahia: dicionário biográfico. Séculos XVI-XIX*. Salvador: Grupo Gay da Bahia, 1999.

MOTT, Luiz. "A revolução homossexual: o poder de um mito". *Revista USP*, v. 49, 2001, p. 38-50.

MOTT, Luiz. "Cripto-sodomitas em Pernambuco colonial". *Revista Anthropológicas*, a. 6, v. 13, n. 2, 2002, p. 7-38.

MOTT, Luiz. "Florença Dias Pereira e Maria Soares, esposas de dois sodomitas no Brasil colonial: vítimas ou vilãs?". *In*: VAINFAS, Ronaldo *et al.* (org.). *Retratos do Império: trajetórias individuais no mundo português nos séculos XVI a XIX*. Niterói: Eduff, 2006, p. 341-54.

MOTT, Luiz. "Desventuras de um sodomita na Bahia seiscentista". *In*: MOTT, Luiz. *Bahia: Inquisição e sociedade*. Salvador: Edufba, 2010.

MOTT, Luiz. "Feiticeiros de Angola na Inquisição portuguesa". *Mneme: Revista de Humanidades*, v. 12, n. 29, 2011.

NOVINSKY, Anita Waingort. *Inquisição: prisioneiros do Brasil*. São Paulo: Expressão e Cultura, 2002.

PESSIS, Anne-Marie; MARTIN, Gabriela & GUIDON, Niede (org.). *Os biomas e as sociedades humanas na pré-história da região do Parque Nacional Serra da Capivara, Brasil*. São Paulo: Fundação Museu do Homem Americano, 2014.

ROCHA, Cássio Bruno de Araujo. "Masculinidade e homoerotismo no Império português seiscentista: as aventuras sodomíticas do padre Frutuoso Álvares, vigário do Matoim". *Em tempo de histórias*, UFMG, n. 25, 2014.

RODRIGUES, Aldair Carlos. "Formação e atuação da rede de comissários do Santo Ofício em Minas colonial". *Revista Brasileira de História*, v. 29, n. 57, 2009, p. 145-64.

SANTO AGOSTINHO. *Confissões (Confessionum)*. São Paulo: Paulus, 1984.

SOUSA, Gabriel Soares. *Tratado descritivo do Brasil em 1587*. São Paulo, Companhia Editora Nacional, 1971.

VAINFAS, Ronaldo. *Trópico dos pecados: moral, sexualidade e Inquisição no Brasil*. Rio de Janeiro: Campus, 1989.

Cássio Bruno de Araujo Rocha

Mestre e doutor em história social da cultura no Programa de Pós-Graduação em História da Universidade Federal de Minas Gerais (UFMG), com bolsa Capes-PROEX no doutorado. Licenciado em história pela UFMG, professor de história do segundo ciclo do ensino fundamental na rede pública do município de Betim (MG). Membro da Rede de Historiadores e Historiadoras LGBTQIA+. Autor do livro *Masculinidades e Inquisição: gênero e sexualidade na América Portuguesa* (Paco Editorial, 2016).

Homoerotismo, sodomia e vida cotidiana no Brasil colonial (séculos XVI-XVIII)

Cássio Bruno de Araujo Rocha

Introdução

Escrever uma história das homossexualidades impõe algumas dificuldades histórico-teóricas. Elas advêm da historicidade específica da categoria "homossexualidade", resultando anacrônico o seu emprego em outros contextos históricos. A historiografia não essencialista da sexualidade tem demonstrado, há mais de quatro décadas, como a "homossexualidade" foi uma categoria inventada pela *scientia sexualis* do século XIX, desempenhando um papel bastante específico de controle e fomentação de sujeitos a partir do binômio heterossexualidade/homossexualidade (Weeks, 1981; Foucault, 1977). Para tanto, tal "homossexualidade", ou, poder-se-ia dizer, a homossexualidade moderna, foi engendrada por formações discursivas médicas, psiquiátricas, sexologistas, de maneira a criar o sujeito biopolítico homossexual dentro do espectro da anormalidade. De maneira tal que, ao falarmos, ainda hoje, de uma identidade homossexual, atualizamos certos significados médico-jurídicos normativos, cuja função discursiva persistente é fundar a homossexualidade no universo da doença, da perversão e da abjeção (Costa, 1992, p. 13-40).

Por essa razão, temos empregado, em nossos trabalhos, o conceito de homoerotismo para nos referir antes a certas práticas eróticas, certos modos de experiência, do que a identidades, apenas supostamente, *a priori*. Isso porque a pessoa praticante do homoerotismo, em diversos recortes temporais, pode ou não possuir identidade homossexual, abrindo a possibilidade de análises de contextos culturais e históricos em que o binômio heterossexual/homossexual, como peça central do dispositivo da sexualidade, é inexistente, inoperante ou não hegemônico. A noção de homoerotismo, por ser mais indefinida, é também mais aberta à variedade de construções subjetivas, relacionadas a um conjunto amplo de práticas e de prazeres. Por isso, o homoerotismo, como categoria analítica, dá mais força ao contexto histórico em que acontece como prática. Deslocando o viés normativo da homossexualidade moderna, o homoerotismo permite ao historiador perscrutar a longa duração dessas práticas eróticas e suas relações com os sucessivos dispositivos de saber-poder ao longo do tempo.

Consequentemente, uma história do homoerotismo masculino no Brasil colonial demanda a utilização das categorias da época, não as da nossa contemporaneidade moderna. É aqui que as noções de sodomia e de sodomita ganham relevo para uma história social do cotidiano do homoerotismo na sociedade colonial brasileira. O que era a sodomia nesse período? Ela se resumia ao homoerotismo entre homens? Como as instituições de poder, tais quais a Coroa, a Igreja e a Inquisição, lidavam com elas? Em primeiro lugar, de um ponto de vista teórico, a sodomia e o sodomita podem ser abordados como categorias sexo-políticas dentro da dimensão erótica da cultura ocidental. Seu objetivo é a produção de subjetividades conformadas a certa ética cristã do sexo — uma ética centrada na culpa pela concupiscência, pelo desejo (entendido como falta, pecado, a nódoa ou a presença do mal no próprio ser da pessoa) descrito como libido pelos Padres da Igreja, como Tertuliano, João Cassiano e Agostinho (Foucault, 2018). Essa pastoral do medo, da culpa e do pecado estava bastante ativa na Primeira Modernidade (séculos XV-XVIII), compondo o arcabouço cultural das Reformas religiosas do século XVI e das práticas missionárias (coloniais) da Igreja católica da Contrarreforma (Delumeau, 2003).

Como tecnologias de controle e produção de certas posições de sujeito, cuja característica central era sua culpa jurídica, a sodomia, como conceito, teve uma complexa história na cultura cristã ocidental. Isso porque o conjunto de atos e, consequentemente, de pessoas suscetíveis a arcar com a sua culpa, subsumidos à sodomia, variou enormemente ao longo do tempo, de acordo com as intenções políticas mais ou menos severas a informar a tabulação das transgressões em cada contexto cristão desde a Antiguidade Tardia até a Baixa Idade Média. No Período Moderno, essa indeterminação constituinte e estratégica da sodomia como culpa jurídica persistia, uma vez que nem a Igreja, nem a Inquisição, nem a Coroa portuguesa (ou, durante o período da União Ibérica, espanhola) adotaram um significado unívoco e permanente para o pecado nefando.

Antes dos séculos finais do Medievo, a sodomia tinha sentidos bastante gerais e indefinidos, confundindo-se, por vezes, com outras categorias de pecado, como a fornicação e a luxúria. A partir da Baixa Idade Média, especialmente com os tratados morais de Alberto Magno e de seu discípulo Tomás de Aquino, o significado da sodomia começou a ser especificado. A partir desse momento, a sodomia cada vez mais se referiu ao sexo anal homoerótico com ejaculação no interior do ânus. Persistia, pode-se ver, certa ambiguidade nessa definição, que poderia inclinar-se ora mais ao sexo anal, ora mais ao homoerotismo. Em cada caso, todo um outro universo de atos e de posições de subjetividade estava imbricado (Vainfas, 1989, p. 144-51).

Essa indefinição informou a ação persecutória do Santo Ofício aos sodomitas no Império ultramarino português, inclusive nas terras do Brasil colonial. Não obstante a inexistência de uma sede de tribunal da Inquisição na América portuguesa, ao contrário de sua contraparte castelhana, os inquisidores usaram outros métodos, como as visitações, a ação de uma rede de agentes externos eclesiásticos e leigos, bem como o recebimento usual de confissões e denúncias (muitas vezes mediadas por outras instituições no campo religioso, sobretudo os tribunais eclesiásticos locais dos bispados), para alcançar os praticantes do nefando nos distantes sertões da colônia americana (Feitler, 2007; Rodrigues, 2007; Lopes, 2014; Calainho, 2006). Se a definição de sodomia mantinha certa ambiguidade, os inquisidores buscavam enquadrar os suspeitos na modalidade que denominavam *sodomia perfeita*, isto é, a penetração anal de um agente masculino sobre um paciente também masculino, com ejaculação interna. Para o Santo Ofício, esse era o modo mais grave do pecado, demandando maiores esforços investigativos e judiciários por parte da instituição, bem como as penas mais graves. Estas, porém, eram asseguradas aos réus tipificados como devassos, escandalosos e sem esperança de emenda no crime de sodomia (Mott, 1992, p. 707).

A definição de sodomia, em voga no Império português e usada pela Inquisição, tornara-se mais estrita, como herança do período baixo-medieval, envolvendo tanto o homoerotismo como a abjeção ao uso erótico do ânus. Consequentemente, os inquisidores portugueses não se limitaram a perseguir homens que praticavam o sexo anal entre si. Também foram perseguidas mulheres que mantinham relacionamentos homoeróticos, fugazes ou mais duradouros, umas com as outras (ainda que os inquisidores, informados por um modelo ejaculatório e falocêntrico do sexo, tenham duvidado do caráter sodomítico próprio ao que essas mulheres faziam entre elas), cujo crime era tipificado como *sodomia foeminarum* (Brown, 1987; Bellini, 1989; Vainfas, 1989, p. 176-81; Rocha, 2016, p. 220-35). Outra modalidade do crime de sodomia, perseguida com menor intensidade pela Inquisição, era a de homens e mulheres que praticavam o sexo anal. Esse tipo de sodomia era classificado como imperfeito (Vainfas, 1989, p. 269-74; Silva, 2017, p. 78-97). Há que se salientar, de forma complementar, que o Santo Ofício também voltava a atenção aos homens que praticavam uma variedade de atos homoeróticos entre si, para além da cópula anal. Contudo, nenhum desses outros atos valia juridicamente como sodomia: eram enquadrados em outro crime, o de *molícies* (categoria ampla, que fazia menção, resumidamente, a uma miríade de atos masturbatórios), não pertencente à jurisdição inquisitorial e que ficava a cargo dos tribunais eclesiásticos dos bispados. Mas isso não significava que os inquisidores ignorassem totalmente sua prática; eles serviam como indícios para a sodomia (validando uma investigação sobre os suspeitos) e podiam enquadrar-se como agravantes, constituindo a figura jurídica do devasso.

Vemos, portanto, de que modo o crime de sodomia dava à Inquisição azo para investigar, examinar, vigiar, controlar, perseguir e punir um conjunto amplo de pessoas nas sociedades do Império ultramarino português — ainda que, neste texto, nosso foco se volte apenas aos amantes homoeróticos masculinos. A ação inquisitorial deve ser entendida como um fator de perturbação do cotidiano da sociedade colonial, devido ao medo que inspirava nos povos (em todas as categoriais sociais). O terror a que os inquisidores submetiam as pessoas era seu principal instrumento para forçar a colaboração de todas elas com o Santo Ofício, confessando ou denunciando a si e aos outros, inclusive familiares, vizinhos, amigos (Bennassar, 1984, p. 94-5). Essa verdadeira pastoral do medo, manipulada e difundida pelos inquisidores, foi aterrorizante o bastante para, por meio da intimidação sistemática dos fiéis e da ameaça sempre presente da infâmia e da miséria para eles, sua parentela e sua descendência, garantir importantes efeitos globais no governo das massas nos vários territórios do Império português, mesmo em localidades dispersas do Brasil colonial. Usando do medo como ferramenta de controle, vigilância e punição, o Santo Ofício intervinha nas relações da vida comum na sociedade colonial, forçando a divulgação de comportamentos secretos e privados, abrindo uma via para a desnaturalização de violências invisíveis nas relações de opressão escravista. Tudo para o fim de disciplinamento e purificação do rebanho cristão da Coroa portuguesa (Palomo, 2003).

No entanto, entre a vontade disciplinar de instituições de poder, como a Coroa, a Igreja e a Inquisição, e a prática cotidiana dos atos eróticos juridicamente tipificados como sodomia, havia um espaço sub-reptício de astúcias, invenções, sortilégios por parte dos homens ordinários (De Certeau, 1998, p. 37-53). Há uma dimensão insubmissa, antidisciplinar, que conforma os modos de fazer cotidianos das pessoas na história. Trata-se, no caso das relações homoeróticas praticadas por homens comuns no Brasil colonial, de investigar como tais homens, coagidos e interpelados pela vontade disciplinar, pastoral e persecutória do Santo Ofício, puderam apropriar-se desse discurso da culpa carnal e da normatividade do erotismo, criando formas outras de praticar atos homoeróticos. Esses homens, interpelados como sodomitas — logo, sem escapar de todo à ordem dominante — puderam, como que em um recuo tático, inventar modos de pôr em prática seus desejos que perturbavam, de várias maneiras, essa mesma ordem. É assim que os vemos jogando com os imprecisos, precários e invertidos limites do privado e do público na sociedade colonial, ou abrindo espaços para que atos violentos e típicos do escravismo obtivessem alguma visibilidade e fossem questionados.

Os amantes homoeróticos que estudaremos neste texto não eram mais que pessoas ordinárias na sociedade colonial brasileira. Como tais, desenrolaram suas experiências eróticas (seus modos inventivos de praticar o homoerotismo) informados pelas hierarquias raciais específicas à sociedade estamental e escravista da Colônia, bem como pela orquestração das relações de poder típicas às sociedades de Antigo Regime (mesmo se nos trópicos), nas quais as esferas do público e do privado funcionavam de maneira assaz diversa do que viria a ser comum na Modernidade capitalista burguesa.

Nas sociedades de Antigo Regime no Período Moderno, não existia uma definição clara entre o que, depois, se constituiria como esfera pública e esfera privada da vida das pessoas. Isso porque elas estavam em processo de constituição, daí a fluidez e a indistinção, existente naquele momento, entre espaços e práticas que, mais tarde, se mostrariam típicos do público ou do privado. No Império ultramarino português da Primeira Modernidade, o que era público e o que era privado seguia as linhas de uma oposição dupla: uma, entre o comum e o específico ou particular; outra, entre o conhecido e o oculto ou secreto (Monteiro, 2011, p. 8). No presente texto, seguiremos principalmente a segunda oposição, procurando distinguir de que maneira o que era público (conhecido por todos) ou privado (secreto, sigiloso, clandestino) se relacionava, de modo sempre dinâmico, com a prática homoerótica cotidiana.

No Brasil colonial, a relação entre o público e o privado era ainda mais complexa devido às precariedades específicas do viver em colônia. Além de imbricados, os domínios do público e do privado estavam invertidos. As manifestações cotidianas de privacidade na Colônia se relacionavam às estruturas básicas da colonização, as quais geravam sentimentos intensos de ambiguidade, descontinuidade, desconforto, instabilidade, provisoriedade e desterro. O escravismo colonial funcionava, aqui, como uma clivagem fundamental entre colonizadores, colonos e colonizados. Em conjunção com a intensa mobilidade que marcava o viver em colônia, o escravismo acabava por produzir uma sociedade bastante característica, na qual a rígida hierarquia estamental era confrontada com formas de mobilidade social horizontal e vertical. Vinha daí a sensação de ambiguidade própria do viver em colônia (Novais, 1997, p. 13-39).

Eram essas as condições nas quais os amantes homoeróticos, enquadrados pela Inquisição como sodomitas, jogavam permanentemente com a dinâmica entre os espaços públicos e privados da sociedade, tendo sempre que lidar com a precariedade da privacidade, ecoando a observação de Eve Sedgwick de que a diferença entre o público e o privado não se resume à concretude dos lugares (Sedgwick, 1990, p. 109-14). Se era uma necessidade vital que a prática homoerótica permanecesse clandestina, secreta e privada, não afetando a representação pública desses homens, o estigma que elas carregavam acabava fazendo com que a débil barreira da privacidade fosse penetrada — tanto por inquisidores ou outros agentes da ordem, como por outras pessoas comuns ávidas por cumprir seu dever cristão de delatar os transgressores sodomíticos à Igreja, para salvação de suas almas. Assim, se alguns incidentes cotidianos podiam gerar penetrações do público em espaços de outro modo privados, por outro lado havia casos em que certos comportamentos clandestinos (como o homoerotismo) podiam ocorrer em espaços a princípio públicos, mas que, por alguma circunstância, ofereciam condições contingentes de clandestinidade e segredo.

Para o melhor esclarecimento desse jogo entre o público (conhecido) e o privado (secreto) tornado mais complexo pelo sistema escravista, em cujos termos os sodomitas precisavam inventar, se possível, suas práticas homoeróticas, detalharemos a seguir alguns processos inquisitoriais de homens interpelados pela sodomia que cometiam em várias partes da colônia americana de Portugal entre o século XVI e o XVIII.

O nefando entre rapazes na Bahia colonial

A Primeira Visitação do Santo Ofício às regiões do Brasil, ocorrida na década de 1590, resultou em uma extensa documentação sobre o homoerotismo, tanto masculino como feminino, no Brasil colonial — e também sobre uma variedade de outras práticas eróticas dissidentes do modelo normativo de virgindade e casamento prescrito pela ética cristã da carne, reforçada, a partir da segunda metade do século XVI, pela pastoral tridentina (Mott, 2010, p. 19-27; Vainfas, 1989, p. 7-45). Dentre esses documentos (confissões, denúncias e processos completos), vale a pena resgatar alguns que descrevem as aventuras de aprendizado homoerótico de três jovens, sendo um deles escravizado pela família dos outros dois, que eram irmãos. Trata-se do caso envolvendo o mameluco Marcos Tavares e os irmãos Aguiar. Ainda que os três tivessem cometido atos homoeróticos e sodomíticos entre si, apenas o escravizado, fruto das dinâmicas de mestiçagens típicas da sociedade colonial, foi processado pelo visitador da Inquisição, Heitor Furtado de Mendonça (Paiva, 2015, p. 31-48; Rocha, 2016b, p. 13-40).

As relações entre os três jovens, reunidos no desejo homoerótico, mas separados pela hierarquia racial-escravista da sociedade colonial (em uma construção racialmente diferenciada das crianças brancas dos senhores e das crianças de cor de pessoas escravizadas), mostram como o homoerotismo podia tomar a forma de brincadeiras eróticas pedagógicas, que integravam um processo difuso de socialização de meninos na sociedade do Antigo Regime, sendo, ao mesmo tempo, comum e privado, no sentido de secreto ou alheio ao universo das pessoas maiores. É preciso ter em mente de que modo, nas sociedades de Antigo Regime, as categorias de "criança", "jovem", "infância" e "juventude" tinham sentidos bastante particulares (Ariès, 1986, p. 29-49). Além disso, os menores de idade tinham um estatuto jurídico particular, ao menos quando livres.[1] Para o mundo colonial escravista, a entrada muito mais precoce de meninos e meninas no mundo do trabalho adulto resultava em uma ausência mais pronunciada de um sentimento de infância (Mattoso, 2010, p. 42-3; Góes & Florentino, 2010, p. 99). Sendo ainda jovem, Marco Tavares, aos 22 anos quando processado, praticara a sodomia com dois irmãos (Antônio e Sebastião de Aguiar) em diversas oportunidades — crime que, por causa da denúncia dos irmãos, conduziu Tavares às barras do Santo Ofício.[2]

Durante os três interrogatórios a que foi submetido pelo visitador, Marcos Tavares hesitou em confessar toda a extensão de sua prática sodomítica com Antônio de Aguiar. Na primeira sessão de interrogatório, Marcos confessou ter consumado o pecado nefando apenas duas vezes com Antônio de Aguiar, as quais teriam ocorrido na cama dos irmãos na casa do pai deles, enquanto os três dormiam juntos (segundo a confissão de Antônio, teria havido um revezamento entre eles nas posições de agente e de paciente). Marcos recusou-se, todavia, a afirmar com certeza se qualquer um deles tivera polução interna. Na segunda, o jovem confessou outras duas cópulas com Antônio, desta feita, contudo, em um cenário diverso, no mato, enquanto passeavam. Ou seja, é possível vislumbrar como a cama e o quarto não ofereciam condições efetivas de

---

1 Segundo Hespanha (2010, p. 69-70), de um ponto de vista jurídico, as crianças, sob o Antigo Regime, eram encaradas como pessoas desprovidas de plena capacidade de agir de acordo com a razão. Por esse motivo, eram consideradas incapazes de praticar atos jurídicos.

2 Arquivo Nacional da Torre do Tombo (ANTT), Inquisição de Lisboa (IL), proc. n. 11.080.

segredo para o homoerotismo, visto que os amantes não dormiam sozinhos no quarto, havendo sempre uma terceira pessoa ali. Um ambiente fora do lar, por sua vez, como as matas daquela povoação ao redor da cidade da Bahia, oferecia melhores possibilidades de sigilo, clandestinidade e privacidade. Vê-se como, desde antes da maioridade, os amantes homoeróticos precisavam aprender a lidar com a precariedade e a instabilidade do viver em colônia.

Esse aprendizado também envolvia internalizar a hierarquia racial que o escravismo estabelecia entre senhores e escravizados — no caso, entre os irmãos Aguiar e o mameluco Marco Tavares. Sendo todos muito jovens, eram os três provavelmente inexperientes nas práticas eróticas, de modo que a troca de carícias entre si pode ter cumprido a função cultural de instruí-los nessa dimensão importante da vivência do gênero masculino. A função erótico-pedagógica do sexo entre jovens rapazes na cultura luso-brasileira, ademais, já foi ressaltada inclusive por Gilberto Freyre no clássico *Casa-grande & senzala*. Segundo o autor, práticas homoeróticas entre os homens na sociedade colonial eram uma etapa constante do aprendizado erótico na infância — uma interpretação que, como comentamos, é compartilhada por autores mais contemporâneos da escravidão no Brasil (Freyre, 2006, p. 211-2).

O homoerotismo infantil, segundo as descrições de Freyre, era prática comum a meninos brancos, indígenas e negros, embora, quando a criança ou o rapaz era escravizado, haja espaço para questionar sua intenção ao participar desses encontros sexuais. Tanto é que o nome recebido pelo menino escravizado tornado joguete das brincadeiras sexuais do menino branco era *moleque leva-pancadas*, o que evidencia como a dominação do menino branco sobre o negro ou indígena não se reduzia à dimensão sexual: passava igualmente por outros meios para gerar o sentimento de submissão no jovem escravizado. Este era dado pelos pais ao menino branco para servir de companheiro nas brincadeiras, desde que fizesse, nelas, todas as vontades do jovem senhor (Freyre, 2006, p. 419). Segundo Góes e Florentino, a infância do escravizado era um fator importante para explicar o tipo de adulto em que ele se transformaria — em outras palavras, sobre como ele se tornaria sujeito (subjetivado e sujeitado) de sua carne (Góes & Florentino, 2010, p. 102-3). Assim, encontros eróticos como aqueles ocorridos entre os irmãos Aguiar e o escravizado Marcos acabavam servindo como uma escola da relação senhor/escravizado. Ao dominar a contraparte escravizada, o menino-senhor começava a se familiarizar com a violência que deveria marcar sua existência como homem másculo e viril, performando a masculinidade como um gênero dos senhores patriarcais (Rocha, 2016, p. 87-147).

Por outro lado, mas concomitantemente, a ação inquisitorial intencionava disciplinar esses homens (mesmo se em formação) segundo a ética da culpa pela concupiscência carnal (Foucault, 2018, p. 325-61). Rastros dessa ação estão visíveis na letra das confissões das personagens, conforme o visitador as ditou ao notário inquisitorial. O inquisidor fez questão de que se registrassem os pedidos de perdão, clemência e misericórdia desses sodomitas, como forma de salientar, no texto, a supremacia da Inquisição sobre o pecado e os pecadores. Assim, aparecem descrições sobre como eles se humilhavam e se prostravam diante da verdade da carne cristã, o que pode sinalizar de que modo internalizavam, a partir das interpelações inquisitoriais, suas práticas homoeróticas por meio da categoria de sodomia. Senhores viris e culpados, vergados ao peso do pecado da sodomia, mas ainda capazes de brandir o açoite escravocrata — era essa a ambígua posição de sujeito em que tendiam a se enquadrar os homens dominantes na sociedade colonial e escravista.

Destarte, da perspectiva do visitador, o jovem mameluco Marcos Tavares apareceu como fortemente suspeito de ser um sodomita contumaz e negativo[3] — suspeita que não recaiu sobre seus parceiros eróticos, filhos de senhores como eram. Enquanto Antônio de Aguiar recebeu a misericórdia do visitador, sendo apenas repreendido e admoestado na mesa da Visitação,[4] Marcos Tavares teve uma pena muito mais dura:

> E as outras considerações que se tiveram, que o réu vá ao ato público de fé, descalço em capa desbarretado com uma corda cingida e vela na mão acesa. E no dia seguinte seja açoitado publicamente por esta cidade, e vá degradado por dez anos para Sergipe de São Cristóvão.[5]

3 ANTT, IL, proc. n. 11.080, fl. 2-4.
4 ANTT, IL, proc. n. 06.358, fl. 26f.
5 ANTT, IL, proc. n. 11.080, fl. 24v.

Se os três rapazes foram inventivos em suas práticas homoeróticas, no sentido de conseguirem jogar com as precariedades cotidianas da vida privada no Brasil Colônia, as hierarquias raciais do escravismo, bem como a culpa moral engendrada pela ética cristã da carne, produziram um desenlace normativo para a relação dos três. Hierarquias raciais e sexuais que, em outras circunstâncias, podiam desdobrar-se em violências que deixavam marcas no corpo dos escravizados. Voltemo-nos, agora, para alguns desses casos em outras regiões e tempos do Brasil colonial, para continuar investigando como o escravismo conformou as precárias possibilidades do homoerotismo no período.

Violência, precariedade e desclassificação social de sodomitas nas Minas setecentistas

O cirurgião Lucas da Costa Pereira se tornou alvo da ação persecutória e disciplinar da Inquisição portuguesa após ter estuprado o jovem José (que tinha catorze anos), escravizado do plantel do capitão Felisberto Caldeira Brant, um potentado local nas Minas Novas do Paracatu em 1746 (Rocha, 2019). Do ponto de vista do cirurgião, seu encontro erótico com José pouco ou nada teria se diferenciado dos muitos outros que mantivera ao longo da vida com dezenas de pessoas em várias partes do Império ultramarino, especialmente nos lugarejos dos sertões da América portuguesa. Como temos visto, na Época Moderna o sentimento de infância era ainda incipiente, principalmente para os filhos e as filhas das pessoas escravizadas. Tanto mais, o modo como Lucas da Costa Pereira relacionava-se eroticamente com muitos homens escravizados, menores ou maiores de idade, aponta para o problema da violência sexo-racial cotidiana perpetrada pelos senhores contra as pessoas escravizadas na sociedade colonial. Cabe interrogar se essa interface, tipicamente escravista, entre violência e homoerotismo era algo que dava coesão às relações de dominação e de exploração conformadoras da escravidão no Brasil Colônia (Lara, 1988, p. 342).

A leitura do processo movido pela Inquisição contra o cirurgião mostra como as marcas corpóreas deixadas pelo estupro anal do *mulatinho* (categoria racial que aparece na fonte) José serviram como estopim para a publicidade das práticas homoeróticas e, consequentemente, para a ação repressora de instâncias privadas (os potentados locais) e públicas (a Igreja e a Inquisição) contra elas. Há que se relembrar aqui das análises contrassexuais de Hocquenghem e Preciado sobre como a privatização ou o fechamento do orifício anal foi parte importante do processo histórico de separação e distinção das esferas pública e privada no Ocidente, a partir da ação de tecnologias de gênero que produzem corpos generificados segundo uma distribuição desigual e hierarquizada (inclusive racialmente) da categoria sexo sobre as superfícies corpóreas (Hocquenghem & Preciado, 2009, p. 74-7; Preciado, 2014, p. 17-35). As marcas anais do estupro serviram como uma escrita da dominação senhorial sobre o corpo de José, construindo-o como ente escravizado, desprovido de um senso de posse individual de si mesmo e, idealmente, tornado dócil à exploração de seu trabalho pelo sofrimento de castigos constantes e exemplares (Lara, 1988, p. 86-7; Foucault, 2011, p. 131-61; Reis, 2008, p. 74).[6]

Em sua relação com o jovem José, Lucas da Costa Pereira recorreu à força e ao estupro para concretizar seus desejos homoeróticos, tendo em vista as várias negativas do escravizado às instâncias do cirurgião para que realizassem o sexo anal. Porém, não fica claro se, em todos os seus outros encontros eróticos com homens escravizados, a violência física tenha desempenhado o mesmo papel. Para averiguar isso, retomemos a narrativa de sua vida e de suas aventuras homoeróticas, interpeladas pelo Santo Ofício como sodomíticas, com base nas confissões feitas pelo cirurgião aos inquisidores de Lisboa. Nas sessões de confissão e exame de consciência, o réu deu informações mais precisas a respeito de si. Assim, é possível saber que ele era cristão-velho, filho de Manoel da Costa Pereira, mercador, e de Joana Teixeira, natural da cidade de Funchal, na ilha da Madeira, tendo 54 anos ao ser interrogado em Lisboa.[7]

---

6 Douglas Libby relembra que o escravismo moderno buscava suas raízes jurídicas no direito romano, segundo o qual o senhor tinha total autoridade sobre o todo de sua propriedade cativa, de modo que, na prática, "tais relações envolviam, pelo menos potencialmente, todos os aspectos da vida cotidiana de ambas as partes: cativos, senhores, familiares e eventuais agregados" (Libby, 2008, p. 32).

7 ANTT, IL, proc. n. 00205, fl. 28.

As experiências homoeróticas de Lucas da Costa Pereira retrocediam por quase quatro décadas, indicando que toda sua vida fora marcada por reinvenções constantes do erotismo normativo nas sociedades coloniais e de Antigo Regime, ao mesmo tempo que reproduzia as hierarquias do sistema escravista. Uma característica marcante da experiência de Lucas da Costa Pereira foi o nomadismo. Como oficial de cirurgia, ele percorreu longos caminhos pelo Império ultramarino português, andando, principalmente, pelos sertões americanos, que, desde o início do século XVIII, vinham sendo intensamente povoados, na ânsia geral pelas riquezas minerais das Minas (além das várias oportunidades econômicas abertas pela urbanização da região) (Holanda, 1977, p. 278). A vida de Pereira, consequentemente, foi marcada por um sem-fim de encontros nefandos clandestinos, a maioria dos quais se perdeu nos sertões do Novo Mundo e nas memórias do réu.

Os relatos mais antigos fornecidos pela personagem são dos atos de sodomia consumada, ainda na juventude, na cidade de Funchal, na ilha da Madeira. Com dezesseis anos, pouco mais ou menos, Lucas da Costa Pereira cometeu a sodomia com o frei Miguel, na cela deste no convento carmelita da cidade, e com o padre Pedro de Miranda, sacerdote da Ordem de São Pedro (com este, foram três ou quatro encontros). Após essas sodomias de juventude, a confissão do réu salta para 26 anos antes (quando Pereira teria em torno de 28 anos, logo, um homem adulto), encontrando-o já embrenhado nos sertões da América portuguesa, em uma fazenda na região de Barra do Rio Grande, bispado de Pernambuco, às margens do São Francisco.[8] Ali, Lucas da Costa Pereira tornou a cometer ato de sodomia consumado com o frei Manoel Castelo Branco, da ordem do Carmo, supostamente filho dos condes de Pombeiro. Nessa única ocasião, o réu confessou ter sido também paciente no ato sodomítico, o que enseja a questão do possível peso da hierarquia social na definição dos papéis sexuais entre sodomitas no Antigo

---

8 Cruzando os dados da confissão do réu com as informações presentes no *Atlas histórico da América lusa*, acredito que a fazenda mencionada se localizava na região da localidade de São Francisco das Chagas da Barra do Rio Grande, que se tornou vila em 1752. Trata-se de um povoado às margens do rio São Francisco, o que concorda com os passos seguintes das andanças do cirurgião sodomita (Gil *et al.*, 2016, p. 8-9).

Regime. Em seguida, há novo salto temporal na narrativa de confissão do réu, pousando na região da cidade da Bahia, onde estabeleceu moradia na vila de Nossa Senhora do Rosário do Cairu. Note-se que, em sua sessão de genealogia, Lucas Pereira afirmou ter sido crismado nessa vila pelo arcebispo da Bahia (dom José Botelho de Matos, embora o réu não o soubesse nomear quando se confessou), porém sem precisar a data em que recebeu o sacramento. Na vila do Cairu, Pereira confessou sua última cópula sodomítica com um clérigo, o frade franciscano Antônio do Carmelo, novamente como agente penetrador no ato.[9] Daí em diante, todos os parceiros confessados por Lucas Pereira foram escravizados seus ou de outrem, tantos que ele não os podia mais nomear com certeza, como afirmou no trecho seguinte:

> Disse mais que, andando ele confitente pelos sertões da América, onde continuamente mudava de sítio e habitação, por ser chamado de diferentes terras e freguesias por ocasião da sua arte de cirurgia, acudindo aos lugares a que era chamado, por outras muitas vezes, com diferentes pessoas, de cujos nomes nem habitação certa se pode lembrar, teve, em diferentes ocasiões, os mesmos atos de Sodomia Consumada, na mesma forma sobredita. E só se lembra que todas estas pessoas eram sempre os escravos de diferentes senhores, que das suas terras tinham vindo há pouco tempo para os ditos lugares. E cometeu o dito nefando pecado, sendo sempre agente e os ditos escravos pacientes.[10]

Trata-se de uma passagem rica em detalhes significativos para a compreensão da trajetória do réu e de sua contínua prática sodomítica. O primeiro ponto a ser destacado são as andanças realizadas por Pereira. Em seus depoimentos, afirma ter percorrido os sertões da América meridional, detalhando locais como as cidades da Bahia, do Rio de Janeiro e de São Paulo, as vilas de Moratim de Tá, Pindamonhangaba, Taubaté, Marau e os arraiais e as aldeias de São Romão, Barra do Rio Grande, Rio das Contas, Jacobina, Rio das Mortes e Campanha do Rio Verde.[11] Ainda que não se possa afirmar quando, como e por qual porto o réu penetrou a América,

9 ANTT, IL, proc. n. 00205, fl. 28-9, 30-2, 36.
10 ANTT, IL, proc. n. 00205, fl. 32.
11 ANTT, IL, proc. n. 00205, fl. 37f.

vindo da ilha da Madeira, é possível dizer que percorreu boa parte dos caminhos que conectavam as várias regiões da colônia.

Percebe-se que Pereira levou uma vida nômade ou seminômade após sair de sua terra natal. Como ele próprio alegou, no trecho anteriormente destacado, uma razão para tal modo de vida era o seu ofício de cirurgião. Contudo, não teria sua reiterada prática homoerótica também influenciado suas andanças? Há um entrelaçamento oculto entre as duas instâncias, que posiciona a sodomia como mais um fator de desclassificação social na sociedade colonial, atuando, ao menos, por dois mecanismos: a depredação do patrimônio e as penalidades previstas nas Ordenações do Reino. No decurso da vida de Lucas da Costa Pereira, a prática constante da sodomia agiu para desqualificá-lo, empobrecendo-o e desonrando-o (Souza, 2017, p. 121-83; Souza, 1999, p. 85). Uma comparação entre trechos de sua primeira confissão e seu inventário atesta nítido empobrecimento do réu ao longo das décadas. Pereira confessou ter praticado a sodomia em duas ocasiões, por volta de 1740, com escravizados de sua propriedade, um chamado Ignácio, natural do estado da Mina, outro por nome Matheus, natural do Reino de Angola.[12] No entanto, em seu inventário, não consta a posse de qualquer escravizado. Essa redução no patrimônio do réu pode ser associada às constantes mudanças de local de moradia, feitas, às vezes, às pressas, para fugir à perseguição do Estado e da Inquisição à sodomia, ou às violências populares, que desejavam linchá-lo.[13] Temendo por sua liberdade, sua segurança e sua vida, Lucas da Costa Pereira pode ter sido obrigado a se desfazer de parte de seu patrimônio para financiar os constantes deslocamentos. Contudo, há que se destacar que, no momento de sua prisão, Pereira não tinha uma situação econômica desesperadora, uma vez que constam de seu inventário, além de vários itens específicos ao seu ofício de cirurgião, uma pequena criação de galinhas e uma plantação de mandioca, as quais ele provavelmente explorava para sua subsistência.[14] Ao final do processo, sua situação econômica terá declinado sensivelmente.

---

12 ANTT, IL, proc. n. 00205, fl. 30.

13 Ver os testemunhos de Cipriano Antunes Vieira e de Luís de Souza e Silva na fase inicial do processo. ANTT, IL, proc. n. 00205, fl. 8f, 12f.

14 ANTT, IL, proc. n. 00205, fl. 25f.

Na outra dimensão do processo de desclassificação social, a condenação do réu no crime de sodomia resultou em sua inabilitação, bem como na de seus descendentes (se houvesse), para ocupar qualquer cargo público ou eclesiástico. Essa era uma penalidade de praxe, prevista nas Ordenações Filipinas. Pereira foi condenado também a ir em auto público da fé, na forma costumeira, para ouvir a sentença, ao confisco de todos os bens, a ser açoitado pelas ruas públicas de Lisboa e ao degredo por dez anos para as galés do rei.[15] Todas as penas a que o réu incorreu reforçavam o estigma social que recaía sobre o condenado pelo Santo Ofício e, de modo ainda mais pesado, sobre o sodomita. O açoitamento era uma pena degradante, da qual os estamentos superiores da sociedade (nobres e autoridades da Igreja) estavam isentos. A pena de trabalho forçado (o degredo para as galés do rei) impingia a degradação associada ao labor dos escravizados, trazendo todo o demérito que o trabalho simbolizava em sociedades escravistas. Por fim, a leitura pública da sentença em auto de fé era um suplício voltado para a humilhação dos condenados perante a sociedade, expondo seus crimes e pecados e despejando sobre eles toda a força dos estigmas associados aos tabus sexuais existentes naquela cultura. Mesmo quando não ocorria a execução da pena capital, tratava-se de uma morte social para o condenado, que se tornava, irremediavelmente, um desclassificado.

A sentença do réu foi cumprida, após confirmação pelo Conselho Geral no estilo do regimento de 1640, em 24 de setembro de 1747, em auto de fé realizado na igreja do Convento de São Domingos em Lisboa. Na mesma ocasião, Lucas da Costa Pereira recebeu os açoites a que foi condenado. No dia seguinte, conforme o termo de segredo, Pereira foi enviado para o cumprimento de seu degredo.[16] A última fase do processo apresenta um salto temporal de oito anos, revelando as consequências da desclassificação social associada à sodomia para a subjetividade do antigo cirurgião. Trata-se de uma petição para a comutação da pena de trabalhos forçados, a qual foi justificada pelo procurador do réu nos seguintes termos:

15 ANTT, IL, proc. n. 00205, fl. 53.
16 ANTT, IL, proc. n. 00205, fl. 59f, 60f, 61f.

Diz Lucas da Costa Pereira, que ele suplicante foi sentenciado por este Santo Tribunal, pelas suas enormes culpas, no auto público, que se celebrou no Convento de São Domingos em 24 de setembro do ano de 1747, a dez anos para as galés. Onde está, que vai correndo para oito anos, e dois de prisão em cadeias e cárceres. E como se vê com setenta anos de idade, falto de talento para poder resistir a este rigoroso purgatório. E como no dito ano vieram sete e destes só ele pobre e miserável, se ata de que pede a Vossas Senhorias, pela morte e paixão de Nosso Senhor Jesus Cristo, lhe queiram perdoar o tempo que lhe falta, de que rogará a Deus pela vida e saúde de Vossas Senhorias.[17]

Estava completo o processo de desclassificação social de Lucas da Costa Pereira. A idade avançada e, sobretudo, a pobreza foram usadas como justificativas para que o restante da pena fosse perdoado — a que os inquisidores aquiesceram. De oficial cirurgião senhor de escravos, a personagem passara, no prazo de quinze anos, a trabalhador forçado, carregando o estigma de condenado pelo Santo Ofício pelo crime infamante de sodomia.

Como vemos, no Brasil colonial, as práticas homoeróticas de homens de distintas procedências socioculturais não se desligavam das hierarquias sexo-raciais que, gestadas pelo escravismo e pela colonização, organizavam essa sociedade. Mais do que agentes demoníacos, "filhos da dissidência", como pregava o inquisidor-geral, cardeal, infante e, depois, rei D. Henrique, esses sodomitas eram homens arraigados em sua temporalidade, experimentando e inventando seus prazeres proscritos com as ferramentas culturais a que tinham acesso. É nesse sentido que a interpelação inquisitorial podia vir a constituir um espaço ambíguo de resistência para aqueles que, subalternizados pela escravidão, usaram a perseguição do Santo Ofício aos sodomitas como arma contra seus senhores. No próximo tópico, acompanharemos um caso clássico na historiografia brasileira de violência senhorial, porém focando, desta feita, o modo como responderam os que a ela estavam submetidos.

---

17 ANTT, IL, proc. n. 00205, fl. 65f.

Sodomia e resistência de escravizados no Grão-Pará setecentista

Trata-se de um caso que chegou ao conhecimento do Tribunal do Santo Ofício durante a visitação tardia ao Grão-Pará, realizada em meados do século XVIII. Envolve o senhor de engenho Francisco Serrão de Castro e um grande número de cativos de sua propriedade, e foi descrito pelo antropólogo Luiz Mott (1988, p. 48-9) como "o episódio de maior violência numa relação homoerótica entre senhor e escravos" durante o período colonial. Ronaldo Vainfas (1989, p. 173-4) adotou o mesmo tom, ao escrever que "em matéria de violência sodomítica contra escravos ninguém superaria a Francisco Serrão de Castro".[18] Neste tópico, abordaremos um pouco do aspecto vislumbrado por Vainfas, investigando de que modo os africanos escravizados de Francisco Serrão de Castro parecem ter, aos poucos, construído a estratégia de denunciar o senhor violento a uma instituição do poder colonial. Tomamos por base a proposta aventada por Silvia Lara e Luiz Carlos Villalta de que é necessário verificar as formas pelas quais aqueles que não tinham poder na sociedade de Antigo Regime, situação óbvia dos escravizados no Brasil colonial, puderam se apropriar, em alguma medida, de instituições e mecanismos de governo dos povos da Coroa portuguesa, colocando-os, até certo ponto, para funcionar na direção de seus interesses (Lara, 2007, p. 35-6; Villalta, 2016, p. 32-3). Terá sido a Visitação do Santo Ofício instrumentalizada desta maneira pelos escravizados do plantel desse senhor particularmente violento?

Para realizar essa investigação, acompanhemos, de modo breve, os principais pontos do processo. O primeiro a apresentar-se diante do visitador Geraldo José de Abranches foi Joaquim Antônio. Cabe assinalar que Antônio, como a maioria de seus companheiros de cativeiro,

---

18 O caso do senhor paraense também foi comentado por James H. Sweet em seu livro sobre a cultura, as relações de parentesco e a religião criadas por populações africanas no mundo afro-português. No capítulo sobre doenças, mortalidade e poder senhorial, o autor trata do caso, destacando também como esse foi um dos mais graves episódios de violência senhorial no período escravocrata brasileiro (Sweet, 2003, p. 74-5).

viera de Angola, conquista portuguesa na África, onde fora batizado. Após a admoestação de praxe por parte do visitador, Joaquim Antônio iniciou sua denúncia:

> Que haverá seis anos, pouco mais ou menos, no mês de junho, não está certo do dia, no engenho do dito seu senhor Domingos Serrão de Castro, que ainda então era vivo, achando-se o dito seu filho Francisco Serrão de Castro na loja da casa em que morava o dito defunto, a horas de meio-dia, ele confitente [estando] assentado na escada que ia para o sobrado da dita casa, da referida loja, chamou-o o dito Francisco Serrão de Castro, e, indo ele confitente saber o que lhe mandava ele, o fez entrar para dentro da dita loja, e, fechando a porta dela e tirando a chave, o mandava assentar na cama em que ele costumava dormir, porém, que ele confitente o duvidara fazer, de que resultou pegar o dito nele confitente, o lançando em cima da dita cama, dizendo-lhe que pusesse sobre ela o rosto, ficando com as costas para cima, e logo lhe fez descer os calções para baixo. E não obstante que ele confitente logo conheceu o mau fim que o dito Francisco Serrão de Castro tinha naquelas ações, porque já neste tempo se queixavam vários servos do dito engenho de que ele os cometia pela parte prepostera, vendo que a porta estava fechada e que não tinha por onde fugir, cheio também de medo de algum rigoroso castigo, conveio no que ele quis. E logo o dito Francisco Serrão de Castro pretendeu, com toda a força, nele introduzir o seu membro viril dentro do vaso prepostero dele confitente. O que não podendo ele confitente tolerar, se sacudiu como pôde, sem que pudesse o dito consumar o seu depravado apetite, senão fora do dito vaso, lhe molhando as pernas de sêmen, que derramou. E concluída a dita ação, logo disse a ele confitente que nada contasse a pessoa alguma, e lhe deu quatro vinténs, prometendo que lhe havia de dar ainda mais dinheiro. E abrindo-lhe a porta, saiu ele confitente para fora, fugindo dele daí por diante, para que lhe não sucedesse outro semelhante ou pior aperto, tendo se livrado do primeiro, de que o dito lhe introduzisse o dito seu membro no vaso prepostero, como fortemente pretendia e conseguiria, se ele confitente consentisse. E que daqui resultara ficar-lhe com má vontade o dito Francisco Serrão de Castro, de forma que muitas vezes lhe mandou dar surras rigorosas com outros pretextos.[19]

19 ANTT, IL, proc. n. 12.894, fl. 2v-3f.

A respeito dessa confissão ou denúncia inicial, alguns comentários são necessários. Em primeiro lugar, note-se que o caso relatado acontecera havia um bom tempo, seis anos antes, portanto por volta de 1761. Ora, a mesa da visitação estava em funcionamento no Colégio de S. Alexandre, na cidade de Belém do Pará, desde 1763. Por que, então, o escravizado Joaquim levou mais quatro anos para se apresentar diante dela? Em segundo lugar, veremos, por meio das outras duas denúncias que compõem o auto elaborado contra o senhor de engenho, que o modo como Castro atraiu e atacou o escravizado Joaquim Antônio para obrigá-lo ao nefando foi uma estratégia senhorial utilizada em várias ocasiões contra outros escraviza-dos, valendo-se de sua autoridade. Em terceiro lugar, mesmo antes de ter sido violentado por seu senhor, Joaquim Antônio já tinha ouvido histórias, queixas e reclamações feitas por seus companheiros de cativeiro a respeito dessa particular violência perpetrada por Francisco Serrão de Castro. O costume que os escravizados do engenho tinham de compartilhar entre si relatos das violências sofridas (o que não era um traço específico a esse grupo; ao contrário, observa-se a existência de algo como uma rede infor-mal de comunicação entre escravizados e outros grupos subalternos em várias ocasiões da história colonial brasileira), especialmente dessa forma de violência sexual, parece ser a chave para entender como esse caso, que, a princípio, poderia ser considerado apenas mais um episódio de confli-tos particulares entre um senhor e seus escravizados, acabou sendo levado a uma instituição externa, à Visitação do Santo Ofício.

Para tanto, é necessário focar as passagens da denúncia de Joaquim Antônio nas quais ele falou de suas motivações para ir apresentar-se ao visitador. No início do interrogatório, Joaquim Antônio declarara que ouvira muitas pessoas dizerem que a ação praticada pelo seu senhor era um caso cujo conhecimento pertencia ao Santo Ofício e que era bom, ou seja, era sua obrigação, que o comunicasse à Inquisição. Um pouco depois, ao fim da sessão, perguntado pelo visitador sobre a razão por que não fizera antes a denúncia, Joaquim Antônio deu a entender que não estava imediatamente clara para o grupo de escravizados a jurisdi-ção integral do Santo Ofício, ao menos não para todos.[20] Trata-se de um efeito retardado da visitação.

20 ANTT, IL, proc. n. 12.894, fl. 3f, 4v.

Sobre a denúncia de Joaquim Antônio, cabe ainda analisar de que modo conferia um aspecto coletivo à violência senhorial e à resistência dos escravizados. Porque, ao ser instado a fornecer mais detalhes sobre sua denúncia e sobre os procedimentos de Francisco Serrão de Castro, Joaquim Antônio contou ao inquisidor que o senhor de engenho era "useiro e vezeiro" de praticar a sodomia com seus escravizados, sendo assim reputado por quase todas as pessoas no engenho. Ao que parece, e será confirmado pelas duas denúncias seguintes, a prática nefanda de Francisco Serrão de Castro era pública — ao menos no microuniverso do engenho e de sua escravaria.[21] Joaquim Antônio lista mais dezenove homens ou rapazes que foram violentados analmente pelo senhor Francisco Serrão de Castro. Nota-se que eles foram todos descritos como naturais ou de nação maxicongo (ou mixicongo, missicongo, uma designação étnica da África Central) ou de Angola, solteiros em sua maioria (apenas dois seriam casados), e pelo menos dois eram jovens e chegados havia relativamente pouco tempo de Angola. Todos se queixaram ao denunciante de terem sofrido violência sexual anal, provavelmente compartilhando em grupo seus casos particulares de sofrimento. Assim, ao denunciar o senhor estuprador no Santo Ofício, Joaquim Antônio não apenas estava fazendo uso de uma instituição do poder colonial-estatal-eclesiástico para seus próprios fins, como parecia tecer uma estratégia coletiva de resistência contra essa forma de opressão senhorial.[22]

Outros dois depoimentos completam os autos contra Francisco Serrão de Castro. As duas testemunhas são também homens africanos escravizados que sofreram violências sexuais perpetradas por Francisco Serrão de Castro. Elas chamavam-se João Marimba, africano, escravizado e de nação maxicongo (ou missicongo) de Angola, e João Angola, casado com Ana, escravizado dos religiosos de Nossa Senhora do Carmo, ambos tendo sido referidos no primeiro testemunho e, provavelmente por isso, chamados pelo visitador para se apresentarem à mesa. Seus depoimentos corroboram a narrativa de Joaquim Antônio sobre as práticas sodomíticas do senhor de engenho, por quem João Marimba também havia sido estuprado.[23] Todos os escravizados que relataram ter sofrido violências sexuais, inclusive o sexo

21 ANTT, IL, proc. n. 12.894, fl. 3v.
22 ANTT, IL, proc. n. 12.894, fl. 3v-4f.
23 ANTT, IL, proc. n. 12.894, fl. 6v-7f.

anal forçado, declararam ser de nação Angola ou maxicongo (missicongo) de Angola, o que levanta uma questão a respeito dos sentidos da categoria "nação" nesse contexto histórico.

No Brasil escravista, desde o século XVI, algumas categorias coletivas africanas, chamadas "nações", floresceram como instituições políticas urbanas localizadas no sistema de governo dos povos do Antigo Regime. Tais nações africanas institucionalizadas tinham festas próprias, livros de registro de suas atividades, insígnias que portavam em desfiles nos dias festivos (delimitando sua identidade política) e dirigentes (os reis e as rainhas da nação), eleitos em um processo reconhecido pelas autoridades coloniais, que conferiam aos monarcas das nações certas dignidades. A nação africana era, pois, "uma parte da estrutura política dos sistemas coloniais das Américas". Mesmo se a designação primeira de uma nação fosse uma arbitrariedade do tráfico negreiro (o que sem dúvida era, basta ver a criação da nação dos minas, isto é, dos embarcados da fortaleza e porto escravista de São José da Mina, na África ocidental) ou uma manipulação dos senhores, a nação africana tornou-se uma instituição da sociedade colonial de Antigo Regime, estruturada e funcional, herdeira de uma organização de base social antiga, remontando à Antiguidade e adaptada pelos colonialistas à ordem colonial e escravista da Época Moderna (Silveira, 2008, p. 291-301).

Destarte, a identificação de todos os escravizados violentados por Francisco Serrão de Castro como de nação Angola ou maxicongo sugere, no contexto dos eventos que levaram à primeira denúncia feita por Joaquim Antônio, que havia algum nível de identificação interpessoal entre os integrantes do grupo. Uma precária e circunstancial identidade étnico-política parece estar ali em gestação, articulando-se às possibilidades de inserção política secundária abertas pelo Antigo Regime. Reforçam tal hipótese duas circunstâncias do contexto da Amazônia colonial. Em primeiro lugar, a presença rarefeita de escravizados africanos no Grão-Pará durante o período, visto que a maior parte da mão de obra colonial era composta, ali, por indígenas (escravizados, administrados ou aldeados).[24] Em segundo lugar, diante da política senhorial

---

24 A população de africanos no Grão-Pará somente cresceu no tempo da Companhia Geral de Comércio, estabelecida por alvará régio de 7 de junho de 1755 e extinta no contexto mais liberalizante do reinado de D. Maria I

e colonial de precaver a ocorrência de rebeliões de escravizados por meio da fragmentação identitária em cada plantel, evitando a concentração de muitos elementos da mesma etnia ou nação em uma única propriedade ou navio negreiro, tendo em vista a ação criativa dos africanos, inventando, de novas formas, nas práticas cotidianas, suas identidades em contexto de diáspora e colonialismo (Villalta, 1997, p. 341-2).

A hipótese de que as denúncias dos africanos contra Francisco Serrão de Castro consistiam em um plano mais ou menos esboçado é reforçada por uma das respostas de João Marimba e pelo relato dos dois encontros que o terceiro depoente, João de nação Angola, teve com dois grupos de escravizados previamente violentados pelo senhor de engenho. João Marimba, o segundo denunciante, explicitou sua conexão com Joaquim Antônio, a primeira testemunha, no que toca a uma decisão conjunta de denunciarem seu senhor ao Santo Ofício:

> Perguntado que causa o moveu para agora o declarar e o mais que tinha vivido, ou se o declarou falsamente por ódio ou má vontade que tinha ao dito seu senhor. Disse que a causa que o movera para declarar o que tem testemunhado fora por ser chamado a esta Mesa, e saber do que dado conta nela, do mesmo seu senhor, o preto Joaquim, e que era ocasião de dizer tudo.[25]

João, o terceiro denunciante, por sua vez, relatou ao visitador ter se encontrado primeiro com os africanos Garcia, João Primeiro, Joaquim (o primeiro denunciante) e Antônio, e, mais tarde, no mesmo dia, encontrou-se com Domingos da Costa, João Marimba (o segundo denunciante) e Afonso. Sobre o primeiro encontro, João disse que um deles, sem precisar qual, embora provavelmente se tratasse de Joaquim, já havia denunciado o caso "ao padre que veio do Reino", com o que

---

em 25 de fevereiro de 1778. Os africanos escravizados foram concentrados nas fazendas de gado da ilha do Marajó e nas propriedades agrícolas ao redor de Belém — exatamente a região em que se localizavam os engenhos de Boa Vista, propriedade de Francisco Serrão de Castro, e do Cabresto, dos religiosos da ordem de Nossa Senhora do Carmo, onde residiam todos os africanos envolvidos no caso (Reis, 2008, p. 296).

25 ANTT, IL, proc. n. 12.894, fl. 8f.

ele queria dizer o visitador. No segundo grupo, os africanos disseram expressamente que não podiam aceitar tal situação.[26]

Assim, a conjunção de fatores parece ter propiciado uma união desses escravizados em torno do objetivo de resistir às violências sexuais e sodomíticas do senhor. Porém a estratégia de denunciar à instituição exterior e pública que era o Santo Ofício não foi compartilhada por todos. O terceiro denunciante relata ter sugerido prudência aos companheiros, recomendando-lhes "não andarem com tais coisas contra o dito seu senhor, porque eram só escravos".[27] Para João de Angola, a estratégia mais eficaz para resistir parece ter sido o silêncio e a submissão, ao menos aparente, preservando o caráter privatista da relação senhor/escravizado. A estratégia de resistência escolhida por esse grupo de africanos escravizados não foi, contudo, o silêncio. Muito pelo contrário: eles resistiram, colocando-se em discurso, articulando a exposição sobre a violência que sofreram. Duas falas das testemunhas parecem, neste momento, bastante significativas, por evidenciar como se apropriaram da ética cristã e colonial do sexo para ocasionar a condenação moral de seu senhor:

> a vida e costumes e procedimentos [de Francisco Serrão de Castro] só sabe que ele costuma fornicar aos escravos do engenho, na forma que tem declarado, e que nesta parte é tido entre eles por homem péssimo. [...] E que ouvindo isso, ele testemunha e os ditos pretos que ali antes se achavam, disseram aos sobreditos quatro que aquilo não prestava, que [se os] obrigassem o seu senhor tal coisa, não fariam.[28]

Francisco Serrão de Castro foi, de fato, julgado e condenado moralmente pelos africanos que violentara como um "homem péssimo", pois aquilo que fazia "não prestava". Se a isso seguiu-se uma condenação inquisitorial, não é dado ao historiador saber, devido às limitações da documentação produzida por essa visitação tardia.

26 ANTT, IL, proc. n.12.894, fl. 11f.
27 ANTT, IL, proc. n. 12.894, fl. 11v.
28 ANTT, IL, proc. n. 12.894, fl. 11f.

Considerações finais

Após esse rápido percurso por alguns casos e relatos de práticas homoeróticas em diferentes tempos e espaços do Brasil colonial, resta claro de que modo esses homens pouco tinham a ver com a caracterização demoníaca que recebiam no discurso teológico e moral cristão. Interpelados como sodomitas por visitadores, bispos, familiares e comissários do Santo Ofício e pelos inquisidores, esses meninos, rapazes e homens continuavam dedicando-se ao homoerotismo, inventando então, cotidianamente, algum espaço para um prazer cerceado pela culpa originada de um pecado nefando e abjeto — o que não significa que tais práticas ocorressem isentas do constrangimento das estruturas da sociedade colonial. Como vimos, o homoerotismo entre meninos e rapazes podia ser mais uma ocasião para o aprendizado e a internalização das hierarquias sexo-raciais típicas do escravismo. Um aprendizado que poderia ocorrer em relações de maior ou menor deleite, como foi o caso dos irmãos Aguiar com o mameluco Marcos Tavares, ou de maior violência, tal como a sofrida pelo "mulatinho" José no estupro anal cometido pelo cirurgião Lucas da Costa Pereira. Concomitantemente, ao reinventar o homoerotismo em suas práticas de todo dia, essas pessoas precisavam sempre ter em mente as precariedades características do viver em colônia, onde a privacidade, no sentido de condições de segredo e clandestinidade, era rara, uma vez que os espaços eram permeáveis e todos queriam e podiam saber da vida de todos nas pequenas localidades. Não é de estranhar que lugares como matas, terrenos baldios, costas das igrejas e palácios, acampamentos e pequenos lugarejos por caminhos e sertões interiores da América portuguesa, utilizados largamente pelo cirurgião Lucas da Costa Pereira para seus encontros sodomíticos, especialmente com a cobertura noturna, tenham se convertido em locais de alcouce homoerótico.

Por fim, cabe destacar que, mesmo se interpelados por instituições normativas para internalizarem suas práticas homoeróticas como culpas de sodomia assaz graves para a salvação de suas almas, em dadas circunstâncias, alguns desses homens se mostraram capazes de escavar aí um espaço de resistência à violência do sistema escravista. Foi o que fizeram quase duas dezenas de africanos escravizados no Grão-Pará que sofriam fortes violências eróticas, indo até mesmo ao estupro, por parte de seu senhor. Mobilizando de forma inventiva categorias de identidades diaspóricas e coloniais, suas nações africanas maxicongo e Angola, Joaquim Antônio, João Marimba, João Angola, Garcia, João Primeiro, Antônio, Domingos da Costa, Afonso e outros mais não nomeados no processo inquisitorial conseguiram romper a privacidade da dominação senhorial, alcançando uma esfera pública ligada ao Estado e à Igreja, por meio da Visitação, para inventar uma resistência ao que entendiam ser uma violência.

Referências

ARIÈS, Philippe. *História social da criança e da família*. Trad. Dora Flaksman. Rio de Janeiro: Guanabara, 1986.

BELLINI, Ligia. *A coisa obscura: mulher, sodomia e Inquisição no Brasil colonial*. São Paulo: Brasiliense, 1989.

BENNASSAR, Bartolomé. *Inquisición española: poder político y control social*. Barcelona: Editorial Crítica, 1984.

BROWN, Judith C. *Atos impuros: a vida de uma freira lésbica na Itália da Renascença*. Trad. Claudia Santana Martins. São Paulo: Brasiliense, 1987.

CALAINHO, Daniela Buono. *Agentes da Fé: familiares da Inquisição Portuguesa no Brasil colonial*. Bauru: Edusc, 2006.

COSTA, Jurandir Freire. *A inocência e o vício: estudos sobre homoerotismo*. Rio de Janeiro: Relume Dumará, 1992.

DE CERTEAU, Michel. *A invenção do cotidiano: as artes de fazer*. 3 ed. Trad. Ephraim Ferreira Alves. Petrópolis: Vozes, 1998.

DELUMEAU, Jean. *O pecado e o medo: a culpabilização no Ocidente (séculos 13-18)*, v. 2. Trad. Álvaro Lorencini. Bauru: Edusc, 2003.

FEITLER, Bruno. *Nas malhas da consciência: Igreja e Inquisição no Brasil*. São Paulo: Alameda/Phoebus, 2007.

FOUCAULT, Michel. *História da sexualidade*, v. 1, *A vontade de saber*. Trad. Pedro Tamen. Lisboa: Antropos/Relógios d'água, 1977.

FOUCAULT, Michel. *Vigiar e punir: nascimento da prisão*. 39 ed. Trad. Raquel Rama-lhete. Petrópolis: Vozes, 2011.

FOUCAULT, Michel. *Histoire de la sexualité*, v. 4, *Les aveux de la chair*. Paris: Gallimard, 2018.

FREYRE, Gilberto. *Casa-grande & senzala: formação da família brasileira sob o regime da economia patriarcal*. 51 ed. São Paulo: Global, 2006.

GIL, Tiago Luís *et al. Atlas histórico da América Lusa*. Porto Alegre: Ladeira Livros, 2016.

GÓES, José Roberto & FLORENTINO, Manolo. "Crianças escravas, crianças dos escravos". *In*: PRIORE, Mary del (org.). *História das crianças no Brasil*. 7 ed. São Paulo: Contexto, 2010, p. 96-105.

HESPANHA, António Manuel. *Imbecillitas: as bem-aventuranças da inferioridade nas sociedades de Antigo Regime*. São Paulo: Annablume, 2010.

HOCQUENGHEM, Guy & PRECIADO, Beatriz. *El deseo homosexual/ Terror anal*. Barcelona: Melusina, 2009.

HOLANDA, Sérgio Buarque de. "Metais e pedras preciosas". *In*: HOLANDA, Sérgio Buarque de (org.). *História geral da civilização brasileira*, tomo I, *A época colonial*, v. 2, *Administração, economia, sociedade*. Rio de Janeiro/São Paulo: Difel, 1977, p. 259-310.

LARA, Sílvia Hunold. *Campos de violência: escravos e senhores na capitania do Rio de Janeiro 1750-1808*. Rio de Janeiro: Paz e Terra, 1988.

LARA, Sílvia Hunold. *Fragmentos setecentistas: escravidão, cultura e poder na América portuguesa*. São Paulo: Companhia das Letras, 2007.

LIBBY, Douglas Cole. "Repensando o conceito de paternalismo escravista nas Américas". *In*: PAIVA, Eduardo França & IVO, Isnara Pereira (org.). *Escravidão, mestiçagem e histórias comparadas*. São Paulo/Belo Horizonte/Vitória da Conquista: Annablume/PPGH-UFMG/ Eduneb, 2008, p. 27-39.

LOPES, Luiz Fernando Rodrigues. *Vigilância, distinção e honra: Inquisição e dinâmica dos poderes locais no sertão das Minas setecentistas*. Curitiba: Prismas, 2014.

MATTOSO, Kátia de Queirós. "O filho da escrava (Em torno da Lei do Ventre Livre)". *Revista Brasileira de História*, v. 8, n. 16, mar-ago. 1988, p. 37-55.

MONTEIRO, Nuno Gonçalo (org.). *História da vida privada em Portugal: a Idade Moderna*. Lisboa: Círculo de Leitores, 2011.

MOTT, Luiz. *O sexo proibido: virgens, gays e escravos nas garras da Inquisição*. Campinas: Papirus, 1988.

MOTT, Luiz. "*Justitia et misericordia*: a Inquisição portuguesa e a perseguição ao nefando pecado de sodomia". *In*: NOVINSKY, Anita & CARNEIRO, Maria Luiza Tucci (org.). *Inquisição: ensaios sobre mentalidade, heresia e arte*. Rio de Janeiro/São Paulo: Expressão e Cultura/Edusp, 1992.

MOTT, Luiz. *Bahia: Inquisição & sociedade*. Salvador: Edufba, 2010.

NOVAIS, Fernando. "Condições de privacidade na colônia". *In*: SOUZA, Laura de Mello e. *História da vida privada no Brasil: cotidiano e vida privada na América portuguesa*. São Paulo: Companhia das Letras, 1997, p. 13-39.

PAIVA, Eduardo França. *Dar nome ao novo: uma história lexical da Ibero-América entre os séculos XVI e XVIII: as dinâmicas de mestiçagem e o mundo do trabalho*. Belo Horizonte: Autêntica, 2015.

PALOMO, Federico. *Fazer dos campos escolas excelentes: os jesuítas de Évora e as missões do interior em Portugal (1551-1630)*. Lisboa: Fundação Calouste Gulbenkian/Fundação para a Ciência e a Tecnologia, 2003.

PRECIADO, Paul-Beatriz. *Manifesto contrassexual*. Trad. Maria Paula Gurgel Ribeiro. São Paulo: N-1 Edições, 2014.

REIS, Arthur Cézar Ferreira. "A ocupação portuguesa do vale amazônico". *In*: HOLANDA, Sérgio Buarque de. *História geral da civilização brasileira*, tomo I, *A época colonial*, v. 1, *Do descobrimento à expansão territorial*. 16 ed. Rio de Janeiro: Bertrand Brasil, 2008, p. 283-93.

REIS, Liana Maria. *Crimes e escravos na capitania de todos os negros: Minas Gerais, 1720-1800*. São Paulo: Aderaldo & Rothschild, 2008.

ROCHA, Cássio Bruno de Araujo. *Masculinidades e Inquisição: gênero e sexualidade na América portuguesa*. Jundiaí: Paco Editorial, 2016.

ROCHA, Cássio Bruno de Araujo. "Sodomitas no mundo ibérico quinhentista: afirmação e subversão dos padrões identitários da masculinidade". *Bagoas — estudos gays: gênero e sexualidade*, n. 14, 2016, p. 13-40.

ROCHA, Cássio Bruno de Araujo. "De violência e fama pública: uma análise das hierarquias sexo-raciais nas Minas setecentistas através do processo inquisitorial do cirurgião Lucas da Costa Pereira (Paracatu, 1746-1755)". *In*: FREITAS E SOUZA, Rafael de; ARANTES, Sirleia Maria & SILVA, Weder Ferreira de (org.). *As Minas Gerais do Brasil: Economia, ciência e cultura nos séculos XVIII e XIX — Portuguese Studies Review. Edited Volumes Series*, v. 4. Peterborough, Ontário: Baywolf Press, 2019, p. 67-110.

RODRIGUES, Aldair Carlos. *Sociedade e Inquisição em Minas Colonial: os Familiares do Santo Ofício (1711-1808)*. Dissertação (Mestrado em História). São Paulo: Universidade de São Paulo, 2007.

SEDGWICK, Eve K. *Epistemology of the Closet*. Berkeley: University of Califórnia Press, 1990.

SILVA, Ronaldo Manoel. "A última sodomia imperfeita: uma história das mulheres nefandas na América portuguesa à luz do processo inquisitorial de Feliciana Lira de Barros (1763-1764)". *Revista Ágora*, n. 25, 2017, p. 78-97.

SILVEIRA, Renato da. "Nação africana no Brasil escravista: problemas teóricos e metodológicos". *Afro-Ásia*, n. 38, 2008, p. 245-301.

SOUZA, Laura de Mello e. *Norma e conflito: aspectos da história de Minas no século XVIII*. Belo Horizonte: Editora UFMG, 1999.

SOUZA, Laura de Mello e. *Desclassificados do ouro: a pobreza mineira no século XVIII*. Rio de Janeiro: Ouro sobre Azul, 2017.

SWEET, James H. *Recreating Africa. Culture, Kinship, and Religion in the African-Portuguese World*. Chapel Hill: University of North Carolina, 2003.

VAINFAS, Ronaldo. *Trópico dos pecados: moral, sexualidade e Inquisição no Brasil*. Rio de Janeiro: Campus, 1989.

VILLALTA, Luiz Carlos. "O que se fala e o que se lê: língua, instrução e leitura". *In*: SOUZA, Laura de Mello e (org.). *História da vida privada no Brasil: cotidiano e vida privada na América portuguesa*. São Paulo: Companhia das Letras, 1997, p. 331-85.

VILLALTA, Luiz Carlos. *O Brasil e a crise do Antigo Regime português (1788-1822)*. Rio de Janeiro: FGV Editora, 2016.

WEEKS, Jeffrey. *Sex, Politics and Society. The Regulation of Sexuality Since 1800*. Londres: Longman, 1981.

Matheus Rodrigues Pinto
Bacharel, licenciado e mestre em história pela
Universidade Federal Fluminense (UFF). Atualmente,
graduando em pedagogia e professor das redes
municipais de Duque de Caxias (RJ) e Maricá (RJ).

A sodomia no mundo luso-brasileiro do século XVII: entre o delito e a espécie

Matheus Rodrigues Pinto

O longo processo de demonização das práticas homossexuais e perseguição a seus adeptos que tomou lugar na Europa ao longo da Idade Média — e que viria a conhecer seu apogeu no início da Idade Moderna — transformou-as em uma espécie de delito antinatural ao mesmo tempo ofensivo às leis dos homens e às leis de Deus. A sodomia naquele contexto era, portanto, um crime, diferentemente de como viria a ser entendida a categoria social dos homossexuais contemporâneos.

Michel Foucault (1984), em fundamental trabalho sobre a história da sexualidade, expõe que o homossexual seria uma categoria própria de meados do século XIX, sendo seu surgimento inscrito no processo de medicalização das sexualidades ocorrido no período ou, ainda, na consolidação da *scientia sexualis* contemporânea, que, por meio da estratificação das sexualidades, promoveria a incorporação das perversões e uma nova especificação dos indivíduos. Assim, Foucault afirma que, a partir de então, o homossexual passaria por um processo de personificação que lhe atribuiria contornos mais individuais, um passado particular, características em comum com os demais indivíduos de mesma condição e até mesmo uma natureza própria.

Nesse sentido, o homossexual do século XIX[1] se distinguiria da figura do sodomita da Idade Moderna. Enquanto aquele, embora também

---

1 A palavra "homossexual" foi originalmente criada pelo jornalista, escritor e ativista dos direitos humanos Karl-Maria Kertbeny. O escritor austro-húngaro cunhou o termo em 1868, a partir do prefixo grego "homo", que exprime o sentido de "mesmo", e do substantivo latino *sexus*, que designa "sexo" (referindo-se a gênero), em um esforço para superar a utilização de

fosse condenado pela moral vigente, revestia-se de uma natureza biológica específica, que o diferenciava do restante da sociedade dita "normal", o sodomita do período imediatamente anterior não passava de um praticante de um crime moral, ao mesmo tempo ofensivo à esfera civil e à eclesiástica, sem que para isso se delineassem — nem interna, nem externamente ao grupo — características específicas dos culpados daquele horrendo crime:

> A sodomia — a dos antigos direitos civil ou canônico — era um tipo de ato interdito, e o autor não passava de seu sujeito jurídico. O homossexual do século XIX torna-se uma personagem: um passado, uma história, uma infância, um caráter, uma forma de vida; também é uma morfologia, com uma anatomia indiscreta e, talvez, uma fisiologia misteriosa. Nada daquilo que ele é, no fim das contas, escapa à sua sexualidade. [...] A homossexualidade apareceu como uma das figuras da sexualidade quando foi transferida, da prática da sodomia, para uma espécie de androgenia interior, um hermafroditismo da alma. O sodomita era um reincidente, agora o homossexual é uma espécie. (Foucault, 1984, p. 50-1)

Não há dúvida de que há uma complexificação da, por assim dizer, natureza presumida dos indivíduos praticantes do sexo intragênero nos discursos produzidos a partir de meados do século XIX. Uma tal "fermentação discursiva" teria ocorrido a partir do século XVIII, e o que se testemunha é uma crescente ampliação da vontade de saber, uma proliferação dos discursos que vai redundar na constituição de uma ciência da sexualidade que, por sua vez, no século XIX, há de delinear a especificação do "ser homossexual" em termos muito mais intrincados que no período imediatamente anterior.

Isso não significa dizer, contudo, que a interpretação dos sodomitas presente nos discursos da Idade Moderna tenha se circunscrito à letra fria das leis. Se é verdade que a sodomia era um crime previsto nas leis civis e eclesiásticas, como é possível verificar muito facilmente em documentações como as ordenações do Reino de Portugal, constituições

---

termos pejorativos então correntes, como "pederasta", por exemplo. Apesar da imprecisão na composição do neologismo, este rapidamente entrou em uso corrente, tanto no ambiente acadêmico quanto no uso cotidiano.

eclesiásticas e regimentos da Inquisição, por exemplo, também é verdade que um sem-número de outros fatores serve para iluminar de maneira mais nítida o verdadeiro estatuto dos adeptos de práticas homossexuais na Idade Moderna.

Um exemplo mais evidente é a abordagem da sodomia e dos sodomitas feita nos textos religiosos. Ora por este, ora por aquele aspecto, são variados os enfoques recebidos por ambos, seja nas obras doutrinárias, seja nos sermões. Assim, os praticantes da sodomia são pessoas incontinentes, segundo Basílio de Cesareia e Efrém da Síria; são devassos, de comportamento frouxo e vitimados por uma luxúria antinatural, segundo João Crisóstomo; são torpes e depravados, segundo Agostinho de Hipona; são sórdidos, herdeiros da "Babilônia infernal", impuros e corruptores, de acordo com Pedro Damião. As amostras vão longe de esgotar, sendo esse tópico repetido, com variações ao longo dos séculos, por inúmeras figuras ligadas à inteligência eclesiástica, como Pedro Cantor, Tomás de Aquino, Bernardino de Siena, Pio V, dentre outros (Pinto, 2015, p. 22-57). Como se vê, embora tratem da mesma matéria, tais obras possuem maior detalhamento e juízo subjetivo que os distantes textos das leis, não se eximindo os escritores e pregadores católicos de enumerar diversas características que seriam inerentes aos praticantes do inominável pecado da sodomia.

Não se trata, obviamente, de desprezar o famoso argumento de Foucault, mas, antes, de matizá-lo, por entendermos que aquilo que vai exposto nas leis guarda considerável distância das concretas experiências de vida dos sodomitas da Idade Moderna. As práticas sexuais propriamente ditas, determinadas condutas sociais, códigos particulares, locais de frequência, dentre outros signos, conformam um composto multifacetado de características que seriam específicas daqueles indivíduos de acordo com o universo mental da época. No caso português, isso se torna latente a partir dos variados, ricos e complexos testemunhos presentes nos interrogatórios promovidos pela Inquisição, nos quais se deixam entrever as formas como a sociedade envolvente se referia aos praticantes da homossexualidade em termos que passam longe da complexidade teológica das considerações dos padres da Igreja e da estreiteza conceitual da sodomia puramente factual presente, por exemplo, nos regimentos da Inquisição. A confrontação desses materiais de naturezas tão distintas nos permite vislumbrar as fórmulas coevas partilhadas pelo conjunto daquelas sociedades, ou, ao menos, sua maioria, para identificar aqueles indivíduos, bem como as formas como esses indivíduos interpretavam a própria condição. Isso, por sua vez, nos possibilita enxergar a construção de "paradigmas sodomíticos" *a posteriori*, entendendo-os como o que são: construções historicamente referenciadas e limitadas, que não comportam a totalidade da categoria, embora, no contexto no qual foram erigidos, pretendessem fazê-lo.

Dito isso, convém esmiuçar algumas das características associadas aos praticantes da sodomia no mundo português da Época Moderna. As fontes privilegiadas são aquelas produzidas pelo Tribunal do Santo Ofício porque, a despeito de suas particularidades (regulações discursivas, coerção das testemunhas etc.), são as mais completas de que se tem notícia para jogar luzes sobre o fenômeno, uma vez que, como sabemos, foi a Inquisição o principal organismo responsável pela perseguição aos sodomitas nos domínios portugueses. O afã inquisitorial em perscrutar as mais diversas práticas em busca da comprovação das culpas das vítimas, se foi o horror para estas, gerou instrumentos de valor sem igual para o trabalho da história. Nesse sentido, o século XVII emerge enquanto recorte temporal ideal, pois foi no século XVII pós-tridentino que se concentrou o paroxismo da ação inquisitorial contra os praticantes do indizível pecado da sodomia.

A primeira característica imposta e por muitas vezes reproduzida pelos indivíduos praticantes de relações homossexuais os acompanha desde os primórdios de sua história: o estigma da inversão dos papéis de gênero. Ultrapassando os domínios da opressão pertencente ao campo das orientações sexuais, o estigma da inversão tem raízes profundamente engastadas na opressão milenar baseada na polaridade masculino/feminino. Desse modo, mesmo na Antiguidade grega, quando inexistiam interdições ao amor unissexual, esse tipo de relação também era sujeito a normas e convenções que se baseavam na já citada polaridade de gêneros. Assim, as relações entre indivíduos do mesmo sexo não só eram toleradas como também fomentadas, de certa forma, por determinados cânones fora dos quais o indivíduo era alvo de censura social. Saindo da lógica bastante rígida que guiava as interações erastes-eromenos, dois homens adultos que se ligassem sexualmente entre si certamente seriam alvo de críticas não só pela natureza dos atos praticados, mas, antes, pelo fato de um homem abrir mão de seu status masculino, logo superior, para, à maneira das mulheres, servir de elemento passivo no coito — construindo, desse modo, certa escala de valores nos quais características como masculinidade, poder e papel "ativo" no coito (características próprias do cidadão) se contrapunham a outras tantas como submissão, passividade e feminilidade (características dos jovens, escravizados e, claro, mulheres). Com variações locais e ao longo do tempo, esse estigma, o da inversão dos paradigmas do ser homem e do ser mulher, pode ser encontrado nas mais variadas sociedades.

Temos, portanto, uma particularidade que acompanhará muito intimamente a história das diversas expressões da homossexualidade. Não seria diferente para aqueles indivíduos sobre os quais nos debruçamos. Não faltam exemplos na documentação inquisitorial de personagens cuja inversão das expressões de gênero foram sinais externos de sua inversão sexual.

Preso em 1698, o padre Pedro Furtado se fazia conhecer por "dona Paula de Lisboa", uma "mulher que parira duas vezes" (Vainfas, 2010, p. 208). Cerca de vinte anos antes, no Pará, o já idoso frei Lucas de Souza, natural de Leiria e professor da ordem da Nossa Senhora das Mercês, com o fito de convencer o jovem Manoel de Britto Monteiro a penetrar-lhe o "vaso traseiro", utilizou um argumento muito curioso: o religioso afirmava que "tinha no vaso traseiro natureza de mulher e que por isso era mais inclinado a homens que a mulheres" e que, também por isso, a cópula carnal consigo seria o equivalente a deitar-se com uma mulher. Parece que foi o bastante para convencer o rapaz, uma vez que as cópulas se estenderam por um ano e meio, tendo ocorrido mais de duzentas vezes. Segundo o próprio, Manoel só começou a suspeitar que tudo aquilo talvez não fosse verdade quando o frei afirmou que o sangue que eventualmente surgia em seu vaso traseiro era mênstruo. Diferentemente do jovem, a Inquisição não foi tão condescendente com frei Lucas, que foi condenado a sair em auto de fé e, dentre outras coisas, degredado para as galés por dez anos — para um senhor de 78 anos, uma sentença que equivalia à morte. Seja como for, frei Lucas viveu um longa vida, e surpreende a lucidez com que encarava a própria situação, como certa vez que "veio a dizer que Deus tinha culpa de lhe dar o que lhe deu".

Em 1570, em Lisboa, o Santo Ofício prendeu Rafael Fanchono, cuja alcunha já deixava claro o conhecimento público de sua condição. Oriundo da ilha da Madeira, Rafael residia já havia um ano na rua das Parreiras e foi assim descrito por uma testemunha: "Era franzido dos olhos, alvo do rosto, de boas carnes. Parecia mulher na fala:

tinha-a efeminada e de fanchono. Qualquer homem que o via se perdia por ele... era uma cama muito boa!".

Outros tantos homossexuais vítimas da perseguição inquisitorial se veriam implicados em seus processos em virtude dos — com numerosas variações — sinais externos de sua orientação sexual. Assim, podemos citar o estalajadeiro Manuel Fernandes, de Coimbra, conhecido popularmente como "Manuel Maricas"; ou Pantalião da Costa, processado em 1631 pelo Tribunal de Lisboa, que "à noite se punha de librés, volta baixa, borrifados os cabelos como se fora mulher e se prezava disso, pagando para meter a mão na braguilha e beijava outros mancebos"; ou João Correia de Lacerda, preso em 16 de setembro de 1644 e relaxado ao braço secular em 25 de junho do ano seguinte, que costumava seduzir outros homens com "muitos esgares e gatos", além de se pintar com "muito melífluo" e cantar em falsete; ou ainda certo Manuel de Souza, criado, que costumava usar, quando de seus encontros noturnos, "anáguas e cor nos beiços". Há inúmeros outros casos envolvendo maquiagens, roupas e demais sinais exteriores de efeminação, como as famosas gadelhas ou guedelhas, cabelos compridos, de longas madeixas e franjas.

Mas talvez os casos mais marcantes entre aqueles que se destacam pela adoção de extravagantes signos de feminilidade como indícios exteriores da sodomia sejam os de certo Francisco Manicongo, escravizado de um sapateiro na Bahia no século XVI, denunciado na Visitação de 1591 da Inquisição portuguesa às partes do Brasil, e de Antônio de Lisboa, preso em 1556 pelo Tribunal da Capital (Mott, 2005). O primeiro travestia-se pelas ruas da Bahia. Dizia-se que

> recusava-se a trazer vestido de homem que lhe dava seu senhor, [conservando] o costume dos negros gentios de Angola e Congo, onde os negros somítigos que o pecado servem de mulheres pacientes são chamados de quimbanda,

além de "usar o orifício de fêmea" nas relações sexuais que travava com demais escravizados, como atestou certo denunciante também negro. Já o segundo não só se travestia pelas ruas de Lisboa como se prostituía à noite, quando se transformava na "negra Vitória", o que acabou por ser sua ruína, visto que foi denunciado à Inquisição pelas próprias prostitutas da Ribeira. Antônio, ou Vitória, levava às últimas sua opção pelo sexo social feminino, "correndo às pedradas" quem o chamasse pelo nome masculino. Certamente muito convincente em sua performance feminina, a confusão causada por sua figura lhe rendeu alguns episódios curiosos, como quando um lacaio do alcaide de Ponta Delgada, onde morara antes de estabelecer-se em Lisboa, tentou, às apalpadelas, conferir seu sexo, não obtendo êxito, visto que Vitória "apertava as pernas e não deixou que o apalpassem", ou, ainda, quando da sua triste prisão na Ribeira, um cliente, ao perceber que Vitória era, biologicamente, homem, gritou alto "aqui del-rei, sumítigo", ao que assomaram muitas pessoas para prendê-la. E finalmente se publicizou que

> era homem e trazia a natura amarrada com uma fita vermelha por entre as pernas, por trás, a qual todos viram, e o trouxeram amarrado com as mãos para trás, com a mesma fita, à casa de seu senhor, que no momento estava na missa.

Ambos os indivíduos ainda preservavam consigo, provavelmente, certos traços característicos dos quimbandas ou jimbandas, isto é, sodomitas de suas terras natais africanas que adotavam hábitos e vestimentas tipicamente femininos.

Se as histórias de Francisco Manicongo e da negra Vitória saltam aos olhos pelo extravagante, dois casos em especial servem para ilustrar de forma bastante contundente a relação nem sempre clara que se estabelece entre o sexo biológico e o social. O primeiro deles é o de Manuel João, conhecido como "o Bicho", cozinheiro do seminário de Viseu processado em 1553 que, apesar de casado, voltava-se a atividades tipicamente femininas, visto que "peneira e amassa pão, fia na roca e faz outros misteres pertencentes às mulheres". E o segundo diz respeito a Baltasar da Lomba, preso em Pernambuco em 25 de fevereiro de 1595. Sodomita dos mais afamados e incorrigíveis, Baltasar foi sodomizado à farta pelos jovens indígenas da aldeia do Guaramane, em Pernambuco, "servindo-se os índios das aldeias por onde passava Baltasar da Lomba, como fêmea, dizendo que era mulher deles e o chamavam de *tibira* — que quer dizer somítigo paciente". Baltasar se notabiliza não só pela extensa lista de parceiros, todos negros da terra, mas também por adotar para si, a exemplo de Manuel João, misteres, postura e comportamento tipicamente femininos. Chamado de *tibira* (grosso modo, a forma pela qual os Tupinambá chamavam seus homossexuais) pelos indígenas, Lomba era, desde havia muito, adepto de um estilo de vida peculiar, trabalhava "de soldada", fazendo trabalhos domésticos na casa de quem o pudesse pagar, além de "cozer, fiar e amassar pão como mulher". Tanto gostava de se entregar aos negros da terra que acabaria por se mudar para uma aldeia onde pudesse viver de acordo com o estilo de vida que almejava e que, no entanto, lhe era proibido.

História das dissidências, a homossexualidade desafiaria não apenas os lugares sociais convencionados para homens e mulheres, mas também confundiria outros campos da vida cotidiana das sociedades nas quais se inseria — um deles de especial importância para tentar reconstruir com contornos menos nublados a situação dos indivíduos estudados aqui: a inversão e/ou o desrespeito aos protocolos sociais do Antigo Regime.

Alguns sodomitas, longe de estabelecerem relações exclusivamente sexuais, constituíam relacionamentos afetivos mais ou menos duradouros e próximos do modelo heterossexual convencional. Alguns, ainda, publicizavam tais relacionamentos, comprometendo a rígida estrutura hierárquica vigente no período. Tomemos por exemplo o estanqueiro de tabaco Luiz Delgado. Violeiro em Évora, foi processado a primeira vez por ter mantido relações homossexuais com Brás Nunes, seu então cunhado, de apenas doze anos. Luiz Delgado estava preso na cadeia da cidade por ocasião de um roubo, e Brás, por ser "tão seco de corpo que entra na ditta cadea pella grade", lhe servia, então, em suas necessidades. Segundo o processo, em certa ocasião, Delgado

meteu seu membro viril entre as pernas, junto ao vaso traseiro, derramando na barriga e entre as pernas do cúmplice, mas nunca penetrou ou intentou penetrar pelo seu vaso traseiro, derramando sêmen às vezes na mão do menino.

Como somente a sodomia perfeita, isto é, a ejaculação dentro do ânus, era considerada crime merecedor da pena máxima de morte na fogueira, o violeiro foi degredado pela primeira vez em 1665 por três anos para as fronteiras de Bragança. Quatro anos depois, é preso novamente, dessa vez em Lisboa, acusado de se envolver com mais um jovem, certo André, com quem havia trocado cartas de amor e presentes. É novamente degredado, agora para o Brasil, onde se estabelece na Bahia como tabaqueiro de atacado e varejo. Sodomita convicto e pertinaz, Luiz Delgado é denunciado mais uma vez nas visitas pastorais de 1679-1688, motivo pelo qual é enviado, em julho de 1689, para os porões da Inquisição lisboeta. Depois de uma terrível viagem pelo ultramar e um demorado processo, ao longo do qual permaneceu preso e torturado, Delgado é de Lisboa novamente degredado, dessa vez para Angola, de onde nada mais se sabe dele.

A biografia de Luiz Delgado se apresenta como um importante documento para jogar luz sobre diversos aspectos da vida dos sodomitas portugueses, tanto na metrópole quanto na colônia. Notabiliza-se, principalmente, pelo número de vezes que é preso e processado, pela resistência ao longo dos processos e pela pertinácia. Mas é nas relações românticas mais estáveis que reside importante exemplo do comprometimento das estamentos sociais do Antigo Regime há pouco citado: "ele é tão devasso e escandaloso que notoriamente andou amigado com vários rapazes e com eles vivia na mesma companhia e casa, sustentando-os com largueza", consta sobre Delgado no processo. Com cerca de quatro desses "vários rapazes" Luiz Delgado estabeleceu relações mais duradouras. Sua amancebia mais importante foi com o moço Manuel de Souza, descrito como "bem afigurado de rosto e gesto afeminado" e apresentado ora como seu sobrinho, ora como seu criado. Um sócio do outrora violeiro e agora estanqueiro de tabaco que havia se hospedado em sua casa por um período afirmou que o sodomita se levantava da cama de sua mulher à noite e ia para a de Manuel de Souza:

> e via-o beijar na cara e abraçar o moço como se fora sua própria mulher, dizendo-lhe palavras e colóquios como se fora um amante à sua dama, e ele, testemunha, reparava com atenção, por razão de que ouvia murmurar por esta cidade e muito mais pelo sertão, donde então morava [...] e, conversando com a dita mulher sobre isso, disse que aquele moço a descansava de seu marido porque o beijava e abraçava.

Ainda nos salta aos olhos a sentença contra ele proferida quando de seu processo por envolvimento com o moço Manuel de Souza:

> o denunciado o trata [a Manuel de Souza], o estima como sua mesma pessoa com iguais luzimentos aos que em seus vestidos usa segundo suas posses, trazendo-o igual consigo pela via contra a distinção que usa os amos com seus servos, contramestres gerais com os obreiros: tendo o moço Manuel de

Souza todas essas comodidades em casa do denunciado, sem que lhe sirva de couza alguma em sua oficina.

Ou seja, parte do processo se baseia no fato de que Luiz Delgado corrompia a rigidez hierárquica daquela sociedade. Ao longo dos autos, é comum os denunciantes apontarem, como no último excerto reproduzido, o fato de Manuel de Souza usar roupas novas iguais às de Luiz Delgado, o fato de este pentear seus cabelos à vista de todos, ou, finalmente, o costume do tabaqueiro de andar lado a lado com seu parceiro (para a Inquisição, cúmplice), quando o normal seria que este o seguisse, visto ser, como o apresentava o réu, seu criado. Como afirma Ronaldo Vainfas,

> Luiz Delgado também feria a rigidez dos "valores estamentais" ao dispensar tratamento tão generoso, às vezes reverente, a simples criados. Houve, assim, quem acusasse o nosso tabaqueiro menos por seus possíveis atos nefandos do que por andar "ombro a ombro" com seu protegido amante, ou por lhe fazer as vontades, "como se Luiz Delgado fosse seu criado, e o dito estudante seu amo". (Vainfas, 2010, p. 222)

Se a publicização dos relacionamentos afetivos constitui um elemento importante de definição desses indivíduos de práticas homossexuais enquanto grupo mais ou menos delineado e diferenciado dentro de um grupo maior que corresponderia à sociedade na qual se insere, outro indício que contradiz a visão de que os sodomitas anteriores ao século XIX não passavam de sujeitos jurídicos, eventuais praticantes de um determinado crime moral, é a produção, por parte destes, de materiais de natureza subjetiva. Tais elementos, não ligados somente às práticas sexuais definidoras do crime de sodomia, relacionam-se à ordem afetiva e sentimental da vida daqueles indivíduos. O exemplo mais contundente é a construção de uma vida a dois calcada no relacionamento cotidiano, como o fizeram o referido Luiz Delgado com alguns de seus companheiros e certo Salvador Romeiro, de 45 anos, preso em 1594, que, caindo de amores pelo jovem Pero Marinho Lobera, deixou casa e esposa na capital do Reino e rumou para a colônia para viver seu idílio proibido. No entanto, há materiais de natureza mais singela, como a elaboração das quase universais cartas de amor, a exemplo das escritas pelo apaixonado frei Francisco, da ilha da Madeira.

Esse jovem corista do Real Mosteiro de Nossa Senhora de Belém foi denunciado à Inquisição por frei Mathias de Mattos, quarenta anos, morador do mesmo convento, em 1690. Ambos teriam se conhecido ainda no início daquele ano e mantido uma relação secreta no interior do convento desde então. Seria mais um caso quase corriqueiro de sodomia entre religiosos — o tal vício dos clérigos — se um fator não nos chamasse atenção ao longo do processo instaurado naquele ano: as várias cartas de amor trocadas entre os dois (das quais somente as redigidas por Francisco chegaram até nossos dias).

Ao longo das seis cartas transcritas por Luiz Mott (2001), o que passam diante dos nossos olhos são declarações de amor as mais afáveis, considerações do dia a dia, o medo da delação do relacionamento e queixas de paixão não correspondida, ou seja, ingredientes comuns de um relacionamento afetivo, independentemente do sexo dos amantes. Uma prova clara de um relacionamento homossexual que ultrapassava a casualidade e a pura atração venérea:

Meu Coração,

Não sei que me deu na cabeça em meter-me contigo, pois que veio estalar o coração sem lhe poder dar remédio. O único remédio só é desabafar com a pena, e se nisso achas perigo, eu te prometo de rasgar todos [teus escritos] em acabando de os ler, para que assim te veja mais descansadinho e menos sobressaltado. Porque o meu gosto todo é dar-te todo o alívio que puder. E se te causar pena escrever-me, não o faças, deixa-me morrer. E tem por certo que [em] tuas mãos tens a minha vida. Assim, se me queres dar vida, não me faltes com as tuas letrinhas. [Se] me faltares com isso, é quereres me dar a morte.

Olha, meus olhos, que fico estalando por ti e por tuas letras. E quando não me queiras conceder nada disto, dá-me sequer os seus bracinhos, porque neles quero morrer. Que sirvam de lenha de meu amor! Para que neles se renovem meus afetos.

Ora, meus amorinhos, dá-me esses bracinhos, dá-me esse coraçãozinho. E não repares em te eu não mandar nada de presente, porque já há muito que te tenho dado tudo: coração, alma, vida, para te amar. Sim, meu coraçãozinho, sim, minha alminha, sim, minha vidazinha. Tudo tens lá: faze agora de mim o que quiseres. Olha que se me fizeres mal, que fazes ao teu coraçãozinho, porque em mim está, que o meu lá te assiste. Manda-me dizer, que te diz lá: o teu diz-me que me quer, me quer, quer muito, muito, que morres por mim, que eu fui um tolo em o ter magoado tanto. Que o meu lá te dera muito, muito, que disso me pena. Agora, coraçãozinho, morrer de amores e acabar a vida, já que tu és muito capaz para isso, e eu muito incapaz para ser de ti amado com todos os veros como tenho experimentado em ti. Eu sempre ingrato aos teus favores, está sempre [pronto] em corresponder com finezas as minhas ingratidões.

Bem sei eu que se tu puderas estar comigo, todo o dia, o haverias de fazer, mas tem paciência, porque eu choro lágrimas de sangue, porque isso não pode ser, que se pudera, que melhor regalo que estar nos teus bracinhos, deitado no seu colinho, dando-te dois beijinhos. Ah! Que doce coisa seria isso, que melhor regalo, oh que doçura! Dá-me um, dá-me, dá-me meus amorinhos! Quanto não hei de chorar! Dá-me as tuas maminhas que quero mamar um pouco! Dá cá, dá cá, mais, ainda mais! Ai, como sabe! Ai, ai, ai, ai, ai, como sabe bem! Era a Deus que estivera nestes gostinhos, se me não detivera o medo. Adeus! Adeus, mas ai que não posso despedir-me. Adeus, adeus, adeus, meus olhos, meu coraçãozinho, meus amorinhos.

Por certo não se há de negar que não se trata de um relato que indique atração puramente sexual. Não que não a tenha havido. Pelo contrário, Francisco e Mathias já vinham havia bem um ano tendo encontros sexuais no interior de suas celas e outros "lugares ocultos do convento". Encontros nos quais, entre "várias palavras amorosas" e levados pelos "incentivos da luxúria", evoluíram da inicial masturbação mútua para a penetração anal onde ora um, ora outro desempenhava o papel ativo na relação.

Malgrado a vívida sensualidade do relato presente no processo, torna-se claro, ao longo das cartas, que se tratava de uma relação muito mais complexa que os comuníssimos encontros sexuais fortuitos no interior de seminários e conventos. Chama-nos atenção a expressão do amor e da afeição entre os dois, a esperança de poder levar adiante o relacionamento, a companhia e o apoio no cotidiano monótono do recolhimento. Acima de tudo, chama-nos a atenção também certo discurso laudatório do amor homossexual presente nos escritos do jovem corista, como quando o apaixonado frei Francisco afirma: "Já não posso explicar, por que causas grandes melhor se explicam [em] bem senti-las, suposto que oculto com o silêncio o que é digno de tanto aplauso", um raríssimo indício da noção que esses indivíduos tinham de si mesmos.

Ao afirmar que o sentimento que traz consigo deve ser encoberto, quando, na verdade, é digno de notoriedade, frei Francisco deixa-nos entrever sua própria consciência da natureza do relacionamento que se estabelece entre ele e frei Mathias. Como bem salientou Mott, tais discursos que celebram o amor homossexual e aparecem vez por outra na documentação do Santo Ofício somados à recorrente ideia, por parte dos inquisidores, da "incorrigibilidade" de alguns sodomitas reforçam a percepção da homossexualidade como algo intrínseco ao indivíduo, uma "marca indelével", e não algo transitório. Impossível não lembrar do já citado Lucas de Souza, também frei, afirmando que, se alguém era culpado por sua condição, era Deus, que o havia feito assim.

Outra característica que sobressai por indicar a existência de certas condutas próprias dos praticantes do pecado nefando no período é a noção de espaços propícios à frequência desses indivíduos: tanto locais onde a incidência de sodomitas seria maior ou mais sentida, quanto sítios onde adeptos de tais práticas poderiam encontrar-se uns com os outros, estabelecendo "redes de homens que sabiam quando e onde ter sexo com outros homens" (Tortorici, 2010, p. 72).

Conhecida como "a moderna Sodoma", a Itália renascentista seria notabilizada por suas famosas e numerosas histórias de amores homossexuais. Nápoles, Roma, Veneza, Florença, muitas de suas cidades teriam, nos amores nefandos, elementos incorporados à sua realidade, embora não sem atritos. Da Vinci, Michelangelo, Giovanni della Casa, Botticelli, muitos seriam os personagens célebres que se envolveriam no amor que não ousava dizer seu nome, principalmente na classe artística, onde, a exemplo dos clássicos, as relações homoeróticas se confundiam com as relações estabelecidas entre mestres e discípulos. Dentre as várias expressões utilizadas para se referir à sodomia na Europa Moderna, uma é bastante sugestiva: "vício italiano". A certa altura, em Portugal, ser italiano ou ao menos ter passado pelo país já justificava a suspeita do envolvimento do indivíduo com o pecado nefando.

Essa lógica nos parece ser uma face mais geral daquela que os próprios sodomitas aplicavam a determinados espaços em escala mais particularizada. Se a alcunha de "moderna Sodoma" da Itália muito provavelmente é fruto de uma elaboração exterior aos sodomitas, estes não deixaram de eleger determinados espaços como propícios aos encontros com seus iguais. Variando de acordo com determinados fatores, como tamanho e urbanização, várias cidades, tanto na Europa quanto na América, tiveram, desde há muito, seus locais de frequência homossexual. Serge Gruzinski (1985), ao estudar os sodomitas da Nova Espanha do século XVII, verificou que, para além das relações mais fugazes que tomavam lugar no campo, um grande número de lugares da Cidade do México e de Puebla era utilizado pelos sodomitas locais para encontros. A casa de certo índio Juan, a de um senhor de setenta anos chamado Juan Correa, além das tabernas e dos banhos públicos nas esfumaçadas *temazcales* são exemplos desses locais que ajudavam a conformar uma "subcultura com a sua própria geografia secreta, a sua própria rede de informações e informantes, linguagem e códigos próprios".

Em Lisboa, de acordo com Ronaldo Vainfas, "a sodomia se misturava à prostituição aberta", o que permitia que os encontros homossexuais acontecessem "em vários lugares, inclusive públicos, como o muro da Igreja das Chagas, as escadas da rua Nova, os arcos do Rossio e muitos outros". Sendo assim, são célebres o mercado de peixes da Ribeira, onde a grande circulação de pessoas e, claro, pescadores e marinheiros de dorso nu fomentou durante séculos a presença homossexual (que o diga a já citada negra Vitória, que teve ali o palco de sua prisão), a Igreja de Nossa Senhora da Graça, de São José, as escadas do Hospital, os Arcos do Tanoeiro etc. Sem contar o sem-número de estalagens e tabernas nas quais, entre o furor causado pelo álcool e em meio a prostitutas e proxenetas, os sodomitas lisboetas davam asas às vontades. Cabe notar aqui, ainda que rapidamente, a recorrente aproximação dos homossexuais e das prostitutas ao longo dos processos, principalmente aqueles que se dão em grandes cidades. Não raras vezes, indivíduos marginalizados se aproximam por força das circunstâncias.

Para além dos espaços públicos, inúmeros foram os sodomitas processados que se reuniam em suas próprias casas com os demais seus iguais para perpetrar o vício nefando. A despeito da proibição e do risco de vida que rondava as práticas homoeróticas no período, grande parte desses locais funcionava como espécie de lupanar, com o conhecimento e a tolerância tácita populares, ora mais, ora menos acentuados, embora quase nunca sem conflitos. Diz-nos Ronaldo Vainfas a respeito da morada do padre Santos de Almeida, capelão do Rei no início do século XVII, que ela era chamada pelos vizinhos de "escola e alcouce de fanchonos", ou, ainda, "recolhimento dos fanchonos", em razão do vaivém de rapazes extravagantes que caracterizava o lugar. Outro padre que frequentava o "recolhimento" chamava-o com graça de "sinagoga de somítigos" (Vainfas, 2010, p. 208).

O mais conhecido dos casos dessas verdadeiras casas de tolerância homossexual talvez seja a Dança dos Fanchonos (Mott, 1988). Certamente o primeiro espetáculo de entretenimento notoriamente homossexual, esse folguedo itinerante no qual os sodomitas se reuniam para cantar, dançar e se relacionar entre si foi descoberto pela Inquisição por volta de 1620, tendo como um de seus participantes o mulato Domingos Róis, queimado vivo no auto de fé de 28 de novembro de 1621.

A casa do jovem Manuel Figueredo, de 24 anos, situada à rua Cata Que Farás, era outro desses conciliábulos de fanchonos, a exemplo da casa do padre Santos de Almeida. Ali, Manuel Figueredo,

> sentado num tapete com duas almofadas, toucado com toalha, cruzado como mulher, falando como tal, recebia os outros fanchões seus amigos. Aquilo era uma Sodoma, parecia uma putaria, ou um bebedouro de pássaros, onde dessem uns a beber e a levantar-se outros... e quando saíam do quarto, saíam vermelhos e suados. Cometiam sodomia com a facilidade como que menino pede pão!

Líder dos demais sodomitas da rua Cata que Farás, o jovem e excêntrico Manuel recebia seus amigos, cerca de dez a doze moços que

> usavam posturas no rosto e beiços, trazendo-os acequalados e corados como mulher. Se tratavam como homem com mulher, chamando-se de manas, putas, más mulheres e regateiras. Dançavam, cantavam e faziam traquinadas e fanchonices. Faziam que andavam em chapins, e se destroncavam e caíam como mulheres, compostos com capas, fazendo delas mantos. Assentavam-se com as pernas cruzadas, como as mulheres, e indo para a escada, diziam: Mana, dá cá a mão! Puta, hás de me tornar a ver! Dize, má mulher... e outras fanchonices semelhantes.

Do lado de cá do Atlântico, o caso mais notável de lugar de frequência homossexual no Império português foi certamente a oficina do sapateiro André de Freitas Lessa. Morador de Olinda, o Lessa, como era conhecido, contava com 32 anos quando da visitação inquisitorial às partes do Brasil no fim do século XVI. Descrito como um "homem alto, um homenzarrão, com bigodes grandes e valentes", o sapateiro chefiava uma espécie de cabala de sodomitas para onde afluíam diversos homossexuais costumeiros em sodomizar uns aos outros ora na própria oficina do sapateiro, ora na casa do senhor de um dos habitués. Além de se encontrarem em lugares fixos, os tais integrantes dessa verdadeira "camarilha de fanchonos" conformavam um grupo mais ou menos integrado, que possuía estratégias de autodefesa — como quando combinavam o discurso a ser apresentado na mesa inquisitorial, de modo a negar que haviam praticado a tal sodomia perfeita — e suas próprias maneiras de esconder preferências ou identificar as de terceiros.

Para além dessa série de fatores que listamos até aqui e esboçam com contornos um pouco mais definidos a subcultura dos sodomitas enredados nas tramas da Inquisição portuguesa, há também um derradeiro e expressivo elemento que é o conjunto de palavras e expressões pelas quais tais indivíduos se tratavam entre si ou pelas quais o restante da população se referia — depreciativamente, claro — a eles.

Segundo Luiz Mott, as mais antigas referências à homossexualidade em Portugal aparecem nos cancioneiros medievais lusitanos, nos quais diversos homens são referidos como apreciadores do coito homossexual. Desde lá, já se utilizam dois termos pejorativos que trazem em si a delimitação de dois papéis sexuais: o sujeito ativo é referido como *fodincu* e o passivo como *fodidincu*.

Além disso, para além de "sodomita" e suas inúmeras variações, tais como "somético", "somítigo" etc., outra miríade de termos existia para denominar pejorativamente os homossexuais no Portugal de Antigo Regime e, consequentemente, nas colônias, tais como "puto", "fanchono", "fanchão", "maricas", "mulherigo" etc. Ou denominar os atos praticados por esses como "somitigaria", "molície", "mau pecado", "pecado nefando", "pecado contra natura", "velhacaria", "fanchonice" etc., parte deles, em uso ainda hoje em algumas partes mais afastadas dos grandes centros urbanos no Brasil. Longe de serem exclusividades portuguesas, temos, também, termos como *cabalgados*, *puñetarios*, *mariquitas* e *cotitas* para a Espanha, os *bougres* franceses e os *buggers* ingleses.

Se, a bem da verdade, para a caracterização da existência de um sodomita (termo erudito, pertencente aos cânones da Igreja) na lógica inquisitorial era necessário que tivessem ocorrido atos bastante específicos (a sodomia perfeita, ou ejaculação *intra vas*), no âmbito popular a caracterização não se dava da mesma forma. Uma série de outros fatores determinava os epítetos pelos quais o restante da população se referia aos indivíduos homossexuais, sejam esses fatores a presumida posição passiva no coito (*cabalgados, fodidincu*), determinadas práticas eróticas específicas e não identificadas com o coito anal (*puñetarios*, molície), a efeminação (fanchono, maricas, *mariquitas*, mulherigo) e, por que não, o próprio ato sexual (velhaco, sométigo etc).

Há, também, os incontáveis apelidos com que vemos, ao longo dos processos, os sodomitas chamarem a si mesmos ou a seus iguais, como as já citadas negra Vitória e dona Paula de Lisboa e Isabel do Porto, Cardosa, Turca, Mosca, A Bugia da Alemanha, o Arquissinagoga, Cotita, Estampa, Conchita, Luna, Francisquinha, Catarina, Gracia etc., além de palavras mais genéricas, como "puta", "mana" ou "mulher má", ou, ainda, eufemismos que se referiam aos atos homossexuais, tais como "botijar", "obrar e fazer", esta última até hoje corrente no Brasil. Enfim, um sem-número de gírias, trajes, meneios e codinomes que serviam não só para se autorreferir como para demarcar as diferenças entre aqueles que não pertenciam ao grupo.

A inversão dos padrões comportamentais dos gêneros, o desrespeito aos protocolos sociais do Antigo Regime, as diversas expressões de afeto, o estabelecimento de uma geografia própria e a organização de um vocabulário específico são alguns dos elementos que nos ajudam a delinear certo modo de ser específico, uma subcultura sodomita que vicejou muito tempo antes do surgimento do personagem homossexual do século XIX.

Referências

ARIÉS, Philipe & BÉJIN, A. (org.). *Sexualidades ocidentais: contribuições para a história e para a sociologia da sexualidade*. Trad. Lygia Araújo Watanabe e Thereza Christina Ferreira Stummer. São Paulo: Brasiliense, 1986.

CARVAJAL, Federico Garza. *Quemando mariposas: sodomía e imperio em Andalucia y México, siglos XVI-XVII*. Barcelona: Editorial Laertes, 2002.

DOVER, Kenneth J. *A homossexualidade na Grécia Antiga*. Trad. Luís S. Krausz. São Paulo: Nova Alexandria, 1994.

ENGEL, Magali. "História e sexualidade". *In*. VAINFAS, Ronaldo (org.). *Domínios da história: ensaios de teoria e metodologia*. Rio de Janeiro: Campus, 1997.

FOUCAULT, Michel. *História da sexualidade*, v. 1, *A vontade de saber*. Trad. Maria Thereza da Costa Albuquerque & J.A. Guillon Albuquerque. Rio de Janeiro: Graal, 1984.

GRUZINSKI, Serge. "Las cenizas de deseo. Homosexuales novohispanos a mediado del siglo XVII". *In*: ORTEGA, Sergio (org.). *De la santidad a la perversión*. Cidade do México: Grijalbo, 1985.

MOLINA, Fernanda. "La herejización de la sodomía en la sociedad moderna. Consideraciones teológicas y praxis inquisitorial". *Hispania Sacra*, v. 62, 2010, p. 539-62.

MOTT, Luiz. "Pagode português: a subcultura gay nos tempos inquisitoriais". *Ciência e cultura*, v. 40, n. 2, 1988, p. 120-39.

MOTT, Luiz. "Meu menino lindo: cartas de amor de um frade sodomita. Lisboa (1690)". *Luso-Brazilian Review*, v. 38, n. 2, 2001, p. 97-115.

MOTT, Luiz. "Raízes históricas da homossexualidade no Atlântico lusófono negro". *Afro-Ásia*, n. 33, 2005.

PINTO, Matheus Rodrigues. *Reconstruindo as muralhas de Sodoma: homossexualidade no mundo luso-brasileiro no século XVII*. Dissertação (Mestrado). Niterói: Universidade Federal Fluminense, 2015.

TORTORICI, Zeb. *Contra Natura: Sin, Crime and "Unnatural" Sexuality in Colonial Mexico, 1530-1821*. PhD diss. Los Angeles: University of California, 2010.

VAINFAS, Ronaldo. *Trópico dos pecados: moral, sexualidade e Inquisição no Brasil*. Rio de Janeiro: Civilização Brasileira, 2010.

Daniel Vital dos Santos Silva
Bacharel, mestre e doutorando pela pela Universidade Federal da
Bahia (UFBA), com período-sanduíche na Universidade de Lisboa
(2018-2019, bolsa Capes). Membro do GT de Estudos de Gênero
da ANPUH-BA e da Rede de Historiadoras e Historiadores LGBTI+.
É colaborador do site do Núcleo UNISex/Incompletas e, desde
2013, um dos organizadores da atividade Tardes de Cinema.

Contradições no masculino: notas sobre sexualidades dissidentes na cidade da Bahia oitocentista (1839-1900)[1]

Daniel Vital dos Santos Silva

> *Mas se este vicio lhe era perdoavel,*
> *por dar-lhe de uma adéga certo aroma*
> *Outro o tornava a todos execravel*
> *por de continuo recordar Sodoma*
> *Era um vicio infernal, abominavel,*
> *que dizem ter ainda imperio em Roma*
> *Vicio, que traz consigo o idiotismo*
> *Dores, caria no dorso, e rachitismo*
> — Domingos J. G. de Magalhães,
> *Episódio da minha infernal comédia*

Uma historiografia inquieta

Uma das dificuldades de historiadoras e historiadores que se debruçam sobre os estudos das experiências de pessoas insubmissas aos padrões normativos de gênero e sexualidade é a forma de identificar esses sujeitos por meio da documentação. O conjunto das fontes de uma pesquisa

---

1 Em memória de Wendell Moura.

não abarca a totalidade do passado; são indícios de algo, e evidência de ausências, daquilo que se perdeu, do que não foi registrado por uma ou outra razão. O arquivo sinaliza uma falta, como refletiu Henry Rousso. A escrita que se constrói com base nesse *corpus* documental é, portanto, fruto de um processo de seleção a partir de um determinado lugar social (Rousso, 1996, p. 8).

Assim, a relação da historiografia com seus objetos não se dá, em nenhuma dimensão, de forma imediata. Não existe historiografia neutra: ela se constitui com base em determinado viés e/ou opera a partir de narrativas e de silêncios — estes, muitas vezes, acerca de "temas sensíveis" ou de determinados sujeitos. Um exemplo disso estaria na pergunta de Maria Odila da Silva Dias sobre as dificuldades da história das mulheres — fruto de ausência ou de invisibilidade ideológica? Formulada nos anos 1980, essa questão foi retomada por Elias Veras e Joana Maria Pedro ao apontar e problematizar o silêncio de Clio a respeito da história das e sobre as homossexualidades — e, acrescentaria, sobre pessoas LGBTQIA+ no Brasil (Pedro & Veras, 2014, p. 93-5).

Esse é um contexto que vem se modificando pela ampliação, a partir dos anos 2000, do número de estudos sobre homossexualidades, lesbianidades e travestinidades/transexualidades, buscando compreender trajetórias individuais, movimentos sociais, formas de resistência, estratégias de repressão, dentre muitos outros.[2] Há, contudo, períodos que concentram maior número de pesquisas: o século XX, sobretudo a partir dos anos 1950, e com maior produção a partir dos marcos do que se poderia chamar, amplamente, de uma imprensa "LGBT" e do surgimento dos movimentos sociais organizados (Green & Polito, 2006); e o período colonial, no qual a historiografia sobre a Inquisição e a América portuguesa abriu uma senda fertilíssima de estudos sobre sexualidades dissidentes em geral e sobre homoerotismo masculino e feminino em particular (Rocha, 2016, p. 24-6, 35-6).

Entre esses dois momentos, o século XIX, abarcando o Império e o começo da República, segue como um período ainda pouco visitado por essa historiografia inquieta. Isso não significa apontar uma ausência: João Silvério Trevisan tratou do século XIX em *Devassos no Paraíso* (1986),

---

2 Um bom ponto de partida para o leitor, além de Pedro & Veras (2014), é Arney, Fernandes & Green (2010).

tal como James Green em *Além do Carnaval* (2000), Carlos Figari em *@s outr@s cariocas* (2007) e Richard Miskolci em *O desejo da nação* (2012). Mais recentemente, há estudos de João Gomes Júnior (2019) tratando do homoerotismo e da prostituição masculina no Rio de Janeiro entre 1890 e 1938, dentre outros.[3]

Fora do eixo do Sudeste, na Bahia, Luiz Mott (1999a) tratou do período, a exemplo da parte de seu *Dicionário biográfico dos homossexuais da Bahia* dedicada ao século XIX, tendo como fontes periódicos e a documentação da Faculdade de Medicina da Bahia. Jocélio Telles dos Santos (1997) utilizou os jornais baianos para discutir episódios envolvendo indumentárias e o ato de travestir-se na Bahia oitocentista, apontando, neles, a existência de um nexo entre sexualidades dissidentes e padrões socialmente compartilhados de masculinidade e de feminilidade. Mais recentemente, há o trabalho de conclusão de curso de graduação de Iuri Sacerdote (2010), abordando o processo da invenção do pederasta em teses da Faculdade de Medicina da Bahia, entre 1885 e 1899, bem como o meu trabalho de mestrado (Silva, 2015), sobre a homossexualidade masculina dentro dos campos da higiene e da medicina legal nas teses de conclusão de curso dos estudantes da Faculdade de Medicina na Bahia entre 1850 e 1900. Existem produções em outras regiões. Jandiro Koch (2019a, 2019b) vem estudando a escrita de autores gaúchos que, por meio de artigos em periódicos narrando o cotidiano da noite carioca de fins do século XIX ou de cartas trocadas, deram a ver os discursos sobre o erotismo e o afeto entre homens no período e suas intersecções com classe e raça.[4]

Green e Polito (2006) oferecem uma possível explicação. Ao justificar as balizas temporais da obra *Frescos trópicos*, apontam, por um lado, o marco dos anos 1980, com o surgimento de uma conjuntura distinta da anterior; por outro lado, e isso nos interessa mais estreitamente aqui, indicam como

---

3 Trevisan (2011); Mott (1994, 1999b).

4 Cumpre notar a leitores e leitoras que esta listagem sumária possui diversos recortes: trata do que se poderia chamar de Brasil urbano à época e de discursos e/ou experiências envolvendo erotismo e afeto entre homens, com a notável exceção do artigo de Jocélio Telles dos Santos, no qual se apresentam ocorrências de travestimento e, é lícito supor, de possível homoerotismo feminino — como no caso de duas mulheres vivendo em "íntima camaradagem" na rua do Colégio, em 1870, reportadas pelo periódico *O Alabama* (Santos, 1997, p. 160).

raríssimas as menções à homossexualidade masculina antes de 1870. Isso indicaria, com efeito, outro elemento que tem um papel na pesquisa sobre o século XIX: com o fim da punição direta, após a promulgação do Código Criminal do Império, em 1830,[5] tornou-se mais desafiador encontrar fontes tratando de pessoas adeptas de relacionamentos entre pessoas do mesmo gênero, em geral, e entre homens, em particular. Ou talvez exista uma diversidade de maneiras de tratar desse tema.

O texto de Jocélio Telles dos Santos indica alguns itinerários possíveis. Ao questionar se a transgressão no vestir poderia se relacionar de alguma maneira com formas de sexualidade dissidentes, o autor aponta o caso de um homem preso nas matas do Barbalho em "saias de mulher", incorrigível e, portanto, reincidente naquele comportamento (Santos, 1997, p. 158-9), no qual a associação podia ser admitida. Na mesma toada, Green identificou, a partir da análise do Código Penal Republicano (1890), várias estratégias para punições de sexualidades divergentes, entre as quais o artigo que punia aqueles que disfarçassem o sexo com o uso de trajes impróprios ao seu. Nesse sentido, é lícito supor que esse processo tendia a apontar a existência de estratégias para dar a ver, publicamente, interesses eróticos e/ou preferências afetivas dissonantes (Green, 2000, p. 58).

Se o conceito de gênero permite dar a ver e desconstruir as formas de significar relações de poder que tenham por base a crença nas diferenças percebidas entre os sexos e questionar a existência de uma relação

---

5 Não é adequado presumir equivalência entre as designações "sodomitas", "homossexuais", "pederastas", "gays", "lésbicas", "sáficas", "transexuais", entre outros. Cada um desses termos carrega história, e, se podem ser vislumbradas semelhanças, existem diferenças e descontinuidades. Seu uso como categorias analíticas é dotado de vantagens e de limitações. Tratando apenas do termo "sodomia", há uma concepção religiosa e jurídica que lhe dá sentido: era um pecado, um delito inquisitorial e um crime citado nas Ordenações Filipinas e passível de punição a qualquer um que derramasse a semente em vaso impróprio — portanto, passível de punir relações quer entre homens, quer, por um período e segundo certas analogias, entre mulheres. Isso não implica dizer que não houve punição ou perseguição a homens que se relacionavam com outros homens por meio de sua designação como sodomitas, mas, sim, que havia lógicas e padrões próprios daquele contexto, não necessariamente equivalentes aos de outras conjunturas e tempos. Ver: Rocha (2016, p. 42).

rígida entre caracteres anatômicos e comportamentos socialmente chancelados impostos sobre determinados corpos (Scott, 1995), também é preciso compreender que a barreira entre masculinidade e feminilidade é discursivamente construída, no sentido de tentar elidir situações e possibilidades de vivências intermediárias (Vale de Almeida, 2005, p. 122-3). É necessário, pois, adotar como base a noção de que não existe sexo natural e que masculinidade, feminilidade e sexualidade são construções sociais cuja base não está na observação transparente da realidade apreendida sem mediações, mas em citações paródicas (Butler, 2016, p. 238-9) de comportamentos sancionados e historicamente dados, os quais podem estar ancorados na crença do corpo como referencial seguro, *reconhecível* na determinação de sexos, gêneros, desejos, prazeres e amores.

Assim, talvez seja possível perceber certos sujeitos e experiências, bem como os discursos sociais acerca do erotismo e do afeto entre homens, no campo matizado e de contornos por vezes pouco definidos — ou delineados à custa de violências físicas e simbólicas — que veio a constituir o que era considerado próprio ou impróprio dos homens. Proponho, portanto, não abandonar a afirmação de Green e Polito, mas reposicioná-la: em quais condições certos tipos de comportamentos masculinos poderiam dar espaço para outro tipo de interpretação? Quais estratégias de sentido se operavam nas formulações sobre determinados tipos de comportamento, que podem ser encontrados em periódicos, em fontes policiais, mas também na literatura e em teses de medicina?

Pretendo, mais do que assinalar se tal e qual sujeito descrito na documentação era ou não era um homossexual, um sodomita, um pederasta, apontar os elementos que permitiriam construir, no terreno móvel das insinuações, esse tipo de interpretação. Essa partilha de reflexões e de achados se destina tão somente a oferecer caminhos possíveis para pesquisas futuras, e não a oferecer qualquer palavra final acerca do tema.

Repertórios: percorrendo as encruzilhadas de sentido[6]

Cidade da Bahia, terça-feira, 26 de fevereiro de 1869. Os leitores do jornal *Correio Mercantil* encontram, na seção "Variedades", um longo artigo intitulado "Um duelo de entrudo".[7] Nele, o colunista fazia uma longa descrição sobre a disseminação de duelos, os quais, para alguns, seriam o necessário complemento para o baile — nem sempre para cortejar uma mulher, afirmava um tanto ironicamente o autor: "já vae, porém, tornando-se um tanto provincial andar ás brigas por uma filha de Eva: que as mulheres briguem pelos homens, vá! mas os homens pelas mulheres, nada". E conta de um episódio, para "instrucção dos loucos e divertimento dos sábios", ocorrido no baile de variedades daquele ano. Um dominó[8] vestido de negro, "mimoso", "esbelto, appetitoso", andava pelo salão aos saltinhos, "sem cavalheiro", fazendo gestos extravantes. É quando um "magrissela de máscara" vai até o dominó negro para cortejar a personagem, no que foi respondido por uma "voz aflautada, voz de moça, daquela que gostavam os mascarados". Fascinado, passou a andar de braços dados com o dominó, a quem ofereceu não só refrescos, como a ceia. O mascarado estava, segundo o autor, bastante feliz e muito certo do consórcio. Contudo, o episódio teve, aqui, seu ponto de inflexão. Quando outro homem foi dizer gracejos ao "gentil dominosinho", o mascarado

---

6 Limitei a escolha de notícias nesta seção àquelas que envolvem homens que poderiam ser alocados fora da cis-heteronorma. Há, contudo, documentação periódica que tratava mulheres, como a que pode ser encontrada no jornal *O Alabama* de 1879, no qual o editor fala da "parda" Martinha Maria da Conceição e da crioula Balbina da Conceição que "*mimoseavam-se* com termos escolhidos, em Guadalupe. Á vista de tal *fraternidade*, tiveram um colloquio com a policia, que interveio e associou-se aquellas *manifestações de amor*". Transcrevo essa notícia por considerar que a escrita da história depende de recorte, e que apontar silêncios talvez ajude a impedir silenciamentos. Ver: *O Alabama*, a. 17, n. 83, 12 maio 1879, p. 3, grifos do original.

7 "Entrudo, s.m.: os tres dias de regozijos, e festins, que precedem á quarta feira de cinzas; o carnaval." Ver: Pinto (1832, p. 426).

8 "Domino" (na grafia atual, "dominó"), no contexto das festas de Carnaval, era um tipo de fantasia. No dicionário de Cândido de Figueiredo, descreve-se como "traje de pessôa mascarada, formado de uma longa túnica com capuz e mangas" (Figueiredo, 1889, p. 461). Exemplo de uma máscara de dominó pode ser encontrado em Sevcenko (2006, p. 597).

se exasperou e o esbofeteou. O duelo se seguiu, apesar das tentativas de apaziguamento do jovem cortejado, e o "magrissela" mascarado terminou a noite ferido no braço, mas vitorioso. Ali, não o aguardava a sua conquista, e sim um bilhete, assinado por Bernardo Lopes, agradecendo o amor "profundo e sincero", mas sentindo não poder corresponder de outra forma que não num almoço no "Café Inglez".[9]

Não se pode dizer categoricamente que o dominó fosse outra coisa que não um brincante do entrudo com um comportamento ambíguo, ainda que seja tentador apontar que o convite poderia abrigar a possibilidade de ligações futuras. O que é possível notar, porém, tanto quanto o conteúdo, é a função dessa história: se havia espaço para divertir, não se descurava do papel de instruir — aos loucos, por certo, mas a toda uma panóplia de leitores.

E qual é a "lição útil" que do artigo poderia ser extraída? Ora, certo tipo de dubiedade de gênero, se admissível no Carnaval, poderia gerar mal-entendidos diversos — sobretudo do ponto de vista dos comportamentos considerados socialmente apropriados.[10] O texto jornalístico sugere que seria constrangedor passar a noite a cortejar outro homem, ainda que esbelto, mimoso e de voz melodiosa — de moça. A extravagância, quer em homens, quer em mulheres, e a efeminação eram comportamentos considerados pouco adequados e inspiravam, mais de uma vez, a pena dos articulistas baianos.[11] Alguns meses antes, no mesmo periódico, fora reproduzido um fragmento de um jornal pernambucano falando das caricaturas que podiam ser localizadas nas ruas das cidades — e, é lícito supor, na cidade da Bahia. Ao lado de uma velha dengosa e de um padre de hábito torneado, estava o sr. Cazuzinha, "com contorno de Yayá", sempre vestido

---

9 "Um duelo de entrudo", *Correio Mercantil*, n. 45, 26 fev. 1839, p. 3.

10 James Green lembra que a suposta tolerância ao ato de travestir-se no período momesco — e, penso que de forma mais ampla, a comportamentos ambíguos — deu espaço, ao longo do século XX, para a impressão ilusória de um clima algo tolerante para homossexualidades e bissexualidades. Mas o "retorno ao curso normal da vida" sugere outra leitura, marcada pelo desconforto e pela violência (Green, 2000, p. 23-4).

11 Cumpre apontar que os comentários dos autores do século XIX sobre variedades — costumes, formas de vestir etc. — podem fornecer um itinerário fértil para pesquisas sobre padrões de masculinidade, como já se realiza em pesquisas sobre feminilidades.

na última moda, expressando-se com gestos "mulhereagos" e trajando também um espartilho, "a fim de atestar a pansa, que já estufa, e esbeltar o corpo, dando-lhe contornos de Yayá, o que assenta muito bem em um homem!". E arremata dizendo que "assim percorre este Adônis, as ruas desta cidade".[12] Tais caricaturas, concluiu o autor, também podiam ser encontradas até na política provincial, na qual, por trás do propalado compromisso cívico de certos agentes, eram defendidos projetos de interesse particular. Certas lições, parece, precisavam ser reiteradas, e o excesso de vaidade física era comparado a embustes em outros domínios da vida, como o da conduta moral.

A expressão "Adônis efeminado" também figura na obra *Cartas sobre a educação de Cora*, que o médico José Lino Coutinho escreveu para sua filha. Numa delas, recomendava a ela que não escolhesse um "Adônis efeminado" para marido, mas um homem "são e robusto", "honesto" e comprometido com Deus, com suas ações e com o país, características quase opostas às do Cazuzinha descrito no fragmento anterior.[13]

A referência conjugada a Adônis, encontrada no trecho, não foi o único caso do uso de um repertório tirado da Antiguidade clássica grega e romana — quer da literatura do período, quer da mitologia, ou, ainda, da história — para elaborar uma comparação que poderia dar a ver condutas erótico-afetivas fora de ordem. Nas décadas seguintes, um periódico intitulado *Os Defunctos*, ligado ao Partido Conservador, assim se expressou acerca de um dos integrantes do governo provincial, capitaneado pelo líder liberal Manoel de Souza Dantas:

Gustavinho gentil! Lindo Narciso!
Que em vez de Echo, tens tezo frangalho
Para que abandonaste o guizo
Que nas pombas tangia qual chucalho?
De Aspazia tu deixaste o paraizo
Para ires do progresso ser bandalho
Tenho pena de ti por seres dama
Segundo me assevera sua fama[14]

12 "Carapuceiro. As caricaturas", *Correio Mercantil*, n. 164, 6 ago. 1839, p. 2.
13 Uma transcrição parcial desta carta pode ser encontrada em Lima (2006).
14 *Os Defunctos*, s. 1, n. 12, 26 fev. 1869, p. 2

Esse tipo de comparação pelo reprovável ("bandalho", "ser uma dama", "lindo Narciso") coloca o dr. Gustavo na mesma categoria de outras figuras negativas — as quais são, ironicamente, referidas como "heróis do progresso" — como um "doutor", "trattante", "caloteiro" e um "sabio, muito douto" que roubou o cofre da província.[15] No poema satírico, colocar em dúvida o comportamento masculino de certas personalidades, a (in)fâmia, era um recurso cabível na disputa política à época.

Cumpre notar, também, que esse fragmento e suas insinuações não eram uma ocorrência excepcional. No ano anterior, ao descrever uma disputa entre Manuel de Souza Dantas, líder liberal, e o filho do chefe conservador Francisco Gonçalves Martins, barão de São Lourenço, assim se caracterizou o dr. Gustavo:

> reconhecendo a improficuidade de seus esforços na tenativa de molestar o nobre Barão, authorisara s. Gustavinha (o tal que deixou de dominar Sodoma, para presidir provincia) a depreciar o reconhecido merito do illustrado dr. Dionisio Gonçalves Martins, que sendo o nosso collega desde o collegio Ballà, onde foi sempre apontando como 1º estudante, até a schola militar, em que o dr. Negreiros o indicava como melhor d'aquella schola, não podia ter em remuneração seu raro talento, uma reprovação.[16]

A personagem foi apresentada ao leitor, no excerto, de duas maneiras: como o responsável por depreciar, sob pretexto fútil, os méritos de alguém cuja trajetória e cujo talento seriam reconhecidos por todos;

---

15 *Os Defunctos*, s. 1, n. 12, 26 fev. 1869, p. 2.

16 *Os Defunctos*, s. 1, n. 5, 3 out. 1868, p. 1-2. Em Galvão (1894, p. 119), a respeito dos cidadãos que tomaram parte do governo do país entre 1808 e 1889, o único Gustavo que consta, no período dos anos 1860, na qualidade de presidente de província é dr. Gustavo Adolpho de Sá, que havia assumido como presidente da província do Rio Grande do Norte em 1867 e ficou no cargo até o ano seguinte. Era formado em medicina pela Faculdade de Medicina da Bahia (Fameb) e escreveu uma dissertação em 1858. Foi eleito sócio efetivo do Instituto Histórico Bahiano em 1862, o que autoriza pensar alguma inserção nas redes de relações sociais da elite provincial baiana. Ver: Meirelles *et al.* (2004, p. 17); "Continuação dos apontamentos historicos sobre o antigo Instituto de 1856", *Revista Trimensal do Instituto Geográphico e Histórico da Bahia*, a. 2, n. 3, mar. 1895, p. 409. Também foi, na década de 1870, diretor do colégio São Francisco. Ver: Conceição (2012, p. 201).

e como um indivíduo que, em comparação, saía perdendo — era d. Gustavinha, o nome posto no feminino, que havia dominado Sodoma até ser indicado para presidir uma província.

Outro exemplo dessa mobilização do passado, que convém ser apresentado neste estudo, pode ser localizado alguns anos antes, no periódico *O Guaycuru*, ligado ao Partido Liberal:

> Ah!... que os homens gráves e honestos que se ahi acharão qualquer que haja sido o seo numero, nol-o perdoem, que não era desejo nosso assim rasgar-lhes as ulceras do coração — mas que se elles recolhão uma vez ao fundo da consciencia e nos digão se não he purissima verdade tudo isso que hora ahi nos ha corrido da cançada aflicta penna? Que nos respondão si se lhes não apertava de dor o coração, si se lhes não cobria de peijo e de rubor a face ao ver-se ahi de mixtura confundidos n'um tropel de crianças sem saber, sem experiencia, sem criterio, e o que é mais que tudo ainda, sem outro sentimento ou stymulo mais que o do mais frio e sordido e torpe egoismo? — Grande Deos!... até o juiz corrupto e venal e concussionario, que se peita e suborna sem disfarçe, sem a menor sombra de vergonha! até o vil gatuno que furta relogios e abre cartas! até o miseravel... o hermaphrodita... o homem meretriz... o devasso Alexis de não menos de Cem Coridons o há sido![17]

Trata-se, como visto, de uma referência infamante: o homem foi elencado ao lado de um ladrão de relógios e de um magistrado corrupto, duramente referido como um devasso, e se destacava como ente hermafrodita, adjetivo que designava, na época, algo que era referente a "ambos os sexos" (Pinto, 1832, p. 575), indicando, portanto, uma ambiguidade entre o masculino e o feminino.[18]

---

17 "O encerramento da Assemblea provincial da Bahia", *O Guaycuru*, a 4, n. 202, 4 jun. 1846, p. 4.

18 Esse termo foi recuperado, com a mesma acepção, numa nota de *O Pequeno Jornal*, em que se criticava o voto bico de pena (no qual as atas de votação eram fraudadas). O colunista assim descreve o presidente de uma das seções, onde haviam votado cinco eleitores, mas registrados mais de cem: "É um sujeito boçal, pedante, afeminado, tem sempre um risinho alvar a pairar-lhe no semblante amarello, falla aflautada como de mulher que vende empadas, e dizem que é hermaphrodita". Ver: "Bem te vi", *O Pequeno Jornal*, n. 387, 6 jun. 1891, p. 2.

Mas há mais: esse fragmento foi arrematado com dois personagens da segunda écloga da obra *Bucólicas*,[19] de Virgílio, na qual o pastor Córidon se apaixona pelo jovem e belo Aléxis, o qual desdenha de seus favores, preferindo as atenções do amo de Córidon. A ignomínia exercia, assim, um papel demarcador do que era considerado correto, e o faz selecionando um exemplo da Antiguidade que se destacava negativamente pela relação afetiva com outros homens. Aléxis foi cortejado por Córidon, mas era indiferente a este, cedendo aos desejos do senhor de terras, figura mais abastada e mais importante do que o pastor. O Aléxis baiano, em sua atividade política, parece mais inconstante do que desdenhoso: era um homem-meretriz, portanto alguém que se vendia, tal como um juiz venal, e indigno como um ladrão. Era um exemplo dos desatinos que tinham lugar no parlamento baiano, mas constituído por referências dadas pela Antiguidade clássica que faziam menções a relações erótico-afetivas com pessoas do mesmo sexo. Em dada cultura, o processo de depreciar algo ou alguém depende da existência de um alvo determinado. A partir de um estereótipo (Lustosa, 2011) — isto é, numa visão generalista, predeterminada e equivocada —, o constante revisitar de temas e textos literários buscava reencenar e reelaborar um preconceito social arraigado contra homens que, de alguma maneira, saíam do *script* da ordem de gênero.

O contexto de leitura de números anteriores e posteriores do jornal não permitiu estabelecer se algum dos membros da Assembleia Provincial se destacava por uma forma de trajar excessivamente elegante ou por discursos grandiloquentes. O que se poderia inferir, contudo, é que, mesmo não correspondendo a uma conduta específica, trata-se de algo no rol das possibilidades. Não era o caso de especificar microscopicamente se um dos deputados abria carta, se outro furtava relógios, se outro era um juiz venal, mas de indicar que tais comportamentos eram elencados ao lado do homoerotismo como conduta negativa delineada a partir da interpretação criativa de um texto da Antiguidade clássica.

---

19 Mendes (1858). Essa obra foi objeto de comentários diversos ao longo do século XIX, tentando conciliar a imagem positiva e a importância da poesia virgiliana para os estudantes de letras latinas, bem como a temática do amor masculino presente na sua obra. Ver: Ribeiro (2006). A relação entre o uso de referências à Antiguidade clássica para tematizar formas dissidentes de erotismo e afeto foi trabalhada por Barbo (2013).

Dos excertos anteriores, é lícito assumir duas implicações. Por um lado, acerca da efeminação, que pode ser compreendida como forma subsidiária de masculinidade, ao efeminado se admitiria a possibilidade de relações não normativas e, portanto, fora de ordem sexual e afetiva, envolvendo outros homens. Por outro, a recorrência aos exemplos míticos de Adônis e de Narciso auxilia na manutenção dessa barreira, revisitando a fábula greco-romana a partir de uma perspectiva também binária de vício e virtude. Poder-se-ia conjecturar a manutenção de um dos elementos do princípio da história mestra da vida, marcada pela noção do paralelismo e da exemplaridade dos antigos (Hartog, 2013, p. 102-4),[20] mas, aqui, posta em negativo.

Existiam maneiras mais diretas de expressar o encadeamento da relação entre erotismo dissidente e a prática de condutas socialmente negativas.[21] Um exemplo pode ser encontrado na edição do jornal *O Alabama* de 11 de setembro de 1870, na qual o capitão do navio pergunta, ironicamente, para a personagem referida como Pinto Cattête o que pensa de sua fama, boa ou má, na cidade da Bahia:

20 Outros períodos e personalidades históricas também foram evocados: reis efeminados franceses, ingleses, cortes repletas de favoritos, dentre outros. Ver: Silva (2015, p. 56-7).

21 E existem, evidentemente, vestígios nos quais a interpretação é consideravelmente mais difícil e precária. *O Alabama* era um periódico literário, e, nesse sentido, seus editores elaboravam diálogos ficcionais entre o capitão do navio e figuras inventadas, procurando, com isso, mirar comportamentos parecidos, passíveis de crítica. Num desses diálogos, um fidalgo se identifica como louco — assim como eram "louca" uma menina que "fugiu do convento", "varrido" um certo Gaspar e "louco" um escriturário que foi encontrado "em cuecas no quarto de certo negociante". Ver: *O Alabama*, n. 17, 30 jan. 1864, p. 3. No mesmo ano, em março, falava-se de imoralidades ocorridas na sala de bilhar do Hotel Oriente entre alguns trabalhadores: "intime aos caixeiros e cosinheiros do mesmo que se deixem de immoralidades na sala de bilhar, sob pena de serem conduzidos ao porão deste navio" (*O Alabama*, n. 39, 26 mar. 1864, p. 2). A respeito deste último caso, Figari indica que havia a percepção da existência de relações homoeróticas entre os caixeiros, tomando por base a memória de Thomas Ewbank (1846), que aponta o celibato forçado aos integrantes dessa classe profissional, sobretudo quando estrangeiros, bem como Pires de Almeida (1906) e Gilberto Freyre (1990).

— *Pinto Cattête*, chegue á falla.

— Estou eu, Capitão.

— Que julga V. do bom ou mau conceito que aqui goza?

— Nada...

— Pois nada suspeita, mau filho, mau esposo, mau pae, mau tio, mau amigo, *jogador* corrupto, sevandija consummado e... *pederasta paciente*?

— É verdade.

— Acredito, e mais ainda porque aqueles que sobem a escada do *vício* pelos pentegrammas da corrupção e perversidade não escutam a dissonacia da voz da impudencia.[22]

O artigo segue, descrevendo o preço a ser pago pelo tratamento ruim dispensado à esposa, por ter se apropriado ilegalmente de bens do sobrinho menor e pelas "nefandas orgias" de Pinto Catête. Anuncia a futura expiação do personagem que, no Gólgota, se veria abandonado pela "tropa do olho vivo" que o cercava. Esse tipo de imagem religiosa, por um lado, indica a persistência da ideia de pecado para constituir a representação de sexualidades dissidentes. "Nefando", aliás, carrega esse sentido — o dicionário de Luiz Pinto entende o termo como aquilo que era indigno de dizer ou nomear. Mas não se escusa de ser mais direto no verbete "sodomia", o "peccado nefando sensual contra a natureza" (Pinto, 1832, p. 740 e 992).

Mas há mais. Se este trecho pode ser percebido dentro da noção de uma infâmia pública — o fragmento fala do pobre conceito de que gozava Pinto Cattête —, não houve qualquer sugestão de outras providências. Mas isso não ocorreu em outro caso relatado no mesmo jornal alguns anos antes, envolvendo dois meninos escravizados:

---

22 *O Alabama*, n. 694, 11 set. 1870, p. 4 (grifos do original). Esse fragmento foi citado por Santos (1997, p. 159). O trecho vai na tradição do jornal de sugerir relações eróticas dissidentes para personalidades infames, ficcionais, mas com base em personagens conhecidas. Alguns anos antes, em 1864, certo "Yoyô do céu" foi enxotado do Convento do Carmo por ter causado uma briga de ciúme entre dois frades. Ver: *O Alabama*, n. 45, 5 abr. 1864. Esse caso indica, é lícito supor, algum grau de persistência daquilo que era chamado na poesia de Gregório de Mattos de "vício dos clérigos" e merece maiores estudos, quem sabe privilegiando uma leitura sistemática da documentação periódica.

AO ILLM. SR. DR. CHEFE DE POLICIA.

Chamamos attenção de S.S. para um insolente e incorrigivel moleque de nome Horacio, escravo, morador à Fonte das Pedras, o qual seduz meninos para fins libidinosos de parceria com um outro, tambem escravo, de nome Cosme, alem de muitas outras immoralidades que poem em pratica; e si alguma pessoa tracta de desviar os pobres innocentes incautos, expõees-se aos maiores insultos destes dous desemfreiados. Em vista pois do exposto, espera de S.S. providencias a respeito.[23]

Santos (1997, p. 159-60) apontou, a partir desse fragmento, que seria indispensável buscar não terminologias, mas práticas sociais efetivamente descritas e/ou sugeridas. Parece-me uma indicação útil. Além disso, creio que aponte para outra questão. Tais corpos não podem ser lidos dentro da mesma chave. No caso dos jovens Cosme e Horácio, que foram explicitamente nomeados, houve a associação com práticas eróticas consideradas desviantes, passíveis de pôr em risco os "meninos inocentes" — talvez até filhos de membros de estratos médios e/ou superiores da sociedade (Fonseca, 2011, p. 247). Daí terem sido requeridas providências para o senhor chefe de polícia. Nada do cárcere ficcional do navio de *O Alabama*. Nada de expiação no Gólgota, mas o peso da lei.

Terminologias podem ser, em certa medida, intercambiáveis. O Cazuzinha, o dominó do entrudo, o d. Gustavinha, Pinto Cattête, é lícito supor, eram pertencentes à elite baiana. Ainda que se refira a Horácio e a Cosme com termos parecidos, como "vício", "imoralidade", os dois não estavam no mesmo lugar social — existem, portanto, dois critérios de exclusão cruzados: a condição de escravizados e as práticas eróticas dissidentes.

23 *O Alabama*, n. 218, 18 jun. 1867, p. 4.

A medicina e os corpos na cidade da Bahia:
entre libertinagens e "amores mórbidos"

Ainda tratando de Pinto Cattête, Santos apresenta o fragmento para aventar uma temporalidade diversa para o uso do termo "pederasta", dissociando-o, necessariamente, das tentativas de taxonomização de sexualidades dissidentes pela medicina de fins do século XIX. Mas, mesmo no campo da medicina, o termo era utilizado anteriormente. A tese de conclusão do curso médico (ditas teses inaugurais) de Marinonio de Freitas Britto apresentou a seguinte consideração em seu histórico da libertinagem:

> As provas de devassidões inauditas achal-as-hemos impressas como indeleveis padrões da infamia humana, Sodoma e Gomorrha, todas as cidades da Pentapoles na Palestina ficão infectadas de um vicio horroroso [...] É preciso ao povo Hebreo graves castigos contra a bestialidade contra as infamias as quaes elle se entrega adiante da estatua do Deos Moloch e contra a pederastia. (Britto, 1853, p. 11)[24]

Para Britto, os libertinos que se entregam a esse tipo de comportamento terminam por esgotar suas energias — comprometendo, inclusive, a saúde dos próprios descendentes. Caso se casassem, dariam lugar a gerações de homens fracos e efeminados, capazes de todos os vícios (Britto, 1853, p. 4).

No ano seguinte, o termo foi utilizado pelo dr. Mello Moraes, na obra *Physiologia das paixões e affecções*. Na seção que trata dos problemas associados às paixões femininas, o autor fala das mulheres que entregam em excesso seus favores, gerando o desgosto dos homens que antes as cortejavam. Por essa razão, para o autor, a pederastia seria algo habitual para homens polígamos e cita, como exemplo, a Turquia.[25] Em 1872,

---

24 A tese de Britto é, em sua maior parte, a tradução de uma das seções da obra *Histoire naturelle du genre Humain* [História natural do gênero humano], de Julien Joseph Virrey. Ver: Mello Moraes (1854, p. 94).

25 Sobre Mello Moraes (1854, p. 94), não é demais notar que, em 1885, Richard Burton iria formular o conceito de "zona sotádica" para explicar excessos e desvios sexuais no espaço extraeuropeu, sobretudo na Ásia Central, no continente americano etc. Incluiria a Ásia Menor, coração do Império Otomano, que corresponde à atual Turquia. Ver: Dynes (1990, p. 1.235).

retomou esse tema em *Diccionario das ciências homeopathicas*, no verbete sobre libertinagem:

> A libertinagem é o abuso dos orgãos da repoducção em sua funcção natural ou é a perversão da funcção por um uso contra a natureza. Há abuso: 1º quando as relações sexuaes tornam-se nocivas à saude; 2º quando tem lugar para evitar os casamentos; 3º quando na união conjugal procuram evitar a propagação da especie. Ha perversão quando o homem engana as necessidades da natureza com prazeres solitarios, como *masturbação* ou o *onanismo*; ou por actos degradantes como a *pederastia* ou *sodomia* e a bestialidade; por causa das desordens dos perigos da libertinagem, os governos têm sido obrigados a autorizar casas de tolerancia onde se reunem as mulheres que fazem vida da prostituição. (Mello Moraes, 1872, p. 405)

A partir do fragmento do livro de Mello Moraes, é possível perceber que a pederastia estava dentro de um campo mais amplo, referente à libertinagem, apontando para os riscos de determinados abusos ou perversões para a saúde de forma geral. Com efeito, as teses médicas da Faculdade de Medicina da Bahia, entre os anos 1850 e 1880, não pontuam a existência de uma patologia ou de um quadro nosográfico e etiológico específico e facilmente distinguível de outros males — saliente-se que estava relacionada ao onanismo, aos hábitos sexuais nocivos ou ao universo da prostituição em determinados países.[26]

Mello Moraes também indicou outro tema comum às teses da Faculdade de Medicina da Bahia no período citado: a oposição entre concepções socialmente dominantes de família, por um lado, e as práticas erótico-afetivas entre homens, por outro. Assim, existem teses que criticam o celibato masculino, quer por imposição religiosa, quer por opção pessoal, como um caminho certo para uma vida doente, esgotante e, até mesmo, mortal:

---

26 Ainda que não se dê de forma constante, tal associação entre homoerotismo masculino e bestialidade também aparece em fontes religiosas datadas de períodos anteriores ao século XIX (Bellini, 2014, p. 70-1).

IV. O celibato é o continuado goso dos praseres sem limites, e o que é sempre perigoso, não so aos que a elle se entregão como á paz e tranquilidade das famílias.

V. Despertados sempre por novas excitações e por ellas se deixando vencer são dizimados os celibatarios pelas molestias syphiliticas.

VI. Nos celibatarios encontrão-se os mais das vezes enraizados os hediondos vicios do onanismo e da pederastia.

VII. Parecendo ter uma vida livre e isempta de encargos, atirão a toda a casta de excessos, de bebidas ou de mesa, e sendo victimas de sua devassidão tarde conhecem os seus desvairos. (Silva, 1869, p. 23-4)

Silva reitera a oposição entre o matrimônio e a busca contínua de prazeres, associada a um universo de vícios, como o onanismo e a pederastia, e a aquisição do mal venéreo mais temido do século XIX: a sífilis, capaz de comprometer a família daqueles que, tardando em casar-se, se entregassem a uma vida dissoluta; e ao indivíduo em si, que se esgotava até a morte por meio desses excessos. Lembra Carrara que a sífilis operava como sinal visível, símbolo natural de uma conduta moral negativa (Carrara, 1996, p. 32).

Apesar disso, até o fim do século XIX, esses corpos potencialmente dissidentes — de libertinos, celibatários, estudantes em internatos — são colocados sob uma ótica na qual certos "tratamentos" seriam possíveis. Sulpício Geminiano Barroso, por exemplo, comenta sobre a sodomia e o onanismo nos colégios em sua tese de 1853, mas o faz de forma a destacar o papel do médico em tratar as duas (Barroso, 1853, p. 9). Similarmente, as teses sobre o celibato e a higiene nos colégios destacaram o papel de casamentos ditos higiênicos — na idade certa e, preferencialmente, entre parceiros sãos —, bem como a presença de censores nos dormitórios, a prática de atividades físicas e o cuidadoso escrutínio das amizades a fim de impedir a perda da saúde e o aprendizado de hábitos infames.[27] Os corpos dissidentes, portanto, foram lidos como maleáveis, passíveis à ação de determinadas instâncias as quais, descompassadamente e de forma descontínua, demarcavam as fronteiras entre normalidade e abjeção. Não se trata, insisto, de apontar um

---

27 Para uma leitura mais pormenorizada, Silva (2015, p. 76-133).

processo sistemático, centrado num único vetor ou de adotar a noção de que os médicos eram dotados da mais completa penetração social. O que se pontua, porém, é que existem zonas da convivência social nas quais esse pensamento possuía penetração e que o saber médico pode ser pensado, conforme Ribeiro, em uma espécie de sistema de vasos comunicantes ao menos com setores letrados da sociedade (Ribeiro, 2014, p. 29)[28] — e, acrescento, num diálogo descontínuo com concepções outras, mais gerais, como a religiosa, acerca da sexualidade.

Esse quadro vai se modificando progressivamente entre os anos 1880 e 1890. Nessa década, além de maior disseminação no campo da psiquiatria e da medicina legal de conceitos como o de degeneração, proposto por Morel e reformulado por Magnan, também surgiram as referências aos primeiros tratados médicos que discutiam mais detalhadamente sexualidades dissonantes da norma — a exemplo da *Psycopathia sexualis* de Krafft-Ebing. Tal processo se deu sem prejuízo de noções utilizadas anteriormente, como vício e libertinagem, ou da recorrência de temas religiosos ou de comparações com a Antiguidade clássica greco-romana.

Cumpre notar que existe uma mudança na maneira como o corpo doente foi percebido e compreendido. Tal processo foi analisado por Magali Engel quando discute duas das perspectivas a partir das quais, ao longo do século XIX, encarou-se a doença mental: grosso modo, a vitalista, que atribuía a causa a elementos sociais e/ou morais, e a organicista, que atribuía a causa a uma lesão física. Ora, o conceito de degeneração, isto é, aquilo que era considerado desvio doentio em relação ao tipo normal da humanidade, transmitida hereditariamente, vai permitir, por um lado, o fortalecimento do argumento organicista, ao encampar a noção de uma origem biológica do desvio. Mas, além disso, a noção de degeneração era tributária das concepções anteriores, como a de Esquirol, para quem a causa da loucura era um desequilíbrio entre sociedade e indivíduo, causado por excessos, paixões e modos de vida considerados degradados. Assim, havia um número considerável de comportamentos passíveis de serem entendidos como frutos de uma doença mental, ampliando o espaço potencial de atuação da medicina mental (Engel, 2001, p. 131-2, 138-40).

---

28 As condições do ensino médico no Brasil estavam longe das ideais. Mas, se há precariedade, também existem trocas e partilhas dentro das condições de possibilidade em cada contexto.

A articulação entre corpos degenerados, comportamentos considerados socialmente desviantes e/ou imorais e doenças também pode ser encontrada nas teses que fazem menção ao erotismo e ao afeto entre homens nos anos 1890. Elias Rocha de Barros falava da "homo-sexualidade" ao estudar as perversões ou as anomalias sexuais:

> Essa estranha aberração consiste na atração sexual para as pessoas do mesmo sexo (homo-sexualidade), com repulsão mais ou menos notavel para as pessoas do sexo contrario; mais brevemente, na phrase de Westphal, "uma mulher é physicamente mulher e psychicamente homem, um homem é physicamente homem e psychicamente mulher". (Barros, 1893, p. 81)

Barros tomou como referência para seu estudo Westphal, o qual considera ter sido o primeiro a remeter tal questão ao domínio científico das aberrações sexuais, em lugar de estudá-la apenas sob a ótica do vício ou do meio social pernicioso — posição adotada anteriormente por autores como Tardieu e Casper. Barros, em concordância com Moll, Krafft-Ebing e Blocq, expõe a ideia de que a "inversão sexual" seria um fenômeno essencialmente patológico, tendo como causa eficiente a predisposição hereditária por uma "herança degenerativa", e destaca a importância de pensá-la nesses termos, e não somente sob o viés de um vício adquirido em um meio corrompido (Barros, 1893, p. 81-2). Não aponta, porém, um quadro separado de outras patologias mentais.

Nesse sentido, os "atos morais" obedeceriam a uma ordem biológica, no entender de Barros. Em sociedades bem organizadas, os princípios dessa ordem são consequências da evolução, qualidades adquiridas e desenvolvidas no curso das gerações para o perpetuamento da sociedade. "Não é mais do que uma consequencia do principio biologico que torna indissoluveis os laços que unem orgão e a função". Assim, da mesma forma que existiriam pessoas incapazes de distinguir uma cor ou som, haveria aqueles privados de senso moral, ou com uma perversão desta capacidade. E "a causa desta desorganisação — vemol-as nos antecedentes dos loucos moraes — está nesta *maldita herança* da degeneração, que pesa neste ponto sobre a organisação cerebral do indivíduo, desviando-a funccionalmente de sua directriz normal" (Barros, 1893, p. 88).

Degeneração e sexualidades dissidentes também vão aparecer estreitamente associadas em trabalhos seguintes. Manoel Bernardo Calmon du Pin e Almeida identificava, entre as causas da degeneração na Bahia, o "cruzamento de raças", que se sobreleva sobre todas as outras (Almeida, 1898, p. 69-71).[29] Para o autor, entre outras razões, "os criminosos bahianos são em sua maioria degenerados, em virtude do mestiçamento e de outras causas que têm influencia para a produção do crime" (Almeida, 1898, p. 92). Ora, para Almeida, dentre as formas de perversão mórbida mais comuns nas prisões, inclusive baianas, estavam as relações "homo-sexues" (Almeida, 1898).[30] Nesse sentido, parece muito apropriada a reflexão de Miskolci, que argumentava que, no fim do século XIX, o desejo da nação conduziria a projetos que encaravam a sociedade como realidade biológica, racialmente classificável e tendo como saída possível o branqueamento. Sob tal perspectiva, negros, mulheres e homossexuais passaram a ser lidos como ameaças à ordem quando não se conformavam ao papel social que lhes seria designado (Miskolci, 2013, p. 24).

Em 1898, Domingos Firmino Pinheiro publicou sua tese intitulada *O androphilismo*, nome que deu para "a inversão sexual, a paixão sexual contrária, o amor mórbido do homem pelo homem" (Pinheiro, 1898, p. 8).[31] Para esse autor, suas causas podiam ser divididas em físicas gerais e individuais e morais, as quais se subdividiam em congênitas e adquiridas. Dentro de cada uma dessas, elementos tão variados como condições climáticas e dietéticas, temperamentos, leituras, condições de vida, hereditariedade, más companhias, dentre outros, são apresentadas como causas possíveis do "androphilismo". Se múltiplas são as causas, para fechar o diagnóstico, sempre difícil porque os ditos doentes "negam obstinidamente as questões que lhes são apresentadas no referente á prática de semelhante acto ignominioso",[32] era possível recorrer

29 Almeida nunca chegou a apresentar sua tese, em razão de sua morte em 1897. Foi impressa pela família e amigos. O trabalho foi prefaciado por Juliano Moreira, então substituto de psiquiatria da faculdade, e o manuscrito foi revisado por Afrânio Peixoto e Américo Froés.

30 Páginas 4 e 92, respectivamente, para uma consideração mais geral, e no caso da Penitenciária da Bahia.

31 Sou extremamente grato a Luiz Mott, que me permitiu acesso a seu exemplar.

32 Pinheiro afirmou, todavia, conhecer muitos "androphilistas" que "positivamente confessavam" o estado da sua vida sexual, "nomeadamente nas classes inferiores da sociedade" (Pinheiro, 1898, p. 165).

a outros fatores, elementos que chama de "semióticos" a serem utilizados: "Contudo, o modo de locomover-se o doente, o olhar, a maneira de se conservar em pé ou sentado, o aspecto, os gestos indecentes e effeminados, a apreciação do gosto, um 'não sei o que' decide seguramente o diagnóstico" (Pinheiro, 1898, p. 165-6).

Na mesma toada, Pinheiro apontou a importância de o "androphilista os segredos da sua vida sexual confessar" (Pinheiro, 1898, p. 166). Para isso, o médico deveria afirmar categoricamente a inocência do paciente, o caráter involuntário e mórbido dos seus atos e a injustiça da pecha de infame ou de imoral. É útil aqui recorrer ao comentário de Foucault sobre o processo de mudança da confissão ao longo dos séculos XVIII e XIX. Do lócus da penitência, passou a outros espaços — a família, a clínica, a consulta — e a outras relações, com os pais, com os psiquiatras, com os peritos. Tais documentos, consignados e transcritos, seriam publicados e comentados. E não se trata apenas de dizer o que se fez — isto é, o ato sexual desviante —, mas de nele e ao redor dele reconstituir os pensamentos e as obsessões que o acompanham, a qualidade e as modulações do prazer ilícito (Foucault, 2017, p. 71) — e, ouso dizer, de sua captura.

O tratamento do "androphilismo" era tão variado quanto suas causas. Aqui, a distinção que Pinheiro fez entre "androphilismo" congênito, isto é, fruto da hereditariedade ou, em menor grau, de lesões, e adquirido, pela influência do meio, de traumas físicos, de educação deficiente, dentre outros, ganha certa relevância (Pinheiro, 1898, p. 12, p. 89-90, 129-33).[33] A "terapêutica experimental" alcançaria alguma vitória no segundo caso, mas teria menor efetividade nos casos congênitos (Pinheiro, 1898, p. 174, p. 185).[34] Mas mais importante eram as medidas profiláticas — as medidas que preveniriam o contágio e garantiriam a saúde. Para Pinheiro, a não procriação desses indivíduos seria a profilaxia mais eficaz (Pinheiro, 1898, p. 178).

33 O "androphilismo" também tinha a modalidade ativa e passiva, e essas se subdividem em categorias diferentes na análise de Pinheiro. Para uma análise pormenorizada, ver Silva (2015, p. 133-77).

34 Pinheiro defende a existência do "androphilismo" adquirido inveterado, no qual a cura não seria algo simples. Na prática, a distinção parece carecer de coerência na formulação teórica, característica presente em outros pontos da tese.

Entre as garantias que o médico deveria dar ao paciente com vistas à confissão e a medidas terapêuticas e profiláticas, um paradoxo se apresenta. A preocupação não parece estar em demarcar uma separação entre indivíduo saudável e doente, mas, sim, entre normalidade e anormalidade, esta socialmente perigosa. Na multidão daquelas personagens das "classes perigosas" (Chalhoub, 2001, p. 20) havia também dissidentes em termos de afeto e sexualidade, colocados sob o signo de um corpo fixo e com uma patologia devidamente construída.

Paradoxos, pânicos e punições: à guisa de conclusão

No fragmento citado por Santos e reproduzido anteriormente, os meninos Horácio e Cosme receberam a pecha de "incorrigíveis". Eram uma ameaça para a ordem pública e para outros meninos, estes, sim, inocentes. Décadas depois dos seus folguedos na Fontes das Pedras, teses como a de Pinheiro também falam daqueles que se dedicaram a sexo e amores rebeldes de maneira reiterada. Penso que isso dá a ver outro processo, de engessamento dos terrores e das fobias sociais. Outra instância na qual esse processo poderia ser notado foi a que discutiu a relação existente entre algumas das causas morais gerais e individuais — manifestadamente, a miséria:

De facto a miseria, em que adormecem certas famílias obrigando os seus membros a que vivam em completo desalinho e promiscuidade e à mercê de suas idéas e sentimentos modificados a cada dia com as scenas deshonestas que constituem o apanagio e o pão quotidiano dessas habitações, concorre poderosamente para o desrespeito ao pudor e á moral, conseguintemente predispondo as suas victimas aos crimes de amor illicito. As crianças vêm e ouvem os mais revoltantes actos de imoralidade, perdurando na imaginação destas miseraveis creaturas in extremo aptas á imitação principalmente de actos impúdicos, vão subornando pouco a pouco o territorio das faculdades superiores, agora esboçado e mais tarde invalidamente desenvolvido, por modo a constituir-se psychose, cujo principal symptoma é a perversão do instincto sexual nas suas multiplas e variadas formas. (Pinheiro, 1898, p. 102-3)

Embora Pinheiro aponte em seguida que o "androphilismo" faria conquista também em moradias palacianas, mais à frente o autor retoma essa lógica, ao dizer que o amor do homem pelo homem encontraria terreno sorrateiro e fértil para proliferação entre os habitantes dos últimos degraus da escada da sociedade. Ora, Pinheiro afirma também que perturbações de ordem moral podem dar lugar ao "androphilismo" — como uma educação viciosa e um meio social perigoso, no qual seriam aprendidos a lascívia e o *deboche* (Pinheiro, 1898, p. 129-30), este último conceituado por Cândido de Figueiredo como sinônimo de "libertinagem", "devassidão", com os verbetes correlatos de debochar, "tornar devasso, prostituir", e debochado, "devasso, libertino, corrupto, extravagante" (Figueiredo, 1899, p. 444). A recorrência desse termo é interessante por ter sido retomado no estudo médico-legal que arremata a tese. Pinheiro propõe que os "androphilistas" sejam, em princípio, considerados irresponsáveis criminais. Mas com ressalvas: o perito deveria separar estes, os estigmatizados, daqueles que praticavam essas cenas sexuais por crápula, isto é, por um modo extravagante e libertino de vida, por *deboche*. Contra os debochados, a lei deveria se fazer sentir com força e vigor — sobretudo quando o jogo de cenas sexuais desvirtuado fosse praticado na presença de ou com menores (Pinheiro, 1898, p. 196).

Não se trata de dizer, categoricamente, que, para Pinheiro, todos os "androphilistas" debochados fossem necessariamente os mais pobres. A questão, no meu entender, seria mais sutil. Conforme apontou Sidney Chalhoub, o fim do século XIX assistiu à disseminação do conceito de classes perigosas, na qual a homologia entre corrupção moral e pobreza, bem como a ideia de um risco de contágio, foram ferramentas eficientes com vistas à manutenção dos laços senhoriais de subalternidade, contudo em outra lógica, biologicamente dada:

> Por um lado, o próprio perigo social representado pelos pobres aparecia no imaginário político brasileiro de fins do século XIX através da metáfora da doença contagiosa: as classes perigosas continuariam a se reproduzir enquanto as crianças pobres permanecessem expostas aos vícios de seus pais. [...] Por outro lado, os pobres passaram a representar perigo de contágio no sentido literal mesmo. Os intelectuais-médicos grassavam nessa época como miasmas na putrefação, ou como economistas em tempo de inflação: analisavam a "realidade", faziam seus diagnósticos, prescreviam

a cura, e estavam sempre inabalavelmente convencidos de que só a sua receita poderia salvar o paciente. E houve então o diagnóstico de que os hábitos de moradia dos pobres eram nocivos à sociedade, e isto porque as habitações coletivas seriam focos de irradiação de epidemias, além de, naturalmente, terrenos férteis para a propagação de vícios de todos os tipos. (Chalhoub, 2001, p. 29)

Ao empregar, por um lado, o uso de um critério de criminalização que dizia respeito à visibilidade de determinado comportamento e, por outro, alegar que a promiscuidade e as cenas desonestas eram aprendidas nas habitações "miseráveis", nas quais se aprende por imitação a prática de "actos impúdicos", pode-se observar que a potencialização de formas de opressão continuava atuando mais duramente contra determinados corpos circunscritos a certos lugares sociais. Aqui, porém, reconfigurando o problema a ser enfrentado.

Outro trecho que permite a leitura desse critério de exclusão social pode ser encontrado no trecho no qual Pinheiro conjura a figura dos "menores" para enfatizar a necessidade de punições mais duras para os "androphilistas" debochados. Gayle Rubin, ao analisar o pânico moral envolvendo minorias sexuais a partir dos anos 1950 nos Estados Unidos, lembrou que, muitas vezes, era comum invocar a defesa dos mais jovens a fim de viabilizar políticas de perseguições policiais, censura a publicações e retirada de direitos civis (Rubin, 2017, p. 74-5). Guardadas as diferenças de cada conjuntura, Pinheiro parece fazer uso de uma estratégia análoga.

Essa questão, a defesa da família e da infância, se prestava a reposicionamentos e fica mais explícita ao cotejar-se a tese de Pinheiro com o livro do advogado baiano Aurelino Leal, *Germens do crime*. Na obra, ao discutir a falta de cuidado do país em relação ao que o autor chama de infância desvalida, assim é descrito o cotidiano da capital:

A pessôa que hoje sae de um theatro, de volta para casa, encontra pelas ruas dezenas de desventurados, uns ebrios, outros na desenfreada crapula, outros dormindo nos passeios, expostos aos rigores das tempestades. Não é raro encontrar-se algum armado de faca ou de uma pistola, adquiridas por meio desconhecidos, quasi sempre viciados todos na pederastia, relaxando inteiramente os sentidos de probidade. (Leal, 1896, p. 292)

Identificando a pederastia, dessa vez como um vício de determinados sujeitos — os considerados ébrios e desventurados, que dormem nos passeios, em suma, que se fazem visíveis e indesejáveis —, fica mais evidente que a questão não era a defesa de quem quer fosse, mas de que forma viabilizar um discurso de periculosidade sobre corpos dissidentes em termos de sexualidade. De vítimas de debochados a imitadores de atos impudicos, em Pinheiro, eles figuram na posição de algozes para Aurelino Leal.

Apesar de ter enfatizado, no plano das concepções de corpo, a descontinuidade que caracterizaria a última década do século XIX, penso que podem existir continuidades. Em 9 de novembro de 2020, o jornal on-line *Metrópoles* denunciou uma clínica em Brasília que oferecia explicitamente em seu site "tratamentos" para a homossexualidade.[35] Esse tipo de prática ecoa a de certos profissionais com formação nas ciências *psi*, os quais ofertavam o mesmo serviço valendo-se de uma leitura seletiva e enviesada da classificação internacional de doenças (Gonçalves, 2019, p. 184-5), buscando, assim, promover seus valores e sua visão de mundo ancorados numa leitura, também seletiva e enviesada, de escrituras cristãs. Uma delas, em particular, afirmou no jornal *Folha de S.Paulo*, em 2009, que a homossexualidade era uma doença que queriam implantar em toda a sociedade e que teria como causa individual algum trauma ou abuso sexual sofrido na infância (Gonçalves, 2019, p. 178).

Entre os discursos médicos finisseculares apresentados anteriormente e a violência de um segmento reacionário e fundamentalista, combatido pelos próprios pares, existem diferenças significativas. Outras conjunturas, outras mediações e outros processos distanciam os dois eventos. Mas, se não se pode falar em repetição da tragédia como farsa, talvez me permitam apontar a persistência de certas tragédias farsescas como resíduos indicativos das pouco visíveis (re)configurações violentas de identidades, desejos, afetos e performatividades — no país que continua sendo um dos mais violentos para pessoas LGBTQI+ em todo o mundo.[36]

---

35 GARZON, Matheus. "PCDF abre investigação para apurar 'cura gay' prometida por clínica", *Metrópoles*, 9 nov. 2020.

36 GONÇALVES, Alice Calixto *et al.* "A violência LGBTQIA+ no Brasil", nota técnica, FGV Direito SP, dez. 2020; "Assassinatos de pessoas trans voltam a subir em 2020", Antra (Associação Nacional de Travestis e Transexuais), 3 maio 2020.

Referências

ALMEIDA, Manoel Bernardo Calmon du Pin e. *Degenerados criminosos*. Tese (Doutorado, inaugural). Salvador: Faculdade de Medicina da Bahia, 1898.

ARNEY, Lance; FERNANDES, Marisa & GREEN, James N. "Homossexualidade no Brasil: uma bibliografia anotada". *Cadernos AEL* (Homossexualidade: sociedade, movimento e lutas), v. 18/19, 2010.

BARBO, Daniel. "A emergência da homossexualidade: cultura grega, cientificismo e engajamento". In: BARBO, Daniel & COSTA, Adriane Vidal (org.). *História, literatura & homossexualidade*. Belo Horizonte: Fino Traço, 2013.

BARROS, Elias Rocha. *Estygmas da degeneração psychica*. Tese (Doutorado, inaugural). Salvador: Faculdade de Medicina da Bahia, 1893.

BARROSO, Sulpício Geminiano. *Breves considerações acerca do onanismo ou masturbação*. Tese (Doutorado, inaugural). Salvador: Faculdade de Medicina da Bahia, 1853.

BELLINI, Ligia. *A coisa obscura: mulher, sodomia e Inquisição no Brasil colonial*. Salvador, EDUFBA, 2014.

BRITTO, Marinonio de Freitas. *A libertinagem e seos perigos relativamente ao physico e moral do homem*. Tese (Doutorado, inaugural). Salvador: Faculdade de Medicina da Bahia, 1853.

BUTLER, Judith. *Problemas de gênero: feminismo e subversão da identidade*. Trad. Renato Aguiar. Rio de Janeiro: Civilização Brasileira, 2016.

CARRARA, Sérgio. "As mil máscaras da sífilis". *In*: CARRARA, Sérgio. *Tributo a Vênus: a luta contra a sífilis no Brasil, da passagem do século aos anos 40*. Rio de Janeiro: Fiocruz, 1996.

CHALHOUB, Sidney. *Cidade febril: cortiços e epidemias na Corte imperial*. São Paulo: Companhia das Letras, 2001.

CONCEIÇÃO, Joaquim Tavares da. *Internar para educar: colégios-internatos no Brasil (1840-1950)*. Tese (Doutorado em História). Salvador: Universidade Federal da Bahia, 2012.

DYNES, Wayne. "Sotadic Zone". *In*: DYNES, Wayne (org.). *Encyclopedya of Homosexuality*. Nova York: Garland, 1990.

ENGEL, Magali. *Os delírios da razão: médicos, loucos e hospícios (Rio de Janeiro, 1830-1930)*. Rio de Janeiro: Fiocruz, 2001.

FIGARI, Carlos. *@s outr@s cariocas: interpelações, experiências e identidades homoeróticas no Rio de Janeiro: séculos XVII ao XX*. Belo Horizonte: UFMG, 2007.

FIGUEIREDO, Candido de. *Novo diccionario da língua portuguésa*. Lisboa: Livrara Editora Tavares Cardoso & Irmão, 1899.

FONSECA, Marcos Vinicius da. "A educação da criança escrava nos Quadros da Escravidão de Joaquim Manoel de Macedo". *Educação e Realidade*, v. 36, n. 1, 2011.

FOUCAULT, Michel. *História da sexualidade*, v. 1, *A vontade de saber*. 4 ed. Trad. Maria Thereza da Costa Albuquerque e J.A. Guilhon Albuquerque. São Paulo: Paz e Terra, 2017.

GALVÃO, Miguel Archanjo. *Relação dos cidadãos que tomaram parte no governo do Brazil no periodo de março de 1808 a 15 de novembro de 1889*. Rio de Janeiro: Imprensa Nacional, 1894.

GOMES JR., J. *Sobre frescos e bagaxas: uma história social do homoerotismo e da prostituição masculina no Rio de Janeiro entre 1890 e 1938*. Dissertação (Mestrado em História). Niterói: Universidade Federal Fluminense, 2019.

GONÇALVES, Alexandre Oviedo. "Religião, política e direitos sexuais: controvérsias públicas em torno da 'cura gay'". *Religião e Sociedade*, v. 39, n. 2, 2019, p. 184-5.

GREEN, James N. *Além do Carnaval: a homossexualidade masculina no Brasil do século XX*. Trad. Cristina Fino & Cássio Arantes Leite. São Paulo: Editora Unesp, 2000.

GREEN, James N. & POLITO, Ronald. *Frescos trópicos: fontes sobre a homossexualidade masculina no Brasil (1870-1980)*. Rio de Janeiro: José Olympio, 2006.

HARTOG, François. *Regimes de historicidade: presentismo e experiências do tempo*. Trad. Maria Helena Martins, Maria Cristina de Alencar Silva, Camila Rocha de Moraes, Bruna Beffart & Andréa Souza de Menezes. Belo Horizonte/São Paulo: Autêntica, 2013.

KOCH, Jandiro Adriano. *Babá: esse depravado negro que amou*. Porto Alegre: Librestos, 2019a.

KOCH, Jandiro Adriano. *O crush de Álvares de Azevedo*. Porto Alegre: Librestos, 2019b.

LEAL, Aurelino. *Germens do crime*. Salvador: Livraria Magalhães, 1896.

LIMA, Marta Maria Leone. *Ingresso de mulheres no magistério da Bahia: o resgate de uma história*. Tese (Doutorado em Educação). Salvador: Universidade Federal da Bahia, 2006.

LUSTOSA, Isabel (org.). *Imprensa, humor e caricatura: a questão dos estereótipos culturais*. Belo Horizonte: Editora UFMG, 2011.

MAGALHÃES, Domingos José Gonçalves de. *Episódio da Infernal Comédia ou da minha Viagem ao Inferno*. Paris: Beaulé et Jubin, 1836.

MEIRELLES, Nevolanda Sampaio *et al.* "Teses doutorais de titulados pela Faculdade de Medicina da Bahia, 1840-1928". *Gazeta Médica da Bahia*, n. 138(1), 2004.

MELLO MORAES, Alexandre José de. *Physiologia das paixões e afecções*. Rio de Janeiro: Typografia Dous de Dezembro, 1854.

MELLO MORAES, Alexandre José de. *Diccionario de medicina e therapeutica homoeopathica ou a homoeopathia posta ao alcance de todos*. Rio de Janeiro: Typographia Nacional, 1872.

MENDES, Manuel Odorico. *Virgílio brazileiro ou traducção do poeta latino*. Paris: Typografia de W. Remquet, 1858.

MISKOLCI, Richard. *O desejo da nação: masculinidade e branquitude no Brasil de fins do XIX*. São Paulo: Annablume, 2013.

MOTT, Luiz. *Teses acadêmicas sobre a homossexualidade no Brasil*. XXXIX Seminar on the Acquisition of the Latin American Library Materials. Salt Lake City, mai-jun 1994.

MOTT, Luiz. *Homossexuais da Bahia: dicionário biográfico (séculos XVI-XIX)*. Salvador: Grupo Gay da Bahia, 1999a.

MOTT, Luiz. "Sodomia na Bahia: o amor que não ousava dizer o nome". *Inquice: Revista de Cultura*, nº 0, 1999b.

PEDRO, Joana Maria & VERAS, Elias Ferreira. "Os silêncios de Clio: escrita da história e (in)visibilidade das homossexualidades no Brasil". *Tempo e Argumento*, v. 6, n. 13, set-dez. 2014, p. 90-109.

PINHEIRO, Domingos Firmino. *O androphilismo*. Tese (Doutorado, Inaugural). Salvador: Faculdade de Medicina da Bahia, 1898.

PINTO, Luiz. *Diccionario da lingua brasileira*. Ouro Preto: Typografia de Silva, 1832.

RIBEIRO, Márcio Luiz Motitinha. *A poesia pastoril: as Bucólicas, de Virgílio*. Tese (Doutorado em Letras Clássicas). São Paulo: Universidade de São Paulo, 2006.

RIBEIRO, Marcos. *A Faculdade de Medicina da Bahia na visão de seus memorialistas (1854-1924)*. 2 ed. Salvador: EDUFBA, 2014.

ROCHA, Cássio Bruno de Araujo. *Masculinidade e Inquisição: gênero e sexualidade na América portuguesa*. Jundiaí: Paco Editorial, 2016.

ROUSSO, Henry. "O arquivo ou o Indício de uma Falta". *Revista Estudos Históricos*, v. 9, n. 17, 1996.

RUBIN, Gayle. *Políticas do sexo*. Trad. Jamille Pinheiro Dias. São Paulo: Ubu, 2017.

SACERDOTE, Iuri. *A criação do pederasta através do saber médico, apresentado nas teses da Faculdade de Medicina da Bahia, 1885-1899*. Trabalho de Conclusão de Curso (Graduação em História). Salvador: Universidade Católica de Salvador, 2010.

SANTOS, Jocélio Teles dos. "'Incorrigíveis, afeminados, desenfreados': indumentária e travestismo na Bahia do século XIX". *Revista de Antropologia*, v. 40, n. 2, 1997.

SCOTT, Joan Wallach. "Gênero: uma categoria útil para análise histórica". *Educação e Realidade*, v. 20, n. 2, 1995.

SEVCENKO, Nicolau. "A capital irradiante: técnica, ritmos e ritos do Rio". *In*: SEVCENKO, Nicolau (org.). *História da vida privada no Brasil*, v. 3, *República: da Belle Époque à era do rádio*. São Paulo: Companhia das Letras, 2006.

SILVA, Daniel Vital dos Santos. *A captura do prazer: homossexualidade masculina e saber médico na Bahia do século XIX (1850-1900)*. Dissertação (Mestrado em História Social). Salvador: Universidade Federal da Bahia, 2015.

SILVA, Fruchuoso Pinto da. *Hygiene dos Collegios*. Tese (Doutorado, Inaugural). Salvador: Faculdade de Medicina da Bahia, 1869.

TREVISAN, João Silvério. *Devassos no Paraíso: a homossexualidade no Brasil, da colônia à atualidade*. Rio de Janeiro: Record, 2011.

VALE DE ALMEIDA, M. "Masculinidade". *In*: AMARAL, A.L. & MACEDO, A.G. (org.). *Dicionário da crítica feminista*. Lisboa: Afrontamento, 2005.

Natália Batista Peçanha
Bacharel e licenciada em história pela Universidade
Federal do Rio de Janeiro (UFRJ); mestre e doutora em
história pela Universidade Federal Rural do Rio de Janeiro
(UFRRJ). Especialista em ensino de história da educação
básica pela Universidade do Estado do Rio de Janeiro
(UERJ) e pesquisadora do Grupo de Estudos Mundos do
Trabalho e o Pós-Abolição (GEMTRAPA/UFRRJ). Atualmente,
é professora na Universidade Federal de Uberlândia (UFU).

Literatos do Rocio e criados efeminados: uma análise das representações da homossexualidade masculina nas páginas do jornal *O Rio Nu* (1898-1916)

Natália Batista Peçanha

Está claro que eu nunca falei a você sobre o que se fala de mim e não desminto. Mas em que podia ajuntar em grandeza ou melhoria para nós ambos, para você, ou para mim, comentarmos e eu elucidar você sobre minha tão falada (pelos outros) homossexualidade. [...] Quanto a mim pessoalmente, num caso tão decisivo para a minha vida particular como isso é, creio que você está seguro que um indivíduo estudioso e observador como eu há de estar bem inteirado do assunto, há de tê-lo bem catalogado e especificado. Há de ter tudo normalizado em si, se é que posso me servir de "normalizar" neste caso. Tanto mais, Manu, que o ridículo dos socializadores da minha vida particular é enorme. [...] Me dão todos os vícios que por ignorância ou interesse de intriga são por eles considerados ridículos [...]. Mas se agora toco neste assunto em que me porto com absoluta e elegante discrição social, tão absoluta que sou incapaz de convidar um companheiro daqui a sair sozinho comigo na rua (veja como tenho minha vida mais regulada que máquina de precisão) e se saio com alguém é porque esse alguém me convida. (Carta de Mário de Andrade a Manuel Bandeira, 7 abr. 1928)[1]

---

[1] Todas as citações sofreram atualizações ortográficas para facilitar a leitura. Além disso, cabe aqui mencionar que tal capítulo é fruto de alguns resultados obtidos pelas pesquisas realizadas durante o mestrado e o doutorado. Ver: Peçanha (2018; 2013).

Quanta dor e ressentimento podem ser perceptíveis nessas poucas linhas escritas por um homem que viveu tendo que "normalizar" seus desejos, sua vida, seu existir? Quanta angústia havia nesse homem que era impedido de "convidar um companheiro daqui a sair sozinho" com ele na rua? "Normalizar", "classificar", "rotular", "regular" seu corpo e sua sexualidade é uma violência que ainda hoje a comunidade LGBTQIA+ vivencia constantemente. Incutir aos homossexuais vícios, "degenerações", crimes e o silêncio imposto àqueles que, assim como Mário de Andrade, queriam desabafar sobre suas experiências, mesmo não lhes sendo dado o espaço de fala, era uma prática comum. De acordo com James Green e Ronald Polito, pelo menos até 1960, a maioria das fontes sobre homossexuais masculinos não foi produzida pelos próprios (Green & Polito, 2006, p. 17). Quando produzidas, como a carta de Mário de Andrade a Manuel Bandeira, vemos como esse silenciamento é imposto para, possivelmente, não "macular" a imagem de um importante literato brasileiro, que teve sua confissão sob sigilo nos arquivos da Fundação Casa Rui Barbosa por muitos anos.[2] Reprimem-se as ações, mas também as falas. Segundo Foucault, "a repressão funciona, decerto, como condenação ao desaparecimento, mas também como injunção ao silêncio, afirmação de inexistência e, consequentemente, constatação de que, em tudo isso, não há nada para dizer, nem para ver, nem para saber" (Foucault, 1988, p. 10). Se tolhem a possibilidade de fala desses sujeitos, isso não quer dizer que não se fale sobre a homossexualidade. Fala-se, e muito.[3] É sobre esse falar que nos debruçaremos. Analisar como a imprensa retratava a homossexualidade em fins do século XIX e princípios do XX nos possibilitará refletir sobre

2 Anos após a morte de Manuel Bandeira, seu arquivo pessoal ficou sob a guarda de sua viúva, Maria de Lourdes, que cedeu a documentação ao diretor da Fundação Casa de Rui Barbosa, Plínio Doyle. Em 1995, técnicos da fundação decidiram lacrar algumas cartas trocadas com Mário de Andrade, devido a seu conteúdo "delicado", por 35 anos. Após o prazo, a instituição só permitia o acesso às cartas mediante a autorização dos herdeiros, indicando a ânsia por proteger a "moral" de Mário de Andrade. Após uma batalha judicial travada entre a instituição e a revista *Época*, essa carta foi disponibilizada ao público. "A correspondência secreta de Mário de Andrade", *Época*, 22 jun. 2015.

3 Podemos entender a "vontade de saber" como produções discursivas que tendem a criar verdade sobre o sexo ou mentiras destinadas a ocultá-lo. Ver Foucault (1988, p. 18).

as instâncias de produção discursiva (que, evidentemente, também organizam silêncios), de produção de poder (que algumas vezes têm a função de interditar), das produções de saber (as quais, frequentemente, fazem circular erros ou desconhecimentos sistemáticos). (Foucault, 1988, p. 19)

Partimos, então, para as análises das representações da homossexualidade nas páginas da imprensa nos primeiros anos republicanos, dando destaque a um periódico específico, *O Rio Nu*, que circulou na imprensa carioca entre os anos de 1898 a 1916. Entretanto, antes de adentrarmos as análises das representações presentes nessa fonte, cabe destacar como a homossexualidade era encarada, principalmente pela legislação federal.

Homossexualidade e a pena da lei: controle velado sobre os corpos homossexuais

Desde o período colonial a homossexualidade surgia como um problema a ser reprimido. As leis portuguesas criminalizavam práticas sexuais sem fins procriativos, como o sexo anal, que, inclusive quando praticado em corpos femininos, era classificado sob a alcunha de sodomia, possibilitando o julgamento pela Inquisição. Essa ambivalência do termo "sodomita", ao referir-se à prática do sexo anal mesmo por casais heterossexuais, perdurou até os primeiros anos republicanos, sendo identificado, muitas vezes, pela expressão "à moda Gouveia", como podemos perceber na cançoneta "O Gouveia", publicada na edição do jornal *O Rio Nu* de 25 de julho de 1906:

A minha sogra, uma velha
Que já não *corre* perigo,
Porque lhe falta uma orelha
E outras cousas que eu não digo...
De casa não sai sozinha,
Inda se julga teteia,
E tem medo — coitadinha! —
Que lhe apareça o Gouveia!...

Uma noite no Rocio,
Ia passando um rapaz
Desses que têm pouco brilho,
Com a calça rota por traz...
Eis que o aborda um sujeito
E o convida p'ra uma ceia:
O convite foi aceito...
Foram brincar de Gouveia! [...]

O largo do Rocio, atual praça Tiradentes, mencionado na cançoneta apresentada, era uma região que concentrava os principais espaços culturais da vida noturna carioca.

Na região no entorno do largo, havia teatros, como o São Pedro, cafés e várias casas noturnas em que a boêmia carioca poderia socializar. Esse local, além de conhecido pela efervescente vida noturna, ficou notório por ser um espaço de encontros amorosos homoafetivos. De acordo com o jurista maranhense Francisco José Viveiros de Castro:

> O largo do Rocio foi antigamente célebre por ser o lugar onde à noite reuniam-se os pederastas passivos à espera de quem os desejasse. Tinham eles uma *toilette* especial por onde podiam ser facilmente reconhecidos. Usavam paletó muito curto, lenço de seda pendente do bolso, calças muito justas, desenhando bem as formas das coxas e das nádegas. Dirigiam-se aos transeuntes pedindo fogo para acender o cigarro, em voz adocicada, com meneios provocantes e lascivos. Durante o carnaval, vestidos de mulher, invadiam os bailes de máscara do teatro São Pedro. (Francisco José Viveiros de Castro *apud* Green, 1999, p. 86)

O receio com a moral pública, que poderia ser "corrompida" por cenas "comprometedoras" testemunhadas pelas famílias que passavam por locais como o largo do Rocio, nutria as preocupações médicas e jurídicas em relação ao controle da "sodomia". Não explicitando de forma direta a criminalização às práticas homoafetivas,[4] o que observamos

---

4 Os termos escolhidos para este artigo possuem uma historicidade e demonstram posicionamentos políticos e ideológicos. No período estudado, o termo "homoafetividade" ainda não havia sido criado. O comum

é que, desde o Código Criminal de 1830, artigos como o 280 buscavam reprimir aqueles que cometessem atos públicos contra a moral. A homoafetividade se enquadrava aí:

> Art. 280. Praticar qualquer ação, que na opinião pública seja considerada como evidentemente ofensiva da moral, e bons costumes; sendo em lugar público.
> Penas — de prisão por dez a quarenta dias; e de multa correspondente a metade do tempo.[5]

A queixa de Mário de Andrade com relação a não poder sair acompanhado é uma evidência de que a relação homoafetiva, até mesmo no período republicano, ainda era considerada uma "ofensa à moral". Essa tal "moral pública" servia de pretexto para diversas medidas repressivas sobre os corpos daqueles ditos "desajustados" (prostitutas, homossexuais, pobres, negros/as, ou seja, aquele/a que pudesse ameaçar os planos "modernizantes" da República).[6] Em relação às práticas homossexuais,

---

era a utilização de expressões como "pederastas", "fanchonos", "gouveia", dentre tantas outras criadas a fim de expressar perseguições religiosas e policiais e patologização da homossexualidade. O termo "homoafetividade" surge no campo jurídico nos anos 2000, para enfatizar o afeto como aspecto central dos relacionamentos ditos "não heterossexuais". Nesse sentido, ao iniciar o capítulo com o relato de um homem que sofreu por não poder expor sua afetividade, simplesmente por romper uma "norma", decido, ao referir-me às relações afetivas "não heterossexuais", utilizar o termo "homoafetivo" como um ato político de reconhecimento da dignidade e do direito das relações amorosas e conjugais "não heterossexuais". Ao realizar tal escolha, reconheço a possibilidade de incorrer em anacronismo, uma vez que a expressão não remete ao período analisado, mas assumo o risco por posicionamento ideológico. Ver: Mott (2006); Nichnig (2014).

5 *Código criminal do Império do Brazil*. Lei de 16 de dezembro de 1830, parte quarta "Dos crimes policiaes", capítulo 1, "Ofensas da religião, da moral e bons costumes".

6 Fica evidente a preocupação com a prostituição em fins do século, gerando, inclusive, propostas com vistas a sua regulamentação, como a defendida por Evaristo de Moraes. Ver: Pereira (2006). Em relação àqueles pobres que não se rendiam à lógica do trabalho, foi criada, em 1888, uma lei conhecida como a "lei da ociosidade", sendo uma medida a fim de conter e criminalizar tais personagens. Sobre a lei de ociosidade de 1888, ver: Chalhoub (2001).

apesar de teoricamente não serem atos ilegais, o Código Penal de 1890 seguiu os mesmos passos do de 1830, controlando as condutas homoeróticas por meio de estratégias legais como o artigo 379. Ele nos dá uma prova dessa estratégia de criação de punições que indiretamente atingiam os homossexuais, ao criminalizar o travestismo imputando uma pena de prisão celular de quinze a sessenta dias àqueles que disfarçassem "o sexo, tomando trajos impróprios do seu, e trazê-los publicamente para enganar".[7] Tal mecanismo legal reflete muito bem a época de incertezas e de tensão que a esfera pública tinha em relação àqueles e àquelas que pudessem corromper ou ameaçar a ordem burguesa que buscava se instalar com uma República que se pretendia moderna.

Conceber uma cidade reformulada a fim de criar em terras "tupiniquins" um modo de vida inspirado na arquitetura e na moda parisiense requeria muito mais que belos teatros, cafés ou *boulevards* que serviriam para os "jovenzinhos" *flanarem* descompromissadamente pela cidade. Era necessário que as pessoas certas desempenhassem o papel de "bons cidadãos". A imprensa, assim como outros instrumentos de poder, tinha um papel importante na disseminação tanto dos "modelos" a serem seguidos como daqueles a não serem copiados pelos que desejassem embarcar na trilha do "progresso" e da "civilização" (Saliba, 2002). Nesse sentido, a homossexualidade continua, na República, sendo foco de vigilância e de produção de informações a seu respeito — informações estas que geravam "verdades de saber", as quais, segundo Foucault, tinham mais um caráter de patalogizar, demonizar e ridicularizar do que efetivamente produzir um conhecimento que rompesse com os preconceitos sobre essa população, que, muitas vezes, não tinha fala, mas sobre a qual se falava.

O jornal *O Rio Nu*, principal representante da chamada imprensa de "gênero alegre", foi um dos que se dedicaram a falar sobre as práticas homoeróticas nos primeiros anos republicanos. Não dava voz a esses homens para que falassem sobre a vida, os sentimentos, as relações amorosas; pelo contrário, em grande parte de suas páginas os expunha, ridicularizava, criminalizava e patalogizava. Seguiremos analisando tais representações, destacando dois grupos sociais que foram alvo de insinuações e galhofas pelo jornal *O Rio Nu*: literatos e empregados domésticos.

---

7 *Código Penal dos Estados Unidos do Brazil*. Decreto 847, 11 out. 1890.

Tolera-se, mas nem tanto:
literatos homossexuais e a imprensa

> *Ó Laura, és muito apertada*
> *Tens muito amor ao teu cobre;*
> *Não dás esmolas a um pobre...*
> *Ó Laura, és mui apertada*
> *Não faças tal, minha amada,*
> *Não guardes os "teus vinténs";*
> *Dá a quem pede o que tens...*
> *Ó Laura, és muito apertada*
> — Diabo Coxo, "Versos à Laura"[8]

Diabo Coxo era um dos pseudônimos de um importante literato da primeira República — Olavo Bilac, que, assim como outros nomes da geração "boêmia", é possível que tenha contribuído com o jornal *O Rio Nu*, como o uso do pseudônimo destacado nos faz supor.[9] Essa possível participação de Bilac no jornal *O Rio Nu* merece ser destacada.

O Rio Nu[10] era, declaradamente, um jornal voltado ao público masculino — leia-se aqui, heterossexual, pai de família e pertencente a uma classe mais abastada. Com um humor que podia chegar ao subversivo,

8 *O Rio Nu*, 15 jul. 1905, p. 3. Diabo Coxo era um dos pseudônimos de Olavo Bilac (Menezes, 1978, p. 112).

9 A participação de Bilac em jornais como *O Rio Nu* pode ter ocorrido, visto que foi identificada contribuição "satírica e fescenina" do autor no jornal *O Filhote*, suplemento humorístico da *Gazeta de Notícias*. Ver: Pereira (1997, p. 31).

10 O jornal *O Rio Nu: periódico semanal cáustico humorístico* foi o principal representante do chamado "gênero alegre", ou seja, periódicos que se valiam do humor e do teor de cunho sexual para atrair leitores. Longevo (1898-1916), se considerarmos seus congêneres, *O Rio Nu* teve de se valer não só do seu conteúdo, mas também da formatação do jornal e de uma equipe de qualidade colaborando com sua instrumentalização e influência frente à sociedade e à intelectualidade carioca. Assim, o periódico, como muitos de sua época, foi redigido por diversos jovens do Rio de Janeiro. Dentre diversos nomes, podemos destacar: José Ângelo Vieira de Brito; um "jornalista lisboense" que assinava como "Dr. Cocaína"; Alfredo Boucher Filho, que colaborou sob o pseudônimo de "Arduíno Pimentel"; Demérito Álvares, mais conhecido no jornal como "Dealino"; Luis Monteiro; Alfredo

O Rio Nu criava estereótipos de homens que deveriam ser seguidos, ou seja, os *"smarts"*; mas também os que deveriam ser evitados, os "frescos" ou "gouveias".[11]

Eram personagens ridicularizados e estigmatizados, tendo suas relações amorosas retratadas a fim de produzir riso ou até repulsa em leitores ávidos por conteúdos sexualizados que corroboravam com a produção de um imaginário de "perversão" das relações homoafetivas.

Os ataques aos homossexuais não se restringiam a personagens fictícios como o Gouveia. Figuras conhecidas no cenário literário carioca, como João do Rio, cuja sexualidade, por vezes, era posta à prova, acabavam sendo atingidas pelas produções do jornal. A seguir, verificam-se duas citações presentes em *O Rio Nu* a respeito da figura do autor supracitado. Esta primeira exaltando seu talento:

> A terceira peça de autor nacional representada no Theatro Municipal foi *A bela Mme. Vargas,* trabalho de Paulo Barreto (João do Rio), jovem escritor que já conta com uma respeitável bagagem literária. [...]
>
> *A bela Mme. Vargas* está admiravelmente montada e tem uma marcação irrepreensível.
>
> O sucesso da primeira representação é uma garantia para a sua permanência durante muitas noites no cartaz do Municipal.[12]

João do Rio é apresentado como um homem que tem uma bela carreira em construção. Porém tal imagem não se sustenta em outros exemplares do jornal. Das 38 referências ao jornalista, apenas duas dão conta de reconhecer o talento de João do Rio. Grande parte das demais

---

Calainho, que assinava como "Brás Cubano"; o cançonetista Alfredo Albuquerque Junior; o chargista Roberto Castro, dentre outros.

11 O termo "gouveia" era muito utilizado na época para alusões às práticas sexuais realizadas por homossexuais masculinos. James Green, em *Além do Carnaval* (2000), aponta para a utilização desse termo, uma gíria da época, significando "um homem velho que deseja garotos jovens". Tal assertiva acerca do termo "gouveia" mostra-se um tanto reduzida, visto que, pelos discursos analisados, seu significado é mais amplo, referindo-se, também, àquele que se converte em passivo no ato do sexo anal, inclusive na relação heterossexual (Green, 2000, p. 69).

12 *O Rio Nu*, 26 out. 1912, p. 2.

referências possuía uma conotação maliciosa, que fazia o leitor deduzir que o escritor mantinha relações homoafetivas, como a seguir:

Na *terrasse* dos Castelões:

— Não me dirás por que motivo o bobo e insulso João do Rio deu agora...

— Deu agora? Há muito tempo já que ele dá...

— Deixa-me acabar: deu agora para ter a pretensão de meter a ridículo o Pinheiro Machado?

— Meter a ridículo? Qual o quê! Ele não mete nada; muito pelo contrário...[13]

De acordo com James Green, João do Rio, de certa forma, era aceito pela intelectualidade carioca pela contribuição na legitimação da cultura da elite — ou seja, João do Rio escreveu a respeito de um universo que correspondia ao gosto da elite carioca. Em contrapartida, quando questionava alguma opinião popular, a tolerância que se forjava em torno de sua figura era desfeita, ficando o autor vulnerável aos mesmos estereótipos e preconceitos vivenciados pelos homossexuais na Capital Federal (Green, 2000, p. 104). Isso também ocorria com Olavo Bilac, que em 11 de junho de 1904 foi alvo de insinuações:

Era preferível visitar o Coliseu de Lisboa e, como o Olavo Bilac, beijocar as faces rechonchudas do Bordallo Pinheiro.

Por falar em beijos: não acham vocês que o Bilac, depois que se tornou europeu, está usando de uns tantos modos de passar os beiços nas epidermes dos outros com uma *sans façon* extraordinária?... Que é que ele pensa? Se por um acaso eu estivesse presente no *pic-nic* do Chaby, João da Camara, Bordallo etc.; quando visse as bochechas do Bordallo ardendo, empurraria o Chaby à frente e tocaria logo nas *gambias*. Sempre ouvi dizer que a coisa principia pelos beijos e acaba muito mal. Se não fosse o encontro de lábios, Adão e Eva ainda hoje viveriam no Paraíso Terreal e nós estávamos livres de assistir à rememoração dos tempos de Sodoma e Gomorra![14]

Beijar bochechas de homens, como o de Bordallo Pinheiro, era apresentado como um "mau costume" adquirido na Europa por Bilac,

---

13 *O Rio Nu*, 11 ago. 1909, p. 2.
14 *O Rio Nu*, 11 jun. 1904.

e certamente esses beijos geraram incômodo. Entretanto, não havia bochechas suficientes para impedir a participação de Olavo Bilac assinando crônicas no jornal. Bilac, assim como Mário de Andrade, outro importante intelectual da época, tiveram encontros sexuais com outros homens envoltos em mistérios e protegidos pelo status de mitos nacionais que a eles foi atribuído e perdura até os dias de hoje (Green, 2000, p. 104). Desse modo, por mais que Olavo Bilac contrariasse o tipo de homem que o jornal queria forjar, a presença de colunas assinadas por ele era importante para o impresso tanto pelo talento de Bilac ao escrever materiais que eram bem recebidos pelos leitores quanto pelo prestígio, que legitimava *O Rio Nu* frente a seus pares. Além disso, o fato de ser um homem branco certamente pesava em relação à produção de representações pejorativas, o que não se pode falar de João do Rio, o qual, para além da homossexualidade, tinha a questão da cor de pele, que se interseccionava em relação às opressões por ele vivenciadas (Crenshaw, 2002).

Trabalho "efeminado" pressupõe trabalhadores homossexuais? Representações dos trabalhadores domésticos nas páginas do jornal *O Rio Nu*

Além dos literatos — pessoas públicas de renome consagrado em uma elite social —, outros grupos ou profissões não tão reconhecidas e prestigiosas surgiam como alvo de estigmatizações por ter sua sexualidade associada às tarefas desempenhadas em seu labor. Falamos, aqui, dos empregados domésticos.

Por haver uma associação do doméstico à dependência, ao servilismo, ao reino do feminino (Qayum & Ray, 2010, p. 115), sobretudo em regiões em que o trabalho doméstico é desempenhado majoritariamente por mulheres, os homens que o exercessem poderiam ter sua função como elemento determinante na rotulação de seu corpo.

Trabalho para macho ou trabalho feminino? A produção de um binarismo que tende a enquadrar e limitar o homem a macho e viril ou a efeminado é um dos grandes instrumentos de poder que colaboram para o encobrimento das múltiplas e multifacetadas masculinidades existentes. De acordo com R.W. Connell, a noção de masculinidades deve ser compreendida como configurações práticas realizadas na ação social, de forma relacional e "constantemente transversalizadas por outras divisões e projetos" (Connell & Messerschmidt, 2013, p. 250). A partir dessa noção, pode-se explorar, por exemplo, diversas masculinidades a serem postas em prática de formas variadas em múltiplos locais. Daí a possibilidade de identificar as masculinidades sendo exercidas no espaço da domesticidade.

Dessa maneira, mapear como o jornal *O Rio Nu* estabelecia padrões de masculinidade em um momento em que havia uma tentativa de adequação à modernidade[15] se mostra uma tentativa de compreender como se forjavam essas imagens em relação ao corpo dos homens no desempenho de atividades ditas femininas. Nesse sentido, será que, por desempenharem uma atividade realizada, em sua maioria, por mulheres, tais homens poderiam ser alvo de exposição por parte de uma imprensa masculina?

15 Em dissertação de mestrado, defendi a ideia de que os periódicos do "gênero alegre" estavam em bastante consonância com uma busca pelo moderno, propalado após a Proclamação da República brasileira: "A implementação deste novo regime gerava inquietações a respeito de como este iria colocar o Brasil na trilha do 'progresso' e da 'civilização'. Conforme Marialva Barbosa, 'os periódicos viv[iam] a febre da modernização'. A República, então, representava o rompimento com o atraso e com a barbárie, adjetivos estes facultados por seus propagandistas ao Império do Brasil. Segundo Maria Thereza Chaves de Melo, o vocábulo *república* incorporava mais do que um novo regime político; representava, na verdade, um futuro desejado, daí este termo ter incorporado as ideias de liberdade, democracia, progresso, em oposição à monarquia, que representava o atraso, a tirania e o privilégio. A Proclamação da República, assim como a abolição da escravidão, representava aos olhos de alguns membros da elite 'o embarque no trem da evolução rumo à estação 'civilização'. Esta euforia em torno da República foi vivenciada e pensada pelos intelectuais, sobretudo os da 'Geração de 1870', que expuseram e debateram o modernismo e a questão nacional em diferentes espaços. De acordo com Mônica Pimenta Velloso, devemos pensar o modernismo 'como um processo e movimento contínuo que vai desencadear vários outros movimentos no tempo e no espaço', ou seja, pensá-lo 'a partir da perspectiva da simultaneidade, da continuidade e da pluralidade'. A partir desta compreensão podemos entender como diversos acontecimentos se imbricaram para forjar a entrada do Brasil nesta 'modernidade' almejada" (Peçanha, 2013, p. 18-9).

Foi justamente o contato com as representações feitas pela imprensa do "gênero alegre" acerca do serviço doméstico, mais especificamente sobre a participação masculina na atividade, que provocou a iniciativa de realizar uma análise sobre o modo como esses homens trabalhadores eram representados nessa imprensa cômica.

Para as análises, foram selecionadas 319 representações de homens que desempenhavam funções domésticas, em que a maior parte dessas representações estava relacionada a possíveis casos extraconjugais que esses trabalhadores poderiam contrair com as patroas, ao hábito de se apropriarem dos pertences dos patrões de forma não autorizada, além do compartilhamento das intimidades dos patrões pelos criados e as confusões e os desentendimentos dos criados em relação ao desempenho de suas funções ou trato com os patrões, seja em casas de família, seja em estabelecimentos comerciais como restaurantes. Tais imagens estavam de acordo com o projeto civilizatório dessa imprensa que, apesar de utilizar-se do cômico e da transgressão, possuía um caráter bem definido com vistas a criar uma pedagogia para aqueles homens — "pais de família" — seguirem e ficarem alertas quanto ao perigo que poderia entrar em sua casa através da criadagem, por exemplo (Peçanha, 2013). Cabe aqui ressaltar que a preocupação em torno da criadagem se tornou algo muito notório no período pós-abolição pela *intelligentsia* carioca. Júlia Lopes de Almeida é uma das grandes escritoras a alertar a "mãe de família" em relação a possíveis contaminações e problemas enfrentados com as/os criadas/os. De acordo com Sônia Roncador, foi em fins do século XIX e princípios do XX que surgiu na literatura a imagem do "'*empregado invasor*', um estranho no meio familiar, ou melhor, alguém 'de fora' dentro da casa" (Roncador, 2003, p. 130), o qual compartilha de informações privadas, como foi o caso do criado do comendador Bonifácio, relatado no jornal *O Rio Nu*.

O comendador Bonifácio, um senhor de setenta anos, tinha o costume bem estabelecido de chegar em casa sempre tarde da noite. Um dia, ao adquirir um cartão-postal com imagens de duas figuras em "posições extravagantes", resolveu chegar cedo em casa, diferentemente dos outros dias, para mostrar aquelas figuras à sua esposa, uma senhora de uns cinquenta anos. A comendadora, muito satisfeita com a situação, dirigiu-se para o quarto imediatamente com o marido, tendo o cuidado de trancar a porta.

Os comendadores tinham contratado um criado havia pouco, "e o qual, como todos os criados, gostava de saber não só os costumes da casa como também os dos patrões". Não se contendo em saber o que o casal fazia tão cedo trancado no quarto, posicionou-se com os olhos na fechadura e logo se espantou com o que vira. Ao atender à porta logo depois, deixou a entender o que vira, informando ao senhor que chamara o comendador que este estava em casa — "mas é impossível falar-lhe. Ele e a patroa estão agora muitíssimo ocupados em *desenhar* o número sessenta e nove...".[16]

A exposição da vida dos comendadores pelo criado era uma realidade que pairava na mente das famílias cariocas. Ter a intimidade exposta era algo que deveria ser evitado, daí a necessidade de vigiar os criados para o bem-estar moral e físico da família, pois esta deveria ser protegida. Mas tal proteção não deveria se restringir somente ao compartilhamento das intimidades da família com os de fora. A preocupação em relação à idoneidade dos criados no que dizia respeito à honestidade era algo que pairava constantemente no pensamento da população carioca, sobretudo pela disseminação de impressos que geralmente alertavam às famílias sobre os cuidados com suas/seus criadas/os, que poderiam furtar ou compactuar com algum delito no interior da residência em que trabalhavam.

Além dessas representações que alarmavam os leitores quanto aos possíveis crimes cometidos por criados, as que mais chamaram a atenção foram as produzidas em torno da sexualidade do criado.

Mesmo que o serviço doméstico tenha sido concebido culturalmente como um "espaço da mulher", a maior parte das imagens concebidas não só em *O Rio Nu* mas também entre seus congêneres[17] é a de um criado bastante viril e sexualizado, com a necessidade de ser vigiado para não colocar a patroa em desonra. O periódico, muitas vezes, subverte a moral propalada ao apresentar a patroa com uma autonomia

---

16 Santos. "Franqueza de criado", *O Rio Nu*, 1 abr. 1911, p. 7.

17 Em relação a outros periódicos, das 319 imagens de criados presentes em *O Rio Nu*, apenas seis remetem a práticas homoafetivas. As outras 313 imagens se revezam em mostrar ora um criado sexualizado, ora um criado que vigia as intimidades dos patrões ou comete pequenos furtos.

sexual[18] que historicamente deveria ser exclusividade dos homens, até mesmo dos de baixa condição social, como era o caso dos criados.

"Fazer as vezes do patrão" era o grande alerta que essa imprensa fazia em relação à presença de criados homens nas residências, uma vez que a permissividade do marido poderia desestruturar a família — daí tais periódicos enfatizarem a necessidade de o patrão/marido ficar atento aos criados, para que estes não corrompessem a honra da esposa, da família e, sobretudo, a honra do próprio marido.

Certamente, a profissão de doméstico não pressupunha um único modelo de masculinidade. Por isso, ao passo que encontramos imagens em que a heterossexualidade do sujeito é exaltada, encontramos também criados associados à homoafetividade e à feminilidade.

É interessante notar que, ao contrário das representações das empregadas domésticas, vistas como sedutoras e maliciosas, podendo se converter em um instrumento de satisfação sexual, as imagens das relações sexuais homoeróticas geralmente se utilizam de um tom satírico, humorístico, apresentando um cunho moralizante e ridicularizante, mais do que propriamente de satisfação sexual. De acordo com Randolph Trumbach, enquanto as obras pornográficas apresentam um tom sério ao representar o corpo e o ato sexual a fim de intensificar a excitação, as obras humorísticas e satíricas tendiam, pelo contrário, a enfraquecê-la (Trumbach, 1999 p. 281-2). A tendência dessas representações, sobretudo quando os envolvidos na prática sexual são dois homens, é a de ridicularizar essas personagens.

O que se vê nesse jornal é, na verdade, a reafirmação de uma masculinidade bem definida que se opõe e se diferencia ao máximo do modelo feminino.[19] O homem que assumisse qualquer comportamento que pudesse ser associado a práticas consideradas femininas era chamado de efeminado e, consequentemente, era ridicularizado.

---

18 Para Rachel Soihet, o discurso propalado na virada do século XIX para o XX era o de que o homem era considerado o elemento ativo e as mulheres deveriam se submeter a ele de forma passiva, visto que a sexualidade da mulher deveria ser voltada não à satisfação sexual, mas à procriação (Soihet, 1989, p. 253).

19 A respeito de como era definido rigidamente o binômio masculino *versus* feminino na sociedade brasileira no princípio do século XX, ver: Matos (2002, p. 383-4).

Tais representações, encaradas como uma *violência simbólica*,[20] retratavam, na verdade, uma *dominação masculina*[21] que tendia a exercer sua violência contra aqueles que contrariassem os padrões aceitáveis de masculinidade.[22] Para termos uma noção de como esses instrumentos criavam uma imagem pejorativa dos homossexuais, passemos à análise da comédia "A 'senhora' do patrão":[23]

> Eu não disse, patrão, que esse negócio
> De dormir toda a noite no meu seio,
> Co'a promessa de ser breve seu sócio,
> Havia de deixar-me o ventre cheio?...
> Doutor
> !!!
> (Cai o pano, de vergonha)

Essa história narra a visita do médico ao empregado que se encontrava doente. Próximo a seu leito havia uma bacia com a urina da empregada, deixada sem querer por ela. O médico, pensando que se tratava da urina do paciente, faz o exame e acaba diagnosticando gravidez. Logo, o paciente, pensando que se tratava de resultado do exame dele, acusa o patrão por seu estado. Aqui, observamos dois pontos básicos: a figura do patrão, que acaba sendo submetido à vergonha por ter sua relação homoafetiva com o criado revelada, desconstruindo, portanto, o ideário burguês de pai de família; por outro lado, tal representação nos revela uma relação laboral marcada por opressões e abusos que, muitas vezes, chegavam à violência sexual, quando o patrão usava de

---

20 Seria, para Pierre Bourdieu, uma espécie de "violência suave, insensível, invisível a suas próprias vítimas, que se exerce essencialmente pelas vias puramente simbólicas da comunicação e do conhecimento, ou, mais precisamente, do desconhecimento, do reconhecimento ou, em última instância, do sentimento" (Bourdieu, 2002, p. 7-8).

21 Também para Bourdieu, podemos entender por *dominação masculina* a naturalização de uma pretensa dominação masculina sobre a feminina, justificando as diferenças sociais.

22 Ser um bom pai, provedor, chefe autoritário, fundador da família, temido, dentre outras prerrogativas. Ver: Matos (2001, p. 44).

23 *O Rio Nu*, 17 ago. 1912, p. 2.

seu poder para usufruir de "todos os serviços" de seus/suas criados/as. Dessa maneira, o texto circunscreve o papel passivo e feminino do empregado — a "senhora" do patrão, numa alusão à subalternidade dos empregados frente aos desejos dos patrões. Empregado e empregada, os quais com frequência poderiam ser obrigados a manter relações sexuais com o patrão como parte do serviço que prestavam, algo que nos diz muito sobre de que modo as desigualdades de gênero, classe e raça operam no serviço doméstico. O jornal *O Rio Nu,* portanto, evidencia como as relações de trabalho no pós-abolição ainda possuíam as marcas do período escravocrata bem arraigadas. Eram comuns, por exemplo, no período colonial, relatos de documentos da Inquisição que expunham algumas relações homossexuais nas quais o homem branco, muitas vezes, exercia seu poder sobre o escravizado (Moura, 2004, p. 190-2).

Assim, não é de estranhar a naturalidade com que esse jornal retratava os abusos e as desconfianças sobre o corpo desses empregados. Ser trabalhador, pobre e preto já era motivo suficiente para a vigilância. Somar a esses atributos o fato de ser homossexual, ou ter a suspeita de ser um, pelo simples fato de exercer uma atividade dita "efeminada", requeria mais atenção das famílias abastadas que contratavam os serviços desses criados. Não se queria que a moral familiar fosse corrompida pelos "atos indecorosos" desses homens.

Considerações finais

Refletir sobre a temática da homossexualidade não é tarefa das mais fáceis. Conforme mencionado, até a década de 1960 grande parte do que era produzido sobre o tema não o era por homossexuais. Na maioria, o que vemos são fontes cujo olhar é inquisitorial, preconceituoso, patologizante, com representações que buscavam deslegitimar qualquer afetividade e respeitabilidade que uma relação homoafetiva poderia ter.

A tarefa de realizar um trabalho que perpasse a temática da homoafetividade se torna ainda mais desafiadora se pensarmos na escassez de

Criado

Um homem que é bem servido, por um criado antigo, que se retira para Europa, deseja um outro para occupar o logar; devendo ter as mesmas qualidades, como seja: dormir na casa do patrão e sujeitar-se a todo o serviço de um homem viuvo.

Anúncio para criado. Nota-se a ironia quanto aos diversos anúncios de aluguéis de criadas/os quando estes eram associados a práticas homoafetivas. *O Rio Nu*, 3 fev. 1906, p. 5.

TRABALHOS FEMININOS

"Trabalhos femininos
— Quê?!... Pois o meu amigo Felisberto deu agora para costureira?
— Como vês, minha mulher descobriu em mim qualidades do
seu sexo e fez-me tomar o seu lugar... Não me incomodei porque
sempre tive tendências para os trabalhos femininos... Lembras-te
do nosso tempo de colegiais?"
"Trabalhos femininos", *O Rio Nu*, 21 fev. 1903, p. 4.

estudos historiográficos sobre o tema. Importantes pesquisas, como as de James Green, Paulo Souto Maior, Luiz Mott, Ronaldo Vainfas e Fábio Henrique Lopes, só para citar alguns, possuem grande relevância para a compreensão da homossexualidade sob uma perspectiva histórica. Entretanto, grande parte dessas produções tem como temporalidade de análise o período colonial ou a década de 1960 em diante. A homossexualidade nos primeiros anos republicanos, geralmente, surge nos trabalhos historiográficos como tema transversal, um capítulo de livro ou subtópico de artigos.[24] A maioria das pesquisas sobre a temática consiste em produções de outras áreas de conhecimento, como a antropologia e o direito.[25]

Buscando contribuir com as reflexões sobre o tema nos primeiros anos republicanos brasileiros, analisamos historicamente como as representações da homossexualidade eram criadas, selecionando, para isso, dois grupos sociais bem distintos que apareciam nas páginas do jornal *O Rio Nu*: um grupo majoritariamente branco, parte de uma elite intelectual privilegiada — os literatos —, e o outro composto por homens pobres, trabalhadores, em sua maioria homens de cor — empregados domésticos. O que ambos os grupos tinham em comum? A desconfiança que se nutria publicamente em relação à sua sexualidade. Sexualidade que compunha um importante mote do jornal que se colocava como mais um dentre os diversos veículos que disseminavam representações sobre a homossexualidade nos primeiros anos do Brasil republicano, como os discursos médicos que propalavam diagnósticos de doenças mentais para os ditos "pederastas". João do Rio, que era

---

24 Green (2000) é uma das referências mais importantes para compreender como a questão da homossexualidade é pensada na Primeira República, ainda que seu livro não se dedique exclusivamente a tal recorte temporal. Além dele, podemos destacar Soares (1992), que, ao analisar a prostituição do século XIX no Rio de Janeiro em um dos capítulos, destaca a homossexualidade e a prostituição masculinas, tendo por base a produção médica de Ferraz de Macedo e Pires de Almeida, além do romance *O bom crioulo*, de Adolfo Caminha, publicado em 1895, e o artigo de Engel (1994).

25 Podemos destacar, como exemplo, Piza, Guimarães & Argolo (2017), artigo que analisa raça e homossexualidade no discurso médico da primeira metade do século XX. No campo da antropologia, citamos Soliva & Gomes Junior (2020).

vítima de escárnios da imprensa pela sua sexualidade, não escapou do olhar atento de médicos como Neves-Manta:

> Paradoxal no sexualismo, insólito, luminoso e contemplativo, padecente, invulgar, impenetrável e impetuoso, sofria João do Rio da mesma paradoxia sexual que fez a glória de Abel Botelho e plasmou para sempre a figura concreta e bizarra do exausto e gasto Senhor Barão de Lavos... (Engel, 1992, p. 177)

Tais imagens criadas sobre o corpo desses homens buscavam homogeneizar as experiências das masculinidades em um sistema binário que só dava margem à figura do "homem provedor", "respeitável", "pai de família"; ou seu extremo oposto, o "degenerado", "doente mental", "efeminado". Tais representações não permitem que percebamos as possíveis multiplicidades de vivência das masculinidades e das sexualidades. Mas elas, para além das páginas de jornais ou teses médicas, (re) existiam. (Re)existiam em espaços como o largo do Rocio, a Academia Brasileira de Letras, as ruas, as casas, as linhas de uma singela carta escrita a um amigo querido.

Referências

AENISHÄNSLIN, Carlos. *Plantas da cidade de Rio de Janeiro e Nictheroy. Rio de Janeiro: Central Monumental*. Rio de Janeiro/Aarau: Art. Grav. A. Trüb & CIA, 1914.

BOURDIEU, Pierre. *A dominação masculina*. Trad. Maria Helena Kühner. 2 ed. Rio de Janeiro: Bertrand Brasil, 2002.

CHALHOUB, Sidney. *Trabalho, lar e botequim: o cotidiano dos trabalhadores no Rio de Janeiro da Belle Époque*. 2 ed. Campinas: Editora da Unicamp, 2001.

CONNELL, Robert W. & MESSERSCHMIDT, James W. "Masculinidade hegemônica: repensando o conceito". Trad. Felipe Bruno Martins Fernandes. *Revista Estudos Feministas*, v. 21, n. 1, abr. 2013.

CRENSHAW, Kimberlé W. "Documento para o encontro de especialistas em aspectos da discriminação racial relativos ao gênero". Trad. Liane Schneider. *Revista Estudos Feministas*, v. 10, n. 1, jan. 2002, p. 171-88.

ENGEL, Magali Gouveia. "Sexualidades interditadas: Loucura e gênero masculino". *História, Ciências, Saúde: Manguinhos,* v.15, 2008.

FOUCAULT, Michel. *História da sexualidade,* v. 1, *A vontade de saber.* Trad. Maria Thereza da Costa Albuquerque & J. A. Guilhon Albuquerque. Rio de Janeiro: Graal, 1988.

GREEN, James N. *Além do Carnaval: a homossexualidade masculina no Brasil do século XX.* Trad. Cristina Fino & Cássio Arantes Leite. São Paulo: Editora Unesp, 2000.

GREEN, James N. & POLITO, Ronald. *Frescos trópicos: fontes sobre a homossexualidade masculina no Brasil (1870-1980).* Rio de Janeiro: José Olympio, 2006.

MATOS, Maria Izilda de S. *Meu lar é o botequim: alcoolismo e masculinidade.* 2 ed. São Paulo: Companhia Editora Nacional, 2001.

MATOS, Maria Izilda de S. "Corpos numa paulicéia desvairada: mulheres, homens e médicos — São Paulo, 1890-1930". *Projeto História,* n. 25, dez. 2002.

MENEZES, Raimundo de. *Dicionário literário brasileiro.* 2 ed. Rio de Janeiro: Livros Técnicos e Científicos, 1978.

MOTT, Luiz. "Homo-afetividade e direitos humanos". *Revista Estudos Feministas,* v. 14, n. 2, ago. 2006.

MOURA, Clóvis. *Dicionário da escravidão negra no Brasil.* São Paulo: Edusp, 2004.

NICHNIG, Claudia Regina. "Os conceitos têm história: os usos e a historicidade dos conceitos utilizados em relação à conjugalidade entre pessoas do mesmo sexo no Brasil". *Revista Gênero & Direito,* v. 3, 2014.

PEÇANHA, Natália Batista. *"Regras de civilidade": tecendo a masculinidade do* smart *nas páginas* d'O Rio Nu (1898-1916). Dissertação (Mestrado em História). Rio de Janeiro: Universidade Federal Rural do Rio de Janeiro, 2013.

PEÇANHA, Natália Batista. *"Precisa-se de uma criada estrangeira ou nacional para todo serviço de casa": cotidiano e agências de servidoras/es domésticas/os no mundo do trabalho carioca (1880-1930).* Tese (Doutorado em História). Rio de Janeiro: Universidade Federal Rural do Rio de Janeiro, 2018.

PEREIRA, Cristiana Schettini. *Um gênero alegre: imprensa e pornografia no Rio de Janeiro (1898-1916).* Dissertação (Mestrado). Campinas: Universidade Estadual de Campinas, 1997.

PEREIRA, Cristiana Schettini. *"Que tenhas teu corpo": uma história social da prostituição no Rio de Janeiro das primeiras décadas republicanas.* Rio de Janeiro: Arquivo Nacional, 2006.

PIZA, Evandro; GUIMARÃES, Johnathan Razen & ARGOLO, Pedro. "Quem quer ser Madame Satã? Raça e homossexualidade no discurso médico da primeira metade do século XX". *Direito e Práxis,* v. 8, n. 1, 2017, p. 229-61.

QAYUM, Seemin & RAY, Raka. "Male Servants and the Failure of Patriarchy in Kolkata (Calcutta)". *Men and Masculinities,* v. 13, 2010.

RONCADOR, Sônia. "Histórias paranoicas, criados perversos no imaginário da *Belle Époque* tropical". *Estudos de Literatura Brasileira Contemporânea,* n. 29, jun. 2007.

SALIBA, Elias Thomé. *Raízes do riso — A representação humorística na história brasileira: da Belle Époque aos primeiros tempos do rádio*. São Paulo: Companhia das Letras, 2002.

SOARES, Luiz C. *Rameiras, ilhoas e polacas: a prostituição no Rio de Janeiro do século XIX*. São Paulo: Ática, 1992.

SOIHET, Rachel. *Condição feminina e formas de violência: mulheres pobres e ordem urbana, 1890-1920*. Rio de Janeiro: Forense Universitária, 1989.

SOLIVA, Thiago B & GOMES JUNIOR, João. "Entre vedetes e 'homens em travesti': um estudo sobre corpos e performances dissidentes no Rio de Janeiro na primeira metade do século XX (1900-1950). *Locus: Revista de História*, v. 26, n. 1, 2020.

TRUMBACH, Randolph. "Fantasia erótica e libertinagem masculina no Iluminismo inglês". *In*: HUNT, Lynn. *A invenção da pornografia: obscenidade e as origens da modernidade, 1500-1800*. Trad. Carlos Szlak. São Paulo: Hedra, 1999.

Remom Matheus Bortolozzi
Doutor em ciências pelo Programa de Saúde Coletiva no Departamento de Medicina Preventiva da Faculdade de Medicina da Universidade de São Paulo (USP). É graduado em psicologia pela Universidade Federal do Paraná (UFPR), mestre em educação pela Universidade de Brasília (UnB) e especialista em gênero e sexualidade pela Universidade do Estado do Rio de Janeiro (UERJ). Membro-fundador e coordenador do Acervo Bajubá. Atualmente, é gestor do Centro de Acolhida Casarão Brasil, centro de acolhimento especializado e voltado a travestis e mulheres trans.

Por entre melindrosas, almofadinhas e transformistas do Triângulo:[1] novos gêneros e sexualidades na *Belle Époque* paulistana do início do século XX

Remom Matheus Bortolozzi

O começo da República no Brasil foi acompanhado não apenas por um período próspero economicamente, pelo desenvolvimento urbano e tecnológico acelerado e por mudanças nas relações sociais, mas também pela eclosão de uma cultura cosmopolita conhecida como *Belle Époque* brasileira. A historiografia sobre a homossexualidade no país (Trevisan, 2000; Green, 2000; Figari, 2007) ressalta que os aparatos de controle jurídico, policial e tecnológico, em especial a medicina legal, foram fundamentais tanto para a vigilância e o controle dos corpos dissidentes de gênero e sexualidade como para a construção, a difusão e a popularização do termo "homossexual" durante a formação do Estado republicano brasileiro.

Dentre as pesquisas que abordam a correlação entre a construção de identidades sexuais e de gênero na *Belle Époque* e a homossexualidade, a obra *Além do Carnaval* tem especial destaque, pois visa compreender a história da homossexualidade moderna tendo por base pesquisas sobre o discurso médico no fim do século XIX e no início do século XX e as imagens do homossexual brasileiro produzidas pelas elites por meio de caricaturas da *Belle Époque* carioca. Em tais caricaturas, o homossexual masculino era projetado como um homem efeminado, com roupas masculinas, mas com estilo exagerado (Gatti, 2000).

---

1 O Triângulo refere-se à região do centro histórico paulistano formada pelas ruas Direita, XV de Novembro e São Bento. [N.E.]

Assim como em *Além do Carnaval, @s outr@s cariocas* explicita essa circulação de imagens caricatas, novas identidades, produções médico-legais e corpos dissidentes de gênero e sexualidade que habitavam as cidades cosmopolitas no início do século XX. Ambas as obras trazem produções médico-legais paulistanas. Entretanto, ao optar por abordar a *Belle Époque* carioca, nenhuma abarca produções e identidades que circulavam na metrópole paulista.

Mesmo que a história de pessoas dissidentes de gênero e sexualidade na capital paulista seja mais antiga (Mott, 2008), é no início do século XX, em especial a partir do fim da década de 1920, que encontramos uma eclosão de registros e memórias dessas pessoas na cidade de São Paulo, identificadas nos discursos policial, jurídico e médico como pederastas passivos, homossexuais, sáficas, travestis, invertidos, entre outros. Os registros policiais, como os apresentados por Fonseca (1988, 1982),[2] e os médico-legais, por Whitaker *et al.* (1938-1939),[3] são exemplos.

Uma vez que há uma produção médico-legal paulistana, parto da hipótese de que a produção da *Belle Époque* em São Paulo possivelmente estava em circulação e deve expressar identidades sexuais e de gênero que emergiram durante o período. O presente artigo tem como escopo

---

2 Fonseca afirma encontrar registro "da primeira mulher que ousou sair às ruas trajada como homem" na rua Imperatriz (atual rua XV de Novembro) em 2 de abril de 1877 e que acabou sendo presa. O registro do delegado, de 1918, já reconhece a praça da República como um local de frequência de travestis e relata o caso de um ataque a uma travesti, "Benedito Brasiliense da Silva", por dois soldados que "confundiram com uma pessoa do sexo feminino" (Fonseca, 1988, p. 221). No ano de 1921, a 2ª delegacia auxiliar elaborou seis prontuários de pederastas passivos; em 1922, foram nove; em 1923, oito passivos e cinco ativos. No ano de 1936, o Gabinete de Investigações organizou 38 prontuários de pederastas e foram registrados oito inquéritos. Embora o primeiro relato de prostituição masculina em si tenha aparecido no trabalho de Guido Fonseca datado como de 1930, é notável o aumento progressivo da visibilidade dos então pederastas da cidade e da crescente preocupação policial com a questão.

3 Estudos promovidos na década de 1930 com biografias de homossexuais que, além de registrar gírias dos grupos, indicam lugares frequentados pelos pederastas passivos: parque Anhangabaú, jardim da Luz, praça da República, estação da Luz, especificamente o mictório, trechos da rua Conselheiro Nébias e quase todas as casas de tolerância.

contribuir com a historiografia da construção de identidades homosse-xuais no Brasil, buscando vestígios de identidades sexuais e de gênero que se manifestaram nas primeiras décadas do século XX, durante a *Belle Époque* paulistana. Para isso, realizarei uma revisão da literatura sobre esse período da história de São Paulo e as mudanças nas relações de gênero e sexualidade, além de escavar em busca de vestígios de tais identidades nas fontes consultadas na Hemeroteca Digital da Biblioteca Nacional e no Acervo Bajubá. Dentre as fontes, optei por jornais, revis-tas de costumes e obras literárias da época, tanto de São Paulo como do Rio de Janeiro, levando em consideração a circulação dessas identidades entre as metrópoles.

A metrópole paulistana: corpos brasileiros em máscaras francesas

O ritmo do crescimento paulistano nas últimas décadas do século XIX e nas primeiras do século XX foi impulsionado expressivamente pela riqueza da produção cafeeira e pelo grande afluxo de imigrantes (Sev-cenko, 2014). No compasso do desejo de transformação da cidade em metrópole mundial, em poucas décadas São Paulo passou a experimen-tar uma circulação cada vez maior de pessoas, tanto em número quanto em diversidade de origens, gêneros e raças, bem como em velocidade. Na circulação dessas massas, é marcante a polifonia arquitetônica e urbanística, com grandes obras — edifícios, praças e avenidas —, ora inspirações, ora mimetismos de construções ou soluções urbanísticas de países europeus ou dos Estados Unidos numa cidade construída num hibridismo entre o exótico e o íntimo, entre o convencional e o inusitado, entre o impostado e o imprevisto (Sevcenko, 2014). Esse atravessa-mento de culturas estrangeiras no cotidiano paulistano estava presente nas múltiplas formas de viver a cidade, seja em cafés ou teatros de ins-piração francesa, seja na intensa presença de filmes estadunidenses nos cinemas. A próspera indústria cinematográfica norte-americana, em especial no período após a Primeira Guerra Mundial, tornou-se uma das mais proeminentes formas de lazer da cidade — em 1920, circularam no mercado sul-americano mais de setenta milhões de metros de filmes, um terço do total de sua produção (Sevcenko, 2014).

O eco desse período para São Paulo e um dos legados da riqueza cafeeira foi a criação de uma metrópole artificial, repentina e sem raízes, lançando o imaginário da cidade num vazio. Por um lado, havia traços de metrópoles europeias que mobilizavam a ânsia pelo moderno e pelo cosmopolita; por outro, havia condições locais que eram sentidas mais como embaraço. Essa inconsistência garantia um duplo efeito que era desejado, em parte, por uma identidade própria, em outra por uma afiliação a uma diversidade de moldes internacionais.

Sergio Miceli (2003), para compreender o imaginário cosmopolita paulistano, propõe o conceito de nacional estrangeiro, no qual o projeto cosmopolita, objetos, geografias e mentalidades expressam um hibridismo que não cabe em classificações tradicionais. Aquilo que consideramos a essência do nacional é fruto de uma circulação incessante e desigual entre pessoas, ideias, estilos, pensamentos, sensibilidades e vanguardas internacionais. A base do cosmopolitismo paulistano seria o esfumaçamento da divisão entre o nacional e o estrangeiro. Bresciani (1984-1985) discorre sobre essa nova sensibilidade que emerge das percepções contraditórias das cidades modernas. Tal sensibilidade se constrói diante do anseio por viver dimensões desconhecidas e assustadoras do novo, nas quais há sentimentos ambivalentes: ao mesmo tempo que o ser humano se afasta da natureza, perdendo o sentimento conservador de segurança, tradicionalidade e família, ocupa a posição de dominador, desbravador e conquistador dessa natureza, aderindo ao espírito moderno e progressista que o fascina. Esse sentimento, porém, era vivido coletivamente como um imperativo exterior e imposto transcendentemente de forma violenta.

As cidades modernas passaram a ser um observatório da diversidade de corpos passíveis de avaliação e classificação. Qualquer representação de desestabilização da ordem e dos progressos estabelecidos que entrasse em choque com o poder de Deus ou do homem se tornava um sintoma a ser eliminado. Sobre esse inimigo, construiu-se o terror, em oposição à estética do sublime. Assim, passaram a figurar no imaginário a miséria, as doenças e as anomalias. Qualquer perturbação à ordem social ou da própria natureza, fosse biológica ou social, figurava como algo a ser corrigido. Em bairros operários, por exemplo, o potencial de revolta foi considerado uma ameaça à ordem social. A construção dessas oposições binárias — ricos/civilizados e pobres/selvagens — passa a ser base do imaginário moderno para coesão social. O cosmopolitismo paulistano foi produzido sob um nítido recorte de discriminação social, com estigma mais aprofundado em pessoas negras (Sevcenko, 2014).

A *Belle Époque* tropical foi construída dentro desse hibridismo, em meio às rápidas transformações decorrentes da modernidade, mas com a permanência de estruturas duradouras, em circunstâncias instáveis, numa ambivalência explicada pela metáfora do "corpo brasileiro com uma máscara francesa" (Needell, 1993, p. 66).

Esse hibridismo e essa contradição também se expressaram nas mudanças das relações sexuais e de gênero. A urbanização e a identidade cosmopolita possibilitaram a saída das mulheres cisgênero do espaço privado para participar da arena pública. No cotidiano vivo da cidade, era possível encontrar tais mulheres em carros, bondes, cafés, bares, bailes, estádios, lojas, teatros. As horas e os espaços da cidade mostravam a diversidade de mulheres: as operárias, que passavam as madrugadas nas fábricas; as colegiais, professoras e aias no início da manhã indo a escolas e conservatórios; as mulheres de alta classe, tidas como "de família", em chás, teatros, salões; as "moças sem família" em bares e cervejarias. Independentemente de classe, raça e idade, todas em algum momento circulavam e se cruzavam no centro da cidade (Matos, 2001).

Ao mesmo tempo que passaram a circular pela urbe, o processo de vigilância e controle das mulheres e de seus corpos numa São Paulo cosmopolita que vivia a emergência de uma configuração moderna e burguesa de vida se dava por meio da moralidade pública, em especial da sexualidade. Dentro de uma identidade nacional cosmopolita fragmentada que buscava ao mesmo tempo modelos modernos europeus de vivência da sexualidade e do gênero havia a tentativa de conservar a tradição moral da família como base da nação, mesmo com maior liberdade feminina.

Essa moralidade moderna sexual e de gênero construída durante tal processo de cosmopolitização tinha características duais e contraditórias. Vemos, num mesmo período, a coexistência de: (i) um interesse intenso em estabelecer — a cargo de médicos, juristas, criminologistas, policiais, literatos e jornalistas — códigos de separação genética, anatômica, hormonal, psicológica e de práticas sociais entre os sexos, de conduta sexual que valorizasse a união sexual monogâmica heterossexual, a família nuclear, a virgindade, a fidelidade feminina e o combate aos "vícios urbanos"; (ii) por outro lado, a produção de geografias urbanas voltadas ao prazer, criando novos gêneros, novas sexualidades, novas culturas eróticas e pornográficas em um universo de lazer.

A produção dessa cultura híbrida que importava referências europeias e estadunidenses, criando espaços públicos para o exercício de novas sexualidades e gêneros insubmissos, estava presente em locais como cafés-concerto, cabarés, bordéis, "pensões alegres", teatros, bares, restaurantes e cinemas que floresceram no centro e nos arredores, ocupados pela nova boêmia paulistana (Rago, 2008). Criou-se, em concordância com tais aspirações morais contraditórias, uma geografia inspirada numa *Belle Époque* com traços bandeirantes.

Para circulação na nova geografia urbana moderna, os espaços públicos, que em teoria deveriam ser acessíveis por direito a todos os cidadãos, passam a ser segmentados e restritos via categorização. A classe "prostituta" ou "meretriz" é um exemplo disso. Para além de trabalhadora sexual, a categoria tornou-se um conceito que condensava o imaginário de uma mulher imoral, perigosa, suja, descontrolada. Como forma de vigilância e controle dentro do espaço urbano, onde todos poderiam circular, essa categoria passou a ser atribuída a todas as mulheres. Assim, tornou-se dispositivo para regular o que as mulheres podiam ou não podiam fazer e em que espaços da cidade podiam ou não estar, com o medo de serem classificadas como prostitutas ou meretrizes.

O conceito de "região moral", trazido por Perlongher (1987) em sua pesquisa sobre michês na cidade de São Paulo, nos auxilia a compreender a ocupação e a presença na urbanização dessas pessoas dissidentes de gênero e sexualidade. A noção de "região moral" indica um território residual no qual gostos, desejos e práticas ligadas à boêmia, como a procura por sexo, diversões, prazeres e outros vícios ligados à ilegalidade, encontravam vazão. Essas áreas, nos primeiros anos de construção das metrópoles, coincidem com regiões centrais, próximas a zonas comerciais e administrativas, com a presença de ambulantes e distantes das regiões residenciais e industriais. São apontadas como áreas onde se concentram as ofertas de cultura e lazer das cidades, além da "vida noturna". Tais regiões pertencem ao projeto urbanístico europeu, porém levam o estigma de "áreas de desorganização" ou de "delinquência", por convergirem prostituição, casas de cômodos pequenos ou quitinetes (geralmente para sexo casual), concentração de bares, *dancing*, cinemas, boates, criminalidade, "vadiagem", homossexualidade e boemia.

Ao mesmo tempo que essas "regiões morais" modernas foram se estabelecendo, trazendo expressões e nomes estrangeiros, em especial os afrancesados, as práticas sexuais e eróticas adquiriram referências de outros países. Relacionar-se com uma prostituta estrangeira também satisfazia a expectativa burguesa de se ver introduzida nos "hábitos sexuais avançados das sociedades modernas". A importação de mercadorias e hábitos parisienses possibilitou uma nova circulação de corpos e desejos, em espaços onde mesmo as requintadas classes abastadas promoviam transgressões aos comportamentos convencionais e davam vazão a desejos e aventuras dissonantes daqueles idealizados pela imagem da família tradicional.

A prostituição e outras práticas sexuais e performances de gêneros não tradicionais em São Paulo são anteriores a esse período (Mott, 2008), mas a *Belle Époque* paulistana, por trazer novos conceitos e condutas liberais, especialmente para a burguesia emergente, possibilitou a criação e a consolidação de novos gêneros e sexualidades no seio da cultura boêmia.

Margareth Rago (2008) destaca também a importante mudança nas culturas sexuais da crescente metrópole via importação europeia de trabalhos sexuais que se especializaram e foram complexificados. A liberalização sexual decorrente da constituição de uma indústria do prazer e uma mercantilização da vida no submundo passou a redefinir a expressão da própria sexualidade e do gênero, via novos e mais amplos circuitos, englobando saberes, técnicas e tecnologias desse trabalho, como danças, festas, espetáculos, *striptease*, exibição de vestimentas, passeios públicos, maquiagem, perfumaria etc.

Essas tecnologias modernas de sedução e erotismo idealizadas para os palcos dos cafés-cabarés complexificavam, para além do simples coito, o trabalho sexual, que agora trazia elementos do teatro, do palco e da performance. Os bordéis passaram a ser organizados a fim de causar excitação erótica por meio de performances, tornando a prostituta uma artista, alguém que desempenha um papel, um artifício, ou usa uma máscara. A arte da prostituição moderna tornou mulher aquele corpo que melhor performava a excitante feminilidade europeia. A prostituta-artista, assim, encenava múltiplos papéis, mas dissociando parte de si, uma "essência" que não estaria naquela *persona* de palco e podia, assim, perder-se completamente no labirinto de sensações. No artífice barroco, a mulher tornou-se prostituta no palco, em sua aparição solene, destacando-se para a sociedade elegante. E, nesse espaço, o cabaré não era mais apenas um lugar de sexo, mas, dentro do complexo cultural de que fazia parte, junto ao teatro, aos bares, aos cafés, às pensões de artistas, aos bordéis luxuosos e *rendez-vous*, a prostituta-artista passou a ser personagem que figurava nas relações da alta classe.

A prostituição-arte construiu novas personagens desejadas que saíam do palco de diversos teatros. Nos palcos do teatro musical, a personagem desejada que encarnava um feminino sedutor, irreverente, instigante, exótico e irônico era a vedete. As vedetes ocupavam, na época, o lugar que depois seria tomado pelas estrelas de Hollywood. Embora as vedetes tradicionalmente sejam lembradas pelo teatro de revista, as primeiras apareceram nos cabarés em números de canto, dança, ginástica e corpo de baile (Veneziano, 2011). O teatro de revista é uma forma de teatro musical que passa em revista os acontecimentos do ano anterior e visa fazer uma crítica política com humor, ironia e sarcasmo. Entretanto, o teatro de revista acabou substituindo as alusões políticas, por terem sido censuradas, e as realizava por meio de alusões ao sexo. Por meio da metáfora e da paródia, a crítica social era feita num hibridismo com artes produzidas pelos cabarés. Aqui o glamour e a performance de papéis sociais ganharam novas possibilidades, e performances inéditas foram conquistando espaço, como o transformismo cênico, imitadores do belo sexo e travestis de palco.[4]

---

4 Inicialmente, dentro do teatro, transformismo e travestismo se referiam a recursos e técnicas teatrais bastante diferentes. O transformismo, no teatro, consistia na exibição de um ou uma comediante que interpretava inúmeros personagens numa mesma peça. Trata-se de gênero de atuação no qual se destacam a habilidade mimética e a capacidade de troca rápida de trajes e adereços em espetáculos que contam geralmente com a presença apenas do ator ou da atriz transformista. O transformismo moderno data no começo do século XX, com destaque para Leopoldo Frégoli (1867-1936) e Fátima Miris (1882-1954). Ambos os artistas se apresentaram no Brasil na década de 1920. O travestismo cênico, contudo, é anterior ao

Além da ampliação de expressões e performances de gênero, a prostituição profissional demandava e possibilitava a experiência de um maior número de práticas sexuais e modalidades de desejo que vinham à tona. Os cabarés constituíam um espaço cuja moralidade era alternativa (Rago, 2008). Neles se encontravam homens e mulheres de diferentes classes, jovens e velhos, uma pluralidade de corpos, e os binarismos regrados pela moral seguiam uma codificação sensorial; a lógica do desejo e de relações homoeróticas de ambos os sexos, voyeurismo, experiências sádicas e masoquistas passam a existir para além da fantasia.

O romance *Vertigem*, de Laura Villares, publicado em 1926, permite vislumbrar a cultura dos cabarés paulistas na década de 1920 (Mott, 1987). O livro abarca o mundo da prostituição sob uma perspectiva feminina e explicita as vivências orgiásticas nesses espaços. A história se passa entre os palacetes das avenidas Paulista e Angélica, alugados por barões do café e industriais para as amantes francesas e polacas. Dentre elas está a personagem Madame Blanchette, que promove, além de grandes ceias e encenações teatrais, orgias. Tais festas são retratadas em clima dionisíaco, com uma narrativa que trabalha a fantasia por meio de descrições de indumentárias, gestos e outras formas de sedução.

Em uma das cenas narradas no livro, a protagonista, Luz Alvarenga, que está adentrando esse mundo, é treinada nas artes do erotismo por outra mulher, sua amiga francesa Liliane Carrère. Essa passagem traz a primeira cena de sexo homoerótico feminino escrita por uma mulher na literatura brasileira. *Vertigem* nos faz pensar no quanto o espaço da profissionalização da prostituição possibilitou maior liberdade de vivência erótica entre mulheres, não só pelo acesso ao espaço público, à autonomia financeira, à possibilidade de rejeição ao casamento, novo status parcialmente aceito no círculo social, mas também por experimentações sexuais fundamentais para o aprendizado das artes eróticas.

---

transformismo. A presença de atores de identidade social cotidiana masculina interpretando personagens femininas por meio de mudanças corporais, vestuário, maquiagem, gestos minuciosamente ensaiados e alteração da voz é um recurso cênico utilizado no teatro desde a Grécia antiga.

As melindrosas e os almofadinhas da Pauliceia desvairada

A ampliação das expressões de gênero para mulheres não foi restrita somente aos espaços de prostituição. Em São Paulo, o imaginário associado às mulheres da alta classe, até a década de 1920, era vinculado a uma ociosidade/passividade pertencente ao âmbito doméstico. Com a presença progressiva dessas mulheres nos espaços públicos das metrópoles, o imaginário associado às mulheres de alta classe contemplava agilidade e magreza, expressões da modernidade (Rago, 2004). A incorporação dos hábitos europeus passou a marcar o corpo, a vestimenta, o autocuidado e a performance com o status privilegiado burguês, não o brasileiro. Não tardou a emergir uma nova forma de controle para essa nova mulher, um câmbio da percepção de sua aparência como frivolidade, expressando narcisismo e superficialidade (Matos, 2005). A melindrosa, como passou a ser chamada a representação dessa mulher moderna, foi uma forma de regular as mulheres presentes no espaço público.

Em 19 de outubro de 1927, foi publicada na *Folha da Manhã* uma pequena matéria chamada "O código de uma 'melindrosa'". No texto, são descritos traços característicos desse "gênero de divertimento" que caracterizariam as melindrosas em torno do apreço por uma vida elegante, por viver o amor antes de tudo, casar-se apenas por vantagem e ter a prudência como uma virtude que só se praticaria "com cabellos brancos". De maneira geral, tanto a melindrosa como o almofadinha, sua versão masculina, expressariam a mudança do tempo e a vivência do "amor de bohemio".[5]

As melindrosas seriam mulheres atrevidas e ousadas tanto pelo vestuário como pelas condutas (Pinheiro, 2015). Seriam também jovens com algo viril, mas muito *sex appeal*, que costumavam usar vestidos tubinho, casacos de pele e chapéus clochê sobre o cabelo chanel, corte curto, na altura das orelhas, nomeado em alusão à estilista Coco Chanel (Fiell & Dirix, 2014). De acordo com Sueann Caufield: "Em 1920, o termo 'mulher moderna' referia-se não somente às trabalhadoras, mas

---

5 "Como os tempos mudam", *Folha da Manhã*, 15 out. 1927.

às mulheres petulantes, agitadas, namoradeiras, voluntariosas e andróginas" (Bonadio, 2007, p. 134).

A criação e a incorporação da melindrosa e de seu par, o almofadinha, devem-se, em parte, à influência da cultura estadunidense, principalmente por meio de filmes, como aponta Nancy Cott (2000), mas também da cultura europeia, pela moda e pela literatura (Sohn, 2000). A mídia paulistana trouxe de maneira jocosa tal influência. Essa oposição entre nacionalismo e estrangeirismo acoplada a costumes conservadores e modernos era recorrente na mídia. Em 1920, a revista paulista *A Cigarra* correlaciona a cultura de almofadinhas e melindrosas à estadunidense no poema satírico intitulado "O almofadinha americanisado".

Do uísque ao gramofone, de namorar todo mundo a pedir um tônico, o poema expressa a importação de hábitos norte-americanos. A cultura estadunidense foi, no começo do século XX, exportada para muitos países, em especial por meio do cinema. O investimento estrangeiro na construção de salas de exibição e na circulação de filmes foi gigantesco em São Paulo. Esse "padrão cultural" passou, progressivamente, a ser difundido por rádio, cinema e revistas especializadas, criando um universo cinematográfico com estrelas e divas próprias. Embora a mulher moderna paulistana tenha composto um imaginário específico, o modelo estadunidense o atravessa. Cott (2000) explica que a mulher moderna norte-americana da década de 1920 apontava para um novo tipo de feminino: uma mulher emancipada que usufrui de bens de consumo, estilo, notícias e cinema. Aqui, o requinte e o erudutismo mesclados com a defesa do ócio e a apreciação do belo pregado pela cultura francesa da *Belle Époque* se mesclam ao consumo de massa.

A partir do modelo norte-americano, a mulher poderia, por meio do trabalho, conquistar a independência econômica que lhe permitiria optar ou não pelo casamento. Além disso, a vivência da sexualidade também mudara, uma vez que havia como evitar gravidez, seja via abstinência, seja por "coito interrompido" — e, se necessário, por meio do aborto (Cott, 2000). É importante destacar também que ocorreram no Brasil, mais especificamente no Rio de Janeiro, o primeiro e o segundo Congresso Internacional Feminista nos anos de 1922 e 1931, além da fundação do Partido Feminino Republicano e da Federação Brasileira pelo Progresso Feminino, ambos em 1910. Essas fundações foram extremamente importantes para a campanha pelo sufrágio das mulheres (Mott, 1987).

Assim, o cinema, a partir da segunda metade da década de 1920, consolidou novos gêneros ou formas de ser mulher, como as heroínas cujo propósito era vencer obstáculos; a *vamp*, que seria uma mulher mais liberada e sedutora; a *flapper* (melindrosa), mulher moderna e independente, forjada pela industrialização e pela guerra, que por isso mesmo adotou cortes de cabelo mais curtos. Assim como as *vamps*, as *flappers* também experimentavam a liberdade de fumar, ir a *dancings* ao som de jazz, andar sozinhas e dirigir (Carneiro, 2011).

A moda dos anos 1920, fundamental para a cultura das melindrosas, foi marcada por uma silhueta esguia, retilínea, pelo comprimento das saias, que aumentava ou diminuía ano após ano, e pela influência do vestuário masculino. As mulheres do período seguiam uma androgenia ou "masculinização" no vestuário que se dava ao não valorizar o busto e a cintura e ter o cabelo cortado curto. Dentre as variações do penteado, o que fez maior sucesso entre as melindrosas paulistanas foi o *à la garçonne* (em francês, "como um menino"), curto e com franja, tão presente nas revistas locais que até inspirou poemas. O termo se popularizou tanto que em uma charge publicada na revista carioca *Para Todos...*, em 1924, foi usado o verbo "garçonizando-se", com a imagem de uma mulher de terno, aludindo a produzir-se como homem. Essa imagem ficava entre duas outras que também faziam referência à moda andrógina.

Desde o início do século XX, em especial na década de 1920, as melindrosas e os almofadinhas progressivamente passaram a fazer parte do imaginário da cidade de São Paulo e a ser compreendidos não apenas como um estilo ou uma moda, mas como uma nova classe de pessoas. O impacto causado por seus hábitos e comportamentos modernos na capital não passou despercebido pela mídia conservadora, que, progressivamente, começou a descrever seus percursos de *footing* e seus hábitos como perturbações à ordem da cidade.

A construção dessa identidade moderna pela mídia deu-se na forma de uma campanha sistemática e conservadora contra os hábitos modernos, associando a vida boêmia ao desregramento, à falta de higiene, às drogas, a culturas imorais (como dança e música de cabaré) e, em especial, à anarquia sexual e de gênero. As críticas mais recorrentes aos almofadinhas eram relacionadas à sua afeminação. Em uma notícia intitulada "Os 'almofadas' e os jardins: coisas que se repelem e que estão

O almofadinha americanisado

A todo o mundo este rapaz namora,
Lembrando a torre da estação da Luz,
Faz duzentos kilometros por hora,
Com suas longas pernas de avestruz.

Toma dez banhos ao romper da aurora.
O wisky da casa Mappin o seduz.
Loiras artistas de cinema adora
Este futuro corrector de truz.

Tem na garganta um disco grammophonico.
Seu fino queixo assusta as multidões.
Com tal magreza anda a pedir um tonico.

Faz seis ternos por mez, em prestações.
Sua cabeça é um centro telephonico,
Sua bocca um *guichet* de informações!

                            Ritinha, Dudú & C.

"O almofadinha americanisado",
A Cigarra, n. 129, 1920, p. 50.

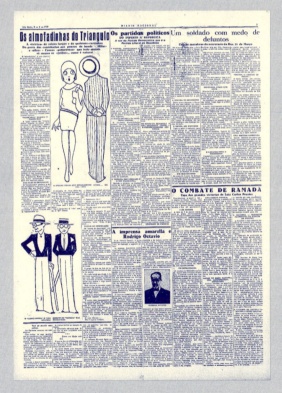

Notícias sobre almofadinhas
em São Paulo nos anos
de 1927 e 1928.

O Sacy, n. 20, 1926, p. 5 (acima, à esquerda);
A Cigarra, n. 284, 1926, p. 51 (acima, à direita);
Para Todos..., n. 311, 1924, p. 20 (abaixo).

sempre juntas...", publicada em 1928 no *Diário Nacional*, é descrito de que maneira se identifica "a praga" dos almofadinhas:

> Preferem para pôr em evidencia suas "qualidades" os lugares frequentados pelo bello sexo. Cinemas, confeitarias, theatros, reuniões elegantes, chás caridosos ou não. Nesses ambientes, onde viceja, aliás o seu símile feminino, as "mellindrosas", estão elles nas "suas sete quintas". É de vel-os, então, com um fiozinho engraçadíssimo de voz, os olhitos contornados de rinuel, a boquita accentuada a "baton", o rostinho polvilhado, todo miudinho de gestos e attitudes, em meio à roda de moças que o mimam, que o afagam com carinhos subtis, como se se tratasse de um "lulu" da Pomerania. Mas nem só ahi nesses ambientes frívolos apparece o "almofadinha". [...] Além do "almofadinha" de cinema, há o da rua, dos jardins e dos parques. Esta sub-espécie quasi nunca apparece só. Formam-se grupos. Conversam (porque também conversam, às vezes!), discutem grandes problemas de "toilette" ou de "flirt". Opinam sobre a melhor qualidade deste ou daquele bombom. E, quando o calor aperta demais, abanam-se [...].[6]

A representação jocosa e de ridicularização dos almofadinhas com o uso de diminutivos e sua descrição como de outra espécie são constantes na mídia na época. Há uma ambivalência na construção dessa identidade em relação às vivências sexual e de gênero (Pinheiro, 2015). Se, por um lado, o almofadinha encontrava a possibilidade de desfrutar um status positivo, moderno e desejável, com modos mais livres de expressar seu gênero de forma não varonil, com maquiagens, salto alto e manifestações mais sensíveis, também encontrava, nesse mesmo modelo, em outros contextos, a ridicularização, a violência e o rebaixamento de seu status masculino dentro na hierarquia de gênero.

A melindrosa também encontra essa ambivalência. Se por um lado ela conquista privilégios masculinos, como flertar quando e quanto quiser, ter vários namorados, usar cabelo curto e roupas mais largas, fumar cigarro em locais públicos, dirigir e expressar gênero e sexualidade à sua forma, por outro a figura da melindrosa também a transforma em

---

6 "Os 'almofadas' e os jardins", *Diário Nacional*, n. 239, 19 abr. 1928, p. 1.

objeto de desejo sexual, e seu corpo passa a seguir padrões de beleza específicos: magra, branca, descontraída, jovem e ousada.

Essa ambivalência em relação à expressão de gênero de almofadinhas e melindrosas é outra manifestação do dispositivo de controle operado sobre sexualidade e gênero na modernidade. É importante destacar que aqui se hibridizam os dispositivos de controles sexuais e de gênero que não necessariamente são os mesmos.[7] Ora o dispositivo de controle por ser um predador sexual é mais eficiente, ora o era por ser afeminado. Na publicação *Para Todos...*, muitas vezes os almofadinhas são colocados em circunstâncias passivas, controlados pelas melindrosas para reiterar sua afeminação, deixando nas entrelinhas que não haveria a possibilidade de um relacionamento amoroso entre ambos. Os desenhos constroem um imaginário de prazer mútuo, com uma aparente amizade, por meio de brincadeiras ou maquiagem conjuntas.

O almofadinha, ou o almofadismo como tendência masculina, foi definido diversas vezes nas revistas paulistanas e cariocas da época. Recorrentemente se afirmavam a elegância da indumentária e o uso de maquiagens como batom, rouge e pó de arroz, além de unhas feitas e pés tratados. Quanto aos espaços de sociabilidade, destacavam-se os salões e *dancings*. Das caracteríticas mais marcantes falava-se sempre dos maneirismos afeminados, da delicadeza, de ser belo e encantador, além da fala em falsete, do requinte da educação e do apreço que recebem das mulheres.

O par melindrosas e almofadinhas é comumente confrontado para demonstrar a ambiguidade na expressão de gênero.

As definições sobre quem seriam os almofadinhas são extremamente complexas. Alencastro (2013) especula que o termo teria origem na referência ao uso de maquiagem por esses homens, aludindo à almofada para a aplicação do pó de arroz. O argumento de Medeiros (2010) relaciona a palavra às almofadas que tais homens portavam e utilizavam nos bondes, um dos sinais de suas frescuras. Green (2000) aponta que

---

7 É importante destacarmos as pesquisas de Gayle Rubin (1998), que propõe que, por vezes, a categoria analítica da sexualidade e suas hierarquias explicam melhor certos fenômenos sociais que a categoria gênero e suas hierarquias. Ambas sempre coexistem com diversos outros marcadores sociais da diferença, não podendo ser vistas como sinônimos, mas sim de forma interseccional.

Capas de *Para Todos...*:
n. 483, 1928; n. 384, 1926.

o adjetivo "fresco" tem duplo sentido no contexto, significando tanto "puto" como também denotando jovialidade, frescor ou amenização do clima. Sendo a frescura associada à frivolidade moderna, acaba por ser um adjetivo que pejorativamente remete a uma das "depravações da modernidade": homens afeminados ou supostos pederastas.

Outras expressões são progressivamente associadas aos almofadinhas. Uma dessas retoma os dândis da Inglaterra do século XIX. O dândi tem uma elevada preocupação com aparência, elegância, frivolidade e requinte, porém não é notável por excessos. Por vezes, o *dandy* aparecia nas páginas da revista paulistana *A Cigarra*, o que nos ajuda a compreender de que maneira essa figura compõe uma das expressões de masculinidade da época. No poema intitulado "Pimpolho", publicado em 1917, a figura do dândi é correlacionada à frequência nos salões da fidalguia, à fineza e à elegância quando fala sobre dinheiro, bem como aos modos femininos e ao ar blasé. Em "Pimpolho", outros personagens fazem alusão aos dândis: João do Rio, Don Juan e Brumel.

O dândi, por mais que também abarque o caráter da pompa e de certa finesse — até então relacionados ao feminino —, pertence a um imaginário desejado por mulheres à época. Em 1920, na seção de cartas de leitores/as do mesmo periódico, Dolores descreve o que seria um dândi ideal quanto a estética, arte, maneirismos e personalidade (ver p. 186).

Outra tendência masculina presente nas páginas de *A Cigarra* é o esnobismo, caracterizado como a "aceitação de tudo o que é novo, embora extravagante". O *snob* também é uma *persona* das metrópoles e um entusiasta incondicional do novo, que abandona imediatamente o anterior acreditando intrinsecamente no ideário desenvolvimentista civilizatório. Dessa maneira, em vez de prezar a decadência civilizatória e a valorização do belo, o *snob* encontra, na nova ciência, na indústria e na arte moderna, a beleza. Guilherme de Almeida e, novamente, João do Rio são figuras consideradas *snobs*. O esnobismo é, portanto, um modo de pensar e agir que, agenciado pelo ideário desenvolvimentista, tende a escalonar e hierarquizar costumes, desprezando ou ignorando aqueles cujo prestígio social ou beleza é menor, além de ser uma forma classista de agrupar pessoas, influenciando-as a conviver entre os seus, esnobando os demais.

O esnobismo tem estreita relação com as grandes preocupações do início do século XX, quando, por um lado, era necessário rearticular os mecanismos de distinção de classe com uma mobilidade social cada vez maior e, por outro, era preciso reafirmar a relação cultural com a Europa (Goldgel, 2014). O esnobismo seria, assim, uma das expressões mais absolutas da admiração pelo estrangeiro, que definia o eurocentrismo das elites. Interessante destacar que o esnobismo reaparece nas páginas de *A Cigarra* na década de 1940, porém tachado de forma depreciativa, e a revista, inclusive, publica um teste para o leitor saber se é *snob*, apresentando processos de cura.[8]

Outro personagem que aparece de forma depreciativa é o maricas. Conforme visto nas seções de cartas das revistas *A Cigarra* e *Para Todos...*, "maricas" é um termo recorrente, utilizado como diminutivo afetivo de Maria, algo próximo a "Mariazinha". O maricas é retratado nas edições como a afeminação radical do almofadinha, como uma flor delicada e frágil. De acordo com uma leitora paulistana da revista carioca *O Malho*, "um homem que se assigna como mulher está definido: é um maricas!". Ao mesmo tempo, também se criou um termo para designar uma melindrosa bruta e insolente: "ursus".

De forma geral, essas categorias de gênero expressam ambiguidade e esfumaçamentos do que antes era tido como polarização entre masculino e feminino, mas performance de gênero e desejos e práticas sexuais nem sempre são iguais — e inclusive são alvo de debate. Mesmo em um contexto no qual os homens podem ter performances mais flexíveis, a hierarquia de gênero não deixa necessariamente de existir. O mesmo pode ser dito quanto às hierarquias sexuais. No jornal *O Furão* foi publicada uma matéria intitulada "Polícia de costumes",[9] na qual os redatores mais progressistas denunciam uma caçada moral promovida pela polícia, em especial em ambientes eróticos com prostituição. Os autores ressaltam esse conservadorismo "digno de cidades arcaicas", não de uma metrópole, e defendem a necessidade de a prostituição ser regulamentada, visando inclusive garantir a segurança das profissionais. Alegam, ironicamente, que, em vez de a polícia moral combater os verdadeiros grandes males — que seriam o adultério, o infanticídio, a masturbação, a poligamia, o incesto, os estupros, as violações, o homossexualismo, as múltiplas variações de pederastia, a ninfomania e os prazeres lésbicos —,

---

8 "Você é *snob*?", *A Cigarra*, n. 145, 1946.
9 "Polícia de costumes", *O Furão*, n. 100, 1917.

O ‹almofadinhas› é, rigorosamente, um individuo quasi á parte Não se caracterisa propriamente pelo cintado do paletot, como querem alguns, nem pelo chapeu de palha, como querem outros. Nem pelo proprio ‹maquillage› que alguns individuos masculinos já chegaram a adoptar, com certeza com os louvaveis intuitos de parecerem menos leios. O ‹almofadinha› é um individuo delicado, ordinariamente educado em rodas finas, dispondo de uma educação requintada, cheia de prejuizos e das vantagens da educação em certos meios.

O "almofadinha", figura de salão, recentemente assignalada na vida elegante do Rio de Janeiro, representa, assim, pela fatalidade dessa lei, o fruto inevitavel da evolução de um meio. Delicado, mimoso, encantador, elle constitue o resultado de uma elaboração lenta na organisação social da mesma fórma por que a flôr assignala um estadio amavel na existencia passageira de uma arvore. Atraz de trabalho vagaroso, methodico, pertinaz, são precisos, ás vezes, a um arbusto, para a produeção de uma flor. Cre-

A Cigarra, n. 131, 1920, p. 38 (à esquerda);
Para Todos..., n. 69, 1920, p. 11 (à direita).

O Almofadinha

Das creações que a sociedade
Tem dado á civilisação,
O almofadinha é, na verdade,
O secco como creação.

Velo, não sei de onde élle velo...
Sim, de Petropolis, talvez.
E' gordo ? é magro ? é bello ? é feio ?
E' brasileiro ? é hebraico ? é inglez ?

Unhas burnidas, pés tratados,
Labios de rosa e de carmim,
E' a gloria dos salões doirados
Sua silhueta de alfinim.

Inoffensivo ser imbelle
Que a vida leva na maré...
Pergunta alguem : Quem é aquelle ?
Diz outro : Aquella alli quem é ?

E não se sabe como o tomem,
Nem Eva, nem Adão siquer,
Si elle possue defeitos de homem,
Tem qualidades de mulher.

Chega, Sorri, Entra gingando
Na *Renaissance* ou no *Alvear*,
De súbito, apparece um bando
De *Melindrosas* a grathar.

Encontram-se. Ha beijos, um ruido
De phrases suaves... Eu sei lá...
Como estás tu, Bibi querido ?
Como estás tu, cara Lalá ?

E entre as mulheres, no alvoroço
Das phrases e dos madrigaes,
Tem-se a impressão que o pobre moço
E' uma mulher como as demais.

A bordo do Plata, entre algumas melindrosas, discutia-se o que vem a ser, afinal, almofadinha. Nenhuma chegava a um accordo.

Esta, dizia: almofadinha é um rapaz que veste roupinhas cintadas, burne as unhas e fala em falsête.

Outra: almofadinha é um homem que quer parecer mulher... Então, uma moreninha de olhos vivos e expressão intelligente sahiu-se com esta: Muito pelo contrario... Almofadinha é uma mulher que quer parecer... homem.

Neste momento, um conhecido amarradinho passava. Ella apontou-o e gritou para as outras: Olhem! almofadinha é aquillo !...

Para todos..., n. 33, 1919, p. 32 (à esquerda);
O Malho, n. 883, 1919, p. 43 (à direita).

> Os almofadinhas são homens que parecem mulheres, arvoram-se em conquistadores e assumem attitudes de donzellas timidas. A um delles indaguei qual a impressão que lhe causavam as pernas femininas. Rio-se donzellescamente, mirou as unhas luzidias e em voz doce e meiga respondeu:
> — Pernas? Ih! Ih! Ih! Que cousa mais bonita! Gosto sim, gosto muito. E dahi não se arredou.

Vida Moderna, n. 462, 1923, p. 14.

O Furão, n. 247, 1920, p. 4 (à esquerda);
O Sacy, n. 28, 1926, p. 4 (à direita).

Para Todos..., n. 345, 1925, p. 18 (à esquerda);
Para Todos..., n. 420, 1927, p. 18 (à direita).

Figuras e Figurinos
PIMPOLHO

Um "dandy...". Nos salões da fidalguia-
Não ha, talvez, mais fino cavalheiro.
Fala de modas, fala de dinheiro,
Cultiva o "chic, da neurasthenia.

Veste no Pool, qual Brumel se vestia;
E, julgando "épater, São Paulo inteiro,
Assume um ar tão guapo, tão lampeiro,
Que o mesmo Brumel, certo, offuscaria...

Olha tudo com tedio, com fastio;
Tem nas maneiras femînis a graça,
Que, lembra, fóra a banha, o João do Rio.

Diz-se "blasé,, trazendo as damas d'olho.
Mas as damas não ligam se elle passa,
— O almiscarado Dom Juan Pimpôlho.

ERASMO

Para ser dandy

Para um moço ser um perfeito dandy, deve possuir os seguintes dotes: o ar de poeta do Caio F., a bella cutis do Fernando C. L., os dentes do Paulo C., a maviosa voz do Sylvio B., a esbelteza do Antonio L., o almofadismo do Finfo K., a covinha do Chicuta G., a bella côr do Luiz B. R., a sympathia do José P. A., ser freguista como Alfredo, e dansar o tango como o Mario M. Da leitora — *Dolores*.

A Cigarra, n. 80, 1917, p. 36 (à esquerda);
A Cigarra, n. 149, 1920, p. 53 (à direita).

Nhá-Marica (S. Paulo)—Um homem que se assigna como mulher está definido: é um maricas! Quem por acaso duvidar, leia os seus versos á *Amelia* ou á *Francellina*, cheios d'estes *disparos*:

Como é bella a noite!
Como é doce o amar!

E como seria bom, si, de preferencia, o senhor aproveitasse o sestro mulheril para pregar botões e serzir meias!...

Pão doce...
"Eu nem posso ver certos rapazes (Maricas) d'aqui, que andam na almofadinha no meio dos soldados. Eu acho que deveriam ter vergonha até de sahir de casa, esses "Pão doce".

O *Malho*, n. 265, 1907, p. 20 (à esquerda);
A Cigarra, n. 429, 1932, p. 35 (à direita).

Para Todos..., n. 315, 1924, p. 18.

mirava primordialmente a prostituição, a qual seria também, de acordo com os autores, um remédio para tais problemas morais.

Para além das várias identidades produzidas em relação a essas dissidências de expressão de gênero, os almofadinhas e as melindrosas são por vezes identidades associadas também a pessoas dissidentes em relação ao desejo e à prática sexual. Na matéria "Encantadores e melindrosas", da revista *O Malho*, o colunista João da Avenida explica a feminilidade dos almofadinhas: "As culpadas de todas essas extravagancias [dos almofadinhas] são as melindrosas que, ao envez de amarem os homens, amam as suas semelhantes... Acontece que os homens procuram todos os meios para serem amados. D'ahi vem esses requintes de feminilidade".[10] No jornal *Folha da Manhã* é publicada a sinopse do filme *O príncipe das violetas*: "Amores de um militar de folga e um almofadinha infeliz em questão do coração".[11]

Homossexual: uma categoria ou classe do terceiro sexo

Independentemente da correlação entre as performances de gênero e os desejos e as práticas homoeróticas, essas identidades modernas de gênero e sexualidade inovaram o imaginário da cidade de São Paulo, bem como agenciaram a construção de novos espaços. Na seção de troca de cartas do *Correio Paulistano*, um novo termo é utilizado em referência ao almofadinha: "Paulo Setubal é o que hontem se chamava 'smart', isto é, um 'dandy'. Nada, porém, dessas estilizações de indumentária, que transformam a elegância masculina na efeminada e *hermafrodita* personalidade".[12]

Aqui é estabelecida uma relação entre a expressão e o modo de ser com uma personalidade que teria em comum com a classe dos almofadinhas: o "hermafroditismo", ou a existência de grupos com sexualidades e gêneros ambíguos, pertencentes a outra categoria. Não

10 "O almofadinha", *O Malho*, n. 863, 1919, p. 26.
11 "Os próximos grandes filmes", *Folha da Manhã*, 11 abr. 1928, p. 7.
12 "Cartas a Chrispim", *Correio Paulistano*, 7 abr. 1921, p. 3.

à toa, na coluna "Pílulas de Adão e Eva", do jornal *O Sacy*, é apresentada a seguinte anedota:

> O homem e a mulher se igualam até nas suas máximas aberrações: confrontemos uma Mulher e um almofadinha e um Homem com uma melindrosa. A Mulher é superior ao almofadinha, este é igual à melindrosa, e esta é inferior ao Homem. Agora, si compararmos a Mulher com o Homem, ambos são perfeitamente iguaes.[13]

A revista *Vida Moderna*, na matéria "A psychologia feminina", também apresenta uma divisão entre mulheres e melindrosas.[14]

Parte do imaginário que se constrói a partir dessas novas masculinidades e feminilidades são suas composições como terceiro sexo, uma nova categoria de pessoas à qual vinculam-se os termos "homens-mulheres" e "mulheres-homens". Na matéria "Diz-que-diz de Hollywood", publicada em *O Estado de S. Paulo*, aparecem esses novos gêneros "trazidos" pelo cinema estadunidense. Embora tais pessoas sejam mencionadas como parte da cultura estrangeira, aquelas identificadas a partir do terceiro sexo são noticiadas como "casos curiosos" nas grandes metrópoles, a exemplo do que noticia o jornal *A Esquerda*, em 1931: o caso de uma "mulher-homem" de Belo Horizonte e o de um "homem-mulher" de São Paulo.

As críticas a essas novas identidades não advêm apenas do campo da direita conservadora, mas também da esquerda. Na coluna "Mulher do povo" — escrita apenas por mulheres — da edição de 27 de março de 1931 do jornal *O Homem do Povo*, assinada por Álvaro Duarte, cuja secretária era a escritora e militante Patrícia Galvão, conhecida como Pagu, foi publicada a nota intitulada "Mulher mulher", em que se criticavam "as nossas meninas cinematográphicas", consumidoras do cinema estadunidense. Construindo um discurso com vistas a problematizar o domínio norte-americano e seus padrões que resultariam em atividades e preocupações frívolas, como "*dancings*" e "gordurinhas", o texto afirma que essa seria uma

> mulher idiota — não percebe que essas americanas despeitadas pela masculinidade estão francamente em decadência? [...] Si a mulher em vez das

---

13 "Pílulas de Adão e Eva", *O Sacy*, n. 25, 1926, p. 19.
14 "A psycologia feminina", *Vida Moderna*, n. 419, 1921, p. 14.

noites de *dancing* e dos dias de torrada, tomasse uma alimentação esplêndida, um esporte dosado, um trabalho sadio e uma educação inteligente, longe de se masculinizar nem de criar um tipo raquítico, seria a verdadeira mulher.[15]

A identidade mulher-mulher no comentário jornalístico é associada a uma posição política liberal, não a uma categoria de personalidade. Um livro do período que relaciona uma identidade sexual e de gênero a uma categoria política é *O 3º sexo*, de Odilon Azevedo, publicado em 1930. Na obra é apresentada uma organização política formada pelas terceiristas, mulheres operárias que, diferentemente das feministas, querem total independência dos homens, inclusive a sexual.

Embora não possamos associar a identidade almofadinha ou melindrosa a uma identidade política, é importante ressaltar que foi essa imagem a usada para a divulgação do filme *Sexos Invertidos*, produzido pelo médico Magnus Hirschfeld. Exibido nas salas de cinema cariocas em 1932 e nas paulistas em 1934, o filme de Hirschfeld, homófilo assumido, foi difundido pela mídia brasileira, trazendo à tona fragmentos de debates internacionais sobre a homossexualidade. Em 1921, por ocasião de sua participação no Congresso Internacional de Sexualismo, foi noticiada sua intenção de conseguir a aprovação de leis para pessoas "sexualmente alteradas", de modo que não fossem tratadas como criminosas.[16] Em 1929, Hirschfeld voltou a ser notícia,[17] em consequência de sua vitória num processo pioneiro iniciado em 1896 pela abolição do artigo que considerava a homossexualidade um crime. Na divulgação de seu filme, acompanhado pela figura de um almofadinha, é afirmada a conquista política da luta de Hirschfeld: "Defender perante a justiça, provando que o homossexualismo não é um vício nem um crime, como classifica o art. 175".

A associação entre as imagens e as caricaturas dessa diversidade de identidades que abarcavam pessoas dissidentes de gênero e sexualidade surgidas durante a *Belle Époque* brasileira com a identidade homossexual propagandeada pelo filme de Hirschfeld no Brasil é um vestígio importante do longo processo de formação de uma identidade homossexual coesa. Assim como no Rio de Janeiro, a produção de identidades

---

15 "Mulher mulher", *O Homem do Povo*, 27 mar. 1931, p. 2.

16 *O Paiz*, 13 set. 1921, p. 1.

17 *Diário Carioca*, 19 out. 1929.

culturais durante o período de modernização do começo da República na metrópole paulista se mostrou diversa, expressando certa liberdade, expansão e criação de novas formas de vivenciar gêneros e sexualidades, dentro do processo híbrido nacional-estrangeiro, com a importação e a valorização dos modelos europeus e norte-americanos. Mesmo que ainda de forma pequena e fragmentada, já nesse período vemos certa difusão de modelos identitários e organizativos de homossexuais, homófilos ou uranistas vindos em especial da Alemanha.

Além da mídia, a produção médico-legal também é importante nessa difusão, em especial entre as elites. Um indício da difusão do movimento que ocorria na Alemanha está na edição brasileira do livro *A questão sexual*, de Auguste-Henri Forel (1928), com prefácio e revisão de Flamínio Fávero, professor catedrático de Medicina Legal da Faculdade de Medicina da Universidade de São Paulo (USP). Nessa obra, no capítulo "Inversão sexual ou amor homosexual", não apenas é mencionado o movimento de Magnus Hirschfeld para a compreensão da homossexualidade como um desejo sexual normal e do homossexual como uma variedade normal de homem, mas também o movimento de Karl Heinrich Ulrichs (1825-1895) como um "invertido [que] fez-se publicamente o apóstolo do amor homosexual" (Forel, 1928, p. 238). Ambos seriam lideranças desse movimento e teriam formado "correligionários" dessa luta.

Em sua obra *Homosexualismo e endocrinologia* (1938), um estudo da homossexualidade masculina a partir da avaliação de 195 indivíduos fichados pela Polícia Civil do Rio de Janeiro por prática de pederastia passiva, Leonidio Ribeiro não apenas publica uma autobiografia de Magnus Hirschfeld, como também apresenta um texto sobre o "Manifesto de homosexuaes" (Ribeiro, 1938, p. 217) organizado pelo médico alemão.

Na autobiografia trazida pela publicação de Ribeiro, Hirschfeld narra o movimento científico europeu do final do século XIX de estudos sobre sexologia e homossexualidade. Seu texto "Sappho et Socrate" (1896) teria sido um propulsor desse movimento que contou com a participação de Weininger e G. Saint-Paul e foi concomitante com o processo movido em Londres contra o escritor Oscar Wilde. Uma das consequências desse movimento, conforme a autobiografia apresentada por Ribeiro, foi a constituição, em 1897, do Comitê Científico Humanitário, destinado a "ajudar indivíduos que injustamente foram vítimas de preconceitos científicos atuais" (Ribeiro, 1938, p. 211).

A partir desse comitê teria sido elaborada uma petição referendada por várias personalidades contendo cinco mil assinaturas de intelectuais homossexuais e dirigida aos órgãos constituídos solicitando a modificação das disposições penais alemãs para seguirem no sentido do texto do Código Napoleônico. No texto "Manifesto de homosexuaes", são apresentados mais detalhes dessa petição pela alteração do artigo 175, desde argumentos jurídicos com base na supressão de disposições análogas em outros países até o embasamento científico fundamentado na literatura alemã, inglesa e francesa produzida nas duas últimas décadas do século XIX que confirmava que a homossexualidade esteve presente em várias épocas e nos mais diversos países e, em sua essência e em suas manifestações, deveria ser considerada como uma disposição constitucional profundamente interna. Assim se concluiria que a ninguém poderia ser imputada a culpa de uma "disposição sensitiva (inclinação)".

Nesse mesmo texto publicado por Ribeiro, é informado que a petição não apenas não teve anuência mas foi elaborado um anteprojeto do Código Penal, agravando as penalidades, inserindo o artigo 250, que ampliava os castigos também para as homossexuais femininas, as quais não constavam no artigo 175. Magnus realizou uma crítica a esse anteprojeto por não discutirem ou refutarem as observações de autoridades científicas e apenas se basearem na opinião pública, ironizando que precisamente na Alemanha teria sido criada a ciência médica pioneira na doutrina psicoconstitucional da homossexualidade.

A construção da homossexualidade e do homossexual como identidade foi um processo longo, mas que encontra vestígios de representação na importação de modelos estrangeiros em São Paulo desde o início do século XX. O período que abrange o início da República brasileira e a *Belle Époque* não só foi um celeiro criativo de novas vivências de gênero e sexualidade, com a emergência de uma diversidade de identidades, como também marcou um processo de importação de modelos estrangeiros de identidades homossexuais. Pouco a pouco, tais identidades foram sendo reconhecidas dentro da categoria homossexual, em especial após 1930, durante a ditadura Vargas. O Estado, nesse período, por meio dos discursos médico, jurídico e policial, objetivava vigiar e controlar esses corpos dissidentes, mas a homossexualidade se tornou um dispositivo para unificar essas várias identidades e gradualmente foi se popularizando.

Mulheres-homens e homens-mu,heres

Foi descoberto em São Paulo outro caso singular de troca de sexo. Não se trata de nenhuma... Importunaram-no com juras ou promessas de amôr, e elle acreditou que, fazendo-se "mulher", teria maior liber...

A Esquerda, 8 out. 1931, p. 1.

Diz-que-diz de Hollywood

Homens-mulheres... Mulheres-homens...

Escutem só estas "novidades":

— Dizem os despeitados que Robert Taylor é muito afeminado; Bob

O Estado de S. Paulo, 17 dez. 1938, p. 4.

Correio da Manhã, 25 set. 1932.

Referências

ALENCASTRO, Lucilia de Sá. *Revista Para todos...: um estudo da imagem da mulher nas ilustrações de J. Carlos*. Dissertação (Mestrado em Comunicação e Linguagens). Curitiba: Universidade Tuiuti do Paraná, 2013.

BONADIO, Claudia Maria. *Moda e sociabilidade: mulheres e o consumo na São Paulo dos anos 1920*. São Paulo: Senac, 2007.

BRESCIANI, Maria Stella Martins. "Metrópolis: as faces do monstro urbano (as cidades no século XIX)". *Revista Brasileira de História*, v. 5, n. 8/9, set. 1984/abr. 1985.

CARNEIRO, Eva Dayana Felix. "Na soirée da moda: o cotidiano das salas de cinema em Belém do Pará nos anos de 1920". *Anais do XXVI Simpósio Nacional de História* (Anpuh), jul. 2011.

COTT, Nancy F. "Mujer moderna, estilo norteamericano: los años veinte". *In*: DUBY, Georges & PERROT, Michelle. *Historia de las mujeres en Occidente, el siglo XX*. v. 5. Madri: Taurus Minor, 2000.

FIELL, Charlotte & DIRIX, Emmanuelle. *A moda da década: 1920*. Trad. Laura Schichvarger. São Paulo: Publifolha, 2014.

FIGARI, Carlos. *@s "outr@s" cariocas*. Belo Horizonte/Rio de Janeiro: Editora UFMG/ Iuperj, 2007.

FONSECA, Guido. *História da prostituição em São Paulo*. São Paulo: Resenha Universitária, 1982.

FONSECA, Guido. *Crimes, criminosos e a criminalidade em São Paulo: 1870-1950*. São Paulo: Resenha Tributária, 1988.

FOREL, Auguste-Henri. *A questão sexual*. 2 ed. Trad. Flamínio Fávero. São Paulo: Companhia Editora Nacional, 1928.

GATTI, José. "Mais amor e mais tesão: história da homossexualidade no Brasil — José Gatti entrevista James Green". *Revista Estudos Feministas*, v. 8, n. 2, 2000.

GREEN, James N. *Além do Carnaval: a homossexualidade masculina no Brasil do século XX*. Trad. Cristina Fino & Cássio Arantes Leite. São Paulo: Editora Unesp, 2000.

GOLDGEL, Victor. "Entre dandis y rastacueros. Aproximaciones al esnobismo del siglo XIX latino-americano". *Estudi hama t hama ra eraria*, v. 3, mar. 2014.

MATOS, Maria Izilda Santos de. *Meu lar é o botequim: alcoolismo e masculinidade*. São Paulo: Companhia Editorial Nacional, 2001.

MATOS, Maria Izilda Santos de. *Âncora de emoções: corpos, subjetividades e sensibilidades*. Bauru: Edusc, 2005.

MEDEIROS, Hugo Augusto Vasconcelos. "Melindrosas e almofadinhas: relações de gênero no Recife dos anos 1920". *Tempo e argumento*, v. 2, jul./dez. 2010, p. 93-120.

MICELI, Sergio. *Nacional estrangeiro: história social e cultural do modernismo artístico em São Paulo*. São Paulo, Companhia das Letras, 2003.

MOTT, Luiz. *O lesbianismo no Brasil*. Porto Alegre: Mercado Aberto, 1987.

MOTT, Luiz. "Pré-história da homossexualidade em São Paulo: 1532-1895". *Dialogus*, v. 4, 2008.

NEEDELL, Jeffrey D. *Belle Époque tropical: sociedade e cultura de elite no Rio de Janeiro na virada do século*. Trad. Celso Nogueira. São Paulo: Companhia das Letras, 1993.

PERLONGHER, Néstor Osvaldo. *O negócio do michê: prostituição viril em São Paulo*. São Paulo: Brasiliense, 1987.

PINHEIRO, Larissa Brum Leite Gusmão. *Melindrosas e almofadinhas de J. Carlos. Questões de gênero na revista Para todos... (1922-1931)*. Dissertação (Mestrado em História). Curitiba: Universidade Federal do Paraná, 2015.

RAGO, Margareth. "A invenção do cotidiano na metrópole: sociabilidade e lazer em São Paulo, 1900-1950". *In*: PORTA, Paula (org.). *História da cidade de São Paulo*, v. 3, *A cidade na primeira metade do século XX, 1890-1954*. São Paulo: Paz e Terra, 2004, p. 387-435.

RAGO, Margareth. *Prazeres da noite: prostituição e códigos da sexualidade feminina em São Paulo (1890-1930)*. São Paulo: Paz e Terra, 2008.

RIBEIRO, Leonidio. *Homosexualismo e endocrinologia*. Rio de Janeiro: Livraria Francisco Alves, 1938.

RUBIN, Gayle. "Thinking Sex: Notes for a Radical Theory of the Politics of Sexuality". *In*: NARDI, Peter M. & SCHNEIDER, Beth E. (org.). *Social Perspectives in Lesbian and Gay Studies: A Reader*. Nova York: Routledge, 1998, p. 100-33.

SEVCENKO, Nicolau. *Orfeu extático na metrópole: São Paulo, sociedade e cultura nos frementes anos 20*. 3 ed. São Paulo: Companhia das Letras, 2014.

SOHN, Anne-Marie. "Los roles sexuales en Francia e Inglaterra: una transición suave". *In*: DUBY, Georges & PERROT, Michele (org.). *Historia de las mujeres en Occidente, el siglo XX*. v. 5. Madri: Taurus Minor, 2000, p. 109-38.

TREVISAN, João Silvério. *Devassos no Paraíso: a homossexualidade no Brasil, da colônia à atualidade*. 4 ed. Rio de Janeiro: Record, 2000.

VENEZIANO, Neyde. "O sistema vedete". *Repertório*, n. 17, 2011.

WHITAKER, Edmur de Aguiar; KRAUS, Eddi; OLIVEIRA, Magino Roberto de; NOGUEIRA, Joel Botto & SIGNALLI, Aldo. "Estudo biográfico dos homossexuais (pederastas passivos) da capital de São Paulo. Aspectos de sua atividade social (costumes, hábitos, 'apelidos', 'gíria')". *Arquivos de Polícia e Identificação*, v. II, n. 1, 1938-1939.

Luiz Morando
Doutor em literatura comparada pela Universidade Federal de Minas Gerais (UFMG). Pesquisador independente sobre memória das identidades LGBTQIA+ em Belo Horizonte.
Autor dos livros *Paraíso das maravilhas: uma história do Crime do Parque* (Fino Traço, 2008) e *Enverga, mas não quebra: Cintura Fina em Belo Horizonte* (O Sexo da Palavra, 2020), bem como de artigos publicados em livros e periódicos.

Desejos em trânsito: sociabilidades LGBTQIA+ em Belo Horizonte (1946-1980)

Luiz Morando

Uma história mais ampla, aprofundada e com uma perspectiva inter-seccional das formas de sociabilidade do segmento LGBTQIA+ de Belo Horizonte ainda está por ser registrada. É necessário conhecer com mais acuidade a formação das redes de pessoas travestis e transexuais, de homens e mulheres cisgêneres homossexuais e de outras identida-des dissidentes para compreender os deslocamentos e as relações que se estabeleceram entre esses grupos ao longo do tempo na capital mineira. Nesse sentido, este texto tem a intenção de examinar, ainda que com uma visão panorâmica, a constituição dos territórios de sociabilidade dos públicos mencionados sob uma perspectiva pela qual o resgate dessa memória possa colaborar para a compreensão de um movimento mais amplo de mobilização de interesses, práticas sociais, reivindicações por igualdade e consolidação de uma identidade. Foram delimitados o ano de 1946 como marco inicial, devido à existência de um grupo de homens homo e/ou bissexuais que frequentavam determinado ter-ritório dentro do Parque Municipal para vivenciar suas experiências sociossexuais, e o ano de 1980 como marco final, dado o surgimento da primeira organização civil, ainda que não institucionalizada, de luta por direitos das pessoas LGBTQIA+.

As informações reunidas neste texto são resultado de trabalho siste-mático de pesquisa em fontes impressas, desde 2002, na Hemeroteca da Biblioteca Pública Estadual Luís de Bessa, em Belo Horizonte, e fontes digitais na Hemeroteca da Biblioteca Nacional. Desse modo, ao longo dos últimos vinte anos, empreendi uma busca por reportagens (com presença marcante, sobretudo, nas páginas policiais e nas matérias reservadas à cobertura de eventos culturais), notas (enfaticamente entre colunistas e cronistas sociais), entrevistas, artigos de opinião, crônicas e cartuns que refletissem, direta ou indiretamente, as formas de sociabilidade do segmento LGBTQIA+ na cidade no período referido.

O interesse por estabelecer inter-relações com outras capitais e estados brasileiros no portal da Biblioteca Nacional fez crescer exponencialmente o quadro traçado, o que viabilizou possíveis interlocuções com outros locais, uma dinâmica troca de experiências ou informações entre pessoas daquele segmento, o fluxo de informações entre estados da mesma região geográfica e entre as diferentes regiões do país, sempre tendo Belo Horizonte como ponto de origem.

Além disso, a base empírica da pesquisa é constituída pelo registro fotográfico de grande parte do material coletado; a transcrição das referências encontradas; onze entrevistas com pessoas que relataram suas experiências e vivências entre os decênios de 1960 e 1980; pesquisa bibliográfica sobre a cidade no período em questão e sobre a história do movimento LGBTQIA+ no país; a leitura de autos judiciais de crimes envolvendo essa população. Enfim, o que está aqui relatado foi rastreado minuciosamente nessa base empírica. Assim, para cumprir a finalidade deste artigo, recortei apenas o material necessário para apontar as formas de sociabilidade LGBTQIA+ na capital mineira (Morando, 2019b).

Um epicentro: o Parque Municipal Américo René Gianetti

Grande área verde no coração de Belo Horizonte, o Parque Municipal foi projetado para se tornar um lugar aprazível e reconfortante de lazer, diversão e entretenimento para a população belo-horizontina, com vistas a proporcionar espaços para a prática de esportes, apresentações culturais, gastronomia, instrução científica. Quando inaugurada, em 1895, a área possuía 63 hectares. Em decorrência da sanha modernizadora que se abateu sobre a capital mineira a partir da década de 1920, o Parque Municipal teve seu território reduzido a pouco mais de um quarto do tamanho original até a década de 1940. Em 1941, o então prefeito Juscelino Kubitschek mandou remover os portões e todo o gradil que cercava o terreno, possibilitando o livre trânsito de pessoas durante o dia e a noite. Em algum momento a partir daquele ano, foi se conformando uma convivência ambivalente no Parque Municipal: durante o dia, os frequentadores e as atrações são socialmente aceitos, em um espaço que serve ao descanso e à distração. Porém, à sombra da noite, nos cantos penumbrosos, especialmente naqueles menos urbanizados, seu território é ocupado por grupos colocados à margem durante o dia. Postos na escuridão, os sujeitos sexo-gênero dissidentes criam condições para estabelecer um espaço de sociabilidade com valores, códigos e normas específicos. Ao mesmo tempo, a violência também ocupa tal espaço, forçando sua passagem e se impondo à convivência daqueles indivíduos. A presença dos sujeitos indesejados percebidos nesse regime de convivência ambíguo pode ser observada, por exemplo, no excerto da seguinte reportagem:

> No entanto, o Parque Municipal tem igualmente uma crônica trágica. Sobretudo depois que dele foram retirados os gradis e lhe foi dada iluminação, permitindo-se que fosse frequentado também à noite, ali se têm registrado crimes monstruosos, além de assaltos e outros acontecimentos estranhos. Porque, a não ser com a mobilização de contingentes numerosos, que a nossa organização policial deficiente não pode fornecer, policiar o Parque, durante a noite, dentro de um perfeito serviço de vigilância, é quase impossível. *Disso se têm valido criminosos e malandros de todas as categorias para fazerem do Parque a moldura ideal para homicídios, espancamentos, assaltos, contos do vigário e atos atentatórios da moral.*[1]

Com as denúncias que começam a ser feitas em outubro de 1945 por parte de algumas vítimas de violência, um quadro muito claro se apresenta aos responsáveis pela segurança pública: na região sudoeste do parque, em um bosque de eucaliptos, já se formara um território de sociabilidade de homens homo ou bissexuais; concomitantemente, grupos organizados de assaltantes exploravam os arredores desse bosque para achacar, extorquir, humilhar, agredir verbal e fisicamente os frequentadores. Pelo menos três vítimas procuraram a polícia para prestar

---

1 *Estado de Minas*, 6 dez. 1946, p. 12, grifos meus.

queixas de roubo e espancamentos na região denominada Paraíso das Maravilhas. Se até então a polícia tratava com displicência essas queixas, não mobilizando atenção e rapidez suficientes para impedir a continuidade dos molestamentos (e a imprensa fazia vista grossa aos crimes praticados especificamente contra essa população), a ocorrência de 5 de dezembro de 1946 tornou incontornável a situação.

Na manhã daquele dia, o corpo de um homem de 36 anos foi encontrado com 28 perfurações no Paraíso das Maravilhas. As investigações decorrentes do inquérito policial revelaram, ao longo do primeiro semestre de 1947, os hábitos, os comportamentos, os códigos, os gostos e a origem socioeconômica de treze homens frequentadores do local que prestaram depoimentos. Foram delineados, assim, os traços de sociabilidade daquele território: a divisão de posições durante a relação sexual expressa pelo exercício ou submissão à atividade (ativo/passivo); a reversibilidade de posições em alguns casos; a hierarquia estabelecida entre ativos e passivos; o estigma imposto àquele que sofria a submissão hierárquica nos encontros; relações fortuitas; anonimato ou atribuição de nomes femininos aos frequentadores (Jasmim, Trenzinho de Luxo, Perfume da Madrugada, Dorian Gray, Veludo da Noite, Bunda de Cetim, Messalina, Príncipe de Gales, Marieta, Carmen Miranda, Estrela Matutina, Pompom Grená, Bombonzinho...); compartilhamento de determinado código que pode ser reconhecido em silêncio, sem a necessidade de declaração verbal; a troca de favores sexuais, visando à obtenção de objetos de interesse que pudessem beneficiar o parceiro; a possibilidade de os encontros terem início no Paraíso das Maravilhas e serem deslocados a salas de projeção de cinema ou a alguns hotéis da cidade.

Em suma, o Parque Municipal e em especial o Paraíso das Maravilhas foram reconhecidos publicamente como área de trânsito e sociabilidade da população de dissidentes de sexo e gênero, ao mesmo tempo que era marcado por uma campanha moralizadora, fiscalizadora e restritiva à presença daquele público. Essa situação atravessa toda a década de 1950. Dois episódios que nos interessam mais diretamente aqui demonstram tal vigilância sobre o parque.

O primeiro caso se manifesta estampado na enfática manchete do *Diário da Tarde* de 22 de janeiro de 1959: "Menores efeminados queriam fundar um clube na Capital / Estarrecedoras revelações no relatório apresentado pelo Delegado de Menores à Secretaria de Segurança sobre a extensão do problema da prática do homossexualismo entre menores de 18 anos em Belo Horizonte". O *Diário da Tarde* e outros dois jornais se basearam no relatório das atividades desempenhadas pela Delegacia de Menores em 1958. Aí parece constar que policiais realizaram batidas em vários pontos da cidade, especialmente no Parque Municipal, onde impediram a "fundação de um clube de degenerados". Entrevistado pelo jornal *Estado de Minas* para a edição de 22 de janeiro de 1959, o delegado declarou: "Por outro lado, um setor que se apresentou como verdadeiro quisto policial foi o aumento do número de menores introvertidos [sic] na cidade. Tivemos que comandar uma 'batida' no Parque Municipal a fim de evitar que os mesmos conseguissem fundar um clube que já estava em organização". As reportagens noticiam o registro de uma mobilização para fundar um grupo que compartilhasse ideais em comum e distribuísse uma carteira de associados.

Ainda em 1959, o segundo caso vem à tona: pouco menos de um mês após a divulgação do relatório da Delegacia de Menores, o *Diário da Tarde* publicou reportagem na qual informava que a polícia havia impedido a realização de um "baile de enxutos" nos moldes dos realizados tradicionalmente no Teatro João Caetano, no Rio. O texto se encerra assim:

> As autoridades acreditam que a ação preventiva contra o "Baile dos Enxutos" espantou o seu idealizador. Por outro lado, admitem a possibilidade de *tratar-se do mesmo indivíduo que planejou, há tempos, a fundação de um "clube"*, dispersado pela Delegacia de Menores quando era articulada sua criação em movimentada "assembleia geral" no Parque Municipal. As mesmas intenções teve o anormal numa e noutra oportunidade: a exploração de jovens afeminados.[2]

Independentemente da leitura feita pela polícia e a imprensa, é visível certo grau de interação voltada para o desenvolvimento de uma sociabilidade, tendo como ambiente de fundo o Parque Municipal. Isso leva a crer em uma continuidade do local, ao longo do tempo, como território de convívio desse público. Certamente, não é possível falar da mobilização em torno de um pensamento que una e articule essas pessoas ao redor de

---

2 *Diário da Tarde*, 18 fev. 1959, p. 12, grifo meu.

propostas ligadas à materialização de direitos. Mas tampouco há como negar a permanência no tempo de uma intencionalidade e um desejo de pessoas que vão se fortalecendo, estreitando laços, construindo amizades, promovendo discussões, estimulando a troca de ideias.

Um desdobramento dessa situação, quase um ano e meio depois, revela que homossexuais afeminados tentavam organizar clandestinamente um desfile de *misses*. Em junho de 1960, o jornalista Flávio Ferreira publicou três reportagens seriadas sobre jovens transviados, tendo sido guiado, sob disfarce, pelos locais que eles frequentavam. No fim da terceira matéria sobre o assunto, Ferreira mencionou o Parque Municipal:

> Dali, fomos ao Parque, onde dezenas de degenerados, de todas as idades, dão os retoques finais no mais extravagante desfile que vai realizar-se na cidade. Sob as árvores, *misses* de todos os tipos contorciam-se. Com a presença de representantes da Guanabara, Espírito Santo, Goiás, Rio Grande do Sul, São Paulo, Pernambuco e Minas, vão "eleger", no próximo dia 28, em um recanto da Ressaca, a representante da "classe".[3]

O antigo palco do Paraíso das Maravilhas continuava exercendo seu papel de sociabilidade, convivência, encontro, recreação e troca de vivências para o público LGBTQIA+. Assim foi ao longo das décadas subsequentes, com o parque funcionando, ainda, como ponto de encontro e pegação até a prefeitura decidir restabelecer as grades em 1977, impedindo o acesso noturno àquela área verde.

Todavia, um último elemento, em 1980, reitera o local como ponto de reunião LGBTQIA+ privilegiado. Com a constituição do Somos — Grupo de Afirmação Homossexual em São Paulo, em 1978, e de outros grupos na região Sudeste, algumas pessoas de Belo Horizonte se sentiram estimuladas a fundar uma organização local. Ao que parece, iniciaram alguns contatos com o Somos e outros grupos, sobretudo o Beijo Livre, de Brasília. Duas pessoas da capital mineira, não nomeadas em reportagem da edição de maio de 1980 do jornal *Lampião da Esquina* (n. 24, p. 4-5), participaram do I Encontro Brasileiro de Homossexuais (EBHO) e do I Encontro de Grupos Homossexuais

---

3 *Diário da Tarde*, 24 jun. 1960, p. 6.

Organizados (EGHO) — realizados simultaneamente em São Paulo, entre 4 e 6 de abril de 1980. No retorno a Belo Horizonte, é possível deduzir que aqueles dois participantes do EBHO mobilizaram outras pessoas, pois, em 12 de abril de 1980, um grupo constituído por sete gays e três lésbicas fundou o 3º ATO (carta de 21 de abril de 1980), e o comunicado de sua fundação foi publicado na edição de junho de 1980 do *Lampião da Esquina* (n. 25, p. 18), na seção "Cartas na mesa".

Por meio de cartas trocadas entre membros do grupo e os fundadores do Beijo Livre, é possível reconstituir algumas informações.[4] Na carta de princípios (21 abr. 1980), é esclarecido que "o 3º ATO é um ato próprio que questiona cada um, o todo e os próprios atos, na luta pela liberdade de opção (não só sexual)". O grupo não chegou a se institucionalizar legalmente e não tinha sede, por isso seus membros reuniam-se durante as tardes de domingo no Parque Municipal para deliberar sobre as ações e atividades. O local desses encontros era o pequeno teatro de arena próximo à sede administrativa do parque, no lado sudoeste — ou seja, em pleno coração do Paraíso das Maravilhas. A frequência às reuniões variava pelo fato de ocorrerem no Parque, "o que impede muita gente de ir, pois eles não querem ser vistos por conhecidos" (carta de 16 de junho de 1980). A captação de pessoas para o grupo ocorria pelo boca a boca e pela distribuição de panfletos nos locais de frequência LGBTQIA+ da cidade, mas a adesão sempre se mostrou frustrante: "Todos acham lindo a criação do grupo, mas ninguém aparece nas reuniões" (carta sem data). Ainda nessa correspondência, Edy menciona um "trabalho prático mais imediato": "uma pesquisa que vamos realizar aqui em Belô, sobre HOMOSSEXUALISMO e HOMOSSEXUAIS, em especial — buscando material na própria fonte, mas também fora dela". Não há evidências de que essa ação tenha sido realizada.

O 3º ATO parece ter prosseguido até junho de 1981.

---

4 Cópias digitalizadas dessas cartas me foram cedidas por Luís Carlos Alencar (que as conseguiu com os responsáveis pelo Beijo Livre) e Remom Matheus Bortolozzi (que as obteve no Arquivo Edgar Leuenroth [AEL], da Unicamp), aos quais agradeço profundamente.

Transversais

Na forma como foram representadas, travestis e pessoas trans sempre foram atravessadas pelo discurso moralizador e policial. A primeira travesti a ganhar visibilidade em Belo Horizonte surgiu na esteira da visibilidade que duas pessoas trans obtiveram na cidade no início dos anos 1950.

Em outubro de 1949, os jornais relataram sobre um homem trans negro, Jandir (constantemente identificado na imprensa pelo nome e pelo sexo atribuídos no registro civil, sendo designado como "mulher-homem"), que circulava pela região central da cidade e se tornara alvo de curiosidade de pessoas que o seguiam para vaiá-lo ou apalpá-lo a fim de verificar sua genitália. Em Belo Horizonte, Jandir conseguiu empregos provisórios em oficinas mecânicas e como ajudante de caminhoneiro. Em alguns momentos, foi detido pela polícia por exibir partes do corpo ao público (em um contraste acachapante, pois o público podia persegui-lo e apalpá-lo, mas Jandir não podia saciar a curiosidade pública por iniciativa própria). Por exemplo, o *Diário da Tarde* de 25 de outubro de 1949 anota na seção "Atividades do Rapa": "Na avenida Afonso Pena com [rua] São Paulo, às 4h32, foi detida a conhecida Jandira (mulher-homem) quando apedrejava populares nesse local". Ou ainda em 18 de novembro: "No Mercado Municipal, às 15h38, foi detida Jandira, a conhecida 'mulher-homem', que nesse local tentava exibir parte de seu corpo ao público".

Jandir esteve presente na imprensa belo-horizontina até abril de 1950, quando saiu de cena.

Em julho de 1952, o *Diário de Minas* publicou uma reportagem a respeito de hábitos, modos de vida e origem de Edmundo de Oliveira, que já havia protagonizado uma estranha notícia quinze dias antes: um delegado de polícia recebera em sua repartição um homem e "duas mulheres". O homem reclamava que sua esposa — que já o abandonara para viver com "outra mulher", mas que havia pouco tempo tinha retornado para ele — ficava perseguindo "a outra", ameaçando-"a" de morte se não reatassem. A "outra" em questão era Edmundo.

O *Diário de Minas* não noticiou a repercussão da reportagem nos dias seguintes, e o caso parece ter caído no esquecimento. Um longo período se passou até que, em agosto de 1981, os jornais de Belo Horizonte anunciaram com estardalhaço a morte do rondante noturno de uma revendedora de automóveis chamado Edmundo de Oliveira. Ele havia passado mal do coração no turno de trabalho; fora levado ao pronto-socorro, mas não resistiu e faleceu. Durante a preparação do corpo, verificou-se que Edmundo tinha seios e vagina.

Ao longo de uma semana daquele mês de agosto, as investigações policiais rastrearam a vida de Edmundo. Destaco o depoimento de uma prima, que ouvira dele, em 1934, esta fala: "Quero ser homem e pobre, viver do meu trabalho; não quero ser mulher, quero ser homem de qualquer maneira e ainda vou conseguir isso". Edmundo viveu na capital mineira até morrer (e certamente acompanhou de algum modo, à distância, muitas das histórias relatadas aqui). Após 1952, ele começou a transicionar com mais efetividade. Casou-se em um cartório civil de Belo Horizonte com uma mulher, em 1958, com o nome Edmundo de Oliveira. Ficou viúvo em 1976. Viveu como homem pobre e do seu trabalho até o momento de sua morte, como manifestara à prima. No entanto, foi sepultado com o nome que seus pais lhe deram no registro civil.[5]

Em maio de 1953 chegava a Belo Horizonte a travesti cearense Cintura Fina, que permaneceria na cidade até o começo dos anos 1980. Cintura Fina se tornou amplamente conhecida por imprensa, polícia, meio judicial, peritos de medicina legal e frequentadores da região de meretrício do Centro, Bonfim e Lagoinha. Sua trajetória se sustentou por algumas atividades laborais (cozinheira, faxineira, gerente de pensão, profissional do sexo, alfaiate, enfermeira, gari); por delitos (lesões corporais, furtos, roubos, conto do suadouro[6]); por conduções à polícia por vadiagem, escândalo em via pública, desordem, pederastia e para averiguações; por quinze processos criminais como ré e três como vítima; por certas habilidades (força física, esperteza, destreza para lutar e para realizar trabalho manual), mas sobretudo pela principal delas: o manejo de navalha; pela religião — a princípio católica, posteriormente umbandista, protegida de Xangô e Omolu (Morando, 2020b).

---

5 Um relato mais circunstanciado sobre Edmundo de Oliveira pode ser lido em Morando (2020a). Sobre casos de transgeneridade em Belo Horizonte na década de 1930, ver Morando (2021).

6 Conto (ou golpe) do suadouro consistia em atrair uma vítima, em geral masculina, para um encontro sexual, em que ele seria surpreendido e assaltado pelos comparsas da suposta parceira. [N.E.]

Desde a chegada à cidade, Cintura adotou uma performatividade feminina durante o dia e a noite, tornou-se protetora de prostitutas e de homossexuais afeminados na zona boêmia, foi trabalhadora do sexo e também costureira e faxineira. Sabia lutar muito bem e manejar a navalha para se proteger. Quanto à identidade de gênero, em um campo diferente do de Jandir e Edmundo, Cintura Fina também deixou clara a maneira como se via ao prestar depoimento a um delegado no curso de um inquérito policial em 28 de junho de 1964: "Eu sou mulher, eu nasci mesmo foi para os homens".

Em referência apenas às anotações feitas na década de 1950 na ficha de antecedentes criminais de Cintura Fina, consta que, no período entre 20 de dezembro de 1953 e 24 de outubro de 1956, a travesti foi conduzida à polícia sete vezes — uma por escândalo, duas por pederastia e seis por vadiagem. Não incluí nesse levantamento as ocasiões em que foi detida por furto ou lesões corporais. Essa breve informação permite observar como Cintura era de fato um alvo visado e perseguido pela polícia, ao mesmo tempo que nos leva a constatar uma prática comum e corrente a partir da segunda metade dos anos 1950: as batidas ou rondas policiais, denominadas Operação Limpeza ou Operação Saneamento, nos territórios de sociabilidade da população dissidente de sexo e gênero e das trabalhadoras do sexo na capital mineira.

A realização dessas operações não era fundamentada propriamente em documentos legais da Segurança Pública, como portarias ou algum tipo de regulamento; eram iniciativas da Polícia Civil e/ou Militar (mais frequentemente da primeira com o apoio pontual da segunda), tomadas por delegados, com conhecimento do secretário de Estado de Segurança, sempre que eram acionados por denúncias ou motivados pela proximidade de feriados. Assim, possíveis documentos que registram oficialmente essas operações não existem ou foram perdidos. A cobertura jornalística é um meio capaz de estabelecer, com a passagem do tempo, um roteiro que conduzia essas ações. Por meio de repórteres policiais, a imprensa acompanhava as operações e relatava detalhadamente os circuitos de perseguição, repressão e tentativa de exclusão social daqueles grupos, reproduzindo um discurso moralizador de apoio. Foram se tornando muito comuns as operações para a retirada de circulação da via pública de mulheres profissionais do sexo, de homossexuais, travestis e vadios em um trajeto que tinha início no

Parque Municipal, na praça Rui Barbosa, e seguia pela zona boêmia/de meretrício, praça Rio Branco, praça Sete, praça Raul Soares, as galerias do edifício Maletta e retornando ao parque.[7]

Destaco uma notícia, dentre as inúmeras publicadas, do *Diário da Tarde* de 1963. Nela, o jornalista faz a cobertura do "saneamento" operado em uma área de abrangência menor, mas ainda central: na avenida Afonso Pena, entre o edifício Acaiaca e a Feira Permanente de Amostras (atual terminal rodoviário).

DELEGACIA DE VADIAGEM VAI SANEAR AFONSO PENA
E A PRAÇA RAUL SOARES
Todos os suspeitos de vadiagem, anormais que promovem escândalos na via pública e maconheiros ou ladrões, vão ser presos e processados regularmente.

[...] quer acabar também com o "trottoir" que foi implantado na praça Raul Soares por decaídas que passaram a fazer ponto na praça ao anoitecer.[8]

Percebem-se tanto a amplitude do termo "vadiagem" — abrangendo anormais que promovem escândalos em via pública (travestis e homossexuais afeminados), maconheiros, ladrões e as decaídas do *trottoir* — quanto a intenção de manter a regularidade no ato de prender e processar tais "desocupados". A forma de fixação dessas imagens e perfis está sempre ligada a uma visão desviante e marginal. Mesmo assim, é pela recorrência com que são retratados nas matérias que somos capazes de perceber suas formas de convivência, deslocamentos pela cidade, atividades laborais, modos de resistir. Travestis como Carmem Costa, Rosângela, Heddy Lamar, Stefânia, Wanderleia, Denise e tantas outras deixaram seus vestígios nas páginas policiais dos jornais na década de 1960, configurando uma rede de sociabilidade própria dentro da zona boêmia de Belo Horizonte.

Ao lado dessas travestis, que de fato o eram em função de uma identidade de gênero autoconstituída, os anos 1960 belo-horizontinos foram expressivos também com relação à prática do que hoje chamamos

---

7 Um quadro mais completo dessa dinâmica relativa à década de 1960 pode ser encontrado em Morando (2014).

8 *Diário da Tarde*, 7 nov. 1963, p. 8.

de montação e que à época se dizia "fazer o travesti". Eram homens homossexuais, bichas ou viados, que trabalhavam artisticamente como mulheres, apresentando-se em espetáculos teatrais ou boates (Soliva, 2016; Green, 2000; Veras, 2018). A prática da montação alude ao século XIX, mas sua virtuose artística se torna significativa a partir dos anos 1920-1930, com Darwin, Aymond, entre outras. Nos anos 1950, Ivaná é a maior referência no Rio de Janeiro, mas é possível identificar as habilidades da montação com Ronaldo Crespo, André di Negri e Mendez, este imitando elegantemente a cantora brasileira Lenny Eversong (Lion, 2019; Nunes, 2015, 2019).

Em Belo Horizonte, essas iniciativas se deram primeiro com os desfiles e concursos de Miss Travesti, cujos ensaios no Parque Municipal foram desbaratados pela polícia, como apontado anteriormente. Mas é de acreditar que tais eventos acabavam acontecendo clandestinamente em ambientes privados, sob o silêncio e a cumplicidade dos envolvidos. Na primeira metade da década de 1960, há pequenas notas jornalísticas que informam sobre as tentativas de realização desses desfiles de forma pública, sempre impedidos pela intervenção policial. Finalmente, em novembro de 1966, o I Concurso de Miss Travesti Minas Gerais aconteceu com a autorização do delegado de Costumes Marum Patrus, na boate Cavalo Branco, no centro de Belo Horizonte. Dez cidades mineiras foram representadas no concurso, coordenado por Toni Fernandes, que fora eleito em São Paulo e viera de Santos para auxiliar no evento mineiro. Isso por si só indica o trânsito e a troca de experiências entre homossexuais de diferentes estados. Ao final, o concurso mineiro elegeu Sofia di Carlo, de dezenove anos. Era o surgimento da *persona*, que dominaria shows, espetáculos, concursos, desfiles e celebrações nas boates ao longo dos anos 1970 e 1980 em Belo Horizonte.

Desde 1965, a Cavalo Branco já realizava shows com pelo menos uma travesti no elenco. Após o concurso e inspiradas pelo sucesso de *Les Girls* no Rio de Janeiro, as travestis belo-horizontinas encenaram dois shows: *São eles ou elas* e *Bonecas de minissaia*, em 1967, e produziram um segundo concurso. No elenco de *São eles ou elas*, figuravam Diva de Windsor, Sofia di Carlo, Twigg, Magali d'Azur, Kelma Karmossi, Gisela, Sandra Martinelli e Fanny. Em 1968, elas criaram o concurso Glamour Girls Travestis, mas, ao tentarem promover o terceiro concurso de miss em agosto do mesmo ano, já com tudo organizado, a Polícia Federal

(PF) foi acionada na véspera para impedir a realização. Sofia di Carlo procurou a PF para negociar e não obteve sucesso. Sofia prometeu uma passeata; o secretário estadual de Justiça ameaçou reagir com policiais armados de "cassetetes tamanho família"; a passeata não se realizou.

Uma breve cartografia

A partir da exposição do Paraíso das Maravilhas ao público, é possível organizar com mais evidências um mapeamento dos estabelecimentos comerciais de lazer noturno frequentados pelo público LGBTQIA+. Ainda na virada dos anos 1940-1950, não foi possível identificar locais de frequência exclusiva, o que passou a ocorrer com divulgação pública na década de 1960. Outra particularidade é que o roteiro da década de 1950 está concentrado no hipercentro de Belo Horizonte, que reunia a vida noturna de todas as camadas sociais, estabelecendo separações pelas áreas de ocupação. A partir da segunda metade da década de 1960, tornam-se visíveis os deslocamentos para bairros vizinhos ao hipercentro, como Barro Preto, Lourdes, Savassi, Santa Efigênia e Floresta.

Destaco aqui três locais na avenida Afonso Pena (cognominada Afonso Pluma pelas más-línguas): entre 1949 e 1950, existiu a boate Chez Nous, no nono andar do Palace Hotel, "onde dançam, não animada mas desesperadamente, rapazes, moças, escritores, artistas, pintores, solteironas, madames, deputados, gente alegre e triste ao mesmo tempo, existencialistas em suma".[9] Em 1951, uma parte dos frequentadores do Palácio do Chopp é descrita, de modo sarcástico, como "uma fauna de figuras estranhas, muito próprias das cidades que já se consideram grandes. Estes são facilmente identificados, por um detalhe típico e marcante: a cabeleira. São os homens dos penteados mais bem-feitos da capital".[10] Entre 1951 e 1952, no mesmo local do Chez Nous funcionou o Bambu Bar (imitando o nome de um bar do Leme, no Rio de Janeiro), assim caracterizado: "E o Bambu Bar continua abrigando

9 *Folha de Minas*, 2 out. 1949, p. 4.
10 *Tribuna de Minas*, 3 out. 1951, p. 7.

os tipos de mais imaginação do nosso *grand monde*. Rapazes delicadinhos, com um modo todo especial de andar e entonação de voz mais maviosa, são sempre vistos naquele recanto acolhedor".[11]

Dando um pequeno salto nesta cartografia, em dezembro de 1960 surge o restaurante Assírio, do casal Abdo e Sâmia. Em março de 1961, a gerência da casa é anunciada como sendo comandada apenas por Sâmia; em abril de 1961, as gerentes já são Sâmia e Linda. Aparentemente, a substituição não parece ter causado nenhuma fuga de clientes. Pelo contrário, os relatos confirmam que, a partir de determinado horário da noite, a frequência de homossexuais era predominante. Em maio de 1961, surgiu uma pequena desordem provocada por insultos dirigidos por um frequentador bêbado a uma das donas. Em outubro de 1963, a seguinte nota informava: "Com o fechamento do Assírio, os chamados 'entendidos' estão sem bar certo. O lugar ideal para eles é o Nosso Encontro, no edifício Maletta. Muitos, aliás, já estão frequentando a penumbra daquele barzinho".[12]

Assim, temos a primeira inflexão nesse roteiro: em novembro de 1961 foi inaugurada a parte comercial do edifício Arcângelo Maletta, composto de uma área residencial e outra comercial. No térreo e na sobreloja, uma galeria de lojas se tornou ponto de encontro noturno a partir de 1962. Em 1964, o espaço já possuía 22 pontos comerciais noturnos: treze bares, três boates, quatro restaurantes e duas lanchonetes. A alta concentração de bares e boates frequentados, entre outros, por intelectuais, artistas, "transviados", "cabeludos", "mulheres da vida" e "anormais" não daria em outra — logo despertou a atenção da polícia, movida pela reclamação dos moradores do lado residencial do edifício e da circunvizinhança. Com o tempo, os jornais passaram a se referir ao local como a "Alaska de BH" (alusão à afamada galeria de Copacabana, no Rio) ou a "Esquina do Diabo".

O bar Nosso Encontro, anteriormente mencionado, existiu na sobreloja do Maletta entre julho de 1963 e agosto de 1964, tornando-se notório pela frequência exclusiva de homossexuais. Coincidência ou não, em agosto do mesmo ano começara a funcionar o Entend's Bar, de curta existência, pois em dezembro de 1964 foi fechado por uma ação policial

---

11 *Binômio*, 22 jun. 1952, p. 3.

12 *Correio de Minas*, 26 out. 1963, p. 9.

motivada por reclamações de vizinhos. O estabelecimento funcionava no porão de uma casa, no bairro Nova Suíça (bastante deslocado da área central da cidade), com aspecto improvisado, mas um espaço atrativo para interação social (os frequentadores podiam conversar, ouvir música, paquerar, dançar, namorar e assistir a *stripteases*) e sexual (havia três quartos destinados a encontros) entre homens. Durante a batida, foram apreendidos seis menores no local, por isso seu gerente foi réu em uma ação penal por corrupção de menores. Antes do fechamento do recinto, já se desenvolviam negociações por um grupo de amigos para transformar o espaço no Entend's Club, com venda de cotas para sócios.

Entre abril e outubro de 1969, a Caixotinho funcionou exclusivamente com frequência de homossexuais. Era um ambiente pequeno, localizado no tradicional bairro Floresta, com lotação de até oitenta pessoas. O funcionamento era semelhante ao Entend's Bar, com exceção do quarto para encontros. Mas as bichas e as travestis (que também apareciam por ali) faziam desfiles na rua, no quarteirão da boate. O fim da história foi o mesmo: reclamação de moradores, batida policial, apreensão de menores, fechamento da boate e o dono acusado de corrupção de menores.

A segunda inflexão desse mapeamento ocorreu a partir de 1968, quando a área central da capital mineira começa a ser esvaziada no que toca ao lazer noturno em direção aos bairros circunvizinhos, por um lado devido à especulação imobiliária comercial, por outro em função do pavor gerado pelas rotas das operações limpeza mencionadas anteriormente. Naquele ano, um nicho se instala na Savassi, no cruzamento das ruas Pernambuco e Inconfidentes, e outro se desloca para o Barro Preto (no entorno da praça Raul Soares) e Lourdes (no cruzamento das avenidas Bias Fortes e Álvares Cabral). Tais ramificações acabarão reforçando as polarizações preexistentes na área central da cidade, sobretudo no que se refere à condição socioeconômica e à predominância de um tipo de público, surgindo então casas noturnas para frequência majoritariamente gay ou lésbica, com muitos desses estabelecimentos proibindo a entrada de travestis (a não ser que vestisse pelo menos uma peça masculina...). No caso específico das travestis, na segunda metade dos anos 1970, foram marcantes a exclusão praticada pela boate Brulé, localizada em Lourdes, e a grande presença das travestis na boate La Rue, no Barro Preto.

Ainda nesta síntese, é fundamental abordar o universo das lésbicas. Especificamente nos anos 1970, Norma Sueli Ferreira foi proprietária do bar Refúgio da Seresta (no início da década) e de duas boates: uma, em 1974, que funcionou por pouco tempo por se localizar no térreo de um edifício residencial no centro de Belo Horizonte e sofrer a intolerância dos moradores; outra na Savassi, a Chez Eux, que marcou época e foi mais duradoura, mantendo-se entre agosto de 1975 e 1982. Inicialmente, a Chex Eux reinou sozinha, mas, em 1977, foi aberta a La Rue e, em 1978, outras duas: Brulé e Allegro Café Concerto. Esta existiu durante um ano e teve uma particularidade: pertenceu à Condessa Mônica (nascida em Minas e radicada desde a infância em São Paulo), proprietária da famosa boate Nostro Mondo na capital paulista.

O público da Chez Eux era majoritariamente feminino (embora ali houvesse incursões do público masculino); o da La Rue e o da Brulé eram eminentemente masculinos. Além disso, a convivência das três gerou o hábito de o público se concentrar em um dia da semana em uma delas. Assim, a convergência de frequentadores provocava a lotação da Chez Eux na quinta, da La Rue na sexta e da Brulé no sábado. No entanto, as casas funcionavam de terça a domingo, com programação variada. Por exemplo, Sofia di Carlo promovia concursos de boys, desfiles de travestis, concursos musicais de calouros e shows na La Rue; Brulé e Chez Eux promoviam festas temáticas e shows. A trilha sonora se alternava entre MPB, samba e *disco music* (Morando, 2019a).

Ainda com relação às lésbicas, é fundamental recuperar um pouco da história do grupo Vila Sésamo, em meados da década de 1970. Conforme relatado por Tamara Carvalho (1995), tratava-se de uma rede de sociabilidade feminina que já existia entre mulheres lésbicas adultas, na faixa dos quarenta anos, e outras mais jovens. Em função da recepção destas pelas mais velhas, o grupo passou a se denominar Vila Sésamo, em uma referência brincalhona ao programa infantil exibido na televisão brasileira entre 1972 e 1977. De modo geral, as mulheres adultas tinham gestual, comportamento e aparência masculinizados, unidas por laços afetivos ou sexuais, e se encontravam no bar Cabeça de Touro, predominantemente frequentado por elas. O principal elemento aglutinador eram as reuniões em casas ou sítios alugados na região metropolitana de Belo Horizonte, para passarem fins de semana, feriados prolongados e/ou festas de fim de ano. Tais encontros eram marcados por jogos de baralho, handebol ou vôlei, sinuca, churrasco e cerveja.

Para concluir esta cartografia, vale a pena mencionar uma rede de pequenos hotéis a preços populares que aceitavam o pernoite de parceiros homossexuais na região central da cidade e em bairros adjacentes. O Hotel Xap-Xap, por exemplo, ficava a uma quadra do Parque Municipal, atendendo àqueles que iniciavam algum tipo de interação social no interior do parque. Por outro lado, em 1963 começaram a funcionar na cidade saunas públicas — aquelas abertas exclusivamente a clientes homossexuais surgiram apenas no início dos anos 1970, multiplicando-se a partir da década de 1980. Quanto aos cinemas, ocorria sexo fortuito nos banheiros ou balcões das salas de projeção da maior parte daqueles que se concentravam na área central da cidade (em número de doze).

Vestígios de mobilização

Como visto sobre o Parque Municipal no fim da primeira seção deste artigo, o primeiro grupo civil de Belo Horizonte organizado pela luta de direitos LGBTQIA+, apesar de não institucionalizado, foi o 3º ATO, cujos integrantes se reuniam naquele equipamento urbano. Anterior a 1980, podem ser referidas algumas iniciativas e tentativas relevantes de mobilização, por indicarem a formação e a construção de consciência identitária, de grupo. É certo que tais tentativas não comprovam um amálgama social que revele um grupo mais coeso, convergente para uma pauta mais clara, com proposições éticas e sociais que apontem para um pensamento político, ou são insuficientes para conferir um caráter convencional de ativismo. Entretanto, não devem ser descartadas ou desprezadas pelo fato de ocorrerem isoladamente ou de possuírem força pouco expressiva, sobretudo porque se manifestam simultaneamente em outras regiões do país.

Os dois primeiros sinais são aqueles já indicados aqui: a publicação nos jornais de que a polícia interferira nos planos de um grupo de jovens afeminados de fundar um clube, conforme noticiado e transcrito anteriormente no *Diário da Tarde* de 18 de fevereiro de 1959, e a ação frustrada de transformar o Entend's Bar em Entend's Club. À parte a finalidade ou a função recreativa, no sentido mais estrito do termo, como local para a prática de ações esportivas, sociais, culturais ou artísticas, um clube tem também caráter de agremiação e assembleia, ou seja, de reunião para definir ações, rumos, cumprimento de objetivos, estabelecimento de diálogo entre pares, tomada de decisões conjuntas. Da iniciativa e dos planos daqueles jovens afeminados de 1959 pouco ainda se sabe, mas a proposta de criação do Entend's Club já estava ligeiramente avançada na constituição de um estatuto, como apontam os autos judiciais do processo aceito contra o gerente da casa, Geraldino Chamarhum, por corrupção de menores. Nos autos consta referência a uma via do Estatuto do Clube, em que está anexada uma fotografia de sete rapazes ao redor de uma mesa da Leiteria Londres. À mão, no lado direito superior da foto, está escrito à caneta: "1ª reunião do E.C. em — 6-11-64 — L. Londres". No verso da imagem, consta o primeiro nome de cada um dos rapazes na foto; ao lado da lista, há o seguinte registro: "1ª Diretoria Provisória".

Dois anos depois, no início de outubro de 1966, os jornais belo-horizontinos divulgaram que a Associação de Homossexuais da Holanda enviara telegrama à Comissão das Nações Unidas para os Direitos do Homem, sediada em Genebra, pedindo "um exame sem preconceito da sorte desta desgraçada minoria". Solicitava, além disso, que os homossexuais passassem a ser considerados "seres humanos normais que, contudo, externam suas paixões de maneira diferente". Por fim, a associação lamentava que os homossexuais não pudessem viver sua própria vida e "expressar sua maneira de amar".[13]

É muito provável que a notícia da proposta holandesa tenha sido suficiente para que alguns homossexuais e travestis da capital mineira viessem a público e divulgassem a tentativa já em curso de criar a Associação dos Libertados do Amor (ALA). A primeira nota a esse respeito saiu em 7 de outubro de 1966 e era encerrada desta maneira:

O presidente da entidade será o jovem conhecido no Maletta por Marcelo, e que tem o apelido de "La Rondinella". Informa-se que os homossexuais de Belo Horizonte já consultaram um advogado para saber se podem imitar os "travestis" da Holanda, que têm a sua associação. A polícia está procurando

13 *Diário de Minas*, 5 out. 1966, p. 8.

saber onde se reúnem os futuros associados da "Liga dos Libertados do Amor", para "aconselhá-los a não cometer tamanha asneira".[14]

Os jornais belo-horizontinos comentaram sobre a ALA durante uma semana, sempre observando que a polícia estava de olho. Não houve mais registros sobre a tentativa. No fim do mês seguinte, ocorreu o I Concurso de Miss Travesti Minas Gerais, já mencionado. Não se deve ignorar, como apontado em Morando (2019b), que em setembro de 1966 foi noticiado no Rio de Janeiro o propósito de realizar o I Congresso Nacional do Terceiro Sexo, em Niterói, a fim de discutir, entre outros temas, casamento, felicidade no lar, traição e ética. Sua realização foi impedida pela polícia. De mesma natureza, outras três iniciativas semelhantes ocorreram, em 1968, em Petrópolis (RJ), João Pessoa e Fortaleza.

Com a passagem de quatro anos, outro vestígio de mobilização LGBTQIA+ em Belo Horizonte foi a realização do I Simpósio de Debates sobre o Homossexualismo, promovido e realizado pelo jornalista Edson Nunes. O evento foi sediado no Colégio Estadual Central, em 17, 18 e 19 de julho de 1972. A cada dia, um profissional de uma diferente área abordava a homossexualidade sob a perspectiva de seu campo de atuação. Assim, no dia 17, o psicólogo e psiquiatra Paulo Saraiva, do curso de psicologia da Universidade Federal de Minas Gerais (UFMG), se apresentou; no dia 18, foi a vez do endocrinologista Marcos Fernandino, da Faculdade de Medicina da UFMG; no terceiro dia, uma mesa reuniu três denominações religiosas: o padre e teólogo José Vicente de Andrade; o pastor Márcio Moreira, da II Igreja Presbiteriana; e o próprio Edson Nunes, espírita kardecista.

O evento teve a cobertura jornalística local e nacional. Por exemplo, o *Jornal de Minas* e o *Diário de Minas* publicaram reportagens com uma semana de antecedência, e foram seguidos por outros jornais locais. No Rio de Janeiro, o *Jornal do Brasil* também iniciou a cobertura do evento antes do dia 17, confirmando a percepção do grau de importância ou de exotismo que o simpósio teve aos olhos da imprensa. Estima-se que, em média, cinquenta pessoas tenham comparecido a cada dia. De acordo com uma longa entrevista que me foi concedida

---

14 *Diário de Minas*, 7 out. 1966, p. 9.

em 14 de julho de 2004 (ou seja, 32 anos após o evento), Edson Nunes afirmou que, com aquele primeiro simpósio, se reconhecia homossexual e iniciava uma trajetória sem retorno. Pouco tempo depois, Nunes transferiu residência para São Paulo e retornou a Belo Horizonte apenas no fim da década de 1970.

Considerações finais

Apesar de localizada na região Sudeste e ser uma das capitais com maior adensamento populacional do país, Belo Horizonte sempre esteve em segundo plano no que diz respeito às possibilidades de levantamentos e pesquisas sobre uma cultura LGBTQIA+ e as perspectivas de contribuição para um movimento nacional. Por vezes, o argumento de que Minas Gerais tem uma cultura conservadora e fechada, religiosa e repressora, é utilizado como justificativa para minimizar uma suposta contribuição. É certo que a ausência de pesquisadores locais que tomem para si o desvelamento dessa história acaba, em contraponto, reforçando a percepção de inexistência de um contexto propício à formação de uma cultura LGBTQIA+ mais expressiva, em comunicação com os outros estados do Sudeste brasileiro.

O objetivo deste artigo foi indicar o oposto da impressão qualificada há pouco e atribuída à capital mineira. Pela necessidade de síntese, foram deixados de lado outros exemplos e situações que dão mais colorido e diversidade, seja pela caracterização artístico-cultural em si (homossexuais fora do armário no grupo Teatro Experimental, a partir de 1957, como Carlos Kroeber e Ezequiel Neves), seja pelas ocorrências de violência e morte no período aqui abordado. Sabe-se que, quanto mais recuado no tempo, maior é o esforço para a recuperação de informações. Por isso, escolheu-se um recorte temporal intermediário, nem tão contemporâneo, nem tão longínquo, para tratar da sociabilidade LGBTQIA+ belo-horizontina. Nesse sentido, este texto tenta começar a preencher um espaço vazio da historiografia LGBTQIA+ relacionada a Belo Horizonte.

Referências

CARVALHO, Tamara Teixeira de. *Caminhos do desejo: uma abordagem antropológica das relações homoeróticas femininas em Belo Horizonte*. Dissertação (Mestrado em Antropologia). Campinas: Universidade Estadual de Campinas, 1995.

GREEN, James N. *Além do Carnaval: a homossexualidade masculina no Brasil do século XX*. Trad. Cristina Fino & Cássio Arantes Leite. São Paulo: Editora Unesp, 2000.

LION, Antonio Ricardo Calori de. "Ivaná: a grande dúvida no teatro de revista dos anos 1950". *Albuquerque – Revista de História*, v. 7, n. 14, jul./dez. 2015, p. 102-20.

MORANDO, Luiz. "Por baixo dos panos: repressão ao segmento LGBT em Belo Horizonte (1963-1969)". *In*: GREEN, James N. & QUINALHA, Renan (org.). *Ditadura e homossexualidades: repressão, resistência e a busca da verdade*. São Paulo: EdUfscar, 2014, p. 53-81.

MORANDO, Luiz. "'Vamos pelo menos sentar pra tecer um tricô': sociabilidade LGBTQIA em Belo Horizonte (1978-1984)". *In*: HERMETO, Miriam; AMATO, Gabriel & DELLAMORE, Carolina. *Alteridades em tempos de (in)certeza: escutas sensíveis*. São Paulo: Letra e Voz, 2019a, p. 71-85.

MORANDO, Luiz. "Vestígios de protoativismo LGBTQIA em Belo Horizonte (1950-1996)". *REBEH — Revista Brasileira de Estudos da Homocultura*, v. 1, fev. 2019b, p. 62-76.

MORANDO, Luiz. "Da invisibilidade visível: o caso de Edmundo de Oliveira (Belo Horizonte, 1952-1981)". *In*: GOMES, Aguinaldo Rodrigues & LION, Antonio Ricardo Calori de (org.). *Corpos em trânsito: existências, subjetividades e representatividades*. Salvador: Editora Devires, 2020a, p. 262-73.

MORANDO, Luiz. *Enverga, mas não quebra: Cintura Fina em Belo Horizonte*. Uberlândia: O Sexo da Palavra, 2020b.

MORANDO, Luiz. "Olhares ex-cêntricos: imprensa brasileira e transgeneridade (1930-1939)". *In*: SOUTO MAIOR, Paulo & SILVA, Fábio Ronaldo da (org.). *Páginas de transgressão: a imprensa gay no Brasil*. Uberlândia: O Sexo da Palavra, 2021, p. 275-96.

NUNES, Diego. *Cá e lá: o intercâmbio cinematográfico entre Brasil e Portugal*. São Paulo: Matarazzo, 2015.

NUNES, Diego. "Darwin e Ivaná, as primeiras travestis do cinema brasileiro". *Memórias Cinematográficas*, 23 fev. 2019.

SOLIVA, Thiago Barcelos. *Sob o símbolo do glamour: um estudo sobre homossexualidades, resistência e mudança social*. Tese (Doutorado em Antropologia Cultural). Rio de Janeiro: Universidade Federal do Rio de Janeiro, 2016.

VERAS, Elias Ferreira. "Travestis: visibilidade e performatividade de gênero no tempo farmacopornográfico". *In*: GREEN, James N.; QUINALHA, Renan; CAETANO, Márcio & FERNANDES, Marisa (org.). *História do movimento LGBT no Brasil*. São Paulo: Alameda, 2018, p. 347-56.

Augusta da Silveira de Oliveira
Doutoranda em história na Brown University com bolsa Capes/
Comissão Fulbright, onde desenvolve pesquisa a respeito da
lesbianidade no Brasil durante o século XX. Licenciada, bacharel
e mestra em história pela Universidade Federal do Rio Grande do
Sul (UFRGS) com período de estudo na Universidad de Buenos
Aires (UBA) com bolsa ESCALA da Asociación de Universidades
Grupo Montevideo (AUGM). Possui experiência nas temáticas de
História LGBTQIA+ e História das Relações de Gênero. Integrante
do Arquivo Lésbico Brasileiro e do CLOSE — Centro de Referência
da História LGBTQI+ do Rio Grande do Sul.

"O espantoso casamento de Caxias": lesbianidade e transmasculinidade nos anos 1960

Augusta da Silveira de Oliveira

Introdução

Nos anos 2000, muitos avanços foram observados no que diz respeito a direitos da população LGBTQIA+. A possibilidade do casamento homoafetivo e da troca de nome e sexo no registro civil representou ganhos materiais em termos de cidadania e inclusão social, demandas construídas a partir da organização política do movimento homossexual e seus desdobramentos desde a redemocratização. No entanto, mesmo antes disso, pessoas não normativas encontravam estratégias para negociar reconhecimento do Estado. Um caso é ilustrativo desse longo processo de luta pelo direito de existir.[1]

Em 25 de julho de 1962, o jornal carioca *Última Hora* reportou um casamento "inédito" na Baixada Fluminense. O caso apareceu no periódico em três dias consecutivos, de 25 a 27 de julho. O conteúdo é significativo: Carmem Lúcia, de vinte anos, e Jackson Marino Paulo, de 22 anos, eram os sujeitos envolvidos. Jackson foi detido depois de ficar inadimplente nos pagamentos de uma casa que o casal comprara havia dois anos. Na delegacia de polícia de Nova Iguaçu, enquanto estava sendo inspecionado logo após sua prisão, descobriu-se que Jackson era, na verdade, do sexo feminino e havia sido registrado com outro nome

---

1 Agradeço a James N. Green por me apontar essas fontes e a Nádia Nogueira e a Luiz Morando pela generosidade em compartilhar o material que compõe este texto.

e gênero. Cinco anos antes desse ocorrido, porém, Jackson havia falsificado uma certidão de nascimento com gênero masculino, o que tinha legalmente possibilitado seu casamento com Carmem Lúcia no cartório de Duque de Caxias em 13 de fevereiro de 1960.

O presente artigo analisa o caso de Jackson e como ele foi reportado ao longo dos três dias em que apareceu nas páginas do *Última Hora* por meio de uma análise que incorpora o caráter discursivo e material das ideias sobre medicina, psicanálise e lei. Assim, discuto como a emergência contemporânea de uma identidade politizada lésbica e transmasculina[2] nos ajuda a compreender sujeitos do passado. Além disso, busco entender os limites que elas impõem a uma análise histórica de comportamentos não normativos.

Nesse sentido, espero complexificar o entendimento dos sujeitos históricos, suas possibilidades de agência e estratégias para dialogar e contestar a norma, bem como reafirmar o papel da identidade como território de conflito. A fronteira embaçada entre lesbianidade e transgeneridade nesse período, quando esses conceitos ainda se consolidavam socialmente, nos mostra que essa impossibilidade de definição pode ser produtiva em termos analíticos. O que perdemos e o que ganhamos quando trabalhamos com conceitos contemporâneos em evidência? Qual o papel dos discursos hegemônicos na construção e na subjetivação de sujeitos do passado?

Começo recontando o caso, enfatizando a maneira como o *Última Hora* reportou o ocorrido, as opiniões dos especialistas consultados e as declarações dadas por Jackson e Carmem. Em seguida, analiso o discurso médico e legal incorporado pelo periódico e de que forma este deu sentido ao caso. Por último, discuto a divisão entre lesbianidade

---

2 Esse processo ocorreu a partir da emergência do movimento homossexual nas décadas de 1970 e 1980. O primeiro grupo exclusivamente lésbico, o Grupo de Ação Lésbica Feminista (GALF), surgiu em 1981, na esteira de grupos pioneiros como o Somos, em São Paulo. Embora grupos de travestis e transexuais tenham se organizado de forma independente desde a década de 1990, com a fundação da Associação de Travestis e Liberados (Astral) em 1992, no caso das transmasculinidades tal organização coletiva surgiu somente nos anos 2000, com a fundação da Associação Brasileira de Homens Trans (ABHT) em 2012 e do Instituto Brasileiro de Transmasculinidades (IBRAT). Ver: Nery (2018, p. 393-404); Santos & Morelli (2018, p. 405-19).

e transexualidade/transgeneridade e o lugar de Jackson no contexto dos debates sobre gênero e sexualidade no início dos anos 1960, quando essas fronteiras eram menos definidas.

O caso Jackson no *Última Hora*

Jackson foi preso após não efetuar os pagamentos de uma casa comprada no bairro Miguel Couto, em Nova Iguaçu. A matéria do jornal inicia com a repercussão do caso na cidade, atraindo centenas de pessoas à delegacia para testemunhar o ocorrido, após a notícia de que "duas jovens de 20 e 22 anos estavam legalmente casadas há dois anos, vivendo em perfeita união".[3] Jackson havia sido descoberto "por acaso", após o exame do médico-legista para entrar na cela, que deu o "diagnóstico": era mulher e virgem.

O *Última Hora* relatou que Jackson era natural de Barbacena, em Minas Gerais, e descreveu suas características: "usa o cabelo cortado a escovinha, óculos escuros, procura falar grosso, é imberbe, e usa uma cinta para comprimir os seios",[4] enfatizando as técnicas para supostamente ocultar os atributos físicos femininos. Jurando amor eterno, Carmem Lúcia afirmou que amava demais o marido e nunca o abandonaria, o que Jackson corroborou. Dada a "aberração do fato", o delegado encaminhou o caso para o juiz da cidade.

No dia seguinte, 26 de julho, o periódico discutiu extensamente o ocorrido e a vida de Jackson e Carmem, com uma matéria de meia página que trazia fotos do casal e da certidão de casamento. A matéria enfatiza que Jackson já vivia como homem havia quinze anos, o que indica que ele havia adotado a identidade masculina aos sete anos de idade, após conflitos com a feminilidade normativa e a família que exigia vestidos.

Jackson afirmou que os dois se conheceram em 1959, no bairro de Rocha Miranda, na Zona Norte do Rio de Janeiro, e se casaram após

---

3 "Casamento inédito em Caxias: ambos os cônjuges mulheres", *Última Hora*, 25 jul. 1962, p. 2.
4 *Idem.*

um breve noivado de quinze dias. Em seguida, deu mais detalhes a respeito de seu "problema", como se refere o *Última Hora*. Após abandonar o trabalho de prático de farmácia por conta do baixo salário, Jackson procurou outra ocupação. Cinco anos antes, aos dezessete anos, logrou conseguir uma certidão de nascimento falsa, o que lhe permitia assumir a nova identidade no registro civil. Na ocasião da prisão, Carmem Lúcia exibia a certidão de casamento como prova material da legalidade da união e pediu para ser colocada na mesma cela de Jackson.

Em 27 de julho, declarações de um médico, um psicanalista e um juiz encerravam a cobertura do caso no *Última Hora*, fazendo um balanço e se referindo a Carmem e Jackson como um casal de lésbicas e ao casamento como inexistente por conta da falsa certidão de nascimento. Nos três dias em que a história circulou pelo Brasil,[5] o que podemos observar em relação aos atravessamentos discursivos e aos significados de gênero e sexualidade para Jackson e para a mídia no contexto analisado?

O caso Jackson sob os olhos da medicina, da psicanálise e da lei

Com o advento da República, médicos e juristas buscaram dar sentido a uma série de fenômenos urbanos e problemas sociais. Mobilizados por discursos modernizadores de construção da nação, eles colocaram a homossexualidade na vanguarda desses problemas, tornando-a uma questão de policiamento e vigilância do Estado. Os sexólogos recorreram à biologia em busca de explicações sobre desequilíbrios químicos que levaram à homossexualidade, enquadrando a perversão sexual através de lentes médicas. Influenciados por psiquiatras europeus como Richard von Krafft-Ebing, Albert Moll, Havelock Ellis, Auguste Forel e Gregorio Marañón, entre outros, médicos brasileiros editaram livros sobre inversão e outras perversões sexuais, inserindo-se

---

5 Além da edição carioca do *Última Hora*, Luiz Morando me informou que, em 27 de julho, a notícia saiu na edição de Niterói (ano XII, n. 905, p. 7) e, no dia seguinte, na edição de Recife (ano I, n. 42, p. 4).

"Justiça e medicina vão resolver o espantoso casamento de Caxias",
Última Hora, n. 914, 26 jul. 1962, p. 7.

no campo da sexologia, surgido no início do século XX. Os discursos eugênicos e higienistas sociais pautaram as tentativas desses médicos de dar sentido à república recém-descoberta e ao modelo moderno de cidadão ideal. Um aumento exponencial de produção de manuais de sexologia se deu nos anos 1930 e 1940, em consonância com discursos nacionalistas do período Vargas durante o Estado Novo, preocupados em purgar o Brasil da degeneração e se dedicar à construção de uma sociedade saudável e ordenada, apoiando-se na regulação da vida cotidiana (Green, 2022).

O saber médico-legal brasileiro certamente interpretou o discurso científico europeu e adaptou esses modelos a noções gerais e ideias comuns sobre práticas homossexuais. No caso dos homens, como observado por James Green (2022), o resultado é um menor foco no objeto sexual e uma maior atenção ao comportamento específico baseado no gênero e nos papéis sexuais hierárquicos na categorização dos homossexuais. No caso das mulheres, há um foco na imagem da lésbica masculinizada, a qual esses médicos acreditavam ter um papel ativo na relação. A intensidade da perversão dependia do comportamento apresentado, e a figura da "invertida" é associada a vestimentas e ocupações masculinas (Nunes, 1928). Nesse contexto, não havia o conceito de transexual, visto que o termo "inversão" englobava práticas como o travestismo, embora esses textos entendessem que existiam tentativas de transformação do sexo (Meyerowitz, 2004).

Ainda que esses sexólogos tenham atribuído pesos diferentes aos impulsos neurológicos, todos concordavam que as práticas lésbicas predispunham à pseudomasculinidade biológica e emocional (Black, 1994). A identificação com a masculinidade devido ao desenvolvimento psicológico interrompido era uma explicação comum para o lesbianismo, vinculada às concepções de Freud sobre complexo de Édipo e castração para a construção do sujeito (Herman, 1995).

Até o meio do século, revistas de variedades e periódicos exibiam casos extraordinários de homens que, depois de muito tempo, eram "descobertos" como sendo mulheres, como Luiz Morando também apresenta neste volume.[6] Jackson foi examinado antes de entrar na cela

---

6 Ver: Morando (2012; 2019; 2020) e também neste livro (p. 197-217).

pela suspeita de que estaria armado. A partir da revelação do segredo, o caso passou a atrair a atenção dos populares e das autoridades, que inicialmente averiguavam a inadimplência no pagamento de um imóvel. O jornal enfatiza o papel da polícia, da medicina e da Justiça em cuidar do caso, que teria sido descoberto acidentalmente. Entre o médico que examina, o juiz que toma providências, o psicanalista que analisa e a polícia que encarcera, temos uma rede de instituições e saberes autorizados a interpretar e disciplinar corpos e práticas dissidentes da norma.

Em oposição à lésbica feminina e potencialmente curável, a sexologia dos anos 1930 e 1940 sempre reforçou a figura da invertida, da mulher-homem, biologicamente carente de boa saúde, pois não seria raro terem menstruação escassa e incapacidade de produzir óvulos (Forel *et al.*, s/d, p. 36). Em 1940, quando publicou "Psiquiatria clínica e forense", Pacheco e Silva analisou um caso de inversão sexual, atribuindo também o diagnóstico de homossexualidade e travestismo. O livro traz fotos de uma paciente, de codinome E.R., usando roupas femininas e masculinas (Pacheco e Silva, 1940). À noite, E.R. vestia um terno para ir a bares e conversar com homens e mulheres. Queria servir nas Forças Armadas para usar uniforme, o que se relaciona a uma potencial validação externa atribuída às identidades masculinas. E.R. lamenta não poder usar roupas masculinas o tempo todo, o que a impediria de conseguir um emprego, mas conseguiu cortar o cabelo *à la homme*. Procurou a clínica psiquiátrica por conta própria, "convencida de que não é como as outras mulheres e pode encontrar tratamento para seus males" (Pacheco e Silva, 1940, p. 377). Isso se relaciona com a declaração de Jackson sobre a revelação do seu segredo para a polícia e retratada nas páginas do *Última Hora*, ocorrido 22 anos depois do caso examinado por Pacheco e Silva.

A matéria do dia 26 de julho, depois de uma chamada na primeira página do jornal, inicia com uma declaração de Jackson:

> Estou aliviado! Apesar de tudo, apesar da dolorosa revelação de meu segrêdo, da brutalidade da Polícia exigindo que me despisse antes de entrar para o xadrez, sinto-me feliz: entrêgo-me de corpo e alma as mãos da ciência. Quero a felicidade completa, com meu verdadeiro sexo, pois sou homem,

sinto que o sou desde pequeno e já em Barbacena, não suportava vestidos sôbre o corpo e quando mamãe me vestia de mulher, rasgava as roupas.[7]

A fala introduz o discurso de Jackson a respeito de seu "verdadeiro sexo", visto que já vivia legal e socialmente como homem, e seu segredo veio a público somente pela violência da polícia que exigiu que ele se despisse. Nesse sentido, Jackson acredita que a ciência tenha um papel corretivo: o de alinhar o gênero reconhecido com sua aparência física, unindo os dois sob uma identidade masculina.

No dia em que o *Última Hora* fez um balanço do caso, um médico e um psicanalista teceram contribuições. Para a medicina, "o caso pode ser encarado como um problema comum de homossexualismo. [...] [O] problema em questão não apresenta nenhum aspecto inédito, sendo encarado como uma tara sexual que, do ponto de vista estritamente médico, não tem interesse".[8] Isso já se diferencia da visão da sexologia de décadas anteriores que afirmava existirem desequilíbrios físicos e químicos entre as pessoas que apresentavam sexualidades desviantes. A declaração do médico termina com a sugestão de que o caso pode ser de interesse para psiquiatras e psicanalistas, que visam analisar comportamentos irregulares.

O *Última Hora* também consultou um psicanalista, que afirmou que se tratava de um caso de "homossexualidade com raízes exclusivamente psicológicas", mas adiantou que tal problema psicológico "se manifesta pela vontade do paciente de pertencer a outro sexo".[9] Isso seria alcançado através da ingestão de hormônios para alterar características, já demonstrando um atravessamento entre noções de sexualidade e gênero. O tratamento seria difícil, com resultados que se limitam à aceitação de sua condição por parte do paciente de forma a não gerar traumas interiores.

Em comparação aos textos de sexologia publicados décadas antes, os especialistas consultados pelo *Última Hora* deixam de corroborar com a ideia da inversão sexual associada à falta de saúde física e ao mal social, inclusive pela declaração do médico-legista que examinou

7 "Justiça e medicina vão resolver o espantoso casamento de Caxias", *Última Hora*, n. 914, 26 jul. 1962, p. 7.
8 "'Casamento' espantoso de Caxias será considerado 'inexistente'!", *Última Hora*, Rio de Janeiro, ano XII, n. 3706, 27 jul. 1962, p. 7.
9 *Idem.*

Jackson de que ele era mulher e virgem, com todos os requisitos para a maternidade. Nesse período, a transexualidade e a travestilidade passam a ser percebidas como fenômenos à parte pela ciência, mas não há engajamento com esses termos no *Última Hora* (Aguiar, 2020). Não há nenhum movimento corretivo, como desejava Jackson; pelo contrário. Não há o reconhecimento de seu "verdadeiro sexo" masculino, mas apenas a reiteração do discurso da mídia de que houve um casamento entre duas mulheres e de que Jackson e Carmem são lésbicas.

A visão da mídia de que Jackson era apenas uma lésbica passando-se por homem e a do psicanalista que afirma que a homossexualidade se manifesta pelo desejo de pertencer a outro sexo mostram certa confusão entre categorias identitárias que emergiram ao longo dos anos 1970, como a da travesti. A prática do uso de hormônios, documentada no meio artístico e entre grupos de travestis (Veras, 2019), era difundida majoritariamente entre sujeitos que transicionavam para o gênero feminino, mas somente a partir da década de 1970 apareceu entre os que transicionavam para o gênero masculino (Nery, 2019). Discutirei o território conflituoso entre gênero e sexualidade na próxima seção.

A matéria de 27 de julho, a última sobre o episódio, menciona que o promotor do caso iria requisitar o livro de registros em que foi lançado o casamento para cancelá-lo e daria prosseguimento ao procedimento penal para apurar a responsabilidade e punir os que "induziram a Justiça ao erro".[10] A visão do promotor contrasta com o juiz consultado, que afirma que o caso não passa de "brincadeira e molecagem e não um ato jurídico pois êste visa a um objeto determinado, que seria a verdadeira união entre os cônjuges o que, no caso presente, é absolutamente impossível".[11] Não há, para o juiz, perigo na ação de Jackson e Carmem. Ao mesmo tempo, o casamento como instituição tem sido uma das maneiras centrais por meio da qual o Estado tem se definido, regulando filiação, pertencimento racial e comportamento de gênero adequado (Skidmore, 2017). Nesse sentido, a ação corretiva da Justiça é sempre para restaurar a norma vigente, ressaltando a impossibilidade do casamento em prosseguir.

---

10 "'Casamento' espantoso de Caxias será considerado 'inexistente'!", *op. cit.*
11 *Idem.*

Embora a polícia tivesse estratégias para prender desviantes das normas sexuais e de gênero sob a acusação de vadiagem ou atentado ao pudor,[12] o fato de Jackson possuir uma certidão de nascimento do sexo masculino, obtida cinco anos antes de ser detido, implica que conseguiu, por um longo período, passar incólume à Justiça e à polícia. Jackson articulava uma identidade masculina normativa, de produtividade econômica chancelada pelo casamento, o que mostra que havia um grau de negociação com a norma que possibilitava a ele e Carmem viver uma vida relativamente tranquila, distante do centro e da vida noturna carioca. Casos similares também tiveram punições legais limitadas, se é que houve alguma. Isso se deve ao fato de que a figura da mulher que se passava por homem, como afirma o *Última Hora*, provocava menos medo público justamente pelo caráter de sátira atribuído pelo jornal, sem associar Jackson a um perigo social mais amplo (Skidmore, 2017).

Se nesse período o caso é tratado como espantoso, no decorrer da década de 1960 e 1970 a ditadura militar foi responsável por uma perseguição sistemática dos comportamentos e identidades não normativos (Quinalha, 2021). O foco da série de reportagens do *Última Hora* é publicizar um casamento entre duas mulheres como fato extraordinário. Mas como afirmar que Jackson é realmente mulher?

Gênero e sexualidade no caso Jackson

Não quero escolher uma identidade fixa do espectro LGBTQIA+ e significar a experiência de Jackson a partir dela, mas entender como podemos situar esse caso nos debates mais amplos sobre gênero e sexualidade. Precisamos também considerar que, embora homens transgêneros e transexuais tenham sido erroneamente incorporados à história lésbica, as distinções entre algumas identidades trans

---

12 Visto que a homossexualidade ou a transgeneridade em si não eram crimes, mas atentavam contra ideais moralistas a respeito da sociedade, além de serem percebidas como patologias sociais que ameaçavam a norma. Ver Green (2022) e Quinalha (2021).

e algumas identidades lésbicas podem às vezes se tornar bastante confusas (Halberstam, 1998). Adianto que, se lermos Jackson como uma lésbica que se passava por homem, incorremos no mesmo erro do discurso médico-legal ao tratar dos comportamentos não normativos, mas podemos afirmar que a categoria lésbica penetra na análise que fazemos de sua relação com Carmem, dado o discurso hegemônico que recorre à alusão da lesbianidade. Corroboro com Aguiar (2020) sobre a impossibilidade de existir um sexo original, como o que a polícia afirma desvendar a respeito de Jackson:

> Advogo que não existe um corpo natural e um "sexo original" que não tenham sido moldados pelas tecnologias de gênero. Com isso, não pretendo descartar qualquer aspecto biológico do gênero, incluindo combinações cromossômicas, hormonais e fisiológicas de modo geral. Apenas ressalto que aquilo que entendemos como fato natural, o "sexo binário" (macho/fêmea), é produto de discursos, práticas reguladoras e relações de saber/poder localizadas histórica, social e culturalmente. (Aguiar, 2020, p. 51)[13]

Embora tenham existido casos em que se apresentar socialmente como homem possa ter sido uma estratégia para viver a lesbianidade sob a segurança de parecer um casal heterossexual (Chenier, 2018), não acredito que a ênfase de Jackson em materializar um gênero diferente do que lhe foi atribuído ao nascer (e reforçado através do vestuário e das expectativas sociais para as mulheres) seja retórica ou estratégica. A falta de um conceito para articular transexualidade ou transgeneridade não impediu Jackson de, depois de descoberto pela polícia, procurar a chancela do discurso médico para expressar seu "verdadeiro sexo". A ação de Jackson em se afirmar como homem corrobora com a de pessoas trans entre 1950 e 1970, que insistiam em sua distinção da homossexualidade, pois seu caso seria uma patologia do âmbito da identidade que poderia ser medicamente corrigida, e não um desvio sexual imoral (Oram, 2007). A lesbianidade, como demonstra o *Última Hora*, era muito mais patologizada do que a transexualidade, uma condição médica. Pessoas que viviam como homens, a partir da década de 1940,

---

13 Ver: Foucault (2015); Preciado (2017); Butler (2015); Fausto-Sterling (2002).

passam a ser associadas à figura imoral da lésbica masculinizada, como aconteceu com Jackson (Oram, 2007). A confusão entre lesbianidade e uma identidade transexual/transgênera emergente ainda persistiu, visto que João W. Nery, ativista trans, já na década de 1970 relatou consultas médicas em que especialistas afirmavam que ele era, na verdade, uma mulher homossexual (Nery, 2019).

Muitos casos ao longo da história indicam cruzamentos da fronteira de gênero para que mulheres atuassem como homens e maridos, sendo até reconhecidas biologicamente como mulheres embora ocupassem distintos papéis sociais (Rupp, 2009; Manion, 2020). A emergência da categoria da lésbica enquanto desviante acaba com a possibilidade dessa fluidez. Jackson é lido socialmente como homem por conta da posição que ocupa e da sua aparência, por materializar o que se esperava de um homem naquele período, mas seu gênero só pode ser revelado publicamente através do exame anatômico, que é indicativo da diferença sexual. A partir desse momento, sua masculinidade passa a ser insuficiente, imitativa do original verdadeiro (o homem com pênis), e a materialização do seu gênero, interpretada como manifestação da lesbianidade.

O discurso do *Última Hora* e a opinião dos especialistas deixam claro que, sob essas perspectivas, Jackson é uma mulher lésbica passando-se por alguém do sexo masculino. Embora Jackson se manifeste diversas vezes ao longo das reportagens afirmando ser homem, o jornal contrapõe essas afirmações ao enfatizar as estratégias que ele usa para empostar a voz, bem como o fato de ser imberbe. Essa retórica diz mais sobre a tentativa do *Última Hora* de desacreditar a masculinidade de Jackson do que sobre seu gênero, visto que ele vinha vivendo como homem nos cinco anos anteriores à prisão, corporificando e materializando masculinidade.

Outras declarações de Jackson corroboram para conectá-lo a experiências de gênero comuns a pessoas que transicionaram de gênero (Aguiar 2020), como o desejo de alistar-se no Exército:

> Porém, quando soube que era praxe dos médicos militares colocarem em fila e despidos os recrutas, resolvi ficar mesmo na qualidade de insubmisso. Infelizmente, o grande momento, a revelação, que jamais esperava, veio por acidente. Esses homens da Polícia são uns brutos. Não acreditaram em mim; quando disse, ao entrar para o xadrez, que estava desarmado. Tiveram que me revistar e o investigador "Russo" acabou forçando-me a tirar a roupa.

Foi humilhante. Agora, que todo mundo já sabe, sinto-me aliviado. Tenho apenas vergonha de meus vizinhos. Por isso pretendo me mudar tão logo termine tôda essa embrulhada.[14]

A vida militar pode ser uma maneira de afirmar a masculinidade, atingida por meio de traços físicos, vestimenta, corte de cabelo e comportamentos tidos como masculinos. Transição e mobilidade parecem ser estratégias de alguém cujo gênero não conformava com o designado ao nascer (Halberstam, 1998). De Minas Gerais para o estado do Rio de Janeiro, passando por outras cidades e bairros, Jackson e Carmem precisaram se adaptar às possibilidades. A prisão e a descoberta do segredo parecem ter colocado o casal mais uma vez em movimento.

Jackson também afirmou que "a certeza absoluta de que sou homem dizia-me que ainda teríamos um bebê para o complemento da felicidade que sonhávamos. [...] Tinha a meu lado uma mulher adorável e sabia que ainda venceríamos".[15] Nada, além do discurso médico-legal que associa características físicas à diferença sexual, indica que Jackson seria uma lésbica passando-se por homem, embora casos desse tipo existam. Jackson deixa claros os motivos que o levaram a adotar a identidade masculina, ressaltando a inadequação ao comportamento esperado de uma mulher e a convicção de que era homem, buscando até legalizar sua situação com a nova certidão de nascimento e manifestar o desejo de um filho, o que o faria atingir todos os marcadores da masculinidade normativa.

O gênero de Jackson, em sua própria concepção, reflete uma sujeição a um conjunto de normas, ideias e concepções disponíveis para descrever nossas experiências e desejos. Sua afirmação para o jornal de que era homem não pode ser descolada de sua atração por mulheres enfatizada pela mídia e pelo discurso médico-legal, e por isso transexualidade/transgeneridade e lesbianidade se misturam no caso relatado pelo *Última Hora*. Nesse sentido, Jackson não controla seu gênero, pois ele é relacional, externo, muitas vezes fora do nosso controle. A narrativa atesta a importância do reconhecimento externo na definição e na estabilização do gênero e o conflito entre a visão de Jackson sobre si mesmo e o discurso médico-legal. É fundamental entender que não podemos

---

14 "Justiça e medicina vão resolver o espantoso casamento de Caxias", *op. cit.*
15 "Justiça e medicina vão resolver o espantoso casamento de Caxias", *op. cit.*

ter uma percepção estática da homossexualidade e da transgeneridade como um traço físico ou psicológico atemporal da subjetividade. A impermanência é talvez sua única continuidade — ou seja, como isso é negociado e como emerge em diferentes contextos.

Outro ponto relevante é o papel de Carmem, esposa de Jackson. Ao longo da reportagem, ela afirma: "Eu o amo, eu o quero assim mesmo! Sou capaz de me matar se me separarem do meu grande amor. Jackson sempre foi bom pra mim e pouco me importa que seja homem ou mulher!".[16] Carmem reitera a validade do seu casamento ao carregar a certidão e sinaliza para as autoridades que o amor que sente por Jackson é maior do que qualquer revelação a respeito do seu gênero. A matéria de 26 de julho é encerrada com sua declaração: "Eu somente soube que era 'isso' [mulher] ano e meio depois do casamento, quando voltou bêbado pra casa. Fui ajudá-lo a se despir, quando então reparei que era igual a mim".[17] Podemos questionar essa afirmação, visto que seria difícil para Jackson ocultar seu segredo da esposa com quem compartilhava a vida conjugal e íntima. A intencionalidade dessa declaração pode ser uma estratégia para afirmar que não houve dolo ao realizar-se o casamento, dado que Carmem não sabia do segredo do futuro marido. Mesmo dizendo que não se importa com o fato de Jackson ser homem ou mulher, Carmem reitera que Jackson é "igual a ela", o que reafirma que, apesar de seu papel social enquanto homem, mantém características físicas associadas ao sexo feminino, corroborando com o discurso médico-legal que afirma que Jackson é uma mulher com todos os requisitos para a maternidade. Sinalizo o lugar de Jackson e Carmem na história lésbica como negociadores da norma, que, num espaço impresso de jornal, reafirmam o valor de seu casamento e precisam discursivamente, dentre muitas possibilidades de como isso poderia ser feito, articular a natureza do seu relacionamento para legitimá-lo.

Jackson não pode escapar do discurso médico-legal que "revela" seu gênero, pois gênero ainda está atrelado às características físicas da diferença sexual. Também não escapa do discurso sobre o seu sexo inequívoco, algo que torna sua identidade inteligível para outros e para si mesmo, embora sejam visões contrastantes. Jackson aparece na história

---

16 "Justiça e medicina vão resolver o espantoso casamento de Caxias", *op. cit.*
17 *Idem.*

enquadrado na categoria "lésbica" por assim ser lido após a descoberta do seu segredo pela intervenção masculina violenta. Mesmo identificando-se e vivendo como homem, Jackson só faz isso dentro da disciplina normativa e reguladora do gênero e da norma, portanto não podemos desconsiderar o aspecto mediado de sua construção de si mesmo. Inscrito como homem por si mesmo e como mulher lésbica pelo discurso médico-legal, Jackson galvaniza seu lugar numa discussão mais ampla sobre transexualidade/transgeneridade. Não sabemos se Jackson viria a se identificar hoje com a categoria de homem transexual ou transgênero, mas sabemos que sua rebelião ameaça os parâmetros da identidade, pois é vigiada, normatizada e patologizada (Caulfield, 1993).

Conclusão

Depois da análise do casamento de Jackson com Carmem e da repercussão no jornal *Última Hora*, podemos avançar algumas ideias a respeito de gênero, sexualidade e normatividade nos anos 1960, num período anterior à organização política do movimento homossexual no Brasil. O papel da história é dotar de análise crítica e contexto experiências que não são autoevidentes, mas que estão inseridas num sistema cultural de significados que nos permite dar sentido à experiência. A agência desses sujeitos históricos se dá dentro da linguagem que limita e, ao mesmo tempo, contém a possibilidade de resistência e reinterpretação da norma (Scott, 1991).

Nesse sentido, reafirmo a provisionalidade e a instabilidade das categorias de identidade, sobretudo quando tratamos de sujeitos históricos. Essas categorias são afetadas e produzidas por discursos que reiteram a norma, por isso vemos o debate entre a história lésbica e a história da transmasculinidade como um diálogo com uma série de similaridades, seja pelas experiências dos sujeitos em questão, seja pelo discurso hegemônico e normativo da lei, da medicina e da psicanálise, que buscam categorizar os dissidentes sexuais e de gênero.

Se não podemos falar de categorias identitárias fixas, podemos ao menos inferir que, já no início dos anos 1960 e mesmo nos anos 1950, antes da emergência de uma identidade politizada transmasculina, já existiam pessoas que transicionavam de gênero e que, mesmo sem constituírem grupo político ou identitário, encontravam maneiras e estratégias de viver e dar sentido aos desejos atrelados à sexualidade. Ao mesmo tempo, a movimentação para anular o casamento e afirmar publicamente que Jackson era, de fato, uma mulher ressalta quanto essa transição era socialmente transgressora, colocando em xeque noções sobre gênero, sexualidade e o casamento enquanto instituição.

Como outros casos similares veiculados na imprensa, o de Jackson não é completamente ilustrativo da vida social em 1962, mas nos permite observar as "expectativas sociais coletivas sobre as relações de gênero e a forma como determinadas corporalidades eram construídas, legitimadas ou desautorizadas discursivamente naquele tempo histórico" (Aguiar, 2020, p. 61).

O caso Jackson abre possibilidades de examinarmos as fontes através de identidades contemporâneas, como homem trans ou como lésbica, o que, diferentemente de ser anacrônico, nos ajuda a privilegiar diferentes categorias de análise para dar conta de algo inominável no contexto analisado. O medo do anacronismo não pode ser um medo político, e Jackson tem lugar na história da transmasculinidade no Brasil precisamente porque negocia com a norma e emerge desse embate com a materialização que condiz com seu gênero, processo também observado em casos de outros sujeitos que viriam a se identificar como homens trans. Os fluxos que ressignificam a história de Jackson como parte da história trans também precisam considerar o discurso médico-legal que o enquadra como lésbica e desviante sexual, o gênero masculino decorrente da manifestação do desejo por mulheres.

O trabalho crítico é desafiar nossas concepções de gênero e sexualidade e a ligação entre identificação e desejo, mudando nosso olhar para a natureza construída dessas concepções. Evitar uma categorização a-histórica e anacrônica de sujeitos em identidades modernas e, ao mesmo tempo, compreender o papel dos discursos em possibilitar e mediar sua existência e agência — esse é o caminho para uma história dos sujeitos dissidentes de gênero e sexualidade. Mesmo que já saibamos sobre formação de subculturas urbanas por gays e lésbicas, ainda precisamos saber do papel de homens trans nessas comunidades, e mesmo se havia o sentimento de pertencimento a esses grupos (Skidmore, 2017). Se Carmem e Jackson puderam compartilhar da vida conjugal

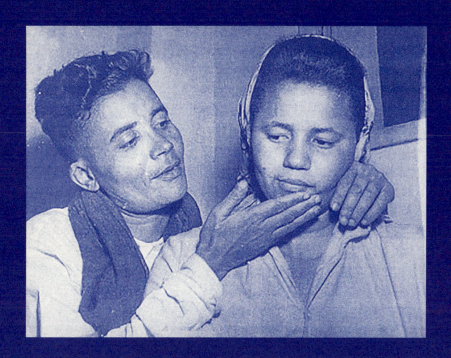

Jackson e Carmen, Arquivo
Público do Estado de São Paulo,
arquivo de fotos *Última Hora*,
negativo 12515.

após o ocorrido, é difícil saber pela repercussão da matéria do *Última Hora*, mas sua história singular evidencia que, nas margens da norma, encontramos vivências que, longe de serem excepcionais, fizeram parte de debates públicos sobre os limites do gênero e da sexualidade.

Referências

AGUIAR, Juno Nedel Mendes de. *Habitando as margens: a patologização das identidades trans e seus efeitos no Brasil a partir do caso Mário da Silva (1949-1959)*. Dissertação (Mestrado em História). Florianópolis, Universidade Federal de Santa Catarina, 2020.

BLACK, Allida M. "Perverting the Diagnosis: The Lesbian and the Scientific Basis of Stigma". *Historical Reflections / Réflexions Historiques*, v. 20, n. 2, 1994, p. 201-16.

BUTLER, Judith. *Problemas de gênero: feminismo e subversão da identidade*. Trad. Renato Aguiar. Rio de Janeiro: Civilização Brasileira, 2015.

CAULFIELD, Sueann. "Getting into Trouble: Dishonest Women, Modern Girls, and Women-Men in the Conceptual Language of Vida Policial, 1925/1927". *Signs*, v. 19, n. 1, 1993, p. 146-76.

CHENIER, Elise. "Love-Politics: Lesbian Wedding Practices in Canada and the United States from the 1920s to the 1970s". *Journal of the History of Sexuality*, v. 27, n. 2, 2018, p. 294-321.

FAUSTO-STERLING, Anne. "Dualismos em duelo". Trad. Plínio Dentzien. *Cadernos Pagu*, n. 17-18, 2002, p. 9-79.

FOREL, Auguste-Henri *et al*. *Erotologia feminina*. São Paulo: Edições e Publicações Brasil, s/d.

FOUCAULT, Michel. *História da sexualidade*, v. 1, *A vontade de saber*. Trad. Maria Thereza da Costa Albuquerque & J.A. Guillon Albuquerque. Rio de Janeiro: Paz e Terra, 2015.

GREEN, James N. *Além do Carnaval: a homossexualidade masculina no Brasil do século XX*. Trad. Cristina Fino & Cássio Arantes Leite. 3 ed. São Paulo: Editora Unesp, 2022.

HALBERSTAM, Jack. *Female Masculinity*. Durham: Duke University Press, 1998.

HERMAN, Ellen. *Psychiatry, Psychology, and Homosexuality: Issues in Gay and Lesbian Life*. Nova York: Chelsea House Pub, 1995.

MANION, Jen. *Female Husbands: A Trans History*. Cambridge: Cambridge University Press, 2020.

MEYEROWITZ, Joanne J. *How Sex Changed a History of Transsexuality in the United States*. Cambridge: Harvard University Press, 2004.

MORANDO, Luiz. "Lé com lé, cré com cré: casamento entre lésbicas em Belo Horizonte (1963)". Anais do Colóquio Internacional Crimes, Delitos e Transgressões, v. 1. Belo Horizonte, 2012.

MORANDO, Luiz. "Performatividade, resistência e identidade de gênero: o caso Ricardo Marschall (Belo Horizonte, 1961-1966)". *In*: OLIVEIRA, Marcelo Andrade Cattoni de & VIANA, Igor Campos (org.). *Conferências*, v. 1. Belo Horizonte: Conhecimento Livraria e Distribuidora, 2019, p. 59-71.

MORANDO, Luiz. "Da invisibilidade visível: o caso de Edmundo de Oliveira (Belo Horizonte, 1952-1981)". *In*: GOMES, Aguinaldo Rodrigues & CALORI DI LION, Antônio Ricardo (org.). *Corpos em trânsito: existências, subjetividades e representatividades*, v. 1. Salvador: Devires, 2020, p. 262-73.

NERY, João W. "Transmasculinos: invisibilidade e luta". *In*: GREEN, James N.; QUINALHA, Renan; CAETANO, Marcio & FERNANDES, Marisa. *História do Movimento LGBT no Brasil*. São Paulo: Alameda, 2018, p. 393-404.

NERY, João W. *Viagem solitária: a trajetória pioneira de um transexual em busca de reconhecimento e liberdade*. Rio de Janeiro: Leya, 2019.

NUNES, Viriato Fernandes. *As perversões sexuaes em medicina legal*. São Paulo: Irmãos Ferraz, 1928.

ORAM, Alison. *Her Husband Was a Woman!: Women's Gender-Crossing in Modern British Popular Culture*. Londres: Routledge, 2007.

PACHECO E SILVA, A.C. *Psiquiatria clínica e forense*. São Paulo: Companhia Editora Nacional, 1940.

PRECIADO, Paul B. *Manifesto contrassexual: práticas subversivas de identidade sexual*. Trad. Maria Paula Gurgel Ribeiro. São Paulo: N1 edições, 2017.

QUINALHA, Renan. *Contra a moral e os bons costumes: a ditadura e a repressão à comunidade LGBT*. São Paulo: Companhia das Letras, 2021.

RUPP, Leila J. *Sapphistries: A Global History of Love Between Women*. Nova York: New York University Press, 2009.

SANTOS, Alexandre Peixe & MORELLI, Fábio. "'Homens do futuro': o movimento de homens trans no Brasil sob o olhar de Xande Peixe". *In*: GREEN, James N.; QUINALHA, Renan; CAETANO, Marcio & FERNANDES, Marisa. *História do Movimento LGBT no Brasil*. São Paulo: Alameda, 2018, p. 405-19.

SCOTT, Joan W. "The Evidence of Experience". *Critical Inquiry*, v. 17, n. 4, 1991, p. 773-97.

SKIDMORE, Emily. *True Sex: The Lives of Trans Men at the Turn of the Twentieth Century*. Nova York: New York University Press, 2017.

VERAS, Elias. *Travestis: carne, tinta e papel*. Curitiba: Appris, 2019.

2

Fronteiras territoriais

Marcos Aurélio da Silva
Professor do Instituto de Saúde Coletiva (ISC)
e docente permanente do Programa de Pós-Graduação
em Antropologia Social da Universidade Federal de Mato
Grosso (UFMT). Graduado em comunicação social (1997),
mestre (2003) e doutor (2012) em antropologia social
pela Universidade Federal de Santa Catarina (UFSC).

Moisés Alessandro de Souza Lopes
Professor do Departamento de Antropologia e do Programa
de Pós-Graduação em Antropologia Social da Universidade
Federal de Mato Grosso (UFMT), onde é coordenador do
Núcleo de Antropologia e Saberes Plurais (NAPlus/UFMT).
Graduado (2002) e mestre (2005) em ciências sociais
pela Universidade Estadual de Londrina (UEL). Doutor em
antropologia social (2010) pela Universidade de Brasília (UnB).

Da sociabilidade à militância: histórias das movimentações e dos movimentos LGBT em Cuiabá e no Mato Grosso

Marcos Aurélio da Silva
Moisés Alessandro de Souza Lopes

A história das movimentações e dos movimentos LGBT em Mato Grosso, especialmente em Cuiabá, segue a mesma dicotomia presente em histórias semelhantes desses movimentos no Brasil, nas quais territórios de sociabilidade e práticas de militância se entrecruzam (Trevisan, 2004). Até por isso, falaremos aqui em movimentações e movimentos para dar conta de uma história que começa com a produção de visibilidades LGBT na ocupação da paisagem urbana de Cuiabá por esses sujeitos, seja em espaços marginais de sociabilidade, seja em espaços de lazer apropriados por eles. Acreditamos que pensar na história dessas sociabilidades que se davam na cidade é importante para localizar nelas as inquietações que fomentaram, nos anos 1990, a formação dos movimentos locais militantes e as paradas da diversidade LGBT que, em Cuiabá, são realizadas desde 2003, bem como para pensar as demandas colocadas a partir das primeiras décadas deste século.

Movimentações e sociabilidades

Até 1995, não havia na região da capital mato-grossense, tampouco em outras partes do estado, qualquer forma organizada de militância LGBT, apenas algumas pessoas que desenvolviam atividades esporádicas e voltadas à defesa de seus direitos (Lopes & Silva, 2016). Nas pesquisas que temos realizado nos últimos anos,[1] que buscam construir uma história da militância LGBT no Mato Grosso, os relatos apontam que, até meados dessa década, os sujeitos circulavam por pouquíssimos estabelecimentos — bares ou boates — destinados ao público LGBT, os quais, geralmente, acabavam sendo fechados pela polícia poucos meses depois de sua abertura, com frequência por conta de denúncias, muitas vezes infundadas, em relação a som alto ou presença de menores. Alguns bares mudavam de endereço com regularidade. Por conta dessa falta de opções, muito comum era o processo de "invadir" ou territorializar bares ou boates cujo público-alvo não era, a princípio, os sujeitos LGBT, algo muito comum em outras capitais brasileiras, como citado por Perlongher (2008) e Silva (2004).

Menotti Griggi (2010), em seu trabalho de conclusão do curso de Comunicação na Universidade Federal de Mato Grosso (UFMT), traz relatos de como os sujeitos LGBT se misturavam a outras pessoas, supostamente heterossexuais, em diversos espaços de lazer e sociabilidade que eram considerados alternativos em Cuiabá, tendo em vista a presença maciça de artistas e intelectuais. Estar em tais locais era considerado uma espécie de exercício da liberdade de expressões múltiplas de sexualidade. Muitos desses estabelecimentos ocupavam espaços do centro histórico que até hoje são marcados pela circulação frenética de sujeitos marginais, como o beco do Candeeiro, onde se espalhavam pelas calçadas com mesas e cadeiras de plástico e música ao vivo:

> muitas noites de música, boemia e intensos debates sobre a cultura cuiabana e para onde nós iríamos chegar com tantas ideias que fervilhavam na cabeça daqueles nos anos 80 se misturavam entre cigarros, o álcool e as drogas, naquele velho e escondido pedaço da cultura cuiabana, o Bar do Gringo. (Griggi, 2010, p. 13)

---

1 Os dois autores são coordenadores do Núcleo de Antropologia e Saberes Plurais (NAPlus) da Universidade Federal de Mato Grosso (UFMT), onde estão à frente de projetos que tratam das histórias das militâncias LGBT, violências e preconceitos direcionados a essa população, das paradas da diversidade e outras performances culturais, bem como da saúde da população LGBT, tendo como foco os direitos humanos e sociais na garantia de políticas públicas.

O Bar do Gringo costuma ser uma referência na memória de sujeitos LGBT que viveram a juventude nos anos 1980. Talvez seja um caso de sucesso da territorialização LGBT de um espaço não pensado originalmente para contemplar esse público. Já no fim dos anos 1970, Cuiabá parecia não ser uma cidade totalmente fechada à diversidade de gênero e à diversdidade sexual na visão dos sujeitos com os quais conversamos ao longo destes anos de pesquisa. Sempre se destaca, por exemplo, o fato de Cuiabá ter contado com um famoso balneário que também funcionava como boate, chamado Sayonara,[2] o qual organizou a realização de diversas edições do Miss Mato Grosso Gay, que, em 1983, chegou a contar com dezoito concorrentes de diversas cidades do estado.

Ainda na década de 1980, tiveram destaque pela frequência de gays e lésbicas espaços como o bar Café Jazz, bar/boate do Liu, bar/boate Balaio de Gato, bar Alternativo, boate Panteras, Jejé's Dancing, bar do Chico, bar do Léo, boate Dama de Paus, boate Cocoricó, boate Baratos e Afins, boate Caras e Bocas, bar da Gil, Espaço Cultural Galeria do Pádua, boate Conection Mix, boate Blue Sky, apenas para citar os mais lembrados nos relatos da comunidade LGBT de Cuiabá. Esses locais tiveram vida geralmente curta, contudo marcaram a juventude desses sujeitos numa época anterior às políticas de visibilidade e *coming out* que ficariam mais fortes nas décadas seguintes. Além desses estabelecimentos, Cuiabá e outras cidades do Mato Grosso também contavam, até muito recentemente, com a realização de festas privadas ou fechadas, muitas vezes em sítios ou chácaras afastados do centro da cidade, divulgadas mais no boca a boca e realizadas com certa regularidade.

---

2 O documentário *Sayonara* (2008), realizado por alunos da Universidade Federal de Mato Grosso, informa que a Sayonara, de propriedade de Nazi Bucair, foi fundada em 1959 e funcionou durante 33 anos. Balneários, na cultura local, são lugares que contam com um trecho de rio para banho, e a Sayonara estava às margens do rio Coxipó, um dos mais importantes da cidade, hoje poluído nesse trecho. A boate foi considerada inovadora e ficou conhecida nacionalmente por ter sido o primeiro espaço de destaque na cidade a não proibir a entrada de pessoas negras e a permitir que pobres e ricos frequentassem o mesmo lugar. Além disso, costumava receber artistas nacionais, como Roberto Carlos, Wanderléa, Ângela Maria, Cauby Peixoto, Martinho da Vila, Beth Carvalho, Waldick Soriano, Sérgio Reis, entre outros. Quatro presidentes da República, entre eles Getúlio Vargas, teriam visitado o lugar.

Foi uma época em que as ruas da capital também foram inscritas por sociabilidades LGBT, repetindo inscrições históricas que esses sujeitos da comunidade, alijados de legitimidade social, costumam deixar nos interstícios e submundos da cidade (Perlongher, 1993; Eribon, 2008). Um exemplo são as praças da região central de Cuiabá que viabilizavam encontros, paqueras e perambulações desejantes de gays e lésbicas, mas também eram lugar de trabalho de travestis que se prostituíam. Ainda que a chance de se tornar alvo de violência policial fosse grande, na memória desses sujeitos tais praças eram locais mais seguros pela alta circulação do público LGBT. Segundo eles, evitava-se "levantar bandeiras políticas" ou mesmo se expor demais, porém ainda assim eram espaços de compartilhamento de experiências. Um exemplo foi a praça 8 de Abril, entre o centro e o bairro Goiabeiras, rodeada por restaurantes frequentados pela elite cuiabana — famosa por essas perambulações LGBT, incluindo a prostituição de mulheres trans e travestis —, até ser alvo de uma série de ações policiais que buscavam "limpar" o local. Desde então, as travestis e as mulheres trans de Cuiabá que se prostituem ocupam a região conhecida como Zero Km, na cidade de Várzea Grande, longe do centro da capital, mas não dos imaginários desejantes locais (ver Schuster, 2019).[3]

Além de territórios históricos, Cuiabá também conta com personagens lendários que ainda povoam o imaginário dali. José Jacinto Siqueira de Arruda, conhecido por todo o estado de Mato Grosso como Jejé de Oyá, foi um colunista social que começou a ganhar projeção na década de 1960, quando escrevia sobre os grandes bailes que ocorriam na cidade, inclusive aqueles nos quais Jejé era proibido de entrar por ser negro e abertamente gay. Com o pseudônimo de Dino Danuza e seu humor *camp* (estética do exagero, que na linguagem se explicita no uso intenso de ironias), tentava se proteger dos ataques racistas, apesar de a estratégia não ter durado muito tempo. Logo Jejé foi descoberto, mas

---

3 Durante os preparativos para a Copa do Mundo de 2014, a Polícia Militar e o governo estadual fizeram investidas no Zero Km com o intuito de interromper as atividades no local, uma vez que se encontra a meio caminho do aeroporto da região metropolitana e da região hoteleira da capital. Por fim, foi feito um acordo entre ONG e representantes da PM e do governo para que se estabelecesse um "código de ética e comportamento" que as travestis e trans deveriam seguir.

se tornou respeitado pela imprensa, querido pelo povo e, dizem alguns, temido pela burguesia local, da qual sabia segredos e fofocas. Jejé foi carnavalesco e ficou famoso por desfilar com extravagância e organizar blocos e escolas de samba no Carnaval antigo da cidade. Ganhou o título de "Comendador do comércio do estado de Mato Grosso" e foi considerado a "personalidade com a cara de Cuiabá" numa pesquisa realizada por um jornal local na década de 1990.

Assim, percebemos que, numa época em que praticamente não havia movimento político organizado, um cenário de relativa tolerância e convivência entre distintas expressões de sexualidade se desenhava. Na virada para o século XXI, um mesmo paradoxo brasileiro, e quiçá ocidental, começa a ter lugar em Cuiabá. A maior visibilidade de sujeitos LGBT e o surgimento de uma arena política nacional e local em que ONG, políticos e pesquisadores vão trabalhar com novas representações e novos direitos à existência, chegando a dialogar com o Estado e obter algumas conquistas, são acompanhados pelo recrudescimento do conservadorismo e da intolerância, com aumento exponencial da violência, o que coloca Cuiabá e Mato Grosso no topo das pesquisas sobre a violência LGBTfóbica.[4]

Nesse período, os lugares e as festas se tornam mais exclusivos ou direcionados a um público LGBT mais visível na paisagem. Em 1995, Cuiabá tem uma casa noturna de sucesso e a cidade começa a atrair ainda mais pessoas oriundas do interior do estado, que fazem da capital uma espécie de oásis num deserto de opções de sociabilidade. A Zum Zum Disco Club funcionou por quase vinte anos, e, desde que fechou, em 2015, Cuiabá não teve outra casa LGBT que se fixasse por mais de um ano. A exceção talvez seja o Espaço Furrundu, que se constituiu como um território de mulheres, com shows de música sertaneja, por quase uma década, até fechar no mesmo ano. Desde então, as casas noturnas de Cuiabá voltadas ao público LGBT inauguram e encerram suas

---

4 Os dados são do 2º Relatório Sobre Violência Homofóbica (2013), da Secretaria de Direitos Humanos da Presidência da República (SDH/PR), que mostrou Mato Grosso como o estado que ocupa a segunda posição no ranking nacional de índices de violações praticadas contra o público LGBT. Já Cuiabá foi considerada, junto com Manaus, a capital mais homofóbica do país, segundo o Relatório Anual de Assassinatos de Homossexuais no Brasil (2013), produzido pelo Grupo Gay da Bahia (GGB).

atividades sem conseguir se firmar. No entanto, as festas esporádicas e temáticas ligadas às redes desses sujeitos continuam e são bem heterogêneas, interligadas com redes de estudantes universitários, artistas e intelectuais da cidade, entre outras possibilidades.

Movimentos e sujeitos políticos

Ainda sobre 1995, é importante atestar que é esse o momento de virada nas movimentações políticas LGBT de Cuiabá — quase duas décadas depois de cidades maiores como São Paulo. E foi numa praça, a da República,[5] que uma série de encontros informais culminou na organização do movimento político organizado LGBT. A praça da República, nessa época, é também palco de circulação e paquera para gays, lésbicas, bissexuais e travestis que, cansados das investidas policiais, sonham com um lugar seguro para suas sociabilidades — algo que também coaduna com a realidade de outras cidades brasileiras nas quais esses movimentos se criam num misto de ação política e de sociabilidade (MacRae, 1990). Das conversas na praça, essas pessoas passam a se encontrar em uma casa no centro de Cuiabá. Para um entrevistado, era a oportunidade de "conversar sobre problemas, sobre alegrias, sobre bofes e sobre tudo [...] sem a constante ameaça da chegada da polícia". Alguns têm a preocupação de não fazer política nem dar muita visibilidade ao grupo, que, segundo eles, deve se manter como uma espécie de coletivo de ajuda mútua.

Para outros indivíduos, é a possibilidade de plantar um germe da militância LGBT na cidade. Dois desses sujeitos, nosso entrevistado e uma colega, decidem, numa dessas conversas que aconteciam informalmente, viajar até Curitiba, onde participariam da fundação da Associação Brasileira de Gays, Lésbicas e Travestis (ABGLT) — mais tarde a associação incluiria transexuais em sua denominação. Assim surgiu a vontade de constituir um grupo em Cuiabá, voltado para a militância política, que pudesse estabelecer diálogos com o poder público,

---

5 Uma das mais antigas de Cuiabá. Ao seu redor estão localizados a catedral Bom Jesus, o Palácio da Instrução e o Museu Histórico.

sem deixar de ser também um meio de fomentar espaços de convivência e sociabilidade. Cabe ressaltar que, nesse período, houve um fortalecimento das ONG LGBT por conta das demandas sociais advindas da epidemia de aids e da necessidade de que as questões de prevenção em relação à doença fossem encabeçadas pelos próprios sujeitos LGBT — até então vistos como "grupo de risco" pelo Ministério da Saúde.

Em 18 de março de 1995 é criado o Livre-Mente — Grupo de Conscientização em Direitos Humanos, uma referência para a militância no Mato Grosso, de onde surgem lideranças e grupos dissidentes que dariam origem a outras ONG. Com sede pública, o Livre-Mente se torna uma referência local para a própria população LGBT, que passa a procurar a ONG em busca de espaços de sociabilidade ou de ajuda para situações de violência e vulnerabilidade social. As reuniões semanais regulares recebem mais pessoas interessadas em discutir as vivências LGBT da cidade, marcada por situações de violência ou de negação de direitos, mas também incluem a realização de oficinas, exibição de filmes e festas.

Agregando as diferentes identidades que apenas "rasuradamente" (Hall, 1999) se abrigam na sigla LGBT, o Livre-Mente ganha visibilidade e passa a ter presença midiática — a contragosto de alguns membros que não se sentiam confortáveis com a exposição. O grupo é chamado para falar das situações de preconceito e LGBTfobia que começam a ficar mais visíveis, o que também leva a um diálogo mais frequente com parlamentares, com o Judiciário e as administrações públicas sobre questões relativas a direitos sociais. Nos diálogos com o governo e com a mídia, o Livre-Mente fortalece a ideia de que Cuiabá tem, sim, uma "comunidade LGBT" cujos membros são merecedores de direitos como qualquer outro cidadão.

Mas o medo de aparecer publicamente e sofrer discriminação faz com que alguns membros tenham receio desses momentos de exposição. Assim, alguns deles passam a ser a "cara" do Livre-Mente, por sempre se disporem a dar entrevistas. É o caso de Clóvis Arantes, presente em nossas pesquisas, que se tornou um arquivo vivo e atuante da militância cuiabana e mato-grossense. O fundador do Livre-Mente conta que outras lideranças foram surgindo com o crescimento das demandas. As reuniões regulares chegavam a contar com cinquenta integrantes. Com o passar dos anos, os diferentes segmentos do grupo começam a sentir a necessidade de debater suas especificidades, como as mulheres lésbicas, trans e travestis ou as pessoas LGBT negras.

Nesses primeiros anos, o Livre-Mente já se afirma localmente a partir de sua articulação com o movimento LGBT nacional, tornando-se um ponto de referência para a ABGLT no que passa a integrar o grupo Somos,[6] cujo caráter é formativo, voltado principalmente para a estruturação de organizações de gays e outros HSH (homens que fazem sexo com outros homens). Os projetos vão capacitando ativistas de Cuiabá e do interior do estado em processos de descoberta e reflexões críticas que ampliam as pautas e os interesses, fazendo com que o Livre-Mente se torne pequeno frente à multiplicidade de sujeitos políticos, novos ou não, e suas demandas.

A princípio, esses grupos se organizam como departamentos dentro do Livre-Mente, até se constituírem como ONG. A Associação das Travestis de Mato Grosso (Astra-MT), em 2003, a Associação pela Liberdade Lésbica (Liblés), em 2004, e o Grupo de Afrodescendentes pela Livre Orientação Sexual (Gradelos), em 2006, são criados como entidades que congregam integrantes da capital e formam, junto com o Livre-Mente, militantes que se espraiam pelo interior de Mato Grosso e criam outras ONG, como o grupo Mescla/MT, em Várzea Grande, em 2008, o Vida Ativa, em Rondonópolis, em 2000, o Novamente, em Juína, em 2006, e a Associação de Gays, Lésbicas, Bissexuais, Travestis, Transexuais e Simpatizantes de Cáceres (AGLBTT), em 2009. A última organização a se constituir na cidade, em 2015, é a seção mato-grossense do Instituto Brasileiro de Transmasculinidades (Ibrat), entidade que atua junto com a Organização de Trans Identidades Masculinas de Mato Grosso (Otima).

Essa diversificação de pautas e demandas, com o surgimento de novas ONG e o fortalecimento das antigas, no entanto, não é acompanhada por um aumento, no mesmo sentido e em termos numéricos, de sujeitos/membros ativos. Os militantes dessas ONG costumam relatar a dificuldade de manter uma estrutura mínima para funcionamento como organização política, principalmente pelo desafio de formação e renovação de quadros de militantes. Por conta disso, as ONG que sobrevivem

---

6 Projeto idealizado pela Associação para a Saúde e Cidadania Integral na América Latina e Caribe (Asical) e realizado por meio de uma parceria entre a ABGLT e o Programa Nacional de DST/aids do Ministério da Saúde do Brasil, executado por organizações afiliadas e parceiras da ABGLT a partir de 1999.

muitas vezes dependem de figuras como a de Clóvis, enquanto outras encerram suas atividades[7] ou não as conseguem realizar de forma contínua. Como motivos para a não renovação ou a manutenção desses movimentos sociais, os militantes mencionam tanto o desinteresse político quanto a dificuldade de os jovens se assumirem publicamente como LGBT. Tal realidade é contrastante com o que se vê anualmente nas ruas de Cuiabá durante a parada da diversidade — uma marca da militância no novo século —, que atrai um grande número de moradores da cidade e mesmo do interior do estado que, embora não atuem na militância, produzem coletivamente inscrições políticas na paisagem do Cerrado, num misto de festa e política (Silva, 2016b) que chega a reunir vinte mil pessoas LGBT em suas edições.

Século XXI: as paradas e os modos contemporâneos de subjetivação

Desde 2003, Cuiabá realiza sua Parada da Diversidade LGBT, o que colocou a cidade, ainda que tardiamente, no calendário nacional de manifestações desse tipo que começam a se espalhar pelo Brasil tendo como referência a Parada de São Paulo, uma das maiores do mundo. Para entender a chegada desse fenômeno moderno-ocidental[8] a Cuiabá, voltemos mais uma vez ao ano de 1995, quando Clóvis e outros integrantes do Livre-Mente participam da conferência da International Lesbian, Gay, Bisexual, Trans and Intersex Association (Ilga), realizada naquele ano no Rio de Janeiro. Ao final do evento, um desfile comemorativo torna-se uma parada LGBT improvisada e toma conta da orla de Copacabana,

---

7 É importante ressaltar que muitas dessas ONG já não se encontram em atuação por diversos problemas; no entanto, a Livre-Mente, a Astra-MT, a Liblés e a Otima seguem desenvolvendo seus trabalhos na Baixada Cuiabana.

8 As paradas gays ou da diversidade LGBT — como passaram a ser chamadas com o tempo — têm sua origem histórica como modelo político a partir da parada de Nova York, realizada desde 1970, como forma festiva de protesto identitário por direitos e contra a violência policial que teve seu auge um ano antes, na Batalha de Stonewall (Silva, 2016b).

com cobertura televisiva, sendo até hoje considerada a primeira parada brasileira. Essa exposição midiática faz com que os militantes de Cuiabá optem por participar com máscaras improvisadas que cobrem o rosto por completo, para assim não ser reconhecidos por algum telespectador mato-grossense e sofrer represálias.

Essa experiência, ainda que curiosa, e as viagens para participar de paradas que, a partir de 1996, começam a ser realizadas pelo país foram construindo o desejo e mesmo a necessidade de produzir um fenômeno semelhante em Cuiabá, com quase oito anos de "preparação" ou de espera para que a opinião pública fosse mais favorável — ou, como se dizia, que Cuiabá estivesse "pronta". Em 2003, a Parada LGBT de São Paulo, que já era realizada havia sete anos, atingia o posto de uma das maiores do mundo, com destaque e transmissão ao vivo nas redes de televisão. O momento é considerado propício pelos militantes do Livre--Mente, que resolvem marcar a primeira edição para uma sexta-feira, menos de uma semana depois da parada de São Paulo.

A opção pela sexta-feira, que destoa de outras paradas, geralmente realizadas aos domingos, tem o objetivo, segundo Clóvis Arantes, de que o evento não se torne um encontro comentado somente entre a comunidade LGBT. É preciso um momento ordinário, de grande circulação popular, de modo a estabelecer um diálogo com a "sociedade mais ampla": "Às 15h de uma sexta-feira, paramos o carro de som com os balões coloridos na praça da República. A gente achou que iam aparecer umas quinze pessoas", lembra Clóvis. Alexsanders Virgulino, outro dirigente do Livre-Mente, conta que os militantes estavam muito inseguros e, inclusive, prepararam máscaras de cartolina, como aquelas utilizadas no desfile da Ilga em Copacabana, a fim de minimizar a exposição. Mas a surpresa, com a participação de ao menos sete mil pessoas, cria um clima de festa, em que os militantes dançam e empunham a típica bandeira do arco-íris que toma conta das ruas de Cuiabá na lógica do "quero mostrar quem eu sou e pronto".

Desde então, Cuiabá realiza anualmente sua parada, chegando a 25 mil participantes em uma das edições. Organizadas pelo Livre--Mente e pela Liblés, seguem os modelos nacionais, ao festejar a aliança, ainda que provisória, de identidades construídas sobre a diversidade sexual e de gênero, unindo, sob a mesma bandeira, estudantes e trabalhadores das mais diversas idades — ainda que o público juvenil tenha destaque. De ponta a ponta, a visibilidade de mulheres trans, travestis e *drag queens*, muitas delas comandando o carro de som e as palavras de ordem, divide espaço com casais de mesmo sexo que fazem do momento uma afirmação de seus desejos e suas conjugalidades. A aliança entre política e festa se inscreve na paisagem, não deixando nada a dever a greves, passeatas e outros levantes políticos que marcam a vida urbana das democracias contemporâneas (Silva, 2016a; 2016b).

Novas identidades, antigas demandas

Se num determinado momento era possível manter uma multiplicidade de sujeitos sob o rótulo de "homossexuais" — a exemplo das primeiras entidades brasileiras desse tipo, como o pioneiro grupo Somos, de São Paulo, quando se "partia do princípio de que a humanidade estaria dividida entre heterossexuais e homossexuais (e talvez alguns bissexuais)" (MacRae, 1990, p. 40), ou mesmo LGBT, sigla que passou a ser utilizada na virada do século com a capacidade de se atualizar a cada ano, numa verdadeira sopa de letrinhas (Facchini, 2005) —, os movimentos e as movimentações lidam agora com as demandas por um tipo de política e mesmo de sociabilidade em que tais divisões identitárias não impliquem novas exclusões. O não binarismo, o *queer*, a fluidez de gêneros e a assexualidade, entre outras dissidências, apontam novas possibilidades, ainda que suas propostas careçam de linguagem para participar da arena política dos direitos — mesmo que muitas vezes suas subversões apontem para outras políticas possíveis, menos fechadas em identidades e de antemão mais baseadas na implosão de modelos fixos e pressupostos. A presença desses novos e antigos sujeitos nas paradas da diversidade de Cuiabá talvez possa ser lida como o sonho coletivo de um mundo possível, mas sempre adiado para o futuro.

Nesse sentido, o discurso identitário se faz necessário pelas demandas que ainda precarizam alguns sujeitos mais que outros, como a população de homens trans, mulheres trans e travestis, que lutam pela implantação do Processo Transexualizador do Sistema Único de Saúde (SUS), com a criação de um ambulatório para procedimentos iniciais da redesignação sexual.

É também nesse segmento da população LGBT que se dão as maiores incidências de casos de violência e de desgaste físico-emocional, em que vidas estão em constante risco em contextos extremamente binários e heterocentrados. O trabalho de Schuster (2019) sobre as trans e as travestis que se prostituem na região metropolitana de Cuiabá, assim como o trabalho de Porto (2020) sobre os itinerários terapêuticos de homens trans no Mato Grosso, mostram as precariedades desses sujeitos em narrativas de vida em que a segurança e a saúde lhes são negadas pelo Estado e o adoecimento ou mesmo a morte são horizontes assustadores e constantes.

A questão das políticas públicas, em especial de saúde e educação, revela também outro lado das alianças desse movimento LGBT, nesse caso com a academia; o projeto de itinerários terapêuticos anteriormente foi criado com uma parceria entre professores e alunos da Universidade Federal de Mato Grosso (UFMT), profissionais de saúde do município de Cuiabá e do estado de Mato Grosso e representantes da militância trans e travesti. O inegável crescimento que observamos, desde a década de 1980, nas pesquisas brasileiras sobre gênero e sexualidade vai se firmar em Cuiabá e no Mato Grosso nas duas primeiras décadas do século XXI, com o crescimento das universidades públicas locais e o incremento na presença de pesquisadores das ciências humanas, com a criação de cursos de graduação e pós-graduação. Um dos resultados desse trabalho foi que, entre os anos de 2019 e 2021, a Associação Brasileira de Estudos de Homocultura (ABEH) esteve sediada na UFMT, com a participação de pesquisadores dos cursos de antropologia, serviço social, psicologia, letras e saúde coletiva, que promoveram o X Congresso Internacional de Diversidade Sexual, Étnico-racial e de Gênero (Cinabeh), com a participação de quase mil pesquisadores de todo o Brasil.

Nesse campo das políticas públicas, Mato Grosso, a exemplo do restante do país, vive um misto de avanços e retrocessos (Lopes & Aragusuku, 2016). Em 2015, foi criado em Cuiabá o Conselho Municipal de Diversidade Sexual, com a participação de representantes de ONG e do setor público, atuando na defesa de novas políticas públicas e na manutenção das já existentes que continuam sendo desrespeitadas — como os direitos das pessoas trans e travestis de serem tratadas ou atendidas pelo nome social, e não pelo registrado em documentos. Mas um conselho do tipo, em nível estadual, tem sido negado pela Assembleia Legislativa, historicamente de maioria conservadora. Com o esvaziamento desses espaços de representação, também em nível nacional,[9] uma nova estratégia tem se desenhado com a criação de conselhos populares que contam com a participação de militantes, pesquisadores e da sociedade civil. Mato Grosso passou a ter seu próprio conselho em junho de 2021.

O estado também conta com o Grupo Estadual de Combate à Homofobia (GECCH), da Secretaria de Segurança Pública, monitorando os casos de violência marcados por LGBTfobia. Outra conquista nessa área foi a implantação de uma ala LGBT no Centro de Ressocialização de Cuiabá em 2011. Mas tivemos, no mesmo período, a descontinuidade de muitos centros de referência previstos nas ações do programa Brasil sem Homofobia.[10] Além disso, as câmaras municipais de várias cidades, incluindo Cuiabá, rejeitaram veementemente a inclusão de discussões de gênero e sexualidade nos planos municipais de educação, acusando o ativismo LGBT e feminista de propaganda, apologia e busca de privilégios.

No entanto, outras manifestações começam a produzir novos territórios, como o cinema comprometido com preocupações LGBT que tem sido produzido nos últimos anos. Um destaque nesse sentido é o documentário *Majur* (2018), dirigido pela cineasta mato-grossense Íris Lacerda, sobre a personagem-título que é membro do povo Bororo. O filme acompanha a liderança de Majur entre seu povo e vivencia com ela os dilemas locais e nacionais colocados por questões de gênero e sexualidade em sua jornada como mulher trans. A novidade está tanto no surgimento dessas produções audiovisuais quanto no próprio tema, que apresenta novos personagens da história LGBT do Mato Grosso, representantes de etnias do estado e muitos autoidentificados como indígenas LGBT. Desafiando teorias locais e nacionais de gênero e sexualidade, eles e elas começaram, nos últimos anos, a discutir as novas

9 O Conselho Nacional de Combate à Discriminação e Promoção dos Direitos de Lésbicas, Gays, Bissexuais, Travestis e Transexuais (CNCD/LGBT) começou a ser esvaziado pelo governo federal a partir de 2019, no sentido de inibir o avanço nas pautas de direitos sociais.

10 Durante os anos 2000, as políticas do governo federal também propiciaram uma relativa mudança nesse cenário com o programa Brasil sem Homofobia, que, apesar da timidez de suas ações concretas e duradouras, permitiu a realização de conferências e a produção de performances que colocaram as sexualidades não heterocentradas na ordem do dia.

configurações de sexualidade entre os povos indígenas e já se organizam na busca de direitos em suas especificidades.

Entre paradoxos e singularidades, vergonha e orgulho, visibilidade e fuga, novas e velhas identidades, as movimentações e o movimento LGBT de Cuiabá e de Mato Grosso seguem produzindo seus próprios territórios no vasto campo das expressões de sexualidade, mas sem deixar de dialogar com as manifestações realizadas em outras cidades do Brasil e do mundo ocidental, o que significa dizer que Mato Grosso é tanto lugar de movimentos políticos de viés identitário, em luta por direitos sociais e de existência — principalmente pelo aumento da violência, pela perda de direitos ou pela falta de políticas sociais adequadas à população LGBT — quanto de movimentações que vão inscrevendo essas sociabilidades na paisagem do Cerrado, do Pantanal e da Amazônia — os três biomas do estado —, ora por meio de políticas identitárias tradicionais, ora pela explosão festiva ou subversiva que coloca os limites de tais identidades em xeque.

Referências

ERIBON, Didier. *Reflexões sobre a questão gay*. Trad. Procópio Abreu. Rio de Janeiro: Companhia de Freud, 2008.

FACCHINI, Regina. *Sopa de letrinhas? Movimento homossexual e produção de identidades coletivas nos anos 1990*. Rio de Janeiro: Garamond, 2005.

GRIGGI, Menotti Reiners. *Breve história do movimento gay de Cuiabá-MT. Do bar de artistas à Parada Gay*. Trabalho de Conclusão de Curso em Comunicação Social. Cuiabá: Universidade Federal do Mato Grosso, 2010.

HALL, Stuart. "Quem precisa da identidade?". *In*: SILVA, Tomaz Tadeu (org.). *Identidade e diferença: a perspectiva dos estudos culturais*. Petrópolis: Vozes, 2000, p. 103-33.

LOPES, Moisés & ARAGUSUKU, H. A. "Discriminação e cidadania LGBT: políticas públicas em Mato Grosso e no Brasil". *Aceno*, v. 3, n. 5, 2016, p. 242-58.

LOPES, Moisés & SILVA, Jéssica. "'De chapa e cruz', 'paus rodados' aqui 'tem de um tudo': da movimentação de homossexuais ao movimento LGBT de Cuiabá e do Mato Grosso". *Aceno*, v. 2, n. 4, 2016, p. 41-54.

MACRAE, Edward. *A construção da igualdade: identidade sexual e política no Brasil da abertura*. Campinas: Editora da Unicamp, 1990.

PERLONGHER, Néstor. "Territórios marginais". *In*: LANCETTI, Antonio & BAREM-BLITT, Gregorio (org.). *Saúde loucura 4: Grupos e coletivos*. São Paulo: Hucitec, 1993.

PERLONGHER, Néstor. *O negócio do michê: a prostituição viril em São Paulo*. São Paulo: Fundação Perseu Abramo, 2008.

PORTO, Rayssa Karla Dourado. *Da identificação da crise ao recomeço: itinerário terapêutico de homens transgêneros da Baixada Cuiabana/MT*. Dissertação (Mestrado em Saúde Coletiva). Cuiabá: Universidade Federal de Mato Grosso, 2020.

SCHUSTER, Haydeé Thainá. *A dona da rua: territorialização e performance de gênero a partir da prostituição de travestis na Baixada Cuiabana*. Dissertação (Mestrado em Antropologia Social). Cuiabá: Universidade Federal do Mato Grosso , 2019.

SILVA, Marcos Aurélio da. "Carnaval das identidades: homossexualidade e liminaridade no pedaço GLS da ilha de Santa Catarina". *Grifos: Dossiê gênero e cidadania*, v. 16, n. 1, 2004, p. 53-76.

SILVA, Marcos Aurélio da. "O corpo na cidade: festa, militância e os caminhos das políticas LGBTs em Mato Grosso e no Brasil". *Amazônica: Revista de Antropologia*, v. 8, n. 1, 2016a, p. 142-71.

SILVA, Marcos Aurélio da. "Numa tarde qualquer: uma antropologia da Parada da Diversidade em Cuiabá e da cultura LGBT no Brasil contemporâneo". *Bagoas — Estudos gays: gêneros e sexualidades*, v. 10, n. 15, 2016b, p. 101-30.

TREVISAN, João Silvério. *Devassos no Paraíso: a homossexualidade no Brasil, da colônia à atualidade*. Rio de Janeiro: Record, 2004.

Guilherme R. Passamani
Professor da Universidade Federal de Mato Grosso do Sul
(UFMS). Atua nos Programas de Pós-Graduação em antropologia
social e estudos culturais. Bacharel e licenciado em ciências
sociais e história pela Universidade Federal de Santa Maria
(UFSM), mestre em integração latino-americana pela mesma
universidade e doutor em ciências sociais pela Universidade
Estadual de Campinas (Unicamp). Pesquisador associado ao
Núcleo de Estudos Néstor Perlongher (NENP/UFMS) e ao Centro
em Rede de Investigação em Antropologia (CRIA — ISCTE/IUL).

"Farras e fervos" com a "Carmen Miranda do Pantanal": condutas homossexuais, geração e agência

Guilherme R. Passamani

Introdução

Entre os anos 1970 e 1990, a casa de Gica, na periferia de Ladário (MS), era bastante movimentada aos fins de semana. "Farras e fervos" faziam a alegria das "amigas" da "Carmen Miranda do Pantanal". Marinheiros, os homens de verdade, se deliciavam com as bichas em festas que começavam na sexta-feira e só acabavam na madrugada de segunda-feira. Essas e outras reflexões fizeram parte de uma pesquisa cujo trabalho de campo transcorreu entre os anos de 2012 e 2015 nas cidades de Corumbá e Ladário, ambas em Mato Grosso do Sul, na fronteira do Brasil com a Bolívia.

Na pesquisa maior — transformada no livro *Batalha de confete: envelhecimento, condutas homossexuais e regimes de visibilidade no Pantanal-MS*, publicado em 2018 —, com o intuito de compreender como eram experienciados momentos mais avançados do curso da vida, a partir de um grupo de dezessete interlocutores muito diferentes entre si em termos de camadas sociais, formação intelectual e inserção laboral, contatei homens gays, mulheres lésbicas, travestis e pessoas que "se montavam". Meu interesse especial recaiu sobre o envelhecimento de pessoas com condutas homossexuais[1] em cidades consideradas "pequenas"

---

1 "Condutas homossexuais" é uma inspiração a partir dos trabalhos de Gagnon e Simon (1973) e Gagnon (2006). Os autores discutiam questões atinentes a condutas sexuais — para eles, atos criativos, associados a aspectos

e "distantes" dos grandes centros urbanos, sobretudo do Sudeste, onde, em tese, se reuniriam as condições objetivas ideais para a realização plena das sexualidades "desviantes" ou dissidentes.

O objetivo deste capítulo é resgatar as memórias de alguns desses interlocutores, hoje já falecidos ou com mais de setenta anos de idade, que não migraram para metrópoles, capitais e grandes centros. A tentativa é conhecer um pouco mais a figura de Gica, a chamada "Carmen Miranda do Pantanal", uma pessoa negra, pobre, não escolarizada, umbandista, afeminada. A partir das noções de agência e resistência, pretendo articular esses marcadores sociais da diferença no sentido de questionar uma perspectiva sistêmica no âmbito das problematizações interseccionais acerca de uma suposta soma de opressões, bem como de um fluxo migratório (disparado pela orientação sexual) quase de mão única das "cidades pequenas" para as "cidades grandes".

No meu caderno de campo, de agosto de 2013, após uma conversa com Teo, um interlocutor que na época tinha 77 anos, hoje já falecido, assim anotei:

> ele gosta de contar histórias. Ele gosta de lembrar o tempo em que era protagonista nos fervos e nas farras junto aos amigos na busca pelos homens. Contava, com sorriso no rosto, as façanhas sexuais com os marinheiros. Os casos com os verdureiros. Orgulhava-se ao mostrar as fotos dos homens que já tinham frequentado não apenas sua casa, mas, sobretudo, seu corpo. Uma das tantas histórias que Teo me conta é sobre um desses momentos de farra com as amigas bichas e com alguns homens da cidade.

---

culturais mais gerais, códigos e fantasias. Esse roteiro, em tese, constituiria uma dimensão de interação social. Havia, na teoria dos autores, uma crítica à "natureza" social dos comportamentos humanos. Eles ponderavam que, uma vez que o comportamento humano seria social, não haveria condições, então, de existência de um comportamento sexual biologicamente "nu"; o que era passível de existir seria uma conduta sexual socialmente "vestida". Em meu campo, lanço mão dessa inspiração para me referir aos interlocutores da pesquisa. Trata-se de um recurso "guarda-chuva" para aglutinar categorias muito dispersas entre si e trata-las em seus próprios termos. Como as informações acionadas são de outros tempos, é possível que haja outras compreensões, por parte dos interlocutores, de termos que hoje poderiam ser associados a orientação sexual e identidade de gênero.

Logo em seguida, para compor este texto, revisito um pequeno trecho de uma lembrança de Barbosa (78 anos em 2013, hoje já falecido), que também alude a "farras e fervos":

> Da dificuldade dos passos, da alegria no rosto e da desconexão de algumas lembranças é que começavam a surgir as festas do tempo de antigamente para Barbosa. Apenas quando falava dos fervos com os amigos é que parecia recobrar uma lucidez, quem sabe, motivada pela saudade. Naquele tempo, que não se sabe qual era — a dificuldade de datar os momentos foi sintomática em todos os encontros que tive com Barbosa —, as festas, geralmente, tinham lugar aos finais de semana na vizinha Ladário, em casa de Gica. As mais concorridas eram as de 26 de agosto. Este era o dia do aniversário de Gica, a bicha mais famosa da cidade. Com os olhos marejados, Barbosa conta que esse tempo passado era um tempo bonito, tempo de brincadeiras, diversão, amizades e muito sexo. Tempo marcado por cumplicidades e silêncios estratégicos que garantiam não apenas parcerias, mas a continuidade das farras.

As cenas descritas anteriormente falam de memória, de lembranças, de um tempo transcorrido. *Tempo de antigamente*, que não precisa de um começo e muito menos de um final. Não é cronológico. É um tempo que vem quando o pesquisador indaga; é um tempo que se esvai quando a memória, já tão desgastada pelos anos, insiste em esquecer.

Os fios da memória que me servem de condução, por vezes, são individuais, haja vista a história particular de cada sujeito; em outros momentos, trata-se de uma evocação coletiva, pois dá conta de pensar experiências e narrativas que não apenas envolvem alguns desses sujeitos — quando não, todos —, mas um tempo e uma época pelos quais eles teriam transitado. Há, pois, pelo menos duas temporalidades que aparecem de forma mais clara: uma espécie de temporalidade do mundo, em que as pessoas dizem "antes era assim; agora é assim", e uma temporalidade de cada sujeito, "antes eu era assim; hoje eu sou assim". É preciso atentar que essas temporalidades vão se cruzando e se constituindo umas às outras.

Em vista disso, quando olho para o tempo, tento contrapor *chronos* a *kairós*. O *chronos*, para os antigos sofistas, compreendia o tempo organizado cronologicamente, composto por etapas sucessivas e lineares. É arquitetado a partir das ideias de passado, presente e futuro, ou seja, um tempo de trajetórias. O *kairós*, a seu turno, na Antiguidade grega, representava o tempo das oportunidades, aqueles momentos específicos em que eram exigidas decisão e ação; está inscrito no *chronos*, mas não é similar a ele. Segundo Michel Foucault (1988; 2005; 2011), o *kairós* marca as formas material e temporal de representação da ação dos sofistas — isto é, pensar o *kairós* é uma forma de criticar a separação, proposta por Platão, entre poder e saber.

Interessa-me, aqui, associar as "farras e fervos" a uma espécie de *kairós* pantaneiro e orgiástico entre pessoas com condutas homossexuais na cidade de Ladário no *tempo de antigamente*. Vislumbro isso pois o *kairós* é o tempo do instante, aquele que não volta, o tempo que permite a construção de algo diferente do ordinário, do específico. Temos no *kairós* o tempo das oportunidades, das realizações, da diferença, do extraordinário, da fantasia, da criação, do espetáculo. Pensar as "farras e fervos" como uma espécie de *kairós* pode ser sintomático para perceber como as transformações sociais, que não cessam de ocorrer, acabam produzindo diferentes estratégias de gestão da visibilidade para estes que podem, ou não, ser os *últimos homossexuais* (Meccia, 2011) no Pantanal.

Para percorrer esse caminho, então, olhei para as "farras e fervos" como os cenários que poderiam me propiciar pensar memória em intersecção com alguns marcadores sociais da diferença que permitissem compreender as experiências vividas por meus interlocutores a partir do acionado por suas lembranças, mas não apenas isso: também para que propiciassem subsídios para pensar os elementos que eles mesmos investem em determinado tipo de construção de si para mim e no cuidado com que essas informações são manejadas.

Se não há um "destino manifesto" na trajetória dos meus interlocutores, há, sim, uma noção bem estabelecida de curso da vida, uma produção de certas regulações das experiências que, no limite, controlam um "eu" descentrado, fragmentado, multissituado, ainda que a vida esteja, em alguma medida, descronologizada entre experiências bastante dispersas. Se há algo que meus interlocutores partilham é a vivência em uma época na qual as experiências parecem bastante embaralhadas, e os momentos dessas experiências, ao longo da vida, não ocorrem da mesma forma nem na mesma intensidade ou instante. Trata-se, pois, de um rompimento com o chamado "curso da vida moderno" e com o estabelecimento de fases perfeitamente delimitadas (Bassit, 2000). Portanto, conforme Guita Debert (1999), opera-se "uma mudança em como a vida é periodizada". Esse contexto, que a partir de Moody (1993) é chamado de curso da vida pós-moderno, mostra que as experiências convencionais de determinadas idades foram borradas, quer dizer, não há mais determinada "idade certa" para realizações específicas.

As cenas de campo que destaquei há pouco podem ser exemplos desse tempo *kairós* (escritos ficcionais, biográficos ou alegóricos), componentes importantes do curso da vida de meus interlocutores. Neles, acredito, é possível identificar transformações sociais que evidenciam como a "homossexualidade" vai ocupando diferentes lugares e esteve — e está — submetida a regimes, igualmente cambiantes, de visibilidade.

As "farras e fervos" na casa de Gica, contextos muito sexualizados, falam mais do que de um tempo de medo, retraimento social, vitimização e culpa, embora talvez estes tenham sido os elementos que levaram tais sujeitos a uma organização fechada, quase ao estilo de uma confraria, como propõe Thiago Soliva (2012). Essa organização pode estar falando de criatividade, de produção de estratégias e de novas convenções para vivência de desejos em contextos adversos.

O *kairós* que aqui problematizo, das "farras e fervos", o qual Gica e seus amigos comporiam, a rigor, parecia não os fazer abjetos em vista das marcas sociais que os constituíam e os atravessavam, sobretudo a Gica. Pelo contrário, ele se destacava como aglutinador de uma gama de sujeitos variados ao seu redor. Portanto, pretendo analisar como alguns "desvios", à luz de uma perspectiva construcionista no campo das reflexões interseccionais, podem contornar a norma e edificar outras vidas como vivíveis. Assim, em um primeiro momento, apresento o que os interlocutores da pesquisa chamam de "farras e fervos", bem como Gica, nossa personagem principal. Logo em seguida, de posse dessas cenas que estruturam a análise, elaboro sobre como as noções de agência e resistência, por meio do manejo interseccional, podem ensejar potências vivíveis a sujeitos lidos como precários e abjetos.

"Carmen Miranda", as *amigas bichas* e os marinheiros

A região do Pantanal de Mato Grosso do Sul que destaco na pesquisa diz respeito às cidades de Corumbá, hoje com pouco mais de cem mil habitantes, e Ladário, com pouco mais de vinte mil habitantes. São municípios localizados na fronteira com a Bolívia, e Ladário abriga o Sexto Distrito Naval da Marinha do Brasil desde o século XIX. São cidades sem entretenimento específico direcionado à população LGBT-QIA+. Há, porém, muitos turistas em vista do Pantanal e da rota para os Andes. É preciso destacar ainda a circulação de homens, seja das empresas de mineração, seja das fazendas, seja das Forças Armadas. Logo, há muitos corpos masculinos desterritorializados a transitar pela região.

Alguns desses elementos tornam a vida nessa área de fronteira bastante particular. E quem sabe sejam relevantes para pensar, a partir do encontro com essas diferenças todas, o cenário necessário para a composição das "farras e fervos" na periferia de Ladário. Meus interlocutores mais velhos, hoje todos falecidos, destacavam a casa de Gica como o lugar propício para esses momentos especiais e próprios ao congraçamento entre as *amigas bichas*, bem como para encontros eróticos e sexuais com seus possíveis amantes. Dentre os amantes, eles destacavam os marinheiros como as figuras mais presentes e, ao mesmo tempo, mais desejadas.

Como eu disse antes, cronologicamente não fica muito clara a época em que tais relações foram desenvolvidas. Teo (77 anos em 2013, hoje falecido) e Barbosa (78 anos em 2013, hoje falecido) sinalizam que os primeiros encontros podem ter ocorrido na década de 1950, mas evidências mais críveis, como fotos e cartas que me mostraram, datam dos anos 1960. Portanto, é em um passado distante e sem localização muito precisa que residem as lembranças sobre as festas na casa de Gica. É nesse tempo transcorrido, então, que começa a surgir um *kairós* de possibilidade para as condutas homossexuais, desde que protegido por algumas estratégias que envolviam privacidade e segredo entre os grupos que dele faziam parte. Nesse lugar, o passado está posto de forma idealizada e constitui uma sociabilidade entre pessoas com condutas homossexuais e os *homens da cidade*, onde tudo, ou quase tudo, era permitido se praticado de forma a contornar uma moral vigente e hegemônica.

As "farras e fervos" que ocorriam na casa de Gica guardam semelhanças com as "festas íntimas", destacadas por James Green (2000), no Rio de Janeiro, e cujos primórdios remontam aos anos 1950, quando começavam a surgir as primeiras "turmas". Dessas turmas, a de maior longevidade, sem dúvida, foi a Turma OK, transformada em um espaço cultural no Rio de Janeiro. Thiago Soliva (2012) aponta que a Turma OK passou por uma série de mudanças ao longo de suas décadas de existência. Ela data dos anos 1960. No início, a Turma OK se reunia em apartamentos de amigos, tendo um caráter bastante privado, fechado, como o de uma confraria.

O caráter privado das junções — que observei em minha pesquisa com jovens migrantes na cidade gaúcha de Santa Maria (Passamani, 2011), que Soliva percebeu nos primórdios da Turma OK e James Green (2000) observou nas festas íntimas — está presente na etnografia de Carmen Dora Guimarães (2004) sobre os mineiros no Rio de Janeiro; também aparece no trabalho de Murilo Motta (2011) sobre homens mais velhos com conduta homossexual no Rio de Janeiro, bem como no trabalho de Gustavo Duarte (2013) com público semelhante no Rio Grande do Sul, além de também ser presença na pesquisa de Luís Otávio Aquino (1992) sobre mulheres adeptas de práticas sexuais com outras mulheres em Porto Alegre. Talvez em todas essas experiências haja, em sua gênese, a necessidade de compartilhar experiências comuns (de todo tipo), a partir de uma ideia de *comunidade*, como diria Ernesto Meccia (2011).

A personagem que encarnava essa comunidade em sua casa era Gica. Segundo Victor (54 anos em 2013, hoje falecido), Gica era um artista que nunca cursara qualquer escola de teatro ou faculdade ligada às artes cênicas. Durante boa parte da vida, trabalhou como projetista no único e pequeno cinema de Ladário. O aprendizado de suas expressões artísticas foi possível a partir dos filmes a que assistia como parte de seu ofício. A paixão confessa de Gica era pelos filmes de Carmen Miranda. Os interlocutores contam que ele teria assistido a todos os filmes da "Pequena Notável", decorando as coreografias e as músicas que Carmen interpretava.

Gica era considerado pelos amigos como a Carmen Miranda do Pantanal. Não havia mulher na cidade que fizesse uma dublagem, ou uma performance, mais parecida com a artista. Geralmente, suas apresentações ocorriam na época do Carnaval, quando Gica saía vestido de baiana, performando Carmen Miranda. Tornou-se assim popular na cidade, uma figura reconhecida e, aparentemente, conforme lembram os interlocutores que conviveram com ele, muito respeitada. Victor conta uma passagem que remete à popularidade de Gica no Carnaval:

> Então, eu presenciei a escola de samba todinha passar. Passou a comissão de frente, passista, mestre-sala, porta-bandeira, a bateria. Atrás da bateria, vinha o Gica, sozinho, e o povo aplaudindo. Eu falei: "Gente, já passou a escola de samba toda, por que que tão aplaudindo?". Quando eu vi, ele vinha mexendo e recebendo os aplausos do povo que tava ali.

Além de projetista de cinema e transformista, Gica era umbandista. Nos rituais dessa religião, ele desempenhava o papel de cambono, isto é, intermediava o contato entre a entidade espiritual que possuía o médium e a pessoa a quem se destinavam as informações trazidas pelo espírito. Nas religiões de matriz africana ou afro-brasileiras, as pessoas com condutas homossexuais teriam encontrado a oportunidade de um contato mais próximo com o sagrado, sem quaisquer sanções em razão de uma sexualidade desviante de uma suposta norma vigente. Pelo contrário, como informa Peter Fry (1982), a partir de dados do seu campo e do campo de outros estudiosos — como Ruth Landes (1940), por exemplo —, esses sujeitos eram prestigiados nas cerimônias.

Uma quarta *persona* de Gica, que o fazia conhecido em Corumbá e Ladário, era a de cozinheiro. Conforme relatado pelos interlocutores, ele "cozinhava pra fora". Algumas festas e eventos realizados por pessoas *importantes da sociedade* eram preparados por Gica, pois seu talento era reconhecido nessa área. No entanto, todas essas ocupações não foram suficientes para proporcionar uma vida confortável a Gica, que sempre foi uma pessoa pobre, vivendo com dificuldades em uma residência, embora própria, muito humilde.

Parte de suas dificuldades financeiras teve origem quando Gica assumiu publicamente suas condutas homossexuais. A família, muito religiosa, não o aceitou e o expulsou de casa. Depois de uma rápida passagem pelo trabalho sexual, Gica começou a trabalhar no cinema. A relação com a família foi tensa, mas ele nunca teria deixado de buscar uma aproximação, especialmente com sua mãe. O final da vida de Gica foi farto de adversidades. O dinheiro acabou. Ele não havia pago nenhum tipo de aposentadoria privada e terminou a vida recebendo o benefício do INSS no valor de um salário mínimo. Com problemas de saúde e sem dinheiro, vivia com dificuldades, necessitando da ajuda de vizinhos e dos cuidados de um companheiro. A causa da morte teria sido um câncer de próstata agravado por infecções. Seu falecimento se deu no fim dos anos 1990, quando tinha aproximadamente oitenta anos.

A figura de Gica se torna quase mítica na região. Ao longo da vida, essa gama de *personas* acaba por consubstancializar crenças, valores, performances, potências que vão sendo atualizadas pelos sujeitos com os quais Gica se relaciona de formas diferentes. Ocorre algo como uma junção em um só sujeito de várias sensibilidades que podem e são encontradas em diferentes pessoas — daí, talvez, esse simbólico tão forte associado a Gica. Não seria exagero dizer que ele ocupa um lugar central devido à complexidade de sua figura, que transita entre setores muito distintos e consegue se destacar em todos eles. Mais do que isso, parece que Gica aglutinou ao redor de si uma espécie de comunidade de amigos com conduta homossexual que tinham em sua casa um lugar seguro para flertes, casos, relações, sociabilidade, sexo.

A casa de Gica, lugar das "farras e fervos", mostra que existia uma vivência bastante ativa das trocas eróticas e sexuais em Corumbá e Ladário. Nesse sentido, a sexualidade era algo que estava, de algum modo, na ordem do dia para os interlocutores. Em 1956, por exemplo, Maurice Leznoff e William Westley, desde o contexto estadunidense, por meio da ideia de "carreira desviante", trabalhavam com as comunidades homossexuais como grupos apartados da sociedade maior. E no interior dessas comunidades havia uma mistura de classes, raças, origens sociais. Além disso, por meio das figuras dos assumidos e dos enrustidos, eles pensavam a sociabilidade desses sujeitos desviantes em sociedades específicas que se organizavam a partir da sexualidade dos pares (Leznoff & Westley, 1998). Com as devidas ressalvas, talvez ocorresse algo muito semelhante em Ladário em uma época bastante aproximada.

A partir da sexualidade, forjava-se uma espécie de comunidade na casa de Gica, formada por amigos com condutas homossexuais que precisavam se reunir em algum lugar para suas "farras e fervos", pois os espaços de sociabilidade, como dito anteriormente, não eram segmentados, mas espaços mistos onde todos confraternizavam. Com essa carência, as *amigas bichas* buscaram investir no lazer em casa, fazendo com que os encontros e as festas tivessem lugar na residência de cada uma. As casas se tornavam lugares mais seguros e espaços onde podia ocorrer de tudo, sem maiores incômodos. As casas, especialmente aos fins de semana e em datas comemorativas como aniversários, recebiam *as amigas bichas*. É Santiago (61 anos em 2013, hoje falecido) quem relembra esses momentos:

> Qualquer aniversarinho era razão, era motivo, pra você fazer uma festa gay. Qualquer aniversário reunia tudo os gays. Aniversário era sempre uma festa gay. Um baile à fantasia. Sempre tinha uma performance, tinha alguma.

Essas festas privadas eram muito comuns, nesse mesmo tempo, nas capitais do Sudeste e, possivelmente, em outras cidades do país. Green (2000) e Soliva (2012) contam que, no Rio de Janeiro, os apartamentos se transformavam em lugares onde ocorriam as "glamorosas festas de bonecas". Havia desfiles de moda, shows de dublagem e concursos variados em que os amigos "montavam-se" uns para os outros, nas noites dos fins de semana, a fim de confraternizar e externalizar nos limites daquele espaço.[2]

Também na Argentina há registros da realização de festas semelhantes às "farras e fervos" que encontrei no meu campo. Rapisardi e Modarelli (2001), por exemplo, ao escreverem sobre os "gays portenhos" na última ditadura militar da Argentina (1976-1983), em *Fiestas, baños y exílios*, mostram que, para enfrentar a ditadura — cuja perseguição à homossexualidade foi praticamente uma política de Estado —, os "gays portenhos" adotaram festas em locais distantes, sociabilidade nos banheiros públicos (as *teteras*) e exílios do país como as ações mais comuns desse processo de resistência (Passamani, 2009).

As festas foram estratégias de sociabilidade coletiva e resistência dos "gays portenhos" para fugir da vigilância e da perseguição que experimentavam, de maneira ostensiva, no centro de Buenos Aires. As festas com

---

2 A formação de grupos fechados e a realização de festas privadas em que as condutas homossexuais pudessem lograr maior "tranquilidade" diante do espaço público, mas ainda tendo o espaço público como outra dimensão da visibilidade da sexualidade, também podem ser vistas nos trabalhos pioneiros no Brasil, como os de Silva (2005), referente a uma pesquisa realizada nos anos 1950, e o de Guimarães (2004), referente a uma etnografia realizada nos anos 1970. As investigações foram realizadas em São Paulo e Rio de Janeiro, respectivamente.

transformistas, travestis, afeminação deliberada, trocas afetivas, eróticas e sexuais, bem como a formação de parcerias com outros "gays portenhos" ou mesmo com convidados afins a essas iniciativas passaram a ocorrer em uma cidade vizinha de Buenos Aires, Tigre, às margens do rio da Prata e de difícil acesso terrestre (Rapisardi & Modarelli, 2001).

Em meu campo, as festas também remontam a um tempo de restrições democráticas, pois o Brasil vivia sob a ditadura civil-militar. Nesse período, na periferia de Ladário, as "farras e fervos" mais concorridas, como já apontado, eram as de 26 de agosto, o dia do aniversário de "Gica, a bicha mais famosa da cidade". Como lembra Simone (67 anos em 2013, hoje já falecida), "na casa dele, dia 26 de agosto, vinha gente, vinha bicha de Cuiabá, Campo Grande, todo lado. Tinha baile, baile de dançar, lá no fundo". Como Gica morava sozinho àquela altura, era possível reunir todos os amigos, pois, embora a casa fosse simples, o terreno era amplo, e os fundos da casa ficavam próximos ao rio Paraguai. A casa se localizava — para os limites de uma cidade pequena — distante do centro, o que facilitava a *algazarra* dos convidados, que ficavam *despreocupados* e *seguros*.

Teo conta que farra mesmo ocorria em Ladário:

> Dia 26 de agosto tinha fervo grande. Vinha bicha de todo lado. Era aniversário de uma bicha de Ladário que já morreu. Gica. E lá na casa dela, era uma casa, uma casa humilde. Então lá fervia, era uma festa, o aniversário dela. Era marinheiro, era naval, era um fervo. [...] Lá na casa dela, assim, no final, tinha uma descida e era o rio, lá embaixo. Lá na casa da bicha dava pra ferver. Lá perto do rio, longe de tudo.

Justamente por ser em um lugar afastado e próximo ao rio Paraguai, a casa de Gica se tornava o lugar ideal para o encontro das *bichas* da região, sem sofrer sanções ou incômodos, por exemplo, por parte da polícia. Em Ladário, então, os marinheiros (os amantes mais desejados) podiam tranquilamente encontrar suas *bichas* e tinham fins de semana inteiros de trocas eróticas e sexuais. Teria havido certa cumplicidade necessária entre os grupos que participavam desses eventos no sentido de não divulgar nem as "farras e fervos", nem o que ocorria nelas. Segundo relatos, o trânsito para as festas em Ladário durou até fins dos anos 1990, quando Gica faleceu e novos espaços para esses congraçamentos não foram estabelecidos.

Teo, aparentemente o mais bem situado economicamente entre os amigos, na década de 1970 fazia esse traslado entre Corumbá e Ladário (distantes seis quilômetros) de ônibus ou, algumas vezes, inclusive, a pé, para as "farras e fervos", junto aos amigos. No fim da década de 1970, comprou um Corcel azul, *zero*, tudo *original*. Segundo Teo, o carro fora apelidado pelos *bofes* da cidade como *camburão azul*. "No banco da frente, as bichas; no banco de trás, os bofes", dizia. Roberto, um dos mais velhos do grupo, contava que até a polícia conhecia o carro de Teo como *camburão*, e dizia mais: "Depois do carro de Teo, ficou bem fácil conseguir a gurizada, e as farras se tornaram mais frequentes" (Roberto, 82 anos em 2013, hoje falecido).

As "farras e fervos" são pensadas como um *kairós*, tempo passado em que a "arte de viver" desses sujeitos foi narrada a partir de supostas experiências vividas. Há, nessas memórias, uma série de lembranças que articulam diversas categorias. Esses cruzamentos, acredito, fazem mais que hierarquizar sujeitos. À parte as convenções de gênero e sexualidade que permeiam por um bom tempo as narrativas, parece saltar aos olhos uma noção de classe. A classe que separa também aproxima *bichas* de homens nas festas de Gica, e inclusive as próprias *bichas* com mais ou menos recursos, com ou sem carro, e seus parceiros, em geral mais pobres, menos escolarizados, mas sexualmente interessantes para as relações a serem desenvolvidas. Há, no entanto, outras categorias que dialogam entre si.

Agência, negociação e desejos às margens do rio Paraguai

É interessante que a personagem que aglutina os interlocutores todos seja Gica. Essa figura, já falecida e passível de ser recontada de formas muito variadas, funciona como elemento norteador de certo *ethos* que atravessa raça, classe, escolarização, gênero e sexualidade.[3] Ser negro,

---

3 Sobre alguns desses cruzamentos, especialmente cor/raça, classe e sexualidade, ver: Moutinho (2006). A autora produz uma reflexão sobre

pobre, pouco escolarizado, reconhecidamente afeminado, declaradamente homossexual, adepto de religiões de matriz africana, algo ainda visto como problemático em alguns grupos sociais, parece não ter sido um combo opressivo no contexto mais frequente em que Gica circulou. Essas marcas que o constituíam são bastante acionadas para pensar sujeitos periféricos e subalternizados, com possibilidade frequente de serem discriminados e vítimas das formas mais variadas de preconceito. Contudo, na esteira de Avtar Brah (2006), nem toda diferença ou "soma" de diferenças — como mencionado anteriormente — gera necessariamente formas mais agudas de discriminação. Pelo contrário, pode resultar em aproximações, resistência e potência. E este parece ser o caso de Gica. Nos espaços e contextos pelos quais transitou, no grupo social que orbitou à sua volta, Gica não foi personagem periférica, e sim central. A centralidade dessas *personas*, construídas a partir de categorias de desprestígio social, reverberou em vantagens pessoais e o tornou importante, fundamental talvez, em determinadas estruturas, como o Carnaval, a religião, o grupo de amigos.

As compreensões da diferença propostas por Brah (2006) são muito elucidativas para pensar Gica. Brah parte de uma crítica sobre o entendimento das diferenças como questões estanques e em oposição. A proposta é perceber o potencial da produção da diferença como categoria analítica e não apenas como um dado. Segundo a autora, nem toda diferença, dependendo de suas intersecções, pode resultar em desigualdade. Isto é, a soma de diferenças não gera, obrigatoriamente, desigualdade. [4]

Ao aclarar que "a experiência não reflete de maneira transparente uma realidade predeterminada" (Brah, 2006, p. 360), Avtar Brah sugere que ela é resultado de uma construção cultural. Gica e as "farras e fervos" podem não ser exatamente como eu conheci a partir de meus

---

afetos, prazeres e desigualdade social entre "jovens homossexuais" no "circuito GLS carioca", atentando para moradores da favela e do subúrbio.

4 Para pensar o processo de constituição de muitas diferenciações que podem ou não tornar a diferença uma desigualdade, parece potente um investimento intelectual para refletir sobre essas categorias de articulação que, acionadas junto ao gênero, compõem o social. Problematizar a intersecção entre as diferentes categorias é mais do que trabalhar com a noção de diferença sexual, ou mesmo as relações e os pontos de contato entre gênero e outras categorias, como raça e classe, por exemplo (Piscitelli, 2008).

interlocutores, mas a experiência, como construção discursiva, ou um "processo de significação", me ajuda a compreender um pouco mais de que modo a norma é contornada em contextos particulares e produz potência. É assim que a diferença como experiência em Brah é especialmente atrativa, pois é concebida como um espaço de formação do sujeito. Nesse espaço, são inscritas subjetividades outras que podem ser reiteradas ou refutadas.

A leitura da experiência por meio da lente da diferença permite observar um conjunto diverso de marcadores que têm potencial de atribuir variados significados às "farras e fervos" para o grupo de pessoas que está junto a Gica. Isso faz sentido, sobretudo, se pensarmos a forma como os sujeitos se relacionam com as "farras e fervos", ou mesmo como transitam pelos jogos eróticos e sexuais que envolvem a conquista de parceiros. Como diria Brah, "o mesmo contexto pode produzir várias 'histórias' coletivas diferentes, diferenciando e ligando biografias através de especificidades contingentes" (Brah, 2006, p. 362).

Uma modalidade dessa experiência, que acabei vivenciando em campo, pode ser lida com a ajuda do que fora recuperado por Foucault ao propor a retomada do diálogo da filosofia com a literatura, no curso sobre "O governo de si e dos outros", em 1982, especialmente ao problematizar a arte de viver. Com as fontes literárias do primeiro século da era cristã, o autor se propõe a pensar como todo esse investimento criativo dos sujeitos por meio de gestos, ações, relações estabelecidas consigo, com os outros e com a verdade lentamente vão sendo substituídos por formas nada criativas e nada autônomas de gestão da vida (Foucault, 2004).

As diferentes expressões da arte de viver, isto é, das formas entendidas como as mais adequadas para um sujeito edificar-se como sujeito, foram sendo substituídas, depois da Idade Média, por mecanismos mais homogêneos que garantissem êxito não apenas no governo de si, mas no governo dos outros. A questão parece ser a de um processo que leva ao sucumbir da arte de viver e, portanto, de uma subjetividade diante de formas amarradas de governo que garantam uma suposta verdade mais generalizada. Ao olhar para Gica e para as "farras e fervos", a arte de viver dá uma ideia de trânsito, de permanente construção, de fluidez. Parece-me que assim são construídas as trajetórias das *amigas bichas*, em plena ditadura civil-militar brasileira, às margens do rio Paraguai, no Pantanal sul-mato-grossense, na fronteira com a Bolívia.

Nesse sentido, como bem destaca Adriana Piscitelli (2008), categorias em articulação produzem efeitos diferentes de quando isoladas e em contextos distintos daqueles nos quais foram acionadas em conjunto. Outra vez, este parece ser o caso dos relatos e das personagens que apresentei anteriormente. As categorias aqui destacadas como importantes a partir do campo (raça, classe, escolarização, gênero, sexualidade, entre outras), se isoladas, podem perder o sentido. Uma só funciona porque está em profunda relação com a outra.

As reflexões que intersectam marcadores sociais da diferença já aparecem nas pesquisas sobre gênero e sexualidade no Brasil desde os trabalhos de Peter Fry (1982)[5] e Néstor Perlongher (1987).[6] Nas referidas pesquisas, a tensão funciona como um elo que aguça o desejo. Entre tantos tensores libidinais, como diria Perlongher, a classe era um que mostrava como o desejo não respeita as rígidas hierarquias que estruturaram o nosso imaginário social. Algo muito interessante que dialoga com essa percepção foi trabalhado por Anne McClintock (2010). A autora relacionou classe, gênero e raça na tentativa de mostrar como essas categorias funcionam de maneira articulada, o que produz sentido diferente de pensá-las de maneiras isoladas ou sobrepostas.

Gica e sua turma das "farras e fervos" parecem personificar uma estratégia de gestão do poder pelas brechas. As "farras e fervos" são brechas pelas quais o desejo escapa e se constitui potência. Tal como

5 Em rápidas palavras, o modelo hierárquico foi observado como mais comum entre as camadas populares e diferençava os sujeitos entre *homens* (ativos) e *bichas* (passivas). A hierarquia nas performances de gênero se articulava com o que se esperava que fosse desempenhado pelos sujeitos no ato sexual. Por outro lado, o modelo igualitário (moderno) fazia uma diferenciação entre homossexuais (que poderiam ser entendidos e gays) e heterossexuais. A ênfase da diferença estava na orientação sexual, e esse modelo encontrou bastante ressonância nos meios intelectuais e nas camadas médias (Fry, 1982).

6 No campo de Perlongher (1987), aparecem muitos marcadores de diferença social. Os principais, via de regra, são gênero, classe, cor/raça e idade. A diferença acionada pela confrontação desses marcadores é o que ele chama de "tensores libidinais". Assim os nomeia, pois eles permitem a produção de classificações, ao mesmo tempo que, igualmente, produzem formas variadas de desejo. Uma interessante e esclarecedora análise da obra de Perlongher foi feita por Julio Simões (2008).

proposto por Michel Foucault (2014), o que está em causa às margens do rio Paraguai, onde o Brasil já é quase Bolívia, é um xeque-mate na ideia de poder como propriedade, que alguém tem e outra pessoa não tem. Ali, entre *amigas bichas* e seus homens, o poder é uma relação, um processo, um feixe de relações dissolvido no todo social. Não há um centro de poder porque elas e eles estão em permanente negociação. Também se negocia com a norma, com a sociedade que os "ignora", assistindo ao longe, mas percebendo a existência.

Se o poder é descentrado, não é total, nem definitivo, há resistências (Foucault, 1994). As *amigas bichas*, seus homens, seus acordos, suas negociações, a partir das "farras e fervos", desenvolvem estratégias — quase nunca livres de tensões — de construir autonomia em face às hegemonias que estão capilarizadas pela vida cotidiana. Entendo que essas estratégias podem ensejar o que o autor chama de "economias de poder". Foucault (1995, p. 248) as define como um "conjunto dos meios operados para fazer funcionar ou para manter um dispositivo de poder. Podemos também falar de estratégia própria às relações de poder na medida em que estas constituem modos de ação sobre a ação possível, eventual, suposta dos outros".

Em vista disso, olhar as "farras e fervos" a partir da permanência de *amigas bichas* em cidades consideradas "pequenas", em um lugar chamado "interior" na fronteira entre Brasil e Bolívia, pode nos ajudar a questionar um pouco algumas máximas que viam em lugares semelhantes a esses a impossibilidade de um estilo de vida não heterossexual. A partir das "farras e fervos", talvez tenhamos condições de ver que, de fato, estratégias de poder operam e produzem potência no sentido de resistir às hegemonias no que diz respeito à sexualidade, bem como constituem agencialidades no campo do prazer e do desejo desde sujeitos que, em tese, a partir das marcas que os atravessam, poderiam ser compreendidos, *a priori*, como "subalternos".

Algumas pesquisas que alcançaram muito prestígio no Brasil, mas também em outros países, apontam claramente para uma suposta necessidade de mobilidade das pessoas que moram nos chamados "interiores" ou nas ditas "cidades pequenas" para os chamados "grandes centros", "metrópoles" e "capitais". A compreensão era de que, nesses lugares, e distantes das redes mais estreitas de relações, as diferenças no campo da sexualidade poderiam se expressar de forma mais livre e sem grandes repreensões. Tais trabalhos — importantes e pioneiros — acabaram por produzir um imaginário de impossibilidade da realização plena da sexualidade nas cidades de origem, como se as dissidências sexuais obedecessem a uma espécie de gradiente entre escalas de cidades, ou paradigmas tradicionais e modernos, relacionando a modernidade aos grandes centros e a tradição (atrasada) às cidades de origem.

De maneira geral, essas pesquisas sempre foram realizadas por pessoas que estavam, chegavam ou permaneciam nos chamados "grandes centros urbanos". Não há registro de mobilidade dos pesquisadores para os chamados "interiores", para os lugarejos. Além disso, as pesquisas se ocupavam dos relatos das pessoas que migraram. Havia certo silêncio sobre problematizar quem eram os sujeitos que migravam, ou seja, aqueles que podiam/conseguiam levar a cabo esse processo, bem como se ignorava que havia, possivelmente, uma parcela de pessoas que não migrava porque não conseguia/não podia/não queria. Em grande medida, isso não ocorria porque as pesquisas também não transitavam e não conheciam as diferentes realidades do país nos diferentes e complexos "interiores", salvo uma ou outra exceção que assim o fez. Alguns trabalhos, inclusive de minha autoria (Passamani, 2009; 2011), repetiram essa perspectiva. No entanto, minha pesquisa mais ampla, na qual constam as análises das "farras e fervos", é uma tentativa de desassossegar esse lugar-comum (meu, inclusive).

Ir para a fronteira do Brasil com a Bolívia, em cidades consideradas pequenas, no interior de Mato Grosso do Sul, foi uma tentativa de perceber se o que apurei nos trabalhos anteriores, e o que dizia parte de uma literatura específica, confirmava-se: os sujeitos com conduta homossexual deveriam migrar por conta das opressões sofridas nas cidades de origem. As "farras e fervos" contrariam certa literatura que insiste na migração de sujeitos LGBTQIA+ como destino manifesto para uma vida vivível. Com isso, ignora-se que a articulação entre categorias de diferenciação, a produção de marcadores sociais da diferença, o descolamento entre diferença e desigualdade podem ser fatores fundamentais para pensar a permanência desses sujeitos nas cidades de origem, bem como a formulação de estratégias e o empreendimento de negociações para tornar a vida possível já nas cidades de origem.

Tudo isso para dizer que há complexidades e contradições potentes nas ditas "cidades menores" que, na figura de Gica e no caso das "farras e fervos", apresentam outras centralidades e margens amparadas por óticas que não a capital/interior. Isto é, no próprio Pantanal — nas cidades de Corumbá e Ladário — existem condições, situações e realidades que permitem articular essas possíveis e prováveis diferenças que constroem de maneira distinta esses lugares de pertença. Com isso, a partir de variações internas, o meu campo apresenta-se ligeiramente diferente de campos e trabalhos empreendidos nos "grandes centros urbanos". Afastamentos e aproximações talvez possam dar a tônica das "farras e fervos", muito mais que oposições basilares. Entre esses deslocamentos, surgem elementos para pensar a mudança da "homossexualidade enquanto lugar social" (Carrara, 2005). As diferenças em torno das sexualidades dissidentes estavam lá; torná-las uma questão de interesse acadêmico, não.

É importante salientar que as "farras e fervos" evidenciam como o fato de permanecer na cidade de origem sinaliza uma relação tensa com o anonimato e com a impessoalidade, especialmente no que diz respeito às questões que envolvem as condutas homossexuais dos sujeitos, fazendo com que estabeleçam as potenciais confrarias em que o segredo e o anonimato têm especial importância. As pessoas não estão no centro da cidade. Não estão em um bar de rua. Não estão em uma boate na área nobre da cidade. Estão distantes. Às margens do rio. Mas estão. E este é o fato a destacar. O desejo, a (in)visibilidade e a produção das diferenças estão, a todo tempo, sendo negociados.

Isso ocorre porque o cenário de trânsitos, de corpos masculinos desterritorializados, seja pelo turismo, seja pelo trabalho, é de "inchaços" pontuais. É preciso ter claro que muitos desses sujeitos estão na região de passagem, o que não é caso dos interlocutores, todos nascidos em Corumbá ou em Ladário. Como as cheias do Pantanal, ainda que duradouras, há os períodos de refluxos, em que são outra vez percebidos os traços da "cidade provinciana", como diriam alguns deles, caracterizadas por uma rede de relações pessoais bem estreitas, o que dá margem à fofoca e exige mediações do segredo para algumas instâncias da vida social como as "farras e fervos".

Pontualmente falando, ainda é preciso destacar duas questões que podem ser igualmente importantes para tentar entender a não migração das *amigas bichas*: a distância e a pobreza. Corumbá e Ladário estão a mais de quatrocentos quilômetros da capital do estado, Campo Grande, e a 235 quilômetros da cidade mais próxima no Brasil, Miranda (MS). Isso exige mecanismos capazes de autogerir as necessidades, inclusive, no mundo dos afetos, do erotismo e da sexualidade. A distância, aliada ao fator socioeconômico, contribui para uma não migração. De fato, a cidade é muito pobre. Há uma discrepância bem grande, e bastante visível, entre ricos e pobres, entre aqueles que moram antes dos trilhos do trem (mais próximos ao centro da cidade e à região do Porto Geral) e a parcela majoritária da população, que mora depois dos trilhos, em bairros mais pobres e periféricos. A maior parte das pessoas que participavam das "farras e fervos" pertencia a esse segundo grupo. A pobreza e a distância ajudam a compor o mosaico de particularidades das *amigas bichas*.

A partir desse contexto é que entendo que a noção de agência ajuda a compreender de que maneira as "farras e fervos", bem como Gica, se constituíram como fundamentais para a concretização das experiências dissidentes em termos de sexualidade para algumas pessoas com condutas homossexuais no Pantanal de Mato Grosso do Sul. Judith Butler (2015), nessa seara, diz que o sujeito e, por consequência, o social são resultado de atos performativos que não apenas constituem os próprios sujeitos mas tornam viáveis suas relações e, assim, constituem o social. Os atos performativos não são deliberados. No caso das "farras e fervos", por exemplo, a viabilidade é negociada a partir de uma série de tensões. Afinal, os sujeitos não são ilhas apartadas e as sanções sociais não deixam de existir. Mas a sua efetividade pode ser, como mostram os eventos, controlada e contornada. Portanto, os atos performativos, a agir nos entreatos de exercícios hegemônicos de poder, podem ensejar autonomia, resistência, e constituir certa agência aos sujeitos. As "farras e fervos", para mim, consistem em processos de agencialidade das *amigas bichas*, e, na figura de Gica, encontram seu epicentro. Judith Butler esclarece que a agência é uma possibilidade de articulação e de ressignificação no sentido de "poder fazer". Nas palavras de Casale e Femenías (2009, p. 24), "a agência não é assim um 'atributo' dos sujeitos, mas sim uma característica performativa de significado político. Quando o sujeito se torna resistência, ele se constitui agência".

A seu turno, Sherry Ortner (2007) mostra como agência não é uma "coisa em si", e sim um processo. Essas movimentações, no tensionamento das relações de poder, produzem efeitos complexos na subjetividade dos atores sociais. Ortner problematiza a concepção naturalizada de que o agente seria alguém autônomo, independente, individual que, heroicamente, enfrentaria a estrutura. As "farras e fervos" evidenciam como isso não opera dessa forma. Tornar-se agente envolve uma engrenagem meticulosa. E as *amigas bichas* a constituem para se tornarem viáveis como dissidentes em um contexto, *a priori*, inóspito.

Ainda que todos os atores sociais tenham agência, essa agência é relativa, contextual, contingente, depende de uma série de fatores, pois está envolvida em um feixe de relações, por um lado, de solidariedade e, por outro, de poder. Segundo Ortner, agência, como um jeito de conseguir ler essas questões complexas, articula agentes e forças sociais. Assim, para William H. Sewell Jr. (1992, p. 2), "os esforços e transações motivadas que constituem a superfície vivenciada da vida social" e a "a capacidade de agência" como a capacidade "de desejar, formar intenções e agir criativamente" (Sewell, 1992, p. 20) "acarretam a capacidade de coordenar as próprias ações com outros e contra outros, de formar projetos coletivos, de persuadir, de coagir" (Sewell, 1992, p. 21).

O sujeito que ocupa um lugar mais desprivilegiado no que diz respeito às relações de poder tende a sofrer mais os impactos destas. No entanto, contextualmente, a fragilidade pode ser mobilizada sob a forma de resistência à dominação e provocar algum deslocamento na modalidade como as relações se estruturam, tal como ocorrera nas "farras e fervos" e em seu centro aglutinador: Gica. Nesse sentido, a resistência também se configura como um modo de agência de poder, articulada às margens do poder. Agência, então, é percebida como relações, ora de solidariedade, ora de poder, ora de solidariedade e poder, a depender das articulações contextuais nas quais os sujeitos estão emaranhados: se, por um lado, como projeto, no âmbito das relações culturais mais amplas, das quais as *amigas bichas*, as "farras e fervos" e Gica não conseguem escapar; se, por outro, no âmbito das relações de poder, igualmente, em que eles também estão imersos, a agência é um elemento fundamental para ajudar a articular posições estratégicas/possíveis para estar na cidade de origem sendo *bicha*, promovendo "farras e fervos", mas em constante negociação com a norma que espreita as cercanias.

Considerações finais

Não conheci a Carmen Miranda do Pantanal. Cheguei à região algumas décadas depois de Gica ter virado encantado, mas a tempo de algumas de suas *amigas bichas*, hoje já falecidas, me contarem sobre "farras e fervos" intermináveis em fins de semana de muita "sacanagem" às margens do rio Paraguai, onde o Brasil é quase Bolívia. "Era bicha de todo lado misturada com marinheiros, com fuzileiros navais, com militares, com gente da cidade e até com pantaneiros", tenho registrado em um caderno de campo de 2013, após conversar com Barbosa, um dos veteranos das "farras e fervos".

Alguns elementos me surpreenderam em campo. Sem dúvida, o mito construído em torno da Carmen Miranda do Pantanal e das "farras e fervos" foi uma das gratas surpresas que tive. Cheguei lá em 2012 para o trabalho de campo, como já disse, muito formatado por uma visão — inclusive acadêmica — que produziu um imaginário migratório (com aura de inevitável) para as *bichas*. O périplo diaspórico, em tese, envolveria o êxodo da "cidade pequena" em direção a um "grande centro", ou a "uma capital", na tentativa redentora de conseguir, enfim, ser "plenamente" *bicha* e "realizada" do ponto de vista da sexualidade.

Se foi interessante e complexo ter uma visão mais "de perto e de dentro", isso embaralhou a minha percepção de "de longe e de fora". As "farras e fervos" me fizeram repensar esse fluxo, bem como seu curso. Na contramão do que parecia estar dado, as *amigas bichas* das "farras e fervos" permaneceram nas cidades de origem e lá "fizeram sua vida", nas diferentes e complexas dimensões que a expressão permite pensar.

As "farras e fervos" parece que representaram tempos próprios, completos, que não podem ser pensados como um intervalo, algum evento de fim de semana. Havia, pois, outra gramática de leitura e interpretação do mundo. A partir desses fenômenos, é possível compreender outras nuances da "homossexualidade como lugar social", a partir de distintas estratégias de gestão da visibilidade e da dinâmica desse processo em uma região que não é um grande centro urbano.

As "farras e fervos" na casa de Gica promoviam conexões entre redes que aproximam sujeitos muito diferentes. Isso é diferente, pelo menos naquela altura e naquele lugar. Sobretudo, se levarmos em consideração que nos grandes centros urbanos, em vista da dinâmica da vida metropolitana, a segmentação dos grupos de interesse é muito flagrante. Há uma compartimentalização do sujeito em redes cada vez mais específicas.

Nesse sentido, acredito que, por meio da dinâmica das "farras e fervos" com a Carmen Miranda do Pantanal, podemos perceber como pode haver complexidade em lugares que, *a priori*, pareciam ser carentes, sobretudo no que diz respeito ao entretenimento de pessoas com condutas homossexuais. Além disso, tais lugares podem ser potentes em termos de agência e resistência frente à norma, constituindo um território possível de vivência e experimentação de uma sexualidade dissidente no meio do Pantanal, sem recorrer ao estatuto da migração. Por fim, é assim que as palavras de Teo, transcritas no meu caderno de campo, parecem concluir a minha ideia de maneira bastante oportuna. Para minha surpresa de forasteiro, Teo me dizia, com ar malicioso — em sua cadeira de balanço, com o leque na mão: "em termos de homem, aqui não se passa fome nunca, é farra e fervo todo dia, há cinquenta anos!". A história da homossexualidade é marcada por muita luta. Quase sempre violenta, triste e inglória. As *amigas bichas* revelam que as "farras e fervos" também podem ser caracterizadas como uma forma de luta. O prazer, a *sacanagem*, o tesão, a festa e a alegria parecem ser estratégias subversivas poderosas no combate à "caretice" e à estreiteza da norma naqueles e nestes pobres anos.

Referências

AQUINO, Luís Octavio Rodrigues. *As derivas do desejo: processos de construção, manutenção e manipulação de identidades lésbicas em um conjunto de mulheres de Porto Alegre-RS*. Dissertação (Mestrado em Antropologia Social). Porto Alegre: Universidade Federal do Rio Grande do Sul, 1992.

BASSIT, Ana Zahira. "O curso de vida como perspectiva de análise do envelhecimento na pós-modernidade". *In*. DEBERT, Guita Grin & GOLDSTEIN, Donna M. (org.). *Políticas do corpo e o curso da vida*. São Paulo: Mandarim, 2000.

BRAH, Avtar. "Diferença, diversidade, diferenciação". *Cadernos Pagu*, n. 26, 2006, p. 329-76.

BUTLER, Judith. *Problemas de gênero: feminismo e subversão da identidade*. Trad. Renato Aguiar. 16 ed. Rio de Janeiro: Civilização Brasileira, 2015.

CASALE, Roland & FEMENÍAS, Maria Luisa. "Breve recorrido por el pensamiento de Judith Butler". *In*: CASALE, Roland & CHIACHIO, Cecília (org.). *Máscaras del deseo: uma lectura del deseo em Judith Butler*. Buenos Aires: Catálogos, 2009, p. 11-35.

CARRARA, Sérgio. "O centro latino-americano em sexualidade e direitos humanos e o 'lugar' da homossexualidade". *In*: GROSSI, Miriam Pillar *et al.* (org.). *Movimentos sociais, educação e sexualidades*. Rio de Janeiro: Garamond. 2005.

DEBERT, Guita Grin. "A construção e reconstrução da velhice: família, classe social e etnicidade". *In*. NERI, Anita Liberalesso & DEBERT, Guita Grin (org.). *Velhice e sociedade*. Campinas: Papirus, 1999, p.41-68.

DUARTE, Gustavo de Oliveira. *O "bloco das Irenes": articulações entre amizade, homossexualidade(s) e o processo de envelhecimento*. Tese (Doutorado em Educação). Porto Alegre: Universidade Federal do Rio Grande do Sul, 2013.

FOUCAULT, Michel. *Michel Foucault: Politics, Philosophy, Culture. Interviews and Other Writings, 1977-1984*. Nova York: Routledge, 1988.

FOUCAULT, Michel. *Dits et écrits, tome I: 1954-1988*. Paris: Gallimard, 1994.

FOUCAULT, Michel. "O sujeito e o poder". *In*: RABINOW, Paul & DREYFUS, Hubert (org.). *Michel Foucault: uma trajetória filosófica: para além do estruturalismo e da hermenêutica*. Trad. Vera Portocarrero & Gilda Gomes Carneiro. Rio de Janeiro: Forense Universitária, 1995.

FOUCAULT, Michel. *Ditos e escritos, v. 5, Ética, sexualidade e política*. Trad. Elisa Monteiro & Inês Autran Dourado Barbosa. Rio de Janeiro: Forense Universitária, 2004.

FOUCAULT, Michel. *A verdade e as formas jurídicas*. Trad. Roberto Cabral de Melo Machado & Eduardo Jardim Morais. Rio de Janeiro: Nau, 2005.

FOUCAULT, Michel. *A coragem da verdade: o governo de si e dos outros II — Curso no Collège de France (1983-1984)*. Trad. Eduardo Brandão. São Paulo: WMF Martins Fontes, 2011.

FOUCAULT, Michel. *Microfísica do poder*. Trad. Roberto Machado. Rio de Janeiro: Paz e Terra, 2014.

FRY, Peter. *Para inglês ver: identidade e política na cultura brasileira*. Rio de Janeiro: Zahar, 1982.

GAGNON, John H. *Uma interpretação do desejo: ensaios sobre o estudo da sexualidade*. Trad. Lucia Ribeiro da Silva. Rio de Janeiro: Garamond, 2006.

GAGNON, John H. & SIMON, William. *Sexual Conduct: The Social Sources of Human Sexuality*. Chicago: Aldine, 1973.

GREEN, James N. *Além do Carnaval: a homossexualidade masculina no Brasil do século XX*. Trad. Cristina Fino & Cássio Arantes Leite. São Paulo: Editora Unesp, 2000.

GUIMARÃES, Carmen Dora. *O homossexual visto por entendidos*. Rio de Janeiro: Garamond, 2004.

LANDES, Ruth. "A Cult Matriarchate and Male Homosexuality". *Journal of Abnormal and Social Psychology*, v. 35, 1940, p. 386-97.

LEZNOFF, M. & WESTLEY, W. A. "The Homosexual Community". *In*: NARDI, P. M. & SCHNEIDER, B. E. (org.). *Social Perspectives in Lesbian and Gay Studies: A Reader*. Nova York: Routledge, 1998, p. 5-11.

MCCLINTOCK, A. *Couro Imperial: raça, gênero e sexualidade no embate colonial*. Trad. Plínio Dentzien. Campinas: Editora da Unicamp, 2010.

MECCIA, Ernesto. *Los últimos homosexuales. Sociología de la homosexualidad y la gaycidad*. Buenos Aires: Gran Aldea Editores, 2011.

MOODY, H. R. "Overview: What Is Critical Gerontology and Why Is It Important?". *In*: COLE, T. R. *et al.* (org.). *Voices and Visions of Aging: Toward a Critical Gerontology*. Nova York: Springer Publishing Company, 1993.

MOTA, Murilo. *Homossexualidades masculinas e a experiência de envelhecer*. Tese (Doutorado em Serviço Social). Rio de Janeiro: Universidade Federal do Rio de Janeiro, 2011.

MOUTINHO, Laura. "Negociando com a adversidade: reflexões sobre 'raça', (homos)sexualidade e desigualdade social no Rio de Janeiro". *Revista Estudos Feministas*, v. 14, n. 1, 2006, p. 103-16.

ORTNER, Sherry. "Poder e projetos: reflexões sobre a agência". Trad. Sieni Campos. *In*: GROSSI, Miriam Pillar; ECKERT, Cornelia & FRY, Peter Henry (org.). *Conferências e diálogos: saberes e práticas antropológicas*. Blumenau: Editora Nova Letra, 2007.

PASSAMANI, Guilherme R. *O arco-íris (des)coberto*. Santa Maria: Editora UFSM, 2009.

PASSAMANI, Guilherme R. *Na batida da concha. Sociabilidades juvenis e homossexualidades reservadas no interior do Rio Grande do Sul*. Santa Maria: Editora UFSM, 2011.

PERLONGHER, Néstor. *O negócio do michê: a prostituição viril*. São Paulo: Brasiliense, 1987.

PISCITELLI, Adriana. "Interseccionalidades, categorias de articulação e experiências de migrantes brasileiras". *Sociedade e Cultura*, v. 11, 2008.

RAPISARDI, Flavio & MODARELLI, Alejandro. *Fiestas, baños y exílios. Los gays porteños em la última dictadura*. Buenos Aires: Sudamericana, 2001.

SEWELL, William H., Jr. "A Theory of Structure: Duality, Agency, and Transformation". *American Journal of Sociology*, v. 98, n. 1, 1992, p. 1-29.

SILVA, José Fábio Barbosa da. "Homossexualismo em São Paulo: estudo de um grupo minoritário". *In*: GREEN, James N. & TRINDADE, Ronaldo (org.). *Homossexualismo em São Paulo e outros escritos*. São Paulo: Editora Unesp, 2005.

SIMÕES, Julio Assis. "O negócio do desejo". *Cadernos Pagu*, v. 31, 2008, p. 535-46.

SOLIVA, Thiago Barcelos. *A confraria gay: um estudo de sociabilidade, homossexualidade e amizades na Turma OK*. Dissertação (Mestrado em Sociologia e Antropologia). Rio de Janeiro: Universidade Federal do Rio de Janeiro, 2012.

Chiara Albino
Doutoranda em antropologia social pelo Programa de Pós-Graduação em antropologia social da Universidade Federal de Santa Catarina (UFSC) e mestra em antropologia social pelo Programa de Pós-Graduação em antropologia social da Universidade Federal do Rio Grande do Norte (UFRN). Bolsista de doutorado da Capes e pesquisadora vinculada ao Núcleo de Antropologia do Contemporâneo (Transes), da UFSC e ao Instituto Brasil Plural (IBP).

"Recife é brega, meu amor!": modos de subjetivação, homossexualidades masculinas e música eletrônica bagaceira

Chiara Albino

Introdução

No fim do verão de 2015, comecei minha pesquisa de mestrado em antropologia social sobre a relação entre música eletrônica, sociabilidade urbana e experiências homossexuais masculinas na cidade do Recife, Pernambuco.[1] Os sujeitos que participaram dessa pesquisa têm entre 22 e 46 anos, relacionam-se afetiva e sexualmente com outros homens, residem no Recife e pertencem a diferentes estratos socioeconômicos.[2]

Para organizar o trabalho de campo, circulei individualmente por diferentes bares, boates e festas da cidade voltados ao público LGBTQIA+, os quais foram previamente mapeados. Ao circular por tais espaços, constituí as redes de relações que me possibilitavam acessar e acompanhar os sujeitos em seus trajetos. Para mapear com antecedência esses espaços, segui o perfil de cada um nas redes sociais, o que me

---

1 Este artigo resulta da minha pesquisa de mestrado em antropologia social realizada na Universidade Federal do Rio Grande do Norte (UFRN), sob a orientação de Lisabete Coradini e com bolsa de mestrado da Capes. Aqui retomo excertos da minha dissertação e de artigos originalmente publicados em outros lugares (ver: Santana, 2017a, 2017b, 2018; Albino, 2019a, 2019b). Agradeço a Lisabete Coradini pela orientação e à Capes pela bolsa outorgada. Agradeço, também, a Jainara Oliveira pela leitura deste artigo e a Renan Quinalha e a Paulo Souto Maior pelo convite para publicar nesta coletânea.

2 Optei por utilizar nomes fictícios.

possibilitava acompanhar suas respectivas programações. Assim, sabia de antemão sobre as próximas festas e organizava minha ida a esses locais. Conhecer com antecedência a programação desses espaços também permitia que os sujeitos se organizassem financeiramente.

Usava da mesma forma as redes sociais para manter contatos regulares com os sujeitos, sobretudo para combinar nossas idas a tais espaços, bem como para falar sobre o nosso cotidiano ou mesmo quando eu precisava esclarecer as dúvidas sobre os assuntos a respeito dos quais havíamos conversado pessoalmente. Isso se dava, sobretudo, quando eu estava escrevendo ou revisando os diários de campo.

Ao longo do trabalho de campo, frequentava com regularidade o Santo Bar (atualmente Bar do Céu),[3] o Conchittas Bar,[4] o Clube Metrópole[5] e a boate MKB,[6] localizados nas proximidades da avenida Conde da Boa Vista — principal avenida comercial da cidade —, onde se encontrava a maioria dos estabelecimentos voltados ao público LGBTQIA+. Também frequentava a boate San Sebastian,[7] na zona sul. Nessa área, mais precisamente no bairro de Boa Viagem, acontece anualmente a concentração da Parada da Diversidade de Recife. Nesse sentido, minha pesquisa se

---

3 Inaugurado no fim de 2012, o Santo Bar estava localizado na rua das Ninfas, no centro do Recife. O espaço contava com dois ambientes e estava situado ao lado do Clube Metrópole. Para meus interlocutores, servia de "esquenta" nas noites de sexta-feira e de sábado. Em outubro de 2017, o Santo Bar encerrou suas atividades e deu lugar ao Bar do Céu, que, sob a mesma direção, manteve a dinâmica do estabelecimento anterior.

4 O Conchittas Bar está localizado na avenida Manoel Borba, no centro da cidade, ao lado do Miami Pub e do Clube Metrópole.

5 O Clube Metrópole existe há vinte anos e está localizado na rua das Ninfas, no centro da cidade do Recife. Perto da boate, é possível encontrar prédios residenciais e outros estabelecimentos voltados ao público LGBTQIA+. A Metrópole é considerada, pelos interlocutores, uma boate bem localizada, com uma estrutura diferenciada e moderna e bastante eclética musicalmente.

6 A MKB iniciou suas atividades no Recife no ano 2000, em uma casa localizada na avenida Oliveira Lima, n. 733, no centro. Após dois anos de atividades, foi transferida para um casarão localizado na rua Corredor do Bispo, n. 6, Soledade, também no centro da cidade. No fim de 2018, encerrou as atividades.

7 A San Sebastian foi inaugurada em outubro de 2014 e estava localizada na rua 10 de julho, na zona sul do Recife. Encerrou atividades em janeiro de 2016. Devido à localização e aos valores elevados, era classificada, pelos interlocutores, como uma das casas mais elitizadas da cidade.

concentrava prioritariamente na região do centro da cidade, já que, além de reunir a maioria dos estabelecimentos voltados ao público LGBTQIA+, era mais acessível por meio do transporte público. Nessas regiões também ocorria a maior parte das festinhas "alternativas", a exemplo da Terça do Vinil[8] e das festas do Coletivo Golarrolê.[9]

Quando comecei a pesquisa, meu interesse inicial era estudar a música eletrônica mais comumente tocada nos espaços de sociabilidade urbana direcionados ao público LGBTQIA+, como estilos *house, tribal house* e *eletro house*. No entanto, ao acompanhar os interlocutores ao Clube Metrópole, notei que, para eles, a pista do Bar Brasil era mais animadora; na MKB, o espaço mais disputado era aquele reservado ao brega; e os interlocutores consideravam suas idas à festa Brega Naite as mais atrativas. Daí comecei a perceber que a música brega era dominante nesses espaços.

Mas foi ao transitar pela MKB que precisei reorientar e rearranjar meu trabalho de campo, já que, junto a meus interlocutores, ao transitar pela MKB percebi, pela primeira vez, que a pista de música eletrônica poderia ser apenas um lugar de passagem, e não mais a pista principal. Percebi ainda que a maioria dos frequentadores daquele espaço preferia o estilo musical conhecido regionalmente como "bagaceira". Esse estilo musical estava presente em uma das pistas da MKB e era reproduzido a partir das apresentações realizadas por bandas ao vivo. Ao transitar por lá, notei, por conseguinte, que deveria re-habituar meus olhos e ouvidos para melhor entender essa cena etnográfica.

Com efeito, depois de transitar pelos diferentes espaços de sociabilidade urbana da cidade do Recife, pude observar que a música eletrônica presente na maioria desses espaços possui grande influência

---

8 Terça do Vinil é um projeto de Juniani Marzani, mais conhecido como DJ 440. Com o slogan "música brasileira imperecível e de rua", o projeto busca valorizar as produções musicais brasileiras e ressignificar os espaços públicos da cidade. Durante a pesquisa de mestrado, a festa Terça do Vinil ocupava o espaço do largo da Santa Cruz, no centro do Recife. Ao final da pesquisa, a festa tinha sido transferida para a galeria Joana Darc, no bairro do Pina, zona sul da cidade.

9 O coletivo pernambucano Golarrolê é um importante nome no cenário de festas alternativas da capital. Em julho de 2020, completou catorze anos de trajetória, promovendo festas bastante apreciadas por meus interlocutores, como Brega Naite, Odara Ôdesce, Maledita, Neon Rocks, Refresh, Prainha e Putz54.

de estilos musicais, como o brega e a bagaceira, como são denominados por meus interlocutores.

Em Pernambuco, o brega é um gênero musical bastante apreciado. Considerado o Rei do Brega, o cantor Reginaldo Rossi foi um ícone musical de grande importância para a divulgação do brega romântico nacionalmente. Hoje, nomes como Kelvis Duran, conhecido como o Príncipe do Brega, Eduarda Alves, Michele Mello, Priscila Senna, Mc Loma e as Gêmeas Lacração, Troia, Sheldon, entre tantos outros, ajudam na difusão do brega para outros contextos. Com uma melodia envolvente e letras que evidenciam a sofrência, a dor de cotovelo, os diferentes amores, a sedução e a conquista, entre outros temas do cotidiano, o brega tem ganhado público e espaços cada vez maiores.

É a partir desse contexto que, neste capítulo, discuto a relação entre música e homossexualidade masculina em Recife. Mais precisamente, enfatizarei as relações de poder que interpelam e produzem a experiência de ser "sujeito dançante" de uma "música periférica". Tal interpelação está ligada aos modos como homens com práticas homossexuais ressignificam essa música no instante da dança.

Música bagaceira/brega e espaços de sociabilidade LGBTQIA+

A bagaceira aqui [se referindo à cidade do Recife] é tipo forró, brega, funk. Aqui o brega é muito forte, muito forte mesmo, e por incrível que pareça toca nas boates e bomba nas festas! Tanto é que tem o Brega Naite, que é uma festa só de brega que ocorre lá no Catamaran. (Victor, entrevista em Recife, abr. 2016)

Esse relato de Victor estabelece uma importante relação entre as boates recifenses e o brega. Quando ressalta que, "por incrível que pareça", a música brega também toca nas boates, Victor procura chamar a atenção para o lugar pouco comum que esse estilo musical ocupa na programação dos espaços de sociabilidade voltados ao público LGBT-QIA+. No entanto, apesar de ser considerado sonoramente inapropriado em outros contextos, a exemplo de algumas das boates de São Paulo, Rio de Janeiro e Florianópolis, onde há predominância de estilos eletrônicos de maior influência internacional, como o *house*, o *eletro house* e o *tribal house*, nas boates do Recife o estilo classificado como bagaceira faz parte da programação.[10]

A aproximação entre a música eletrônica dançante de influência internacional aparece nas inspirações de músicas de cantoras pop internacionais como Lady Gaga, Beyoncé, Miley Cyrus e Katy Perry para o brega pernambucano. Em maio de 2015, um dos jornais locais, o *Diário de Pernambuco*, publicou uma matéria sobre algumas versões bregas de hits internacionais, destacando essa prática como uma tendência no brega pernambucano: "Quando uma música faz sucesso sem o povo nem entender, imagina com uma letra boa, em português", diz trecho da reportagem.

10 A partir de uma etnografia do Carnaval gay no "pedaço GLS" de Florianópolis, Silva (2003) destaca as músicas que são reproduzidas nas boates GLS da cidade. O autor destaca as pistas de dança de duas delas e descreve que, em seus ambientes principais, o *techno* se destacava. Nos ambientes secundários, tocavam músicas dos anos 1970, como *disco*, além de pagodes nacionais. Silva também ressalta que, no caso das boates, a oscilação entre a eletrônica das rádios e os estilos considerados mais populares, a exemplo do pagode e do axé, recebia a atribuição de nomes pejorativos como "bagaceira". Já as boates que ofereciam um estilo musical mais moderno, como o *techno* e o *house*, entre outros, não recebiam apelido pejorativo. Também a partir de Florianópolis, Henning (2008), com base em uma etnografia dos bares e das boates GLS da cidade, discute a "bagaceirice" como categoria polissêmica que descreve condutas moralmente reprováveis e pessoas com pouco poder aquisitivo. Eram considerados "bagaceiros" não apenas aqueles homossexuais que, por exemplo, estabeleciam trocas sexuais com michês, mas também aqueles que se concentravam em ambientes externos às boates em dias de festas; aqueles que se deslocavam de ônibus ou a pé até a boate; ou, ainda, os que entravam nas boates apenas durante os horários promocionais ou gratuitos. Também se definiam como "bagaceiras" práticas sexuais indiscretas como a "pegação" (práticas sexuais fortuitas) em espaços mais escuros nas pistas de dança. Por fim, a categoria "bagaceirice" alude ao gosto musical por estilos que destoavam dos sons que predominavam nas pistas de dança das boates, como o pagode, o axé e a MPB. Reis (2012) também discute a categoria "bagaceira" a partir de dois espaços de sociabilidade homossexual de Belém, a saber: as boates Lux e Malícia. Nessa etnografia, a Lux aparece como lugar "bagaceira", porque frequentado

Trago duas músicas bastante presentes nas pistas dos espaços etnografados, "Wrecking Ball", da cantora norte-americana Miley Cyrus, e a versão brasileira no estilo brega pernambucano, "Bateu a química", da Banda Sedutora. A versão pernambucana não é uma tradução literal da letra da canção da cantora norte-americana, mas uma versão adaptada ao contexto brasileiro, incluindo elementos locais, como a sofrência e o amor, temas bastante comuns nas músicas bregas.

Para os meus interlocutores, por sua vez, a versão brega é mais atrativa ritmicamente falando: "Prefiro 'Bateu a química', com certeza! 'Wrecking Ball' não tem ritmo. Tanto em casa, quanto na balada, só dá para dançar com alguém com a versão brega da música", afirma Danilo. Na pista de dança, o que entra em jogo é a sonoridade da música e quantos contágios é capaz de proporcionar, pois "a música brega não é experimentada por sua audiência de maneira distanciada, mas principalmente através de uma sensibilidade corporal que está na dança" (Fontanella, 2005, p. 12-3). Para Douglas, a letra não é o principal elemento, até porque muitas dessas músicas estão em inglês e não são todos que entendem o idioma — talvez por isso as versões bregas façam tanto sucesso.

Segundo Rafael, a versão brega pernambucana poderia ser definida, ainda, como uma sátira

por analisar o cotidiano das pessoas, por fazer parte da vida da gente. Quem nunca sofreu por amor?! Mas eu prefiro o estilo bagaceira pra dançar

---

por "bichas pobres" que consomem produtos populares; e a Malícia, como lugar "fino", porque frequentado por "bichas finas" que consomem produtos de grife. Nessa mesma cidade, Ribeiro (2012) realizou uma etnografia da sociabilidade LGBT no circuito GLS a partir da qual corrobora a descrição da categoria "bagaceira" assinalada por Reis. Hammes (2015), por fim, com base em uma etnografia realizada no Feirão do Chope, bar localizado na região periferizada de Goiânia, discute "bagaceira" como categoria situacionalmente atribuída a uma identidade sexual estigmatizada. Em meu trabalho de campo, a categoria bagaceira diz respeito a um estilo musical. Assim, devido à polissemia dessa categoria, devo esclarecer que, diferentemente desses pesquisadores, não discuto a categoria bagaceira como "apelido pejorativo" atribuído às boates e aos bares ou mesmo a uma identidade sexual ou, ainda, à "oscilação" entre um estilo musical de "mau gosto" e um "mais refinado", mas como categoria que nomeia um estilo de música eletrônica dançante "mais erotizada". Ver: Santana (2017) e Albino (2020).

juntinho. Às vezes nem presto atenção nas letras quando estou dançando com alguém [...] nesses momentos é mais o ritmo mesmo. (Rafael, entrevista em Recife, ago. 2016)

Análises semelhantes foram ressaltadas por Victor. Ao oferecer sua opinião sobre as duas versões da música, ele diz:

Num contexto pop, eu deveria escolher "Wrecking Ball", pois é a música original e como cantor eu nunca gostei muito dessa ideia de fazer versão de música gringa. Mas tem algo mais subjetivo, mais instantâneo e mágico em "Bateu a química", que é o como e o quanto as pessoas daqui se entregam quando está tocando essa música. As pessoas entram no clima da música. É como se se identificassem de tal forma que se torna autobiográfica, e essa reação, que pode ser uma reação bem local e característica de Recife, me faz escolher a versão pernambucana. (Victor, entrevista em Recife, out. 2016)

Nesse relato de Victor, como se vê, destaca-se a identificação subjetiva com a música. Assim, a letra, por retratar o cotidiano da maioria das pessoas, acaba produzindo uma identificação autobiográfica, e o se entregar ao ritmo pernambucano aparece como uma característica bem local. A esse respeito, também conforme comentado por Victor: "Pernambucano adora um brega, não importa classe social. O ritmo acaba envolvendo a gente de mansinho, e quando menos notamos estamos dançando agarradinho". A relação estabelecida entre a música e o *dançar junto com malícia* é destacada nas falas de todos os meus interlocutores, *malícia* esta que só é possível ao dançar a bagaceira.

Existem as festas *open bar*, mais alternativas de Recife, que também são outra opção que você vai. E essas festas também dão uma sacolejada na organização das boates, porque elas estavam perdendo frequentadores. Acho que é uma questão mesmo de ampliação dos locais que eu possa ir, não é só boate, nos espaços GLS, principalmente agora que a gente tem uma aceitação maior e então não são só as boates, existem outros espaços. (Victor, entrevista em Recife, abr. 2015)

A dinâmica apresentada por Victor é interessante para pensarmos como o brega foi ganhando espaço nas festas que compõem o mercado voltado ao público LGBTQIA+ em Recife. As festas alternativas, principalmente as que ocorrem no Catamaran, a exemplo da festa Brega Naite, ao trazer bandas e cantores de referência do brega pernambucano e djs que investiam em estilos musicais mais diversificados, como bagaceira e brasilidades, fugindo do tradicional *house music*, tão presente nas festas voltadas ao público LGBTQIA+, foram atraindo um novo público, e as boates consideradas mais elitizadas, como o Clube Metrópole, começaram a dedicar algumas festas ao brega, como o Bailão Brega.

Nesse sentido, para meu interlocutor Rafael, "o espaço da pista do Bar Brasil sempre tocou esse estilo, mas eu não via atrações tão fortes na cena brega fazendo shows na boate, que por acaso acontecem no palco principal". Segundo ele, o palco principal da pista New York, reservado para o estilo *house music* com apresentações de gogo boys e cantores ou intérpretes do pop, como Lorena Simpson e Wanessa Camargo, passou a ser ocupado por bandas como Sedutora, Michelle Melo, Mc Troia, Kelvis Duran, entre outros ícones do brega e do brega-funk pernambucano. A razão de a boate começar a investir nesse estilo musical era atrair um público maior, pois, segundo os relatos de Victor, o espaço precisava dar uma "repaginada para não perder público". Outro exemplo é o antigo Santo Bar (atual Bar do Céu), que agora conta com as festas Bregosão e Ixxfrega, as quais recebem djs que tocam os estilos bagaceira e brasilidade. Essa situação é diferente, por sua vez, da boate MKB, onde sempre prevaleceram brega e brega-funk, o que faz com que a casa seja conhecida como *o paraíso do brega e dos cafuçus*. Por essa razão, diz Marcelo:

> Quando eu quero pegar um cafuçu, que é aquele gay que é mais carinha de heterozinho, mais descoladinho, descolado não [...] que é meio [...] é meio pedreiro, meio baixa renda, aí eu já sei que as músicas que eles gostam é [sic] o breguinha lá da MKB. Tanto pelo espaço quanto pela música que é tocada, a gente já sabe o público que vai ser atingido, então, quando eu quero paquerar com esse tipo específico dessa tribo, aí eu já vou pra MKB. (Marcelo, entrevista em Recife, out. 2016)

Portanto, a boate MKB, apesar de oferecer as mesmas atrações do Clube Metrópole e do Brega Naite, não vivenciou essa adaptação musical para concorrer com as festas alternativas. O público que geralmente frequenta essa casa é diferente do de outros espaços, os quais são considerados mais elitistas. Essa particularidade permite que a MKB conquiste uma clientela mais popular. O espaço do brega sempre contou com apresentações de bandas ao vivo e é mais disputado pelos frequentadores. "Sempre gostei de ir à MKB pela diversidade musical, o brega sempre fez parte da MKB, lá não tem essa de noite dedicada ao brega, não. Lá as noites são reservadas ao brega", ressalta Elton.

Sentidos erótico-dançantes da *infregatividade*

Na experiência do Recife, a *infregatividade*, produzida no ato de dançar uma música eletrônica bagaceira, é relacionada ao ato de sedução do parceiro. Para Danilo, ao dançar um brega, a sedução é algo que não pode faltar: "Com brega tem sempre sedução, e a *ixxfregação* rola solta". Por isso, segundo sua definição, o brega é um "ritmo quente pra você dançar, pra se apaixonar. Pronto, falou tudo. Brega é isso aí!".

Assim, ao analisar o estilo bagaceira presente nas pistas de dança das festas pelas quais circulei, também se fez necessário analisar a bagaceira a partir da música, bem como os sentidos da bagaceira que resultam da interação entre os dançantes (a *infregatividade*/*ixxfregação*). Nesse sentido, a partir de uma conversa com meus interlocutores, em Recife, em agosto de 2016, tem-se que:

> MAYCON Se a gente pegar o brega, ele é uma bagaceira, nesse sentido da palavra [se referindo a uma coisa de baixo nível].
>
> FELIPE Mas aí, assim, é em parte. Vai ser bagaceira de acordo como a pessoa vai se comportar na dança.
>
> FÁBIO É isso que pensei, na musicalidade.
>
> FELIPE Exatamente, porque às vezes a música é boa, mas da forma como está sendo dançada ela se torna bagaceira. Porque às vezes você está dançando o brega normal, mas tem gente que extrapola.
>
> MAYCON É uma safadeza danada.
>
> FELIPE É uma safadeza tão grande que se torna uma bagaceira.
>
> MAYCON É uma putaria tão grande. Por isso que trato a swingueira como uma bagaceira, é por causa disso, mas lógico que não são todas.

PESQUISADORA Envolve uma erotização dos corpos?

MAYCON Eu acho.

FELIPE A swingueira pode ser por causa das letras da música.

MAYCON Mas é a forma de dançar totosa, tem a safadezinha amor, que é ótima. Eu adoro, não vou mentir.

A musicalidade presente nesses espaços, em sua articulação com a ambientação, promove diversas formas de interação e sedução entre os dançantes. Pensar nesses diferentes estilos de música eletrônica dançante que encontrei nos espaços de sociabilidade frequentados pelos interlocutores desta pesquisa é relevante para refletir sobre a singularidade que a música produz nas interações erotizadas.

Além disso, a experiência de ser "sujeito dançante" de uma "música periférica" implica modos de subjetivação profundamente marcados por relações de poder e disputas políticas. Nesse sentido, recuperando as noções de subjetividade de Michel Foucault, Gilles Deleuze e Félix Guattari, André Lepecki (2006) ressalta que não se deve confundir "subjetividade" com a noção de sujeito fixo, pois uma reapropriação de tal noção de "sujeito" resultaria na "reificação da subjetividade na figura jurídica da pessoa" (Lepecki, 2006, p.8). O uso de Lepecki para "subjetividade" indexa, ainda, modos de agência. Tal indexação, no entanto, não implica uma recusa do efeito hegemônico dos mecanismos de sujeição e dominação na constituição das subjetividades.

Como Lepecki, também uso "subjetividade" de Foucault (1988a; 1988b) para discutir de que modo os interlocutores são interpelados e produzidos pela experiência de ser sujeitos dançantes de uma "música periférica". Ao contrário de Lepecki, porém, meu uso de "subjetividade" — ou "modos de subjetivação" — não implica uma recusa ou uma negação da noção de "sujeito". Pois, como Butler (2017) e o próprio Lepecki, não uso a noção de "sujeito" de maneira intercambiável com a noção de "pessoa" e a noção de "indivíduo".

Nesse sentido, ao refletir sobre a relação entre a música brega e os bares e as boates voltados ao público LGBTQIA+, assim como as "festas alternativas" do Recife, meu interlocutor diz que:

Começa a ser um ato político a partir do momento em que aquela música sai daquele gueto, que é a fase inicial onde ela é concebida e se expande. Começa a ser político por isso, porque geralmente esses ritmos marginais são uma forma da favela dizer "estamos aqui e somos maioria e não consumimos o que vocês eruditos dizem ser correto, a tal ponto de vocês estarem consumindo o que é da gente". Então, a visão política já começa daí, [...] a partir do momento em que você se reconhece e se posiciona. (Victor, entrevista em Recife, jan. 2018)

Aqui, portanto, também gostaria de chamar a atenção para a dimensão política da performatização corporal da *infregatividade* nesses lugares. Heitor, nesse sentido, afirma:

não sei explicar exatamente como acontece. Há vários fatores envolvidos além da música: [...] o boy precisa ser cheiroso. Geralmente uma luz baixa, um jogo de luz acaba fazendo aquele clima ser propício para a paquera. A música precisa ser envolvente. [...] Mas também depende da sintonia com o boy. Acho que é algo de momento e por isso não tem uma fórmula. Como eu sou um pouco tímido, a bebida também ajuda a chegar no boy. (Heitor, entrevista em Recife, dez. 2018)

Uma das vezes que acompanhei Heitor à festa Brega Naite, ele estava "paquerando" um "boy" que estava a alguns metros de distância do nosso grupinho. Após alguns minutos trocando olhares com o rapaz, ele resolveu "chegar no boy" e chamá-lo para dançar. Depois, porém, de dançar a primeira música, ele "largou o boy" e voltou para o grupo. Ao ser questionado sobre o motivo de não ter continuado a dançar, respondeu que "não rolou sintonia". "O boy era duro pra dançar e nem era tão bonito assim". A composição estética do "boy" também é relevante para se "chegar junto". Apesar da "fama" de gostar de "cafuçu", Heitor me confidenciou que havia diferença entre um cafuçu que vai à Brega Naite e um que frequenta a MKB. A diferença entre os espaços estaria relacionada às diferenças de classe: na MKB, o ingresso custa de quinze a vinte reais. Por isso, essa boate seria considerada "mais democrática", e o público de lá, "mais popular", pois "geralmente são pessoas da periferia". Já na Brega Naite, o ingresso custa de 45 a 60 reais, o *open bar*, de 120 a 160 reais, e o público seria considerado "mais descolado e cult".

Em meio à nossa conversa, recordei-me de uma das vezes em que fui à Brega Naite e, como de costume, uma das atrações era da "periferia", porém observei que algumas pessoas aparentavam certo incômodo com o público que ali estava, considerado por alguns como mais "galeroso" ou "escamoso". Na ocasião, eu acompanhava Cauã e alguns colegas seus, que relataram que "ultimamente a festa não estava mais tão seletiva assim".

Questionei se não seria contraditório ir a uma festa onde a música vem da "periferia" e ficar incomodado com o público da "periferia" que a frequentava. Um dos interlocutores me explica que, no momento da "paquera", ao "selecionar" o parceiro de dança, esses homens, em sua grande maioria, elencam critérios nos quais prevalece a estética corporal: "Se é bonito, se tem o corpo bacana, se tem um bom sorriso branco, se tem um cabelo bem cuidado, se é cheiroso". Ainda a esse respeito, Felipe diz que:

> do mesmo jeito que cada música tem uma linha musical e tem um público pra alcançar, esses bregas bregosos, que são os bregas românticos que eu falo... Que têm essa coisa de você se atrair, ficar com um cara dançando... É aquela dança mais envolvente... Aquele brega que é basicamente um entrando no outro, aquele roça e não roça, aquela infregação... Então, é basicamente isso. Como uma linha da música é sempre uma traição que a pessoa sofreu, que você se dedicou por um amor que não deu certo... e tu sabe que todo mundo passa por isso, querendo ou não em alguma fase da vida vai passar por isso. Então, aquele público que vai pra uma Metrópole sabe que são aquelas músicas mesmo que vão tocar e que gosta dessa sensação do brega que é poder dançar, se infregarem um no outro e tem a questão que você sempre lembra do seu ex. Então, você vai lá dançar... Essas músicas são sempre nessa linha de raciocínio. Aí a pessoa se envolve, termina se envolvendo, porque vai contando uma história. Tem aquele ritmo mais melancólico, eu não sei se eu posso dizer melancólico, mas aquele ritmo que fica atrativo, que você deita no ombro da pessoa, que vai aquele rala e não rala... Então, tu deixa se levar mais pela situação e termina se entregando mais na dança. Assim é muito bom dançar brega. (Felipe, entrevista em Recife, jan. 2019)

Logo em seguida, Felipe ressalta:

> Claro que você não vai dançar com qualquer pessoa, eu falo por mim. Um brega é uma música que é atraente para os dois. Então, é basicamente

você paquerar uma pessoa, você ver se aquela pessoa se identifica com você... se vai querer ficar com você. E você começa dançando com aquela pessoa. Tem a ver basicamente com a música em si, o jeito de dançar, o toque e tal. Daí você termina ficando [risos]... Então, tem sim uma seleção, você não fica com qualquer pessoa. Eu particularmente não ficaria se fosse com uma pessoa que não me atraísse fisicamente, ou de alguns aspectos de pessoas que eu não gosto... então, se ele tivesse o jeito que eu gosto e tocasse uma música dessa e rolasse aquela química e tal e me chamasse pra dançar, então ia rolar. Agora, se fosse diferente, eu já digo que não, porque eu não iria sentir atração em dançar com aquela pessoa que não me atrai fisicamente. (Felipe, entrevista em Recife, jan. 2019)

Nesta pesquisa, o "sujeito dançante" de uma "música periférica" é, portanto, subjetivado e interpelado por vários marcadores sociais da diferença, e a performatização corporal da dança acontece num espaço de disputas políticas, e os corpos dos interlocutores são lugar de constante produção de modos de subjetivação. Ao performatizar a dança, eles colocam o corpo em movimento, porém não no sentido de um movimento ininterrupto. Na dança, eles agem sobre o próprio corpo, mas também afetam o corpo dos parceiros e são afetados por esse corpo. Entre esses corpos circulam "modos de agência" que revelam os efeitos da sujeição na constituição dos sujeitos.

A dança produz seu processo de subjetivação, e os sujeitos submetem corpo e desejos às normatividades dos marcadores sociais da diferença. No entanto, entre uma pausa para ir ao banheiro, retomar o fôlego ou comprar uma bebida, o sujeito pode reavaliar a posição que ocupara no instante da dança e não mais retomá-la com o mesmo parceiro, seja porque "não rolou sintonia", "o boy era duro pra dançar" ou porque ele "nem era tão bonito assim" ou, ainda, porque "estava exausto de tanto dançar".

Essa reavaliação da posição na dança também pode acontecer no mesmo instante em que se dança, conduzindo o sujeito a "largar o boy" e interromper a dança. Muitas vezes o sujeito interrompe a dança por considerar que a música era "muito bregosa", excitando-o demais. Ao sublinhar essa erotização dos corpos experimentada por meio da excitação que a música eletrônica bagaceira produz, vale lembrar o que Georges Bataille (1987, p. 55) diz a respeito do erotismo:

O erotismo é a meus olhos o desequilíbrio em que o próprio ser se coloca em questão, conscientemente. Em certo sentido, o ser se perde objetivamente, mas então o sujeito se identifica com o objeto que se perde. Se for preciso, posso dizer, no erotismo: EU me perco.

Essa interrupção da dança devido à excitação acontece entre os interlocutores quando seus parceiros explicitam que já são comprometidos e estão ali apenas como parceiros de dança, e não como potenciais parceiros sexuais.

Considerações finais

Neste artigo, a partir da inserção da música brega no circuito comercial de bares, boates e festas "alternativas" frequentadas por meus interlocutores, apresentei de que maneira tal relação é imprescindível para discutir as interpelações e os modos de subjetivação pelos quais homens com práticas homossexuais são produzidos pela experiência de ser sujeitos dançantes de uma "música periférica". Ao enfatizar a ideia de os interlocutores serem interpelados como sujeitos dançantes de uma "música periférica", destaquei as noções de *infregatividade* e de música bagaceira/brega. No meu trabalho de campo, a *infregatividade* tem sido pensada, provisoriamente, como uma performatização corporificada da dança que é produzida pela sonoridade da música eletrônica dançante bagaceira. Trata-se de um estilo de música eletrônica que não pode ser analisado apenas pela sua composição musical, pois importa também analisar os sentidos da "bagaceira" que resultam da interação entre os dançantes.

Referências

ALBINO, Chiara. "Música eletrônica bagaceira e os sentidos político-dançantes da infregatividade em Recife". *Sociabilidades Urbanas — Revista de Antropologia e Sociologia*, v. 3, n. 8, 2019a, p. 97-108.

ALBINO, Chiara. "Economia performativa da infregatividade: Estado, subjetividades, políticas e corpos em movimento no contexto da música eletrônica bagaceira". *In*: ALBINO, Chiara & CORADINI, Lisabete (org.). "Dossiê 'Música e modos de subjetivação em perspectiva antropológica'". *Revista Visagem*, v. 5, n. 1, 2019b, p. 253-89.

BATAILLE, Georges. *O erotismo*. Trad. Antonio Carlos Viana. Porto Alegre: L&PM, 1987.

BUTLER, Judith. *A vida psíquica do poder: teorias da sujeição*. Trad. Rogério Bettoni. Belo Horizonte: Autêntica, 2017.

FONTANELLA, Fernando Israel. *A estética do brega: cultura de consumo e o corpo nas periferias de Recife*. Dissertação (Mestrado em Comunicação). Recife: Universidade Federal de Pernambuco, 2005.

FOUCAULT, Michel. "Technologies of the Self". *In*: FOUCAULT, Michel. *Technologies of the Self*. Amherst: University of Massachusetts Press, 1988a, p. 16-49.

FOUCAULT, Michel. "The Political Techonology of Individuals". *In*: FOUCAULT, Michel. *Technologies of the Self*. Amherst: University of Massachusetts Press, 1988b, p. 145-62.

HAMMES, Bruno dos Santos. *No Feirão do Chope: um estudo antropológico sobre intersecções entre marcadores sociais da diferença em um bar na região periferizada de Goiânia*. Dissertação (Mestrado em Antropologia Social). Goiânia: Universidade Federal de Goiás, 2015.

HENNING, Carlos Eduardo. *As diferenças na diferença: hierarquia e interseções de geração, gênero, classe, raça e corporalidade em bares e boates GLS de Florianópolis, SC*. Dissertação (Mestrado em Antropologia Social). Florianópolis: Universidade Federal de Santa Catarina, 2008.

LEPECKI, André. *Exhausting Dance: Performance and the Politics of Movement*. Nova York: Routledge, 2006.

REIS, Ramon Pereira dos. *Encontros e desencontros: uma etnografia das relações homossexuais em espaços de sociabilidade homossexual de Belém, Pará*. Dissertação (Mestrado em Ciências Sociais). Belém: Universidade Federal do Pará, 2012.

RIBEIRO, Milton. *Na rua, na praça, na boate: uma etnografia da sociabilidade LGBT no circuito GLS de Belém-PA*. Dissertação (Mestrado em Ciências Sociais). Belém: Universidade Federal do Pará, 2012.

SANTANA, Tarsila Chiara Albino da Silva. "Música bagaceira e malícia: sentidos erótico-dançantes da infregatividade entre homens com práticas homoeróticas em Recife". Dossiê "Paisagens sonoras". *Revista Equatorial*, v. 3, n. 5, 2017a, p. 120-54.

SANTANA, Tarsila Chiara Albino da Silva. *Da house music à bagaceira: uma etnografia sobre música eletrônica, espacialidades e (homo)sexualidade masculina em Recife, PE.* Dissertação (Mestrado em Antropologia). Natal: Universidade Federal do Rio Grande do Norte, 2017b.

SANTANA, Tarsila Chiara Albino da Silva. "Música, trabalho de campo e subjetividade: a etnografia como prática e experiência". *In*: CORADINI, Lisabete & PAVAN, Maria Angela (org.). *Narrativas, memórias e itinerários.* Campina Grande: Eduepb, v. 1, 2018, p. 157-68.

SILVA, Marco Aurélio da. *Se manque! Uma etnografia do Carnaval no pedaço GLS da ilha de Santa Catarina.* Dissertação (Mestrado em Antropologia Social). Florianópolis: Universidade Federal de Santa Catarina, 2003.

Sandro Silva
Graduado e mestre em história pela Universidade
Federal Rural de Pernambuco (UFRPE). Doutorando em
história pela Universidade Federal de Pernambuco (UFPE).
Atua nas áreas de pesquisa em gênero e história da
homossexualidade masculina na cidade do Recife entre as
décadas de 1970 e 1980, com diversos artigos publicados.
Atualmente, leciona na rede privada da cidade do Recife.

Pontos de encontro e desencontro: a sociabilidade e o cotidiano de homossexuais em ruas, cinemas, bares e boates na cidade do Recife (1970-1980)

Sandro Silva

No presente artigo, tenho como foco o estudo das relações entre homossexualidade e espacialidade. Este é um recorte da minha tese de doutorado em história, no qual pesquisei a emergência da identidade gay em Pernambuco de 1970 até 1985, bem como as relações criadas e estabelecidas a partir dessa nova representação homossexual. De início, precisamos saber que a década de 1970 foi um período de redefinição das identidades dos homossexuais, identificados com uma nova imagem: o gay. Tal identidade estava relacionada a novas territorialidades subjetivas e geográficas. A própria palavra inglesa *gay*, numa tradução mais ou menos ao pé da letra, significa "alegre", "feliz" e "festivo", em contraposição a termos como "bicha", "viado", "fresco", "frango", "pederasta" e seus congêneres de períodos anteriores. Se esses "insultos" eram verdadeiros veredictos para os homossexuais (Eribon, 2008, p. 28), ser gay tinha o poder de minar essas "verdades", desmontando estigmas e tecendo outras sensibilidades.

A reivindicação era política e passou a ser vinculada em jornais, tabloides, passeatas, músicas, peças teatrais, poemas e filmes que procuravam desconstruir as antigas representações no Brasil e no restante do mundo. Todavia, a ampliação do campo de atuação desses sujeitos não se deu apenas pela elaboração organizada e politizada. Através de pequenas astúcias ordinárias, do dia a dia, ao sabor do cotidiano, os homossexuais conseguiam burlar as interdições, a fim de se socializar e ganhar cada vez mais espaço. As novas conexões formadas na subcultura gay, os contatos e os laços de amizade também teriam a função de ajudar os sujeitos a lidar com o preconceito e redefinir seus próprios valores (Nunan, 2003, p. 121).

Recife, capital de Pernambuco, figurava como um dos principais polos brasileiros de interação homossexual por oferecer relativa liberdade proporcionada pelo anonimato, pelos desregramentos, pelos pontos de entretenimento e pela agitação que caracterizam as metrópoles (Haesbaert, 2006, p. 81). Nas grandes cidades haveria maiores possibilidades de transgredir determinadas normas, de vivenciar múltiplas experiências. Não é à toa que metrópoles internacionais como Paris, Londres, Berlim, Amsterdã e Nova York ainda hoje são símbolos de uma certa liberdade para os homossexuais. A ligação entre sexualidade e espaço é uma constante nos discursos referentes à homossexualidade. Inclusive, a concepção de "estar fora", "estar dentro", "sair do armário", "entrar no armário" também remete à ideia de espacialidade. Há que se pensar que mesmo nossas lembranças costumam ser evocadas levando-se em conta o contexto material, que é um referencial no qual vivenciamos nossas experiências e as rememoramos (Halbwachs, 2006, 170-1).

A nossa perspectiva sobre territorialidade ultrapassa o ponto de vista material, palpável, fabricado urbanisticamente. Nesse sentido, a abordagem do filósofo Michel Foucault nos parece bem adequada ao falar de lugares heterotópicos. Esses seriam como espécies de "lugares que estão fora de todos os lugares" (Foucault, 2009, p. 415). Ou seja, seriam espaços subjetivos, construídos *na* e *pela* experiência, espaços onde os sujeitos encarnariam e viveriam outros personagens que não aqueles representados no cotidiano. As heterotopias não teriam referências geográficas específicas, marcações cartesianas, delimitadas por fronteiras. Seriam construídas ao sabor do momento pelos usos que se poderiam dar à territorialidade "tradicional".

Numa das entrevistas realizadas para a minha dissertação de mestrado em 2010, um depoente, ao relembrar os melhores e mais "quentes" pontos de "pegação" de Recife, parece indicar que esses pontos seriam, de fato, *lugares fora de lugares*, territórios que, apesar de serem marginais, discretos para a maioria das pessoas, possuiriam uma geografia absolutamente perceptível para os indivíduos iniciados nesse meio:

> Olhe, as pessoas paqueravam muito que escondidas. Mas enfim, depois de um determinado período da noite, a partir digamos das 22 horas...

É... Começavam a aparecer pessoas circulando pelo [Parque] 13 de Maio; por trás dos Correios, da Agência Central dos Correios do Recife; na [avenida] Guararapes, em frente ao antigo cinema Trianon; na rua 24 de Maio, nas proximidades da [avenida] Dantas Barreto; também na área da Casa da Cultura, que posteriormente virou ponto de travesti, e na beira do rio Capibaribe, em toda a sua extensão da rua Aurora e também na rua do Sol. (Roberto, entrevista em 13 nov. 2010)

O nosso depoente nos revela uma cidade distinta daquela transitada e percebida pela maioria das pessoas. Para muitos passantes, o Parque 13 de Maio (localizado próximo à histórica Faculdade de Direito do Recife) era apenas um calmo e bucólico parque para caminhar, descansar, levar a família, observar os animais nas jaulas e dar pipoca a peixes, patos e pombos. À noite, ou às vezes durante o dia, mesmo para aqueles indivíduos que saboreavam a excitação e o perigo de ser flagrados, as sombras das árvores, os caramanchões e os banheiros seriam pontos ideais para a prática da "pegação". Isso também é um exemplo de espaço heterotópico.

Para os homossexuais, Recife parecia se desdobrar, adquirindo diversos significados, representações e identificações. Por isso estamos de acordo com a ideia de "região moral" trabalhada por Néstor Perlongher, caracterizada pela circulação de desejos marcados por certa ilegalidade e marginalidade. Na "região moral", as pessoas que "derivam" ou transitam não estão necessariamente interessadas em fixar residência, morar. Na "região moral", pelo contrário, há uma espécie de "nomadismo urbano", fruto das deambulações de seus frequentadores (Perlongher, 2005, p. 266-88).[1] No caso do Recife, tendo como base as nossas fontes, podemos dizer que os locais mais comuns de deambulação estavam "pulverizados" na configuração urbana da cidade, semelhantes àqueles que Hiroito de Moraes descreveu em suas memórias sobre a denominada Boca do Lixo, antiga região boêmia de São Paulo (Joanides, 1977, p. 25-31). Vale dizer que o *gay power* não parecia querer traduzir somente a possibilidade de luta, revolução e mudanças que os homossexuais poderiam conquistar frente ao preconceito; este poder gay, aos poucos,

---

1 As "regiões morais" se caracterizariam, também, pela interação e pelo agrupamento de "iguais" nos quais determinadas regras de comportamento e valores se efetivam com dada regularidade.

teria sido cooptado pelo consumismo capitalista, ao possibilitar e criar espaços de entretenimento, diversão e consumo direcionados ou apropriados pelos homossexuais (Trevisan, 1986, p. 214).

Por vezes, algumas "regiões morais" são descritas como lugares de periculosidade, devassidão, lascívia e sujeira, para onde afluíam aqueles que transitavam pela cidade. Vemos emergir, assim, em certas narrativas, espaços escuros, fedorentos, decadentes e perigosos:

> Quem tem muita coragem, mas muita mesmo, preparando-se para tudo, pode tentar o rumo [avenida] Guararapes, [avenida] Dantas Barreto e Pracinha, onde os peixes são de segunda, tipo IPSEP, Ibura, Alto Santa Isabel ou Vasco da Gama. O perigo é um tanto, mas tem quem goste. Começa-se no [bar] Savoy, onde a linha pode ser jogada sem medo de fora. Quem passa por lá depois das nove faz. É um certo amigo (?). Com um pouco mais de coragem o Aero Bar está lá em frente ao Pátio de São Pedro, onde se passa loucamente e o [bar] Douro é logo ali. Se quiser um pouco mais de perigo, o [bar] Central, onde brigas e assaltos sucedem. Mas tem gosto para tudo.[2]

Por meio do emprego de metáforas, dizia-se que, nesses circuitos, os transeuntes eram carentes de beleza física ou moravam em bairros periféricos, como o Alto Santa Isabel e Casa Amarela. Boa parte dessas notícias eram veiculadas no jornal *Diário da Noite*, que circulava na cidade do Recife. De acordo com as nossas pesquisas, o periódico publicou quase ininterruptamente todos os sábados a seção "Mundo Guei", entre os meses de setembro de 1979 e março de 1980. O conteúdo era diversificado, trazia informações sobre conquistas jurídicas de homossexuais no exterior, endereços de grupos militantes de vários estados do Brasil. Havia ainda espaço para os leitores mandarem poemas, histórias de vida, contos, sugestões de bares, cinemas, boates e lugares públicos do Recife frequentados por homossexuais.[3]

2 HENRIQUE, Francisco. "Embalos de sábado à noite", *Diário da Noite*, 1º dez. 1979, p. 5.

3 O *Diário da Noite* circulou em Recife até a década de 1980. Pertencia ao mesmo grupo empresarial do *Jornal do Commercio*, ainda em circulação. Mas, enquanto o *Jornal do Commercio* saía pela manhã, o *Diário da Noite* circulava a partir do fim da tarde e tinha um cunho sensacionalista e popular. O preço era baixo, e a linguagem dos textos, mais acessível. Trazia sempre

Nesse ponto, fica clara a existência de embates que contrapunham, dependendo da territorialidade, os homossexuais de classe social superior àqueles de estratos sociais inferiores. Mesmo enfatizando-se que havia "gosto para tudo", determinados gostos ou inclinações eram encarados como sinal de maus hábitos e falta de requinte. Buscar parceiros em determinados lugares fazia parte de uma complexa relação em que atributos econômicos, sociais, culturais e estéticos eram decisivos como moeda de capital erótico.

Questões semelhantes foram tratadas por Alexandre Teixeira (2009) em sua dissertação de mestrado em ciências sociais. Ao analisar os discursos e as representações sobre os territórios de "pegação" em Belo Horizonte, Minas Gerais, Teixeira apontou que, apesar da utilização dos banheiros públicos ser frequente para o sexo, a falta de conservação e limpeza desses locais no imaginário do "outro" atrairia pessoas "feias", "velhas", "pobres" e "mendigas" (Teixeira, 2009, p. 278-9). Para complementar o tema, os historiadores Durval Muniz Albuquerque Júnior e Rodrigo Ceballos (2004) falam um pouco sobre os contrastes dessa espacialidade conflituosa traçada subjetivamente pelos homossexuais:

> Mesmo os territórios desenhados pelas deambulações, desejos, afetos e encontros homossexuais apresentam demarcações de fronteiras bem nítidas, que separam e segmentam, construindo espécies de subgrupos. Territórios de prazer, de alegria, de beleza, espaços feéricos e luxuosos são contrapostos a territórios de violência, de tristeza, de decadência, espaços periféricos e chamados de "barra-pesada". O mapa da cidade é retraçado e recortado por trilhas que ora levam à alegria e ao luxo, ora à violência, à decadência e à dor. (Albuquerque Júnior & Ceballos, 2004, p. 143-4)

Já as discotecas e alguns bares localizados nos bairros recifenses de Boa Viagem e da Boa Vista, por exemplo, recebiam uma qualificação totalmente distinta da dos banheiros públicos e dos becos. E não era somente

---

crônicas da capital pernambucana. Hoje, boa parte do acervo do *Diário da Noite* encontra-se no Arquivo Estadual Jordão Emerenciano (Apeje), localizado no centro do Recife. Vale dizer que o jornal não está digitalizado, o que faz com que muitas edições estejam se deteriorando sob efeito do tempo, da umidade e de ratos e baratas.

o Recife que possuía lugares propícios à paquera homossexual. Em Olinda, cidade vizinha, havia pontos em que o flerte entre homens era mais livre:

> Não querendo fazer a linha Conde da Boa Vista, Olinda ainda é uma excelente opção. Principalmente nas barracas do Alto da Sé, onde a pescaria é livre, com o que existe de melhor das praias de Bairro Novo e Casa Caiada. Não perca tempo, vá lá e pegue sem medo. Lá a concorrência é muito menor, pelo menos enquanto não descobrirem minas. Levar para o Cantinho da Sé ou para o Omalá, vendo Recife à noite, é tão romântico.[4]

Poderiam até ser ruas, parques, praças, becos e mictórios geralmente mal iluminados e ermos, com pouco movimento de passantes, favorecendo, a partir de determinados horários, a realização de contatos mais íntimos. A questão da pouca ou da falta de iluminação era essencial para a sociabilidade noturna em alguns locais, como nos aponta o teórico Roland Barthes, quando afirma que a escuridão propicia o surgimento de afetos possíveis (Barthes, 2004, p. 429). Na penumbra, sem ver o outro, também seria possível interagir sob o manto do anonimato, pois, mesmo com uma aparente aceitação e clima de abertura, o preconceito persistia, inclusive por parte da polícia. Em nome da manutenção da "moral" e dos "bons costumes", termos emblemáticos da época, a polícia por vezes via os ajuntamentos de homossexuais como um atentado ao pudor. Muitos policiais pareciam se aproveitar disso e agrediam e humilhavam aqueles que eram pegos no "flagra". Foi o caso, por exemplo, de um homossexual apanhado pela polícia num banheiro da Central do Brasil, na cidade do Rio de Janeiro. Indignado e em tom de desabafo, ele escreveu para o jornal *Lampião da Esquina*:

> Hoje à tarde (12 jul. 1979) fui dar umas badaladas inocentes por aí, aproveitando uma folga do serviço, e acabei indo até a Central do Brasil, local onde apareço de vez em quando e acho curtível uma vez ou outra. Bem, fui dar uma olhadinha rápida (não mais que dois minutos) no banheiro principal e, assim que comecei a mijar, fui abordado por um rapaz de estatura média, magro, moreno claro e de bigodes, que identificou-se como policial. Pediu

---

4 HENRIQUE, Francisco. "Embalos de sábado à noite", *op. cit.*, p. 5.

documentos (berrando, é claro) e já com o auxílio de dois guardas fardados levou-me até a delegacia, que fica perto do banheiro, na Central mesmo.

Chegando lá, notei a presença de mais quatro entendidos na mesma situação que a minha: dentro de uma delegacia, contra a vontade e sem saber o motivo. Logo o tal policial veio nos dizendo que detestava viados (nenhum de nós tinha pinta, fazíamos o gênero sério, enrustido) e começou com uma série de incríveis humilhações e ameaças [...].[5]

Os banheiros eram e são espaços privilegiados de vigilância. Como observou Francisco Neto em sua dissertação de mestrado sobre as práticas homossexuais nos banheiros da Universidade Federal do Rio Grande do Norte (UFRN) no início dos anos 2000, é fato que com frequência os banheiros públicos são construídos exclusivamente para satisfazer determinadas necessidades fisiológicas do corpo, como urinar e defecar. Qualquer uso divergente disso é considerado uma espécie de subversão da ordem, portanto passível de punição (Costa Neto, 2005, p. 18). Num estudo feito na década de 1960 nos Estados Unidos, o sociólogo Laud Humphreys pesquisou as denominadas *tearoom trade* (salas de chá), como são denominados alguns banheiros públicos usados para prática de sexo impessoal entre homens. Humphreys observou que determinadas características tornam as "salas de chá" atrativas para homossexuais desejosos de sexo casual e anônimo. Esses locais apresentariam as vantagens de ser ambientes ao mesmo tempo públicos e privados: são acessíveis, facilmente reconhecíveis pelos iniciados e apresentam pequena visibilidade pública (Humphreys, 1974, p. 149).

Outra característica que Laud Humphreys testemunhou foi o silêncio das interações. E é fato que não somente nos encontros de banheiros, mas nos cinemas e nas ruas, os rituais de paquera e sedução no mais das vezes dão-se sob o crivo do silêncio. Aí, a questão da *performance* e do olhar vale muito mais que as palavras. A não ser que a intenção não seja apenas contatos sexuais é que a conversa se faz necessária. Todavia, comumente, a prática para perceber se um flerte está sendo correspondido ou não é apenas a troca de olhares (Albuquerque de Braz, 2009, p. 222).

---

5 CARLOS, Luís. "Cartas na mesa. Chantagem no banheiro da Central", *Lampião da Esquina*, n. 16, set. 1979, p. 18.

As proibições e os preconceitos contribuíam para que as relações homossexuais fossem submetidas a um cálculo racional em que as ações minimizassem os riscos (de ser flagrado, por exemplo) e ao mesmo tempo otimizassem a eficácia. Daí o isolamento do ato sexual, no tempo e no espaço, e a separação radical entre sexo e afeto exemplificada na "dissolução da relação imediatamente após o ato" (Pollak, 1985, p. 57). O sanitário público da rua da Aurora, na margem do rio Capibaribe, ainda está em uso. Arquitetonicamente, é ideal para a "pegação". A começar pela discrição da sua entrada: o acesso ocorre pelo lado oposto à via (rua da Aurora), próximo à mureta que dá para uma das margens do rio.

No diário escrito em meados da década de 1960 que virou o livro intitulado *Orgia*, o teatrólogo Túlio Carella, sob o pseudônimo de Lúcio Ginarte, traz diversas informações a respeito da sociabilidade homossexual em lugares públicos e privados do Recife. Carella era argentino e foi contratado pela Universidade Federal de Pernambuco (UFPE) em meados da década de 1960 para lecionar artes cênicas. Em seu diário, a cidade do Recife aparece como lugar de sensualidade e libertinagem, mesmo entre aqueles homens que não se consideravam homossexuais. Túlio Carella ficava fascinado principalmente com os negros, os quais descrevia como homens que, transitando pelas ruas nas funções de engraxate, camelôs, malandros, michês, guardadores de carros ou simplesmente passantes, o deixavam absolutamente encantado. Há diversas passagens no diário de Carella em que o cais de Santa Rita, por exemplo, aparece como um lugar propício para o sexo casual. Lá, certa vez, o teatrólogo encontrou um homem negro que, com astúcia, fingiu urinar para propositalmente exibir o seu "pau" já duro como um convite:

Caminho até o Cais de Santa Rita. Sento-me na balaustrada. É tarde e quase não se vê ninguém, respiro tranquilamente. Não demora a aparecer um negro que me olha e logo começa a urinar, fingindo esconder-se. Ao terminar, senta-se perto de mim. É robusto, forte e, na meia luz do lugar, só se veem com clareza os seus dentes. [...] toma a minha mão e a acaricia admirando sua alvura (!). Depois, suavemente, leva minha mão à sua coxa, ao seu pau já duro. (Carella, 1968, p. 88)

Nas páginas de *Orgia*, vemos um Recife libidinal — claro, sob o ponto de vista do autor, que deixa a esposa na Argentina e passa a ter outra vida na cidade. Mesmo tendo viajado a trabalho, Carella vivencia diversas aventuras sexuais com homens. E é aí que vemos a cidade, como define Didier Eribon (2008, p. 37), não apenas como um percurso geográfico, mas também como um lugar de definição e redefinição de subjetividades. Haveria, ainda, de acordo com Eribon, uma espécie de "mitologia da cidade libertária". Nos grandes centros urbanos, e aí pensamos no Recife, haveria o mito de uma cidade pensada, dita e vivida como um lugar de subversão e invenção de novos costumes.

Agora, passemos aos cinemas: lugares para entretenimento, diversão, informação, para fazer novas amizades, namorar no "escurinho". Muito do que acontecia nas salas de cinema do centro do Recife entre as décadas de 1970 e 1980 está relacionado ao que Alexandre Vale (2000) pesquisou sobre o cine pornô Jangada, localizado na cidade de Fortaleza, Ceará, na década de 1990. Segundo o antropólogo, uma das fontes da "sedução" de uma sala de projeção vem da proximidade dos corpos num lugar fechado e, ainda por cima, escuro, propiciando um clima a toda sorte de sentimentos e desejos (Vale, 2000, p. 41).

Os filmes exibidos nas salas de cinema do Recife não eram somente do gênero pornográfico; intercalavam-se por gêneros que circulavam no circuito comercial, para todos os gostos e idades. Talvez a adoção de fitas pornôs tenha uma ligação com aquilo que Alexandre Vale diagnosticou nos cines de Fortaleza: a decadência do centro da cidade enquanto lugar simbólico historicamente construído, em conjunto com a emergência do segmento homossexual como um público rentável para os cinemas em via de falência, que poderia ser uma estratégia para os donos desses espaços capitalizarem. Sendo assim,

> A adoção dos filmes pornôs nas telas dos cinemas do *centro* coincide com o momento em que este último perde a sua importância simbólica, ficando associado à violência, ao sujo, ao feio, à pornografia e à prostituição. Essa "coincidência" vai levar os exibidores a "afinar" essas categorias com a possibilidade de maximizar a rentabilidade de suas salas. Desaparecem os lanterninhas, e a vigilância no interior das salas comporta uma maior tolerância. Depois dessa especialização das salas nesse gênero cinematográfico específico, o cinema passa então a explicitar sua dimensão de "abrigo" ou "refúgio" para as "sexualidades periféricas", agora inscritas nos circuitos do estigma feito mercado. (Vale, 2000, p. 34)

Além disso, alguns autores apontam a decadência dos cinemas como decorrência da popularização da televisão e do videocassete (Trevisan, 1986, p. 243). Ora, associada a isso, houve a questão do crescimento da violência, tornando-se mais cômodo e seguro ficar em casa vendo televisão ou ir aos modernos shopping centers, dos quais o primeiro, no caso do Recife, foi inaugurado exatamente em 1980. Esses foram alguns dos motivos que forçaram os empresários do ramo cinematográfico a adotar os gêneros erótico e pornográfico a fim de atrair uma clientela específica sob pena de fechar as portas por falta de público, até porque esses mesmos proprietários sabiam que a maior parte da plateia seria composta majoritariamente por homens e adultos, portanto havia demanda. Como destaca María Elvira Díaz-Benítez, o filme pornô tem como intenção principal "gerar efeito" num público basicamente "punheteiro" (Díaz-Benítez, 2010, p. 87).

Só para citarmos um desses filmes, no cinema Veneza, no mês de agosto de 1974, estava em cartaz a pornochanchada nacional *Café na Cama*. A chamada dessa película era a seguinte: "Graça, ironia e muito sexo! A comédia mais viva do ano!!!". Inclusive, o filme era proibido para menores de dezoito anos.

Cabe aqui destacar que pensamos como o teórico francês Roland Barthes, para quem, numa sala de cinema, cria-se uma atmosfera que foge àquilo que chamamos de realidade e de cotidiano. Tal estado hipnótico ou pré-hipnótico soma-se ao erotismo do "escurinho" (Barthes, 2004, p. 428-9). Muitos homens fariam dentro da sala o que não podiam ou não queriam fazer em outros lugares, sob pena de ser rechaçados devido ao preconceito. Um dos frequentadores desses cinemas do Recife declarou na seção "Mundo Guei" do jornal *Diário da Noite*, de 1º de dezembro de 1979, sua preferência por esses ambientes, tão ideais para o intercâmbio erótico entre homens que até em seus banheiros era possível encontrar alguém interessante apesar da vigilância dos seguranças, que pareciam ter percebido os outros "usos" que alguns homens faziam dos sanitários masculinos:

> Diversas táticas podem ser usadas para uma boa pescaria nesta boa noitada de sábado no eixo Recife-Olinda. Como início, um bom cinema para uma ligeira pegação. Que pode resultar numa excelente noitada. Mas vá com calma, principalmente nos banheiros, pois os cinemas estão colocando

vigias para fiscalizar o amor que não diz o seu nome, como escreveu o nosso guia espiritual Oscar Wilde, primeiro mártir da causa. Para indicar, podemos passear nas escuridões do Trianon ou do Moderno. Querendo um prato mais sofisticado, você pode ir ao Veneza, onde o material é de primeiríssima. É ótimo.[6]

Outro exemplo é um letreiro da década de 1980 na fachada do cinema Moderno (centro do Recife), indicando cenas de sexo explícito e classificação etária de dezoito anos para o filme *Campeonato de Sexo*.

No caso dos funcionários dos cinemas que estavam coibindo os encontros íntimos citados anteriormente, poderíamos enquadrá-los na categoria de "informados" (Goffman, 1988, p. 39), que diz respeito aos indivíduos que, mesmo não fazendo parte daquele grupo específico, por diversos motivos passam a ser aptos a identificar os códigos do grupo em questão. Ao analisar a interação masculina em cinemas da cidade de São Paulo no início da década de 1980, o antropólogo Néstor Perlongher teoriza:

> O tipo de atos sexuais que se pratica dentro do cinema tem a marca da fugacidade e da "parcialidade" própria da deriva homossexual. Contatos na penumbra, entre homens que às vezes sequer se veem as caras, roçares "casuais" de membros na massa que se amontoa nas últimas fileiras da sala, penetrações apressadas nas toaletes diminutas e fedorentas, num espaço buliçoso, que cheira a suor masculino. (Perlongher, 1987, p. 169)

Geralmente, os locais de circulação homossexual mantinham relativa proximidade territorial entre si, compondo um circuito que facilitava os deslocamentos dos sujeitos entre as boates, as lanchonetes, os cinemas e os bares. Desses, o bar Mustang era um dos principais, localizado numa loja térrea do edifício Ambassador, na avenida Conde da Boa Vista, esquina com a antiga loja Mesbla, hoje Riachuelo.[7] Embora não

---

6 HENRIQUE, Francisco. "Embalos de sábado à noite", *op. cit.*, p. 5.
7 O bar Mustang ainda existe no mesmo local e, de acordo com uma placa na fachada, foi fundado em 1969. Hoje, além de bar, também é pizzaria, diariamente frequentado por um público diversificado que começa a chegar no fim da tarde, principalmente às sextas e aos sábados.

fosse um local voltado exclusivamente ao público homossexual, este fazia-se presente, como sugere a alcunha dada ao bar na época: Mustangay. Em grande medida, esse bar se prestava a uma das estratégias empregadas pelos grupos militantes, que era a de integração em todos os ambientes passíveis de visibilidade e moralmente aceitos. Tanto os bares como as discotecas que veremos mais adiante eram espaços em que o *coming out of the closet*[8] se concretizava por representar a possibilidade de expressão da sexualidade de maneira menos estigmatizada e clandestina, diante de outros indivíduos que não eram homossexuais.

De acordo com um missivista homossexual que escreveu para o jornal *Diário da Noite* disposto a indicar o seu mapa do centro do Recife, poder-se-ia, após uma sessão de cinema no Veneza, ir ao Mustang. Em seu discurso, a clientela do bar, ao contrário dos adeptos de sanitários públicos e de alguns cinemas, era formada por uma elite, não apenas no sentido socioeconômico, como também intelectual:

> Logo quando terminar a sessão das sete [no cinema Veneza], a mais concorrida, vai-se ao Mustang (dito Mustangay por certos críticos enrustidos, porém toda noite...). Lá a guerra é guerra, bicha mata bicha, num verdadeiro Butantan, contudo os pratos são de boa qualidade, principalmente se chegar até as nove, nove e meia, nunca depois das dez, porque senão vai se raspar fundo de panela. A concorrência é grande, principalmente de psiquiatras, artistas plásticos, estudantes universitários e outros bichos (?) mais.[9]

Por ser menos concorrido e mais reservado, o Bar do Urso parecia ser ideal para quem era mais ciumento e queria evitar concorrentes ou namorar sossegadamente. Tanto é que se aconselhava aos homens que conseguissem parceiros no Mustang a se dirigir urgentemente ao Bar do Urso, pois assim não correriam o risco de perder o "peixe", às vezes pescado com extrema dificuldade, muitas vezes utilizando-se de toda sorte de "iscas e anzóis". É curioso constatar que, ao mesmo tempo que os discursos convocavam os homossexuais a se integrarem nesses espaços, também transparecem sentimentos e práticas como o ciúme,

---

8 A expressão *coming out of the closet*, em português, significa "sair do armário", que é o ato de assumir a sexualidade publicamente.

9 HENRIQUE, Francisco. "Embalos de sábado à noite", *op. cit.*, p. 5.

a maledicência, a concorrência e o despeito, havendo certa rivalidade, principalmente quando se tratava de questões como paqueras e relacionamentos mais sérios:

> Não perca seu preciosíssimo tempo. Conseguindo alguém, se dirija rapidamente para o Bar do Urso, atrás do Mustang, pois ficando lá colegas de trabalho podem tomar o peixe e você vai ficar na mão. O que é péssimo, sendo melhor ir para casa ver televisão. Neste caso veja a coluna "Filme na TV".[10]

O denominado *gay power* parecia realmente estar em alta: era um negócio lucrativo e, para os empresários, poderia dar retorno financeiro certo e rápido. Bastava ir ao centro da cidade aos fins de semana, principalmente nas noites de sexta-feira e de sábado, para constatar a nova realidade: as noites gays do Recife pareciam oferecer muitos lugares de interação para os homossexuais, pelo menos à época, como indicam algumas matérias da seção "Mundo Guei" e um artigo dos historiadores Durval Muniz e Rodrigo Ceballos sobre esse tema.[11] Como vimos até agora, não faltavam opções de entretenimento para o segmento homossexual. Eram espaços públicos e estabelecimentos privados que se adequavam a todos os gostos e bolsos, reunindo homens das mais distintas classes sociais, idades e etnias. Mas, dos espaços que foram abertos para esse público emergente, talvez nada expressasse tanto o novo momento como as modernas e "descoladas" boates, discotecas ou *discothèques*, como também eram conhecidas. Tais ambientes, com pistas de dança, músicas e luzes inebriantes em conformidade com a moda *disco*, eram, com relação à sociabilidade gay, os lugares mais refinados na época. Tanto é que mantinham um público seleto, com *habitués*, por vezes, oriundos das classes média e alta de Pernambuco.

Com a abertura das primeiras discotecas que aceitavam abertamente clientes homossexuais, o Recife, de fato, entrava no circuito

---

10 HENRIQUE, Francisco. "Embalos de sábado à noite", *op. cit.*, p. 5.
11 No artigo citado, Durval Muniz e Rodrigo Ceballos utilizaram o jornal *Lampião da Esquina* como fonte a respeito dos pontos de sociabilidade homossexual no Nordeste. Recife parecia figurar como uma das principais capitais da região, atraindo empresários e clientes em busca da criação e do uso de novos espaços. Ver: Albuquerque Júnior & Ceballos (2004).

das capitais brasileiras onde os homossexuais poderiam curtir uma badalada noite de fim de semana em espaços fora da clandestinidade. Ao mesmo tempo, alguns desses homens pareciam não saber o que fazer com esse processo de liberação:

> Quem vem ao Recife e quer se entrosar na vida guei da cidade não precisa de guia ou cicerone, pois tudo aqui funciona às claras, sem camuflagens. Nosso movimento guei está cada dia melhor e mais aberto. O pessoal nas ruas, aos bandos, em revoadas nas noites de sexta e sábado pelas ruas centrais... Como diz um dos nossos jornalistas: "a população já acostumou a vê-los desfilando pelas ruas, descontraídos, mais soltos do que pensamentos de anistiado, e tão perdidos quanto o rumo do Skylab".[12]

O movimento a que o missivista se refere não parece ser somente o político. Ele nos fala de movimento no sentido de transitar, caminhar, passear, mostrar-se pelas ruas da cidade sem resquícios de timidez ou vergonha. E não eram somente um, dois ou três a aproveitar as noites do Recife: vinham "aos bandos, em revoadas", de diversos bairros e também de outras cidades do Nordeste.[13] As "revoadas" não tinham um destino certo: podiam tanto ficar perambulando pelas ruas da cidade; usufruir dos bares e cinemas; ou se dirigir para as discotecas, que se multiplicaram na década de 1970, impulsionadas, basicamente, por dois fatores: a crescente demanda de homossexuais ansiosos por novos pontos de diversão e o investimento do capital acumulado por alguns empresários na fase conhecida como milagre econômico brasileiro, aponta James Green (2000, p. 400), embora o foco de sua pesquisa seja as cidades de São Paulo e Rio de Janeiro.

No período em tela, três boates parecem ter se destacado no Recife, pois são uma constante nas referências de lugares mais "descolados" e animados em conformidade com o melhor estilo *disco*: a Misty — também chamada de Mister, situada na rua do Riachuelo, próxima ao bar Mustang —, a Vogue e a Stok, ambas instaladas no edifício Novo Recife, atrás do cinema São Luís, no bairro da Boa Vista. Mulheres e homens

---

12 ELLE, Jota. "Roteiro gay", *Diário da Noite*, 20 out. 1979, p. 4.
13 É o que se percebe no artigo de Paulo Souto Maior e Bruno Silva Oliveira nesta coletânea (p. 323-43).

heterossexuais podiam entrar sem problemas nessas casas noturnas, pois o ingresso não era vetado a esses segmentos. Tais casas noturnas eram frequentadas principalmente por clientes oriundos da classe média, uma vez que o próprio valor da entrada já era suficiente para dificultar o acesso de indivíduos provenientes de camadas sociais mais baixas.

Em entrevista a mim concedida, Odilex, transformista que encarnava a cantora Maria Bethânia no Recife, disse que conheceu as discotecas no fim dos anos 1970, ainda adolescente. Começou a fazer shows profissionais no início dos 1980, quando o transformismo passou a ser aceito enquanto espetáculo artístico na capital pernambucana. Quando questionado se havia algum grupo proibido ou vigiado de perto nessas boates, Odilex comentou a respeito da questão das travestis:

> Na boate Vogue, mesmo, não entrava. [...] Não entrava de maneira alguma. A Misty já era mais maleável. Lá entravam algumas. As que eram mais sociáveis na época. Eram filhas de políticos, de autoridades, eram as travestis da época. Entravam Janaina, Luciana Luciene, Rabi, que eram pessoas que não faziam batalha. Então já eram conhecidas na cidade. Então tinham livre acesso. Mas as pesadas como eram chamadas, as profissionais de rua, não deixavam entrar, não. Porque elas aprontavam mesmo. Elas aprontavam um barraco legal. (Odilex, entrevista em 14 out. 2009)

De fato, como sugerem esse trecho da entrevista e algumas matérias de jornais, havia uma intolerância maior em relação às travestis do que em relação aos gays, tidos como mais discretos, comportados e, em certa medida, alinhados com alguns elementos de masculinidade como barba e bigode. Tanto é que as travestis, durante a década de 1970, também eram chamadas de "bonecas", o que já indica uma ideia não só de feminino, mas de algo montado, artificial. A imprensa, principalmente, correlacionava as travestis a perigo, marginalidade, falsidade, violência e prostituição.

Quanto às boates, nem mesmo durante o Carnaval a procura por esse tipo de ambiente diminuía. Inclusive, as boates, para não perder os clientes, faziam uma programação especial durante o reinado de Momo com grupos de samba, frevo e concursos de fantasias. No Carnaval de 1980, a Misty, por exemplo, ao som de muito samba, promoveu um disputado concurso de fantasias. Enquanto isso, a Stock recebeu seus clientes com fogos de artifício, bastante frevo e uma decoração baseada em imensas bolas plásticas. Já na Vogue, situada no mesmo edifício da Stock, todos foram recebidos pela proprietária, Dourinha, em ritmo de frevo, com muitos doces e cerveja gelada, o que duplicou a quantidade de pessoas no *dancing* em relação aos anos anteriores.[14]

O fim da década de 1970 parecia sugerir uma gradativa diminuição dos preconceitos, pois a abertura das boates possibilitava práticas de sociabilidade menos clandestinas em comparação a cinemas, ruas e banheiros públicos, marcados pelos estigmas da ilegalidade e da promiscuidade. Havia uma espécie de relação de pertencimento do gay com os novos espaços. Podemos imaginar que, na época, havia certo entusiasmo entre os homossexuais diante da abertura desses locais de entretenimento. Eram ambientes descritos como chiques, agradáveis e com muita gente "disponível":

> Sem sair do centro [do Recife], há três opções, em matéria de boates *discothèques*, exclusivamente gueis. A mais nova e requisitada é a Misty: fica na rua do Riachuelo, em frente à Faculdade de Direito; Vogue e Stock ficam juntas, no primeiro andar do edifício Novo Recife, à rua da União por trás do Cine São Luiz. Ambientes agradáveis com muita gente disponível.[15]

No trecho citado, é importante notar a palavra "guei", escrita em português, o que indica a novidade dessa identidade. Mesmo o missivista declarando que eram boates voltadas exclusivamente aos homossexuais, outras fontes apontam que não. Fato é que as noites e as madrugadas dos fins de semana ficaram mais movimentadas com pessoas circulando, ônibus e táxis mais cheios no começo da noite e no fim das madrugadas de sábado e domingo, com o término das festas nas discotecas, além do famigerado som alto que passou a incomodar moradores dos apartamentos de prédios vizinhos a essas casas noturnas. Não eram raras, nos jornais, as reclamações a respeito dos limites que estariam sendo rompidos por muitas boates, atrapalhando o sono de alguns moradores do centro do Recife. Era o caso do bar dançante Sócrates, situado no edifício Novo Recife, cujo som violava "as leis do silêncio e do sossego", principalmente dos moradores do edifício Canadá, contíguo ao Novo

14 "O Carnaval entendido", *Diário da Noite*, 20 fev. 1980, p. 10.

15 ELLE, Jota. "Roteiro gay", *op. cit.*, p. 4.

Recife. Apesar de os vizinhos terem reclamado sobre a situação com os proprietários do Sócrates, nenhuma atitude para remediar o transtorno foi tomada; por isso apelaram às autoridades e à imprensa para o cumprimento de medidas cabíveis.[16]

Há registros das seguintes boates no centro do Recife: Stock, Misty, Vogue, Rosa Amarela, Libras e Liberty; no bairro de Boa Viagem: Madrugada, Araras e Nostro Mundo. Existiram muitas outras discotecas menos conhecidas, de menor expressão no meio gay, que faliram na mesma velocidade com que abriram as portas. Esse parecia ser um fenômeno nacional influenciado pela moda e pelo desejo de livre expressão — tanto que, entre 1978 e 1979, uma das novelas de maior sucesso no Brasil foi *Dancin' Days*, exibida pela Rede Globo. A música-tema da novela de mesmo nome era interpretada pelo grupo As Frenéticas e é lembrada como um dos principais hits das paradas musicais da época por transmitir, em sua letra, parte do desejo que aquela geração tinha de "abrir suas asas" e "soltar suas feras", "caindo na gandaia" ao "entrar na festa" e, sugestivamente, fazendo "valer tudo".

O mote era se exibir com propriedade nas pistas de *dancing*, tal qual o ator John Travolta no filme *Os Embalos de Sábado à Noite*, um dos maiores sucessos de bilheteria de 1977. Tanto é que "travoltear" acabou virando um verbo, sobretudo entre homossexuais que não perdiam um só fim de semana nas discotecas:

> Com a proliferação de discotecas e "travoltas" regionais, Recife está devidamente inserida no contexto geral, inclusive no que se refere à quebra de tabus sexuais e sociais. Isso pode ser observado na primeira boate gay — Misty — funcionando há quatro meses, com forte sedimentação na clientela de "entendidos classe A", na rua do Riachuelo [...]. Apesar da neblina insinuada no nome "Misty", o clima da casa noturna deixa transparecer todo o *gay power* da cidade, no ambiente decorado com alcatifa vermelha e espelhos, dando uma idéia de via pública.
>
> Sem a distinção de cor e poder aquisitivo, a entrada varia de Cr$100 a Cr$200, dependendo do dia da semana. A música ambiente vem atraindo "machões" e "assumidos", que dançam a noite inteira conforme o ritmo. E os

---

16 "Boate barulhenta", *Diário da Noite*, 14 ago. 1971, p. 4.

pares se portam de maneira idêntica aos casais apaixonados, sem causar constrangimento aos presentes. O número de mesas é insuficiente, e os garçons servem os clientes até no "dancing". Estes quando cansados sentam na mureta que circunda a pista. A boate dispõe de dois banheiros (toaletes?) que não possuem nenhuma indicação como "Damas" e "Cavalheiros". [17]

Os discursos e as práticas que construíram a figura do gay na década de 1970 não foram neutros. Como argumenta o historiador Durval Muniz de Albuquerque Júnior (1999, p. 308), ao refletir sobre a construção da imagem do nordestino, os agenciamentos discursivos que elaboram determinadas identidades devem ser filtrados pelo crivo da história sob pena de não se perceberem os fatores históricos, sociais e culturais, o que pode naturalizar desejos e práticas, apagando os rastros de historicidade de um dado objeto. Fazia parte da invenção do gay uma série de signos de consumo, comportamento e estética, mas talvez a própria aceitação e a militância fossem os principais atributos que identificavam e diferenciavam os novos homossexuais dos antigos perfis.

Como vimos, a criação de novos espaços e os usos dos antigos não foram um processo livre de embates e conflitos. Vale lembrar que, por vezes, novos espaços como as discotecas estavam associados à recente figura do gay, representado como o tipo de homossexual moderno, urbano e orgulhoso de sua sexualidade, enquanto antigos territórios de sociabilidade, a exemplo dos banheiros públicos, passaram a ser tachados como lugares que não combinavam mais com o novo momento.

17 "Recife começa a quebrar tabus com sua primeira boate 'gay'", *Jornal do Commercio*, 7 abr. 1979, p. 7.

Referências

ALBUQUERQUE DE BRAZ, Camilo. "Silêncio, suor e sexo: subjetividades e diferença em clubes para homens". *In:* DÍAZ-BENÍTEZ, María Elvira & FÍGARI, Carlos Eduardo (org.). *Prazeres dissidentes*. Rio de Janeiro: Garamond, 2009.

ALBUQUERQUE JÚNIOR, Durval Muniz de. *A invenção do Nordeste e outras artes*. São Paulo/Recife: Cortez/Massangana, 1999.

ALBUQUERQUE JÚNIOR, Durval Muniz de & CEBALLOS, Rodrigo. "Trilhas urbanas, armadilhas humanas: a construção de territórios de prazer e de dor na vivência da homossexualidade masculina no Nordeste brasileiro dos anos 1970 a 1980". *In*: SCHPUN, Mônica Raisa (org.). *Masculinidades*. São Paulo: Boitempo, 2004.

BARTHES, Roland. "Ao sair do cinema". *In*: BARTHES, Roland. *O rumor da língua*. Trad. Mário Laranjeira. 4 ed. São Paulo: Martins Fontes, 2004.

CARELLA, Túlio. *Orgia: diário primeiro*. Rio de Janeiro: José Álvaro Editor, 1968.

COSTA NETO, Francisco Sales da. *Banheiros públicos: os bastidores das práticas sexuais*. Dissertação (Mestrado em Ciências Sociais). Natal: Universidade Federal do Rio Grande do Norte, 2005.

DÍAZ-BENÍTEZ, María Elvira. *Nas redes do sexo: os bastidores do pornô brasileiro*. Rio de Janeiro: Zahar, 2010.

ERIBON, Didier. *Reflexões sobre a questão gay*. Trad. Procópio Abreu. Rio de Janeiro: Companhia de Freud, 2008.

FOUCAULT, Michel. "Outros espaços". *In*: FOUCAULT, Michel. *Ditos e escritos*, v. 3, *Estética: literatura e pintura, música e cinema*. Trad. Inês Autran Dourado Barbosa. Rio de Janeiro: Forense Universitária, 2009.

GOFFMAN, Erving. *Estigma: notas sobre a manipulação da identidade deteriorada*. Trad. Marcia Bandeira de Mello Leite Nunes. Rio de Janeiro: Guanabara Koogan, 1988.

GREEN, James N. *Além do Carnaval: a homossexualidade masculina no Brasil do século XX*. Trad. Cristina Fino & Cássio Arantes Leite. São Paulo: Editora Unesp, 2000.

HAESBAERT, Rogério. *Territórios alternativos*. São Paulo: Contexto, 2006.

HALBWACHS, Maurice. *A memória coletiva*. Trad. Beatriz Sidou. São Paulo: Centauro, 2006.

HUMPHREYS, Laud. "A transação da sala de chá: sexo impessoal em lugares públicos". *In*: RILEY, Matilda & NELSON, Edward (org.). *A observação sociológica*. Trad. Luiz Fernando Dias Duarte. Rio de Janeiro: Zahar, 1974.

JOANIDES, Hiroito de Moraes. *Boca do lixo*. São Paulo: Edições Populares, 1977.

NUNAN, Adriana. *Homossexualidade: do preconceito aos padrões de consumo*. Rio de Janeiro: Caravansarai, 2003.

PERLONGHER, Néstor Osvaldo. *O negócio do michê: prostituição viril em São Paulo*. São Paulo: Brasiliense, 1987.

PERLONGHER, Néstor Osvaldo. "Territórios marginais". *In*: GREEN, James N. & TRINDADE, Ronaldo (org.). *Homossexualismo em São Paulo e outros escritos*. São Paulo: Editora Unesp, 2005.

POLLAK, Michael. "A homossexualidade masculina, ou: a felicidade no gueto?". *In*: ARIÈS, Philippe & BÉJIN, André (org.). *Sexualidades ocidentais*. Trad. Lygia Araújo Watanabe & Thereza Christina Ferreira Stummer. São Paulo: Brasiliense, 1985.

TEIXEIRA, Alexandre Eustáquio. "Discursos e representações sobre os territórios de 'pegação' em Belo Horizonte". *In*: DÍAZ-BENÍTEZ, María Elvira & FÍGARI, Carlos Eduardo (org.). *Prazeres dissidentes*. Rio de Janeiro: Garamond, 2009.

TREVISAN, João Silvério. *Devassos no Paraíso: a homossexualidade no Brasil, da colônia à atualidade*. São Paulo: Max Limonad, 1986.

VALE, Alexandre Fleming Câmara. *No escurinho do cinema: cenas de um público implícito*. São Paulo/Fortaleza: Annablume/Secretaria de Cultura e Desporto do Estado do Ceará, 2000.

Paulo Souto Maior
Professor adjunto da Universidade Federal do Rio Grande do
Norte (UFRN). Professor colaborador no Mestrado Profissional
em Ensino de História, da Universidade Federal da Paraíba
(UFPB). Doutor em história pela Universidade Federal de Santa
Catarina (UFSC). Pesquisador do Grupo de Estudo e Pesquisa em
Educação, História e Diversidade (GEPHED/UFRN) e do Laboratório
de Estudos em Gênero e História (LEGH/UFSC). Co-organizador
de *Páginas de transgressão: a imprensa gay no Brasil* (O Sexo da
Palavra, 2021) e autor de *Assumir ou não assumir? O* Lampião da
Esquina *e as homossexualidades no Brasil (1978-1981)* (Fi, 2020).

Bruno Silva de Oliveira
Graduado em história pela Universidade Federal de
Campina Grande (UFCG) e mestrando em história pela
Universidade Federal de Sergipe (UFS). Desenvolve
pesquisas sobre a comunidade LGBTQI+ no Brasil, com
ênfase em estudos sobre as homossexualidades na cidade
de Campina Grande entre as décadas de 1970 e 1980.

História das homossexualidades e travestilidades em Campina Grande (1970-1980)

Paulo Souto Maior
Bruno Silva de Oliveira

Longe dos grandes centros industriais e turísticos do Brasil, no Nordeste, mais especificamente em Campina Grande, interior da Paraíba, pessoas que viriam a ser nomeadas como homossexuais e travestis tramavam as "artes de fazer" do cotidiano em reuniões e festas privadas na casa de amigos, em bares que, durante a noite, com iluminação por candeeiro, as/os recebiam, a exemplo do Bar do Dé, no bairro do Santa Rosa, e até mesmo nos bastidores do teatro da cidade. Nas ruas do centro de Campina Grande, travestis vendiam seu corpo para sobreviver e, ao mesmo tempo, eram presença pouco comum entre grupos de sociabilidade formados sobretudo por homossexuais cis masculinos.

Campina Grande está localizada no planalto da Borborema, distante aproximadamente 133 quilômetros da capital paraibana, João Pessoa. De acordo com as estimativas mais recentes (1º jul. 2020) do IBGE, Campina Grande conta com 413.830 habitantes e tem uma posição de destaque em atividades comerciais e de tecnologia no interior do Nordeste brasileiro.

Este artigo narra aspectos da história das homossexualidades nessa cidade, valendo-se de pesquisas em jornais da época, da entrevista com dois personagens homossexuais e cis que viveram em Campina Grande entre os anos 1970 e 1980 e da consulta a outras pesquisas que se debruçam sobre a temática na Paraíba. Atento aos aspectos de sociabilidade e de histórias de vida de homossexuais em Campina Grande, este texto se estrutura em três dimensões:

(i) narrativas de identificação como homossexuais;
(ii) sociabilidades e formas de resistência à heterossexualidade compulsória;
(iii) a chegada da epidemia de aids à cidade e seus efeitos no cenário homossexual.

Narrativas de estranhamento e identificação

Ao longo de nossa pesquisa, conhecemos momentos da história de vida de Artur e Marcel, pseudônimos usados aqui para preservar a identidade dos entrevistados. Aquele nasceu em Campina Grande em 1962; este, em Boqueirão, cidade próxima de Campina Grande, em 1960, mudando-se para o território campinense em 1973.[1]

Ambos os personagens são brancos, relatam uma infância com dificuldades financeiras e moraram um tempo longe de Campina Grande. Artur passou a residir em São Paulo em 1977, aos catorze anos, onde permaneceu por cerca de dois anos, estudando num seminário promovido pelas Edições Paulinas. No retorno a Campina, passado um tempo, ingressou no curso de educação artística na Universidade Federal da Paraíba (UFPB), em João Pessoa. De lá, conseguiu uma bolsa de estudos pela Organização dos Estados Americanos (OEA) para estudar design na Itália. Atualmente, trabalha em atividades artísticas e culturais como funcionário da Prefeitura de Campina Grande. Marcel cursou sociologia também na UFPB, no campus de Campina Grande, tornou-se professor da educação básica do estado da Paraíba e morou em Campinas, São Paulo, em 1993.

A relação com os familiares aparece no relato de ambos e tem fortes traços na constituição da subjetividade. Marcel destaca:

1 Ambos concederam entrevistas, separadamente, a Paulo Souto Maior, em Campina Grande, 2021.

Eu percebia na minha "inocência" que era diferente da maioria dos meninos. Comecei a fazer sexo muito cedo também com outros meninos. [...] Muitas vezes eu não aceitava essa condição. Pedia (na época frequentava a igreja católica porque a grande maioria frequentava e minha família também), pedia a Deus, fazia promessa para deixar o que eu achava que era errado mesmo eu não sabendo o que era certo. Só que eu não mudava, nem pagava as promessas, porque eu não conseguia.

Sim, muita gente percebia porque de uma certa maneira eu tinha um jeito mais efeminado do que a maioria dos meninos com relação às brincadeiras. E nessa época meu pai me reprimia um pouco, às vezes dizia assim "homem não diz eu adoro", porque eu gostava de dizer que adorava [...] e teve uma época que, devido a esses comentários, ele foi trabalhar em outra cidade, e minha mãe sugeriu que ele me levasse para ficar com ele enquanto ela ficava com os outros. Só que lá eu também continuei com as práticas sexuais com outros meninos. E inclusive até com um amigo dele que trabalhava com ele. [...] Aí uma vez eu não sei se foi o cara que morava com ele que disse que eu tava lá com Dirceu, só que meu pai bateu na porta, e eu demorei muito a abrir e depois abri. E naquela época até por inexperiência o dito-cujo saiu correndo. E ele me pegou e deu uma surra grande [...] disse que só não me matava por causa da família, esse tipo de coisa. Fiquei uns dias sem sair de casa porque estava todo roxo. Mas, antes de vir embora, ainda fui me encontrar com outro rapaz. Isso era em Sumé, uma cidade chamada Sumé.

O lugar das homossexualidades é um lugar de aprendizado. Marcel respondeu à pergunta de como se percebeu gay dando lugar de destaque ao desejo, às experiências sexuais com outros meninos desde muito cedo, uma vez que se deram antes de sua chegada a Campina Grande. Décadas depois, rememorando essas cenas, o sexo vem como afirmação, diferentemente da maneira errada como a sociedade, a Igreja e a família, sobretudo na figura do pai, lhe ensinou: lugar de vergonha, de proibição, de pecado.

No modo como o depoimento transcorre, a reação do pai ao flagrante não se deu pelo fato de o filho ainda muito jovem estar transando com uma pessoa mais velha; o problema é porque era um homem. Marcel acompanhou o pai até Sumé graças a uma tentativa de sua mãe de mantê-lo longe de Boqueirão e dos encontros sexuais que tinha por lá. O pai ignorou que, frequentemente, o desejo dá um jeito de se rebelar.

Há algo que entregava Marcel no domínio da sexualidade: os marcadores de gênero performados desde a juventude, o jeito "mais efeminado", reprimido pelo pai. Em sua narrativa, perceber-se homossexual é grafar sua existência transando com pessoas do mesmo sexo, reagindo a uma moral heterocisnormativa, mas é também ter ciência do jeito delicado, considerado feminino, habitando um corpo masculino. A diferença característica da homossexualidade é reafirmada duplamente, tanto na distinção em relação aos outros meninos, pois não "gostava de futebol, de esporte", quanto pela semelhança e pela aproximação com o universo feminino. Marcel relata: "As minhas amizades sempre foram mais com meninas, eu andava mais com elas. A ligação com a minha avó... sempre com o lado feminino da vida".

No momento da entrevista, no frenesi causado por imagens do passado e do presente, Marcel estranha vinculações que caracterizam a homossexualidade. "Por que o que é ser gay, né? É esta a grande pergunta que a gente tem feito e que a gente não tem descoberto muito o que é. Será que não é nada disso ou será que é tudo isso junto? Os desejos são diferentes", Marcel destaca, numa clara tentativa de compreender o lugar identitário atribuído a si mesmo.

Reconhecer-se é atentar também para os semelhantes, um grupo do qual é possível se aproximar, com o qual compartilhar gostos em comum para tentar viver a vida. Eis que Marcel coloca: "Quando eu via um grupo de viados na rua, de gays conversando, de bichas, eu dizia: 'Ah, esse povo é igual a mim'". Ora, certamente tais pessoas eram identificadas como bichas por Marcel devido a performances consideradas femininas. Aceitar que aquelas pessoas são "iguais" é selar consigo a possibilidade de existência, é dizer "sim" a uma interpelação que, naquele contexto, dá brecha para a existência da homossexualidade (Butler, 2018).

O aprendizado da homossexualidade também se dava pelo temor de batidas policiais, de agressão sofrida por agentes do Estado que "muitas vezes prendiam as bichas que estavam nas ruas", conta Marcel, igualmente vítima desses atos de violência. Batidas policiais compõem a história das homossexualidades no Brasil. Ao longo do século XX, a medicina e as instituições policiais se articularam, formando um cerco sobretudo a homossexuais masculinos (Green & Polito, 2006, p. 18), o que vai se modificando à medida que discursos sobre esses/as sujeitos/as/es deslocam-se e passam a ser veiculados em jornais (Green & Polito,

2006, p. 19). A dita imprensa gay que emerge nos anos 1970 terá um papel decisivo nesse sentido porque questiona formas estigmatizantes e preconceituosas sobre as homossexualidades, já ensaiando a busca por direitos iguais (Souto Maior, 2019).

Artur também viveu episódios de discriminação que, afirma, tiveram relação com seu jeito delicado e frágil, dois adjetivos relacionados ao feminino. Quando criança, na escola, era chamado de "mulherzinha", algo que incomodava também sua mãe, professora da instituição. Em casa, a situação não era muito melhor. Certa manhã, entre as décadas de 1960 e 1970, ao ajudar a mãe alisando o glacê do bolo, seu irmão comentou: "Não é serviço para homem, a senhora está estragando esse menino". Em outra ocasião, ao vê-lo colocar bobes no cabelo da mãe, foi às vias de fato e surrou Artur. Longe de ser apenas uma lembrança, há um tom de ressentimento na fala do entrevistado, que afirma ter uma relação bastante tensa com o irmão ainda hoje, décadas depois.

Aprende-se a ser homossexual com a violência e a injúria. Muitas vezes, o "erro" do que se é vem antes mesmo de qualquer desejo manifesto a uma pessoa do mesmo sexo (Eribon, 2008). São os olhares de estranhamento, de repulsa, de denúncia, as agressões verbais com palavras depreciativas, agressivas, em tom de ameaça e delação, o soco, o chute, a lâmpada açoitando a pele que ensinam que sou algo, algo errado, algo nojento que precisa mudar para conseguir viver. Tanto para Marcel quanto para Artur, a palavra e a força física do outro lhes ensinaram que não havia lugar possível para eles no mundo. Décadas mais tarde, suas narrativas apontam o oposto.

"Eu não sei como sobrevivi, é uma coisa impressionante. Eu olho para trás e digo como eu consegui, como fui forte", eis umas das primeiras passagens da conversa com Artur. O olhar distante vai ao bairro onde morou, à paróquia da região, à relação de proximidade da família com a religião católica e às difíceis experiências pelas quais passou aos doze, treze anos, quando, por dois anos, sofreu abuso psicológico e sexual por parte de um padre da igreja local, evento que, segundo Artur, "determinou tudo na minha vida".

Nesse momento da narrativa, Artur menciona que era uma criança muito franzina, de cabelos loiros na altura do ombro, e que "ninguém sabia se era menino ou menina". Tais características seriam o motivo de ele ter sido escolhido pelo padre, que o rejeitou mais tarde quando seu tom de voz ficou mais grave, sendo substituído por outros meninos de traços mais infantis recém-chegados à igreja.

Como não poderia deixar de ser para uma criança criada próxima aos preceitos religiosos, o episódio lhe colocou uma série de questionamentos:

> E eu não entendia o que acontecia, a não ser me encher de culpa. Porque eu não poderia falar com ninguém, tudo era arquitetado de uma forma por essa pessoa, esse padre... e o que mais me causava desconforto era que eu participava do catecismo, participava de tudo, a gente sabia o que eram as coisas, isso aquilo outro. E aí? Como fica? E Deus, e Jesus, e Nossa Senhora?

Temos aqui uma história de duplo conflito, que colocava Artur numa relação tensa entre sua sexualidade e a posição de destaque ocupada pelo padre, a quem aprendeu a respeitar como um homem de Deus. Além disso, havia a percepção de que a conexão entre dois homens não era permitida. O desfecho do caso se deu quando a mãe descobriu o envolvimento, optou pela discrição e afastou-se da igreja. Pouco tempo depois, Artur decidiu ser padre, determinado a mostrar ao mundo "como se faz um padre de verdade". Para a empreitada, sua mãe conseguiu uma bolsa de estudos no Seminário das Edições Paulinas, na cidade de São Paulo. De ônibus, Artur e a mãe viajaram a São Paulo em 1977.

No seminário, à época com aproximadamente 67 garotos internos, a vida seguia tranquilamente com uma rotina de estudos bem traçada. Mas em 1978 o ar do lugar mudaria um pouco, pelo menos para Artur, então com quinze anos. A novidade foi a chegada de uma turma de garotos coetâneos, vindos do Rio Grande do Sul. Com um deles, a amizade foi mais intensa, cedendo espaço a um "amor estarrecedor", com direito a cartas e poemas.

Certa vez, visitaram Pirapora do Bom Jesus, no estado de São Paulo, e dentro do ônibus conheceram um seminarista de outra unidade. O rapaz, "muito efeminado" e "mais velho do que a gente", aconselhou Artur e seu amigo a conhecerem o largo do Arouche, mas "a gente não entendia o que ele estava dizendo. Ou seja, ele percebeu da gente". Vemos como a sexualidade não era comumente afirmada, já que o termo "percebeu" aponta a observação de um jeito de ser ou de se comportar. Optaram por seguir o conselho do colega, e Artur não nega a grata surpresa: "E para mim foi um impacto muito grande tudo isso do ponto de vista de cada um na sua, ninguém tava preocupado com isso não, diferente daqui". Dois lugares se opõem na afirmação: São Paulo, lugar de maior liberdade para o desejo homossexual, e Campina Grande, lugar de vigilância constante.

Certamente a diferença residia, de maneira mais ampla, nos diversos locais de sociabilidade com presença de pessoas homossexuais na capital paulista, incluindo travestis. Apesar desse cenário aparentemente promissor, nem tudo eram flores, purpurina e glamour na cidade, e batidas policiais ocorriam na região central e em outros lugares, parte delas planejada pelo delegado José W. Richetti (Ocanha, 2014). Essas operações, posteriores à estadia de Artur, sinalizam para a intolerância advinda de setores da sociedade paulistana.

Artur era muito questionador, algo que atribui ao fato de ter sido convidado a se retirar do seminário. Voltou "com outra cabeça" a Campina Grande, ainda no fim dos anos 1970. A constituição da subjetividade de Artur foi ainda atravessada pela literatura de escritores homossexuais ou com temáticas gays, como Hermann Hesse, Marcel Proust, Oscar Wilde, André Gide e outros, parte dos quais conheceu com Marcel, de quem foi namorado no começo dos anos 1980.

Narrativas como a de Artur e Marcel dão o tom das dificuldades comuns às vidas gays, notadamente em contextos interioranos, com o peso do preconceito, as tensas relações familiares, as viagens a grandes centros urbanos, o encontro com o "meio gay" ou pessoas homossexuais demarcando uma considerável ruptura nas subjetividades. Tais histórias certamente nós só saberíamos por meio de relatos orais. O que se encontra nas páginas da imprensa local sobre o tema é circundado de repressão, mas é também ali que, em uma leitura a contrapelo (Benjamin, 2012), estão diferentes visões de mundo sobre as sexualidades dissidentes na cidade de Campina Grande.

Homossexuais: entre revoltas e espaços de sociabilidade

O leitor que adquiriu seu exemplar do *Diário da Borborema* em 27 de julho de 1975 deparou com a matéria "Homossexuais 'encanados'", publicada na seção Policial, caderno que mostra o lugar destinado até então a esses sujeitos.

Vejamos alguns fragmentos:

> Causando escândalo na praça da Bandeira, foram presos pela ronda da Delegacia de Costumes, os homossexuais Carlos Vidal Silva (a "Carla", 18 anos, rua Mem de Sá, s/n — Santa Rosa) e Wilson da Costa Nascimento ("Cota", 22 anos, rua Henrique Dias, s/n — Conceição). [...]
>
> No momento da prisão, "Carla" *mostrou-se bastante revoltada, dizendo que não podia ser tratada daquela maneira.* A um dos policiais, o homossexual jurou vingança, dizendo que ia *arranjar um "catimbó"* para o mesmo, e *tentou ainda morder-lhe a mão.*[2]

A matéria associa os indivíduos ao espaço público da praça da Bandeira, área de destaque na capital campinense e comumente usada como local de sociabilidade por homossexuais e travestis. "Mais um grupo de viados aprontando no centro da cidade", "frescos não têm jeito", poderiam ter pensado leitores/as do periódico, respondendo à maneira como esse grupo era comumente visto na época.

Voltemos à matéria, pois nela há elementos curiosos. O primeiro é a exposição do endereço dos indivíduos. Trazer seu endereço é discernir quem é Carlos, o que ele fez, e é igualmente criar um modo pelo qual ele seja visto socialmente. Por mais que, desde 1961, passasse a ser recorrente nos jornais a indicação do local de moradia de pessoas acusadas, detidas e criminalizadas (Souza, 2011, p. 95), trazer esses indicativos para Carlos e Wilson significa expô-los também por sua sexualidade errada, incorreta, distante do padrão socialmente aceitável.

O segundo elemento é a reação de Carlos Vidal Silva ao dizer, no momento de sua prisão pela ronda da Delegacia de Vigilância e Costumes (DVC), que não poderia ser tratado/a daquela forma. Seu comportamento, a resistência manifesta nas palavras e nas tentativas de agressão física, com destaque para a mordida, deixam claro o entendimento de que estava recebendo um tratamento agressivo por parte das autoridades policiais. Ainda, ameaça "arranjar um catimbó",

---

2 "Homossexuais 'encanados'", *Diário da Borborema,* 27 jul. 1975, p. 7, grifos nossos.

levando-nos a questionar se seria adepto/a de uma religião afro-brasileira ou se a menção teria ocorrido a partir de seu conhecimento popular no momento de oposição diante daquela situação.

O caso relatado na publicação nos fornece base para compreendermos táticas acionadas por homossexuais. Carla recorre àquilo de que dispõe naquele momento para denunciar o modo como foi tratada. Quando falamos em táticas, destacamos maneiras de fazer, de tramar ações cotidianas que escapam ao controle de forças que, nesse caso, delimitam o correto e o aceitável em termos de sexualidade (Certeau, 2014). Tais "artes de fazer" se dão no espaço do inimigo, no caso aqui narrado, de uma sociedade construída sob o modelo da heterossexualidade compulsória, e vão se inserindo nesses lugares tornando-os radicais, conforme explica bell hooks (2019).

Em 23 de abril de 1980, um caso de revolta de homossexuais volta a aparecer no *Diário da Borborema*. Trata-se do pequeno parágrafo publicado na coluna "Binóculo", na seção Política. O conteúdo apresenta a tentativa de casamento entre "duas bichas", minguada pela chegada da polícia, que acabou com a festa e "meteu o cassetete" — é a única matéria com o tema de casamento homossexual encontrada entre 1975 e 1982. O texto completo foi publicado com o título "Polícia acaba casamento de travestis na hora do sim".

REVOLTADOS

A "noiva" José Bonifácio (Lulú) chegou a comentar: "Esses macacos [os policiais] estragaram tudo. Não convidamos nenhum deles. Estávamos realizando um [sic] festa íntima; um casamento como outro qualquer. De repente esses caras chegam para estragar uma recepção entre família. Hoje era meu grande dia. Resultado: teremos de adiar o casamento por causa desses macacos".

O homossexual Manoel Nóbrega (Simpático) — "o noivo" — aclamava a "noiva" afirmando: "Não se preocupe, Lulú, a gente se casa em outro local. Vamos ter o cuidado para não avisar o local. Estes caras (os policiais) estão somente perdendo tempo. Ninguém vai estragar nossa lua-de-mel da próxima vez".[3]

3 "Polícia acaba casamento de travestis na hora do sim", *Diário da Borborema*, 23 abr. 1980, p. 8.

A narrativa apresenta dois depoimentos. Primeiro, temos a queixa de José Bonifácio, descrito como a "noiva", sobre a não realização da cerimônia de casamento, que em suas palavras seria "um casamento como outro qualquer". Essa passagem é interessante, pois nos permite analisar como José Bonifácio compreendia o casamento. A julgar pelo recorte do jornal, não é possível inferir se evoca o direito de casar-se mesmo sendo homossexual. Para ele, simplesmente não haveria distinção entre o casamento celebrado entre pessoas do mesmo sexo e o casamento socialmente estabelecido e aceito entre casais cis heterossexuais. Quando Manoel Nóbrega, que aparece como "noivo", discorre sobre o ocorrido, sua tentativa de prestar apoio a seu parceiro demonstra a intenção de realizarem, em outro momento, a cerimônia de casamento. Observamos, também, táticas que burlam a proibição da realização da cerimônia: "Vamos ter o cuidado para não avisar o local", diz Manoel Nóbrega. Além disso, ambos fazem uso de outros termos para se referir aos agentes, a exemplo de "macacos", conotação claramente pejorativa.

Em conversas com Marcel aparece um episódio de tentativa de casamento que teria ocorrido também na década de 1980, no bairro Santa Rosa, que teve como desfecho a prisão dos/as presentes, certamente um caso que pode ter sido influenciado pelo noticiado no jornal ou vice-versa. No caso contado por Marcel, o "noivo" era um policial, e a "noiva" se chamava Afonso.

> Houve um caso típico aqui em Campina de uma bicha chamada Afonso, que tinha um relacionamento com um policial militar, só que se criou um casamento. O policial não foi, aí a bicha disse que ia casar por procuração vestida de noiva, no bairro de Santa Rosa. Tinha umas sapatões que moravam vizinho. Giseuda, que eu a conhecia, que encadernava livro, é falecida... e a gente ia pra esse casamento. Todas as bichas foram presas, mas a Giseuda me avisou "Vá embora que a polícia vem e vai prender todo mundo, vá que eu gosto de você".

Artur, após retornar de São Paulo, refere-se a um *boom* de espaços de sociabilidade voltados a homossexuais em Campina Grande. Não há informações de lugares explicitamente dedicados ao público, mas de lugares que passaram a ser frequentados por bichas e frescos, radicalizando esses espaços (Oliveira, 2020). Muitos encontros se davam em reuniões caseiras, pequenos apartamentos ou quitinetes alugadas por jovens vindos de outras cidades, que moravam sozinhos ou, em alguns casos, de rapazes que moravam com os pais, mas que conseguiam manter um espaço para encontros e festas aos fins de semana e feriados (estes últimos possivelmente desfrutavam de uma situação financeira mais confortável). Se aquelas paredes falassem, dariam conta de encontros, risadas, flertes, cheiro de cerveja e de cigarro interpondo o ambiente, casais heterossexuais que, atendendo ao convite de amigos, curtiam o momento e homens vestidos de mulher encenando divas pop famosas, a exemplo de Gloria Gaynor.

O pioneiro estudo sobre homossexuais campinenses produzido por Kyara Vieira (2006) faz uso de entrevistas orais, e dois personagens comentam sobre relações vividas nos anos 1960-1970. Xangô destacou:

> No meu tempo, se tivesse na praça dando "pinta", e a gente num dava nem pinta, fazia o possível pra num dá "pinta"! Com medo! Porque era repressão mesmo! Era de dar fiu-fiu, de gritar: "viaado!" etc. Na época era: fresco, mulherzinha, essas coisas assim. (Vieira, 2006, p. 73)

Felipe, outro entrevistado da pesquisa de Vieira, pontuou:

> Tá havendo uma repressão muito grande contra as chamadas bichas pintosas, como se elas num pudessem existir! Entendeu? Quer dizer assim: é, eu acho meio burrice, não que todo homossexual tenha que andar com o tabuleiro da baiana na cabeça. Mas assim: eu acho que é a questão da diversidade mesmo que existe! (Vieira, 2006, p. 151)

Os espaços têm condutas de comportamento aceitáveis ou não, o que varia de acordo com os frequentadores. As memórias de Xangô e Felipe mostram um cenário citadino no qual determinados/as sujeitos/as estão numa posição mais vulnerável dentro ou fora do gueto ao qual pertencem. Ambos os entrevistados discorrem sobre como as bichas pintosas eram alvo de "repressão mesmo", preocupavam-se em "não dar pinta", uma forma de defesa frente à homofobia.

As sociabilidades homoeróticas em Campina Grande foram objeto de estudo da dissertação de Martinho Tota de Araújo (2006). No trabalho, percebemos como os espaços de sociabilidade para o público eram negociados e atravessados por comportamentos aceitáveis ou não.

Alessandro, um de seus entrevistados, menciona a existência de boates gays na cidade desde a década de 1970:

> Aqui em Campina tinha quatro boates gays dos anos 1970 para 1980, que eu descobri com a "velha guarda", com os amigos da "velha guarda". A Maria de Calú era a principal, era a maior. Era uma boate no nível de Recife que estava em Campina Grande. (Araújo, 2006, p. 80)

O estabelecimento comercial que certamente mais tempo durou na cidade e veio a receber o título de "bar gay" foi fundado por Maria de Calú em 1985, localizado no bairro do Catolé. A ideia, incentivada por amigos, era encarada com reservas por parte de Maria, temerosa da hostilidade da população, além do risco econômico, uma vez que estava desempregada à época. Maria se perguntava se a cidade teria condições para um empreendimento de tamanha ousadia (Azevêdo, 2015, p. 90).

Percebe-se como as relações entre esses sujeitos são complexas, podendo ocorrer formas de discriminação entre homossexuais a partir de comportamentos, condutas, identidades e sexualidades aceitáveis ou não. Certo Marcos, entrevistado por Araújo (2006), relata sobre as travestis não serem aceitas na boate Queen, relacionando-as a práticas de violência por "estarem sempre preparadas para uma briga", o que podemos interpretar como mecanismo de defesa dada a sua situação de vulnerabilidade.

> Já houve um período em que as travestis frequentavam bem mais. Mas, como também é uma característica das travestis, elas estão sempre preparadas para uma briga, para um bate-boca, para um troca-tapa e, como isso aconteceu algumas vezes lá, então houve uma certa limitação da presença delas lá. (Araújo, 2006, p. 87)

Informações sobre travestis são praticamente ausentes nas conversas com Marcel e Artur. Encontramos mais informações numa leitura a contrapelo da documentação do *Diário da Borborema*, ainda assim lacunares, e nas pesquisas do historiador Ciro Linhares de Azevêdo. Sua dissertação traz depoimentos de Maria de Calú, sendo possível acessar as experiências de travestis campinenses durante a redemocratização.

A existência de espaços comerciais como bares e boates voltados para o referido público era muito limitada; a alternativa era recorrer a outros estabelecimentos que, a princípio, não o tinham como alvo. Certamente as interações das travestis nesses espaços não se davam de forma harmoniosa, conforme se observa no depoimento de Valquíria: "Aqui não tem boate que diga assim 'tem uma boate que serve pra travesti', não tem lugar pra travesti" (Azevêdo, 2015, p. 125).

Ainda em entrevista para Ciro Azevêdo, Valquíria destacou: "Você vai sair aqui em Campina vai ver o quê? Me diz? Não tem um cinema, uma boate, um bar" (Azevêdo, 2015, p. 67). Por seu depoimento, infere-se que travestis enfrentavam maiores limitações no que se refere a ter acesso a tais estabelecimentos comerciais, devido não só à pouca variedade como também à não aceitação diante de homossexuais cis.

Durante a entrevista, Maria de Calú reforça o pioneirismo do estabelecimento que viria a funcionar na sua casa, desconhecendo a existência de um bar gay em Campina Grande na época:

> Não. Existia o Privê ali em frente ao *Jornal da Paraíba*, que era de Graça, o nome dela era Graça do Privê... mas não era só pra gay não, era pra todo mundo e era fechado de madrugada e era fechado pra gente ficar à vontade, mas... não era... os meninos do jornal... todo mundo lá entrava numa boa, mas o meu foi fechado de cadeado e eu sofri muito, muita gente queria entrar pra ver como é que era e tal e eu não, não, não, não". (Azevêdo, 2015, p. 93)

Para entrar no bar Maria de Calú era preciso ser gay. Teria que se autoafirmar? Não necessariamente, só era preciso mesmo ser reconhecido como tal por Maria de Calú: "Meu filho, eu conheço só de olhar. Tinha uma pessoa no ponto do ônibus, eu conhecia, pelo jeito, o jeito de conversar, o jeito da voz, o jeitinho das mãos..." (Azevêdo, 2015, p. 94). Outra possibilidade seria acompanhar um amigo que já frequentasse o espaço. Posteriormente, embora não destaque quando, o bar passaria a ser frequentado por um público mais amplo.

Mesmo com essas táticas para burlar possíveis represálias e proteger os clientes, o bar de Maria de Calú não passou despercebido pelas autoridades policiais e personalidades do jornalismo policial local, a exemplo de Zé Cláudio. Maria de Calú relata um caso em que:

> a primeira vez que a polícia veio aqui foi uma denúncia por conta da zoada
> — Zé Cláudio que veio aqui uma vez entrou no bar com a polícia e disse "Isso

aqui é uma pouca-vergonha, ah um cipó de boi", e eu disse "Se o senhor puder dar, dê", aí ele foi embora, não voltou mais, não. (Azevêdo, 2015, p. 101-2)

O bar Maria de Calú é relativamente conhecido por alguns campinenses, mas poucos se lembram da Toca do Caranguejo, bar periférico que funcionou no bairro do Santa Rosa entre 1980 e 2004. Aberto aos domingos e, destaca Martinho Araújo, recebendo uma clientela também de municípios vizinhos, o bar contava com grande presença de público feminino e de travestis, chegando a realizar anualmente, não se sabe desde quando, o concurso Miss Campina Grande Gay (Araújo, 2006, p. 97). Marcel recorda que o bar era de um casal de lésbicas, uma delas carinhosamente chamada de Menininha, para quem as bichas cantavam "ô menininha eu sou seu fã, ô menininha eu sou seu fã", em alusão à música "Dança da vassoura", do grupo Molejo. Ainda sobre o bar, relata um entrevistado identificado como Denílson, comparando-o com a Queen, boate que surgiu em Campina Grande na década de 1990:

A Toca é a mais popular, mais barata também. Questão musical, toca tudo na Toca. Vão umas pessoas que têm uma condição não tão elevada, mas menos. Na Queen, não: na Queen é mais cara, na Queen, pode-se colocar mais chique, né? (Araújo, 2006, p. 95)

A mídia local pouco escreveu sobre as travestis em Campina Grande entre os anos 1970 e 1980 e, quando o fez, foi para depreciá-las. Um momento de agitação cultural na cidade na época era o Festival de Inverno, iniciado em 1975, com forte engajamento de artistas e apoio de diversos grupos teatrais de outras cidades e estados. Na verdade, o evento era uma versão ampliada do Festival Nacional Amador de Teatro (Fenat), realizado em 1974. Marcel era frequentador assíduo desses festivais e, por conhecer pessoas já ligadas ao teatro, chegava a entrar nos alojamentos e se divertir com os atores. Com os espetáculos, conhecia gays de outras cidades, fazia amizades e sabia da cena gay de outros locais. Durante o evento, finda a programação diária, os bares da cidade viravam palco de encontros, risadas, afetos e histórias de amor que duravam uma noite ou poucos dias.

A programação do evento se dava sobretudo no Teatro Municipal Severino Cabral, localizado no centro da cidade. Em 1978, durante o III Festival de Inverno, estava programado um concurso de travestis no teatro, mas, por pressão policial, o evento foi deslocado e realizado num restaurante da cidade (Barros Neto, 2017, p. 61).

No ano seguinte, quando da realização do IV Festival de Inverno de Campina Grande, especificamente em 2 de agosto de 1979, o *Diário da Borborema* traz a notícia "Travestis bagunçaram", atração semelhante à do ano anterior, mas com especificidades. Na ocasião, sete travestis desfilaram no teatro, mesmo diante de posições contrárias da direção. Vinham de Manaus, Paraná, Pernambuco e outros lugares. Referindo-se a eles como "os travestis", o texto destaca: "os travestis e companhia promoveram intensa bagunça que se estendeu até as 4 horas da manhã, inclusive com danças", e finaliza: "Pautando pelo palavrão os travestis e cia. fizeram a maior algazarra, o que provocou protestos de certos setores do Teatro".[4] Não bastava informar sobre as travestis, era necessário mostrá-las. Por sinal, é notável a maneira firme como encaram a câmera, desprovidas de constrangimentos.

Por alguma razão, naquele mês, as sexualidades dissidentes chamaram a atenção da mídia local. Ainda em agosto, no dia 16, a seção Plantão Policial publicava a matéria "Homossexuais".

> São muitos os homossexuais que estão fazendo do Parque do Açude Novo um verdadeiro ponto de encontro, tornando o local no mais perturbado da cidade, uma vez que chegam às primeiras horas da noite e começam a promover desordens, pronunciando palavras de baixo calão e etc. Outro local que está ficando da mesma forma por causa das "bonequinhas" é a praça da Estação Velha, onde o silêncio dos que residem nas proximidades está sendo incomodado. Espera-se urgentes tomadas de providências.[5]

Para que fique claro, na lógica do jornal, se for para escrever sobre homossexuais, o lugar é a página policial. Do texto, conhecemos outros locais de sociabilidade da cidade, especificamente de espaços públicos dos quais os homossexuais estariam fazendo "um verdadeiro ponto de encontro", o parque do Açude Novo e a Estação Velha, lugares relativamente próximos, a vinte minutos de caminhada. O incômodo da vizinhança, além do barulho, possivelmente se dava pela presença de pessoas com desejos errados, corpos abjetos, apropriando-se de um espaço citadino que não

---

4 "Travestis bagunçaram", *Diário da Borborema*, 2 ago. 1979.
5 "Homossexuais", *Diário da Borborema*, 16 de ago. 1979, p. 8.

fora idealizado para incluí-los, cuja existência era incômoda a ponto de o jornal fazer a denúncia e solicitar ajuda, talvez da polícia.

Não causaria espanto imaginar que essa hostilidade se agravasse nos anos seguintes com a emergência da epidemia de aids. O pânico fabricado cotidianamente na mídia alimentou um conjunto de metáforas e estereótipos sobre a doença, elegendo como alvo especialmente os homossexuais.

A chegada da aids a terras campinenses

Na primeira metade dos anos 1980, o cenário minimamente favorável aos homossexuais de Campina Grande foi, aos poucos, atingido por notícias sobre a epidemia de aids. Embora os primeiros casos no Brasil datem de 1983, a doença parece só ter se tornado uma preocupação no cenário local, de fato, a partir de 1985.

As memórias de Marcel e Artur se aproximam quando ambos são questionados sobre a aids. O primeiro se refere ao momento como um banho de água fria, expressão que nos faz pensar em uma cisão com algo anterior, os ritos de amizade, mas também — e principalmente — em trajetórias de relações sexuais frequentes e com parceiros distintos: Marcel e alguns amigos costumavam vez ou outra ir às saunas do Recife, pegando o primeiro ônibus do dia da viação Progresso e voltando no fim do dia. Porém, essa ruptura não ocorreu em Campina Grande e, arriscamos dizer, no Brasil, de uma hora para outra. Muitos homossexuais, e os campinenses não foram uma exceção, achavam que a doença não chegaria por aqui, a enfermidade era "coisa de gay americano", de gente rica que viajava para fora do país (Galvão, 2000).

Diante do contexto relativamente libertário em que ambos, Marcel e Artur, viviam desde o fim dos anos 1970, assistir às notícias na televisão, encontrar revistas e jornais distribuídos nacionalmente nas bancas, sobretudo aos fins de semana, abordando a questão da aids, passou a ser um encontro com algo que cada vez mais lhes dizia respeito, fosse pela orientação sexual, fosse pelas relações sexuais, frequentemente sem preservativo, praticadas à época. Difícil não imaginar esses sujeitos, já carregando o fardo de uma existência vivida na relação com o mundo heterossexual, colocando-se em xeque diante de metáforas destinadas ao grupo no qual se viam inseridos. Em muitos lugares do Brasil, estabelecimentos comerciais amplamente frequentados pelo público fecharam as portas, caso de saunas e de boates. Em Campina Grande, a presença de grupos de homossexuais em espaços públicos ficou reduzida, e o mesmo se pode dizer sobre os locais de pegação. Um medo rondava essas pessoas — em alguns casos, não o suficiente para que deixassem de lado encontros casuais.

A União, *O Norte* e *Correio da Paraíba*, jornais de ampla circulação na Paraíba nos anos 1980, curiosamente silenciaram sobre a aids até 1985. É realmente um dado que assusta, porque o tema já era noticiado em outros periódicos de maior circulação, com destaque para a mídia internacional, e, como se sabe, um jornal sempre está em sintonia com o que é veiculado por outros periódicos.

O historiador Fernando Domingos observou que, se os estereótipos foram comuns entre os três periódicos, também se aproximavam quanto ao modo de se referir à doença: AIDS, Aids, aids e Síndrome da Imunodeficiência Adquirida. Intencionalmente, as grafias AIDS e Aids eram usadas para causar impacto, portanto recorrendo a estigmas e preconceitos. Por outro lado, há matérias cujo termo é "aids", todo em minúsculo, que apresentam um tom ameno, referindo-se a pessoas que "estranhamente" sobreviviam mesmo sendo portadores do HIV à época.[6]

A própria visibilidade da homossexualidade foi colocada em xeque. Dada a forte relação que se construía entre homossexuais e aids, Marcel conheceu histórias de colegas e pessoas que temiam fazer o teste — nas palavras dele um atestado da sexualidade e, a depender, de morte. Em outra conversa com um dos autores deste artigo, Marcel menciona o assustador dado de três mortes de amigos e conhecidos no intervalo de apenas uma semana. Saudosista, recorda: "Só não morreu quem não tinha de morrer, porque não existiam os antirretrovirais que vieram depois".

O pânico associado à epidemia também aparece nas memórias de Artur. Para ele, a doença se tornou conhecida na cidade como "câncer gay", "só gay tinha", imagem construída por associação com a ideia de que os homossexuais não usavam camisinha e faziam sexo com várias

---

6 O termo adotado oficialmente no Vocabulário Ortográfico da Língua Portuguesa e em dicionários, como o Houaiss, como substantivo feminino de dois números é escrito com inicial minúscula. [N.E.]

pessoas. Nesse momento da entrevista, inclusive, Artur se esforça para se afastar desse grupo, uma vez que ressalta ter usado camisinha desde as suas primeiras experiências por questões de higiene.

A associação entre homossexualidade e aids passa a ser fabricada na imprensa periódica com destaque a partir de 1985. No dia 9 de agosto daquele ano, o jornal *Correio da Paraíba* trazia em sua capa a matéria "A aids na Paraíba: médico de hospital universitário já tem suspeita de um caso". Apresentava-se, supostamente, o paciente zero, e a matéria usava uma expressão condicional para doença, mas afirmava: "um paciente, homossexual, procurou o HU há uma semana, apresentando manchas e feridas na pele". O aposto na expressão vem especificar o paciente do ponto de vista da sua sexualidade dissidente. Podemos questionar se haveria essa demarcação caso se tratasse de um paciente heterossexual. Quando a matéria ocupa a capa, é estabelecida uma conexão mais direta com o cenário pandêmico em âmbito nacional e mundial, aproximação realizada demarcando quem se contamina. Ao se destacarem as manchas e as feridas na pele, não são informados apenas alguns sintomas, mas se está criando um mapa que passaria a funcionar como uma tatuagem em quem possuísse a doença, denunciando quase automaticamente a sexualidade.

No entanto, naquele mesmo 9 de agosto, o jornal *O Norte* também coloca a aids como matéria de capa e informa sobre um primeiro registro de morte por aids no estado, ocorrida em Campina Grande. A vítima pertencia "ao grupo de risco dos homossexuais" (Aguiar Júnior, 2016, p. 120). Matérias assim, com uma associação naturalizada, contribuíram para reforçar o imaginário de promiscuidade em relação aos homossexuais.

Para dar o tom de como os homossexuais campinenses viveram um pânico por causa da epidemia, Artur destacou: "Ninguém podia emagrecer um pouquinho ou adoecer com uma febre, ficar em casa acamado... era aids e aí você se tornava o aidético".

As relações amorosas e sexuais foram igualmente marcadas pela doença devido à dúvida que muitos tinham sobre se aquele/a com quem conversava, que conhecia ou paquerava seria ou não soropositivo/a. Tanto Marcel quanto Artur insistem num amplo número de mortos pela doença nos anos 1980. Artur menciona o caso de dois amigos que testaram positivo para HIV e morreram uma semana depois, ambos jovens, um número relativamente pequeno para os cerca de 20, 25 amigos que perdeu para a doença na época. Como ele mesmo diz: "De você não acreditar!".

340

Considerações finais

A história das homossexualidades em Campina Grande, e até mesmo na Paraíba, sobretudo a partir da década de 1960, vem sendo escrita e o nosso propósito foi contribuir modestamente com esse debate. A pesquisa também foi marcada pela pandemia. A ida aos arquivos, onde constam as edições do jornal *Diário da Borborema*, foi interrompida devido à crise sanitária. Embora a biblioteca Átila Almeida tenha voltado a funcionar recentemente, as visitas são agendadas, com restrições de horário e dias da semana. Nesse sentido, ficamos impedidos de avançar na documentação escrita. As entrevistas com Marcel e Artur deram um fôlego significativo, permitindo-nos acessar suas histórias de vida e conhecer eventos "desimportantes" aos olhos da imprensa. Por fim, acessar trabalhos que tocavam nas sociabilidades homossexuais em Campina Grande ou na Paraíba se mostrou de grande valia, permitindo-nos conhecer outros/as sujeitos/as, outras histórias.

Uma vez reunidas as fontes, chegou a hora de colocá-las na mesa, verificar suas aproximações, regularidades e distanciamentos. A opção se deu por privilegiar temáticas frequentes, as histórias de si, a dualidade repressão/resistência, os espaços de sociabilidade e ainda ensaiar a emergência da epidemia de aids na cidade. Com isso, percebemos um conjunto de práticas acionadas por homossexuais e travestis em prol da vida, de reafirmação da existência, apesar da homofobia, da intolerância e do regime de heterossexualidade compulsória presentes na sociedade campinense.

A Paraíba, estado tradicionalmente associado a lugar de "cabra-macho", da tradição, do conservadorismo, contou e conta com diversas experiências LGBTQIA+ em sua história. Temos ciência de que apresentamos um espectro das homossexualidades em Campina Grande possível pelo número de páginas e pela proposta mais ampla da coletânea, ao mesmo tempo que esperançamos por outras histórias e pesquisas produzidas em diálogo com a realizada aqui.

Referências

AGUIAR JÚNIOR, Fernando Domingos de. *Imagens da doença, políticas da notícia: cenários e representações da aids na imprensa paraibana (1980)*. Dissertação (Mestrado em História). João Pessoa: Universidade Federal da Paraíba, 2016.

ARAÚJO, Martinho Tota Filho Rocha de. *Identidades fragmentadas: cultura e sociabilidade homoeróticas em Campina Grande*. Dissertação (Mestrado em Sociologia). Campina Grande: Universidade Federal de Campina Grande, 2006.

AZEVÊDO, Ciro Linhares de. *O amor ainda está aqui: processos de subjetivação, microterritórios e corpos em narrativas de sexualidades em Campina Grande-PB*. Dissertação (Mestrado em História). Campina Grande: Universidade Federal de Campina Grande, 2015.

BARBOSA, Marianne Sousa. *Boate Queen Vogue, Campina Grande-PB: espaço para afirmação de identidades homoafetivas?* Dissertação (Mestrado em Ciências Sociais). Campina Grande: Universidade Federal de Campina Grande, 2012.

BARROS NETO, Evandro Elias de. *Teatro e ditadura em Campina Grande: história e memória (1970-1985)*. Dissertação (Mestrado em História). Campina Grande: Universidade Federal de Campina Grande, 2017.

BENJAMIN, Walter. *Obras escolhidas*, v. 1, *Magia e técnica, arte e política*. Trad. Sergio Paulo Rouanet. São Paulo: Brasiliense, 2012.

BUTLER, Judith. *A vida psíquica do poder: teorias da sujeição*. Trad. Rogério Bettoni. Belo Horizonte: Autêntica, 2017.

CERTEAU, Michel de. *A invenção do cotidiano: artes de fazer*. Trad. Ephraim Ferreira Alves. Rio de Janeiro: Vozes, 2014.

ERIBON, Didier. *Reflexões sobre a questão gay*. Trad. Procópio Abreu. Rio de Janeiro: Companhia de Freud, 2008.

FERNANDES, Silvana Torquato. *Uma outra representação da modernização em Campina Grande: a cidade nas páginas do* Diário da Borborema *(1960-1980)*. Dissertação (Mestrado em História). Campina Grande: Universidade Federal de Campina Grande, 2011.

GALVÃO, Jane. *Aids no Brasil: a agenda de construção de uma epidemia*. Rio de Janeiro/ São Paulo: ABIA/Editora 34, 2000.

GREEN, James N. & POLITO, Ronald. *Frescos trópicos: fontes sobre a homossexualidade masculina no Brasil (1870-1980)*. Rio de Janeiro: José Olympio Editora, 2006.

HOOKS, bell. *Anseios: raça, gênero e políticas culturais*. Trad. Jamille Pinheiro. São Paulo: Elefante, 2019.

OCANHA, Rafael Freitas. "As rondas policiais de combate à homossexualidade na cidade de São Paulo (1976-1982)". *In*: GREEN, James N. & QUINALHA, Renan. *Ditadura e homossexualidades: repressão, resistência e a busca da verdade*. São Carlos: EdUFSCar, 2014, p. 149-75.

OLIVEIRA, Bruno Silva de. *Práticas repressivas e resistência das homossexualidades nos discursos do jornal* Diário da Borborema *na cidade de Campina Grande (1975-1982)*. Monografia (Graduação em História). Campina Grande: Universidade Federal de Campina Grande, 2020.

SOUTO MAIOR, Paulo R. *A invenção do sair do armário: a confissão das homossexualidades no Brasil*. Tese (Doutorado em História). Florianópolis: Universidade Federal de Santa Catarina, 2019.

SOUZA, Antonio Clarindo Barbosa de (org.). *Populares na cidade: vivências de trabalho e lazer*. João Pessoa: Ideia, 2011.

VIEIRA, Kyara Maria de Almeida. *A única coisa que nos une é o desejo: produção de si e sujeitos do desejo na vivência da homossexualidade em Campina Grande-PB*. Dissertação (Mestrado em Ciências Sociais). Campina Grande: Universidade Federal de Campina Grande, 2006.

Ramon Reis
Doutor em antropologia social pela Universidade de São Paulo
(USP). Atualmente, é professor do Instituto Federal de Educação,
Ciência e Tecnologia do Pará, produz o podcast *Compósita*
e é voluntário no Comitê Arte Pela Vida, ONG paraense que
desenvolve ações de prevenção e combate ao HIV/aids.

"Periferias", mobilidades e (homo)sexualidades de Norte a Sudeste e vice-versa: fronteiras citadinas de uma pesquisa

Ramon Reis

Apresentação: retomando percursos etnográficos

As delimitações geográficas entre "periferias"[1] e (homo)sexualidades[2] são representações que constituem modos específicos de olhar e vivenciar o espaço urbano, a cidade, a região e o território no qual estão inseridos, além de serem aspectos que nos permitem questionar a produção de "verdades" sobre sujeitos, subjetividades e lugares. É a partir dessa perspectiva

[1] O uso de aspas na palavra "periferia" e, posteriormente, na palavra "centro" e em seus correlatos corresponde à formulação de questionamentos que direcionam olhares negociáveis para tais noções, no sentido de aproximar agenciamentos individuais e coletivos de uma pletora polissêmica estimulada pela constituição de zonas fronteiriças — isto é, não se trata de uma forma única para nomear "periferia" e "centro", tampouco existe uso exclusivo desses termos, podendo haver, dependendo da situação, exercícios citadinos "periféricos" em regiões "centrais" e vice-versa, movimento intitulado por Reis (2016, 2017) e Puccinelli e Reis (2020) de "periferização central" ou "centralização periférica".

[2] Mantive o prefixo "homo" entre parênteses para destacar que não houve, durante a pesquisa, uma correspondência entre o signo e o significado. Reconhecer-se homossexual e vivenciar uma homossexualidade depende de uma série de fatores que escapam à orientação sexual e à identidade de gênero. Ao longo do texto, será possível perceber que as fronteiras de gênero e sexualidade também dizem respeito à relação dos sujeitos com os espaços urbanos.

que retomo as fronteiras citadinas da pesquisa de doutorado que desenvolvi nas cidades de São Paulo e Belém, no período de 2012 a 2016.[3]

Refiro-me à produção de uma etnografia móvel ou em situação de mobilidade interestadual (Reis, 2017, 2021; Puccinelli & Reis, 2020), que buscou evidenciar a produção de desigualdades e delimitação de fronteiras culturais, políticas, econômicas e identitárias marcadas pelas intersecções entre sexualidade, gênero, classe, raça/cor, região e território, servindo de suporte para uma releitura desses processos e dos meandros da constituição, da visibilidade e do reconhecimento de (homo)sexualidades "periféricas" — leia-se: (homo)sexualidades em situação de marginalidades regional, territorial e socioespacial.

O objetivo era refletir de modo disruptivo sobre a associação entre "periferia" e (homo)sexualidade à sujeira, ao atraso e à precariedade em relação aos questionamentos de LGBTQIA+ moradoras/es de "periferia" a respeito do lugar de origem, da subjetividade, dos sentidos de "comunidade" e do acesso e da circulação pela cidade (Puccinelli & Reis, 2020). A discursividade tangenciada pela ideia de "periferia" como uma não cidade — confrontada por movimentos de resistência espacial e territorial — fundamentou a sistemática dos resultados obtidos, oportunizando reler as cidades pesquisadas e colocá-las em perspectiva a partir de horizontes imaginativos de ordem transfronteiriça.

Sobre esse aspecto descentralizador que dilui determinadas fronteiras socioespaciais estimuladas, nesse caso pela existência de bares e boates como sinônimos de autoafirmação, este capítulo dialoga com a noção de mobilidade, com vistas a percebê-la como um contraponto ao exercício esquemático de ir e vir, produzindo o que Doreen Massey (2013) chamou de "cartografias situacionais". Portanto, a ideia central é pensar a mobilidade como um vetor físico, estrutural e espaço-temporal (Cresswell, 2009), correspondente à construção de narrativas próprias de cidade mediante a facilidade e/ou dificuldade de acessar e negociar pertencimento em determinados espaços e lugares.

---

3 A pesquisa teve lugar no Departamento de Antropologia da Universidade de São Paulo (USP), sob a orientação de Júlio Assis Simões, e contou com o financiamento da Fundação de Amparo à Pesquisa do Estado de São Paulo (Fapesp).

Nesse sentido, será fundamental exercitarmos uma leitura a contrapelo de arquétipos de distância e proximidade materializados na concepção binomial "centro/periferia", com vistas ao escrutínio de deslocamentos de pensamento e ação orientados pelos modos como são vivenciadas política, social, histórica e culturalmente experiências, narrativas e trajetórias.

Trata-se da possibilidade de desnaturalizar identidades e/ou desespacializar categorias analíticas rígidas vinculadas a blocos monolíticos de reflexão ou enviesadas pela suposição de que a marginalidade associada à "periferia" é o substrato da não reivindicação de um nome ou um signo. Termos como "diversidade" e *queer*, quando associados à "periferia", confirmam a insurgência de ativismos contemporâneos cada vez mais interessados em questionar estatutos citadinos que pretendem tornar autorreferentes e totalizantes as formas de ocupação e expressão urbanas relacionadas ao gênero e à sexualidade.[4]

O direcionamento proposto cumpre a função de problematizar o modo difuso pelo qual "esferas de aparecimento" (Butler, 2018) tornam inteligíveis o próprio exercício de ocupação do espaço urbano e, portanto, do "direito à cidade" (Lefebvre, 2009), avançando no sentido de formular novas questões e respostas que nos possibilitam compreender, sobretudo em momentos de suspeição, controle e perseguição das temáticas de gênero e sexualidade, o impacto dessas atitudes nas vivências de sujeitos e grupos em situação de marginalidade — afinal, não cabe supor que eles sirvam meramente de depósito figurativo e caricatural.

---

4 Um exemplo desse processo de insurgência política é o movimento das Drags Themonias, em Belém. Composto majoritariamente por jovens LGBTQIA+ que fazem parte da cena artística contemporânea da cidade, as Themonias popularizaram-se, na virada de 2013 para 2014, em um contexto de enfraquecimento das boates gays e de surgimento de eventos locais de estética urbana grotesca, a fim de produzir fissuras no espaço urbano e propiciar uma série de estranhamentos e entranhamentos citadinos. Uma de suas questões principais é utilizar a noção de descarte para confrontar o *modus operandi* que subjuga e desqualifica corpos e corporalidades LGBTQIA+, com ênfase em sujeitos pretos e "periféricos". Ver: Nascimento (2019); Reis & Grunvald (2019). Para mais informações sobre esse movimento, ver: *Themonia* — Edição Especial de Lançamento: Manifesto, n. 1, 2020; *Themonia* — Noite Suja, n. 2, 2021. Ambas disponíveis no perfil do Instagram @panthemonias.

Mobilidades, cidades e sexualidades: articulações teórico-metodológicas

A proeminência do debate sobre mobilidade e cidade tem ganhado cada vez mais contornos significativos na antropologia e sociologia brasileiras, principalmente no que se refere à expressividade de indivíduos e grupos marcados por dinâmicas urbanas específicas em torno de demandas por representatividade associadas às noções de reconhecimento e visibilidade.[5]

O caráter situacional (Gluckman, 2010; Van Velsen, 2010) que reveste tais expressividades cotidianas e sinuosidades acadêmicas, quando conectado às perspectivas citadinas, expressa um acirramento de disputas socioespaciais entre "periferias" e "centros" em suas diversas acepções, evidenciando dispositivos de conhecimento e ação balizados por situações de confronto direto com concepções que procuram criar imagens ou retóricas totalizantes e autorreferentes.

Autoras/es como Homi Bhabha (1998), Doreen Massey (2013) e Iain Chambers (1995) são enfáticas/os em afirmar quão necessário deve ser o comprometimento com as leituras e os olhares que enviesam a maneira como temporalizamos, espacializamos e lemos as relações que criamos com espaços e lugares. Novamente, é nesse movimento que busco interpelar situações envolvendo mobilidades, disputas socioespaciais e (homo)sexualidades nas "periferias" urbanas brasileiras em relação

---

5 Não obstante se tratar de um conjunto de trabalhos sobre perspectivas analíticas múltiplas e distintas realizadas em espaços e tempos específicos, a questão que merece destaque e aponta para as problemáticas a respeito dos usos e "contra-usos" do espaço público urbano (Leite, 2002) refere-se, em grande medida, à produção de relações e mobilidades interpeladas pelo contato e confronto com espaços, lugares, linguagens, violências, sonoridades, audiovisualidades, territórios e rituais. Nesse sentido, é o aspecto situacional que nos auxilia a compreender o caráter transfronteiriço e móvel que contrapõe noções fixas e isomórficas, por exemplo, entre espaços, lugares, identidades e a própria produção de pesquisas antropológicas e sociológicas em contexto urbano (ver: Niemeyer & Godoi, 1998; Caldeira, 2000; Frúgoli Jr., 2000; Andrello, 2006; Rodrigues, 2008; Telles, 2010; Feltran, 2011; Guedes, 2013; Amoroso & Santos, 2013; Marques, 2015; Oliveira & Nascimento, 2016; Magnani, 2016; Reis, 2016; Aderaldo, 2017; França, 2017; Fontgaland, 2018; Frúgoli Jr., Spaggiari & Aderaldo, 2019; Soares, 2020).

à construção de projeções citadinas[6] que legitimam corpos, identidades e espaços, uma vez que elas interferem na constituição de acessos e desejos de cidade (Perlongher, 2008; Sabsay, 2011).

O mote central diz respeito à relação entre a antropologia urbana e os estudos de gênero e sexualidade, em uma tentativa de aprofundar as noções de mobilidade e disputa socioespacial através da constituição de (homo)sexualidades "periféricas" no espaço urbano a uma certa ideia de lugar social, esgarçando e "cortando redes" (Strathern, 2014) e compreendendo como LGBTQIA+ moradoras/es de contextos de "periferia" reproduzem repertórios[7] transfronteiriços que articulam sentidos de modernidade, cultura, economia, política, reconhecimento e visibilidade.[8]

Se a dinâmica urbana móvel é um dos principais componentes que articulam o desenvolvimento de pesquisas na cidade, é esse mesmo vetor, com destaque para a disponibilidade, o significado e a frequência (Cresswell, 2009), que funciona como força atrativa e opositora atuante nos meandros e nas composições de determinados acessos e desejos citadinos. É importante compreender "que os dispositivos de conhecimento e poder subjacentes às mobilidades interagem entre si para a construção de distintos

6 A expressão "projeções citadinas" tem a função de ser uma catalisadora de pertencimentos e distanciamentos, interferindo nos modos como sujeitos LGBTQIA+ e grupos se posicionam no espaço urbano. Trata-se de uma categoria de análise que conforma um significado polissêmico relacionado a situações de autoafirmação e busca por reconhecimento e visibilidade ou na constituição de rechaço e estigma contra sujeitos e grupos em situação de marginalidade.

7 Embora exista uma associação inicial entre a produção de repertórios e suas materialidades, isto é, o caráter supostamente homogêneo e coextensível que estrutura, por exemplo, a formação de indivíduos, grupos e narrativas, vale ressaltar que as vivências de LGBTQIA+ em "periferias" urbanas brasileiras não correspondem exclusivamente às mesmas demandas, relações e mobilidades. Dentro de um sistema de tradução e retradução de determinadas experiências no/com/sobre o espaço urbano, é importante não criar concepções apriorísticas que supõem hierarquias generalizadas ou usos instrumentais sobre espaços, lugares e convivências.

8 O desafio em aproximar o debate sobre mobilidade e cidade com os estudos de gênero e sexualidade tem como aporte teórico-metodológico um conjunto de pesquisas interessadas, de alguma forma, em descortinar experiências, narrativas e vivências atreladas diretamente a cenários urbanos marcados pelos seguintes eixos temáticos: produção de diferenças e relações afetivo-sexuais (Facchini, 2008); sociabilidades, consumos e subjetividades homossexuais (França, 2012); sociabilidades, identidades e espaço

sentidos de lugar, sobretudo porque não é a reificação de uma prática que está em jogo, mas suas contingências e cruzamentos" (Reis, 2016, p. 166).

Essa é uma das formas de desafixar a noção de "periferia" de uma possível carga negativa, como um sinônimo de ausência e precariedade, conferindo legitimidade ao exercício da mobilidade, pois, a depender do ponto de vista, a localização do espaço facilita ou dificulta seu acesso, assim como elabora repertórios e projeções citadinas que evidenciam usos do espaço urbano a partir do duplo repulsa/atração, aspecto que será desenvolvido nas próximas seções.

A elaboração do duplo repulsa/atração é um sinalizador que marca de que modo corpos e lugares são desejados ou rejeitados na cidade quando o discurso geográfico é acionado, associando por vezes pessoas negras e pobres à "periferia" e exacerbando processos de diferenciação, segmentação e territorialização entre "centros", "periferias" e regiões do país. Esse jogo de forças constitui uma série de problemáticas de caráter histórico, social e cultural que privilegiam determinados sujeitos e grupos em prol da constituição de processos de higienização urbana (Rolnik, 2013; Silva, 1998), forjados pela insistente marcação de "centros" urbanos como modernos, cosmopolitas e referenciáveis e as "periferias", como depósitos atávicos.

Sendo assim, quais cidades e espaços urbanos são produzidos dentro dos horizontes imaginativos de seus habitantes? Esses processos imaginativos geram quais relações, identificações e pertencimentos? É possível, por exemplo, *transar* com cidades e espaços urbanos no sentido de negociar (homo)sexualidades e sociabilidades (Reis, 2017)?

Tangenciados pelas noções de mobilidade e fronteira, tais questionamentos nos ajudam a compreender que não há como olhar para

---

urbano (Ribeiro, 2012); mercados transnacionais do sexo e do desejo (Piscitelli, 2013); prostituição feminina e ativismos (Olivar, 2013); sonoridades e estéticas (Marques, 2015); violências e territórios (Efrem Filho, 2017); envelhecimentos e regimes de visibilidade (Passamani, 2015); "periferias" e mobilidades (Reis, 2016); espaço urbano e sexualidades (Puccinelli, 2017); gênero, subjetividades, espaço urbano e território (Soares, 2020), para citar apenas algumas. Em espaços e tempos distintos, cada uma/um das/os pesquisadoras/es citadas/os tonifica esse debate por meio do questionamento de determinados estatutos que tendem a tornar rígida e fixa a maneira como são vividas, projetadas e (re)produzidas identificações e diferenciações.

a produção de diferenças, identidades e (homo)sexualidades em contextos de "periferia" sem perder de vista os modos como algo/alguém é desejado, acessado, nomeado e (re)produzido.

Com efeito, situarei essas (homo)sexualidades "periféricas" como subjetividades e "espacialidades de resistência" (Oslender, 2002), acionando pontos de partida que saem da "periferia" para o "centro" — em um movimento "de dentro para fora" (Mitchell, 2010) — e as compreendendo a partir de uma "geografia imaginativa" (Said, 1990) tributária da formação de tropos fundadores de um Estado-nação marcado por saberes, processos de urbanização e produções de conhecimento distintas e hierárquicas (Costa, 2009; Bemerguy, 2019).

Portanto, a articulação teórico-metodológica aventada tem sido um campo fértil de análise, principalmente porque, mais que interseccionar gênero, sexualidade, raça/cor e classe social para marcar posições em cidades e/ou espaços urbanos, também serve para lançar luz aos marcadores sociais de território/territorialidade e região/regionalidade que balizam as maneiras como LGBTQIA+ moradoras/es de contextos de "periferia" constroem sentidos e significados de modernidade e cidade.

Cores na/de cidade: observando São Paulo

Quando eu tava na terceira série, lembro que minha avó sempre falava pra gente estudar porque os estudos iriam dizer quem éramos lá na frente, e ela era analfabeta. Eu sempre estudei. O meu caderno era impecável e tal, e nessa época tinha uma determinada menina, lembro muito bem o nome dela até hoje, Solange, ela me pediu o meu caderno emprestado e eu emprestei. No outro dia, ela não trouxe o caderno. Eu falei pra ela que precisava usar o caderno, ela disse que no dia seguinte iria trazer. No dia seguinte, ela não tinha trazido. Então, eu peguei um caderno velho e comecei a fazer a matéria, mas sempre pedia que ela devolvesse o caderno porque viriam as provas e eu precisava do caderno. Ela olhou pra minha cara e falou: "Você é preto mesmo, não vai passar da quinta série!". Nossa, eu chorei tanto! Eu chorei, chorei, chorei, só que o pessoal da sala não falou nada, a professora não ouviu e eu fiquei quieto. Quando cheguei em casa, enchi o tanque com cândida [água sanitária] e sabão em pó, entrei e fiquei dentro. Quando a minha avó viu aquilo começou a chorar. Primeiro ela me bateu ali mesmo e depois ela queria saber por que eu tinha feito aquilo. Eu falei tudo o que tinha acontecido. No dia seguinte, ela foi na escola cuspindo fogo pelas ventas, fez um escarcéu na escola, prometeu me tirar de lá e processar a escola e a diretora. Nenhuma escola quer ser processada por racismo, e a diretora pediu pelo amor de Deus, pediu desculpas e ia convidar a menina a se retirar da escola. (Oton, entrevista em São Paulo, 2013)

O episódio narrado por Oton aconteceu em uma de minhas incursões no Guinga's Bar, em São Mateus, zona leste de São Paulo. Naquela ocasião, conversávamos sobre as nossas experiências envolvendo situações de "descoberta" da sexualidade e violência durante a infância. Quando perguntei a ele se se lembrava de algo que o marcou além da sexualidade, a primeira situação traumática rememorada trouxe à tona o período em que cursava a terceira série do ensino fundamental, aos nove anos. Reconhecido pelas/os frequentadoras/es do bar por suas habilidades vocais, encontrei-o em uma noite de sexta-feira cantando no karaokê a música "A loba", popularmente conhecida pela interpretação marcante da cantora Alcione. Durante a nossa primeira conversa, Oton fez questão de enfatizar sua paixão pela música e a gratidão à família nuclear materna, que sempre o incentivou a cantar.

Iniciei a seção com o relato de Oton pela referência aos regimes discursivos acionados, *a priori*, via raça/cor para localizar socialmente sujeitos no espaço urbano. Nesse processo de localização socioespacial, o recurso utilizado por Solange evidenciou uma associação perversa de causa e efeito entre um traço fenotípico e a impossibilidade de produzir agência sobre si. A proposição "você é preto mesmo, não vai passar da quinta série!" mobiliza, dentro e fora da narrativa, um processo de recusa individual e coletiva: de quem fala, para quem ouve e em relação a uma estrutura histórica.

Os impactos desse jogo discursivo aparecem em dois momentos da fala de Oton: (i) quando o preconceito racial é verbalizado; (ii) na reação a esse preconceito sobre quem sofreu a ação. De um lado, as marcas de um processo de desumanização. Do outro, o silêncio. Enquanto Solange falava e passava "despercebida", aquela atitude marcava, desde muito cedo, a maneira como Oton era observado, fazendo com que fosse obrigado a reconhecer, mesmo a contragosto, o que lhe era imputado. Nesse caso, se houve uma tentativa de apagamento e embranquecimento em um espaço-tempo específico, isso significa dizer que tal tentativa é fruto do racismo que ainda persiste em nossa sociedade, cujo objetivo principal é culpabilizar e/ou invisibilizar a vítima (Gonzalez, 2018; Amador de Deus, 2019).

Ao tratar dessa complexa relação expressa por um tom paternalista, a reflexão se volta para o que acompanha Oton desde a infância: a pecha persecutória da localização fenotípica. Nesse sentido, não restam dúvidas de que falar sobre relações raciais em contexto brasileiro é compreender a problemática que envolve a temática por meio do lugar social que cada uma/um ocupa. A ação e a reação ou a repulsa/atração investidas na dinâmica que abrange a constituição do preconceito racial evidencia que o espaço-tempo de confronto travado entre Oton e Solange são sinalizadores que interferem diretamente nos modos como o marcador de raça/cor é constituído.

A menção ao termo "localização fenotípica" é uma forma de enfatizar que o lugar destinado ao sujeito negro está incrustado em realidades nas quais os interditos sociais orientam a criação de linguagens específicas de afastamento e menosprezo, como no caso do Brasil. Segundo Frantz Fanon (2008), é em contextos assim que a retórica do embranquecimento da raça atua com vistas a assegurar um modo de vida pautado na brancura. Essa forma de assegurar a brancura é o que faz Oton, aos nove anos, literalmente querer embranquecer ao encher o tanque de sua casa com água sanitária, expurgando sua cor e localizando-a fora de toda e qualquer possibilidade de ascensão social.

Anos depois, o manejo utilizado por Oton sobre sua cor revela uma elaboração construída pela autoafirmação e pelo reconhecimento de que, se existe lugar social para sujeitos negros e brancos, há, sobretudo, potência subjetiva que age diretamente nas situações de racismo. Quando perguntei a Oton se já tinha sofrido racismo no que diz respeito às relações afetivo-sexuais, suas memórias retomaram um encontro ocorrido com um rapaz branco, na avenida Paulista.

> Eu estava sentado na [avenida] Paulista acompanhando uma menina que ia fazer umas fotos na Record [sic], só que eu não podia entrar na emissora e resolvi ficar sentado esperando. Apareceu um rapaz muito bonito,

começamos a conversar, ele pediu meu telefone, e eu dei. Marcamos um encontro e tal. Naquele momento rolou uns beijos e abraços. A gente se despediu, ele foi embora, e eu fui buscar minha amiga. No dia seguinte, ele me ligou e marcamos um encontro, mas esqueci que no dia do nosso encontro eu tinha aula de violão. Quando ele ligou confirmando, eu falei assim: "Desculpa, não vou poder ir porque eu tenho prova da minha aula de violão". E ele: "É, então você tem as suas coisas e não me conta nada, é assim e tal?!". Eu disse: "Eu estou te conhecendo agora e tem outras coisas que você precisa saber, não deu tempo pra eu contar tudo, eu falei só algumas coisas". Ele retrucou: "Sabe de uma coisa? É melhor você ficar com alguém da sua cor, porque preto com branco não vai dar certo mesmo!". E desligou o telefone na minha cara. Eu fiquei triste por causa dessa pessoa, fiquei chateado e tal, mas depois passou porque não vale a pena ficar remoendo isso, não vale a pena ficar sofrendo por causa disso, não vale a pena mesmo. De que adianta eu ir atrás, pular, chorar, gritar? Ele é assim, e eu não vou poder mudar a pessoa. Tomara que ele mude um dia! Se ele não mudar, eu não posso fazer nada!

O conflito apresentado é um dos aspectos que contribuem para o adensamento da análise sobre o duplo repulsa/atração em relação ao cruzamento entre raça/cor e sexualidade com determinados lugares na cidade de São Paulo. O encontro ocorreu em um dos maiores cartões-postais da capital: a avenida Paulista, símbolo de uma ideia de cosmopolitismo, modernidade e trabalho, além de ser um lugar de encontro para as mais variadas formas de sociabilidade e manifestações públicas.

Se existe nesse lugar uma profusão de símbolos, significados e pessoas que tornam a Paulista representativa daquelas explicações cuja mistura das relações vira sinônimo de igualdade e democracia, não há como deixar escapar que esses olhares homogêneos são, sobretudo, projeções citadinas que interferem nas maneiras como são construídas as identificações e as verbalizações sobre algo/alguém. Seguindo de perto as análises de Doreen Massey (2013), é primordial que se compreendam o espaço urbano e os lugares como passíveis de conexão, interligados politicamente em perspectivas não isoláveis.

O encontro de Oton me chamou atenção para quão ríspida pode ser uma relação quando a naturalização do preconceito é confrontada. Naquela ocasião, ambos estavam em pé de igualdade no que diz respeito à ausência de conhecimento da experiência de vida de cada um; contudo, no momento em que o rapaz percebeu o quanto aquela aproximação poderia exacerbar uma mesma frequência de atividades ou um contexto no qual Oton não estaria sempre disponível, houve a quebra de contato sob a justificativa de que "preto com branco não vai dar certo mesmo". O tom racista dessa fala encontra eco na dificuldade que aquele rapaz teve de compreender que suas lógicas citadinas e raciais são linhas tênues facilmente borradas pela interrupção de um fluxo (imaginário).

Pensando em uma não superação do colonialismo, que na atualidade se expressa por meio de um racismo institucionalizado, a lógica que se cria acerca das relações não amistosas entre sujeitos negros e brancos continua embasando o argumento subjacente à representação de contatos paternalistas nos quais a/o sujeita/o que se autoclassifica branca/o direciona as ações daquela/e que se autoclassifica negra/o. Embora as análises aqui empreendidas enfatizem a importância da agência na produção social das diferenças, vale ressaltar a força de um sistema que continua empurrando mulheres e homens negras/os para as margens (simbólicas e estruturais), ao mesmo tempo que centraliza a figura da mulher e do homem branco.

Esse é um argumento que se assemelha às análises interseccionais de Kimberlé Crenshaw (2012), pois, a depender do contexto, agência e sistema favorecem a construção de experiências compartilhadas em torno de sentidos específicos, por exemplo, de força (de estratégias e ações), "comunidade" e desenvolvimento. Ao refletir sobre interseccionalidade e/ou identidades interseccionais, Crenshaw não compreende a identidade ou determinado problema social como uma questão exclusiva de reconhecimento e identificação: um dos maiores problemas ao discutir a questão da identidade, segundo a autora, é a insistência em reduzir ou ignorar as diferenças intragrupos.

É preciso tomar cuidado ao ler Crenshaw para que seu argumento não seja tido como exclusivamente sistêmico, pois sua noção de interseccionalidade não pretende ser pioneira ou totalizante,[9] tampouco a autora busca

---

9 Crenshaw compreende a produção social da diferença como uma fonte de empoderamento político e de reconstrução social. Os meandros de sua discussão sobre interseccionalidade caminham por meio de duas abordagens: estrutural e política. Ao analisar as situações de subordinação vivenciadas por mulheres negras imigrantes latinas e mulheres imigrantes asiáticas em

explicar a violência contra as mulheres somente pelos marcadores de raça ou gênero, já que fatores como classe social e/ou sexualidade também são vitais, e isso não significa apenas superposição de categorias. Portanto, a identidade é um jogo contingencial, um jogo que se constitui por meio de perspectivas interseccionais e espaço-temporais. A análise dessa questão passa diretamente pelas maneiras como lemos e imaginamos as pessoas em determinados lugares e regiões.

A seguir, apresentarei os dados de Belém com vistas a colocar em perspectiva a situacionalidade da questão racial em contextos distintos dos de São Paulo.

Cores na/de cidade: observando Belém

De São Paulo para Belém, sendo um homem gay paraense, busquei questionar os interlocutores belenenses sobre suas percepções a respeito da marcação de raça/cor. Seguem os diálogos que mantive com Narciso e Vicente no segundo semestre de 2013:

PESQUISADOR Pensando nas tuas circulações pela cidade de Belém e nas diversas posições sociais que tu ocupas — *gay, negro, morador de periferia, afrorreligioso*, que é *do samba* —, como tu manejas essas marcações?

NARCISO Sinto orgulho de tudo isso. Sobre a arte, eu sempre fui apaixonado desde criança, porque minha mãe também saía em uma escola de samba que existia no bairro, a Arco-íris, era uma grande escola. Então, eu ia junto com a minha mãe, ficava ensaiando, observando e nisso eu fui me apaixonando, fui fazendo parte. Hoje eu sou um dos mestres-salas residentes da escola Bole-Bole, que também é do Guamá.

---

casas de acolhimento de Los Angeles, Crenshaw problematiza o sistema de opressões (interseccionalidade estrutural) que é criado de modo intencional para fazer interagir determinadas vulnerabilidades e estimular mais desempoderamento, *modus operandi* no qual pouco insere a questão socioeconômica (interseccionalidade política) na arena de debates, não à toa Crenshaw mostra o hiato existente entre teoria (leis) e prática (ação) para questionar a constituição de agendas políticas de modo unilateral.

PESQUISADOR Tu possuis relação com o movimento de militância negra de Belém?

NARCISO Não. Eu já acho a arte da escola de samba uma relação com o movimento negro, porque foi surgido pelos escravos sem necessariamente estar vinculado ao movimento de militância negra.

PESQUISADOR E com relação à tua cor, já sofreste algum preconceito?

NARCISO Hoje em dia eu gosto da minha cor. Eu adoro ser negro. Mas, quando eu era criança, por meus amigos serem brancos, mesmo eu estando na periferia, eles diziam: "Ê, urubu!". Sofri muito bullying quando eu era criança por causa da minha cor.

PESQUISADOR Já te deparaste com algum preconceito relacionado à cor e à sexualidade?

NARCISO Nunca passei uma experiência assim.

PESQUISADOR Já te sentiste desejado por ser negro?

NARCISO Já.

PESQUISADOR E como reagiste?

NARCISO Já passei também por situações de a pessoa não querer ficar comigo por eu ser negro, mas aí acabou ficando e disse: "Eu não ficava contigo por causa da tua cor, porque meus namorados eram todos brancos, e tu és o primeiro negro que eu fico". Volta e meia tem gente que fala pra mim: "Tu és o primeiro negro que eu fiquei e tal".

PESQUISADOR Como tu lidas com isso?

NARCISO Hoje em dia eu, tipo assim, respeito esse tipo de opinião, até porque eu sou negro, mas a minha preferência é por pessoas claras, apesar que eu já fiquei com pessoas da minha cor, mas se for pra escolher eu prefiro as claras. Acho que preferência não se discute.

Sobre Vicente:

PESQUISADOR Como tu percebes a questão da raça/cor em Belém?

VICENTE Eu acho que isso tá ligado a quanto que tu te percebes sendo negro ou não. Se as pessoas não se percebem como negras, não cabe a mim julgar, porque isso vai muito além do que é a cor.

PESQUISADOR Como um estudante universitário negro e gay, qual a análise que tu fazes dessas vivências em Belém?

VICENTE Eu acredito que as pessoas reverberam o preconceito dentro de si, elas não se consideram negras por conta do preconceito. Eu tenho um amigo que diz que não é negro, ele faz de tudo pra se embranquecer: passa pó, maquiagem, tudo. Ele diz que não gosta de pessoas negras. Até mesmo no movimento LGBT as pessoas discriminam os negros: "Ah, essa preta, só podia ser preta! Essa macaca, ela é horrível!". Eu vejo muitos comentários assim, de um preconceito muito forte. Por isso as pessoas ficam reprimidas de se considerarem negras, eu acredito.

Destaquei alguns trechos das falas de Narciso e Vicente levando em consideração processos distintos de mobilidade urbana. Narciso me detalhou lugares e significados que possibilitaram afunilar o marcador raça/cor por meio de critérios que, segundo ele, não se discutem, quais sejam: as escolhas afetivo-sexuais e o desejo. Vicente, por sua vez, promoveu saltos mais amplos de análise a respeito da compreensão de raça/cor não exatamente acerca da subjetividade, mas das percepções que estabeleceu por meio de suas andanças pela cidade.

As experiências e as relações sociais de Narciso e Vicente são algumas facetas do contexto de sociabilidade homossexual pesquisado em Belém, e os entrevistados manejaram com orgulho o termo "negro" em um lugar onde há um contingente expressivo de pessoas que se reconhecem como *morenas/os*, *pardas/os* ou *brancas/os*. Considerando que Narciso possui tom de pele mais escuro que Vicente, há quem diga/insinue que "a cor está nos olhos de quem vê e não de quem sente", contrariando toda e qualquer possibilidade de leitura pela via da subjetividade. O sujeito é alvo do escrutínio que o cerca.

A inserção de Narciso em diversos espaços construiu sua identidade negra sem que ele precisasse recorrer ao movimento social para se reconhecer como tal. A passagem pelo candomblé e pela escola de samba perdura até hoje, constituindo, assim, sua identidade numa linha do tempo que envolve aprendizado, aceitação, prática e afeto. Quando as perguntas passam do aspecto social para a intimidade (sexualidade e desejo), a questão racial esbarra no já conhecido cenário da naturalização do gosto, recurso usado para amenizar e silenciar um possível confronto; a preferência, nesse caso, do sujeito negro pelo branco e a curiosidade desejante do sujeito branco em relação ao negro ainda são marcas indeléveis da localização fenotípica de cada um.

Autoras como Anne McClintock (2010) e Saba Mahmood (2006) mostram que a produção da agência também serve para ressignificar ações percebidas na maioria das vezes como subservientes. Nesse sentido, uma das partes que mais me instigam a refletir sobre a ideia de localização fenotípica na fala de Narciso é a repetição da expressão "hoje em dia", inteligível para ele dentro de cenários de superação, sinalizando, inclusive, um agenciamento horizontalizado do desejo — ou seja, Narciso produz sua agência na esteira do raciocínio de preferência de cor que fazem a respeito dele.

Esse agenciamento do desejo, que chamei de horizontalizado, aparece em diferentes níveis nas pesquisas de Regina Facchini (2008), Júlio Simões *et al.* (2010) e Isadora Lins França (2012), com vistas a evidenciar a recorrência dos deslocamentos de moradores das "periferias" para regiões "centrais" na cidade de São Paulo, pautados pela busca por prestígio e status, além do fato de usarem o marcador de raça/cor e o imaginário subjacente a ele como porta de entrada para se constituírem como sujeitos desejáveis. A despeito de o complexo jogo que reveste a constituição do desejo de brancos por negros ser, na maioria das vezes, uma objetificação via raça/cor, é importante notar que o agenciamento erótico feito por alguém que se reconhece como negro também se mostra um campo fértil para percebermos que a diferença e a desigualdade nem sempre são sinônimos de opressão.

Com relação a Vicente, inicialmente ele demonstrou um tom cuidadoso ao falar da questão racial, algo que me aproxima de outras conversas que estabeleci com diversas/os moradoras/es de Belém. A compreensão de Vicente sobre o marcador social de raça/cor se aproxima das falas de algumas pessoas com quem conversei, de que, apesar da forte identificação que elas/eles possuem com os termos *parda/o*, *branca/o* e *morena/o*, a maneira como a classificação e a autoclassificação de raça/cor são construídas esbarra diretamente na sensibilidade de cada uma/um, resultado de um processo histórico de evitação do uso das categorias "negro" e "preto" (Conrado, Campelo & Ribeiro, 2015).

Ao ser questionado sobre o lugar que ocupa nesse cenário, sendo *negro*, *gay* e estudante universitário, e como ele conecta tais posições com o ambiente que o cerca, especificamente a partir de suas relações de amizade, Vicente evidenciou que o preconceito racial é algo que se constrói de modo internalizado, perfazendo, portanto, toda sorte de identificações que não se furtam em camuflar o termo "negro" sob a justificativa de que seu uso não estaria relacionado a uma afirmação político-identitária, mas a um sinônimo de pessoa preconceituosa e racista. Por outro lado, o relato de Vicente sobre seu amigo indica que essa mesma camuflagem denota uma tentativa constante de embranquecimento, questão que lembra de perto os meandros de como são construídos os arquétipos de beleza negra no Brasil via consumo e mídia (Fry, 2002) em uma estrutura cuja principal estratégia é destituir sujeitos negros de sua própria história (Munanga, 2012), transformando isso tudo em uma identidade nacional ambígua praticamente inquestionável (Motta-Maués, 1992; Schwarcz & Starling, 2015).

Falar da marcação social de raça/cor em Belém é estar ciente da complexa trama identitária que reveste o ato de nomear alguém e/ou de tomar para si essa nomeação por meio da utilização do seguinte ponto de partida: o uso dos termos *morena/o* ou *parda/o*, como uma espécie de substrato naturalizado das relações raciais estabelecidas na cidade.[10] Na perspectiva étnico-racial, também é possível observar uma aproximação cuidadosa da população local com os termos "indígena", "quilombola", "caboclo" e "ribeirinho"; se existe uma aproximação com tais grupos, provavelmente isso está relacionado a situações em que há um reforço de traços e aspectos culturais regionais para fins de afirmação político-identitária. De fato, tecer considerações a respeito de raça/cor em contexto amazônico paraense não é simplesmente uma questão de reconhecimento e identificação, mas de algo que remete a fatores sensoriais (Noleto, 2018).

Recorrendo às análises de Angélica Motta-Maués (1992) sobre a forma contraditória e ambígua pela qual se lida com a identidade étnico-racial no contexto paraense, é válido perceber que

> Se isto é o que ainda se coloca no discurso oficial, não deixa de ser também o que está na maneira de pensar e de falar do cidadão comum da região (ou fora dela). Ninguém quer ser identificado com o caboclo, ou com as "coisas do caboclo" — a chamada "caboclice" —, todos termos pejorativos e eivados de preconceitos que se dirigem, no fundo, contra a velha realidade, que não se quer encarar — o fato de ser esta, na verdade, uma população misturada. E que, portanto, não somos brancos como gostaríamos, nem vivemos no "sul

---

10 Para um debate sobre os processos subjetivos e institucionais de classificação via raça/cor em Belém, especialmente no período das festas juninas, ver: Noleto (2018).

maravilha" (que aliás, não é Sul, mas Sudeste), e que, por mais que recusemos com as palavras e o pensamento a nossa identidade, transpondo-a sempre para um outro que é o caboclo, o "moreno" ou até índio (no seu limite), mesmo assim, ela se mostra e nos obriga, de alguma forma, a assumi-la. Nem que seja — se nosso olhar não estiver totalmente embaçado pelo preconceito — quando diante do espelho enxergamos nossos traços refletidos.

Há, porém, um outro lado, neste jogo de espelhos, onde se reflete nossa identidade étnica. E este lado mostra bem como é contraditória e ambígua a nossa forma de lidar com a mesma. Estou me referindo ao uso do que se pode chamar de "símbolos étnicos", que são utilizados, quando se trata de "vender" a imagem da região (ou mais especificamente do estado). Neste sentido, não só a propaganda turística ou de órgãos oficiais, mas as próprias pessoas, de maneira geral, vão buscar no repertório da cultura regional, justamente aqueles elementos que sinalizam aquilo que, noutro plano, se quer ver "esquecido". Estão neste caso a tão decantada culinária regional (ou paraense, como se faz questão de nomear); as manifestações do folclore; o artesanato (com lugar especial para a cerâmica, enfatizando-lhe a origem indígena); o uso de ervas e outros itens da medicina e das religiosidades ditas "populares", para apontar apenas alguns dados. Todos estes elementos, tendo sido apropriados, num contexto maior, como símbolos regionais, acabam "perdendo" sua feição primeira de marcas étnicas no jogo das identidades, tanto quanto ocorreu, no plano nacional, com o Carnaval e o candomblé. (Motta-Maúes, 1992, p. 203)

Um último ponto que gostaria de trazer à baila conecta marcações de raça/cor, desejo, gênero e sexualidade, desta vez em diálogo com Nilton, em entrevista realizada no segundo semestre de 2014.

PESQUISADOR Quais os teus objetivos quando tu vais ao Bar da Ângela?

NILTON Eu vou pra Ângela pra me divertir, escutar música, ver meus amigos, mas também associado a isso eu vou namorar. Então, o meu objetivo principal é namorar mesmo. Na minha vida eu não busco aquele perfil de beleza tradicional (branco, alto), pra mim tem que ter um detalhe importante: que seja masculino, que tenha protótipo de hétero.

PESQUISADOR O que é esse protótipo de hétero?

NILTON Que não seja afeminado, que não tenha trejeitos. Eu não sei por que isso. Eu não sei se isso tem algum juízo de valor. Eu não sei o que tem em mim. Eu não sei por que eu gosto desse tipo de pessoa. Eu me sinto sexualmente atraído.

PESQUISADOR Tu achas que existe alguma relação entre o Bar da Ângela e a presença desse perfil de protótipo de hétero?

NILTON Não, porque nesses lugares é minoria esse perfil, a maioria são pessoas que têm trejeitos.

PESQUISADOR E fora do bar, no bairro/no entorno você encontra esse perfil?

NILTON Sim. Só que dentro do bar eu sinto mais segurança de encontrar alguém que quer namorar, mesmo sendo gay, já no entorno eu não tenho essa segurança e eu não sou ousado de ir. Então, eu sou mais livre pra chegar dentro do bar.

Na fala de Nilton, é possível perceber o desejo articulando identidades e perfis em espaços e lugares. Algo que chama atenção é a noção de *protótipo de hétero*, funcionando como um catalisador de repulsa/atração na busca por determinados perfis, quais sejam: o sujeito não branco e viril. Nota-se que a ausência desses perfis no Bar da Ângela é o que movimenta, direta ou indiretamente, o prazer (a atração sexual) e/ou o risco (a insegurança) dentro dos objetivos de frequência de Nilton em cada espaço/lugar da cidade. Nilton aciona a noção de *protótipo de hétero* como um contraponto a quem é *afeminado* ou possui *trejeitos*. Há, nesse sentido, uma articulação do desejo com questões que dizem respeito à marcação social de raça/cor, por exemplo: *eu não busco aquele perfil de beleza tradicional (branco, alto)*. Vale ressaltar que tais buscas não são unidirecionais, porém mostram que a relação entre desejo e cidade é uma das peças-chave na compreensão dos modos como damos sentido e significado aos processos de mobilidade e às fronteiras do gênero e da sexualidade no espaço urbano.

Com efeito, procurei enfatizar que o jogo identitário estabelecido na relação com algo/alguém é o que dá potencialidade a cada intencionalidade e localização, sejam estas fenotípicas ou não. A marcação social de raça/cor foi apenas um dos recortes da pesquisa, escolhido para este capítulo com o objetivo de descortinar as articulações entre lugares sociais, mobilidades, cidades e sexualidades, compreendidos, aqui, como tropos importantes para a compreensão das querelas referentes à constituição de uma identidade nacional.

Considerações finais

Em certa medida, e com níveis variados de comprometimento e "responsabilidade" (Massey, 2004), é preciso compreender que, ao associar a antropologia urbana com os estudos de gênero e sexualidade,

> a experiência urbana é marcada pela promessa de exposição à diferença. Não à toa, uma das principais estratégias de controle da população citadina diz respeito exatamente à delimitação espacial e à criação de fronteiras que determinam como cada corpo deve ou pode habitar o espaço. (Maia, Santos & Assumpção, 2017, p. 1)

Essa relação interdisciplinar nos permite refletir sobre a cidade e suas aproximações entre pessoas e estruturas (materiais e simbólicas) no que se refere ao trabalho do tempo (das transformações socioespaciais e das narrativas) e da imagem (leia-se: o que cada grupo, indivíduo e cidade pretendem mostrar sobre si). Considero que não há como pensar a cidade desatrelada de suas visualidades, narrativas e histórias. É preciso olhar para o espaço urbano como um processo (Agier, 2011), compreendê-lo pela virada analítica de uma cartografia de poder (noção referendada pela figura do mapa) para uma cartografia situacional (Massey, 2013).

Se pensar a cidade é visualizá-la dentro de um campo de ação múltiplo, a importância desse debate serve para repensarmos o lugar de uma antropologia da cidade no cruzamento de feituras urbanas também compreensíveis na relação com os estudos de gênero e sexualidade. A chave analítica que propus remete à complexidade da produção social das diferenças na construção histórica das relações sociais, sobretudo em seus sentidos políticos ao pensá-la em intersecção com tropos que não apenas nomeiam e/ou identificam mas constituem eixos sociais, históricos, culturais, políticos, econômicos e subjetivos que nivelam a possibilidade de produzir discursos e nomeações de ordem moral e contingencial.

O debate sobre a produção social da diferença é fundamental para compreendermos, por exemplo, como sujeitos LGBTQIA+ negros se articulam por meio de uma multiplicidade de categoriais sociais, localidades e experiências. Refiro-me a um projeto de sociedade que dialoga diretamente com o cruzamento de marcações sociais *pari passu* ao manejo a que cada sujeito ou grupo lança mão quando escrutina suas histórias e narrativas, encarando-as como um movimento constante de criticidade e reflexividade. Afirmo: é preciso questionar a produção de regimes totalitários de conhecimento sobre o outro, especialmente no que se refere aos usos instrumentais do termo "alteridade" em contextos de "periferia" socioespacial, regional e territorial, sobretudo porque ainda há uma suposição de que esse outro pode situar-se em um escopo autorreferente, criando, assim, concepções fixas atribuídas a identidades e lugares.

Referências

ADERALDO, Guilhermo André. *Reinventando a cidade: uma etnografia das lutas simbólicas entre coletivos culturais vídeo-ativistas nas "periferias" de São Paulo*. São Paulo: Annablume, 2017.

AGIER, Michel. *Antropologia da cidade: lugares, situações, movimentos*. São Paulo: Terceiro Nome, 2011.

AMADOR DE DEUS, Zélia. *Ananse tecendo teias na diáspora: uma narrativa de resistência e luta das herdeiras e dos herdeiros de Ananse*. Belém: Secult/PA, 2019.

AMOROSO, Marta & SANTOS, Gilton Mendes dos (org.). *Paisagens ameríndias, lugares, circuitos e modos de vida na Amazônia*. São Paulo: Terceiro Nome, 2013.

ANDRELLO, Geraldo. *Cidade do índio: transformações e cotidiano em Iauaretê*. São Paulo/Rio de Janeiro: Editora Unesp/ISA/NUTI, 2006.

BEMERGUY, Telma de Sousa. "Antropologia *em qual* cidade? Ou por que a 'Amazônia' não é lugar de 'antropologia urbana'?", *Ponto Urbe*, v. 24, n. 1, 2019.

BHABHA, Homi K. *O local da cultura*. Trad. Myriam Ávila, Eliane Lívia Reis & Glauce Gonçalves. Belo Horizonte: Editora UFMG, 1998.

BUTLER, Judith. *Corpos em aliança e a política das ruas: notas para uma teoria performativa de assembleia*. Trad. Fernanda Miguens. Rio de Janeiro: Civilização Brasileira, 2018.

CALDEIRA, Teresa P. R. *Cidade de muros: crime, segregação e cidadania em São Paulo*. São Paulo: Editora 34/Edusp, 2000.

CHAMBERS, Iain. *Migración, cultura, identidad*. Buenos Aires: Amorrortu Editores, 1995.

CONRADO, Mônica; CAMPELO, Marilu & RIBEIRO, Alan. "Metáforas da cor: morenidade e territórios da negritude nas construções de identidades negras na Amazônia Paraense". *Afro-Ásia*, n. 51, 2015, p. 213-46.

COSTA, Antônio Maurício Dias da. "Pesquisas antropológicas urbanas no 'paraíso dos naturalistas'". *Revista de Antropologia da USP*, v. 52, n. 2, 2009, p. 735-61.

CRENSHAW, Kimberlé Williams. "Cartografiando los márgenes. Interseccionalidad, politicas identitarias, y violencia contra las mujeres de color". *In*: MÉNDEZ, Raquel (Lucas) Platero (org.). *Intersecciones: cuerpos y sexualidades en la encrucijada*. Madri: Edicions Bellaterra, 2012, p. 87-122.

CRESSWELL, Tim. "Seis temas na produção das mobilidades". *In*: CARMO, Renato Miguel & SIMÕES, José Alberto (org.). *A produção das mobilidades: redes, espacialidades e trajectos*. Lisboa: Imprensa de Ciências Sociais, 2009, p. 25-40.

EFREM FILHO, Roberto. *Mata-mata: reciprocidades constitutivas entre classe, gênero, sexualidade e território*. Tese (Doutorado em Ciências Sociais). Campinas: Universidade Estadual de Campinas, 2017.

FACCHINI, Regina. *Entre umas e outras: mulheres (homo)sexualidades e diferenças na cidade de São Paulo*. Tese (Doutorado em Ciências Sociais). Campinas: Universidade Estadual de Campinas, 2008.

FANON, Frantz. *Pele negra, máscaras brancas*. Trad. Renato da Silveira. Salvador: Edufba, 2008.

FELTRAN, Gabriel de Santis. *Fronteiras de tensão: política e violências nas periferias de São Paulo*. São Paulo: Editora Unesp/Cebrap, 2011.

FONTGALAND, Arthur. *Caminhoneiros, caminhos e caminhões: uma etnografia sobre mobilidades nas estradas*. Dissertação (Mestrado em Antropologia Social). São Paulo: Universidade de São Paulo, 2018.

FRANÇA, Isadora Lins. *Consumindo lugares, consumindo nos lugares: homossexualidade, consumo e subjetividades na cidade de São Paulo*. Rio de Janeiro: EdUERJ, 2012.

FRANÇA, Isadora Lins. "'Refugiados LGBTI': direitos e narrativas entrecruzando gênero, sexualidade e violência". *Cadernos Pagu*, n. 50, 2017.

FRÚGOLI JR., Heitor. *Centralidade em São Paulo: Trajetórias, conflitos e negociações na metrópole*. São Paulo: Cortez/Edusp, 2000.

FRÚGOLI JR., Heitor; SPAGGIARI, Enrico & ADERALDO, Guilhermo (org.). *Práticas, conflitos, espaços: pesquisas em antropologia da cidade*. Rio de Janeiro: Gramma/Terceiro Nome/Fapesp, 2019.

FRY, Peter. "Estética e política: relações entre 'raça', publicidade e produção de beleza no Brasil". *In*: GOLDENBERG, Miriam (org.). *Nu & vestido: dez antropólogos revelam a cultura do corpo carioca*. Rio de Janeiro: Record, 2002, p. 303-26.

GLUCKMAN, Max. "Análise de uma situação social na Zululândia moderna". Trad. Roberto Yutaka Sagawa & Maura Miyoko Sagawa. *In*: FELDMAN-BIANCO, Bela (org.). *Antropologia das sociedades contemporâneas: métodos*. São Paulo: Editora Unesp, 2010, p. 237-364.

GONZALEZ, Lélia. *Primavera para as rosas negras: Lélia Gonzalez em primeira pessoa*. São Paulo: Filhos da África, 2018.

GUEDES, André Dumans. *O trecho, as mães e os papéis: etnografia de movimentos e durações no norte de Goiás*. São Paulo: Garamond, 2013.

LEFEBVRE, Henri. *O direito à cidade*. Trad. Rubens Eduardo Frias. São Paulo: Centauro, 2009.

LEITE, Rogério Proença. "Contra-usos e espaço público: notas sobre a construção social dos lugares na Manguetown". *Revista Brasileira de Ciências Sociais*, v. 17, n. 49, 2002, p. 115-34.

MAGNANI, José Guilherme C. "Antropologia urbana: desafios e perspectivas". *Revista de Antropologia da USP*, v. 59, n. 3, 2016, p. 174-203.

MAHMOOD, Saba. "Teoria feminista, agência e sujeito liberatório: algumas reflexões sobre o revivalismo islâmico no Egipto". Trad. Ruy Blanes. *Etnográfica*, v. 10, n. 1, 2006, p. 121-158.

MAIA, Helder Thiago; SANTOS, Matheus Araújo dos & ASSUMPÇÃO, Pablo (org.). "Dossiê Cidades Dissidentes". *Periódicus*, v. 1, n. 8, 2017, p. 1-3.

MARQUES, Roberto. *Cariri eletrônico: paisagens sonoras no Nordeste*. São Paulo: Intermeios, 2015.

MASSEY, Doreen. "Geographies of Responsibility". *Geografiska Annaler: Series B, Human Geography*, v. 86, 2004, p. 5-18.

MASSEY, Doreen. *Pelo espaço: uma nova política da espacialidade*. Trad. Hilda Pareto Maciel & Rogério Haesbaert. Rio de Janeiro: Bertrand Brasil, 2013.

MCCLINTOCK, Anne. *Couro imperial: raça, gênero e sexualidade no embate colonial*. Trad. Plínio Dentzien. Campinas: Editora da Unicamp, 2010.

MITCHELL, James Clyde. "A dança kalela: aspectos das relações sociais entre africanos urbanizados na Rodésia do Norte". Trad. Marcelo Gruman. *In*: FELDMAN-BIANCO, Bela (org.). *Antropologia das sociedades contemporâneas: métodos*. São Paulo: Editora Unesp, 2010, p. 365-436.

MOTTA-MAUÉS, Maria Angelica. "A questão étnica: Índios, brancos, negros e caboclos". *In*: *Estudos e problemas amazônicos: história social e económica e temas especiais*. Belém: Cejup, 1992, p. 195-204.

MUNANGA, Kabengele. *Negritude: usos e sentidos*. Belo Horizonte: Autêntica, 2012.

NASCIMENTO, Juliano Bentes. *EKOAOVERÁ: um estudo sobre a territorialidade nos processos identitários das drags demônias*. Dissertação (Mestrado em Artes). Belém: Universidade Federal do Pará, 2019.

NIEMEYER, Ana Maria de & GODOI, Emília Pietrafesa de (org.). *Além dos territórios: para um diálogo entre a etnologia indígena, os estudos rurais e os estudos urbanos*. Campinas: Mercado de Letras, 1998.

NOLETO, Rafael. "Cor de jambo e outros matizes amazônicos: sobre a abolição da mulata e o advento da morena cheirosa nas festas juninas de Belém". *Mana*, n. 24, v. 2, 2018, p. 132-73.

OLIVAR, José Miguel Nieto. *Devir puta: políticas da prostituição nas experiências de quatro mulheres militantes*. Rio de Janeiro, EdUERJ, 2013.

OLIVEIRA, Thiago de Lima & NASCIMENTO, Silvana de Souza. "O (outro) lugar do desejo: notas iniciais sobre sexualidades, cidade e diferença na tríplice fronteira amazônica". *Revista Amazônica*, v. 8, n. 1, 2016, p. 118-41.

OSLENDER, Ulrich. "Espacio, lugar y movimientos sociales: hacia una 'espacialidad de resistencia'". *Scripta Nova. Revista electrónica de geografía y ciencias sociales*, Universidad de Barcelona, v. 6, n. 115, 2022, p. 105-32.

PASSAMANI, Guilherme Rodrigues. *Batalha de confete no "Mar de Xarayés": condutas homossexuais, envelhecimento e regimes de visibilidade*. Tese (Doutorado em Ciências Sociais). Campinas: Universidade Estadual de Campinas, 2015.

PERLONGHER, Néstor. *O negócio do michê: a prostituição viril em São Paulo*. São Paulo: Fundação Perseu Abramo, 2008.

PISCITELLI, Adriana. *Trânsitos: brasileiras nos mercados transnacionais do sexo*. Rio de Janeiro: EdUERJ, 2013.

PUCCINELLI, Bruno. *"Perfeito para você, no centro de São Paulo": mercado, conflitos urbanos e homossexualidades na produção da cidade*. Tese (Doutorado em Ciências Sociais). Campinas: Universidade Estadual de Campinas, 2017.

PUCCINELLI, Bruno & REIS, Ramon. "'Periferias' móveis: (homo)sexualidades, mobilidades e produção de diferença na cidade de São Paulo". *Cadernos Pagu*, n. 58, 2020, p. 1-40.

REIS, Ramon. *Cidades e subjetividades homossexuais: cruzando marcadores da diferença em bares nas "periferias" de São Paulo e Belém*. Tese (Doutorado em Antropologia Social). São Paulo: Universidade de São Paulo, 2016.

REIS, Ramon. "Making Out With the City: (Homo)Sexualities and Socio-spatial Disputes in Brazilian 'Peripheries'". *Vibrant*, v. 14, n. 3, 2017, p. 1-22.

REIS, Ramon. "Afetividades (co)extensíveis em 'periferias' urbanas: (homo)sexualidades, amizades e pertencimentos". *Cadernos Pagu*, n. 61, 2021, p. 1-21.

REIS, Ramon & GRUNVALD, Vitor. "Sarita Themônia: da necrose de corpos à apoptose do invisível". *Novos Debates*, v. 5, n. 1-2, 2019, p. 143-57.

RIBEIRO, Milton. *Na rua, na praça, na boate: uma etnografia da sociabilidade LGBT no circuito GLS de Belém-PA*. Dissertação (Mestrado em Ciências Sociais). Belém: Universidade Federal do Pará, 2012.

RODRIGUES, Carmem Izabel. *Vem do bairro do Jurunas: sociabilidade e construção de identidades em espaço urbano*. Belém: NAEA, 2008.

ROLNIK, Raquel. "Territórios negros nas cidades brasileiras: etnicidade e cidade em São Paulo e Rio de Janeiro". *In*: SANTOS, Renato Emerson dos (org.). *Diversidade, espaço e relações étnico-raciais: o Negro na Geografia do Brasil*. Belo Horizonte: Autêntica, 2013, p. 75-90.

SABSAY, Letícia. *Fronteras sexuales: espacio urbano, cuerpos y ciudadanía*. Buenos Aires: Paidós, 2011.

SAID, Edward W. *Orientalismo: o Oriente como invenção do Ocidente*. Trad. Rosaura Eichemberg. São Paulo: Companhia das Letras, 1990.

SCHWARCZ, Lilia & STARLING, Heloisa. *Brasil: uma biografia*. São Paulo: Companhia das Letras, 2015.

SILVA, José Carlos Gomes da. "Negros em São Paulo: espaço público, imagem e cidadania". *In*: NIEMEYER, Ana Maria de & GODOI, Emília Pietrafesa de (org.). *Além dos territórios: para um diálogo entre a etnologia indígena, os estudos rurais e os estudos urbanos*. Campinas: Mercado de Letras, 1998, p. 65-96.

SIMÕES, Júlio Assis *et al*. "Jeitos de corpo: cor/raça, gênero, sexualidade e sociabilidade juvenil no centro de São Paulo". *Cadernos Pagu*, v. 35, p. 37-78, 2010.

SOARES, Ana Manoela Primo dos Santos. "Ser mulher Karipuna e outras subjetividades em contexto de deslocamento entre a aldeia em Oiapoque e o espaço urbano belenense". *Equatorial*, v. 7, n. 12, 2020, p. 1-23.

STRATHERN, Marilyn. "Cortando a rede". *In*: STRATHERN, Marilyn. *O efeito etnográfico e outros ensaios*. Trad. Iracema Dulley, Jamille Pinheiro & Luisa Valentini. São Paulo: Cosac Naify, 2014, p. 295-319.

TELLES, Vera S. *A cidade nas fronteiras do legal e do ilegal*. Belo Horizonte: Argvmentvm, 2010.

VAN VELSEN, Jaap. "A análise situacional e o método de estudo de caso detalhado". Trad. Irith G. Freudenhein. *In*: FELDMAN-BIANCO, Bela (org.). *Antropologia das sociedades contemporâneas: métodos*. São Paulo: Editora Unesp, 2010, p. 437-68.

Lauri Miranda Silva
Doutoranda em história pela Universidade Federal do Rio Grande do Sul (UFRGS) e graduanda em serviço social (Uninter). Mestra em história e estudos culturais pela Universidade Federal de Rondônia (UNIR), mesma universidade em que concluiu licenciatura e bacharelado em história. Membra do Centro de Referência da história LGBTQI+ do Rio Grande do Sul (CLOSE). Membra da Rede LGBT de Memória e Museologia Social.

Subversivas/os nas margens do rio Madeira: uma breve história LGBTQIA+ em Rondônia (a partir da década de 1980)

Lauri Miranda Silva

Introdução

Este artigo resulta de estudos e investigações sobre a história do movimento LGBTQIA+ em Rondônia a partir da década de 1980, por parte de pesquisas acadêmicas que venho realizando desde 2008. A exposição e a reflexão aqui expostas nascem da vontade de conhecer e dialogar a partir de um corpo com marcadores sociais carregados de opressões, mas um corpo que é subversivo e transgressor. Sou uma mulher trans afroamerindígena, ribeirinha, cabocla, nortista, professora do ensino básico e atualmente doutoranda em história: é a partir desses lugares que este texto foi composto.

Um dos obstáculos encontrados para o desenvolvimento de pesquisa sobre questões relativas à população LGBTQIA+ em geral é a pouca documentação encontrada em arquivos, bibliotecas, museus e imprensa, principalmente para a construção de uma história e memória de dissidentes na Amazônia Legal, ainda que já tenhamos percebido alguns avanços nesse sentido.

Aqui, busco compreender como foram construídas, a partir do primeiro grupo de homossexuais, denominado Camaleão, a luta e a resistência de pessoas LGBT fora dos grandes centros urbanos do Sul e do Sudeste do Brasil, que em geral chamam mais a atenção de pesquisadoras/es. Afinal, em um país de dimensões territoriais e diversidades socioculturais como nosso, não se pode reduzir a história das sexualidades e de gênero a algumas regiões e localidades, mesmo que sejam aquelas com maior poder econômico, político e cultural. Olhar para as dinâmicas específicas de Rondônia em torno da história LGB-TQIA+, das/dos personagens que arquitetaram a resistência desse segmento à margem do rio Madeira, na Amazônia brasileira, pode nos ajudar a conhecer especificidades e também similaridades dessas/es sujeitas/os subversivas/os com outros movimentos LGBT de regiões diferentes.

A pesquisa se deu por meio de levantamento documental na imprensa/mídia local, em jornais antigos disponíveis nas bibliotecas públicas de Porto Velho e por meio de entrevistas com militantes do movimento LGBTQIA+ rondoniense. É a continuidade de minha monografia de graduação na qual pesquisei e escrevi sobre o primeiro movimento LGBTQIA+ em Porto Velho, Rondônia.

Meu trabalho monográfico foi realizado com base em atas, relatórios, projetos, cartilhas, folders e imagens pesquisados na extinta ONG Tucuxi. O objetivo geral da pesquisa foi analisar historicamente a referida instituição e suas ações para a comunidade LGBTQIA+ entre 2003 e 2009, averiguando as contribuições dos projetos sociopolíticos desenvolvidos para a luta contra a LGBTfobia e a criação de políticas públicas voltadas a esse segmento (Silva, 2010). Não realizei entrevistas com os militantes na época, devido ao curto prazo do bacharelado e pelas especificidades metodológicas do trabalho, mas que estão sendo conduzidas em minha pesquisa atual no doutorado.

Este capítulo desdobra-se em três partes. Na primeira, abordo brevemente a história do movimento LGBTQIA+, as políticas públicas e algumas conquistas gerais no mundo ocidental. Na segunda parte, relato e faço uma periodização da história do movimento LGBTQIA+ em Rondônia, trazendo personagens importantes que ajudaram na construção de políticas públicas para a comunidade no estado, bem como o surgimento dos coletivos LGBT em Porto Velho. Encerro com algumas considerações sobre a luta e a resistência das/dos militantes LGBT rondonienses. Espero que tal experimento de escrita seja igualmente valioso para as/os leitoras/es.

O movimento LGBTQIA+ no mundo ocidental: um panorama

As/os LGBTQIA+s (lésbicas, gays, bissexuais, travestis, transexuais, transgêneras/os e outras categorias) são uma parte da população historicamente invisibilizada que sofre diversas formas de opressão interseccionadas e violências no dia a dia. Estamos, de maneira gradual, mudando esse cenário obscuro, por meio da militância dos movimentos sociais enquanto grupo de resistência à LGBTfobia enraizada na sociedade, e buscando direitos civis para que essas pessoas possam exercer sua cidadania no Estado democrático de direito.

A sigla LGBTQIA+ marca a identidade do segmento. Essa sopa de letrinhas é resultado de todo um avanço histórico e simbólico dos movimentos sociais que atuam no combate às discriminações e às violências contra o nosso segmento. Esse grupo de resistência tem sua origem em meados do século XIX, na Alemanha, onde aconteceram os primeiros movimentos em defesa da liberdade da homossexualidade, a partir de um órgão denominado Comitê Científico e Humanitário (CCH), que desenvolveu diversas atividades até 1933, quando foi duramente reprimido pela violenta perseguição dos nazistas, então recém-chegados ao poder. O CCH lançou as bases das ações empreendidas hoje pelos movimentos LGBT para pressionar por políticas públicas por meio de mobilizações sociais contra a LGBTfobia. (Silva & Schmidt, 2019).

A maioria das/dos estudiosas/os caracteriza o marco inicial do movimento — ao menos em termos simbólicos, já que existiram mobilizações anteriores — como o levante de Stonewall em 1969, em Nova York, Estados Unidos. Originou-se de um ataque contra gays, drags, trans e lésbicas que deram um basta aos policiais pelos abusos diários, inclusive nas ruas; pelas batidas e agressões gratuitas em bares; pelas prisões constantes, comuns durante a década de 1960, sobretudo em Nova York e San Francisco, ambas metrópoles com intensa vida noturna e lugares de sociabilidade não cis-heteronormativas.

Para Moacir Lopes de Camargos (2007), a revolta ocorrida no bar Stonewall na noite de 27 de junho significou também a conquista do espaço público por parte daquelas/es que eram considerados doentes, aberrações sociais e espécies patológicas carimbadas pela ciência médica. Sylvia Rivera e Marsha P. Johnson ajudaram a iniciar e fortalecer o movimento nos

Estados Unidos contra a sociedade conservadora e a luta pela cidadania LGBTQIA+. Elas fundaram o coletivo Street Transvestite Action Revolutionaries [Ação revolucionária das travestis urbanas] (STAR), composto por travestis e prostitutas em busca de direitos em seu país. No Brasil, de acordo com Regina Facchini (2005), o movimento LGBTQIA+ surgiu com a fundação do grupo Somos, no estado de São Paulo, em 1978. João Silvério Trevisan (2000) comenta que, paralelamente, foi criado um importante jornal com integrantes desse grupo, o *Lampião da Esquina*, que promovia a interação entre os movimentos ecológico, negro, feminista e gay em meio à ditadura militar então vigente.

Enquanto esse jornal era publicado no Rio de Janeiro, em São Paulo iniciaram-se, também em maio de 1978, as reuniões de um grupo de homossexuais interessados em organizar-se para as discussões e atividades liberacionistas. Composto predominantemente por jovens atores, profissionais liberais e estudantes, o grupo era pequeno e assim permaneceu durante quase um ano, servindo de matriz para todos os posteriores. No começo da década de 1980, tanto o grupo Somos quanto o jornal *Lampião da Esquina* se extinguiram. Todavia, vários outros grupos surgiram pelo país, como o Triângulo Rosa, no Rio de Janeiro, e o Grupo Gay da Bahia (GGB), este com papel importante nas primeiras políticas públicas relativas à comunidade LGBTQIA+, realizando campanhas pela despatologização da homossexualidade.

Apesar de o vírus HIV/aids (apelidado inicialmente de "peste gay") chegar ao país justamente nesse momento, época em que vivíamos a abertura política, segundo Camargos (2007), os grupos não se enfraqueceram, pelo contrário: a luta foi maior ainda. Nos anos 1990, outros grupos floresceram por todo o Brasil, inclusive em Rondônia, promovendo encontros, conferências e congressos para discussão de temas diversos, além de mobilizações de rua, até os dias atuais.

Em 1999, o Movimento passou a utilizar uma nova sigla, GLBT (gays, lésbicas, bissexuais, travestis). Dele surgiram organizações como a Associação Brasileira de Gays (Abragay) e a Liga Brasileira de Lésbicas (LBL). Atualmente, temos a Associação Brasileira de Lésbicas, Gays, Bissexuais, Travestis, Transexuais, Transgêneras/os e Intersexuais (ABGLT), que se institucionalizou em 1995 e foi criada por 31 grupos fundadores com mais de trezentas organizações filiadas, com o objetivo e a missão de promover ações que garantam a cidadania e os direitos humanos das/dos LGBT, contribuindo para a construção de um país democrático, onde nenhuma ou nenhum sujeita/o possa ser discriminada/o e/ou violentada/o devido a orientação sexual e/ou identidade de gênero.

Mencionamos aqui o Movimento de Travestis e a Associação de Travestis e Liberados (Astral-RJ), instituição que idealizou a Rede Nacional de Travestis e Liberados (Rentral), que logo virou Rede Nacional de Travestis (Renata) e posteriormente deu origiem à Associação Nacional de Travestis e Transexuais (Antra), redes nacionais que congregavam travestis de todos os estados brasileiros desde 1992.[1] A Antra, criada em 2000 em Porto Alegre, é uma rede nacional que articula em todo o país 127 instituições, as quais desenvolvem ações para promover a cidadania da população trans, as/os mais vulneráveis entre as/os LGBT, pois sofrem dificuldades de permanência na escola e na busca por empregos. Mesmo com cursos profissionalizantes, muitas/os não conseguem acessar o mercado de trabalho formal e muito menos concluir os estudos na educação básica, pois a nossa sociedade estigmatiza diariamente essas pessoas.

Nesse sentido, como surgiu o movimento LGBTQIA+ em Rondônia? Didaticamente, faço uma periodização e/ou classificação geracional do movimento no estado amazônico, dividindo-o em três fases para melhor entendimento: a primeira fase (1980-2001), a segunda fase (2002-2008) e a terceira fase (2009-2019).

A primeira fase (1980-2001): o Grupo Camaleão

A gênese do movimento LGBTQIA+ em Rondônia se deu em meados dos anos 1980, em Porto Velho, com a explosão da contaminação pelo HIV/aids e sua chegada na região amazônica, além da consequente discussão sobre o fato. Durante esse período, ninguém sabia direito o que era a epidemia; de acordo com o militante e pesquisador Kary Falcão (2020), que me concedeu uma entrevista em Porto Velho, em 18 de março de 2020, da qual transcrevo trechos neste capítulo, rondava na

---

1 Ver: "Histórico do nascimento do movimento político-social da população T no Brasil". Fórum Nacional de Travestis e Transexuais Negras e Negros (Fonatrans).

cidade o boato de que o HIV seria um "câncer" que tinha chegado como castigo divino para matar os homossexuais.

Então, um grupo de amigas/os sensibilizadas/os com a situação de exclusão social e a perda de muitas pessoas próximas no início da epidemia começou a promover discussões a respeito do HIV/aids, que se alastrava pelo Brasil, a organizar e a criar as primeiras estratégias de resistência aos estigmas, discriminações e exclusões contra homossexuais na época. Surgiram as primeiras lideranças e ações do movimento homossexual rondoniense na década de 1980, denominado, por alguns intelectuais e militantes, de Camaleão.

Camaleão era um bar alternativo, situado na zona norte da capital, no bairro Liberdade. O espaço tinha uma decoração psicodélica, era diferente de outros espaços de sociabilidade gay que existiam em Porto Velho nos anos 1990. Era um lugar onde se ouviam as divas da música popular brasileira, como Maria Bethânia e Marisa Monte. No bar também acontecia a Noite do Cupido, de paquera, mas também rolavam conversas sobre as questões de preconceito e discriminação. Era frequentado por gays, lésbicas e "simpatizantes" — naquele momento usava-se a sigla GLS.

De acordo com Kary Falcão, nos anos de 1990-1991, por meio da Secretaria Estadual da Saúde, uma representante da coordenação da pasta de HIV/DST/aids começou a promover eventos sobre a situação endêmica da época e a convidar as/os clientes, amigas/os e os/as intelectuais que frequentavam o bar Camaleão para reuniões e debates sobre questões de prevenção e cuidados de saúde da população em geral. Com isso, formou-se um grupo de amigos que se reunia aos sábados na casa de um deles e que passou a estudar temas relacionados à sexualidade. Depois de um tempo, outras pessoas, parte delas ligadas à Universidade Federal de Rondônia (UNIR), demonstraram interesse e começaram a frequentar as reuniões dos grupos de estudos.

A partir desses encontros, homossexuais que frequentavam tanto o bar quanto as reuniões sobre a epidemia se articularam para criar uma instituição não governamental, até porque o grupo Camaleão não tinha caráter institucional. Sabe-se que o grupo foi a primeira organização homossexual de Porto Velho e encerrou as atividades por falta de apoio e de voluntários na mesma década.

A segunda fase (2002-2008):
do Projeto Avessos ao Projeto Vidas LGBT+

Essa é a fase da criação das organizações não governamentais e da institucionalização dos movimentos LGBT rondonienses, das ações específicas para esse segmento em diálogo com a sociedade, do surgimento das paradas gays e/ou LGBTQIA+ e das marchas da diversidade sexual.

De acordo com Kary Falcão, uma companheira do antigo Camaleão, Augusta Ramalhães,[2] ao acessar um site do governo federal, descobriu que havia um edital que financiava projetos voltados a questões de saúde de homossexuais — que, naquele período, eram denominados HSH (homens que fazem sexo com outros homens), terminologia em desuso atualmente. As/os membras/os do antigo grupo Camaleão leram o edital e não imaginaram que seriam, em Rondônia, contempladas/os pelo projeto. Em nossa entrevista, Falcão ressaltou:

> Quando fomos contemplados pelo projeto do governo federal, tivemos que buscar parceria com o governo estadual (com a Secretaria Estadual de Saúde) e municipal (com a Secretaria Municipal de Saúde), porque o governo federal exigia que essas secretarias tivessem que entrar com uma contrapartida. Foi um momento importante em Rondônia, que até então não contava com nenhum trabalho desenvolvido para a população LGBTQIA+.

Nesse período, eles/elas pensaram especificamente em rapazes gays. Conforme mencionado, a secretaria estadual entrou como contrapartida por conta da coordenação estadual, pois já existia uma coordenadoria de aids no órgão. Sendo assim, o projeto foi desenvolvido e batizado de Avessos.[3]

O projeto Avessos (2003) tinha como objetivo preparar novos adeptos para a militância LGBTQIA+. Então, eles/elas realizaram um levantamento no qual inicialmente o público-alvo eram homens gays em todo o estado de Rondônia que fossem interessados em política e valorizassem a agenda social do grupo. Na ocasião, um ônibus saía de

---

2 Era a coordenadora estadual de DST/HIV/aids.

3 Recebeu financiamento da Unesco junto à Coordenação Nacional DST/aids (Silva, 2010).

Vilhena (cone sul do estado), buscando esses sujeitos do interior, privilegiando as cidades localizadas na BR-364.

Nesse sentido, os membros do projeto realizaram a primeira atividade direcionada para homens gays. Esse encontro ganhou uma repercussão muito grande em Rondônia, tanto que foram convidados para organizar um segundo encontro do Avessos. Foi bastante importante para o grupo que esse projeto tenha sido desenvolvido. O Camaleão ainda não tinha CNPJ, portanto tiveram de construí-lo de acordo com toda a fundamentação legal para o estruturarem como grupo Tucuxi — Núcleo de Promoção da Livre Orientação Sexual.[4]

A partir daí, passaram a ter um foco mais institucionalizado, pois o governo federal de então começou a entrar com outros projetos inovadores por meio de políticas públicas bem mais democráticas — diferentemente do que foi praticado na gestão de Jair Bolsonaro (2019-2022). Puderam, assim, compreender e estender a discussão do grupo Tucuxi para as demais categorias, ou seja, deixaram de ser um grupo somente de homens gays para abarcar discussões atinentes a gays, lésbicas, bissexuais e travestis — naquele momento, somente travesti, porque ainda não existia uma discussão acadêmico-científica em torno da transexualidade na região.

O surgimento do grupo foi de grande importância, pois seus/suas participantes conquistaram espaços acadêmicos e de diálogos que geravam aprendizagem para todos. E, a partir daí, começaram a entrar na discussão da transexualidade, entendendo que não estava ligada às orientações sexuais, mas à identidade de gênero, e o foco no debate em torno da população trans ganhou fôlego a partir de 2001.

Com o projeto Avessos, outros grupos passam a surgir em Rondônia: em Vilhena, por exemplo, o Beija-Flor (2006), e o Arco-íris (2004), na cidade de Cacoal. A partir daí, tiveram contato com a Associação Goiana de Gays, Lésbicas, Bissexuais, Travestis e Transexuais (AGLT),

---

4 Diante dos problemas que seriam enfrentados na implementação do projeto devido à burocracia para a liberação de verbas para a Secretaria Estadual da Saúde, a mentora do projeto achou por bem repassá-lo, fazendo parceria com uma ONG, e, como o Tucuxi não estava constituído legalmente, a Associação de Mulheres Madre Teresa de Calcutá da Amazônia Ocidental (Amatec), sob a presidência de sua fundadora, Maria Lourdes Oliveira, ficou como executora do projeto.

grupo que atuava na região Norte através do Somos (2000). O Somos tinha se estruturado em todas as capitais da região Norte, onde as ONG LGBT promoviam encontros e discussões com foco no direcionamento de determinados assuntos para a melhoria da cidadania e das questões de saúde da população LGBTQIA+. O enfoque também não descartava a possibilidade do estudo do HIV/aids, das demais doenças sexualmente transmissíveis, bem como de um estudo para a cidadania homossexual, garantindo a elas/eles a não permissão de ser discriminadas/os, uma proposta de reconhecerem a intolerância contra as pessoas LGBT.

Toda essa discussão foi ganhando corpo a partir do Somos.[5] E, do momento em que o grupo se estruturou nacionalmente, eles/elas entraram no movimento nacional. Para Kary Falcão,

> Rondônia deixou de ser um estado onde as políticas LGBTQIA+ ficavam um tanto esquecidas, meio que adormecidas por conta da distância, devido aos aspectos geográficos, para, logo em seguida, termos grupos e militâncias LGBTQIA+ mais participativos nos movimentos de esfera nacional.

Em 2003, foi realizado um treinamento promovido pelo Somos em Belém, Pará, que contou com a participação de um dos antigos membros do extinto grupo Camaleão. Em junho de 2003, a organização rondoniense se institucionalizou e passou a se chamar Tucuxi — Núcleo de Promoção da Livre Orientação Sexual, adotando uma nova filosofia: não somente o combate à epidemia do HIV/aids, como objetivava o grupo Camaleão, mas a defesa da cidadania e dos direitos LGBT.

Aqui vale uma observação. Tucuxi é um boto da região amazônica, e a escolha do nome tem a ver com a elaboração de uma identidade regional. O elemento escolhido para apontar a diversidade foi um arco-íris na cauda do boto, porque, de acordo com um dos militantes, a partir da

---

5 A AGLT surgiu em 1997 em Goiás e posteriormente acrescentou a seu estatuto as representações de bissexuais e transexuais. A AGLT foi responsável pelo projeto Somos Centro-Oeste Norte (2000), sendo a ONG pioneira na luta contra a LGBTfobia no país. A partir desse projeto, criaram e fortaleceram importantes organizações das regiões Centro-Oeste e Norte no Brasil: Associação de Travestis e Liberados (Astral), Grupo de Lésbicas e Gays (GLG), Iguais, Viva Ativa, Livre-Mente, Estruturação, Diversidade, Tucuxi, entre outras. Ver: agltgo.blogspot.com.

mitologia sobre a espécie desse animal, o boto tucuxi é um boto ruim, não é um boto bom, então o arco-íris na cauda apagaria sua imagem negativa. Vale salientar que o grupo era composto por militantes cis-héteros, trans, gays, lésbicas, da área do direito, da saúde, da educação e de outros campos do conhecimento. Era uma ONG da diversidade (Silva, 2010).

Um dos eventos mais relevantes criado pelo Tucuxi em parceria com a Coordenação Estadual da Associação de Mulheres Madre Teresa de Calcutá (Amatec) foi o Primeiro Fórum de HSH de Rondônia, ocorrido em 2003. O evento contribuiu para o fortalecimento do movimento no estado, sendo considerado um grande sucesso pela quantidade de participantes que conseguiu agregar. Naquele mesmo ano, o Tucuxi realizou o Primeiro Fórum de GLT de Rondônia, com destacadas representações de palestrantes do Distrito Federal.

Nos anos de 2008 a 2009, a sede do Tucuxi localizava-se no campus de Porto Velho da Universidade Federal de Rondônia. Foram realizadas várias reuniões, conferências e outras atividades, buscando o debate e o diálogo entre a comunidade acadêmica e a sociedade civil.

Um dos principais projetos desenvolvidos pelo Tucuxi foi o Projeto Água Viva (2006-2008), de caráter informativo e educativo, direcionado à população ribeirinha de Porto Velho, no Baixo Madeira. Sua área de abrangência concentrou-se nos distritos de Nazaré, Calama e São Carlos e surgiu da necessidade de levar informações a essas comunidades tradicionais, de modo que os moradores fossem treinados para ser multiplicadores do projeto nas comunidades ribeirinhas, adquirindo conhecimento sobre as formas de transmissão e prevenção das DST/HIV/aids e compartilhando tais conhecimentos com os demais habitantes dos distritos.

Em 2006, a instituição realizou o Projeto Espelho de Vênus, cujo público-alvo foi a população trans, com o objetivo de empoderá-la, sendo profissionais do sexo ou não. Por resultado, iniciou-se um fórum de discussões sobre a sexualidade humana, com foco na atenção e nos cuidados com o corpo, promovendo a valorização dessas pessoas e proporcionando um aumento da autoestima e o resgate da cidadania de tais indivíduos, talvez os mais vulneráveis da cidade.

Um exemplo da notoriedade que o Tucuxi alcançou é o fato de que chegaram a coordenar encontros nacionais, contando com a participação de ativistas do exterior. Outra participação efetiva do Tucuxi foi na primeira Conferência Nacional de Lésbicas, Gays, Travestis e Transexuais (2008).

Em agosto de 2008, aconteceu o Primeiro Seminário Estadual de Lésbicas e Mulheres Bissexuais em Porto Velho. O propósito do evento era apresentar a trajetória de militância das mulheres lésbicas, no contexto regional e nacional, e discutir a Lei Maria da Penha, visando à implantação de políticas afirmativas no combate à violência contra lésbicas e mulheres bissexuais.

O Tucuxi desenvolveu diversas atividades na cidade, por exemplo, a campanha "Porto Velho sem Homofobia", sensibilizando e orientando sobre direitos humanos e diversidade sexual. Durante o evento, foi realizada a entrega de um selo aos gestores apoiadores do segmento, com informações sobre as políticas públicas desenvolvidas, divulgação e esclarecimentos sobre o antigo PLC 122/2006.[6] O grupo também realizou o primeiro Seminário Estadual de Segurança Pública e Combate à Homofobia (2008), a Conferência Estadual de Políticas Públicas para LGBT+ (2008), o Seminário de Direitos Humanos e Cidadania e a Primeira Marcha Municipal pela Diversidade Sexual (2008). Como resultado dessas ações, emergiram políticas públicas para essa população.

É importante ressaltar que, dentro do Tucuxi, havia um centro de referência no combate à LGBTfobia batizado em homenagem a Núbia Lafayette, no qual a comunidade obtinha ajuda jurídica, psicossocial e informações para conscientização. Núbia Lafayette era uma mulher trans, negra, acreana e militante do movimento LGBTQIA+ em Rondônia. Morou no Acre com sua família durante a década de 1960. Núbia era considerada por sua mãe uma criança "diferente" porque gostava de brincar com brinquedos considerados de "menina".[7] Usava, também, as roupas da mãe, às escondidas, e ficava se admirando na frente do espelho.

---

6 Esse projeto de lei complementar foi criado pela então deputada federal Iara Bernardi (PT-SP) e arquivado em 2014. O objetivo era alterar a Lei 7.716/89, que define, originalmente, os crimes raciais. Tinha por objetivo criminalizar a homofobia no Brasil.

7 Ver: Tucuxi — Núcleo de Promoção da Livre Orientação Sexual. *Cartilha/ Projeto Básico*. Porto Velho, 2008. A maioria das informações trazidas neste texto são parte de Silva (2010), colhidas no extinto grupo Tucuxi e por meio de alguns relatos das/dos militantes do movimento LGBTQIA+ que tiveram contato com Núbia.

Sempre teve o carinho da mãe, mas era rejeitada pelos irmãos e irmãs, e não temos informações a respeito do pai de Núbia. Com catorze anos, veio o primeiro grande golpe em sua vida: o falecimento da mãe. Em seguida, foi expulsa de casa pelos irmãos, encontrando apoio em uma igreja onde recebeu abrigo e alimento por trabalhos domésticos. Núbia, muitas vezes, era agredida verbalmente e foi até espancada em público por estar fora do padrão cis-heteronormativo, vítima do que hoje denominamos de transfobia.

Por volta da década de 1980, mudou-se para Porto Velho, onde foi convidada por uma conterrânea para trabalhar como cozinheira em um hotel. Depois, tentou ainda ser cabeleireira, mas sofreu discriminações interseccionadas por ser negra, pobre, por sua sexualidade e sua identidade de gênero (Silva, 2010). Núbia conheceu a possibilidade de "enriquecer" com a prostituição; como havia poucas oportunidade de trabalho tradicionais à disposição — como bem sabemos, o mercado sempre excluiu e estigmatizou pessoas trans, e não seria diferente com Núbia naquela época —, logo largou o emprego convencional para dedicar-se exclusivamente à prostituição. Ela viajou ao exterior pela primeira vez nos anos 1990 e foi uma das primeiras trans de Rondônia a ir para a Europa trabalhar com prostituição. Com o aumento do trabalho sexual, Green (2000) relata que, desde o fim dos anos 1970, as travestis já migravam para a Europa, inicialmente para Espanha e França, depois para a Itália, com o intuito de (sobre)viver de maneira "tranquila" e ganhar independência financeira.

Núbia conseguiu dinheiro no Primeiro Mundo e comprou uma casa em Porto Velho. Retornou à capital disposta a se estabelecer, no entanto teve a casa invadida e perdeu tudo. A partir daí, Núbia entrou em conflito identitário, imergiu em uma profunda depressão e quase desistiu da vida. Encontrou esperança nas promessas do representante de uma igreja, que lhe garantiu "cura" e uma vida "digna".

Segundo Kary Falcão, Núbia apareceu em muitos livretos e jornais como o "homossexual que foi curado".[8] Retirou as próteses mamárias, a pedido da igreja, e estava decidida a seguir a orientação do pastor. Em determinado período, depois de muito utilizarem sua imagem no

---

8 Devido à pandemia de covid-19, não consegui ter acesso ao material.

anúncio da "cura gay",[9] Núbia passou a sofrer certa rejeição por parte dos congregados, que cresceu quando ela se recusou a entregar sua residência a eles, a qual serviria para construção de uma igreja (Silva, 2010).

Núbia sabia dos seus direitos, buscou informações e, através de seus relatos nos encontros das ONG da capital, foi instruída e acolhida pelas/os ativistas, compreendendo a partir de então que não havia "cura". Núbia passou a frequentar eventos LGBTQI+ na cidade, engajando-se nas lutas contra a LGBTQIfobia e tornando-se, assim, uma militante na luta pela cidadania de pessoas dissidentes na época.

Infelizmente, Núbia faleceu de câncer em 2012. Ela é o retrato vivo de travestis e mulheres transexuais muitas vezes espancadas, discriminadas e privadas de seus direitos básicos. Segundo Kary Falcão, Núbia frequentou a maioria dos eventos organizados pelo Tucuxi e por outras instituições. Adorava dançar a música "Ilê Pérola Negra", da cantora Daniela Mercury, todas as vezes que havia algum evento cultural LGBTQIA+.

Sobre o Tucuxi, atualmente está desativado. Alguns ex-militantes da antiga instituição estão em outros movimentos sociais, outros seguiram carreira acadêmica ou demais profissões e se mudaram de Rondônia. Seja como for, o grupo parece ter cumprido o que se propôs: organizar o maior número de pessoas interessadas em defender a liberdade de orientação sexual e de identidades de gênero, desempenhando um papel importante na construção da narrativa histórica da luta e da resistência LGBTQIA+ em Rondônia.

Ainda na segunda fase da história do movimento LGBTQIA+ rondoniense, nasceram outras instituições e surgiram novos personagens importantes na luta contra LGBTfobia no estado, entre elas a Associação Projeto Vidas LGBT+ (2003).

O Projeto Vidas LGBT+ foi um dos primeiros trabalhos de ação social em Rondônia para esse público. Surgiu quase em paralelo ao

---

9 "A alcunha *cura gay* diz respeito à controvérsia veiculada publicamente em diferentes instâncias e mídias acerca da possibilidade ou não de reorientação sexual. Refere-se, portanto, ao debate público incitado inicialmente por atores sociais ditos religiosos sobre a possibilidade de reorientação da homossexualidade em direção à heterossexualidade por meio de programas psicoterapêuticos e conversão religiosa" (Gonçalves, 2019, p. 175).

extinto grupo Tucuxi. Nos anos 2000, Renata Evans, mulher trans paraense recém-chegada da Europa, e Marconi Vasconcelos, homem cisgênero gay paraibano, que antes vivia no Rio de Janeiro, se encontraram em Porto Velho. Em uma festa na casa de Renata, em 2002, surgiu a ideia de criar uma associação LGBT. De acordo com Marconi, nesse cenário surge Paulo Santiago, militante muito comprometido com a questão do empoderamento homossexual, que se interessou pela proposta de participar da associação. Assim, ao lado de outros militantes, criaram a Associação Projeto Vidas LGBT, cujo primeiro presidente foi justamente Paulo.[10]

A Associação Projeto Vidas LGBT trazia um tom politizado aos questionamentos relativos às sexualidades dissidentes, sobretudo às desigualdades sociais e aos preconceitos vigentes no estado. Tal movimento também precisaria, segundo Santiago (2005), de agentes transformadores que protagonizassem ações para que houvesse essa mudança. Nesse sentido, em Porto Velho, em 3 de abril de 2003, foi criada, oficialmente, a Associação Projeto Vidas, instituição sem fins lucrativos que congregava gays, lésbicas, travestis, trangêneros e transexuais de Rondônia. Paulo, como representante legal, participou de vários congressos e encontros nacionais, entre eles, da Campanha Travestis e Respeito, evento que mobilizou o país com representantes de organizações LGBTQIA+ de todo o Brasil, conforme Marconi.

Ainda de acordo com Marconi, as primeiras reuniões do grupo foram realizadas na casa dele, na zona sul da capital. Nessas reuniões, além das discussões em torno das pautas específicas, aconteciam atrações culturais, shows de transformistas, entre outras, que, por fim, começaram a atrair atenção da comunidade LGBT dos bairros próximos, bem como da zona leste. Marconi ainda me relatou o acolhimento das diferenças dentro do Projeto Vidas: "Abraçava a travesti, a bicha louca, a que estava em situação de rua, abraçava a negra que era vítima de racismo, abraçava todos e todas, sem fazer acepção de pessoas".

Em 2003, realizaram a primeira Parada Gay de Rondônia, idealizada por Renata Evans e com o apoio de partidos políticos de esquerda, como o Partido dos Trabalhadores (PT), e de outras instituições como

---

10 Informações obtidas por depoimentos em áudio de Marconi Vasconcelos, 15 jun. 2020.

o Tucuxi. O evento teve início na frente do Clube Ferroviário, localizado em uma das avenidas mais importante de Porto Velho, a Sete de Setembro, no centro, próxima à estrada de ferro Madeira-Mamoré.

De acordo com Marconi, na Parada Gay de 2004, aconteceu o primeiro e famoso beijo público entre dois homens. Essa notícia se espalhou pela cidade inteira: a de que um casal de homossexuais se beijou em cima do trio elétrico da parada, causando alvoroço nas famílias cis-heteronormativas de Porto Velho. Paulo Santiago tentou fazer uma foto desse momento, o que causou polêmica no meio LGBTQIA+, pois alguns não concordaram com essa atitude, achando-a invasiva, conforme relatou Marconi.

A partir de 2006, outro grupo de homossexuais passou a ser responsável pela parada: o Grupo Gay de Rondônia (GGR), liderado pelo militante Hélio Costa e logo depois presidido pela militante lésbica Niedna Gontijo. Em 22 de abril de 2006 aconteceu um dos delitos LGBTfóbicos que mais assombrou a região. Paulo Santiago, aos 46 anos, foi assassinado na zona sul de Porto Velho. De acordo com os ativistas do Projeto Vidas e a mídia on-line, os assassinos de Paulo entraram em sua casa e o mataram de forma covarde e brutal, pelas costas. Não havia indícios de roubo.[11]

De acordo com Kary Falcão (2010), o crime poderia estar relacionado à posição política de Paulo, mas havia outras especulações, inclusive a forte possibilidade de homofobia. Esse foi o primeiro assassinato de liderança LGBTQIA+ em Rondônia de que se tem notícia. Marconi Vasconcelos afirma que, por pressão da comunidade, os dois assassinos foram presos, e o Projeto Vidas foi desativado.

No entanto, com o passar dos anos, Marconi modificou o Projeto Vidas, que era única e exclusivamente voltado às questões ligadas à comunidade LGBT+, e começou a trabalhar também questões das religiões de matriz africana em seu terreiro de candomblé, um celeiro de militância não só das lutas afro mas também das lutas LGBT+. É um terreiro de acolhimento.

---

11 "Presidente de ONG de apoio a gays e transgêneros é morto em RO", *Imirante*, 25 abr. 2006.

A terceira fase (2009-2019): do movimento LGBTQIA+ interiorano ao surgimento dos coletivos LGBTQIA+

Antes de relatar a terceira fase do movimento social LGBTQIA+ em Rondônia, destaco um pouco da história de um dos únicos movimentos interioranos, instalado na cidade de Cacoal, o grupo Arco-íris de Rondônia (Gayro). Em 2004, um coletivo de gays, travestis, transexuais e lésbicas começou a se movimentar a fim de organizar o primeiro grupo assumidamente LGBTQIA+ no município. Em novembro de 2006, o professor universitário Antônio Carlos da Silva Costa de Souza, conhecido como Thonny Hawany, criou o Gayro com o propósito de combater a discriminação contra a população LGBTQIA+ no estado, com especial atenção à região centro-sul de Rondônia. O grupo contou com outros presidentes, como a trans Gutta de Mattos, militante que contribuiu com sua experiência pessoal para o desenvolvimento e a maturação do grupo e o movimentou em seu mandato implantando ações preventivas na área da saúde, bem como voltadas para questões de visibilidade e respeito das diferenças em espaços escolares e faculdades.[12]

O Gayro realizava, desde 2006, sempre no último sábado do mês de novembro, e por ocasião dos festejos do aniversário de Cacoal, o Cacoal Rainbow Fest, um de seus principais movimentos de visibilidade. Ao contrário do que muitos pensavam, a festa não era um evento apenas LGBT: a cada ano, era nítido o aumento do número de pessoas cis-heterossexuais "simpatizantes" da causa que compareciam à Rainbow Fest.

É importante ressaltar que Cacoal foi a cidade onde aconteceu o primeiro casamento civil homoafetivo de Rondônia, em 25 de janeiro de 2012, a união de Antônio Carlos da Silva (Thonny Hawany) e Darciano Costa de Souza (Rafael Costa).

Adentrando a terceira fase da história do movimento LGBT+ rondoniense, temos o Porto Diversidade — Coletivo de Responsabilidade Social para a Promoção da Cidadania LGBT+, criado por Ariel Argobe e Denise Limeira (que foi também presidenta do Tucuxi), na zona leste de Porto Velho, em 2008. Coube ao Porto Diversidade a organização da

---

12 "O grupo Arco-íris de Rondônia: origem e natureza", blog *Thonny Hawany*, 6 fev. 2011.

primeira e da segunda Marcha Municipal pela Diversidade Sexual em 2008 e 2009, respectivamente.

A institucionalização do Porto Diversidade se deu em 2009, quando a direção foi entregue a Raymison Correa, uma liderança local — pois nem Denise, nem Ariel moravam na zona leste —, com o objetivo de fortalecer o movimento LGBTQIA+ naquela região. Raymison Correa, profissional da saúde e ativista gay, nasceu no município de Guajará-Mirim e mora na zona leste de Porto Velho desde a década de 1980. Correa ficou na gestão do Porto Diversidade de 2009 a 2015. O grupo foi criado no intuito de representar a população LGBT da zona leste da cidade que sofria ainda mais exclusão e discriminação por conta da localização periférica, sobretudo da população LGBT da região central, considerada elitizada. A Porto Diversidade, portanto, se propunha a pensar as políticas públicas para sensibilizar e apoiar a região nos avanços de políticas sociais.

Nessa região existe uma grande população de jovens, em geral desempregados. O envolvimento dessa parcela populacional com a violência, o comércio e o consumo de drogas e a prostituição é uma realidade crescente, facilmente constatada nos telejornais policiais locais, abundantes nas principais redes de rádio e televisão, em jornais impressos e eletrônicos. Compõe esse quadro funesto, como importante e indispensável elo de fortalecimento da rede criminosa, um considerável número de jovens do segmento LGBTQIA+.

O Porto Diversidade era composto por gays, lésbicas, travestis e transexuais. Como já salientado, realizaram as marchas da diversidade, cuja proposta era discutir e redefinir o formato das paradas LGBT. Era uma nova concepção de manifestação do orgulho LGBTQIA+, que vislumbrava assentar esse grande fenômeno social sob um novo foco, privilegiando a promoção do fim da violência contra a comunidade e a consolidação de uma cultura de paz e de respeito à diversidade sexual, pautada na premente necessidade de avançar com a grande bandeira política do movimento: a aprovação do projeto de criminalização da prática da LGBTfobia em Rondônia.

Na marcha, os participantes se manifestavam pela melhoria das ruas e avenidas da zona leste e pela criação de órgãos para atender às especificidades locais da população, por exemplo, agências bancárias, que não existiam na época. Também homenagearam pessoas LGBT vítimas de violência brutal em Porto Velho. É nesse contexto e circuito que estava inserida a Marcha Municipal pela Diversidade Sexual, abrigada pelo manto das cores do arco-íris, coberta com a responsabilidade pela inclusão das populações historicamente excluídas, discriminadas, e comprometida com o resgate e a promoção da cidadania e dos direitos da população LGBTQIA+.

O Porto Diversidade realizou o Miss Cidadania LGBT+, que era outro formato de concurso de miss, não meramente voltado para estética e identidade gay. O Miss Cidadania tinha caráter de formação cultural, cidadã e de direitos humanos. O grupo também organizou a Primeira Conferência Municipal LGBT de Porto Velho, em 2014, e enviou requerimentos à Câmara Municipal e à Assembleia Legislativa para a criação do Conselho Estadual e Municipal LGBT+, mas infelizmente deputados estaduais engavetaram o processo de criação do conselho. O grupo interveio, ainda, diretamente na comunidade, com celebrações alusivas a datas comemorativas, como Páscoa e Dia das Mães. Deu assessoria jurídica e apoio à população trans em situação de vulnerabilidade social, em especial às pessoas que estavam fora da escola e/ou na prostituição. Além disso, desenvolveu ações voltadas a questões de saúde da população LGBTQIA+ na zona leste, estabelecendo parcerias com algumas instituições locais vinculadas ao Ministério da Saúde.

Nesse sentido, o Porto Divesidade atuou não somente nas lutas em favor da população LGBTQIA+ da sua redondeza, mas também na luta pelos direitos das mulheres, da população negra, da população ribeirinha e dos povos tradicionais. Continua na ativa, mas de forma atenuada devido a questões burocráticas e ao cenário político conturbado dos últimos quatro anos no que diz respeito a ações voltadas aos direitos humanos e à diversidade sexual.

Ainda no interior de Rondônia, no município de Ji-Paraná, surgiu em 2011 o primeiro movimento LGBT+ da localidade, liderado até 2019 pelo militante gay Fabrício Xavier. Dentre suas ações, estão a Parada LGBT+ de Jipa e atividades na área da saúde e de políticas públicas, contribuindo com os direitos humanos no interior do estado.

O movimento trans e os coletivos LGBT em Rondônia

Atualmente há uma única entidade trabalhando em prol da população trans na região, denominada Comunidade Cidadã Livre (Comcil). Esse grupo surgiu em outubro de 2009, em consequência da luta de uma mulher travesti, Karen Oliveira. O silenciamento das ONG quanto à população trans incomodava a ativista, que não se calou diante do descaso. Foi através do Tucuxi que Karen começou a desenvolver ações específicas para as mulheres trans.

Em 2006, Karen Oliveira e Alessia Moura, também mulher trans, realizaram os primeiros trabalhos sociais voltados para esse segmento em Porto Velho, desenvolvendo o projeto intitulado Espelho de Vênus, cujo objetivo era o incentivo à cidadania das pessoas trans, profissionais do sexo ou não, bem como a promoção de atenção e cuidados com a saúde. Com a desativação do Tucuxi em 2009, Karen criou a Comcil, a partir das demandas específicas das pessoas trans para serem realmente porta-vozes de si mesmas. É importante ressaltar que a Comcil, em um primeiro momento, foi chamada Associação de Travestis e Transexuais de Rondônia (Astra-RO). Até o presente momento, as ações do grupo estão voltadas para a área da saúde, a luta pelo direito à moradia, à educação e à família, as formas de evitar o suicídio, o uso de silicone industrial e de anabolizantes (Silva & Schmidt, 2020).

Por fim, surgiram dois coletivos em Porto Velho em parceria com a Comcil: o Multivozes e o Somar. O Multivozes foi criado em agosto de 2019, tendo como missão potencializar a voz do público menos privilegiado (mulheres, crianças, adolescentes, indígenas, população negra e comunidade LGBTQIA+), com o objetivo de trabalhar em conjunto com a sociedade a fim de proteger e ajudar na garantia dos direitos dessas pessoas. As pautas do coletivo Multivozes giram em torno do atendimento humanizado a vítimas de violências sexual e física, do enfrentamento à violência obstétrica e do amparo adequado para a comunidade LGBTQIA+.

Já o coletivo Somar, também criado em 2019, segundo o coordenador Breno Vinícius, entrevistado em 19 de março de 2020, surgiu a fim de suprir a necessidade de um coletivo de jovens LGBT em Porto Velho que representasse a união de diferentes indivíduos em atuação conjunta, somando-se; daí a escolha do nome Somar, também fazendo alusão ao primeiro grupo de homossexuais no Brasil, o Somos. Desde 2020, desenvolve suas atividades on-line, devido à pandemia de covid-19.

Ambos são coletivos recentes que estão se articulando no combate às diversas formas de opressão, com decisões compartilhadas, apartidárias e não hierárquicas, respeitando as singularidades de cada integrante, com o direito de que cada um se expresse, para assim contribuir somando na luta contra a LGBTfobia, a violência sexual e a violência obstétrica em Rondônia.

Considerações finais

Ao refletir sobre o movimento LGBTQIA+ em Rondônia e analisá-lo, entramos em contato com importantes eventos e marcos na luta desses militantes, que resultaram em algumas políticas sociais para essa população. Na capital, Porto Velho, verifica-se uma ampla mobilização, iniciada nos anos 1980, e o movimento vem realizando ações diversas e obtendo conquistas em termos de políticas públicas, embora muitas ainda precisem ser efetivadas.

Para este trabalho, eu trouxe um pouco da história e das especificidades do movimento LGBTQIA+ de Rondônia e algumas ações comparadas às de outros movimentos no Brasil. Tive por objetivo apresentar a luta e as resistências desses grupos, organizações não governamentais e coletivos, valorizando a identidade das/dos militantes e a memória do movimento no estado.

Igualmente, tive a intenção de visibilizar e mostrar as/os desbravadoras/es que historicamente lutaram contra o cistema cis-heteropatriarcal na região amazônica, bem como as/os sujeitas/os com braços e mente que continuam resistindo no front, nas *paragens do poente* às margens do rio Madeira, que ecoam suas vozes gritando: *somos LGBTQIA+, somos brasileiros e brasileiras, somos rondonienses, somos seres humanos e merecemos respeito e dignidade.*

Referências

CAMARGOS, Moacir Lopes de. *Sobressaltos: caminhando, cantando e dançando na f(r)esta da Parada do Orgulho Gay de São Paulo*. Tese (Doutorado em Linguística). Campinas: Universidade Estadual de Campinas, 2007.

FACCHINI, Regina. *Sopa de letrinhas? Movimento homossexual e produção de identidades coletivas nos anos 90*. Rio de Janeiro: Garamond, 2005.

FALCÃO, Kary Jean. *As contribuições linguísticas dos povos de religião de matriz africana na formação da linguagem de homossexuais em Porto Velho-Rondônia*. Dissertação (Mestrado em Ciências da Linguagem). Porto Velho: Universidade Federal de Rondônia, 2010.

GONÇALVES, Alexandre Oviedo. "Religião, política e direitos sexuais: controvérsias públicas em torno da 'cura gay'". *Religião e sociedade*, v. 39, n. 2, 2019, p. 175-99.

GREEN, James N. *Além do Carnaval: a homossexualidade masculina no Brasil do século XX*. Trad. Cristina Fino & Cássio Arantes Leite. São Paulo: Editora Unesp, 2000.

HUGO, Vitor. *Segurança pública (a partir dos excluídos de entre os excluídos): a presença de minorias sexuais na sociedade brasileira*. Rondônia: VH Editores da Amazônia, 2003.

SANTIAGO, Paulo. *Ser gay: homossexualidade*. Porto Velho: Primor Forms, 2005.

SILVA, Lauri Miranda. *ONG Tucuxi: na luta contra o preconceito e pelo reconhecimento da cidadania LGBT em Porto Velho*. Trabalho de Conclusão de Curso (Graduação em História). Porto Velho: Fundação Universidade Federal de Rondônia, 2010.

SILVA, Lauri Miranda & SCHMIDT, Benito Bisso. "Conquistas e desafios: as políticas públicas para a comunidade LGBTIQ+ no Brasil, em especial na cidade de Porto Velho/RO, do final da década de 70 aos dias atuais". Simpósio Nacional de História, Associação Nacional de História — ANPUH-Brasil, 2019.

SILVA, Lauri Miranda & SCHMIDT, Benito Bisso. "Francinny, Úrsula e Welly: mulheres trans-negras universitárias em Rondônia — experiências de opressão e resistência". *In*: VANTOIR, Roberto Brancher; COLLING, Ana Maria & PORTO, Eliane Quincozes (org.). *Caminhos possíveis à inclusão V: gêneros, (trans) gêneros e educação — alguns enfrentamentos*. Curitiba: Brazil Publishing, 2020, p. 168-88.

TREVISAN, João Silvério. *Devassos no Paraíso: a homossexualidade no Brasil, da colônia à atualidade*. 4 ed. Rio de Janeiro: Objetiva, 2018.

VERAS, Elias Ferreira & PEDRO, Joana Maria. "Os silêncios de Clio: escrita da história e (in) visibilidade das homossexualidades no Brasil". *Tempo e argumento*, v. 6, n. 13, set./dez. 2014, p. 90-109.

Michele Pires Lima
Mestra e doutoranda em história pela Universidade Federal do
Amazonas (Ufam). Integra o Laboratório de Estudos de Gênero
na mesma universidade e o Grupo de Estudos Históricos do
Amazonas (GEHA/UEA). Coordenadora do GT de Estudos de
Gênero — Seção Amazonas, da Associação Nacional de História
(ANPUH). Membra da diretoria da Associação de Travestis,
Transexuais e Transgêneros do Estado do Amazonas (Assotram).

"Ser o que eu queria ser": quando travestis e transexuais manauenses contam (suas) histórias[1]

Michele Pires Lima

Era manhã fria de 13 de fevereiro de 2021, em meio à pandemia de covid-19 e três semanas após o mês da Visibilidade Trans, quando recebemos a infeliz notícia da morte da atriz, empresária e professora trans Manuela Otto, em Manaus. Ela havia sido assassinada com dois tiros naquela madrugada pelo policial militar Jeremias Silva, no motel Minha Pousada, no bairro Monte das Oliveiras.

Decidimos iniciar este artigo falando de Manuela Otto — pessoa muito conhecida na cena cultural manauense — por três razões. Primeiro, para demonstrar a insegurança vivenciada pelas pessoas trans. Segundo, para denunciar a transfobia dos meios de comunicação sobre o caso de Manuela e de tantas outras pessoas trans que tiveram a vida ceifada duplamente, pelos atos criminosos dos algozes e pelo discurso desqualificador e desumanizador da mídia que, sem qualquer constrangimento, posicionou Otto como "homem". A terceira — e última — refere-se ao silêncio do Estado, materializado na Secretaria de Segurança Pública do Amazonas, que, por meio desse não ato, reiterou a desvalorização das existências, dos sentimentos e dos direitos humanos das pessoas transgêneras, elas que também fazem parte dessa sociedade.

---

1 Este artigo é uma extensão da minha dissertação de mestrado intitulada *Senhoras do tempo: cotidiano, trabalho e ativismos de travestis e transexuais em Manaus (1992-2019)*, defendida em 2021 sob a orientação de Júlio Cláudio da Silva e financiada pela Capes.

Foi nesse Amazonas que, entre 2017 e 2020, morreram dezenove pessoas trans, em sua maioria travestis e mulheres transexuais (Benevides, 2018; Benevides & Nogueira 2019; 2020; 2021). Foi nesse cenário e nesse contexto social, geográfico e temporal que nos conectamos com as histórias de Rebeca Carvalho, Nichole Oliveira e Flor de Lis, apresentando suas definições de gênero e geração e o impacto dessas variáveis sociais na fabricação da consciência de si enquanto travesti e mulheres transexuais, respectivamente, em contextos marcadamente repressores e violentos. São sujeitas históricas que resistem diante de uma corporificação de gênero que legitima seus lugares numa coletividade de mulheres, sem perder de vista os enfrentamentos conjuntos causados pelo sofrimento de existirem enquanto mulheres trans e travestis numa sociedade fortemente hierarquizada e patriarcal.

Para efeitos de localização e contextualização, Manaus é uma cidade que se encontra nos limites fronteiriços, "equidistante da fronteira oriental marítima e da fronteira ocidental da vasta rede hidrográfica" (Schor & Oliveira, 2011, p. 18), mobilizando arranjos de diálogo entre os diferentes centros urbanos e rurais da Amazônia, constituindo, assim, um polo relevante de movimento contínuo de produtos, entre importações e exportações, e também de pessoas, num balanço tanto de chegadas e permanências na capital quanto de irradiação de passantes para o restante do país, sobretudo pela ligação por meio da rede urbana entre Manaus e outros estados da região amazônica.

A configuração do tecido urbano por onde travestis e transexuais manauenses transitam, hoje, tem historicidade e guarda memórias de exclusão e dor, haja vista que, desde o século XIX, eram uma preocupação da nata político-econômica o ordenamento da cidade de Manaus e a disciplinarização do espaço urbano. Isso se deu, efetivamente, com a incorporação de aspectos e jeitos europeizados, algo que outras cidades continuavam tendo como "marca fundamental", ou seja, "a exclusão de antigos moradores e trabalhadores pobres" (Silva, 2016, p. 100). Por conta de tais desigualdade e exclusão social, sinalizamos que há diversas cidades invisíveis que circundam os projetos de cidade vendidos pelo governo municipal, criando a imagem de um lugar onde há somente boas aventuranças.

"Sexta cidade mais rica do Brasil", "principal centro financeiro e corporativo da Região Norte", "décimo maior destino de turistas no país". [...] esse acelerado processo de crescimento e transformação, como sabemos, tem uma lógica central nos movimentos de expansão do capital sobre as atividades e os territórios da cidade. (Silva, 2016, p. 7)

A produção de discursos que qualificam a espacialidade objetiva a inscrição permanente na lógica liberal e capitalista, procurando meios que legitimem o alisamento de estruturas consideradas "feias" e marginais. Assim, mesmo diante dos planos de cidade pensados, articulados e executados sem a presença das pessoas comuns, notamos os resíduos de ações humanas na paisagem manauense. Isso é nítido nos traços corpóreos das pessoas, na mistura cultural e nos saberes subalternos, no fato de um terço dos atuais habitantes de Manaus ser migrante e a cidade ter tido um aumento populacional de 139 mil, em 1950, para mais de 2,1 milhões, em 2019 (Castro, 2008, p. 89).[2]

Essa é a Manaus em que travestis e transexuais nascem, vivem e morrem pela mão de alguém, "uma sociedade fragmentada em guerra consigo mesma". E nessa batalha se encontram os movimentos de sociabilidade; os movimentos de sentimentos de esperança e medos que ligam, intimamente, os sujeitos e as sujeitas aos grupos sociais que (re) produzem a cidade cotidianamente. Desta feita, as memórias e as experiências vividas na cidade possibilitam a "transmissão no presente para aqueles que não estiveram na cidade do passado [...] o testemunho de sobreviventes de um outro tempo, de habitantes de uma cidade que não mais existe" (Arantes, 1999, p. 129). Caminhando pelo chão manauense, construído e reconstruído pelos pobres da cidade de ontem e de hoje que "não tinha e não tem lugar para eles" (Castro, 2008, p. 93), deparamos com fragmentos de histórias de outrora. São reminiscências de travestis e mulheres transexuais, *Senhoras do tempo*, que ajudam a decifrar palimpsestos de silenciamento e exclusão causados pela transfobia estrutural, implicando, por meio das lembranças, a repolitização do espaço urbano.

2 Ver: "População de Manaus cresce e chega a 2.182.763 em 2019", *G1*, 28 ago. 2019.

História oral e memória transgênera

Nossas inquietações para a escrita deste artigo foram motivadas, em grande escala, por carências. Ausências para as quais a história oral, enquanto metodologia historiográfica, pode contribuir com as análises das histórias de vida de travestis e mulheres trans manauenses, em especial daquelas que tornam suas vivências um fazer político de mudança social na cidade, percebendo também os impactos da macropolítica sobre as vidas trans, tomando, como exemplo, o direito ao nome e à identidade de gênero.[3]

Segundo Verena Alberti, a história oral "privilegia a realização de entrevistas com pessoas que participaram de, ou testemunharam, acontecimentos, conjunturas [...] como forma de se aproximar do objeto de estudo", permitindo, inclusive, nos aproximar de situações históricas que não estão em outras fontes, ou seja, "acontecimentos pouco esclarecidos ou nunca evocados, experiências pessoais, impressões particulares etc." (Alberti, 2013, p. 24, 30). Por isso, o historiador Losandro Antônio Tedeschi anuncia que não devemos nos rejubilar somente com a utilização de *corpus* documental arquivístico, mas, pelo contrário, "deveria antes de tudo criá-los e contribuir para a sua constituição: pesquisar, interrogar aqueles que jamais têm direito à fala, que não podem dar seu testemunho" (Tedeschi, 2014, p. 49).

Considerando a perspectiva vista de baixo, cuja ênfase recai sobre a construção de uma análise histórica a partir das margens e das vozes silenciadas, a incorporação dessa metodologia assume uma centralidade no

---

3 Segundo a psicóloga e transativista Jaqueline Gomes de Jesus, "travestis", como um termo "antigo" e anterior a "transexual", são "pessoas que vivenciam papéis de gênero feminino, mas não se reconhecem como homens ou como mulheres, mas como membros de um terceiro gênero ou de um não gênero" (Jesus, 2012, p. 17). Já as pessoas transexuais — sejam mulheres ou homens — reivindicam para si um reconhecimento social e jurídico de acordo com o gênero com que se percebem. Além do mais, "geralmente sentem que seu corpo não está adequado à forma como pensam e se sentem, e querem 'corrigir' isso adequando seu corpo à imagem de gênero que têm de si. Isso pode se dar de várias formas, desde uso de roupas, passando por tratamentos hormonais e até procedimentos cirúrgicos" (Jesus, 2012, p. 15), sem reduzir a identidade de gênero transexual a procedimentos cirúrgicos.

processo de construção e análise das narrativas das atrizes sociais envolvidas nos processos históricos observados. Como dito por Marieta de Moraes Ferreira sobre os efeitos do uso contínuo e sistêmico das narrativas orais:

> São depoimentos de analfabetos, rebeldes, mulheres, crianças, miseráveis, prisioneiros, loucos... São histórias de movimentos populares, de lutas cotidianas encobertas ou esquecidas, de versões menosprezadas [...] ligada à história dos excluídos. (Cardoso & Vainfas, 2012, p. 171)

A ligação entre história e memória para pensar essas experiências vividas nos alerta para o dever e o comprometimento dos/das historiadores/as com as "feridas da memória", pois nessa dinâmica se explicitam a "ousadia e o desejo de superação" acerca dos medos e dores que acompanham a trajetória de indivíduos e grupos históricos (Rovai, 2017). Michael Pollak assevera que memória, além de ser um "fenômeno construído", é também um importante componente que molda o "sentimento de identidade, tanto individual como coletiva", fundamentando a "coerência de uma pessoa ou de um grupo em sua reconstrução de si". A memória individual, portanto, "grava, recalca, exclui, relembra, é evidentemente o resultado de um verdadeiro trabalho de organização" (Pollak, 1992, p. 204).

Assim, distanciando-nos de vitimizações ou pressuposições referentes aos corpos trans apenas pela perspectiva da exclusão, consideramos importante entender por meio das "histórias transgêneras" como se definem enquanto sujeitos/sujeitas históricos/as, levando em conta a afirmação do nome e da identidade de gênero como algumas das "pistas para se conhecer o passado". Torna-se justo trazer tais reflexões e os sentidos produzidos sobre si, haja visto as seguintes interrogações: afinal, quem são a travesti e a mulher transexual? Como compreendem suas travestilidades[4] e transexualidades no tempo e no espaço? Qual é a contribuição

---

4 Larissa Pelúcio assinala que, na contemporaneidade, as travestis ligadas aos movimentos sociais identitários e engajadas na luta pelos direitos humanos passaram a admitir o termo "travestilidade" sob a perspectiva de "ressignificar o sentido das palavras 'travestismo' e 'travesti'", contrariando sua homogeneização e compreendendo que tais processos de subjetivação são plurais e específicos. Ou seja, "conceber essas possibilidades de expressar um gênero" distante de binarismos de gênero e essencializações de sexo e corpo (Pelúcio, 2009, p. 43-4).

de suas memórias para uma guinada historiográfica regional? "O que podemos aprender com elas? Aprendemos com a narrativa dos nossos entrevistados?" (Alberti, 2004, p. 79). Buscaremos, na medida do possível, trazer respostas satisfatórias à luz das memórias expressadas em entrevistas por Rebeca Carvalho e Flor de Lis.

(Entre)cruzando histórias: reconhecimento social e jurídico das identidades trans e travestis

Em 2018, o Supremo Tribunal Federal (STF), entre diversas sessões e recessos, finalmente definiu que pessoas transgêneras poderiam retificar prenome e gênero no registro civil sem a necessidade da cirurgia de redesignação sexual ou processo judicial, decisão ratificada e regulamentada pelo Provimento 73/2018 do Conselho Nacional de Justiça (CNJ). Por maioria, os ministros respaldaram suas decisões no princípio da dignidade humana, levando em conta a autoafirmação e o autorreconhecimento das transgeneridades. Por conseguinte, essa autorização constituiu um marco histórico para que a visibilidade e o respeito às diferenças de gêneros e sexuais sejam postos, mas também evidencia o quanto nossa sociedade está fincada sobre desigualdades de gêneros e o quanto as experiências vividas por pessoas trans foram relevantes para tal decisão.[5]

O processo de construção de memória de Rebeca Monteiro de Carvalho, uma travesti de pele clara e cabelos loiros, cabeleireira que, atualmente, exerce (outra vez) o trabalho sexual, joga luz sobre o fato de que seu nome, antes da retificação dos registros civis em 2019 mediante os aparatos jurídicos, possui uma historicidade que contribuiu para a subjetivação da identidade de gênero. Desse modo, quando indagada sobre como surgiu o nome "Rebeca", a colaboradora produz uma narrativa em que contextualiza o primeiro nome que lhe foi dado por outras travestis, ao mesmo tempo que explicita a dinâmica que existia nessa comunidade

---

5 "STF autoriza pessoas trans a mudar nome mesmo sem cirurgia ou decisão judicial", *Consultor Jurídico*, 1º mar. 2018.

quanto à imposição de um "nome" dado, na maioria das vezes, pela travesti "mais velha", seja pela perspectiva geracional ou espacial.

Assim, Rebeca narra que sua descida na "avenida" ocorreu a partir do convite lançado por Camila Dantas.[6] Na semana seguinte ao convite, Rebeca levou para a casa de Camila uma peruca loira ("da época que eu gostava de descer nesses blocos de, blocos de... de piranhas, né?"),[7] mais um vestido e um sapato de salto que mal cabia em seu pé, podendo vê-lo pelo "lado de fora". Esses apetrechos socialmente femininos foram utilizados em momentos que antecederam o *invite* e a chegada ao campo de trabalho sexual, e a narradora revela tal sentimento sobre esse universo ao dizer: "Eu adorava quando era Carnaval, eu queria que chegasse Carnaval, que eu queria me vestir de mulher. Adorava!" (Rebeca Carvalho, entrevista em 2018).

Após construir a sua performatividade de gênero[8] e seguir para a "avenida" na Bola da Suframa[9] junto de Camila Dantas, as outras meninas perguntaram como se chamava, ao que Rebeca afirmou de imediato que ainda não tinha um nome que a definisse. Essa questão foi resolvida rapidamente por meio da observação dos aspectos

---

6 Camila Dantas foi umas das colaboradoras da dissertação de mestrado que deu origem a este artigo.

7 O Bloco das Piranhas é um evento de rua promovido em Manaus durante os festejos de Carnaval desde 1981. Foi uma iniciativa de alguns rapazes, sem pretensões lucrativas, a não ser o divertimento, no bairro Parque Dez de Novembro, que ganhou notoriedade, compondo atualmente o calendário carnavalesco local. Ver: "Bloco das Piranhas: os 40 anos da tradicional festa do Carnaval de Manaus", *A Crítica*, 2 fev. 2020.

8 Judith Butler (2015, p. 9) argumenta que a performatividade de gênero se refere a uma gama de atos contínuos de expressões e trejeitos que objetivam criar uma identidade, seja ela masculina ou feminina, podendo ser efêmera ou não, dentro dos espectros da linguagem e da materialidade social ditada pelas estruturas de poder. Ver também: Salih (2015, p. 90-1).

9 A Bola da Suframa localiza-se no bairro Crespo, zona sul de Manaus. É uma rotatória que interliga diversas avenidas, como Rodrigo Otávio, Silves, Danilo Areosa e Ministro João Gonçalves de Souza. Esta última avenida permite o acesso ao Distrito Industrial de Manaus. Durante o dia, funciona em seu centro o Museu Homem do Norte e o Centro Cultural dos Povos da Amazônia. À noite, o lugar é palco do trabalho sexual exercido, particularmente, por travestis e transexuais, pelo intenso fluxo de trabalhadores e carros vindos, sobretudo, do Distrito Industrial.

físicos e outros aparelhos que compunham os atos performáticos de Rebeca, naquela noite.

"Ai, você parece a Vera Fischer. Vou colocar de Vera." Aí nessa noite me chamaram só de Vera; Vera pra cá, Vera pra lá. Aí tá, foi no final de semana, fiquei sábado e domingo à tarde lá com a Fifi. Na verdade só batalhei o sábado à noite e no domingo a gente ficou lá. (Rebeca Carvalho, entrevista em 2018)

A intervenção das outras trans sobre a autodenominação rendeu-lhe posteriores reflexões sobre si diante de uma comunidade que exigia uma conduta feminina de gênero, incluindo o nome. Foi nesse sentido que, ao voltar para casa na segunda-feira, ficou "pensando 'qual nome?'". Talvez o nome que lhe atribuíram na "avenida" tenha gerado desconforto, pois não a definia enquanto sujeita que acabara de conhecer o "universo das travestis", marcado principalmente pelo exercício do trabalho sexual. Nesse sentido, assistindo a um filme protagonizado por Rebecca de Mornay — atriz estadunidense, loira e branca —, no qual a personagem era uma prostituta que "levava porrada e tudo, mas no final saía vitoriosa [...] aquele filme ficou na minha cabeça" (Rebeca Carvalho, entrevista em 2018).

Observando os aspectos físicos da interpretação de De Mornay que poderia adotar, como o cabelo loiro, a colaboradora foi mais além e tomou para si as vivências da prostituta que, embora sofresse violências de diversas naturezas, conseguiu superar as humilhações e saiu vitoriosa, como se seu destino estivesse predeterminado a partir da percepção do filme. Decidida a colocar, então, "Rebecca com dois 'cê'" — talvez também uma homenagem à atriz —, acrescenta que as travestis na década de 1990 deveriam adotar um sobrenome, preferencialmente famoso e impactante ao ser mencionado:

porque antigamente a gente não tinha nome social, não era nome social que a gente tinha, era nome de guerra, tá?! Era nome de guerra, então, a gente sempre quando escolhia um sobrenome, assim, um sobrenome que chamasse atenção, que fosse famoso. (Rebeca Carvalho, entrevista em 2018)

Nesse ínterim, Rebeca Carvalho teve dois exercícios para legitimar a identidade de gênero e ser reconhecida pela população trans. Referimo-nos ao nome e ao sobrenome de "guerra". Perscrutando um sobrenome que se adequasse ao prenome e valorizasse a subjetividade trans que estava construindo.

> Eu tinha um perfume em casa, que eu adorava, que era do Yves Saint Laurent, né?! Aí eu tirei o Yves e coloquei Rebecca Saint Laurent. Aí, pronto, pegou! Pegou tanto que muita gente, naquela época: "E aí, Saint Laurent, como é que tu tá?". Me chama de Saint Laurent até hoje. (Rebeca Carvalho, entrevista em 2018)

As memórias trans, nesse sentido, evidenciam os processos sociais pelos quais os/as narradores/as forjam sua identidade de gênero, gerando permanências e rupturas no cotidiano social. Dessa forma, memória e identidade são fatores presentes quando analisamos as memórias dos sujeitos que, durante a relação dialógica, constroem e pleiteiam características específicas que moldam sua identidade. Para o sociólogo Michael Pollak, a identidade social nada mais é que a "imagem que uma pessoa adquire ao longo da vida referente a ela própria, a imagem que ela constrói e apresenta aos outros e a si própria, para acreditar na sua representação", bem como a "maneira que quer ser percebida pelos outros" (Pollak, 1992, p. 204).

Retornar ao passado para compreender a construção da subjetividade e da identidade travesti mobiliza interpretações sobre o reconhecimento social e jurídico por parte do Estado, no que tange ao direito da expressão e da identidade de gênero autopercebida no presente. Nesse sentido, trazer à baila o evento do cartório de registro civil e o erro durante a retificação do nome constitui, de certo modo, a retirada de um pedaço da identidade de Rebeca em (re)construção há mais de 25 anos.[10] Entre risadas sobre o fato, ela nos contou que

> hoje meu nome é Rebeca com um cê que o rapaz lá do cartório colocou só com um cê; eu até falei: "Não, mas meu nome é com dois cê!". "Ah, então tu deixa tua certidão aqui e na semana que vem tu pega." [Eu] "Ai, não, fica só com um

---

10 Rebeca Carvalho passou pela transição de gênero em 1995, aos 25 anos de idade.

cê mesmo, e tá bom", não queria mais prolongar essa demora, não. (Rebeca Carvalho, entrevista em 2018)

Por muito tempo o Estado brasileiro negou o direito ao nome e à identidade de gênero às pessoas que desejavam mudança em seu registro civil. A narrativa de Rebeca sobre o cotidiano nos espaços jurídicos, como nos cartórios de registro civil, é um dos muitos exemplos de experiências que pessoas trans passam para serem reconhecidas enquanto cidadãs. O preconceito escancarado pode ser observado quando a famosa modelo e ícone transexual Roberta Close, em 1994, teve negado o processo de modificação do registro de nascimento. Tal fato foi reinterpretado e publicado pelo *Jornal do Commércio*, em que a revista *Contigo!* telefonou para Roberta Close, que então residia em Zurique, Suíça, dando "uma má notícia: de que nada adiantou submeter-se à cirurgia para mudança de sexo", porque uma turma de desembargadores do Rio de Janeiro decidira que Roberta Close não atualizaria o registro de nascimento nem os documentos subsequentes, mesmo que já tivesse realizado a cirurgia de redesignação sexual.

> No dia 10 de maio, três desembargadores da 8ª Câmara Cível do Tribunal de Justiça do Rio de Janeiro decidiram, por unanimidade, que Roberta Close iria continuar chamando-se Luís Roberto Gambine Moreira e que em seus documentos constaria sexo masculino.[11]

No entanto, em dezembro de 1991, Roberta Close havia conquistado, judicialmente, o direito à mudança de sexo e de nome nos documentos civis diante da sentença da juíza Conceição Mousnier. Era um ato simbólico de resistência e vitória para Roberta Close, tendo em vista as violações de direitos humanos de travestis e transexuais à época, mas o inesperado ocorreu por meio do recurso protocolado pela promotora de Justiça Marilza Mendes, em que apresentou o argumento de que, "pela lei da natureza, só existem dois sexos: masculino e feminino". Provavelmente não satisfeita em apenas reproduzir argumentos biologizantes como definidores de gênero, objetivou deslegitimar a mulheridade de

---

11 "Roberta Close desabafa: 'Nunca mais volto ao Brasil'", *Jornal do Commércio*, 5 jun. 1994, p. 5.

Roberta, convencendo "os desembargadores que essa operação não alterou a realidade de Roberta, que nasceu homem".[12]

Os sentimentos de surpresa, tristeza, raiva e indignação orbitaram nos argumentos seguintes de Close para a matéria da revista *Contigo!*, reproduzida pelo *Jornal do Commércio*. Considerando a decisão dos desembargadores como maldade, Close interpelou o entrevistador, e a sociedade de modo geral, com o intuito de reafirmar sua mulheridade: "Como é que uma mulher não pode ter documentos de mulher?". A interpelação de Close sobre a garantia da cidadania para as pessoas que se autorreconhecem como mulheres ou homens é um importante dado diante da percepção de si e de seus pares, enxergando essa medida do Poder Judiciário como perseguição.

Rebatendo a discriminação com discriminação, Close afirmou que, no Brasil, o que é "valorizado" são as pessoas que "se vestem de mulher dizendo que se chama João, como Rogéria faz".[13] Porém, quando surgiu uma transexual fina e "com uma vida diferente", automaticamente a questionaram e lhe negaram o "direito a uma vida digna", limitando seu deslocamento espacial e social somente aos "redutos gays como a Galeria Alaska".[14] A notícia termina com a fala da mãe de Roberta Close, que decidiu lutar pela filha e recorrer da decisão judicial: "Não se pode desperdiçar uma vida por preconceito".

---

12 Para uma discussão sobre a reprodução de argumentos biologizantes e fisiológicos para deslegitimar as experiências trans, sugerimos o trabalho da historiadora trans Pietra Mello Munin (2019).

13 Rogéria nasceu no município de Cantagalo, Rio de Janeiro, em 25 de maio de 1943. Iniciou sua carreira como maquiadora na TV Rio, vindo a ser atriz em meados dos anos 1960. A "travesti da família brasileira", como se autointitulava, atuou em filmes, novelas e foi jurada de concursos e programas de auditório, tendo como um dos seus últimos trabalhos o documentário *Divinas Divas*, dirigido por Leandra Leal, "para comemorar os cinquenta anos de carreira da atriz e de outras travestis pioneiras". Rogéria faleceu em 2017, no Rio de Janeiro, aos 74 anos. Ver: "Atriz Rogéria morre aos 74 anos no Rio", *G1*, 4 set. 2017.

14 Galeria Alaska foi um espaço que abarcava diversas boates e bares, inclusive a boate Stop, onde ocorreu o primeiro show Les Girls, em 1964, tendo, entre suas integrantes, a atriz travesti Rogéria. A Galeria Alaska se encontrava em Copacabana, no Rio de Janeiro (Morando, 2014).

O cruzamento das fontes orais e escritas aqui colocado para entender alguns feixes do percurso histórico da população trans brasileira perpassa as complexidades impostas por uma sociedade que, historicamente, negou/nega os direitos humanos de comunidades, grupos e classes em situação de minoria. Assim, os sentidos inerentes às falas tanto da colaboradora Rebeca Carvalho quanto de Roberta Close no *Jornal do Commércio* forneceram subsídios acerca do que estava em jogo para o reconhecimento social e jurídico das identidades trans, em diferentes esferas, seja entre colegas travestis nos espaços de trabalho sexual, seja numa perspectiva internacional na qual houve a "efetivação" do gênero feminino por meio de uma sentença judicial.

A tutela do Estado, nesse sentido, limita os direitos civis de travestis e transexuais, tomando como exemplo o questionamento de Close sobre a impossibilidade de pessoas trans terem direito a uma vida digna. Simultaneamente, o não reconhecimento de travestis e transexuais como cidadãs/ãos implica um ostracismo das vidas trans relegadas à marginalização e à vulnerabilidade, tornando a violência e a humilhação recursos para a normatização dos sujeitos dissidentes. Ademais, são uma travesti e uma mulher transexual advindas de classe sociais distintas, em que a primeira — Rebeca Carvalho — aponta como o reconhecimento da identidade trans se dá, inicialmente, entre as próprias trans; e, para a segunda — Roberta Close —, a proteção do seu espaço de fala pelo fato de ser famosa garantiu a repercussão dos argumentos sobre suas experiências em diversos meios de comunicação, no Brasil e no exterior.[15]

Julgamos que refletir as experiências trans a partir dos marcadores sociais da diferença possibilita a visibilidade de pautas históricas, que devem ser analisadas longe de simplismos e da "tentação de universalidade que exclui", tornando necessária a

---

15 Para a arquiteta e urbanista brasileira Joice Berth (2019, p. 51-2), empoderamento "é um conjunto de estratégias necessariamente antirracista, antissexista e anticapitalista", articuladas politicamente conforme os indivíduos inseridos dentro de uma coletividade pensam sobre a condição subalternizada e os aspectos em comum, tendo em vista a desestabilização e o rompimento com as estruturas de poder e hierarquizações existentes.

ressignificação das identidades, sejam elas de raça, de gênero ou de classe, para que se pudessem construir novos lugares de fala com o objetivo de possibilitar voz e visibilidade de sujeitos que foram implícitos dentro dessa normatização hegemônica. (Ribeiro, 2019, p. 42-3)

A ligação entre memória e construção da identidade social é evidente na costura das lembranças sobre os sentidos de "fazer-se trans". Com isso, a história oral move questionamentos sobre o sentido equivocado da expressão "dar voz" àquelas que, ingenuamente, são compreendidas como vítimas.[16] Pelo contrário, temos o dever, como historiadoras/es, de dar escuta e atenção a quem tem a nos dizer sobre suas experiências, ao que generosamente nos cedem, como também de ampliar as disputas por memória. Vislumbramos, então, a trajetória de personagens históricas para além das fronteiras socioculturais hegemônicas, não medindo esforços para produzir uma análise substancial que visibilize outras possibilidades de mulheridades (Pollak, 1992, p. 204).

Para Nichole Oliveira, mulher transexual, negra, periférica, nascida em 1971, a percepção da transexualidade não é datada, mas localizada na infância, concebendo-se como menina e percebida socialmente, em alguns momentos, como tal por sujeitos externos ao âmbito familiar, que depois teve "certeza que não ia ser [igual] à minha mãe, que eu ia ser [igual] ao meu pai" (Nichole Oliveira, entrevista em 2019). Sob o jugo da discriminação e da humilhação, ela afirma que a Nichole propriamente dita nasceu em 1989.

Ao discorrer sobre o processo de identificação com o feminino, sinalizou que a escola não acompanhou a sua transição de genêro, mas forneceu os principais subsídios para seguir com o processo. Um desses elementos, do ponto de vista transgênero, era o nome social, ou, como era chamado, "nome de guerra". Desse modo, já usando "roupas

---

16 Sobre a expressão equivocada "dar voz", a historiadora Marta Rovai explica que os historiadores orais não dão voz ou falam por sujeitos invisibilizados, mas que o dever consiste em "oferecer-lhes ouvidos e olhos atentos" diante de experiências de vida que, em grande medida, não "podem ser descritas ou nomeadas explicitamente". Tal atitude contribui para iluminar as injustiças sociais, tornando-se denunciantes das violências e indiferenças às histórias "sem importância" (Rovai, 2013, p. 142).

gayzadas" e compreendendo-se como guei, pois era a única alternativa identitária em voga:[17]

> A Nichole nasceu no ensino médio, porque as gueis tinham nome de mulher, não é? Tinham nome de guerra, toda guei tinha nome de guerra: "O meu nome é fulano de tal, mas o meu nome de guerra é 'a fulana'", então tinha essa coisa, não é? Aí no ensino médio eu fui batizada como Nichole. (Nichole Oliveira, entrevista em 2019)

Quando questionada sobre se havia alguma inclinação pessoal, ou mesmo um ritual para indicação, quanto à atribuição do nome, Nichole afirma, bruscamente, que não havia, e que o gueto guei do qual fazia parte dizia: "O teu nome de mulher vai ser Nichole!". Porém, para ela, não significou apenas um nome feminino, do qual, ao finalizar o ensino médio, se esqueceria, mas um poderoso sinal de aproximação com o universo feminizado. Tal fato motivou uma narração impregnada de sentidos ao dizer que, ao ser nomeada Nichole, "parece que veio, enfim, a minha roupa que eu gostaria de vestir" (Nichole Oliveira, entrevista em 2019), um sentimento que perpassa as experiências de pessoas trans, pois configura, de tal modo, valorização e reconhecimento de humanidade.

Ademais, embora naquele momento ainda não pensasse nem tivesse conhecimento sobre a transição de gênero, tomou como bandeira de luta o direito de ser reconhecida como Nichole, asseverando que o nome imposto pela sociedade não tinha mais significado, era esvaziado de simbolismos e sentidos que determinavam os limites para construção de si. Por isso, diferentemente dos seus pares que verbalizavam dois nomes — de registro e de "guerra" —, dali em diante a identificação com o nome proposto modificaria sua vida.

---

[17] O etno-historiador e ativista guei Luiz Mott sinaliza que, nos anos 1980, o conceito "gay" era utilizado como termo guarda-chuva que abrigava diversas expressões de gênero e sexualidade, pois "lésbicas, como a cantora Marina Lima, Martina Navratilova e a travesti Rogéria autodeclaravam-se gays". Isso não significa limitação de outras categorias identitárias, mas a autoafirmação como guei, num momento histórico complexo, dava margem a debates, reflexões e afirmação política de novos sujeitos com novos modos de ser e estar na sociedade (Mott, 2018, p. 216).

> Aí começou a porrada em casa, com os vizinhos, com os colegas do bairro, mesmo eu ainda não tendo passado pela transição da transexualidade, mas eu já queria ser chamada de Nichole porque ali eu já me identifiquei, tá? Então, quando eu... eu passei a ser travesti, quando eu achava que eu era uma travesti, então eu já era Nichole. A Nichole já tava lá, ela já tinha nascido, ela nasceu na época que eu achava que era guei. (Nichole Oliveira, entrevista em 2019)

Num movimento pendular entre o passado e o presente, particularidade da história oral, Nichole elaborou o mesmo exercício de Rebeca Carvalho ao considerar a "troca de nome muito importante" para a existência e a garantia de cidadania a pessoas trans. Sobre isso, reflete que a luta travada na escola e em casa pelo direito à identificação e ao reconhecimento social fora perdida, pois deixou de estudar por causa do seu nome: "Eu me sentia muito constrangida com o meu nome. Foi uma derrota que eu tive, não é?" (Nichole Oliveira, entrevista em 2019).

O receio e a vergonha do nome masculino, dos tratamentos no masculino, das interpelações grosseiras executadas sobre o corpo de Nichole, típicos da sociedade cis-heteronormativa que vivemos, levaram-na a uma "derrota" no campo da educação.[18] Além do mais, a resistência e os contradiscursos produzidos em seu passado para demarcar sua identidade e seu espaço social atravessam as histórias de grande parte das pessoas trans, sobretudo entre as décadas de 1980 e 1990, quando as travestilidades e as transexualidades estavam diluídas no rio monocromático das homossexualidades. Assim, durante a entrevista, Nichole Oliveira narrou que voltou a estudar depois que retificou seu nome: "Porque antes eu não tinha coragem de entrar numa sala de aula, voltar a estudar de jeito nenhum". Logo em seguida, definiu-se como "uma trans binária, com um grau de intolerância? Um grau de incongruência sexual muito alto, por isso que eu quero a cirurgia" (Nichole Oliveira, entrevista em 2019).

---

18 Para a filósofa estadunidense Judith Butler, a cis-heteronormatividade produz e reproduz regimes de poder/discurso como unívocos e hegemônicos, regulando e governando sobre os corpos de pessoas práticas de gênero que rompem com as categorias de sexo, gênero e sexualidade estabelecidas como "normais", escancarando sua fragilidade pelas categorias "travesti" e "transexual" (Butler, 2015, p. 11, 43).

Como bem colocou a filósofa estadunidense Judith Butler, as histórias de vida são histórias de transformação, especialmente porque categorizações fechadas e irredutíveis impossibilitam os processos de identificação e mudanças, não necessitando ser "sempre como coerentemente heterossexuais ou homossexuais", ou cisgêneros (Butler, 2009, p. 101). Nesse sentido de valorização das histórias de vida e suas múltiplas direções de transformação, tendo em vista o direito de escolha e a autocompreensão, Flor de Lis, uma mulher transexual negra, 59 anos, locatária e moradora do bairro Alvorada, contou que sua vida como transexual é um ativismo que pratica desde que se compreende como pessoa trans.

Considerando uma luta que travou muito cedo, sobretudo por seu espaço e pelo direito de "ser o que eu queria ser", Flor de Lis nos contou que a época em que se autoidentificou como mulher trans era um momento complexo e delicado para as pessoas trans vivenciarem suas identidades com o mínimo de segurança,

> porque na época que eu comecei a me reconhecer ainda era ditadura, né?! Ainda era 1970/80, ainda era ditadura, que o país ainda era governado por militares, ainda. Então era difícil para as pessoas trans conviverem porque não existia nenhuma lei, não existiam políticas, não existia nada a favor... a favor das trans, das travestis, então as travestis eram consideradas... era... chamada de bonecas, ou então eram chamadas de... pera aí... boneca, "aí a boneca", ou então era transformista. Então não tinha respeito, respeito nenhum! (Flor de Lis, entrevista em 2020)

Diante disso, é possível visualizar as incertezas na vida de sujeitos que se identificavam e desejavam vivenciar modos de sexualidade e de gênero para além dos horizontes normativos da cis-heterossexualidade, para os quais a instalação de governos repressores reforçava os estereótipos de ser homem e ser mulher na sociedade, objetivando impedir qualquer "deslize" que comprometesse a política cis-hétero-moral. Talvez Flor de Lis não estivesse tratando apenas da ordem materializada e incorporada na Polícia Militar, mas também das atitudes discriminatórias ordinárias, limitando as perspectivas de existências diversas.

Além do mais, pululam das narrativas de Flor de Lis terminologias empregadas aos sujeitos que expressavam uma performatividade de gênero feminina, fazendo uso de aparatos feminizados para construir suas identidades e expressões, a saber: "boneca" e "transformista". Quanto a esse aspecto, o literato brasileiro Luiz Morando aponta que a conexão discursiva e anedótica que a imprensa utilizava para se referir a travestis e homossexuais num cenário conservador e de vigilância aos costumes na ditadura era um meio de desqualificar e depreciar, pedagogicamente, os modos de viver desses sujeitos. Especialmente quanto ao termo "boneca", Morando discute que, "ao longo da década de 1960, o termo boneca, antes empregado para se referir às belas do *society*, passou a ser utilizado como sinônimo de travesti" (Morando, 2014, p. 69-70).

Para mais, por meio das informações fornecidas pelas memórias de Flor de Lis, a historicidade do sujeito travesti é atravessada por dois caminhos etimológicos: primeiramente, até meados dos anos 1970, "travesti" se referia aos sujeitos que se "travestiam" com acessórios do gênero oposto, isto é, "o termo é aplicável [...] aos festejos de Carnaval para os homens que utilizavam fantasias femininas, ou para o caricato do bloco de sujos, ou no âmbito do Baile dos Enxutos" (Morando, 2014, p. 69). O segundo caminho refere-se ao reconhecimento e à afirmação da identidade travesti pelas travestis, configurando-o como um ato político de ser o que queriam ser.

Embora o período complexo para travestis, transexuais e homossexuais narrado por Flor de Lis extrapole a temporalidade delimitada para este artigo, consideramos importante analisá-la por duas razões. Primeiro porque evidencia as "temporalidades internas" que constituem as lembranças das colaboradoras, isto é, microacontecimentos que produzem e dão sentido às vivências das pessoas e podem ou não estar ligados aos macroacontecimentos, "desfazendo as linhas de continuidade histórica" (Rago, 2013, p. 32). A segunda razão diz respeito às implicações de fazermos tábula rasa das histórias trans manauenses que buscamos descortinar, podendo ser compreendidas a partir de dois problemas subjacentes: (i) o deslocamento de visibilidade de modos culturais transgêneros do Sul e do Sudeste em direção a espaços geográficos com dinâmicas específicas, no caso, Manaus, uma pequena parte da imensa região amazônica; (ii) o problema está atrelado às noções de travestilidade e transexualidade, que, como podemos verificar, estão intrínsecas às subjetividades e às narrativas das colaboradoras, tendo em vista as rupturas e as permanências que confeccionaram os corpos, as relações familiares e sociais e os mundos do trabalho. Além do mais, são personagens históricas que transformaram suas experiências, seu passado, em potenciais transformadores da presente/futura realidade trans.

A síntese das reflexões anteriores pode ser apreendida quando Flor de Lis fala sobre as duas alternativas que uma travesti ou mulher transexual deveria escolher numa época de recessão. A primeira era ocultamento, silenciamento: "você tinha que aceitar, [...] evitar", ou seja, aceitar os enunciados normatizadores de gênero e sexualidade como únicas formas aceitáveis na sociedade, evitando subverter as ideologias reguladoras do sistema heterossexual para não sofrer represálias e limitações políticas, econômicas, trabalhistas, humanas. E a segunda era "enfrentar, brigar" pelo direito aos espaços públicos, pela identidade autocompreendida, pela permanência de sua humanidade. Lis concluiu, então, que por esses motivos "sempre fui ativista, né? Desde essa época, sempre lutando por isso, me impondo, onde é meu lugar e eu vou ficar, vou ficar porque é meu lugar e eu mereço!" (Flor de Lis, entrevista em 2020).

Em alguns momentos, considerou-se "doida" por ter desestabilizado as normatizações de gênero, pelas resistências às investidas violentas da polícia nos pontos de trabalho sexual, como também às reações violentas dos "namorados", a ponto de sair da cidade de Manaus, em meados dos anos 1970, em direção a uma "fascinante" Europa, idealizada como um "mundo das travestis", onde todas teriam uma pretensa liberdade e poderiam "se encontrar", ao contrário de um Brasil visto como "o maior exportador de travestis", composto por uma sociedade "hipócrita. Elas são hipócritas sempre! Até agora são hipócritas. De dia é uma coisa de noite é outra, entendeu? Existe aquela relação bipolar, né? Então [...] é tipo gato: arranha e esconde a unha" (Flor de Lis, entrevista em 2018).

Esse feixe de memória transmitido por meio da narrativa oral coloca em perspectiva o valor relacional da história oral e os estudos transgêneros para captar as experiências vividas de modo longitudinal, tendo em vista "a temporalidade interna às narrativas" e, igualmente, as interpretações engendradas sobre as reminiscências do passado com base no conhecimento vivido no presente (Tedeschi, 2014, p. 50). Mais que isso: o caráter de transformação social potencializado pela relação com a história oral e as variáveis de gênero, raça/etnia, classe, geração permite o alargamento dos nossos olhares para outros lugares, tempos e sujeitos históricos invisibilizados.

A presença do gênero nas memórias de Rebeca, Nichole e Flor de Lis clarifica as diferenças entre travestis e transexuais mediante suas perspectivas em torno dessa população. Flor de Lis, em especial, mobilizou uma gama de sentidos para demonstrar as discrepâncias entre travestis e mulheres transexuais, sobre estas tomando sua própria experiência para nortear a reflexão. Em acordo com a análise de Luiz Morando sobre a atribuição inicial do termo "travesti" aos homens (cisgêneros) que usavam roupas e outros acessórios femininos para criar performances instantâneas no mês carnavalesco, Flor de Lis acrescenta:

> O termo "travesti" diz assim, quando você se traveste. A pessoa que se traveste é chamada de travesti. Quer dizer, depois que você se transforma, veste uma roupa de mulher, você traveste. "Tra" e "veste", que veste, quer dizer, vestuário, roupa, né? Então é chamado de travesti. (Flor de Lis, entrevista em 2020)

Questionada se as travestis já se reconheciam identitária, política e socialmente, como hoje, Lis, em ato contínuo, pontua:

> hoje em dia modificou muito o termo "travesti", porque hoje em dia as meninas que se reconhecem como travesti é que elas são femininas, elas gostam do sexo delas, gostam do pênis, gostam de manter relações tanto ativas como passivas, né? É a travesti. (Flor de Lis, entrevista em 2018)

A oscilação entre o passado e o presente para construir a representação da travestilidade em tempos e espaços diferentes possibilitou também o direito de narrar os sentidos da sua transexualidade, lançando mão de signos discursivos para responder que nunca se reconheceu como homossexual, ainda que, em algum momento da vida, tenha se reconhecido como travesti, pois era terminologia designativa em meio às incipientes discussões sobre transexualidade na década de 1980 no Brasil. Além disso, Flor de Lis minimizou a transexualidade à animosidade ao órgão genital masculino, imaginando que isso não permitiu vivenciar sua mulheridade completamente, o que pressupõe, ao mesmo tempo, a redução da diversidade de mulheres apenas ao órgão genital considerado feminino. Vale ressaltar que algumas travestis e transexuais se viam inseridas no guarda-chuva da homossexualidade à época, embora: "Eu nunca me reconheci como homossexual nem como gay, eu sempre me reconheci como mulher... eu sempre tinha vergonha do meu sexo" (Flor de Lis, entrevista em 2018).

A vergonha e a ojeriza conclamada para definir o sentimento referente ao órgão genital estiveram atreladas também às funções sexuais, que devia exercer durante o período como trabalhadora do sexo. Como aqui se observa: "Quando o homem pegava no meu sexo, eu tinha pavor!". Seu ódio aos homens que objetivavam tocar e/ou manter relações sexuais em que Flor de Lis teria de penetrá-los implicava, pode-se assim dizer, na objetificação e na fratura da autocompreensão trans. Simultaneamente, havia "aquele arrependimento na minha cabeça, aquela culpa, aquela culpa, sabe? Era horrível!" (Flor de Lis, entrevista em 2018).

A dor, o arrependimento, o ódio em sentir a violação do direito ao corpo e à manutenção contínua da identidade por meio das suas experiências de vida, que aqui são históricas também, chegaram ao nosso conhecimento pela palavra verbalizada a partir de inquietações e questionamentos às desigualdades de gênero, de raça/etnia, de sexualidade, de classe social que estruturam e persistem no presente. Mais do que aspectos identitários ou a fluidez de gêneros entre mulheres transexuais e travestis, devemos tomar consciência das complexas contradições e de processos de reconhecimento de si e do outro num projeto de gênero, havendo, assim, "uma profunda conexão com o projeto feminista de transformação social", engendrando, por conseguinte, potenciais para mudanças na realidade assustadora que esses grupos vivenciam cotidianamente (Connel, 2016, p. 220-1).

Considerações finais

Por essas memórias podemos compreender as travestilidades e transexualidades pelas vivências de Rebeca Carvalho, Nichole Oliveira e Flor de Lis, ao longo do tempo e em espaços diversos, inferindo que as potencialidades para mudança devam ser mobilizadas por uma história comprometida com a justiça social. Não numa lógica unilateral em que um conjunto de sujeitos possui o privilégio único de ter suas histórias contadas, mas proporcionar a ampliação dos horizontes para novos diálogos e novas experiências que urgem alteração na ordem de gênero e sexualidade hegemônica.

Buscamos com este artigo suprir lacunas historiográficas com cunho político, definido por Patrícia Sampaio (2011, p. 8) como dívida histórica. A ética deste trabalho está em denunciar a negação e a violência empreendidas contra os corpos trans por muitas décadas. Além disso, Nichole e Flor de Lis são mulheres negras e, por isso, evidenciar na escrita a variável "raça", mesmo diante do não dito, sinaliza que

> na vida de algumas pessoas trans-negras, o racismo pode ter um peso maior, assim como a transfobia pode ser mais opressiva na vida de outras, caso específico de nossas colaboradoras. Porém, querendo ou não, "esses dois marcadores estarão presentes ao longo de suas vidas, como uma sombra que muda de tamanho e de forma à medida que se move". (Megg Rayara Gomes de Oliveira *apud* Silva & Schmidt, 2020, p. 187)

As análises dessas narrativas transgêneras pretendem contribuir para a quebra das correntes do silenciamento e da subalternização, iluminando dizeres como "não mais!": "As memórias, quando abafadas, quando impedidas de circular livremente, tornam-se uma forma de discriminação" (Costa, 2014, p. 10). E este trabalho tem a primazia de combater essas práticas.

Por fim, utilizando-nos de um provérbio africano transposto para uma linguagem feminista com vistas a desmascarar a colonialidade do gênero e do saber, dizemos: "Até que as leoas tenham suas próprias historiadoras, as histórias de caça seguirão glorificando os seus caçadores". Acreditamos que as contadoras de histórias trans e a historiadora travesti empreenderam, neste trabalho, uma guinada historiográfica contra o apagamento, o epistemicídio transgênero e a hegemonia de uma história única, cisgênera e branca.

Referências

ALBERTI, Verena. *Ouvir contar: textos em história oral*. Rio de Janeiro: Editora FGV, 2004.

ALBERTI, Verena. *Manual de história oral*. 3 ed. Rio de Janeiro: Editora FGV, 2013.

ARANTES, Antônio. *Paisagens paulistanas: transformações do espaço público*. Campinas: Editora da Unicamp, 1999.

BENEVIDES, Bruna G. (org.). *Mapa dos assassinatos de travestis e transexuais no Brasil em 2017*. São Paulo: Antra, 2018.

BENEVIDES, Bruna G. & NOGUEIRA, Sayonara Naider Bonfim (org.). *Dossiê: assassinatos e violência contra travestis e transexuais brasileiras em 2018*. São Paulo: Distrito Drag/Antra/IBTE, 2019.

BENEVIDES, Bruna G. & NOGUEIRA, Sayonara Naider Bonfim (org.). *Dossiê dos assassinatos e da violência contra travestis e transexuais brasileiras em 2019*. São Paulo: Expressão Popular/Antra/IBTE, 2020.

BENEVIDES, Bruna G. & NOGUEIRA, Sayonara Naider Bonfim (org.). *Dossiê dos assassinatos e da violência contra travestis e transexuais brasileiras em 2020*. São Paulo: Expressão Popular/Antra/IBTE, 2021.

BENTO, Berenice. *A reinvenção do corpo: sexualidade e gênero na experiência transexual*. Rio de Janeiro: Garamond, 2018.

BERTH, Joice. *Empoderamento*. São Paulo: Pólen, 2019.

BUTLER, Judith. "Desdiagnosticando o gênero". Trad. André Rios. *Physis — Revista de Saúde Coletiva*, v. 1, n. 19, 2009.

BUTLER, Judith. *Problemas de gênero: feminismo e subversão da identidade*. Trad. Renato Aguiar. 16 ed. Rio de Janeiro: Civilização Brasileira, 2015.

CARDOSO, Ciro Flamarion & VAINFAS, Ronaldo (org.). *Novos domínios da história*. Rio de Janeiro: Elsevier, 2012.

CASTRO, Edna (org.). *Cidades na floresta*. São Paulo: Annablume, 2008.

CONNELL, Raewyn. *Gênero em termos reais*. Trad. Marília Moschkovich. São Paulo: nVersos, 2016.

COSTA, Cléria Botelho da. "Contar histórias: uma forma de reconhecimento do outro". *Fênix — Revista de História e Estudos Culturais*, v. 11, n. 2, 2014.

JESUS, Jaqueline Gomes de. *Orientações sobre identidade de gênero: conceitos e termos — Guia técnico sobre pessoas transexuais, travestis e demais transgêneros, para formadores de opinião*. 2 ed. Brasília, 2012.

MORANDO, Luiz. "Por baixo dos panos: repressão a gays e travestis em Belo Horizonte (1963-1969)". *In*: GREEN, James N. & QUINALHA, Renan (org.) *Ditadura e homossexualidades: repressão, resistência e a busca da verdade*. São Paulo: EdUFSCar, 2014.

MOTT, Luiz. "O imprescindível GGB, Grupo Gay da Bahia". *In*: GREEN, James N.; QUINALHA, Renan; CAETANO, Márcio & FERNANDES, Marisa (org.). *História do Movimento LGBT no Brasil*. São Paulo: Alameda, 2018.

MUNIN, Pietra Mello. *Processo transexualizador: discursos, lutas e memórias — Hospital das Clínicas*. São Paulo: e-Manuscritos, 2019.

PELÚCIO, Larissa. *Abjeção e desejo: uma etnografia travesti sobre o modelo preventivo de aids*. São Paulo: Annablume/Fapesp, 2009.

PESAVENTO, Sandra. "Cidades visíveis, cidades sensíveis, cidades modernas". *Revista Brasileira de História*, v. 27, n. 53, 2007.

POLLAK, Michael. "Memória e identidade social". Trad. Monique Augras. *Estudos Históricos*, v. 5, n. 10, 1992, p. 200-12.

RAGO, Margareth. *A aventura de contar-se: feminismos, escrita de si e invenções da subjetividade*. São Paulo: Editora da Unicamp, 2013.

RIBEIRO, Djamila. *Lugar de fala*. São Paulo: Pólen, 2019.

ROVAI, Marta Gouveia de Oliveira. "Aprendendo a ouvir: a história oral testemunhal contra a indiferença". *História Oral*, v. 16, n. 2, 2013.

ROVAI, Marta Gouveia de Oliveira (org.). *História oral e história das mulheres: rompendo silenciamentos*. São Paulo: Letra e Voz, 2017.

SALIH, Sara. *Judith Butler e a teoria queer*. Trad. Guacira Lopes Louro. Belo Horizonte: Autêntica, 2015.

SAMPAIO, Patrícia Melo (org.). *O fim do silêncio: presença negra na Amazônia*. Belém: Ed. Açaí/CNPq, 2011.

SCHOR, Tatiana & OLIVEIRA, José Aldemir de. "Reflexões metodológicas sobre o Estudo da Rede Urbana no Amazonas e perspectivas para análise das cidades na Amazônia Brasileira". *ACTA Geográfica* — Edição especial "Cidades na Amazônia Brasileira", 2011.

SILVA, Lauri Miranda & SCHMIDT, Benito Bisso. "Francinny, Úrsula e Welly: mulheres trans-negras universitárias em Rondônia — experiências de opressão e resistência". *In*: BRANCHER, Vantoir Roberto; COLLING, Ana Maria & PORTO, Eliane Quincozes (org.). *Caminhos possíveis à inclusão v: gêneros (trans)gêneros e educação — Alguns enfrentamentos*. Curitiba: Brazil Publishing, 2020.

SILVA, Patrícia Rodrigues da. *Disputando espaços, construindo sentidos: vivências, trabalho e embates na área da Manaus moderna (Manaus/AM, 1967-2010)*. Manaus: EDUA, 2016.

TEDESCHI, Losandro Antônio. *Alguns apontamentos sobre história oral, gênero e história das mulheres*. Dourados: UFGD, 2014.

3

Fronteiras
temáticas

Jean Tiago Baptista
Doutor em história pelo Institute for Gender, Sexuality and Feminist Studies da McGill University, Canadá, mesma instituição em que realizou pesquisa de pós-doutorado e onde também foi professor visitante e bolsista Muriel Gold. Mestre, licenciado e bacharel em história pela Pontifícia Universidade Católica do Rio Grande do Sul (PUC-RS). É líder do grupo de pesquisa Museologia e Sexualidade (MusaSex/CNPq) e docente no bacharelado em museologia da Universidade Federal de Sergipe (UFS) e do Programa de Pós-Graduação em Museologia da Universidade Lusófona de Humanidades e Tecnologias (UHLT, Lisboa).

Tony Boita
Bacharel em museologia, especialista em gestão cultural, mestre em antropologia social e doutor em comunicação pela Universidade Federal de Goiás (UFG). É museólogo, pesquisador do grupo de pesquisa Museologia e Sexualidade (MusaSex/CNPq), articulador da Rede LGBT+ de Memória e Museologia Social e editor-chefe da revista *Memórias LGBT+*.

Por uma história *queerindígena*: uma retomada transespécie

Jean Tiago Baptista
Tony Boita

Uma história indígena *queer*, ou melhor, uma *história queerindígena*, perpassa, antes de tudo, o entendimento daquilo que há de vital no amplo espectro do que academicamente se chama de teoria *queer*: o fato de que o empoderamento de corpos e epistemologias subalternizados pode abrir fronteiras em campos científicos com conteúdo cis e heteronormatizado, tal qual ocorre com a história, de modo geral, e com a história indígena, de modo específico. Nesse sentido, uma história *queerindígena* não é apenas uma fronteira a ser desbravada, mas, sobretudo, uma necessidade a ser suprida.

Tal proposição se fortalece ao entender o arcabouço *queer*, originalmente restrito a gênero e sexualidade, como um campo a interseccionar cor, raça, etnia e classe. Assim se vê em leituras *queer indigenous studies*, *queer of color*, *queer BIPOC (black, indigenous, people of color)*, no caso da América do Norte, e *cuir, cuyr, queerlombo* ou *estudos transviados*, como ocorre na América do Sul, entre outras possibilidades plurais (Roscoe, 1988, 2001; Ferguson, 2003, 2018; Driskill, Finley & Morgensen, 2011; Campuzano, 2013; Trávez, 2014; Trávez, Castellanos & Viteri, 2014; Bento, 2017; Schmidt, 2019; Oliveira, Ribeiro & Pietrantônio, 2021).

Nos caminhos possíveis que se abrem a partir dessas encruzilhadas, pensamos as relações entre teoria *queer* e história indígena. Buscamos, com isso, leituras históricas que desnaturalizam as noções binárias e ficcionais de gênero e sexualidades indígenas, passando a compreendê-las enquanto fruto de relações de poder e construções coloniais, sem, com isso, ignorar que tais noções também foram localmente canibalizadas. A partir disso, reconhecemo-nos enquanto um casal *gay* de *indígenas em retomada*, ao lado de nossas consortes aldeadas, urbanas, exiladas, ressurgidas ou imaginadas, deixando de ser, assim, enunciadas ou silenciadas por outrem.

Como se percebe, uma história *queerindígena* procura pensar um meio de não levar adiante a *história indígena heterocentrada* ou *heteronormatizada*. Essas aplicam noções de gênero e sexualidade ocidentais de modo isonômico aos regimes corporais indígenas, cis-heterossexualizando o passado e o presente de distintos povos de modo compulsório. Não por acaso, são essas também abordagens másculo e etnocentradas, produzidas por sujeitos cis, heterossexuais e brancos que excluem, tanto física quanto epistemologicamente, as transviadas do passado e do presente.

Este capítulo foi produzido a partir do trabalho no projeto Entre o Arco e o Cesto, desenvolvido desde 2018 em colaboração com instituições como Museu das Missões (2018), Institute for Gender, Sexuality and Feminist Studies da McGill University (2019), os programas de pós-graduação em antropologia e em história da Universidade Federal de Goiás (2020-2022), seguido de um período de produção e publicação de artigos na inestimável revista *Estudos Feministas* (2019-2022). Com o objetivo de construir conhecimento sobre a questão indígena *queer*, o projeto desenvolveu-se durante o governo ultraconservador que assolou a pesquisa no Brasil mediante o sufocamento de financiamento e cerceamento intelectual.

Neste momento, vamos falar de invenções de corpos abjetos indígenas no mundo colonial, da chegada das noções psicanalíticas em estudos acadêmicos a partir do início do século XX e da recente invenção das *indígenas transespécies em retomadas*. Nessa trajetória, vamos visualizar um panorama histórico (certamente, resumido) de como os corpos indígenas inseriram-se no mundo contemporâneo. Aqui se apresentam algumas reflexões que não desejam se concluir, bem como se recuperam temas tratados em publicações surgidas ao longo da execução do projeto (Baptista & Boita, 2019; Baptista, Boita & Wichers, 2019, 2022; Baptista, 2021a, 2021b).

A invenção dos corpos abjetos indígenas coloniais

Por volta de 1513, no atual Panamá, o exército do espanhol Vasco Nunes de Balboa queimou cinquenta pessoas indígenas consideradas praticantes de "sodomia", chamadas de "putos" em 1562 pelo cronista Francisco Lópes de Gómara (2003), bem como jogou aos cães outros tantos, fato que gerou célebre gravura de Theodor de Bry (p. 423).

Essa brutal chacina pode ser considerada a primeira das Américas por viés LGBTfóbico, conforme categoria jurídica contemporânea. Além disso, historicamente o evento representa a invenção de uma relação hierárquica assimétrica que marcará a história *queerindígena*, como a gravura de De Bry bem exemplifica: a ocupação das linhas superiores por parte de homens brancos vestidos, armados e atuando de modo brutal em coletivo contra aqueles que se relegam às margens inferiores, desnudos, miseravelmente destroçados e condenadas aos cães em virtude de seus cabelos longos, trajes, trejeitos e práticas sexuais contrárias à masculinidade hegemônica que se impunha. Muito mais do que representar a condenação de "pecadores sodomitas", portanto, a imagem de De Bry demonstra a invenção de corpos abjetos indígenas.

Aqui é preciso entender que a invenção dos corpos abjetos indígenas está vinculada à matriz sexual vigente no Ocidente cristão. Essa matriz é uma instituição política interessada em imprimir os papéis de gênero a serem passados de geração em geração, tendo a masculinidade como referência de colonização que então se globalizava (Butler, 2003, p. 3, 25; Connell, 2005; Rich, 2012, p. 38; Connell & Messerschmidt, 2013). Aos sujeitos dissidentes dessa matriz, como aqueles com performances e corporalidades mais distantes do paradigma a cada marcador que possuíam (como práticas sexuais, cor/raça e etnia), restava a *abjeção* — ou seja, a inserção no conjunto dos *corpos que não importam*, aqueles puníveis, desmoralizáveis e passíveis de extermínio (Butler, 1993, p. 9-10; Butler, 2003, p. 25-7 e 195-201).

A abjeção atingia todos os segmentos indígenas nos primórdios da invasão europeia na América, mas isso não é o mesmo que dizer que os indígenas eram meros receptores de mais essa força colonial. De fato, para aqueles sexualmente dissidentes surgia uma "margem de manobra" (Garcia, 2013, p. 92), aquilo que hoje chamaríamos de *heterossexualização compulsória*. Além disso, tal qual ocorria em outros aspectos, a adesão ou não à matriz sexual cristã ocidental por parte dos indígenas integrou um conjunto de "ponderações sobre vantagens e desvantagens de negociar" com sacerdotes ou outras forças coloniais (Martins, 2018).

A tentativa de expansão da matriz sexual ocidental encontrou um profundo contraste no mundo ameríndio. Até então havia no continente relações patriarcais e matriarcais que não conheciam a centralidade do homem enquanto dono de todos os corpos, seres e coisas ao seu redor, tal qual o era no Ocidente, importando muito mais os regimes corporais do que os órgãos físicos para se definir qualquer papel social (Lugones, 2008; Almeida, 2010; Segato, 2012; McCallum, 2013; Belaunde, 2015). Por outro lado, é preciso entender que cultura e identidade indígenas também são fenômenos históricos, ao que se vê os povos viverem as "novas realidades através da negociação de valores, tradução cultural e da reelaboração", tal qual aponta Daiara Sampaio Tukano (2018, p. 49). De fato, atraído pelas diferenças (Krenak, 2019) ou praticante de uma "abertura ao Outro" (Lévi-Strauss, 1993, p. 14), o pensamento ameríndio não opõe modernidade e tradição, uma vez que é dado a inovação, intercâmbio e criatividade (McCallum, 2013). Em virtude disso, os povos indígenas não podem ser vistos apenas como receptores da matriz sexual ocidental, mas, sim, como *predadores* dessa mesma.

Entendendo a "historiografia transgressora" como "uma importante via para a desconstrução da cisnormatividade e da heterossexualidade", ao modo de Caio Tedesco (2022), o estudo da genealogia dos corpos abjetos indígenas acaba por historicizar pessoas atualmente conhecidas: os homens violentos donos de tudo e todos, as mulheres submissas e subalternas, os outros e as outras subalternizados por não exercerem o papel atribuído à genitália — os *machos*, as *fêmeas*, as *bichas*, as *machorras*, os *invertidos*, os *timbiras*, os *putos*, entre outras denominações que hoje usamos de modo afirmativo, mas que em sua origem serviram para nos detrair. Junto a isso, estudam-se o nascimento de novas palavras indígenas, ou sua ressignificação, o abandono de determinadas performances ou até mesmo o surgimento de tabus ou valores morais. E, talvez, algo que fale sobre você.

Theodor de Bry, "Balboa lança aos cães vários indígenas culpados do temível pecado da sodomia" (1594).
University of Houston, Digital Collection, domínio público.

A invenção dos corpos abjetos indígenas no Brasil colonial

Em 1587, ver os Tupinambá "mui affeiçoados ao peccado nefando" causava horror ao senhor de engenho Gabriel Soares de Souza (1851, p. 316). Esse recuado registro soma-se a documentos dos séculos XV, XVI, XVII e XVIII para atestar a existência de determinadas práticas indígenas que, ao longo da colonização, passaram de fenômeno comum a casos duramente perseguidos, até se tornarem raros. Esse arco foi possível não apenas mediante os esforços dos invasores europeus, mas também em virtude da canibalização das categorias de gênero e sexo cristão por parte dos povos indígenas.

Um episódio ilustra o que acima se afirma: na ilha de São Luís do Maranhão, por volta de 1614, conforme registro do padre Ivo D'evreux, viviam sujeitos tupinambá com corporalidades que causavam estranheza aos europeus, tal qual um "hermafrodita" casado e com filhos, temido e respeitado pela comunidade, "no exterior mais homem do que mulher", com "face e voz de mulher, cabellos finos, flexiveis e compridos" (D'evreux, 1874, p. 90). Aos olhos do padre, o "pecado" de tal sujeito não residia em suas práticas sexuais, já que mantinha uma união com uma pessoa colonialmente reconhecida como mulher, mas, sim, em sua performatividade. D'evreux fala ainda sobre outros "similhantes", um deles "caçado" em 1614 quando se decide "limpar" a ilha "de suas impurezas" (D'evreux, 1874, p. 230). Tão logo o encontram e o aprisionam, condenam-no à pena capital sem julgamento, não sem antes o batizar e o prender à boca de um canhão. O que se segue é um registro poderoso sobre como se produzia a abjeção de corpos indígenas, bem como o modo como os demais homens indígenas associavam-se à produção.

Perante todos, uma das lideranças tupinambá, Karuatapiran, discursa com "gestos e palavras" cheios de "grande contentamento", do mesmo modo como teria feito com cativos em rituais antropofágicos, conforme notou D'evreux (1874, p. 233). Em seu discurso pré-execução, Karuatapiran deixa evidente que a vítima bem poderia partir deste mundo para viver com deus com seus cabelos longos e suas roupas, mas que ali tal corporalidade já não mais seria viável: "si quizeres ter no Ceo os cabellos compridos e o corpo de mulheres antes do que o de um homem, pede a Tupan, que te dê o corpo de mulher e ressucitarás de mulher, e lá no Ceo ficarás ao lado das mulheres e não dos homens" (D'evreux, 1874, p. 231-2). Em seguida, ainda perante toda a comunidade, Karuatapiran acendeu o canhão que, tão logo estoura, despedaça o corpo da vítima — um pedaço indo ao chão, outro a se perder no mar. Após o ocorrido, Karuatapiran teria passado a percorrer as aldeias vizinhas "asseverando ser irmão dos francezes, seu defensor e exterminador dos maus e dos rebeldes" (D'evreux, 1874, p. 233-4).

De tal assassinato, é possível tecer algumas considerações.

Em primeiro lugar, esse episódio indica que a adesão a uma performatividade própria da masculinidade ocidental tornava-se uma importante moeda de troca entre indígenas e invasores. De fato, Karuatapiran alia-se aos franceses ao assumir que aquele tipo de sujeito era também seu inimigo, selando, assim, um pacto por meio da abjeção. Está, assim, aderindo a uma proposta de masculinidade colonial ao mesmo tempo que se produz como *homem indígena colonial*, categoria também a nascer. Não é, contudo, uma relação de troca simétrica, pelo contrário: para seguirem sendo lideranças e "amigos" das forças invasoras, os recém-inventados homens indígenas coloniais precisam aderir às novas performances, sem opção de discórdia caso desejem continuar distantes das bocas dos canhões.

Em seguida, percebe-se que o assassinato em praça pública de pessoa tupinambá marca o nascimento de corpos abjetos indígenas naquele território. Corpos que outrora eram respeitados e até mesmo desfrutavam de liderança tornavam-se condenáveis mediante novas moralidades e políticas de controle. A existência abjeta, com isso, passava a representar um risco para toda a comunidade. Nessa forja, tonava-se urgente exterminá-los de um modo que nada mais restasse a não ser exemplares pedaços.

Nota-se, também, que os sujeitos indígenas passam a estabelecer novas hierarquizações entre si. Se por um lado a vítima até então era temida, desde aquele momento passa, por sua performatividade, a desfrutar de uma subalternidade perante outros sujeitos como Karuatapiran. As noções de masculinidades hegemônicas ocidentais produziam novas diferenças e hierarquias entre sujeitos que até então possuíam outros polos, produzindo, com isso, homens que são mais homens que outros homens em virtude de seus trajes, cabelos, posturas, práticas e vozes. As novas hierarquias não cessam por aí: cabe observar que Karuatapiran exerce uma masculinidade hegemônica perante a vítima, mas, quando diante de homens brancos, é, de fato, subalternizado. Ser hegemônico perante outros homens, mulheres e crianças indígenas, mas absolutamente subalterno aos brancos, é, ao fim, uma das principais características dos homens indígenas coloniais.

Por fim, quando se analisa a performance e o discurso de execução proferido por Karuatapiran, percebe-se que a corporalidade imposta não está imune ao pensamento ameríndio. Pelo contrário: é notório que a execução está envolta em processos de canibalização em que se fazem presentes relações de predações ameríndias a se reinventar na colônia. A abjeção ocidental invadia o universo ameríndio ao mesmo tempo que era predada por este. A construção dos corpos abjetos coloniais, como se nota, se dá no seio da relação entre indígenas e invasores.

A invenção dos corpos abjetos indígenas nas Missões Jesuíticas

Vimos que no Panamá de 1513 e na ilha de São Luís do Maranhão de 1614 os europeus deram mostras de suas intenções em relação aos "sodomitas" ou "nefandos", para usar os adjetivos recorrentes daqueles primeiros séculos da invasão. Em boa parte das vezes, as práticas sexuais indígenas seriam usadas tanto para dar razões à *Guerra Justa*, alcunha dada por parte dos espanhóis às campanhas militares genocidas, quanto para a implantação das missões religiosas. Ambas as estratégias serviriam à construção de um imaginário fóbico à diversidade sexual própria da América.

Onde hoje se encontram os estados sulinos do Brasil, norte da Argentina e considerável área do Paraguai, existiram nos séculos XVII e XVIII mais de trinta missões jesuíticas habitadas por indígenas guarani, charrua, minuano, jê, entre outros, muito embora o empreendimento tenha se tornado conhecido como *Missões dos Guaranis*. Alguns desses povoados superaram a marca de vinte mil habitantes, em boa parte ascendentes das populações atuais desses territórios, tanto indígenas quanto pertencentes às identidades nacionais dali nascidas.

426

Um dos caminhos para identificar a produção de corpos abjetos missionais se dá mediante o estudo dos processos de tradução. Por meio de "aventuras semânticas", tal qual denominou o antropólogo Bartomeu Melià (1988, p. 17-29), a língua guarani, então praticada pela maioria da população colonial do território em questão, foi colonizada a partir da criação de neologismos ou de ressignificações. O compromisso das traduções operadas por padres e indígenas tradutores, em boa parte responsáveis pela geração de uma língua guarani colonial, não era com a preservação dos significados originais, tal qual veríamos em um esforço de tradução contemporâneo, mas, sim, com o sucesso do projeto de colonização. Entre outros efeitos, os missionais acabavam por produzir corpos abjetos ao colonizar verbetes indígenas.

Na primeira metade do século XVII, um jesuíta peruano chamado Ruiz de Montoya traduziu verbetes do Guarani para o espanhol, como o fez com *abacuña ecó*. Se levarmos em consideração o Guarani clássico, a palavra poderia ser traduzida literalmente como "homem" (*avá*), "mulher" (*kuña*) e "modos" (*ekó*), algo como *pessoa com modos de ser de homem-mulher* ou *homem com modos de mulher*. Ruiz de Montoya, contudo, traduziu o verbete simplesmente por "afeminado", imprimindo-lhe uma carga abjeta até então ausente no significado original (Ruiz de Montoya, 1876, p. 36; Chamorro, 2009, p. 238; Baptista, 2021a, 2021b).

Esse mesmo movimento colonizador se nota em relação ao verbete *tévira*. O termo se refere ao ânus (*tévi*) e a homens que praticam relações sexuais anais com outros homens (*tévira*). Nas mãos de Ruiz de Montoya, contudo, o verbete traduzido recebe significância carregada de abjeção: *sodomita* ou *nefando* (Ruiz de Montoya , 1876, p. 36; Baptista, 2021a, 2021b). O verbete tupi equivalente na América portuguesa, *tibira*, também sofreu a mesma tradução abjeta (Mott, 1994; Vainfas, 2006, p. 145, 275).

Aqui uma observação importante: não há como saber se *abacuña ecó, tibira* ou *tévira*, bem como qualquer outro verbete coletado pelos colonizadores, denominavam pessoas a partir de uma semântica identitária indígena desde a pré-invasão europeia. Isso quer dizer que traduzir *tévira* ou qualquer outro desses verbetes para *homossexual*, como eventualmente se encontram em estudos antropológicos e até mesmo históricos, implica dois problemas próprios aos profissionais da história: o primeiro, uma dimensão anacrônica, uma vez que *homossexualidade indígena* seria uma categoria a surgir somente no século XX, como se verá; em seguida, um problema da conjectura, uma vez que não sabemos se tais verbetes já não eram fruto do processo colonial, sendo, com isso, parte dos tantos neologismos ou ressignificações que se forjavam às novas moralidades. O fato é que boa parte das práticas sexuais entre os Tupi-Guarani seguem sem que hoje se consiga definir o estatuto moral que desfrutavam antes da invasão europeia. Contudo, pode-se afirmar com segurança que *tévira* passou a ser utilizado de modo pejorativo a partir do período colonial, como bem se vê em seu uso não apenas por colonizadores mas também pelos próprios indígenas quando desejavam insultar ou denunciar algum branco em processos inquisitoriais, como observa exemplarmente Cássio Rocha (2021, p. 364-61).

Ruiz de Montoya também aplica o termo *machorras* para mulheres indígenas dissidentes (Ruiz de Montoya, 1640, p. 356; Chamorro, 2009, p. 238; Baptista, 2021a, 2021b). Ao recorrer a tal tradução, o padre se inspirava no modo como eram denominadas fêmeas másculas ou animais de lida, especialmente vacas estéreis, conforme nos indica o primeiro dicionário colonial e documentos administrativos do período (Baptista, 2021a, 2021b). As descrições jesuíticas aproximam-se daquelas sobre *amazonas* ou pessoas com "cabelos cortados da mesma maneira que os machos", com "esposas" e que "vão à guerra com seus arcos e flechas", tal qual fala em terras tupinambá em 1576 o padre Gândavo (2008, p. 137). Essas pessoas guerreiras eram bem-vindas pelos padres em épocas de conflito, quando "esqueciam-se de que eram mulheres" (Boroa, 1929, p. 602-3), mas durante o restante do tempo eram motivo de preocupação: "ao prudente Confessor se deixa o exame de Mulheres acerca dos tratos impudicos entre si, que se deixam por não abrir os olhos, ao que os têm fechados" (Ruiz de Montoya, 1876, p. 298).

À medida que os missionários contatavam outros grupos, percebiam que havia entre eles uma diversidade de performances. Quando entre os Guaiaqui, por exemplo, os padres falam de "alguns dos homens que andam como mulheres" (Baptista, 2015, p. 121), algo não muito diferente daquela que séculos depois seria chamada de "pederasta" pelo antropólogo Pierre Clastres (1978, p. 74-7), como se tratará mais adiante.

Produzir corpos abjetos implicava criar sistemas punitivos para os abarcar. De Ruiz de Montoya até o surgimento do primeiro ato punitivo aos sujeitos dissidentes, passaram-se décadas para se realizar uma execução pública nas missões. Esse longo período indica que foi necessário um extenso trabalho jesuítico e de seus adeptos para tornar a carga abjeta em uma política de controle social viável nas missões. Da segunda metade do século XVII em diante, por meio de severos sermões, procissões com castigos espetaculares e a criação de um sistema que só possuiria castigos mais severos para homicidas (Ramos, 2016, p. 184-5), as missões jesuíticas passaram a combater os dissidentes sexuais perante uma guinada violenta. Um episódio missional é fundante: em 1661, três rapazes são flagrados envoltos em "práticas nefandas" e, tão logo atados, são postos em procissão por diversas missões com um pregoeiro anunciando seus delitos enquanto são açoitados, para, ao fim, verem animais vivos jogados em uma grande fogueira de modo a ilustrar as penas infernais. Os resultados de tal procissão são registrados pelo jesuíta Simón Ojeda como um grande sucesso, em especial por pais e homens não aparentados terem passado a açoitar outros homens que fossem praticantes de tais atos (Ojeda, 1970, p. 192-3; Baptista, 2021a).

O ingresso da condenação da sodomia na catequese encontra amparo no *Reglamento General de las Doctrinas*, importante documento jurídico-administrativo difundido nas missões desde 1689. Neste se recomenda aos padres que tratem do "pecado nefando" nas confissões e sermões públicos, bem como que se punam seus praticantes por três meses de encarceramento acompanhado de restrição alimentar e chibatadas diárias (Donvidas, 1913, p. 597-8).

Mediante tamanho cerco, não poucos desses indígenas tornados abjetos passaram a assumir compulsoriamente uma performance colonial, ou seja, casaram-se com pessoas do sexo biológico oposto de modo a se proteger de castigos e humilhações. Assim se deu com certo "moço ladino metido até as sobrancelhas nos abomináveis e nefandos vícios": após ouvir um "sermão sobre o detestável vício de Sodoma", confessou-se "com muitas lágrimas e arrependimentos", terminando por se casar até que "nunca mais se escutou que tivesse voltado a tal vício" (Ojeda, 1970, p. 198).

A invenção da sexualidade indígena no século XX

Os cronistas dos séculos XVI, XVII e XVIII jamais esconderam seu interesse pelas práticas sexuais indígenas. Contudo, dedicaram-se a pensá-las a partir do prisma da leitura cristã, preocupados, sobretudo, em mapear os "pecados" dos povos ameríndios. Já nos séculos XVIII e XIX, os povos indígenas ganharam um tratamento puritano e generificado, quando não assexual ou platônico, como se vê em Peri e Iracema, para citar duas representações do *bom selvagem* no Romantismo. Os corpos indígenas eram, assim, exclusivamente lidos pelos não indígenas.

Não foi muito diferente com a invenção da *sexualidade indígena* — na qualidade de categoria analítica —, nascida no início do século XX em âmbito acadêmico, em especial mediante o avanço da psicanálise. Contraditoriamente, no que diz respeito à categoria de *homossexualidade indígena*, essa nasceu a partir de sua negação.

De fato, o esforço dos intelectuais dedicados aos povos indígenas em apagar qualquer vestígio das práticas sexuais por eles consideradas imorais levou à construção de um antiobjeto de pesquisa, o dos *indígenas heterocentrados* ou *heteronormatizados* (Baptista, 2021a, 2021b). Nesse sistema de representação, profissionais da história, antropologia, museologia, arqueologia e literatura trataram de reduzir ou apagar qualquer dissidência sexual indígena em uma dura concepção de gênero binário em que masculino e feminino são tratados de modo isonômico aos modelos ocidentais conservadores: aos homens, os arcos, as matas, as caças e suas aventuras; às mulheres, os cestos, os cuidados com as crianças e o universo doméstico — entre o arco e o cesto, portanto, nada mais estaria a fluir ou a se deslocar, como que em uma "cegueira ontológica", como bem classifica Estevão Fernandes (2015, p. 277).

Até o momento, esta pesquisa localizou em Curt Nimuendaju o primeiro registro referente à invenção (e negação) da homossexualidade indígena e, por conseguinte, da forja do antiobjeto dos *indígenas heteronormatizados*. Em *As lendas de criação e destruição do mundo como fundamentos da religião dos Apapocúva-Guarani*, de 1914, Nimuendaju anota um precioso relato Apapokuva sobre cópula entre os másculos sol e a lua, ainda que o minimize em sua introdução "por pouco que seja, quero acrescentar aqui o que mais aprendi sobre o sol e a lua", ao que se segue:

430

Eles são considerados irmãos [...]. Durante a noite a lua, movida por impulsos homossexuais, chega-se ao leito do irmão, que entretanto não consegue identificá-lo. Na noite seguinte, o sol prepara uma cabaça com tinta negro-azulada de jenipapo, que respinga no rosto do visitante misterioso. No dia seguinte, reconhece nele seu irmão mais moço. Nanderuvuçú, então, coloca ambos no céu: o sol, o mais velho, como astro noturno; a lua, o irmão mais novo, como astro diurno. A lua queimou a terra por se revelar demasiado quente; por isso o sol foi posto em seu lugar, e a lua banida para a noite. Ela tem vergonha de seu irmão mais velho, a quem não ousa mostrar o rosto redondo e manchado de jenipapo. (Nimuendaju, 1987, p. 66)

Não temos como saber quais foram as palavras utilizadas pelos Apapokuva que lhe relataram o mito, porém nota-se que o etnólogo recorreu a uma tradução compatível a "impulsos homossexuais" que resultam em uma prática vergonhosa. Em outro texto, *The Eastern Timbira*, sobre os Canela, Nimuendaju assegura a ausência de "excessos homossexuais" e garante que as "perversões" são extremamente raras, listando lado a lado homossexualidade, masturbação, incesto e zoofilia (Nimuendaju, 1946, p. 106, 122). Quando a realidade se impõe e o alemão encontra uma pessoa canela com "uma voz aguda em falsete e um porte mais feminino do que muitas garotas", corre para assegurar que jamais se teve notícias de que "o rapaz" estivesse "a se entregar a práticas homossexuais" (Nimuendaju, 1946, p. 122). Há, como se percebe, uma tese a acompanhar o etnólogo quando em campo: a homossexualidade é uma "perversão" vergonhosa e está ausente entre indígenas, ainda que, contraditoriamente, seja possível identificá-la por todos os lados, nos mitos e no cotidiano, por exemplo.

Em *Casa-grande & senzala*, de 1933, Gilberto Freyre abriu caminho para conceitos psicanalíticos ao introduzir a bissexualidade como pilar da formação cultural brasileira. Freyre assegura que entre "o homem efeminado" e o "invertido sexual" indígena, por ele considerado "comum" às várias "tribos brasílicas", encontravam-se os pajés, "uns efeminados pela idade avançada", "outros, talvez por perversão congênita ou adquirida", "bissexuais" ou "bissexualizados" (Freyre, 2003, p. 92-3). O intelectual chega a sugerir, sem demonstrar qualquer evidência, que tais pajés bissexuais tiravam vantagens sexuais pelos ritos, como os tabus da couvade, uma vez que esses privavam os demais homens do convívio com as mulheres, mas não de tais "invertidos" (Freyre, 2003, p. 92-3).

Ainda, Freyre insere-se em um debate que aos olhos de hoje pode até parecer anedótico, mas que na primeira metade do século XX era assunto sério na academia: a verificação da hipótese que apregoava ser a falta de mulheres a causa da homossexualidade indígena. "A verdade", afirma Freyre (2003, p. 93), "é que entre os ameríndios se praticava a pederastia sem ser por escassez ou privação de mulher". Ao que alguns anos depois Florestan Fernandes procura refutar: "Parece-me que as práticas sodomíticas dos Tupinambá devem ser encaradas em termos dessas dificuldades na obtenção de parceiras sexuais" (Fernandes, 1963, p. 159-61).

A representação dos *indígenas heteronormatizados* ganharia um debate apurado em mais de uma nota ou página mediante o surgimento de um texto fundamental para o estudo da genealogia da homossexualidade indígena, "O arco e o cesto", do antropólogo Pierre Clastres. Ao abordar Krembégi, pessoa guaiaqui, Clastres não reluta por tratá-lo como "verdadeiro sodomita", "pederasta", "invertido", praticante de "jogos eróticos" de "libertinagem" que "vivia como as mulheres" (Clastres, 1978, p. 74-7) — ou seja, apesar de ter escrito seus estudos na década de 1970, o francês se vale de um vocabulário colonial preso ao esforço de igualar corporalidades indígenas a percepções de gênero e sexualidade ocidentais.

Em outra mão, a antropologia brasileira investiu no tema particularmente a partir dos estudos de Luiz Mott, sobretudo desde a palestra (e texto resultante) "Etno-história da homossexualidade na América Latina", original de 1994. A tese central desta (e de suas versões derivadas) é que seria possível evidenciar por meio de uma sucessão de fontes documentais que a homossexualidade é parte integrante das culturas ameríndias — ou seja, ela está em um fundo comum à humanidade, não sendo, portanto, justificável qualquer discriminação aos homossexuais contemporâneos. Em muito impactado por Mott, após os anos 1990 a antropologia no Brasil passou a se interessar pela categoria de sexualidade, mas seria a heterossexualidade que seguiria como foco central quando sobre indígenas (McCalumm, 2013; Belaunde, 2015).

É também no início dos anos 1990 que a historiografia enfim se interessa pelo tema da *sexualidade indígena*. Dentro dos amplos estudos de demonologia, em especial aqueles relacionados a processos inquisitoriais, é na tese de 1988 e em publicações de Ronaldo Vainfas (2006; 2007) que se percebe o uso da categoria *sexualidade* como parte da história das mentalidades. Nesta e em estudos posteriores, em especial quando dedicados aos processos inquisitoriais, há um afinamento da noção de sexualidade, sobretudo em virtude dos impactos causados pela *História da sexualidade*, de Foucault (1999). Desse ponto em diante, fala-se com muita naturalidade sobre *sexualidade*, *bissexualidade*, *homossexualidade* e *heterossexualidade indígena*.

Indígenas transespécies em retomadas

As categorias acadêmicas oriundas da psicanálise aplicadas aos povos indígenas entrariam em crise mediante o surgimento de estudos que apontavam incongruências, anacronismos e continuidade de processos imperialistas em tal operação, configurando-se, enfim, em mais uma forma de "violência epistêmica" (Spivak, 1985, p. 247, 251, 255; 2014, p. 63, 69, 112-3).

Nos primeiros anos do século XXI, estudos antropológicos, sobretudo desde Marilyn Strathern (2006), demonstraram que os povos não europeus possuíam as próprias categorias para falar de gênero e sexo, enquanto estudos históricos, como se vê em Fernanda Molina (2012), passaram a indicar que o caminho mais seguro para evitar anacronismos sobre práticas sexuais indígenas seria o uso de termos das próprias fontes. Essas movimentações não surgiam de modo gratuito, mas, sim, em virtude da entrada das próprias pessoas indígenas no debate. O passo precursor foi dado pelas pesquisas do historiador indígena Will Roscoe (1988; 1991), sobretudo quando o que até então se chamava *berdache* passaria a ser tratado a partir de categorias dos povos nativos da América do Norte — na falta de um termo geral, chegou-se a criar um, *Two Spirits*. De lá para cá, diversas autorias indígenas passaram a recuperar uma enormidade de verbetes que designam sujeitos dissidentes nas mais diversas culturas, tal qual *epupillan*, termo williche para *dois espíritos* (Catrileo, 2020). Solidifica-se, assim, o campo *queer indigenous studies*, que, aliado à abordagem *queer of color*, alveja o racismo estrutural da comunidade LGBTQ+ e a produção acadêmica que ignora epistemologias e autorias BIPOC (*black, indigenous and people of color*).

No Brasil, antropólogos avançaram na relação entre teoria *queer* e povos indígenas, como se vê em importantes exemplos: a tese de Estevão Fernandes (2015), estudo ímpar com metodologia comparativa de documentação colonial e etnológica da América do Sul e do Norte; o artigo de Diógenes Cariaga (2015), no qual se problematiza a singularidade dos corpos indígenas mediante os desafios no contemporâneo; o artigo de Diego Madi Dias (2018), ao que se promove o diálogo entre a abordagem *queer* e um grande tema antropológico, o parentesco, então cunhado de modo inovador e em diálogo com Berenice Bento (2017) de "parentesco transviado"; a dissertação de Neimar Kiga (2021), pertencente ao povo Boe e possivelmente o primeiro indígena que se reconhece gay em uma pós-graduação brasileira, então a apresentar da introdução à conclusão conteúdos fundamentais para os estudos *queer* indígena.

Como se percebe, a abordagem *queer*, em especial por sua dimensão de empoderamento de pessoas subalternizadas, colabora para uma "decolonização" e "saída do armário do corpo nativo", como elucubra Chris Finley (2011). Mas, ao contrário do que ocorreu quando em mãos de cronistas coloniais ou acadêmicos do século XX, essa nova etapa se dá sobretudo fora dos muros da academia. Assim se vê nos movimentos sociais da América do Norte, onde a categoria *Two Spirits* tornou-se parte integrante do movimento LGBTQ+ (incluindo-se no acrônimo o número dois), como também nos da América do Sul, tal se nota na ONG paraguaia SOMOSGay, inundada de referenciais imagéticas e discursivas indígenas, como quando declara estar em busca de uma *Terra Sem Males* — "onde não haja ninguém que oprima a alguém" (SOMOSGay, 2017).

É justamente nesse processo de ruptura que surgem as *indígenas transespécies em retomadas*, como denominamos para fins pedagógicos certa performance *queer* contemporânea que bem ilustra a história que se está a construir, sobretudo a partir de três características básicas:

1) Um diálogo entre a epistemologia trans e a indígena, como ocorre quando se relacionam os conceitos de "transespécie", proposto por Ian Habib (2021, p. 24-5), e conceitos antropológicos como "perspectivismo ameríndio", elaborado por Eduardo Viveiros de Castro (1996, 2002). O primeiro a nos indicar um "movimento de transformação corporal além-espécie", uma "transmetamorfose" para "outres corpes" localizados "além da unidade organizacional

da espécie", rompendo, com isso, "os limites do humano", "do sexo e do gênero", "da natureza e da cultura" e até mesmo do tempo; o segundo, a reconhecer a existência de outras classes de pessoas com perspectivas próprias (como deuses, animais, plantas, seres espirituais e até mesmo objetos), demonstrando, com isso, que o pensamento ameríndio não está preso à noção binária de natureza e cultura ocidental, mas, sim, a uma cosmologia integrativa.

2) Ao recorrer à epistemologia indígena, utiliza-se o conceito de "retomada", termo que se opõe ao de "invasão de terras" desde fins dos anos 1970 (Lacerda, 2021), remetendo à recuperação de uma identidade étnica mediante a superação da "síndrome de despertencimento tribal", "apagamento de memórias originárias" e "negação da identidade indígena", fenômeno comum ao Brasil (Sampaio Tukano, 2018, p. 32) — ou seja, ao se partir em retomada da identidade étnica, passa-se a ver o ressurgimento de sujeitos, famílias, comunidades ou até mesmo etnias indígenas onde até então só se viam *mestiços, caboclos, periféricos, favelados*, entre outras formas de exílio indígena (Potiguara, 2004; Munduruku, 2010, p. 67).

3) A ideia de uma retomada identitária associa-se à compreensão de que indígenas vivem a história, não sendo, portanto, presos à uma tradição imutável. Isso quer dizer que a alteridade indígena não está em desacordo com a vida em cidades, ao uso de tecnologias, ao exercício dos mais variados ofícios e à identidade de gênero, corporalidade ou orientação sexual que bem se deseja ter. Nesse sentido, a retomada é também daquelas corporalidades que no passado colonial foram transformadas em abjetas, para agora, ao contrário, serem utilizadas em performances afirmativas.

As *indígenas transespécies em retomada* são, nessa primeira medida, a reapropriação de corpos até então exilados de suas próprias identidades e performances, seja por sua abjeção histórica, seja por seu apagamento estatal. Trata-se de uma estratégia eficaz de destruição do antiobjeto de pesquisa dos *indígenas heteronormatizados* e de seus efeitos diretos e indiretos na memória e sociedade contemporânea. Nesse sentido, a proposta de uma história *queerindígena* ganha contornos espirituais, nos quais seres vivos compartilham visões de mundo, relegando à abordagem um forte apelo ambiental. Isso afeta desde o uso de maquiagens orgânicas e figurinos recicláveis (sem que com isso se perca o fator metamorfo), no caso das performances, quanto uma leitura do passado crítica ao processo colonizador em que alguns seres são considerados mais humanos que outros — dotados de corpos que importam ou não importam —, no caso da historiografia.

Se olharmos a América do alto, encontraremos diversas *indígenas em retomada*: no Peru, as primeiras desde 2003, nascidas no Museu Travesti, espaço que "translada estrategicamente ao andrógeno indígena-travesti mestiço a um centro simbólico e por meio dele relê a história", conforme pessoa que tanta falta faz, a travesti Giuseppe Campuzano (Campuzano, 2013, p. 91; Boita, 2020, p. 106); na Amazônia, em performances do artista Emerson Munduruku, em que seres da natureza denunciam a devastação ambiental por meio da drag Uýra Sodoma; no Canadá, nas pinturas e performances de Miss Chief, alter ego de Kent Monkman, a reescrever a história canadense (Monkman, 2020; Roca, 2022); entre tantas outras, nossos próprios, vítimas de discriminação desde o seio de nossas famílias indígenas, algo a se repetir ao longo da formação escolar, acadêmica e do ingresso no mercado de trabalho enquanto cientistas, profissionais de museus ou docentes em universidades, sempre precisando demarcar (inclusive entre gays e lésbicas brancos) que nosso corpo deve obediência somente a nós.

Mas não há exemplo melhor de uma *indígena transespécie em retomada* que a pessoa tupinambá morta na boca de um canhão na ilha de São Luís por volta de 1614, em episódio aqui tratado anteriormente. Recentemente, tal personagem foi nomeada como *Tibira*, ainda que nenhum documento histórico lhe atribuísse esse ou qualquer outro nome, bem como foi transformada em monumento (o primeiro às vítimas da LGBT-fobia no Brasil), em versos de cordel e ganhou até mesmo um apelo para sua canonização por parte do movimento pró-direitos civis, como se vê em Mott (2013) e Silva (2014). Quando em mãos indígenas, Tibira assumiu contornos ancestrais e tornou-se referência discursiva identitária, como ocorre no delicado e potente espetáculo teatral redigido pelo potiguara Juão Nyn (2020) e na fundação do primeiro coletivo de estudantes indígenas universitários LGBTQ+ do Brasil, então batizado, justamente, de Tibira.

Como se percebe, ao imaginar Tibira e outras *indígenas transespécies*, retoma-se um passado até então destrutivo, mas que, quando derrotado mediante o empoderamento do corpo ameríndio dissidente, acaba por projetar um futuro libertador — novas páginas da história *queerindígena* estão, assim, sendo escritas em nossas próprias performances.

Considerações finais

Até aqui procuramos demonstrar que os corpos abjetos indígenas são uma invenção colonial, que a *sexualidade indígena* é uma construção acadêmica desde o início do século XX (ocasião em que se forjou o antiobjeto de pesquisa dos *indígenas heteronormatizados*) e que no século XXI a teoria *queer* passou a servir de instrumento para empoderamento e saída do armário dos corpos indígenas na primeira pessoa. A história *queerindígena*, dedicada à desconstrução das categorias coloniais binárias e ao empoderamento indígena dissidente, assim, demonstra-se em constante processo de tessitura. Como bem aponta Souto Maior (2020), a história LGBTQ+ possui suas próprias temporalidades.

Ignorar a existência de sujeitos indígenas *queer* é um desserviço aos povos originários: em primeiro lugar, a Lei 11.645, que versa sobre a obrigatoriedade do ensino de história indígena no Brasil, perde ao não se associar ao combate da LGBTfobia estrutural do país; em seguida, muitos museus costumam representar mulheres indígenas entre cestos e outros utensílios domésticos, bem como homens com lanças, o que implica não apenas uma distorção dos povos originários mas uma reafirmação colonizadora das categorias de gênero ocidentais ultraconservadoras; já o estudo da genealogia dos corpos abjetos coloniais e das sexualidades indígenas dissidentes da matriz sexual contemporânea pode ser compreendido como uma contribuição de profissionais da história ao drama vivenciado por gerações intoxicadas pelo ódio à diversidade sexual — não apenas indígenas, mas a sociedade latino-americana como um todo; por fim, no campo prático das políticas públicas, além de invisibilizar tais sujeitos indígenas dissidentes em uma série de aspectos socioculturais, um exemplo significativo dos estragos que esse antiobjeto causa pode ser visto na confluência dos preconceitos de quem pensa que o HIV/aids afeta somente homossexuais e o de que entre indígenas não existem práticas sexuais dissidentes, fenômeno a resultar na ausência de políticas públicas para combater o avanço do HIV/aids entre indígenas — soma macabra responsável por milhares de mortes entre os povos originários, homossexuais ou não (Ponce, Muñoz & Stival, 2017).

Como se vê, desconstruir o antiobjeto dos *indígenas heteronormatizados* é uma necessidade não apenas da arqueologia, história, sociologia, museologia e antropologia, mas também da pedagogia, saúde, políticas públicas, Justiça, segurança e serviço social, tornando, assim, visível um perfil que por séculos tem sido invisibilizado.

Em famílias indígenas há gerações urbanas e evangelizadas, como as nossas, ou em aldeias remotas, a citar dois polos da identidade ameríndia contemporânea, bem como nas universidades, no meio LGBTQ+, nas instituições públicas e nas ruas, os resultados da invenção dos corpos abjetos indígenas coloniais são notórios e provocam muita dor aos envolvidos. Cabe aos profissionais que fazem história a promoção de reflexões que possibilitem compreender que é justamente na violência contra esses corpos inventados na Colônia que se encontra o ódio à diversidade, algo que, ao fim, intoxica a tudo e todos.

Referências

ALMEIDA, Maria Regina Celestino. *Os índios na história do Brasil.* Rio de Janeiro: Editora FGV, 2010.

BAPTISTA, Jean. *O temporal: dossiê Missões*, v. 1. Brasília/São Miguel das Missões: Instituto Brasileiro de Museus/Museu das Missões, 2015.

BAPTISTA, Jean. "'Machorras' e 'afeminados' indígenas: corpos abjetos nas Missões e Paraguai". *Revista Estudos Feministas*, v. 3, n. 29, 2021a.

BAPTISTA, Jean. "Entre o arco e o cesto: notas *Queer* sobre indígenas heterocentrados nos museus e na Museologia". *Cadernos de Sociomuseologia*, v. 61, n. 17, 2021b.

BAPTISTA, Jean & BOITA, Tony. "Patrimônios indígenas nos 80 anos do Museu das Missões". *Boletim do Museu Paraense Emílio Goeldi*, Belém, v. 14, n. 1, 2019.

BAPTISTA, Jean; BOITA, Tony & WICHERS, Camila. "Mulheres indígenas nas Missões: patrimônio silenciado". *Revista Estudos Feministas*, v. 27, n. 3, 2019.

BAPTISTA, Jean; BOITA, Tony & WICHERS, Camila. "Masculinidades indígenas nas Missões". *Revista Estudos Feministas*, v. 30, n. 3, 2022.

BELAUNDE, Luisa. "O estudo da sexualidade na etnologia". *Cadernos de Campo*, v. 24, n. 24, 2015.

BENTO, Berenice. *Transviad@s: gênero, sexualidade e direitos humanos*. Salvador: Edufba, 2017.

BOITA, Tony. *Museologia LGBT*. Rio de Janeiro: Metanoia, 2020.

BOROA, Diego. "Décima cuarta carta anua en donde se relaciona todo lo acaecido em los años de 1635-1637". *Documentos para la historia argentina*. Buenos Aires: Wentworth Press, 1929.

BUTLER, Judith. *Bodies That Matter: On the Discursive Limits of "Sex"*. Nova York: Routledge, 1993.

BUTLER, Judith. *Problemas de gênero: feminismo e subversão da identidade*. Trad. Renato Aguiar. Rio de Janeiro: Civilização Brasileira, 2003.

CAMPUZANO, Giuseppe. *Saturday Night Thriller*. Lima: Estrudendomudo, 2013.

CATRILEO, Antonio. "Taiñ ngoymanuam / Para no olvidar". *En post(s)*, v. 6, 2020.

CHAMORRO, Graciela. *Decir el cuerpo*. Assunção: Tiempo de Historia, 2009.

CARIAGA, Diógenes. "Gênero e sexualidades indígenas: alguns aspectos das transformações nas relações a partir dos Kaiowa no Mato Grosso do Sul". *Cadernos de Campo*, n. 24, 2015, p. 414-64.

CLASTRES, Pierre. "O arco e o cesto". *In*: CLASTRES, Pierre. *A sociedade contra o Estado: pesquisas de antropologia politica*. Trad. Theo Santiago. Rio de Janeiro: Francisco Alves, 1978, p. 71-89.

CONNELL, Robert. "Globalization, Imperialism, and Masculinities". *In*: KIMMEL, Michael S; HEARN, Jeff & CONNEL, Robert (org.). *Handbook of Studies on Men and Masculinities*. Thousand Oaks: Sage, 2005, p. 71-89.

CONNEL, Robert & MESSERSCHMIDT, James. "Masculinidade hegemônica: repensando o conceito". Trad. Felipe Bruno Martins Fernandes. *Revista Estudos Feministas*, v. 21, n. 1, 2013.

CUNHA, Manuela Carneiro da. "Introdução a uma história indígena". *In*: CUNHA, Manuela Carneiro da (org.). *História dos índios no Brasil*. São Paulo: Companhia das Letras, 1992, p. 9-24.

DE BRY, Theodor. *América (1590-1634)*. Madri: Siruela, 1997.

D'EVREUX, Ivo. *Viagem ao Norte do Brasil feita nos annos de 1613-1614*. Maranhão: Typ. do Frias, 1874.

DIAS, Diego Madi. "O parentesco transviado, exemplo guna (Panamá)". *Sexualidad, Salud y Sociedad — Revista Latinoamericana*, n. 29, 2018, p. 25-51.

DONVIDAS, Tomas. "Reglamento General de Doctrinas enviado por el Provincial P. Tomás Donvidas, y aprobado por el General P. Tirso em 1689". *In*: HERNÁNDEZ, Pablo. *Organización social de las doctrinas guaraníes de la Compañia de Jesús*. Barcelona, 1913, p. 593-9.

DRISKILL, Qwo-Li; FINLEY, Brian Joseph Gilley & MORGENSEN, Scott Lauria. *Queer Indigenous Studies: Critical Interventions in Theory, Politics, and Literature*. Tucson: Arizona Press/University of Arizona, 2011.

FERGUSON, Roderick. *Aberrations in Black. Towards a Queer of Color Critique*. Minneapolis: University of Minnesota Press, 2003.

FERGUSON, Roderick. *Queer of Critical Color*. Oxford: Oxford University Press, 2018.

FERNANDES, Estevão Rafael. *Decolonizando sexualidades*. Tese (Doutorado em Ciências Sociais). Brasília, Distrito Federal: Universidade de Brasília, 2015.

FERNANDES, Florestan. *Organização social dos Tupinambá*. São Paulo: Corpo e Alma do Brasil, 1963.

FINLEY, Chris. "Decolonizing the Queer Native Body (and Recovering the Native Bull Dyke). Bringing 'Sexy Back' and Out of Native Studies' closet". *In*: DRISKILL, Qwo-Li; FINLEY, Brian Joseph Gilley & MORGENSEN, Scott Lauria. *Queer Indigenous Studies: Critical Interventions in Theory, Politics, and Literature*. Tucson: Arizona Press/University of Arizona, 2011, p. 97-111.

FOUCAULT, Michel. *História da sexualidade*, v. 1, *A vontade de saber*. Trad. Maria Thereza da Costa Albuquerque & J. A. Guilhon Albuquerque. Rio de Janeiro: Graal, 1999.

FREYRE, Gilberto. *Casa-grande & senzala*. São Paulo: Global, 2003.

GÂNDAVO, Pero de Magalhães. *Tratado da terra do Brasil*. Brasília: Senado Federal, 2008.

GARCIA, Elisa Frühauf. "Dimensões da liberdade indígena: missões do Paraguai, séculos XVII-XVIII". *Revista Tempo*, v. 19, n. 35, 2013.

HABIB, Ian (org.). *Transespécie /Transjardinagem*. Uberlândia: O Sexo da Palavra, 2021.

KIGA, Neimar Leandro Marido. *Pinturas faciais Boe: máscaras sociais da identidade e alteridade de um povo*. Dissertação (Mestrado em Antropologia). Campo Grande: Universidade Federal do Mato Grosso do Sul, 2021.

KRENAK, Ailton. *Ideias para adiar o fim do mundo*. São Paulo: Companhia das Letras, 2019.

LACERDA, Rosana. "A 'pedagogia retomada'". *Interritórios*, v. 7, n. 13, 2021.

LÉVI-STRAUSS, Claude. *História de Lince*. Trad. Beatriz Perrone-Moisés. São Paulo: Companhia das Letras, 1993.

LÓPES DE GÓMARA, Francisco. *Historia general de las Indias*. Biblioteca Virtual Universal, 2003. Disponível em: biblioteca.org.ar/libros/92761.pdf. Acesso em: 11 dez. 2022.

LUGONES, María. "Colonialidad y género". *Tabula Rasa*, n. 9, 2008.

MARTINS, Maria Cristina Bohn. "Índios independentes, fronteiras coloniais e missões jesuíticas". *Revista Brasileira de História e Ciências Sociais*, v. 10, n. 19, 2018.

MCCALLUM, Cecilia. "Nota sobre as categorias 'gênero' e 'sexualidade' e os povos indígenas". *Cadernos Pagu*, n. 41, 2013.

MELIÀ, Bartomeu. *El guaraní conquistado y reducido*. Assunção: Biblioteca Paraguaya de Antropologia, 1988.

MOLINA, Fernanda. "Más allá de la sodomía". *Revista Sudamerica*, n. 1, 2012.

MONKMAN, Kent. *Honte et Préjugés. Une historie de résilience*. Toronto: Art Museum, 2020.

MOTT, Luiz. "Etno-história da homossexualidade na América Latina". *Seminário--Taller de História de las Mentalidades y los Imaginarios*, 1994.

MOTT, Luiz. *São Tibira do Maranhão (1913-2013), Índio Gay Mártir*. Salvador/São Luiz: Grupo Gay da Bahia/Grupo Gayvota, 2013.

MUNDURUKU, Daniel. *Mundurukando*. São Paulo: Editora do Autor, 2010.

NIMUENDAJU, Curt. *The Eastern Timbira*. Berkeley/Los Angeles: University of California Press, 1946.

NIMUENDAJU, Curt. *As lendas de criação e destruição do mundo como fundamentos da religião dos Apapocúva-Guarani*. Trad. Charlotte Emmerich & Eduardo Viveiros de Castro. São Paulo: Hucitec/Edusp, 1987.

NYN, Juão. *Tybyra: uma tragédia indígena brasileira*. São Paulo: Selo do Burro, 2020.

OJEDA, Simón. "Carta ânua das reduções do Paraná e Uruguai de 1661". *In*: VIANNA, Helio (org.). *Manuscritos da coleção De Angelis*. Rio de Janeiro: Biblioteca Nacional, 1970, p. 176-207.

OLIVEIRA, Gio de; RIBEIRO, Karla & PIETRANTÔNIO, Mayara. "Queerlombos [Edytorial]". *Revista Queerlombos*. n. 1, ed. 1, 2021.

PONCE, Patricia; MUÑOZ, Rubpen & STIVAL, Matías. "Pueblos indígenas, VIH y políticas públicas en Latinoamérica: una exploración en el panorama actual de la prevalencia epidemiológica, la prevención, la atención y el seguimiento oportuno". *Salud Colectiva*, v 13, n. 3, 2017, p. 537-54.

POTIGUARA, Eliane. *Metade cara, metade máscara*. São Paulo: Global, 2004.

RAMOS, Antônio. *Tribunal de género*. São Leopoldo: Oikos, 2016.

RICH, Adrienne. "Heterossexualidade compulsória e existência lésbica". Trad. Carlos Guilherme do Valle. *Bagoas — Estudos Gays: Gêneros e Sexualidades*, v. 4, n. 5, 2012, p. 17-44.

ROCA, Andrea. "'Eu quero o país que não está no retrato': a pintura histórica de Kent Monkman". *Anais do Museu Histórico Nacional*, Rio de Janeiro, v. 56, n. 1, 2022.

ROCHA, Cássio Bruno de Araujo. *Um império transviado em Sodoma: uma genealogia queer da sodomia e do sodomita no Império português (sécs. XVI-XVIII)*. Tese. (Doutorado em História). Belo Horizonte, Universidade Federal de Minas Gerais, 2021.

ROSCOE, Will. *Living the Spirit: A Gay American Indian Anthology*. Nova York: St. Martin's Press, 1988.

ROSCOE, Will. *The Zuni Man-Woman*. Albuquerque: University of New Mexico Press, 1991.

RUIZ DE MONTOYA, Antonio. *Tesoro de la lengua Guarani*. Madri: Iuan Sanches, 1639.

RUIZ DE MONTOYA, Antonio. *Catecismo de la lengua Guarani*. Madri: Diego Diaz de la Carrera, 1640.

RUIZ DE MONTOYA, Antonio. *Vocabulario y tesoro de la lengua Guarani, ó mas bien tupi*. Viena/Paris: Faesy y Frick/Maisonneuve, 1876.

SAMPAIO TUKANO, Daiara Hori Figueroa. *Ukushe kiti niishe. Direito à memória e à verdade na perspectiva da educação cerimonial de quatro mestres indígenas*. Dissertação (Mestrado em Direitos Humanos e Cidadania). Brasília: Universidade de Brasília, 2018.

SCHMIDT, Benito. "Complexificando a interseccionalidade: perspectivas *queer* sobre o mundo do trabalho". *Revista Mundos do Trabalho*, v. 10, n. 19, 2019.

SEGATO, Rita. "Gênero e colonialidade: em busca de chaves de leitura e de um vocabulário estratégico descolonial". *E-Cadernos Ces*, n. 18, 2012.

SILVA, Salete Maria. *Tibira do Maranhão: Santo Mártir homossexual*. Salvador: Grupo Gay da Bahia, 2014.

SOMOSGAY. La comunidad de SOMOSgay festejó 8 años de trabajo hacia la "Tierra Sin Mal", 2017.

SOUTO MAIOR, Paulo R. *A invenção do sair do armário: a confissão das homossexualidades no Brasil*. Tese (Doutorado em História). Florianópolis: Universidade Federal de Santa Catarina, 2019.

SOUZA, Gabriel Soares de. *Tratado descriptivo do Brasil em 1587*. Rio de Janeiro: Typografia Universal de Laemmert, 1851.

SPIVAK, Gayatri Chakravorty. "The Rani of Sirmur: An Essay in Reading the Archives". *History and Theory*, v. 24, n. 3, 1985, p. 247-72.

SPIVAK, Gayatri Chakravorty. *Pode o subalterno falar?* Trad. Sandra Regina Goulart Almeida, Marcos Pereira Feitosa & André Pereira Feitosa. Belo Horizonte: Editora da UFMG, 2014.

STRATHERN, Marilyn. *O gênero da dádiva: problemas com as mulheres e problemas com a sociedade na Melanésia*. Trad. André Villalobos. Campinas: Editora da Unicamp, 2006.

TEDESCO, Caio de Souza. "Por uma historiografia transgressora: problematizando a operação historiográfica no National Museum LGBT History and Culture". *Museologia & Interdisciplinaridade*, v. 21, n. 11, 2022.

TRÁVEZ, Diego Falconí. "De lo queer/cuir/cuy(r) en América Latina: accidentes y malos entendidos en la narrativa de Ena Lucía Portela". *Mitologías Hoy*, n. 10, 2014.

TRÁVEZ, Diego Falconí; CASTELLANOS, Santiago & VITERI, María Amelia (org.). *Resentir lo queer en América Latina: diálogos desde/con el Sur*. Madri: Egales Editorial, 2014.

VAINFAS, Ronaldo. "Inquisição como fábrica de hereges". *In*: VAINFAS, Ronaldo; FEITLER, Bruno & LIMA, Lana (org.). *A Inquisição em xeque*. Rio de Janeiro: EdUERJ, 2006.

VAINFAS, Ronaldo. *Trópico dos pecados*. Rio de Janeiro: Civilização Brasileira, 2007.

VIVEIROS DE CASTRO, Eduardo. "Os pronomes cosmológicos e o perspectivismo ameríndio". *Mana*, v. 2, n. 2, 1996.

VIVEIROS DE CASTRO, Eduardo. *A inconstância da alma selvagem e outros ensaios de antropologia*. São Paulo: Cosac & Naify, 2002.

Tanaíra Silva Sobrinho
Licenciada em geografia pela Universidade Estadual
de Mato Grosso do Sul (UEMS), mestra em antropologia
social pela Universidade Federal de Mato Grosso do Sul
(UFMS). Integrante do Impróprias — Grupo de Pesquisa
em Gênero, Sexualidade e Diferenças (CNPq/UFMS).
Atua como professora na rede pública de ensino.

Tiago Duque
Professor no Programa de Pós-Graduação em educação
no campus Pantanal e na Faculdade de Ciências Humanas
da Universidade Federal de Mato Grosso do Sul (UFMS).
Doutor em ciências sociais pela Universidade Estadual de
Campinas (Unicamp), realizou pesquisa de pós-doutorado
em educação pela Universidade Federal do Rio Grande
do Sul (UFRGS). Líder do Impróprias — Grupo de Pesquisa
em Gênero, Sexualidade e Diferenças (CNPq/UFMS).

"Todo mundo sabe": (in)visibilidade, afetos e desejos dissidentes entre mulheres indígenas em Mato Grosso do Sul

Tanaíra Silva Sobrinho
Tiago Duque

Introdução

> E os romances e casamentos com pessoa do mesmo sexo é desse tipo: é errado [...] é um amor proibido, também causa pecado. "Amor proibido?", pergunto. Isso é quando a gente não pode estar junto com quem se gosta, porque é feio, atrapalha as relações dos nossos parentes; ou a comunidade não aceita. A [Fulana] tem a garota dela e pode estar na comunidade delas porque a família dela tem poder político, aí tudo fica diferente. [...] tem as igrejas agora que aceitam esses romances, esses amores proibidos, mas não acaba os julgamentos. [...] os jovens têm apanhado dos pais porque são gays; se matam, ficam tristes. (Rosa, 2013, p. 82)

O trecho extraído do artigo de Patrícia Carvalho Rosa (2013) permite anunciar o enfoque temático deste capítulo, que visa analisar as experiências das mulheres indígenas sob o ponto de vista dos afetos e desejos dissidentes em Mato Grosso do Sul na contemporaneidade (pesquisa realizada entre 2019 e 2020). Isto é, compreender de que maneira mulheres indígenas lidam com suas experiências afetivo-sexuais com outras mulheres, de acordo com as perspectivas de seu povo e/ou em territórios tradicionais.

A ideia de uma pesquisa que aborda a "lesbianidade" indígena surgiu quando eu, Tanaíra, autora principal deste texto, mulher lésbica e pertencente ao povo Terena, observei certa invisibilidade quanto às questões de LGBT no movimento e em comunidades indígenas. Por isso este texto é escrito em primeira pessoa, para ser fiel às experiências vividas em campo e, ao mesmo tempo, para reconhecer os acontecimentos anteriores que me trouxeram como jovem pesquisadora indígena a analisar esse tema. No entanto, como qualquer trabalho acadêmico de uma pesquisadora em formação, este artigo contou com o investimento e os esforços próprios de um orientador, o coautor, Tiago, que me acompanhou nas análises e no direcionamento em campo, mas também na vida acadêmica para a titulação como mestra em antropologia social na Universidade Federal de Mato Grosso do Sul (UFMS).

Além disso, esta pesquisa também teve origem na percepção da reprodução de discursos revestidos e influenciados pelas moralidades ocidental e cristã, nas quais os indígenas se respaldam quando os assuntos são (nas categorias e classificações dos não indígenas) "homossexualidade", "bissexualidade", "travestilidade", "transexualidade" ou qualquer outra relação, relacionamento e/ou experiência que remeta à sexualidade e ao gênero fora da linha normativa mais hegemônica.

Ressalto aqui que a intenção de análise em relação às experiências afetivo-sexuais das mulheres indígenas não se restringe a apresentar a identidade indígena apenas em um território fixo ou a pensar somente o espaço de aldeamento ou reservas indígenas. Digo isso pois, na atualidade, existe o fluxo intenso de movimentações e deslocamentos da população indígena a outros espaços e contextos, de acordo com suas necessidades, uma vez que a ideia de aldeamento ou de reservas indígenas tem todo o antecedente de confinamento criado pelo Estado (colonial) e uma série de armadilhas e problemáticas enfrentadas e aplicadas a essa população. Uma delas é o pensamento genérico, muito presente em nossa sociedade, que reduz a existência indígena a esses espaços históricos e estrategicamente delimitados.

Como exercício necessário para a fundamentação teórica, foi realizado levantamento bibliográfico e/ou de literatura que dialogava com as temáticas que problematizaram as questões de gênero, sexualidade, etnicidade e suas articulações sob a lógica dos estudos subalternos. Relaciono os estudos subalternos com a teoria *queer*, o feminismo interseccional, os estudos pós-coloniais e decoloniais. O trabalho de campo para este estudo pode ser caracterizado como híbrido, isto é, tanto on-line como off-line, o que permitiu uma interação dos resultados alcançados. Boa parte das primeiras aproximações com a rede de contatos/colaboradores e interlocutoras participantes da pesquisa ocorreu via mídias digitais, para, posteriormente, partir para um possível contato presencial. Além disso, houve a participação em eventos de acadêmicos indígenas[1] e visitas a algumas comunidades tradicionais.

Na primeira parte deste capítulo, apresentarei a (in)visibilidade das sexualidades dissidentes no contexto estudado, assim como características das interlocutoras que nos ajudam a compreender os códigos e os valores que podem explicar o modo como se identificam. Na segunda parte, analiso a ausência de demandas específicas de mulheres indígenas que mantêm relações afetivo-sexuais com outras mulheres no movimento indígena, pensando também a partir do próprio movimento LGBT e das pautas das mulheres lésbicas não indígenas. Por fim, concluo fazendo apontamentos que merecem ser aprofundados em estudos futuros.

A (in)visibilidade das sexualidades dissidentes

Considerando os relatos e as narrativas das interlocutoras, um pequeno grupo formado por quatro mulheres dos povos Terena, Guarani e Kaiowá,[2] com faixa etária entre 20 e 28 anos, um ponto em comum entre elas foi a saída da aldeia, seja para estudar ou trabalhar. Elas construíram

---

1 Refiro-me a dois eventos ocorridos no município de Dourados (MS). O primeiro foi o VI Encontro Nacional de Estudantes Indígenas — Territorialidade, lutas e resistências dos povos indígenas: do Tekoha à universidade. O segundo foi o I Encontro de Egressos e Egressas Indígenas da Universidade Estadual de Mato Grosso do Sul (UEMS).

2 O povo Terena de Mato Grosso do Sul encontra-se nos municípios de Dois Irmãos do Buriti, Aquidauana, Miranda, Rochedo, Anastácio e Nioaque, como também em Campo Grande e Dourados. Já os povos Guarani e Kaiowá encontram-se atualmente — em sua maioria — em pequenas aldeias situadas na fronteira Brasil-Paraguai, nos seguintes municípios: Eldorado, Laguna Caarapã, Aral Moreira, Tacuru, Amambai, Juti, Dourados, Bela Vista, Laguna Caarapã, Paranhos, Maracaju, Caarapó, Iguatemi, Antônio João, Douradina, Japorã, Sete Quedas e Ponta Porã.

relações e vivências em outros espaços que não eram especificamente de aldeamento, formando uma rede de amizades, contatos e experiências afetivo-sexuais com mulheres indígenas e não indígenas; tiveram suas experiências marcadas pela presença em universidades, locais de trabalho e de sociabilidade não indígenas. O trânsito entre a aldeia e outros espaços, portanto, marca as experiências das interlocutoras em diferentes ordens, não apenas na afetivo-sexual.

Além dessa característica referente à mobilidade, todas essas mulheres acessam informações via dispositivos tecnológicos, como as mídias digitais, que permitem que dialoguem não apenas com pessoas de outras aldeias do estado, mas também com não aldeadas e não indígenas dos mais variados perfis e localidades. A juventude e as redes de contatos estabelecidas fora da internet favorecem a manutenção desses trânsitos e andanças também via tecnologias digitais.

Mediante o exposto, a maior dificuldade encontrada em campo on-line e/ou off-line foi localizar as mulheres indígenas que mantêm experiências afetivo-sexuais com outras mulheres dos povos existentes em Mato Grosso do Sul. Essa "ausência de visibilidade" torna-se um dado importante para pensar a região; afinal, não encontrei nenhuma interlocutora atuante publicamente em atividades indígenas como mulher que mantém experiências afetivo-sexuais com outras mulheres. Essas atividades serão informadas durante o capítulo.

Dependendo do contexto, entre as interlocutoras com as quais consegui estabelecer contato para a pesquisa, ocorria o ocultamento ou a não anunciação de suas preferências afetivo-sexuais, o que foi bastante parecido com as minhas experiências em contato com parentes e familiares na aldeia do meu próprio povo. A lembrança da dificuldade que eu tive em falar sobre sexualidade me afetava porque era a mesma dificuldade enfrentada pelas mulheres que eu estava buscando investigar. Elas se recusavam a falar sobre esse tema, fosse nas redes sociais, ao não mais me responderem quando sabiam qual era o assunto deste estudo, ou em suas próprias aldeias, como relatado por algumas delas, fosse quando, depois de algum tempo, aceitavam participar da entrevista e não se demostravam à vontade com o tema.

Pereira (2012) chama a atenção para situações nas quais o ato de afetar-se, baseado na relação de alteridade, no compreender o universo particular do outro em relação às suas particularidades, permite-nos perceber processos de identificação semelhantes aos do grupo que estudamos. O afeto, nas palavras do autor, é caracterizado a partir das afecções:

> afecções, embora aconteçam de uma só vez, são efeitos de um corpo sobre outro no espaço; os afetos são os efeitos de um determinado corpo sobre uma duração — variações de potência. Afeto corresponde, portanto, ao modo como problematizamos nossas afecções, nossas dores e prazeres; afecção é tudo aquilo que o corpo absorve no encontro com outros corpos. (Pereira, 2012, p. 528)

Diante dessas experiências, que, de um lado, não eram encontradas nos lugares que eu frequentava e, de outro, afetavam-me por eu mesma não ter facilidade para abordar o tema em contextos de aldeamento, busquei me informar com as interlocutoras, com as que já tinham aceitado participar da pesquisa, onde elas costumavam frequentar, sobre os lugares em que pudessem ficar mais à vontade para falar sobre sexualidade ou interagir como mulheres indígenas que viviam experiências afetivo-sexuais com outras mulheres. Assim, foram feitas algumas entrevistas na capital de Mato Grosso do Sul, e também tive abertura para frequentar suas aldeias. As informações fornecidas ajudam a caracterizar suas experiências em contextos coletivos de interação entre mulheres indígenas historicamente situadas.

Em Mato Grosso do Sul, a indígena do povo Guarani, Katryna Malbem, vem ganhando destaque como uma das raras vozes sobre gênero e sexualidade dissidentes. Ela é conhecida como a primeira "trans" a participar de um concurso tradicional de beleza indígena no município de Dourados. Apesar de seu caso se tratar de transexualidade, por meio da sua experiência de visibilidade, podemos observar que existem limitações e desafios para as pessoas indígenas que estão em dissidência com as expectativas sexuais e/ou performances de gênero (Butler, 2015).

Na matéria intitulada "Quem disse que os indígenas não debatem agenda LGBT?", do site *Outras Palavras*, Katryna comenta sua participação no concurso de beleza indígena, realizado em 2019, na aldeia Jaguapiru:

> Aqui, na aldeia, tem bastante homossexuais, mas [eles] não chegam a se expor como eu estou me expondo para a sociedade. A faixa que eu recebi não

é só uma faixa para mim, isso me representa. Eu estou gritando em nome da minha família LGBT e indígena, que também são transexuais e homossexuais.[3]

Nos últimos anos, a ideia de trazer o debate sobre as questões de gênero e sexualidade para o movimento indígena e, posteriormente, para a comunidade onde vivem os/as indígenas vem ganhando força. De acordo com os relatos descritos em matérias jornalísticas, tal empreendimento tem como objetivo a conscientização de indígenas, assim como de não indígenas, a respeito da existência de relacionamentos entre pessoas do mesmo gênero e a quebra de barreiras e preconceitos. Esse movimento está sendo liderado pela juventude em diferentes lugares do Brasil, inclusive em Mato Grosso do Sul, mas não por todas as interlocutoras desta pesquisa.

Com isso, pude perceber que as jovens não estão livres das experiências de não acolhimento por parte da comunidade. Nos relatos das interlocutoras, são comuns os casos e as situações que envolvem algum tipo de enfrentamento ou tensões com os familiares ou comunidade, motivados, por exemplo, por códigos e valores da religião cristã e/ou tradicional. A necessidade de sentir-se respeitada e/ou acolhida diante de hostilidades, casos de violência, situações de preconceitos e especulações sobre a intimidade daqueles/as tidos/as como "diferentes" se faz presente na maioria das narrativas. Isso independe do perfil das aldeias, dos contextos ou mesmo dos povos indígenas de Mato Grosso do Sul.

Dentre as quatro interlocutoras deste estudo, três afirmaram que, em algum momento da vida, tentaram ou mantiveram experiências afetivo-sexuais com homens. Camby, 23 anos, umas das interlocutoras, comenta que até tentou ficar e conhecer algum rapaz, mas que posteriormente observou não ser o tipo de relacionamento de sua preferência. Eirati, vinte anos, pontuou suas experiências afetivo-sexuais com homens e mulheres, entretanto não apresenta interesse nem disponibilidade para relacionamentos, sejam eles com homens ou mulheres. Niara, 26 anos, afirmou que, em tempos pretéritos, manteve relacionamento com homens, mas sempre soube que sua preferência era por mulheres. Yakecan, vinte anos, não mencionou relacionamentos ou experiências com homens em sua vida.

3 "Quem disse que os indígenas não debatem agenda LGBT?", *Outras Palavras*, 20 mai. 2019.

As experiências das interlocutoras demarcam uma socialização na infância e na pré-adolescência em contextos culturais de aldeamento nos quais as expectativas em torno de seus desejos eram a construção de uma trajetória heterossexual. Contudo, em termos de moradia, Niara não residia na aldeia enquanto desenvolvi a pesquisa, mas já morou de maneira fixa; hoje, vai e volta de Campo Grande, capital do estado, para a aldeia devido a estudos e trabalho. Também por conta dos estudos, a própria Niara e também Camby já moraram em outros estados do país. Foram os estudos que permitiram a Eirati, assim como às outras interlocutoras, morar fora da aldeia, porém no próprio estado. Yakecan, que também estava em período de graduação, estudava em uma universidade próxima a seu município, apresentando uma trajetória diferente das demais interlocutoras em relação aos longos deslocamentos no processo de escolarização. Durante a pesquisa, Camby, Eirati e Yakecan moravam em suas aldeias. Considerando a (in)visibilidade dos desejos afetivo-sexuais das interlocutoras e esse vínculo com suas comunidades tradicionais, assim como o trânsito que marca suas trajetórias, podemos pensar em certo regime de visibilidade em relação à sexualidade, isto é,

> uma série de códigos e valores que se impõe como uma espécie de gramática de como os sujeitos podem parecer visíveis em relação à orientação sexual e à identidade de gênero, por exemplo, na vida em sociedade, sem sofrer consequências por isso. Relacionar-se com estes regimes de visibilidade exige a utilização de uma série de estratégias de gestão desta visibilidade. (Passamani, 2018, p. 22)

Como parte desse regime, observei a existência de uma possível gramática moral que influencia não apenas a forma como essas mulheres se identificam discursivamente, mas também suas ações diante de familiares e da comunidade: o ato de não conversar abertamente sobre suas experiências afetivo-sexuais, não se envolver com mulheres da mesma comunidade e as divergências e/ou ambiguidades entre experiências e identidade, já que a maioria das interlocutoras apresentou a não necessidade de identificações fixas ou mesmo visíveis em termos afetivo-sexuais. As justificativas para isso são variadas. Camby, por exemplo, contou-me sobre certo julgamento moral quanto à sua rede de amizades, dizendo que "paga um preço muito alto" por ter suas práticas afetivo-sexuais conhecidas na aldeia. Segundo ela, "uns amigos que vêm aqui, e as pessoas falam que eu já 'peguei', e isso me machuca... Eles não entendem isso... Eles acham que, pelo fato de estar do meu lado, já tem alguma coisa...". Interpretei isso como uma possível especulação da comunidade sobre sua sexualidade. Logo, uma expectativa de "conversão para a heterossexualidade" com a aproximação de Camby a pessoas do gênero oposto ao seu.

A diversidade de respostas sobre a autoidentificação em termos de afetos e desejos dissidentes entre as interlocutoras corrobora as afirmações de Maria Luiza Heilborn (1996, p. 6), ao indicar o fato de "as identidades sociais não se constituírem de modo linear, nem necessariamente explícitas", considerando que, segundo a autora, "nessa configuração da pessoa nem tudo é solar; é possível deixar na sombra, não nomeadas, certas dimensões da construção de si, e uma delas é o espaço entre o desejo e a elaboração de uma identidade sexual marcada".

Yakecan, por exemplo, respondeu "sou hétero, pô [risos]", referindo-se a poucos detalhes sobre sua sexualidade e experiências de vida. Das interlocutoras participantes, ela foi a que menos interagiu e a que respondeu de forma menos aberta às questões apresentadas. Em relação às demais interlocutoras, houve respostas mais diretas, como no caso de Camby ("todo mundo sabe que eu sou sapatão") e Niara ("sapatão, lésbica, gay, tanto faz"). Ainda sobre a identificação das interlocutoras, Eirati, parente próxima de Camby, quando conversávamos sobre o povo delas, revelou ser bissexual ou, em suas próprias palavras, "sou bi, mas é segredo...". Por mais que a bissexualidade não fosse o objetivo das investigações, Eirati também contribuiu para que eu pudesse pensar as experiências afetivo-sexuais dissidentes "sob segredo" das mulheres indígenas de Mato Grosso do Sul.

Parece que as experiências afetivo-sexuais heterossexuais surgiram para elas como uma possibilidade em um primeiro momento, ainda quando moravam na aldeia, mas a negociação e a estratégia com esses códigos e valores as levaram a outra gramática. Um ponto decisivo dessa "virada gramatical" diante de tal regime de (in)visibilidade foi o das experiências fora do contexto de aldeamento, que as colocaram em contato com outras mulheres que mantinham experiências afetivo-sexuais com outras mulheres, mas, em especial, quando optaram por não manter experiências com homens e tornar isso mais ou menos público para seus parentes e comunidade. Ou, nos casos em que isso não tenha sido possível, mesmo não falando sobre suas preferências afetivo-sexuais,

pelo menos elas não se dispuseram a manter relacionamentos afetivo-
-sexuais com homens.

A visibilidade dessas experiências afetivo-sexuais pode ser conferida nas redes sociais de algumas das participantes. Camby, por exemplo, posta em seus perfis conteúdos (memes, textos e fotos) referindo-se à sua sexualidade, inclusive fotos com suas respectivas namoradas (ou "ficantes"). Pelas imagens da internet e também conforme pude conferir presencialmente, Camby tem um estilo de se vestir bem diversificado: em alguns momentos, usa roupas e performa atitudes consideradas masculinizadas e, em outras ocasiões, apresenta-se com acessórios ou roupas tidos como femininos.

Nas andanças ocorridas durante o processo de trabalho de campo, um episódio específico ofereceu-me uma pista para pensar analitica-mente essa característica pelos relatos e/ou posturas que indicavam conflitos ou tensões na aldeia — e fora dela — que tenham relação com a sexualidade ou gênero das interlocutoras. Em uma comuni-dade indígena de povo diferente do meu, só tive abertura por parte da interlocutora para conversar sobre o tema desta pesquisa quando está-vamos distantes de seus familiares, isto é, em momento e local da aldeia muito reservados. Essa forma de conversar sobre gênero e sexualidade, segundo a interlocutora, dá-se também em um contexto de conflito e tensões entre ela, a comunidade e os familiares. A interlocutora, por-tanto, buscava não tornar essa situação na aldeia ainda mais difícil, pois queria manter seus vínculos ali.

Essa experiência indica o quanto as negociações estratégicas dos códi-gos e valores de certo regime de visibilidade envolvem mais que somente as experiências das próprias interlocutoras; antes, requerem um con-junto de normas e convenções pautadas na importância da manutenção dos vínculos familiares e comunitários. Isso é algo valoroso para as inter-locutoras; afinal, todas mantêm tais vínculos familiares, inclusive, como apontado, fortalecidos pela própria realidade de, apesar dos trânsitos, ainda morarem na aldeia com os familiares. Mesmo quando indagadas sobre outras indígenas lésbicas em suas aldeias, responderam que não conhecem. Yakecan, por exemplo, considera-se a única mulher daquele ambiente que mantém experiências afetivo-sexuais com mulheres e acredita que existe uma espécie de não aceitação e invisibilidade das pessoas com esse perfil, sejam elas homens ou mulheres.

Desse modo, as experiências afetivo-sexuais das interlocutoras são marcadas por um regime de visibilidade que implica, também, um regime familiar de aproximação e permanência na aldeia, assim como de manutenção de vínculos que parecem maiores do que a não aceitação ou a negação pura e simples de suas experiências afetivo-sexuais por parte de seus familiares ou parentes mais próximos. Niara, por exemplo, mesmo sendo uma mulher masculinizada e sabidamente lésbica em seu território, é respeitada, independentemente de sua sexualidade e sua performance de gênero. No caso dela, os vínculos se dão pelo fato de ela ser religiosa praticante, evangélica.

Contudo, experiências como a de Niara, segundo minhas observações, são raras. Nesse sentido, esse regime também parece explicar outro ponto em comum que muito me chamou atenção no processo de trabalho de campo. Quando eu tentava construir a rede de contatos envolvendo possíveis interlocutoras, as respostas que eu recebia de amigos, colegas e conhecidos era a mesma. Quando indagados sobre a existência de algum parente "homossexual", as respostas eram de que, em suas aldeias e comunidades, poderia haver "pessoas desse tipo", mas eles não as conheciam; ou alegavam que já ouviram falar de alguém, mas não se lembravam do nome, que conhecer até conheciam, mas não sabiam se elas gostariam de falar. Isto é, as pessoas com quem falei reconhecem a existência da experiência, mas não assumiram ter vínculos de aproximação e intimidade com indígenas com essa identidade afetivo-sexual.

As pautas políticas e a invisibilidade da sexualidade dissidente

Segundo o relatório *As mulheres indígenas e seus direitos humanos nas Américas* (2017), da Comissão Interamericana de Direitos Humanos (CIDH), boa parte das mulheres indígenas enfrenta diversas e contínuas discriminações históricas e estruturais, que têm como consequência a violação de direitos, sejam eles civis, políticos, socioeconômicos, culturais ou de proteção contra a violência. Tais obstáculos reverberam em poucas possibilidades de inserção no mercado de trabalho, dificuldades (do ponto de vista geográfico) para obter acesso a serviços de saúde, educação, auxílio a serviços sociais e políticas públicas.

Essa realidade também pode ser apontada em relação às indígenas de Mato Grosso do Sul, contudo isso não significa que as mulheres indígenas são percebidas somente como vítimas, apesar das inúmeras condições que resultam em vulnerabilidades. Afinal, elas sempre desempenharam funções decisivas e estiveram na linha de frente nas lutas por emancipação ou retomada de seus respectivos povos, além de serem consideradas profundas conhecedoras da cultura tradicional, como também agentes na harmonização, na articulação e na gestão de suas famílias e aldeia (Sebastião, 2012; Veron, 2018; Seraguza, 2018).

Assim, essa complexa realidade precisa ser levada em consideração quando nos referimos a certo regime de visibilidade presente nas experiências do pequeno grupo de interlocutoras. Dito de outro modo, pensar a experiência das mulheres indígenas, sejam aldeadas ou não, requer análises que levem em consideração os atravessamentos e os marcadores sociais de diferenças que compõem as identidades e subjetividades dessa população. Diante de tal contexto, as experiências étnico-culturais, socioeconômicas, sexuais e de gênero podem interferir diretamente na vida das pessoas, potencializando hierarquias e diversas formas de discriminação e/ou opressão, como também o processo de agenciamento/negociação, transformação e/ou valorização da diferença (Brah, 2006).

Percebi que, do ponto de vista da organização política, as interlocutoras não estão presentes em encontros e eventos organizados por e para mulheres,[4] e, por sua vez, nesses eventos, a questão da sexualidade não heterossexual não é discutida, pelo menos no que se refere aos que são organizados pelas lideranças indígenas sul-mato-grossenses. Mesmo quando entra em pauta a realidade das mulheres indígenas, a sexualidade visível é comumente heterocentrada. Nesse sentido, as características observadas corroboram a dualidade e/ou a dicotomia de gênero discutida por Rita Laura Segato (1998), na qual a heterossexualidade é posta como uma espécie de configuração homogênea e universal, parte do modelo hegemônico das relações sociais, alcançando também a esfera dos desejos e das práticas afetivo-sexuais.

---

4 É o caso da V Kuñangue Aty Guasu: Assembleia das Mulheres Kaiowá e Guarani, realizada em 2018 no município de Coronel Sapucaia (MS).

Entretanto, no contexto das mulheres indígenas que mantêm experiências afetivo-sexuais com outras mulheres em Mato Grosso do Sul, considerando a (in)invisibilidade já citada aqui, o trabalho de campo indicou a existência de formas específicas de lidar com as tensões e os questionamentos acerca de suas sexualidades e experiências em contexto de aldeamento ou em outros ambientes. Dito de outro modo, pude perceber detalhes do regime aqui apresentado. Na maioria dos relatos das interlocutoras, por mais que suas sexualidades e as performances de gêneros não normativas já fossem conhecidas por seus familiares e por membros da comunidade indígena desde a infância, quando essas mulheres demonstravam suas preferências no início da adolescência ou na idade adulta, houve conflitos motivados pela não aceitação.

Apesar de invisibilizadas em muitos contextos, as mulheres indígenas que mantêm experiências afetivo-sexuais dissidentes existem, conforme os dados de campo, mesmo com algumas dificuldades de se entenderem ou se expressarem enquanto "lésbicas". Isto é, ainda que de forma negociável, driblando possíveis hostilidades, preconceitos e violências, frutos da normatividade, as interlocutoras se permitem circular em ambientes tradicionais, realizando interações diárias e intensas com familiares e membros de respectivos povos aldeados, frequentando festas, confraternizações ou até mesmo trabalhando na comunidade.

Mas o fato de categorias como "lésbica" não terem sido frequentes em campo, ou mesmo negadas por interlocutoras ou não identificadas junto a parentes que pude contactar, não significa que categorias político-identitárias do movimento social LGBT não se façam presentes nesses contextos de (in)visibilidade das interlocutoras. Andrea Lacombe, em suas análises sobre as expressões de gênero (articuladas a idade, classes e geração), a estética e a sociabilidade das mulheres que se relacionam afetivo-sexualmente com mulheres em uma área metropolitana do país, explica que:

> Não existe uma única feminilidade ou uma única masculinidade com a qual se identificar, e sim, ao contrário, e segundo as apresentações de gênero descritas, uma variedade de sítios identificatórios que dão conta da complexidade de negociação que tem na habitação da prática seu maior poder e eficácia. (Lacombe, 2013, p. 67)

Isso também é possível ser afirmado em relação às interlocutoras deste estudo. Por exemplo, houve alguns momentos em que, no processo do trabalho de campo, termos na língua Terena (do tronco linguístico Aruak), como *"tipé"*, foram mencionados. *Tipé*, seguindo a tradução à risca, significa "veado", com referência ao animal. Mas, dadas as colocações em comentários com ares jocosos, o termo era empregado em referência a todas as pessoas que estavam fora da linha normativa de gênero e sexualidade em contexto de aldeia. Assim, o termo *"tipé"* é utilizado tanto para homens como para mulheres, não havendo, na maioria das vezes, termos específicos para a homossexualidade feminina ou para as experiências afetivo-sexuais entre mulheres indígenas (ou de mulheres indígenas com mulheres não indígenas).

Perguntei a uma amiga do movimento indígena, fluente na língua materna, se havia termos para mulheres que se relacionam com outras mulheres em seu povo. Ela respondeu que havia dois termos específicos para mulheres, porém não muito utilizados, como *"Hovovó"*, cujo significado é "sapo", e *"Hanaiiti Hapatu"*, que significa, literalmente, "sapato grande", ou, interpretado com base no contexto não indígena, "sapatão". É curioso que a equivalência dos termos tradicionais a conceitos não indígenas seja quase uma tradução. Chamo a atenção para a sensação que tive ao obter essa resposta, afinal, essa amiga simplesmente traduziu categorias usadas para lésbicas, como "sapa" e "sapatão", para sua língua materna, e não o inverso, apresentando conceitos tradicionais que pudessem referir-se a identidades ou práticas analisadas neste estudo, isto é, das dissidências sexuais e de gênero.

Apesar da existência dessas nomenclaturas, anunciadas por meio de minhas perguntas a essa amiga, as quais são utilizadas com conotações depreciativas na língua materna, ao longo do processo de trabalho de campo não houve interlocutoras que as utilizassem para autorreferência. Quando perguntei a uma das interlocutoras sobre termos utilizados por seu povo ou em sua língua materna que correspondessem a relações ou identidades LGBT, ela respondeu: *"Puto*, para gay... Sapatão não tem...". Sendo assim, é preciso considerar também que algumas das interlocutoras não identificam categorias tradicionais no vocabulário de seu povo para se autorreferirem, ou se negaram a informá-las. É possível que isso se deva ao significado pejorativo ou estigmatizante que tais termos possam ter, ainda mais acentuado que as categorias político-identitárias "lésbica", "gay" ou "bissexual". A utilização de termos dos não indígenas para se referirem às sexualidades dissidentes indica certa oposição às sanções sociais naturalizadas pela língua materna em muitas comunidades: zombaria, ridicularização, ofensas, deslegitimação, estereótipos, entre outros.

Portanto, as formas como as interlocutoras lidam com as experiências afetivo-sexuais dissidentes apontam para certo modo de identificação ancorado na perspectiva discursiva, agenciando termos e nomenclaturas não indígenas para expressar experiências afetivo-sexuais e performatividades de gênero. Isso porque, de acordo com o trabalho de campo, os termos e as nomenclaturas referentes ao gênero e à sexualidade dissidentes sob a perspectiva de seus respectivos povos são carregados de significados e simbologias depreciativas, por vezes violentas, mais que as categorias não indígenas utilizadas para essas mulheres se autorreferirem. Compreendi que o ato de acionar nomenclaturas dos/as não indígenas é uma forma de agenciamento identitário frente aos estigmas relacionados à sexualidade e ao gênero dissidentes em contexto tradicional — não diferente de outros termos, nomenclaturas e contextos que, ao longo do contato com a sociedade externa, foram incorporados à realidade de muitas comunidades indígenas. Interpreto tal situação como uma forma de "visibilidade estratégica" na maneira como essas mulheres desejam ser vistas (anunciadas), tratadas, notadas (ou não) por seus parentes, comunidade e/ou contatos em geral.

Conforme argumenta Avtar Brah (2006, p. 371), as "questões de identidade estão intimamente ligadas a questões de experiência, subjetividade e relações sociais", encontrando-se em constante movimento e mudanças, a ponto de podermos afirmar que a nomenclatura do movimento identitário não indígena impacta a autoidentificação das interlocutoras indígenas na medida em que elas preferem categorias não tradicionais de seus povos para se colocar em termos de identidade sexual em contextos tradicionais.

O uso dessas categorias não tradicionais em detrimento de outras na língua materna em certo sentido poderia ser entendido como efeito da colonialidade do poder. Claudia Cristina Ferreira Carvalho (2019) analisa o modo como a lógica ocidental, pensada como extensão do sistema colonial articulado ao capitalismo, influencia as desigualdades vivenciadas pelas mulheres dos países tidos como "Terceiro Mundo" (encontradas também em lugares geográficos do Norte global). Não quero aqui negar esses efeitos, inclusive aqueles em termos de "colonialidade de gênero". Maria Lugones (2008) discorre sobre esse tema com base na epistemologia e na organização das estruturas sociais em caráter eurocentrado. Isto é, elas não possibilitam outras formas de organização e modos de leituras sociais fora do raciocínio eurocêntrico, por linhas das epistemes próprias, nesse caso as tradicionais do denominado Sul global, consequentemente impossibilitando outras formas de pensar o mundo e os modos de ser e viver, enfatizando também a dualidade do ser e/ou da vida humana e não humana, daquelas vidas consideradas vivíveis, asseguradas pelo Estado nas relações entre os gêneros, entre homens e mulheres.

Contudo, parece-me mais interessante chamar a atenção para tais usos igualmente políticos e não tradicionais de categorias identitárias ou classificatórias, usos estes que, como afirmei, parecem estratégicos em certo regime de visibilidade que, se assim não o fosse, se categorias tradicionais fossem usadas, a negociação dos códigos morais — e seus estigmas — poderia trazer novas formas menos "tolerantes" de convívio no contexto analisado. Digo menos "tolerante" buscando sinalizar que as categorias identitárias tradicionais na língua materna, portanto, poderiam ser de conhecimento geral da comunidade, inclusive portadoras de significados e efeitos pejorativos e estigmatizantes maiores do que os das categorias político-identitárias utilizadas pelo movimento LGBT. Isso não significa que não existam categorias tradicionais aplicadas à sexualidade e ao gênero dissidentes sendo utilizadas entre os povos e as aldeias de Mato Grosso do Sul, presentes, inclusive, em dados etnográficos de outros estudos realizados na região (Cariaga, 2015). Aqui destaco apenas que, entre as interlocutoras que participaram deste estudo, não há esse uso, ou pelo menos ele não foi identificado.

Considerações finais

Em se tratando de um estudo que analisa as experiências afetivo-sexuais dissidentes das mulheres indígenas de Mato Grosso do Sul, contexto descolado das metrópoles e "principais" capitais brasileiras, repleto de códigos e significados distintos dos não indígenas, isto é, com elementos históricos, culturais e étnicos milenares, as diferenças de gênero e sexualidade também se fazem presentes nesses campo e cenário, constituindo regimes de visibilidade específicos, mesmo que tenham sido pouco debatidos, estudados e/ou referenciados.

Quando se fala em diferença de gênero e sexualidade, pouco é pensado em relação a ambientes e situações fora do eixo branco (não indígena) e urbanizado. Refletir sobre a diferença em uma gama extremamente diversa — como é o caso da população indígena, seja em contextos tradicionais e interioranos, seja em contextos rurais — é um grande desafio, pois exercitar e desenvolver análises que alcancem minimamente essas particularidades se faz crucial.

Com o surgimento de movimentos sociais organizados que dialogavam com as diferenças de gênero e sexualidade, algumas demandas não foram levantadas. Acessando produções que discutiam a temática LGBT em sua gênese no Brasil, observei que, em vários momentos da história da militância, a demanda das mulheres que mantinham experiências afetivo-sexuais com outras mulheres não obteve tanta visibilidade junto ao movimento LGBT. Desse modo, não se trata de uma questão de invisibilidade presente apenas na história do movimento indígena brasileiro. Inclusive, há registros de que no próprio movimento LGBT nem sempre existiram pautas específicas para a condição das mulheres lésbicas e bissexuais. Sobre isso, Regina Facchini explica que:

> A homossexualidade feminina é um tema que só muito recentemente iniciou sua entrada na agenda política brasileira. Embora mulheres que se identificam como lésbicas tenham estado presentes desde as primeiras iniciativas do movimento homossexual no Brasil (final dos anos de 1970) e os primeiros grupos exclusivamente lésbicos tenham se formado a partir de 1980, o termo lésbicas foi incluído no nome do movimento apenas a partir de 1993 [...]. (Facchini, 2005, p. 3)

Encontrei nas literaturas e nas produções científicas que versam sobre as diferenças sexuais e de gênero, isto é, o surgimento das pautas das diferenças de gênero e sexualidade no Brasil, algumas problemáticas relacionadas às demandas específicas das mulheres no bojo dos respectivos movimentos sociais (Facchini, 2005; Simões & Carrara, 2014). De forma similar, o movimento indígena, ainda na contemporaneidade, pouco debate ou elabora estratégias de enfrentamento dessas problemáticas. É certo que as necessidades urgentes da população indígena, bem como as lutas por direitos, partem primeiramente das reivindicações em torno da demarcação dos territórios tradicionais. Entretanto, questões que envolvem gênero, violência doméstica e principalmente sexualidade dissidente se fazem presentes na realidade de muitas comunidades e aldeias indígenas, mas nem sempre são pautadas em momentos de mobilizações e reivindicações.

Por exemplo, em um diálogo com a interlocutora Camby, perguntei sobre a existência ou a demanda de reivindicações e/ou pautas para construção de movimento social específico das mulheres indígenas que mantêm experiências afetivo-sexuais com mulheres, já que não existem movimentos sociais e coletivos de mulheres exclusivamente lésbicas e indígenas. Segundo a interlocutora Camby, "as meninas são mais quietinhas, na delas". Compreendi como mais discretas e reservadas, efeito do que tenho chamado de regime de visibilidade ao longo da vida e de seus respectivos relacionamentos.

De forma semelhante, questionei a interlocutora Niara sobre a existência de algum movimento social, discussão ou agenda que levasse em consideração as mulheres indígenas que mantêm experiências afetivo-sexuais com mulheres, ou sobre o conhecimento de mulheres indígenas que se relacionam com outras mulheres em sua região. Niara disse: "Não conheço nenhuma menina lésbica na minha comunidade, nem na nossa região... Na aldeia não tem, mas devem ter, sim; essas meninas estão dentro do armário...".

Eve Kosofsky Sedgwick discorre sobre o caráter sigiloso e/ou sobre as possibilidades de tornar segredo os desejos que envolvem as experiências afetivo-sexuais entre pessoas do mesmo gênero. Inclusive, explica que a utilização do termo "armário" é muito comum entre grupos gays para se referir ao ato de esconder, de manter em segredo a sexualidade. Para a autora, "o armário é a estrutura definidora da opressão gay no século XX" (Sedgwick, 2007, p. 26).

Ela discute também que, por meio do "armário da privacidade", há a instabilidade das identidades sexuais dissidentes, na qual os sujeitos, em alguns momentos de sua existência, mantêm condutas discretas e/ou se passam por heterossexuais, mesmo aqueles que se dizem gays. "Mesmo num nível individual, até entre as pessoas mais assumidamente gays há pouquíssimas que não estejam no armário com alguém que seja pessoal, econômica ou institucionalmente importante para elas" (Sedgwick, 2007, p. 22). A lógica de se passar por heterossexual está relacionada a uma espécie de ocultamento ou exposição dos desejos e afetos dissidentes em uma sociedade que naturaliza e/ou padroniza os comportamentos e as expressões do feminino e masculino. Essa experiência de "armário", narrada por Sedgwick, quando pensada como gestão e/ou regime (negociação) de visibilidade dos afetos e desejos dissidentes, é vivenciada em contexto indígena.

Compreendo também o regime de visibilidade como possibilidade de resistência. Diferentemente do que é entendido como enfrentamento ou pensado como "fora do armário", "assumir-se" ou "anunciar-se abertamente", a "resistência" e/ou a "revolução" podem ser vividas e praticadas não somente na visibilidade, mas como estratégia de sobrevivência e autodefesa. Para além das questões e dos arranjos de parentesco, que ditam o que é permitido e o que não é permitido nas relações matrimoniais, as identidades das mulheres indígenas em Mato Grosso do Sul, do ponto de vista dos afetos e dos desejos, perpassam pelo crivo do regime de visibilidade que aqui busquei identificar; ou seja, a anunciação ou o ato de "assumir-se" pode somente acontecer em momento e em situações propícias, com determinadas pessoas, com vistas a garantir a manutenção dos laços familiares e/ou do convívio na aldeia. Considerando a historicidade dos regimes de visibilidade, este que procurei caracterizar aqui demanda mais investigações.

Referências

BRAH, Avtar. "Diferença, diversidade, diferenciação". *Cadernos Pagu*, n. 26, 2006, p. 329-76.

BUTLER, Judith. *Problemas de gênero: feminismo e subversão da identidade*. Trad. Renato Aguiar. 16 ed. Rio de Janeiro: Civilização Brasileira, 2015.

CARIAGA, Diógenes Egidio. "Gênero e sexualidades indígenas: alguns aspectos das transformações nas relações a partir dos Kaiowá no Mato Grosso do Sul". *Cadernos de Campo*, n. 24, 2015, p. 414-64.

CARVALHO, Claudia Cristina Ferreira. "(Des)Colonizar os saberes e os gêneros: é possível uma hermenêutica feminista das epistemologias feministas do Sul?". *Geografia: Ambiente, Educação e Sociedades — GeoAmbES*, v. 1, n. 1, jan./jun. 2019, p. 22-39.

FACCHINI, Regina. *Sopa de letrinhas? Movimento homossexual e produção de identidades coletivas nos anos 1990*. Rio de Janeiro: Garamond, 2005.

HEILBORN, Maria Luiza. "Ser ou estar homossexual: dilemas de construção da identidade social". *In*: PARKER, Richard & BARBOSA, Regina. *Sexualidades brasileiras*. Rio de Janeiro: Relume Dumará, 1996, p. 136-45.

LACOMBE, Andrea. "Sobre saias, calças e bonés: expressão de gênero, geração e sedução entre mulheres que 'gostam de mulher'". *Antropolítica: Revista Contemporânea de Antropologia*, v. 34, 2013, p. 53-68.

LUGONES, María. "Colonialidade e gênero". *Tabula Rasa*, n. 9, 2008, p. 73-101.

PASSAMANI, Guilherme Rodrigues. *Batalha de confete: envelhecimento, condutas homossexuais e regimes de visibilidade no Pantanal-MS*. Rio de Janeiro: Papéis Selvagens Edições, 2018.

PEREIRA, Pedro Paulo Gomes. "Limites, traduções e afetos: profissionais de saúde em contextos indígenas". *Mana*, v. 18, 2012, p. 511-38.

ROSA, Patrícia Carvalho. "Romance de primas com primas e o problema dos afetos. Parentesco e micropolítica de relacionamentos entre interlocutores Tikuna, sudoeste amazônico". *Cadernos Pagu*, v. 41, 2013, p. 77-85.

SEBASTIÃO, Lindomar Lili. *Mulher Terena: dos papéis tradicionais para a atuação sociopolítica*. Dissertação (Mestrado em Ciências Sociais). São Paulo: Pontifícia Universidade de Católica de São Paulo, 2012.

SEDGWICK, Eve Kosofsky. "A epistemologia do armário". *Cadernos Pagu*, n. 28, 2007, p. 19-54.

SEGATO, Rita Laura. *Os percursos do gênero na Antropologia e para e além dela*. Brasília: Prelo, 1998.

SERAGUZA, Lauriene. "Mulheres em Retomadas: sobre políticas e relações de gênero entre os Kaiowá e Guarani em Mato Grosso do Sul". *Tessituras — Revista de Antropologia e Arqueologia*, v. 6, 2018, p. 215-28.

SIMÕES, Júlio Assis & CARRARA, Sérgio. "O campo de estudos socioantropológicos sobre diversidade sexual e de gênero no Brasil: ensaio sobre sujeitos, temas e abordagens". *Cadernos Pagu*, n. 28, 2014, p. 75-98.

VERON, Valdelice. *Tekomboʼe Kunhakoty: modo de viver da mulher Kaiowá*. Dissertação (Mestrado em Desenvolvimento Sustentável). Brasília: Universidade de Brasília, 2018.

Silvia Aguião
Antropóloga, mestre em saúde coletiva pela Universidade
do Estado do Rio de Janeiro (UERJ) e doutora em ciências
sociais pela Universidade Estadual de Campinas (Unicamp).
Pesquisadora do Núcleo de Pesquisa e Formação em
Raça, Gênero e Justiça Racial (AFRO/Cebrap) e do Centro
Latino-Americano em Sexualidade e Direitos Humanos
(CLAM/UERJ). Atua em pesquisas nas áreas de gênero,
sexualidade e raça em suas interfaces com movimentos
sociais, direitos humanos e políticas públicas.

Paulo Victor Leite Lopes
Professor do Departamento de Antropologia e do Programa
de Pós-Graduação em Antropologia Social da Universidade
Federal do Rio Grande do Norte (UFRN). Bacharel e licenciado
em ciências sociais pela Universidade do Estado do Rio
de Janeiro (UERJ), mestre e doutor em antropologia social
pela Universidade Federal do Rio de Janeiro (UFRJ).

Homossexualidade e favela: reminiscências e diálogos etnográficos interseccionais

Silvia Aguião
Paulo Victor Leite Lopes

A primeira década dos anos 2000 significou um período de intensas transformações no plano político-institucional brasileiro, especialmente para questões relacionadas a gênero, sexualidade e raça. Tais inflexões relacionam-se com a conformação de um contexto social mais amplo, que expandiu expectativas e possibilidades de colocação de demandas e experiências por distintos sujeitos na cena pública (Lima, 2010; Vital da Cunha & Lopes, 2013; Aguião, 2017; Facchini & França, 2020). A proposta deste artigo é refletir em conjunto sobre as investigações que fizemos separadamente, abordando os temas (homos) sexualidade, gênero, raça — entre outros elementos — e a produção de sujeitos e identidades no contexto de duas das maiores favelas do Rio de Janeiro. Um intervalo de dois anos separa o período das pesquisas: Silvia Aguião conduziu sua pesquisa de campo entre os anos de 2004 e 2007, na favela de Rio das Pedras; Paulo Lopes realizou sua pesquisa na favela da Maré entre 2009 e 2011 (Aguião, 2007, 2011; Lopes, 2011, 2019, 2021). Ancorados também em outras experiências de pesquisa que extrapolam as mencionadas anteriormente (Aguião, 2014, 2017; Aguião *et al.*, 2014; Carrara *et al.*, 2017; Lopes, 2014, 2016; Vital da Cunha, Lopes & Lui, 2017), buscamos apresentar uma (re)leitura de mais longo prazo das reverberações de processos político-sociais mais amplos e alinhavar alguns elementos que compõem a particularidade de enquadramentos que se dedicaram a reunir historicamente áreas temáticas constituídas como apartadas.

Em razão das próprias transformações observadas a partir da primeira década deste século, a articulação dos temas favela, homossexualidade e raça conserva alguns desafios devido ao número reduzido de trabalhos desenvolvidos a partir dessa intersecção. Não resta dúvida a respeito da intensa e diversificada produção acadêmica sobre as temáticas de diversidade sexual e de gênero em seus cruzamentos com classe, raça, família, religião, moralidades etc., notadamente a partir das ciências sociais (Facchini, França & Braz, 2014; Moutinho, 2014; Carrara, França & Simões, 2018).

Da mesma forma, por causa da pequena inflexão dos estudos de violência urbana e segurança pública ao longo dos anos 1990, ganharam espaço os debates que procuravam refletir sobre a relação entre aqueles fenômenos sociais e a constituição de determinadas masculinidades, tendo como principal campo de investimento a realização de etnografias em favelas (Zaluar, 1999; Cechetto, 1997; Alvito, 2001). Contudo, uma consulta ao Urbandata[1] no primeiro semestre de 2008 apontava a inexistência de produção acadêmica articulando "favela" e "homossexualidade". Na mesma base bibliográfica, pesquisas sobre vulnerabilidade ao HIV/aids, práticas sexuais de jovens e gravidez na adolescência conduzidas na maior parte das vezes por investigadoras e investigadores com formação na área da saúde (pública ou coletiva) ou vinculadas/os a grupos e instituições de pesquisa de tais áreas podiam ser encontradas quando se buscavam referências a respeito da relação entre favela e sexualidade. A ênfase quase exclusiva na chamada "saúde sexual e reprodutiva" de jovens permite-nos questionar a estigmatização que atrela determinados sujeitos (juventude, favela, faveladas/os) e suas práticas sexuais a noções de hipossuficiência, perigo e risco (infecções sexualmente transmissíveis, violência sexual, reprodução "não planejada").

Outrossim, as pesquisas que conhecíamos e se voltavam para as experiências das homossexualidades entre as camadas populares não

---

1 Base bibliográfica sobre o Brasil urbano, constituída por um amplo acervo que inclui artigos publicados em revistas acadêmicas, *papers* de eventos científicos, livros, monografias, dissertações e teses. O Urbandata Brasil, à época coordenado por Lícia do Prado Valladares e Luiz Antônio Machado da Silva, localizava-se no antigo Instituto Universitário de Pesquisas do Estado do Rio de Janeiro (Iuperj) e contava com quase dezessete mil referências. Hoje, sob a coordenação de Bianca Freire-Medeiro (USP), é parte do Centro de Estudos da Metrópole do Centro Brasileiro de Análise e Planejamento (CEM/Cebrap).

tinham a favela, ou mesmo outros locais de moradia, como foco, mas redes e espaços de sociabilidade. Assim, a produção poderia contemplar as homossexualidades de moradores e moradoras de favelas e seus circuitos de interação, entretanto não observava a favela em si como um espaço em que "sociabilidades gays" poderiam ser desenvolvidas. Retirados dos seus locais de residência, a ênfase recai sobre seu pertencimento a terreiros de umbanda/candomblé (Fry, 1982; Birman, 2003), em sua circulação por equipamentos de lazer oferecidos pelo então chamado mercado GLS (gays, lésbicas e simpatizantes) (França, 2006; Moutinho, 2006; Oliveira, 2006), ou em sua participação em programas de prevenção ao HIV/aids (Raxach *et al.*, 2007).

Nossas investigações, portanto, como parte de um processo de ampliação e ramificação do campo de estudos de gênero e sexualidade ocorrido concomitantemente a transformações políticas que repercutiram na constituição e no reconhecimento de "novos" sujeitos de direito, procuraram interrogar a respeito do atravessamento de tais marcadores da diferença com outros aspectos diversos. Investimos em pensar (homos)sexualidades, gênero, território e raça, com vistas a cobrir a relativa lacuna a respeito dessas intersecções. Cumpre, ainda, informar que as pesquisas, desenvolvidas para obtenção de títulos de mestrado em saúde coletiva e em antropologia, adotaram a etnografia como metodologia privilegiada de desenvolvimento, incluindo períodos de moradia nas localidades, acompanhamento das interlocutoras e dos interlocutores em suas atividades externas a seus bairros de residência e a realização de entrevistas. Apesar do encerramento formal das pesquisas em 2007 e 2011, mantivemos contato com nossas/os interlocutoras/es de campo, o que, entre outras coisas, tornou possível a reflexão aqui apresentada.

"Aqui nem todo mundo é igual"

Seguindo uma cronologia linear, a primeira investigação foi realizada por Silvia Aguião na favela de Rio das Pedras. Com a atenção voltada para homossexualidade, raça e mestiçagem, o objetivo foi observar de que modo o entrecruzamento desses aspectos perpassava as estruturas e as hierarquias sociais no contexto estudado. Em Rio das Pedras, tais aspectos surgiram matizados por duas características que distinguem a localidade: a interferência do controle da milícia (então chamada de "polícia mineira"), que impede a instalação do tráfico armado de drogas, e a intensa migração nordestina que marca a formação da favela. São fatores que se apresentam como relevantes não só para a compreensão do valor assumido pela sexualidade e pelas dinâmicas de gênero e classificação racial na localidade, mas também pela forma como perpassam o campo das expectativas e possibilidades das práticas sociais dos sujeitos, atuando na estruturação política e moral local e conformando relações de poder e prestígio.

De formação inicial datada do fim da década de 1960 e com acentuada expansão nas décadas de 1980 e 1990, o crescimento de Rio das Pedras acompanhou o desenvolvimento dos bairros de classe média entre os quais está situada. Em 2005, a associação de moradores estimava cerca de setenta mil habitantes na região.[2] O controle de todo o território, desde os primórdios de sua ocupação até o momento da pesquisa, estava concentrado na Associação de Moradores e Amigos de Rio das Pedras (Amarp), que parece ter nascido juntamente com uma demanda de expansão regulada pelos migrantes nordestinos, os quais teriam sido "pioneiros" na ocupação da favela. As narrativas fundacionais que conformam a construção da identidade local, além do pioneirismo, mobilizam ideias como "desbravamento" e "tradição" (Burgos, 2002; Moutinho, 2002).

A explicação para a ausência do poderio armado do tráfico de drogas, onipresente em favelas de grande porte da cidade do Rio de Janeiro, estaria na substituição da força dominadora (tanto político-social quanto econômica) do tráfico por uma intensa atuação da Amarp e da milícia local, então chamada "polícia mineira" ou apenas "mineira". No período final da pesquisa, início de 2007, Rio das Pedras começou a aparecer na imprensa como exemplo de grande favela que nunca teve a presença do tráfico e como reduto "tradicional" de grupos de "paramilitares".[3]

---

2 Já segundo o censo IBGE de 2010, seriam 62.482 habitantes.

3 Em junho de 2008 a Assembleia Legislativa do Estado do Rio de Janeiro estabeleceria a CPI das milícias.

A imprensa registrava as taxas pagas por moradoras/es e comerciantes, a exploração do comércio de gás e a exploração de cooperativas de transporte que sustentariam esse controle. Atualmente, Rio das Pedras figura em jornais como "o berço das milícias do Brasil".[4] Não nos deteremos, aqui, na discussão desse ponto específico da estrutura sociopolítica de Rio das Pedras, mas é fundamental ressaltar o quanto a difusão de histórias e representações a respeito da "mineira" está presente e é articulada em discursos e práticas da vida diária da favela.[5]

É bastante significativo que uma área com a dimensão de Rio das Pedras possua uma única associação de moradores, com atuação que abrange muitas esferas para além da regulação do território. Moutinho (2002) nota como preocupações de ordem moral e parâmetros éticos e normativos também apareciam relacionados à associação. Um dos entrevistados pela autora narrou um episódio que envolvia uma casa de prostituição que existiu na localidade. A casa teria escapado das tentativas da associação de encerrar suas atividades, até que, uma noite, "alguns homens teriam chegado sorrateiramente e ateado fogo no local" (Moutinho, 2002, p. 226).

Nesse recorte da pesquisa, destacamos alguns aspectos da relação entre formas de circulação pelo espaço da favela associadas a expectativas de ser alvo de preconceito e/ou discriminação. Em Rio das Pedras, essa dimensão será sempre matizada pela interferência do tipo de controle que substitui o tráfico armado de drogas. Situações e experiências compartilhadas junto a moradoras e moradores nos trânsitos pela favela evidenciaram a existência de códigos de circulação que orientavam o deslocamento das pessoas dentro desse território específico, bem como outras mediações envolvendo convenções sobre sexualidade, performances de gênero, cor/raça e origem regional. Ao longo da pesquisa, foi possível perceber a existência de lugares tidos como mais ou menos confortáveis para pessoas não heterossexuais — "entendidos/as"[6] — na

---

4 "Rio das Pedras, onde prédio desabou no Rio, é o berço das milícias no Brasil; entenda como grupos surgiram e se expandiram", *G1*, 3 jun. 2021.

5 Ver: Burgos (2002); Zaluar & Conceição (2007).

6 Essa categoria era acionada com frequência durante a pesquisa, sendo mais utilizada entre pares e indicando uma estratégia de discrição, justamente porque apenas pessoas "entendidas" podem captar a que ela se

representação de seus e suas habitantes — espaços em que se pode "dar pinta" *versus* locais onde seria necessário um comportamento "mais discreto". A ameaça que paira sobre "os entendidos" e "as entendidas" em Rio das Pedras se localiza em espaços onde se estaria mais vulnerável ao controle da "polícia mineira" (por exemplo, as imediações do famoso restaurante "deles", existente na localidade). Mesmo após já ter ouvido falar muito a respeito, só depois do primeiro mês morando na favela é que me dei conta da magnitude do poder de coerção que as histórias contadas e recontadas sobre a atuação da "mineira" tinham sobre a lógica de circulação interna da favela.

A frequência intensa de pessoas não moradoras em Rio das Pedras sugeria a representação da "mineira" como uma ameaça muito mais eficaz para quem era "de dentro" do que para quem era "de fora" da favela. Essa constatação leva a mais uma distinção entre a localidade e as favelas nas quais o tráfico armado está presente. Em favelas onde existe esse tipo de atuação, os moradores e as moradoras têm trânsito mais livre a partir do domínio dos códigos de circulação do território, enquanto os não moradores/as, que são desconhecidos no local e/ou desconhecem esses códigos de movimentação no território, temem o espaço. Já em Rio das Pedras, a imagem de território livre das ameaças de violência do tráfico armado faz com que os "de fora" sintam-se mais à vontade para circular do que os "locais", uma vez que constantemente ignoram o sistema coercitivo de limitação de circulação (nesse caso, matizada por gênero e orientação sexual) oculto sob a imagem de tranquilidade veiculada publicamente. Sendo assim, a ausência do tráfico não significa a conformação de um território livre de poderes coercitivos ou a superação do que Machado da Silva (2002, p. 224) chama de "controle negociado", que representaria um "mecanismo de continuidade de uma cidadania restrita, hierarquizada e fragmentada".

Na localidade, encontramos também uma representação mais ou menos generalizada de que a homossexualidade feminina seria mais tolerada do que a masculina, pois seria a que "menos se mostra". O curioso é que, paradoxalmente, é tida como a que "mais se vê". Ao longo da investigação, uma das estratégias metodológicas de observação incluiu a frequência a um bar reconhecido como sendo o "bar das entendidas",

---

refere. Alguns dos trabalhos que exploraram tais usos nos anos 1980 e 1990 são os de Fry (1982), Muniz (1992), Guimarães (2004) e Heilborn (2004).

localizado na principal rua que corta a favela e muito movimentado. Durante todo o período do trabalho de campo, a impressão foi a de que, em Rio das Pedras, somente a homossexualidade masculina das "bichas efeminadas" teria visibilidade, permanecendo oculta a disposição homossexual viril. A homossexualidade feminina, apesar de ser a que "mais se vê", seria a menos "aparente" porque menos ameaçadora à masculinidade heteronormativa.

A categoria "respeito" surgiu com regularidade durante a pesquisa como um bem a ser valorizado, a partir de um autocontrole esperado e de uma conduta específica a ser seguida. Existiria uma maneira certa de se vestir, de se portar e até mesmo de falar, pois, no dizer de uma entrevistada, "aqui, nem todo mundo é igual! [...] você tem que saber pra quem vai se assumir! Não é porque te conheci agora que vou te assustar [...] eu não tenho problemas porque aqui todo mundo me respeita!". Ter ou não ter "respeito" parecia estar diretamente relacionado a construções estéticas e performances corporais mais ou menos aproximadas de padrões tradicionalmente considerados masculinos ou femininos. Para que esse "respeito" seja adquirido, existiriam duas possibilidades: (i) através do trabalho e do autossustento; (ii) do "saber onde se mostrar", já que ser respeitado também significa não "dar pinta" onde não se deve. Sendo assim, ter condições de se sustentar é considerado uma condição para "impor respeito" e poder "se assumir". Já demonstrar "excessivamente" a orientação sexual seria considerado desnecessário e, no limite, "falta de respeito".

O foco da pesquisa esteve direcionado para um conjunto localizado e específico de sujeitos e relações. Durante o trabalho de campo não houve convivência com pessoas engajadas em movimentos sociais ou em outro tipo de organização política, tampouco que estivessem muito interessadas nos debates que relacionavam identidades coletivas e disputa por direitos. Alguma discussão mais politizada aparecia na chave da saúde, uma vez que uma das interlocutoras de campo era agente comunitária de saúde e atuava na prevenção de HIV/aids. Mas, naquele momento, não deparamos com qualquer politização de uma identidade "LGBT". Foi possível perceber a ressonância, ainda incipiente, dos debates então efervescentes no Brasil sobre o início da implementação de ações afirmativas para pessoas negras. No entanto, a impressão era de que já se teria ouvido falar "daquilo", do acesso a direitos via afirmação de identidades, da linguagem politicamente correta, porém algo se perdia na adaptação do que se escutava para as práticas da vida diária.

No que tange aos sistemas de classificação racial articulados em Rio das Pedras, não aprofundaremos a discussão neste artigo, mas é pertinente indicar alguns aspectos. Aguião (2007, 2008) chamou de "classificações do desejo", em diálogo com a argumentação de Laura Moutinho, os esquemas e as representações a respeito de cor e raça interconectados a gênero e sexualidade na enunciação de preferências e eleição de parcerias afetivo-sexuais. Tais esquemas mobilizam variadas dimensões de erotismo na composição de elementos e posicionamentos de status e prestígio no "mercado dos afetos e prazeres" (Moutinho, 2004). Naquele momento, "moreno(a)" era a categoria genérica mais acionada entre as pessoas com quem mantive contato ao longo da pesquisa, ainda que houvesse "morenos/as mais claros/as" e "morenos/as mais escuros/as". Nessa gradação de atribuição relacional, além da cor de pele e outros traços fenotípicos, também contavam percepções referentes a origem regional, local de moradia, tipo de ocupação e inserção social, estilo de vestimentas etc.

Foi ainda inevitável — e produtivo — refletir sobre como as próprias marcas de classe, cor/raça, gênero e sexualidade da pesquisadora eram negociadas nas interações estabelecidas e nas reflexões desenvolvidas durante a investigação. Naquele momento, seguindo a pista de outros autores, em suas interpretações sobre sistemas de classificação racial no Brasil, argumentei que havia certa resistência a classificações "fixas". Finalizado há quase quinze anos, resta impresso no trabalho certo retrato interpretativo do contexto da época e, ainda hoje, muito provavelmente tanto as experiências compartilhadas durante a pesquisa de campo quanto as interpretações elaboradas entrecruzando clivagens de sexualidade, gênero e raça ganhariam outro tom.

Na próxima seção, abordaremos de que modo alguns dos elementos destacados em Rio das Pedras reverberam na experiência de investigação iniciada dois anos depois por Lopes (2011) e, ainda, como outras nuances são postas a descoberto.

Sexualidade, território e produção de coletividades

A outra pesquisa sobre a qual nos detemos foi conduzida por Paulo Victor Leite Lopes, entre 2009 e 2011, na Maré, maior conjunto de favelas da cidade do Rio de Janeiro. Composta por dezesseis favelas com diferentes modalidades de habitação (barracos de madeira, palafitas, casas de alvenaria, conjuntos habitacionais favelizados, morro, entre outros), era, conforme dados da Prefeitura do Rio, o sétimo maior bairro e a primeira favela em número de moradores, com uma população estimada em 113.807 pessoas.[7] A primeira ocupação de seu espaço se deu pelo atual Morro do Timbau, em 1940, e a formação da favela mais recente, Salsa e Merengue, havia se iniciado em 2000.

São três as características da Maré especialmente importantes para a pesquisa de Lopes (2011, 2019, 2021) que queremos retomar aqui. A primeira se refere à localização próxima a três vias expressas — é cortada pela Linha Amarela e margeada pela Linha Vermelha e pela avenida Brasil. Não se trata de mera peculiaridade descritiva do território: em termos sociológicos, indica grande possibilidade de trânsito/acesso para moradoras, moradores e visitantes, dado que essa localização garante oferta relativamente diversificada de recursos e rotas de mobilidade pela Região Metropolitana do Rio de Janeiro. Além disso, a própria região da cidade onde o conjunto de favelas se encontra, na zona norte/Leopoldina, ou seja, próxima à área central, garante menor custo nesse trânsito se comparado a outros bairros populares das zonas norte ou oeste.

Ao longo de todo o seu território, o Conjunto da Maré conforma-se também pela presença permanente de quatro grupos armados, com diferentes graus de conflito e disputa entre si: três "facções" — Amigos dos Amigos (ADA), Comando Vermelho (CV) e Terceiro Comando Puro (TCP) — e uma "milícia". Não se pode omitir, ainda, a existência de ações militares, mais ou menos cotidianas, em determinados momentos, por parte das polícias militar e civil do estado do Rio de Janeiro. Isso

---

7 Segundo o Censo Populacional da Maré, realizado pela organização local Rede da Maré entre 2012 e 2013, a população total é de 139.073 pessoas. Já segundo o Censo do IBGE de 2010, são 129.770 habitantes.

implica não apenas a possibilidade de eclosão de trocas de tiros entre esses grupos em disputa, mas, de maneira correlata, o desenvolvimento de uma leitura das moradoras e dos moradores acerca das melhores formas e espaços de circulação, tendo em vista minorar riscos à sua vida.

Para pensar as dinâmicas de circulação pela favela, a noção de "sociabilidade violenta" (Machado da Silva, 2008) permitiu a Lopes (2011; 2019; 2021) compreender não apenas interações, práticas e mecanismos relacionados aos atores diretamente engajados na violência armada e no comércio de drogas, como também observar a existência de cálculos e avaliações em torno da dimensão do risco e da expectativa de violência por parte de todas e todos. Em diálogo com essa referência, Lopes examinou algumas dinâmicas de circulação pela favela marcadas por uma, ainda que difusa, expectativa de violência e, como resposta a isso, a elaboração de "estratégias de evitação" (sobretudo relativas à presença do tráfico armado de drogas, mas não só). Evitar carinhos em público, em locais próximos a bocas de fumo e/ou outros espaços com grande concentração de traficantes, manter algum controle sobre performances de gênero que escapem das convencionalizadas, particularmente para homens gays ou bissexuais,[8] isto é, "evitar dar pinta", era especialmente indicado por interlocutoras e interlocutores. No entanto, tais estratégias de circulação, como apontado em diferentes pesquisas (Machado da Silva, 2008; Mattos, 2014), não são específicas da população LGBTI+, mas características da própria sociabilidade violenta. De igual maneira, considerando que a expectativa da violência é um elemento que conforma as subjetividades e as experiências das sexualidades dissidentes, podemos concluir que tais antecipações não são marcas exclusivas desses territórios, mas operadas, em diversos momentos e espaços, por pessoas LGBTI+ em seus percursos de ocultamento/revelação de sua dissidência.

Apesar disso, o acionamento da estratégia de "evitação" não exclui outras possibilidades: práticas de "transgressão" estão presentes e se combinam com a expectativa de violência. As interlocutoras e os interlocutores dominam um código "do que dá e o que não dá pra fazer", em diferentes momentos e espaços da favela. Eram narrados a Lopes, por

---

8 Evidencia-se, a partir disso, um diálogo com a questão da visibilidade diferenciada entre a homossexualidade masculina e a feminina em Rio das Pedras, conforme indicado por Aguião (2007).

exemplo, encontros afetivo-sexuais estabelecidos em espaços públicos, a "proteção especial" dada por determinado "dono da favela" às travestis ou os momentos no baile funk local em que agenciamentos estratégicos possibilitavam maior liberdade a seus movimentos. O sentimento de risco/perigo não é o único definidor de tais relações e conjuga-se com determinado prazer em sua transgressão (Lopes, 2021). Portanto, ainda que não tão numerosos, foi possível ouvir diferentes relatos sobre outras relações — que não a de evitação ou de violência — em suas interações com atores envolvidos com o tráfico de drogas. Além disso, como indicado por Aguião (2007), a partir de Rio das Pedras, na pesquisa de Lopes (2011) também se observou o mesmo tipo de mobilização da categoria "respeito" para qualificar o modo de circulação pelo espaço, articulado não apenas em relação à violência, mas também em razão de negociações familiares específicas.

A Maré se caracteriza, além disso, pela expressiva presença e atuação de ONG (locais e externas) e de "projetos sociais" em seu território, proporcionando a moradoras e moradores uma variada oferta de serviços, oportunidades e possibilidades próximas a suas residências — sobretudo se pensarmos em relação a bairros mais distantes e outros subúrbios da cidade. Nesse sentido, olhar para o conjunto de favelas da Maré permite discutir a própria noção que comumente compreende favelas como espaços abandonados e desprovidos de políticas de assistência e/ou outros equipamentos sociais.[9] Em Lopes (2011), são explorados os impactos desses tipos de projeto social a partir das duas redes de jovens etnografadas, sugerindo a ressonância da participação ou não nessas ações em seus processos de subjetivação e na assunção/ emergência de um sujeito coletivo específico, o LGBT morador de favela.

Pensando as duas pesquisas aqui enquadradas comparativamente, se em 2006-2007 ainda pareceria incipiente uma tematização/politização ancorada em identidade sexual ou identidade de gênero, como discutido em Aguião (2007), já na passagem da primeira para a segunda década dos anos 2000, na etnografia desenvolvida por Lopes (2011),

---

9 Além de ONG e projetos, é oportuno destacar a vizinhança com a Universidade Federal do Rio de Janeiro (UFRJ) e com a Fundação Oswaldo Cruz (Fiocruz), cuja proximidade também garante uma série de serviços e ações como parte da atuação das duas instituições.

observa-se um discurso em fase de consolidação. Nesse período, foi possível acompanhar, na Maré, a organização de uma rede de pessoas em torno daquele que viria a ser conhecido como "o primeiro grupo de LGBT moradores de favela do Brasil".

Nos primeiros movimentos de estruturação e organização do grupo, destacamos dois aspectos. O primeiro é a já mencionada estratégia de *evitação* como forma de circulação no espaço da favela, bem como o acionamento dela como eixo articulador no processo de autoconstituição do sujeito político "LGBT morador de favela". Havia, na produção dos discursos da rede de pessoas acompanhadas, a sobrevalorização dessa dimensão como estratégia de organização política do grupo. Ser "LGBT de favela", portanto, é temer a violência e operar com estratégias diante disso todo tempo — apesar de, como indicado anteriormente, as leituras, as negociações e os agenciamentos serem mais diversos na prática.

Outro aspecto mencionado com regularidade, dialogando com experiências mais amplas de "moradores de favelas", é o relato/denúncia do "preconceito" que vivenciam fora da favela. Não obstante os relatos de violência intraterritório, seus enunciados indicam as assimetrias que envolvem a relação com outras/os moradoras/es da cidade. Pontuam-se o "medo" e o "distanciamento" nutridos contra elas e eles, em razão da criminalização da favela e das suas e dos seus habitantes, bem como sua desqualificação moral, intelectual e profissional, apontando para o senso comum que subalterniza os sujeitos que residem em tais territórios.

Nessa direção, diferentemente de Aguião, que não tinha entre suas interlocutoras e interlocutores pessoas engajadas em movimentos sociais, uma das redes que Lopes acompanhou reunia-se também em torno da organização desse grupo. Além disso, ainda que não se encontrassem ao redor de um grupo ou coletivo, os jovens identificados como parte da outra rede, em razão de suas trajetórias em projetos sociais, articulavam com grande desenvoltura as discussões correntes a partir dos movimentos sociais dedicados a questões LGBTI+, segurança pública e violência urbana. O que vale destacar, no entanto, é que a temática racial se apresentava de maneira muito lateral em suas falas — quase sempre enquadradas a partir de orientação sexual, identidade de gênero e território.

Em torno dessas questões e, como Aguião, impactado por determinado segmento no campo de estudo das relações raciais, Lopes observou, a partir de sua etnografia, o recurso a categorias não "fixas" na autoclassificação de parte das interlocutoras/es, mas, de igual maneira, o delinear de uma relação de maior afirmação e identificação racial entre negros. Era possível, assim, reconhecer, em diálogo com as agendas políticas com que mantinham maior ou menor intimidade, a adesão à afirmação de si como negros/as, ainda que, naquela ocasião, Lopes não tenha acompanhado os desdobramentos desse aspecto. Naquele trabalho, muito impactado pela leitura de Moutinho (2006), o antropólogo ainda se dedicou, a partir de um dos seus interlocutores, Lucas, a examinar o acionamento de características raciais em salas de bate-papo na internet e em sua circulação por "boates GLS" da cidade.

Diálogos em distintos planos

A fim de compreendermos a elaboração discursiva de uma agenda coletiva para a atuação política, é necessário pensar de que maneira tais construções inscrevem-se no cenário mais amplo do movimento LGBT brasileiro, conforme observado por Aguião (2016; 2018a) e Lopes (2011). Além das características apontadas há pouco, a ênfase na "especificidade" da experiência como "LGBT morador de favela" é realizada em marcado contraste com o "gay classe média" que comporia a maior parte do movimento LGBT institucionalizado. Essa distinção, por oposição, tem eficácia não apenas como mecanismo de mobilização e formação da identidade do novo grupo, mas também no sentido de ganhar um espaço político próprio. No contexto das disputas internas que marcam o movimento, tomar para si o domínio da experiência de "LGBT favelado" empresta legitimidade e garante a delimitação de um lugar no campo da "política LGBT". Como já mencionado, o grupo acompanhado na favela da Maré tornou-se o primeiro grupo LGBT reconhecido como sendo formado por moradores de favelas no Brasil.

Em uma fala no 1º Seminário Regional Sudeste sobre IST, HIV/aids e Hepatites Virais para a População de Travestis e Transexuais Moradores de Favelas, realizado em 2009, a presidenta do grupo disse:

A gente ainda não é reconhecido, as pessoas acham que a gente é um bando de maluco e que só está fazendo figuração. É nítido! Existe no Rio de Janeiro o Fórum LGBT. São trinta organizações não governamentais. Cadê elas? Só tem quatro instituições presentes aqui. É nítido. Não preciso nem muito falar, entendeu? Porque é nítido que tão boicotando. É uma temática que o movimento não tem interesse. Não tem interesse por quê? Porque não somos intelectuais, entendeu? Só que a gente tem que desconstruir.

Diante desse aspecto, é interessante retomarmos a discussão de Valladares (2005) sobre os três dogmas que marcariam os discursos acerca das favelas: (i) sua especificidade ante outros bairros populares; (ii) sua homogeneidade interna; e (iii) ser o *locus* da pobreza. A partir dessas elaborações, é oportuno refletirmos: qual é a produtividade dos dogmas? Como e com quais recursos são acionados? O que se observa como resultado da oposição constituída e constituidora do grupo aqui tratado é o acionamento desses dogmas. Existe algo de específico na favela que o movimento LGBT não daria conta, visto que este, sendo originário da classe média, não o (re)conhece. Esse elemento particular, como foi possível observar, é justamente como a pobreza das favelas se manifesta e de que maneira isso é vivido por moradoras e moradores. Por fim, através da constante referência ao jargão "comunidade", a favela é produzida discursivamente como uniforme, coesa e homogênea, visto que parece existir uma experiência comum a quem mora nas favelas e é LGBT.[10] Assim, se o grupo produz um discurso de questionamento do ator político LGBT estabelecido como forma de conquistar um espaço no interior daquele movimento, por outro lado acionará um discurso homogeneizante desse outro personagem, dessa outra identidade agregada que é atribuída a seus militantes e a seu "público-alvo".

Tal articulação tem eficácia no sentido de ampliar a participação desse grupo em diferentes espaços de disputa para a "população LGBT". Esse tipo de "denúncia" conforma-se como um dispositivo para a organização do grupo, para a sua constituição como ator relevante e, ao mesmo tempo, fortalece a motivação para o engajamento dos sujeitos no campo.

---

10 Para saber mais sobre os agenciamentos em torno da categoria "comunidade", conferir Birman (2008).

Esse estilo de retórica opera como um meio de limitar um campo de atuação, de reconhecimento e legitimação na cena política LGBTI+.

Por fim, voltamos a chamar a atenção para o contexto mais amplo do pano de fundo dessas movimentações. Fazemos menção, particularmente, às inflexões institucionais notadas, a partir dos anos 2000, no âmbito das questões relacionadas a gênero, sexualidade e raça no Brasil. Se olharmos para iniciativas localizadas em diferentes esferas de governo, é na virada para os anos 2000 que se verifica um progressivo deslocamento das questões de saúde e expansão para outras direções relacionadas à garantia de direitos humanos em sentido mais amplo, porém com maior enfoque ao combate à violência. Cabe considerar que tais desenvolvimentos estão ligados também à emergência dos direitos sexuais como direitos humanos no plano de convenções internacionais de direitos.[11] Para as temáticas aqui enfatizadas, é especialmente importante o impacto da conferência realizada em Durban em 2001.[12]

No entanto, voltando-nos para o contexto brasileiro, podemos citar brevemente alguns marcos desses câmbios. Em 2001, foi criado o Conselho Nacional de Combate à Discriminação (CNCD). Em 2002, foram lançados a segunda versão do Programa Nacional de Direitos Humanos (PNDH) e o Programa Nacional de Ações Afirmativas (PNAA). Em 2003, foram criadas a Secretaria de Políticas para a Igualdade Racial (Seppir) e a Secretaria de Políticas para as Mulheres (SPM). Em 2004, foi realizada a I Conferência Nacional de Políticas para as Mulheres e lançado o programa federal Brasil Sem Homofobia. Em 2005, aconteceria a I Conferência Nacional de Promoção Igualdade Racial. Em 2007, o I Seminário Nacional de Segurança Pública e Combate à Homofobia, promovido pela Secretaria Nacional de Segurança Pública em parceria com a Associação Brasileira de Lésbicas, Gays, Bissexuais, Travestis, Transexuais e Intersexos (ABGLT). Em 2008, houve a I Conferência Nacional de Gays, Lésbicas, Bissexuais, Travestis e Transexuais, com a presença do presidente Lula na abertura. Em 2009, foi a vez do lançamento do Plano Nacional de

---

11 Ver: Vianna & Lacerda (2004); Carrara (2012).

12 Para conhecer mais sobre os desdobramentos da Conferência de Durban, que ultrapassa seu impacto na agenda política e alcança a reflexão intelectual acerca das interseções entre raça e política, ver: *Revista Estudos Feministas*, v. 10, n. 1, 2002.

Promoção da Cidadania e Direitos Humanos LGBT, e, em 2010, foi criado o Conselho Nacional de Combate à Discriminação e Promoção da Cidadania de Lésbicas, Gays, Bissexuais, Travestis e Transexuais (CNCD/ LGBT). Em 2011, aconteceu a II Conferência Nacional LGBT — apenas para citar algumas das iniciativas consideradas emblemáticas que colaboraram para a conformação do cenário que imprimia uma disposição renovada no debate sobre gênero e raça no país.

Notamos, nas diferentes versões desses planos e programas de governo, a incorporação progressiva de sujeitos e direitos, remetendo a um modelo ideal de Estado-nação democrático, que valorizaria a diversidade e estaria em vias de consolidação.[13] Outro ponto que se destaca nesse conjunto de documentos é o inesgotável esforço de indicar o "recorte" das chamadas "especificidades", como notamos nos contextos microlocalizados das favelas aqui abordadas. Durante os anos de trabalho de campo de outra pesquisa de Aguião (2018a), foi possível acompanhar o surgimento e o reforço de inciativas nesse sentido, como o encontro de LGBT moradores de favela ou periferia, de surdos LGBT, a formação da Rede de Negros e Negras LGBT e outras articulações específicas, como a de Travestis e Transexuais Negras da Região Nordeste.

Dessas dinâmicas, decorrem as inevitáveis disputas internas relacionadas à marcação de tais especificidades e por espaço nesse campo político. Por fim, consideramos que nunca é demais lembrar a dimensão relacional desses processos, que indica que a "inclusão" ou a atribuição de determinado estatuto a algo ou alguém implicará sempre atos correlatos de exclusão ou deslegitimação (Shore & Wright, 1997, p. 6). Logo, processos de construção de políticas e formação de Estado implicam a produção e a delimitação de quem são as suas cidadãs e os seus cidadãos e, de modo correlato, daquelas e daqueles que não o são, daquelas/ es que não são adequadas/os para determinada projeção ou ideia de Estado com a qual se está operando.

13 Nossa abordagem sobre processos contemporâneos de formação de Estado inspira-se nas formulações de Abrams (1988) a respeito do Estado-sistema e do Estado-ideia. Compreendemos assim que "o Estado" como substância dotada de coerência e unidade conforma uma poderosa abstração, efeito de processos de representação, regulação, práticas e técnicas burocráticas que criam a ilusão do Estado como entidade abstrata e apartada. Esse processo é chamado de "efeito de Estado" por Mitchell (2006).

Considerações finais

Para desenvolvimentos futuros, permanece, dessas experiências de pesquisas, o potencial de olhar para microrrelações que podem oferecer aportes para a reflexão sobre debates mais amplos a respeito da maneira como marcadores sociais da diferença intersectam vivências cotidianas e são constituídos mutuamente a partir de dinâmicas diversas de fixação de diferenças e diferenciações. Dois anos após a pesquisa em Rio das Pedras, em 2009, voltamos a encontrar algumas moradoras e alguns moradores daquela favela que consolidavam ou iniciavam trajetórias de militância na prevenção ao HIV/aids e/ou no ativismo LGBT. Naquele ano, um de nós iniciava outro projeto de pesquisa voltado para a compreensão dos processos sociais e políticos que tornaram possíveis o surgimento e o reconhecimento do que se convencionou chamar de "população LGBT" pelo governo brasileiro (Lopes, 2011; Aguião, 2018a; 2018b).

O *boom* de iniciativas voltadas a esse "novo" sujeito político que observamos no Brasil durante o período entre 2004 e 2013 tornaria necessário o olhar detido para as disputas internas quanto às identidades que conformam essa coletividade, as quais articulam marcadores como classe, local de moradia, origem regional, raça, religião, entre outros, não apenas como forma de descrever e reconhecer grupos e experiências sociais específicas, mas também como capital político-simbólico na disputa por legitimidade e "melhor" representação dentro do campo das "políticas LGBT". Com a retomada das duas investigações — aqui realizada de maneira sumária —, procuramos chamar atenção para alguns desses aspectos.

No âmbito acadêmico, a discussão que conjuga diversidade sexual e de gênero e territórios de favela e periferias aos poucos ganha mais espaço. Se, como dissemos no início deste capítulo, tínhamos poucas referências em diálogo quando desenvolvemos as nossas pesquisas, hoje temos um campo mais diversificado. Alguns dos trabalhos a que tivemos acesso, posteriormente aos nossos, são: Medeiros (2006), Pinho (2007), Simões, França & Macedo (2010), Lobato, (2011), Perilo (2012; 2017), Carvalho-Silva (2012), Villani (2015), Reis (2017), Zanoli (2020), França & Ribeiro (2020), Ribeiro (2021). Para mencionar alguns aspectos significativos dessas novas produções, vejamos dois dos mais recentes desses trabalhos. Zanolli (2020) acompanha o processo de um grupo "LGBT de periferia" que, na primeira década dos anos 2000, passa a se reconhecer e se afirmar como um "coletivo LGBT, negro e periférico" e atua a partir de um "enquadramento político que valoriza o combate a todas as formas de opressão". Já Ribeiro (2021) se debruça sobre as relações entre produção cultural e ativismo que, por volta de 2010, começam a conformar uma "cena preta LGBT" na cidade de São Paulo e forjam a categoria "negros LGBT" na capital paulista.

Os deslocamentos acadêmico-políticos observados nos últimos anos vêm expandindo a compreensão sobre a necessidade de atentar para os múltiplos processos de diferenciação operados por meio de clivagens de gênero, sexualidade, raça, etnia, geração, religião, território etc. À medida que se conformam condições de privilégio/precariedade, somente a partir de uma renovada perspectiva interseccional — que enfim parece ganhar maior visibilidade e adesão pública — é possível se aproximar da compreensão dos mecanismos estruturais de produção e persistência de desigualdades. Uma das vantagens dos bons registros etnográficos é o fato de eles sempre permitirem que nós os revisitemos e, por meio de outras miradas, lancemos luz sobre aspectos que não estavam evidentes em outro(s) contexto(s). Ao mesmo tempo, também pode acontecer de questões muito iluminadas em momentos anteriores perderem relevância. O desenvolvimento de novas investigações em torno de cruzamentos próximos aos que desenhamos anos atrás enriquece as possibilidades de compreensão da complexidade que envolve processos de subjetivação de grupos específicos e a emergência e a consolidação de outros sujeitos políticos. Para nós, evidencia a força e a importância acadêmica e política do investimento a partir dos temas em questão.

Referências

ABRAMS, Philip. "Notes on the Difficulty of Studying the State (1977)". *Journal of Historical Sociology*, v.1, n. 1, 1988, p. 58-89.

AGUIÃO, Silvia. *"Aqui nem todo mundo é igual!": cor, mestiçagem e homossexualidades numa favela do Rio de Janeiro*. Dissertação (Mestrado em Saúde Coletiva). Rio de Janeiro: Universidade Estadual do Rio de Janeiro, 2007.

AGUIÃO, Silvia. "'Sapatão não! Eu sou mulher de sapatão!'. Homossexualidades femininas em um espaço de lazer do subúrbio carioca". *Revista Gênero* — Nuteg, v. 9, n. 1, 2008, p. 293-310.

AGUIÃO, Silvia. "Cenas da circulação: fragmentos de uma etnografia sobre homossexualidade, gênero, cor e mestiçagem em uma favela do Rio de Janeiro". *Sexualidad, Salud y Sociedad — Revista Latinoamericana*, n. 9, dez. 2011.

AGUIÃO, Silvia. *"Fazer-se no 'Estado": uma etnografia sobre o processo de constituição dos "LGBT" como sujeitos de direitos no Brasil contemporâneo*. Tese (Doutorado em Ciências Sociais). Campinas: Unicamp, 2014.

AGUIÃO, Silvia. "'Não somos um simples conjunto de letrinhas': disputas internas e (re)arranjos da política LGBT". *Cadernos Pagu*, n. 46, 2016.

AGUIÃO, Silvia. "Quais políticas, quais sujeitos? Sentidos da promoção da igualdade de gênero e raça no Brasil (2003-2015)". *Cadernos Pagu*, n. 51, 2017.

AGUIÃO, Silvia. *Fazer-se no "Estado": uma etnografia sobre o processo de constituição dos "LGBT" como sujeitos de direitos no Brasil contemporâneo*. Rio de Janeiro: EdUERJ, 2018a.

AGUIÃO, Silvia. "A delegação e a crença no Estado. Dinâmicas da participação social e a constituição da população LGBT no governo brasileiro". *Revista Ambivalências*, v. 6, n. 12, jul./dez., 2018b, p. 47-73.

AGUIÃO, Silvia; VIANNA, Adriana & GUTTERRES, Anelise. "Limites, espaços e estratégias de participação do movimento LGBT nas políticas governamentais". *In*: LEITE LOPES, José Sergio & HEREDIA, Beatriz (org.). *Movimentos sociais e esfera pública — O mundo da participação: burocracias, confrontos, aprendizados inesperados*. Rio de Janeiro: CBAE, 2014.

ALVITO, Marcos. *As cores de Acari: uma favela carioca*. Rio de Janeiro: Editora FGV, 2001.

BIRMAN, Patrícia. "Futilidades levadas a sério: o candomblé como linguagem religiosa do sexo e do exótico". *In*: VIANNA, Hermano (org.). *Galeras cariocas: territórios de conflitos e encontros culturais*. 2 ed. Rio de Janeiro: Editora UFRJ, 2003, p. 224-42.

BIRMAN, Patrícia. "Favela é comunidade?". *In*: MACHADO DA SILVA, Luiz Antônio (org.). *Vida sob cerco: violência e rotina nas favelas do Rio de Janeiro*. Rio de Janeiro: Nova Fronteira, 2008.

BURGOS, Marcelo B. "Favela, cidade e cidadania em Rio das Pedras". *In*: BURGOS, Marcelo B. (org.). *A utopia da comunidade: Rio das Pedras, uma favela carioca*. Rio de Janeiro: PUC-Rio/Loyola, 2002.

CARRARA, Sérgio. "Políticas e direitos sexuais no Brasil contemporâneo". *Bagoas — Estudos Gays: Gêneros e Sexualidades*, v. 4, n. 5, 2010.

CARRARA, Sérgio; AGUIÃO, Silvia; LOPES, Paulo Victor Leite & TOTA, Martinho. *Retratos da Política LGBT no Estado do Rio de Janeiro*. Rio de Janeiro: Cepesc, 2017.

CARRARA, Sérgio; FRANÇA, Isadora. L. & SIMÕES, Julio A. "Conhecimento e práticas científicas na esfera pública: antropologia, gênero e sexualidade". *Revista de Antropologia*, v. 61, n. 1, 2018, p. 71-82.

CARVALHO-SILVA, Hamilton Harley. "Homossexualidades e consumo na cidade de São Paulo: estratégias de jovens homossexuais masculinos moradores da periferia". *Cadernos Cenpec*, v. 2, n. 2, 2012, p. 89-108.

CECCHETTO, Fátima. "As galeras funk cariocas: entre o lúdico e o violento". *In*: VIANNA, Hermano (org.). *Galeras cariocas: territórios de conflitos e encontros culturais*. Rio de Janeiro: Editora UFRJ, 1997, p. 95-118.

FACCHINI, Regina & FRANÇA, Isadora Lins. *Direitos em disputa: LGBTI+, poder e diferença no Brasil contemporâneo*. Campinas: Editora da Unicamp, 2020.

FACCHINI, Regina; FRANÇA, Isadora Lins & BRAZ, Camilo. "Estudos sobre sexualidade, sociabilidade e mercado: olhares antropológicos contemporâneos". *Cadernos Pagu*, n. 42, 2014, p. 99-140.

FRANÇA, Isadora Lins. "'Cada macaco no seu galho?': poder, identidade e segmentação de mercado no movimento homossexual". *Revista Brasileira de Ciências Sociais*, v. 21, n. 60, 2006.

FRANÇA, Isadora Lins & RIBEIRO, Bruno N. "'Viver, brilhar e arrasar': resistências e universos criativos entre pessoas negras e LGBT+ em São Paulo". *In*: FACCHINI, Regina & FRANÇA, Isadora Lins. *Direitos em disputa: LGBTI+, poder e diferença no Brasil contemporâneo*. Campinas: Editora da Unicamp, 2020.

FRY, Peter. "Da hierarquia à igualdade: a construção histórica da homossexualidade no Brasil". *In*: FRY, Peter. *Pra inglês ver: identidade e política na cultura brasileira*. Rio de Janeiro: Zahar Editores, 1982.

GUIMARÃES, Carmem D. *O homossexual visto por entendidos*. Rio de Janeiro: Garamond/CLAM, 2004.

HEILBORN, Maria Luiza. *Dois é par: gênero e identidade sexual em contexto igualitário*. Rio de Janeiro: Garamond, 2004.

LIMA, Marcia. "Desigualdades raciais e políticas públicas: ações afirmativas no governo Lula". *Novos Estudos — Cebrap*, n. 87, jul. 2010, p. 77-95.

LOBATO, Ana Laura. *Trajetórias afetivas e sexuais entre jovens de periferia, Belo Horizonte*. Dissertação (Mestrado em Antropologia Social). Campinas: Universidade Estadual de Campinhas, 2011.

LOPES, Paulo Victor Leite. *Sexualidade e construção de si em uma favela carioca: pertencimentos, identidades, movimento*. Dissertação (Mestrado em Antropologia Social). Rio de Janeiro: Universidade Federal do Rio de Janeiro, 2011.

LOPES, Paulo Victor Leite. "Religião e política: algumas considerações sobre conflito e posições". *Comunicações do ISER*, v. 69, 2014, p. 80-90.

LOPES, Paulo Victor Leite. *"Homens autores de violência doméstica?": relações de gênero, formas cotidianas de governo e processos de formação de Estado*. Tese (Doutorado em Antropologia Social). Rio de Janeiro: Universidade Federal do Rio de Janeiro, 2016.

LOPES, Paulo Victor Leite. "Corpos, gêneros e subjetividades em disputa: reflexões a partir de um caso de violência em uma favela do Rio de Janeiro". *Cadernos Pagu*, n. 55, 2019.

LOPES, Paulo Victor Leite. "Entre las violencias ocurridas y las esperadas: anticipaciones, estrategias de evitación y otras negociaciones en la circulación de jóvenes no heterosexuales en una favela de Río de Janeiro". *In*: PARRINI, Rodrigo & TINAT, Karine (org.). *El sexo y el texto. Etnografías y sexualidad en América Latina*. Cidade do México: El Colegio de Mexico, 2021.

MACHADO DA SILVA, Luiz Antonio. "A continuidade do 'problema favela'". *In*: OLIVEIRA, Lúcia Lippi (org.). *Cidade: história e desafios*. Rio de Janeiro: Editora FGV, 2002.

MACHADO DA SILVA, Luiz Antonio (org.). *Vida sob cerco: violências e rotinas nas favelas do Rio de Janeiro*. Rio de Janeiro: Nova Fronteira, 2008.

MATTOS, Carla dos Santos. *Viver nas margens: gênero, crime e regulação de conflitos*. Tese (Doutorado em Ciências Sociais). Rio de Janeiro: Universidade Estadual do Rio de Janeiro, 2014.

MEDEIROS, Camila P. *Mulheres de Kêto: etnografia de uma sociabilidade lésbica na periferia de São Paulo*. Dissertação (Mestrado em Antropologia Social). Rio de Janeiro: Universidade Estadual do Rio de Janeiro, 2006.

MITCHELL, Timothy. "Society, Economy and the State Effect". *In*: SHARMA, Aradhana & GUPTA, Akhil (org.). *The Anthropology of the State: A Reader*. Nova Jersey: Blackwell, 2006.

MOUTINHO, Laura. "Considerações sobre violência, gênero e cor em Rio das Pedras". *In*: BURGOS, Marcelo Baumann (org.). *A utopia da comunidade: Rio das Pedras, uma favela carioca*. Rio de Janeiro: Editora PUC-Rio/ Loyola, 2002.

MOUTINHO, Laura. *Razão, "cor" e desejo: uma análise comparativa sobre relacionamentos afetivo-sexuais "inter-raciais" no Brasil e na África do Sul*. São Paulo: Editora Unesp, 2004.

MOUTINHO, Laura. "Negociando com a adversidade: reflexões sobre 'raça', (homos) sexualidade e desigualdade social no Rio de Janeiro". *Revista Estudos Feministas*, v. 14, n. 1, 2006.

MOUTINHO, Laura. "Diferenças e desigualdades negociadas: raça, sexualidade e gênero em produções acadêmicas recentes". *Cadernos Pagu*, n. 42, 2014.

MUNIZ, Jacqueline de Oliveira. *"Mulher com mulher dá jacaré": uma abordagem antropológica da homossexualidade feminina*. Dissertação (Mestrado em Antropologia Social). Rio de Janeiro: Universidade Federal do Rio de Janeiro, 1992.

OLIVEIRA, Leandro de. *Gestos que pesam: performance de gênero e práticas homossexuais em contexto de camadas populares*. Dissertação (Mestrado em Medicina Social). Rio de Janeiro: Universidade Estadual do Rio de Janeiro, 2006.

PERILO, Marcelo. *Eles botam o bloco na rua! Uma etnografia em espaços de sociabilidades juvenis*. Dissertação (Mestrado em Antropologia Social). Goiânia: Universidade Federal de Goiás, 2012.

PERILO, Marcelo. *"Rolés", "closes" e "xaxos": uma etnografia sobre juventude, (homo)sexualidades e cidades*. Tese (Doutorado em Ciências Sociais). Campinas: Universidade Estadual de Campinas, 2017.

PINHO, Osmundo. "A 'Fiel', a 'Amante' e o 'Jovem Macho Sedutor': sujeitos de gênero na periferia racializada". *Saúde e Sociedade*, v. 16, n. 2, 2007, p. 133-45.

RAXACH, Juan Carlos *et al*. *Práticas sexuais e conscientização sobre aids: uma pesquisa sobre o comportamento homossexual e bissexual*. Rio de Janeiro: ABIA, 2007.

REIS, Ramon. "Making Out with the City: (Homo)sexualities and Socio-spatial Disputes in Brazilian 'Peripheries'". *Vibrant*, v. 14, 2017, p. 1-22.

RIBEIRO, Bruno Nzinga. *Afronta, vai, se movimenta! Uma etnografia da cena preta LGBT da cidade de São Paulo*. Dissertação (Mestrado em Antropologia Social). Campinas: Universidade Estadual de Campinas, 2021.

SHORE, Chris & WRIGHT, Susan. "Policy: A new field of anthropology". *In*: SHORE, Chris & WRIGHT, Susan (org.). *Anthropology of Policy. Critical Perspectives on Governance and Power*. Londres: Routledge, 1997.

SIMÕES, Júlio Assis; FRANÇA, Isadora Lins & MACEDO, Marcio. "Jeitos de corpo: cor/raça, gênero, sexualidade e sociabilidade juvenil no centro de São Paulo". *Cadernos Pagu*, n. 35, 2010.

VALLADARES, Licia do Prado. *A invenção da favela: do mito de origem a favela.com*. Rio de Janeiro: Editora FGV, 2005.

VIANNA, Adriana & LACERDA, Paula. *Direitos e políticas sexuais no Brasil: o panorama atual*. Rio de Janeiro: CLAM/IMS, 2004.

VILLANI, Maycon L. *Para não ser uma bicha da favela: uma etnografia sobre corpo, sexualidade e distinção social*. Dissertação (Mestrado em Ciências Sociais). Salvador: Universidade Federal da Bahia, 2015.

VITAL DA CUNHA, Christina & LOPES, Paulo Victor Leite. *Religião e política: uma análise da atuação de parlamentares evangélicos sobre direitos das mulheres e de LGBTs no Brasil*. Rio de Janeiro: Fundação Heinrich Böll/Instituto de Estudos da Religião, 2013.

VITAL DA CUNHA, Christina; LOPES, Paulo Victor Leite & LUI, Janayna. *Religião e política: medos sociais, extremismo religioso e as eleições de 2014*. Rio de Janeiro: Fundação Heinrich-Böll, 2017.

ZALUAR, Alba. "Um debate disperso: violência e crime no Brasil da redemocratização". *São Paulo em Perspectiva*, v. 13, n. 3, 1999.

ZALUAR, Alba & CONCEIÇÃO, Izabel Siqueira. "Favelas sob o controle das milícias no Rio de Janeiro: que paz?". *São Paulo em Perspectiva*, v. 21, n. 2, jul./dez. 2007, p. 89-101.

ZANOLI, Vinícius. *Bradando contra todas as opressões! Ativismos LGBT, negros, populares e periféricos em relação*. Salvador: Editora Devires, 2020.

Fábio Ronaldo Da Silva
Doutor em história pela Universidade Federal de Pernambuco
(UFPE). Professor substituto do curso de publicidade do
Instituto Federal do Amapá (Ifap), campus de Santana. Um dos
organizadores do livro *Páginas da transgressão: a imprensa
gay no Brasil* (O Sexo da Palavra, 2021), dentre outros. Atua em
pesquisas nas áreas de gênero, homossexualidades e velhice,
e no momento realiza pós-doutorado em história pela
Universidade Federal de Campina Grande (UFCG).

Velhices gays nas publicações homoeróticas brasileiras (1978-2013)

Fábio Ronaldo da Silva

Escrituras sobre os corpos velhos

Quem, aos vinte ou trinta anos, por exemplo, ao ver um fio de cabelo branco ou "pé de galinha", não se preocupou e buscou o auxílio de cosméticos "milagrosos" que prometem rejuvenescer ou apagar as marcas do tempo sobre o corpo em algumas semanas? Quem não fica feliz ou tem uma melhora na autoestima quando escuta os famosos comentários "nossa, nem parece que você tem essa idade toda!", ou "tem cinquenta anos, mas com cara e corpinho de 35"? O "apagar" as marcas do envelhecimento no corpo é, também, uma forma de tentar esquecer que o corpo está, sim, perdendo a vitalidade — e que a morte, cedo ou tarde, chegará. Manter-se visualmente jovem, nas últimas décadas, torna-se o imperativo do cotidiano, pois à jovialidade também está atrelada o "estar sendo desejado(a)", e isso movimentará, por exemplo, a medicina gerontológica, as indústrias de cosméticos e de cirurgias plásticas.

A construção da velhice como etapa da vida marcada pela decadência física e pela perda de lugares sociais é forjada no fim do século XIX, com a proposta de ordenar, classificar e separar as populações, como mostra Foucault (1995). O processo de periodização da vida implica um investimento simbólico e um processo biológico universal.

As classificações do mundo social nos remetem à perspectiva antropológica; isto é, estigmas físicos e propriedades biológicas — gênero e idade — servem como critérios de classificação dos indivíduos no espaço social, e, quase sempre, a elaboração de tais critérios está associada à emergência de instituições e de agentes especializados que, com seus saberes, encontram, nessas mesmas definições, o fundamento de suas atividades. As classificações não são de origem "natural", mas elaboradas por um trabalho social de produção de populações em que operam diferentes instituições, segundo critérios juridicamente constituídos, sendo os sistemas escolares, os médicos e os de proteção social os meios comuns e mais estudados. Todo esse processo será nominado por Foucault (1999) com o surgimento da biopolítica, que tem como lógica principal a promoção da vida das pessoas. Dessa forma, busca-se garantir a eficiência do capitalismo, criando várias disciplinas para o adestramento dos corpos dos indivíduos e multiplicando os mecanismos de incitação para uma vida sempre produtiva.

Ao discorrermos sobre velhice e envelhecimento, não podemos levar em consideração apenas a idade cronológica — visto que a velhice, bem como a infância, são construções históricas e sociais. Torna-se importante atentarmos, ainda, para as questões sociais, econômicas e históricas com o intuito de compreender de que maneira essa categoria se diferencia[1] de outras e ganha contornos próprios em dado momento histórico, tornando-se um "problema social" causado não pelo mau funcionamento da sociedade nem pelo aumento do número de pessoas idosas, como sugere a noção de "envelhecimento demográfico", usada para justificar o interesse social pela questão, mas pela construção da velhice como objeto de um discurso científico — o gerontológico —, o qual passou a administrar os assuntos relativos ao envelhecimento e à velhice. O campo científico formado por médicos, psicólogos e cientistas sociais é responsável pelo uso das maquinarias discursivas que contribuíram na e para as representações que a sociedade possui sobre a velhice, visto que se apoiam na gerontologia, como disciplina científica, para definir a velhice.

Quando outras ideias sobre a velhice são instituídas no Brasil no começo do século XX,[2] o surgimento de mecanismos burocráticos, disciplinares e institucionais representava uma reviravolta bastante

---

1 Podemos citar aqui três práticas da diferenciação que vai distinguir a velhice das outras idades cronológicas: o saber médico (geriátrico e gerontológico), a institucionalização da aposentadoria e da pensão como um direito social e o aparecimento dos asilos para velhos.
2 Nos anos 1920, a velhice era vista de três formas: prematura (ocasionada por erros e negligências cometidas diariamente pelos mais jovens); repentina (gerada por alguma doença); e, por fim, a normal (que era considerada

significativa nos rumos da velhice até então, pois tais mecanismos passavam a evidenciar como a velhice se tornava alvo de diversas pesquisas institucionais e como foi sendo moldada por essas práticas.

A problemática apresentada aqui consiste em investigar e questionar como foram construídas as imagens dos homossexuais velhos pelas principais publicações voltadas ao público gay no Brasil, quais sejam *Lampião da Esquina*, *Sui Generis* e *G Magazine*, com período de circulação entre 1978 e 2013.[3] Problematizamos os conceitos de velhice apresentados nessas publicações, visto que, mesmo com propostas editoriais diferentes, as três são voltadas para um público gay[4] que aprecia, acima de tudo, homens jovens, viris, musculosos, bonitos, e trazem, em menor número, matérias sobre as *bichas velhas*.[5]

É importante e urgente trazer essa discussão devido à inexistência de políticas públicas voltadas para LGBTQIAP+ no Brasil, além do que a prática heteronormativa possibilita a invisibilidade da velhice dessa população. Com receio de vivenciar situações de preconceito, muitas pessoas não heterossexuais afirmam que não informam sua

---

como natural, pois só ocorria quando se alcançava o apogeu físico e mental) (Sant'anna, 2014).

3 O recorte temporal vai do lançamento da primeira edição do *Lampião da Esquina*, em 1978, ao da última edição da *G Magazine*, em 2013.

4 Mesmo trazendo conteúdo para o público gay, sabemos que outros grupos consumiam esses jornais e revistas, mas, durante muitas décadas, parte deles foi invisibilizada. A sigla, que antes era apenas GLS, foi sendo reformulada para ser mais inclusiva até chegar em LGBTQIAP+ (lésbica, gay, bissexual, transgênero, transexual, travesti, *queer*, intersexuais, assexuais, pansexuais e mais).

5 Henning (2014) faz um mapeamento de outros adjetivos, quase sempre depreciativos, que servirão para nomear e posicionar socialmente os gays velhos. É importante perceber que esses termos inventados entre os gays para dizer que estão velhos não se detêm apenas à idade cronológica; dizem respeito também à velhice simbólica, que estará marcada no corpo, no rosto e nos cabelos, que se mostrarão grisalhos, ralos ou quase inexistentes. Situações de solidão e/ou abandono, amargura, feminilização e desvalorização social são atribuídas às *tias*, às *mariconas*, às *bichas velhas* e às *cacuras,* que não são eroticamente desejáveis por serem consideradas desleixadas com o corpo e com as vestimentas, enquanto os termos "coroa", "*daddy*", "paizão" e "tiozão" simbolizarão homossexuais dotados de boa forma, valorização sexual, pessoas másculas, viris e cujas marcas do tempo não estão explicitamente visíveis no corpo.

orientação sexual ou identidade de gênero para profissionais de saúde por medo de o/a médico/a ou enfermeiro/a prestar atendimento diferenciado que possa afetar a qualidade do cuidado (Salgado *et al.*, 2017; Silva & Ferret, 2019).

Corpos invisíveis/corpos visíveis

O *Lampião da Esquina* surgiu em 1978 e foi produzido por jornalistas, artistas e intelectuais questionadores da moral vigente.[6] O jornal tinha formato tabloide, contendo vinte páginas ilustradas com desenhos, caricaturas e fotografias. Das 38 edições do *Lampião*, poucas fizeram menção às "mariconas" ou à velhice. Não existe nenhuma matéria específica que vá discorrer sobre o assunto, e tal tema aparece de soslaio, seja através de cartas (na seção "Troca-troca"), enquetes ou comentários sobre filmes (com personagem gay idoso), ou matérias que mencionam a velhice. Foram, no total, quinze as matérias de diferentes edições do periódico nas quais os assuntos "velhice" ou "os velhos" foram mencionados: doze missivas de rapazes mais jovens que buscavam um homem mais velho para "chamar de seu", duas cartas nas quais leitores mais velhos se posicionavam sobre determinado tema ou sobre a ausência de publicidade voltada ao público com mais idade. Antes de analisarmos algumas matérias do periódico, é necessário contextualizar de que maneira a velhice era percebida no país entre as décadas de 1960 e 1980.

Muitos estudiosos dessa fase da vida passaram a desenvolver pesquisas com pessoas gays e lésbicas por acreditarem na insuficiência das investigações sobre o denominado "envelhecimento heterossexual". A pesquisa considerada marco fundador com esse grupo foi realizada na década de 1960 pelo sociólogo estadunidense Martin S. Weinberg, que já destacava a existência de uma invisibilidade dos gays idosos dentro da comunidade homossexual nos Estados Unidos. Apesar da existência de estudos sobre o envelhecimento de gays, lésbicas, transgêneros e transexuais, muitos

6 Para mais informações, consulte o artigo de Fábio Henrique Lopes (p. 555-74) neste volume.

serão considerados mais como "sensibilidades gerontológicas" do que propriamente uma linha de pesquisa da gerontologia (Henning, 2014).

A gerontologia, enquanto campo de investigação científica, focará os processos fisiológicos do envelhecimento e o prolongamento da vida através de tratamentos e intervenções médicas. Assim, no Brasil, em 1961, é criada no Rio de Janeiro a Sociedade Brasileira de Geriatria e Gerontologia (SBGG), uma das primeiras entidades no país a se dedicar exclusivamente aos temas velhice e envelhecimento. No seu início, a SBGG possuía duas preocupações: a primeira com o saber relativo a institucionalização, profissionalização e divulgação das práticas oferecidas à sociedade, e a segunda com a busca por políticas públicas direcionadas ao bem-estar dos idosos.

Na década de 1970,[7] ocorreram significativos direcionamentos com relação à velhice. Em 1975 surgiu, por iniciativa do Instituto Nacional de Previdência Social (INPS), o Programa de Assistência ao Idoso (PAI), que consistia na organização e na implementação de grupos de convivência para idosos previdenciários nos postos de atendimento do INPS. No ano de 1976, foram realizados em São Paulo, Belo Horizonte e Fortaleza seminários regionais para se debater a questão da velhice e "apresentar as linhas básicas de uma política de assistência e promoção social do idoso", culminando no seminário nacional que ocorreu em Brasília. Tais seminários foram realizados com o apoio do então ministro da Previdência e Assistência Social, Luiz Gonzaga do Nascimento e Silva. Após a reforma da Previdência, ocorrida em 1977, foi criado o Sistema Nacional de Previdência e Assistência Social (Sinpas), sendo a Fundação Legião Brasileira de Assistência (LBA) a responsável pelo atendimento ao idoso em todo o país.

Esses programas, leis, decretos e portarias tinham como meta atingir todos os idosos, independentemente de orientação sexual, gênero ou etnia. Mas, se nos centrarmos em um veículo de comunicação voltado para os homossexuais, em específico, como esses velhos serão mostrados e percebidos? Como o *Lampião* vai se apropriar desse saber e de que forma esse tema aparecerá nos textos publicados?

---

7 Será nessa década que o tema velhice passa a ser bastante estudado no meio acadêmico. Na Universidade Estadual de Campinas (Unicamp), de acordo com Goldstein (2001), podem ser encontradas cerca de trezentas dissertações falando sobre esse assunto no período de 1975 a 1999.

Em meio a matérias e artigos na edição zero, também chamada de experimental, que mostravam a necessidade de um jornal que desse visibilidade a diferentes grupos subalternizados, temos uma matéria assinada por Adão Costa — membro do corpo editorial do periódico — na seção "Tendências", intitulada "Ritual da amizade na TV", refletindo sobre a dificuldade de falar de forma séria sobre a homossexualidade na televisão, sendo a sétima arte um dos espaços em que o tema será abordado com certa regularidade. O jornalista cita alguns filmes, como *O Pecado de Todos Nós* (1967), também conhecido como *Reflexos de um Olho Dourado*, *Mulheres Apaixonadas* (1969) e *Morte em Veneza* (1971), este último sobre o qual nos deteremos.

A película de Luchino Visconti é mencionada por Costa por trazer a homossexualidade sem transformá-la em chacota ou ridicularizar os homossexuais. Em poucas linhas, é dito que o filme, adaptação da obra de Thomas Mann, conta a história de um velho escritor viúvo, vivido pelo ator Dick Bogarde, que se apaixona pelo ninfeto Tadzio (Björn Andrésen). A ênfase dada nas poucas linhas que falam do filme é sobre aquele assunto que, para muitos, assusta tanto quanto a morte: a solidão. Ao mencionar a paixão do personagem Gustav von Aschenbach pelo jovem Tadzio, o jornalista poderia ter falado da possibilidade de vivenciar um amor quando na velhice ou o quanto, num corpo velho, pulsa o desejo, por pessoas mais jovens ou não, mas, para Adão Costa, a velhice estava associada à solidão. O amor por Tadzio, que mais tarde se tornaria uma obsessão, faz Gustav, que estava sem inspiração para escrever e melancólico, passar a enxergar o mundo e a vida com o olhar de pessoa apaixonada.

Estudos mostram que a gestão da velhice começa a mudar no Brasil a partir da década de 1970, quando, no período do regime militar, é instituída, por meio de decreto-lei, a renda mensal vitalícia (pensão) para aqueles a partir de setenta anos que estivessem em condição de pobreza e fossem contribuintes da Previdência Social por, no mínimo, doze meses. É também nessa década que o Ministério da Previdência e Assistência Social define uma "política social do idoso", objetivando a implementação de um programa médico-social para essas pessoas. Os discursos que falavam sobre a velhice na imprensa, por exemplo, percebiam-na como um momento de afastamento da vida produtiva, cabendo aos velhos não o desejo, o prazer ou o amor, mas a reclusão ao espaço privado, um discurso recorrente no *Lampião da Esquina* quando o assunto eram os velhos.

Outro filme com personagens homossexuais velhos será mencionado na terceira edição do jornal, na reportagem "A difícil arte de ser guei", a qual relata alguns atores que, cansados de viver personagens sempre parecidos, buscam novos desafios para a carreira. Um deles é Marcello Mastroianni, no filme *Um Dia Muito Especial* (1977), no qual vive um personagem gay que está envelhecendo e tem medo de perder a beleza. Na matéria há, ainda, o relato de Paul Newman, que procura um produtor para um filme no qual ele vive um personagem gay.

Na matéria, Mastroianni diz como pensou na elaboração do personagem, o que, para ele, não foi muito difícil: "Pensei comigo mesmo: sou um homossexual, estou envelhecendo e, portanto, tenho medo de perder a minha juventude e a beleza".[8] Ciente de que se apropria de determinados estereótipos, o ator fala, ainda, que pensou em um personagem que era não efeminado, mas sensível. No filme, que se passa dias antes do início da Segunda Guerra Mundial, Gabriele (Mastroianni) é um jornalista solitário que fora demitido da rádio por ser homossexual e, mesmo gay, acaba se envolvendo com sua vizinha, Antonietta (Sophia Loren). É interessante perceber no discurso do ator o quanto, por ser gay, é importante estar jovem e belo para ser desejado. Estar velho ou ter um corpo estriado é um "direito negado", algo obsceno, que envergonha. O corpo velho não deve ser exibido. Além de ser um bom ator, Mastroianni, que na época do lançamento do filme tinha 53 anos, não era velho, e sim "maduro", por isso ainda estava em cena e interpretaria Gabriele, o qual estava preocupado com o envelhecimento. Marcello era "bem conservado", não aparentando ser tão velho nem apresentando as "impurezas" que a velhice costuma trazer ao corpo humano, como rugas, uma afronta à pele lisa e bela.

A preocupação de embelezar-se e manter um corpo liso e hidratado aos poucos deixou de ser um hábito extraordinário, tornando-se um conforto habitual. De acordo com Sant'Anna (2014), desde a década de 1960 já se realizavam, na Europa, congressos sobre o envelhecimento cutâneo, o que contribuía para a modificação do imaginário quanto à importância de cuidar da pele e evitar as rugas. Nos anos 1960 e 1970, bonitos eram aqueles que não apenas tinham a pele e o cabelo lisos, mas também a barriga pouco "saliente". Como afirma Sant'Anna (2014,

---

8 "Marcelo Mastroianni e Paul Newman ensinam a difícil arte de ser gay", *Lampião da Esquina*, ago. 1978, p. 3.

p. 128), "os mais velhos, para não serem considerados 'quadrados' ou 'coroas', passariam a ser assiduamente estimulados a aderir à moda adolescente". E assim, aos poucos, começam a surgir, no mercado brasileiro, cremes antienvelhecimento que prometiam, além de hidratação, combate ao estresse epidérmico, reposição de colágeno, eliminação de rugas etc. O medo de envelhecer e perder a beleza vivenciado pelo personagem de Mastroianni no filme *Um Dia Muito Especial* não era algo do cinema: fora da ficção, muitas mulheres e homens, independentemente da orientação sexual, também vivenciavam o mesmo dilema de diferentes formas e em diferentes situações.

Em novembro de 1979, na edição dezoito, também na coluna "Esquina", lemos a matéria "Escolha o seu roteiro", com indicações de locais para diversão das *bichas* que estavam de passagem por cidades como Fortaleza — a praia de Iracema, o trecho que vai do Náutico Cearense até o Hotel Beira-Mar, a praça do Ferreira e o Parque Cidade da Criança, dentre outros, onde a "rapaziada" e a "moçada guei" se reuniam para azarar e se divertir; Campo Grande — urbe com poucos locais atrativos, mas é a melhor indicação para aqueles que curtem "a linha bebê Johnson", na qual se tem que ensinar tudo aos "guris"; e Londrina. De acordo com o roteiro sugerido por Pepê Azevedo, apenas em Londrina, na avenida Paraná e no Calabar gueis velhos são percebidos.

O calçadão, de acordo com a matéria, é um local ótimo e bem frequentado, podendo ser encontrada "uma verdadeira miscelânea", "ali se tem taxy-boys, michês muito bem trajados, entendidos discretos, bichas louquíssimas-mulheríssimas, senhores muito discretos, senhoritas idem". E no bar Le Monde, que oferecia música ao vivo para frequentadores "sapatões, bichas pintosas, gente fina e grossa, travestis, cocotos[9] e cocotas, senhores e senhoras, todos se misturando, principalmente às sextas e sábados, sem maiores grilos".

Esses senhores e senhoras frequentavam tais ambientes e, ao contrário das bichas chamativas e pintosas, eram discretos, não queriam chamar a atenção e se divertiam. Essa é a única matéria de *Lampião da Esquina* que não vai questionar a existência das *bichas velhas* naquele espaço de diversão, tampouco chamá-las, implícita e ironicamente, de jurássicas.

---

9 "Cocoto" era uma expressão para identificar pessoas jovens e bem-vestidas (Silva, 2017).

Esses senhores e senhoras continuavam vivenciando os papéis sociais, independentemente do que cocotos e cocotas estavam pensando. Provavelmente vivenciaram o estranhamento por possuir um corpo enrugado ou cabelos embranquecidos, mas, acima de tudo, possuíam corpo com história que ainda poderia fazer histórias. Por mais que fossem lugares percebidos com a finalidade de apenas encontrar amigos, diversão ou paqueras, ali acontecia a (re)afirmação de identidade daquele grupo que, diária ou semanalmente, frequentava esses espaços. Possivelmente, para muitos e em especial para os mais velhos, era naqueles espaços que poderiam ser realmente quem negavam ser durante a semana, na rua, no trabalho ou na própria casa. Ali, naquela praça, naquele calçadão ou galeria, poderiam desejar e ser desejados, sem sentir vergonha por estarem fazendo aquilo.

Essas imagens trazidas pelo periódico iam de encontro às produzidas pela grande mídia e propagandas, nas quais os idosos eram mostrados, inicialmente, apenas como pessoas doentes, que estavam perdendo suas habilidades físicas e motoras e a capacidade de memória. Com todas essas características desfavoráveis, essas pessoas não serviam mais para o mercado de trabalho, e em um segundo momento passaram a ser retratadas como aqueles que cuidam dos netos e da saúde. Momentos de lazer eram impensáveis. Embora questionando ou ironizando a presença delas nos espaços de sociabilidade, o *Lampião da Esquina* trazia, mesmo de forma discreta e sucinta, que quase sempre não passava de quatro ou cinco linhas de uma matéria, a imagem de gueis idosos que estavam na rua, curtindo a noite, as festas, a vida ou o que dela restava.

As cartas que escrevi

É bastante comum encontrarmos em jornais e revistas espaços nos quais leitores expressam opinião sobre o que vem sendo publicado, sugerem temas para que sejam abordados em edições futuras. Outras publicações oferecem espaço para que os leitores que estão em busca de novos parceiros para relacionamentos se apresentem. Em *Lampião da Esquina*, esse espaço foi chamado de "Cartas na mesa", no qual não apenas eram publicados os elogios e as críticas dos leitores em relação ao jornal, como também era possível encontrar muitas missivas falando sobre um mundo — até então — subterrâneo da homossexualidade, de espaços de vivências que homossexuais, através de astúcias, usavam.

Em julho de 1980, a 26ª edição do *Lampião da Esquina* chegava a bancas e livrarias de várias cidades do país com a seguinte indagação feita por Carlos, 49 anos, publicada na coluna "Cartas na mesa": "é verídica a sensação que eu tenho que entre os homossexuais vigora uma discriminação: a discriminação da idade. Serão os coroas discriminados entre os discriminados?" (p. 17). O leitor diz acompanhar, além do *Lampião*, outras publicações voltadas ao público guei e perceber a ausência de publicidade voltada aos mais velhos nesses periódicos. Os editores do jornal não confirmam nem negam a pouca publicidade voltada para tal grupo, mas concordam que, entre héteros e homossexuais, existia, sim, preconceito em relação a pessoas com mais de 35 anos, consideradas "passadas", coroas", "*fanées*".

Se formos pensar no que é o "ideal" e, de certa forma, aceitável para muitos homossexuais, em específico, pode-se dizer que o sujeito pode ser homossexual desde que não seja afeminado. Ser velho também será um demérito, a verdadeira aproximação da morte. Esse "ideal" não dá espaço para a invenção da homossexualidade a partir de um ativismo constante e questionador, como falava Foucault. A forma idealizada pelos homossexuais — jovem, bonito e másculo — e reproduzida pela mídia impressa voltada para esse público exclui terminantemente outras possibilidades de "modelos" de gays, existindo, dentro do próprio grupo que já é estigmatizado por uma parte da sociedade heteronormativa, subgrupos que sofrem preconceitos por serem afeminados, gordos e velhos.

Mesmo existindo esse preconceito, e ainda dialogando com a carta de Carlos, ele lembra que

> os gueis coroas também amam demais; precisam de amor guei; gostariam de participar da luta; muitos (como eu) só com certa idade tentam se assumir publicamente e não podem fazê-lo para não ver arruinar-se tudo o que construíram com lágrimas, renúncias, carências profundas e aflitivas, amando e transando forçados a se esconder (portanto, só com o meio prazer), obrigados a esconder e abafar seus sentimentos e seus desejos tão veementemente.

Apesar da proposta de atingir o máximo de minorias possível, contribuindo e incentivando com que os homossexuais pudessem expressar sua sexualidade sem vergonha, aceitando-se da forma que eram, pois desejar e se relacionar com uma pessoa do mesmo gênero não era doença, havia um público que não se via representado no *Lampião*. Ao contrário de publicações futuras, que tratariam a velhice como uma "doença" que pode ser evitada com o cuidado de si através do uso de cosméticos, exercícios físicos e uma vida mais saudável, os *lampiônicos* tratam a velhice e os velhos gays como algo assustador, que deveria ser escondido, questionando a presença das *bichas velhas* em locais de sociabilidade frequentados por homossexuais. Apesar disso, os leitores que enviavam cartas para o "Troca-troca" se mostravam vivos, à procura de vivenciar amor e amores, já que a sexualidade não se esgota com o passar dos anos.

Sui Generis e a velhice ativa

Enquanto a ditadura militar brasileira começava a desfalecer, as formas de pensar a velhice foram, assim como uma lagarta, se metamorfoseando, em busca de um modo melhor de abordar o assunto. Do fim da década de 1930 até 1960, a velhice foi associada a situações de pobreza e invalidez. Médicos e legisladores pensavam a velhice como um problema semelhante a doença, incapacidade, morte. Ser velho significava ser incapaz para qualquer tipo de trabalho — a aposentadoria por velhice tinha força de contrato reverso, sem possibilidades de amor e sexo, e cabia aos velhos apenas o recolhimento.

Apenas na portaria de número 82 do INPS, de 4 de julho de 1974, é dada uma atenção especial ao idoso, sendo previsto o amparo previdenciário para pessoas com mais de setenta anos, sejam ou não contribuintes regulamentares de tal sistema. Mesmo instituída a lei, a relação do governo militar com os idosos mantinha-se vinculada à noção de caridade estatal, tendo como objetivo velar a situação de miséria em que muitos trabalhadores idosos viviam. Quanto mais o Estado autoritário mostrasse que os brasileiros idosos necessitavam desse tipo de governo, maior seria a extensão de seu poder, mais emaranhados os idosos estariam à sua tutela e, assim, muitos se mostrariam "surdos" aos movimentos de contestação então existentes no país.

Mas as sensibilidades mudam e elas serão percebidas, pelo menos, nas propostas de garantia de direito aos idosos na Constituição de 1988, na qual eles aparecem tanto como membros da família quanto como pessoas que podem desfrutar de saúde. Entretanto, necessitam de atenção governamental para a obtenção de pensão especial. Em consonância com o processo de redemocratização do Brasil, passa a ser garantida aos idosos a participação na comunidade, defendendo sua dignidade e seu bem-estar, garantindo-lhes o direito à vida. De acordo com Debert (1998), apesar dessas mudanças, durante muito tempo a velhice ainda será pensada de forma homogênea pela gerontologia. Pelo menos no país, o envelhecimento é analisado em seus aspectos deficitários e decadentes, pois, na sociedade industrial, não se admite alguém que não produza. Então, a velhice passa por outro tipo de gestão: um processo de reprivatização, sendo transformada em uma responsabilidade individual. As subjetividades sobre a velhice, portanto, vão se modificando, e aos poucos ela não é mais encarada como perda ou ausência de vitalidade, mas como um momento da vida que deve ser experimentado de forma prazerosa e satisfatória.

Foi na mesma década em que as sensibilidades e subjetividades de se dizer a velhice estavam em processo de mudanças dentro dessas discussões no Brasil que a revista *Sui Generis* foi lançada. Na década de 1990, a velhice passou a ter mais visibilidade e atenção por parte do governo federal no tocante a políticas sociais mais abrangentes, sendo introduzida no país a chamada "década da terceira idade".

A noção de "terceira idade" passava a substituir o conceito de velhice. A aposentadoria ativa seria oposta à aposentadoria corriqueira, o assistente social tornava-se animador social e os asilos passavam a ser centros residenciais. Com a urgência de novo tipo de força coletiva de trabalho e com a delimitação de outro tipo de individuação da subjetividade, tornou-se necessário criar outras coordenadas de produção de subjetividade. Assim, os signos do envelhecimento foram invertidos e assumiram outras designações, como "idade do lazer", "nova juventude", "melhor idade". O mesmo ocorre com a aposentadoria, que, em vez de ser um momento de recolhimento, passa a ser um tempo de atividade e lazer. A preocupação não era apenas pensar e resolver os problemas econômicos dos idosos, mas proporcionar cuidados psicológicos e culturais, integrando socialmente um grupo que, nas décadas anteriores, fora marginalizado.

Nas 55 edições da *Sui Generis*, encontramos 35 textos, distribuídos entre reportagens, entrevistas, notícias e artigos, nos quais aparecem velhos ou em que se fala sobre velhice. Mas serão poucos os que falarão sobre o relacionamento amoroso intergeracional. Se pouco ou nada é falado, automaticamente não existe ou é uma situação de cuja possibilidade de existência poucos se lembrarão.

Um ponto bastante recorrente no periódico e nas revistas que estamos analisando aponta para os velhos como depositários de memórias, os quais aparecerão em matérias, reportagens e entrevistas, relembrando determinadas épocas ou fatos vivenciados ao longo da vida que servirão como exemplos aos leitores. Na *Sui Generis* isso pode ser visto, por exemplo, na sétima edição, com a matéria "Recordações de sexo e revoluções", publicada na seção Livros. O texto fala sobre o lançamento de *A cerimônia da inocência*, do ator, escritor, diretor e dramaturgo Sérgio Viotti. A obra narra as descobertas de um adolescente no período da Era Vargas. Ao ser perguntado se o livro é autobiográfico, Viotti afirma que "é muito improvável qualquer história que recordar a infância e adolescência não possuir traços autobiográficos" (p. 14). Como nos indaga Albuquerque Júnior,

> quando viver é lembrar, quando se julga não se ter mais vida, escrever um texto que avalia, meio que a distância o que viveu, o significado que tiveram suas ações e ideias, este ser se coloca no lugar do morto, se coloca como já tendo encerrado a vida, como então continuar vivendo? (Albuquerque Júnior, 2010, p. 14)

Desta feita, podemos afirmar que a velhice é o momento no qual o corpo biológico já não possui a força e a vitalidade dos corpos jovens, sendo tempo para recordar o passado, e, nesse caso, a adolescência serviria de mote para compor uma história literária.

Ainda observando a resenha do livro de Viotti, como geralmente ocorre nesse tipo de seção, é realizada uma apresentação profissional do escritor, mostrando que seu primeiro romance, *E depois nosso exílio*, lançado em 1963, recebeu um dos mais importantes prêmios literários da época. Também é dito que o livro de poesia publicado em 1953, *Invenção triste*, foi lançado em Portugal e vários de seus textos para teatro foram encenados nas décadas de 1970 e 1980, que o autor já morou em Londres e trabalhou na BBC. Logo, toda essa trajetória legitimaria a presença de Viotti na *Sui Generis*.

Viotti é um vitorioso que não se limitou às dificuldades da profissão e possui um corpo enrugado, mas de aparência considerada politicamente aceitável por ainda não se apresentar como um "remendo de corpo". Por isso, assim como as de outras personalidades, as palavras e a imagem dele serão impressas nas revistas. O mais importante a destacar é que em nenhum momento os entrevistados falam sobre a velhice nem abordam o ser velho. A velhice está nos outros, e, por se apresentarem dinâmicos, produtivos, com corpo e rosto que não aparentam determinada idade, eles possivelmente não se veem como velhos. A velhice estará em quem se comporta como velho, naqueles que perderam a autonomia e a lucidez. Tais situações nunca estarão presentes nos entrevistados da *Sui Generis*, que se mostram pessoas ágeis, capazes e criativas, que consumiam e produziam cultura, imagens que se afastam totalmente das mostradas pelo *Lampião da Esquina*.

Na edição 33, o artigo de João Silvério Trevisan[10] aborda gays mais velhos — objetos de desejo dos mais jovens — e o preconceito que estes sofrem por gostar dos *tiozinhos*. Em "Amor intergeracional", é destacado o relacionamento amoroso entre pessoas de diferentes gerações. O autor fala sobre o rechaço que gays de cabelos grisalhos e rostos marcados pelo tempo sofrem por serem *bichas velhas*. Ele menciona os anúncios publicados em revistas e jornais referentes à procura por parceiros. De acordo com Trevisan, 90% deles buscam parceiros de até quarenta anos. Aos velhos, restariam a solidão e a morte. Se envelhecer é um processo implacável, que aponta para o caminho sem volta, entre os homossexuais o espectro da solidão, frequentemente, é mais acentuado porque se vive sozinho e até mesmo longe da família. Por isso, no chamado "mundo gay", o olhar do outro pode ser um espelho feroz. Há a comprovação de que não se é mais desejado.

Mesmo nos últimos anos da década de 1990, o discurso geriátrico explícito e bem aceso no *Lampião* dizia ser em casa o lugar de *bichas velhas*, como podemos perceber nesse fragmento do texto em que Trevisan diz:

10 TREVISAN, José Silvério. "Amor intergeracional", *Sui Generis*, n. 33, 1998.

"Outro dia, numa boate gay, duas bichas riram na minha cara, surpresas por encontrar no banheiro um velho que não se supunha estar ali". Por serem consideradas solitárias, amarguradas, a própria representação do fracasso e do atraso, as risadas eram uma forma de mostrar que aquele velho não tinha a percepção de que estava "fora do lugar", que não era bem-vindo nas baladas para jovens. O olhar que acusa, reprova e rejeita fez com que Trevisan, e possivelmente outros gays velhos, fosse se afastando desses espaços de diversão para o público gay. A atitude das *bichas* também pode ser percebida como uma forma de tentar afastar dali a certeza de que, anos depois, elas também estariam velhas, talvez solitárias e em busca de alguém em ambientes onde não seriam bem-vindas, passando, possivelmente, pela mesma situação vivenciada por Trevisan.

Mas o autor se mostra ciente das construções subjetivas veiculadas pelos discursos e afirma que os olhares acusadores nada mais são que fruto de "um ideário social de supremacia da juventude, tida como um dos valores básicos no mundo moderno e decantada como um bem inestimável". Trevisan lembra, ainda, que grande parte da indústria de consumo vai se apoiar no binômio casal heterossexual e jovem, sendo a juventude heterossexual um importante nicho do capitalismo. Até mesmo a *Sui Generis* vende para seus leitores um padrão de juventude, como delata Trevisan: "Vejam-se as revistas gay (inclusive a *Sui Generis*): só trazem fotos de rapazinhos bonitinhos e/ou musculosos".

Ora, se ser jovem é ser possuidor de um importante bem, cabe protegê-lo o máximo possível para não o perder e passar a ser desprezado, ser visto como uma pessoa abjeta entre os pares. Perceber-se velho, muitas vezes, é um choque, incomoda, como relata Trevisan:

> Mas o que na verdade me dói no envelhecer é o espelho da gente mesmo: notar seu corpo cansado, o rosto se enchendo de rugas e os cabelos embranquecendo pode provocar uma dolorosa baixa na autoestima. Confesso que vivi com dificuldade o processo de envelhecer.

Apesar do choque que teve ao se perceber como velho e não ser mais possuidor de um dos bens mais cortejados e difíceis de manter, que é a juventude, o escritor passou a notar o quanto se tornou desejado por rapazes mais jovens. Aos poucos, Trevisan foi constatando que o amor intergeracional era mais comum do que se pensava.

As máquinas de produção de subjetividades das quais falam Guatarri e Rolnik (2013) mostram que o correto é desejar pessoas jovens, bonitas, malhadas, pois representam vitalidade e saúde, têm um corpo viril, que pulsa desejo, e desejam. Quem namora pessoas mais velhas também sofre preconceito por tal prática, como se existisse uma idade-limite para ser namorado, desejado e desejar. O grupo que sofre discriminação e preconceito também discriminará, dentro de seu próprio meio, aqueles que quebram as "regras" do que é permitido entre si. Mesmo assim, e apesar do preconceito, casais intergeracionais se formam, mostrando que toda forma de amor é possível e que vale a pena ser vivenciada; os velhos gays que continuam se relacionando e amando resistem em aceitar a imagem de pessoas assexuais, passivas e sem interesses pessoais.

A *Sui Generis* apresenta os gays velhos intelectuais como pessoas bastante competentes em sua área de atuação que, ao longo da vida, experimentaram alguns dissabores profissionais, mas não se deixaram intimidar e continuaram lutando, tornando-se grandes vencedores e exemplos para os leitores da revista. A ênfase maior é dada à vida profissional em detrimento do aspecto pessoal. Pouco se fala sobre relacionamentos sexuais e afetivos, como se fossem algo à parte da vida, em outro plano. Os poucos que falam sobre amor, quando falam, nos fazem perceber que é tão possível quanto se imagina, apesar dos preconceitos encontrados pelos próprios gays que se incomodam ao ver casais intergeracionais, principalmente quando estes estão em locais públicos.

No que se refere aos velhos e à velhice ao longo de sua história, a *Sui Generis* faz uma espécie de modelização dos gays velhos, os quais aparecerão em quase todas as matérias como vencedores, com uma memória não "destruída" pelo tempo e bastante opinativa sobre o presente, mas sem projeções para o futuro. São imagens de unidade, produzidas de forma racional e que são legitimadas pelos que produzem a revista, e muitos leitores se reconhecerão nelas. Os meios de comunicação falam por e para os indivíduos. Assim, outros modelos de velhice não existirão na publicação.

A invenção da terceira idade

No Brasil, nas últimas décadas do século xx, as pessoas velhas tornam-se pertencentes à "terceira idade",[11] "deixando" de ser idosas. A partir da década de 1980, os discursos sobre a velhice deixaram de ser monopólio da medicina, da assistência social ou da enfermagem, com essa fase da vida passando também a ser debatida pela história, pela antropologia, pela sociologia, dentre outras áreas do saber. Algumas instituições do país criaram Universidades Abertas para a Terceira Idade, oferecendo atividades para pessoas idosas.[12] Mudanças também ocorreram na área de políticas públicas para pessoas mais velhas, e estas começaram a ter mais direitos garantidos, o que implicava um movimento político e econômico de inserção do grupo no mercado de trabalho e nas lutas sociais. Em dezembro de 1999, por exemplo, foi aprovada a Política Nacional de Saúde do Idoso, que definia as ações no setor da saúde, indicando as responsabilidades institucionais para o alcance da proposta. Na Constituição de 1988, a velhice passa a ser reconhecida como protagonista da sociedade, e não somente no âmbito da seguridade social (previdência, saúde e assistência).

A invenção da categoria "terceira idade" torna evidente quanto é difícil para o indivíduo na Modernidade ver-se como velho, e também que os jovens se negam a perceber que envelhecer faz parte da vida. Não conseguindo evitar essa temida degeneração do corpo — que desencadeia a doença e, consequentemente, a proximidade com a morte —, faz-se necessário enfrentá-la, contextualizando suas possibilidades no espaço social (Mota, 2014). Para que tal invenção fosse possível, era

---

11 A invenção da terceira idade se deu na França, na década de 1970. Foi ali que os primeiros gerontólogos brasileiros se formaram, sendo também dessa época a criação das Universités du Troisième Age [Universidades da terceira idade]. A expressão "third age" foi incorporada ao vocabulário anglo-saxão devido à criação, no verão de 1981, das Universities of the Third Age em Cambridge, na Inglaterra, e a expressão "terceira idade" é um termo que vem sendo usado de forma recorrente entre os pesquisadores ingleses que estudam o tema velhice (Debert, 2012).

12 Nos primeiros anos da década de 1990, apenas na Grande São Paulo, mais de setenta programas destinados à população idosa estavam em funcionamento ou em processo de implantação.

necessária a existência de uma comunidade de aposentados que tivessem peso suficiente na sociedade, dispondo de algumas qualidades essenciais e importantes, como independência financeira e uma saúde não muito debilitada para tornar reais as expectativas de que essa etapa é propícia para a própria realização e a satisfação social.

Fomos vendo, assim, outras formas de falar sobre a velhice nas telenovelas, no cinema, nas revistas. Os corpos dos velhos não deveriam estar mais escondidos em casa ou nos asilos. Na virada do século XX para o século XXI, surgiram programas no país que chamavam pessoas idosas para praticar atividades físicas, agências de turismo passaram a oferecer pacotes de viagens para grupos de idosos, os supermercados apresentavam uma gama de produtos para pessoas mais velhas que se preocupavam com a alimentação, as farmácias começaram a disponibilizar vários suplementos vitamínicos com vistas a revigorar a energia do corpo, além do Viagra, primeiro medicamento oral no âmbito da biomedicina que age no combate à disfunção erétil, destinado a homens com mais de quarenta anos. Aos poucos, surgiu no Brasil um mercado voltado para esse grupo, que deixava de ser considerado, pela maioria, como escória e demérito para a sociedade. Com o discurso que trata o idoso não mais como velho, mas pertencente à "terceira idade", o conceito de velhice ativa passa a ser mais enfatizado nos consultórios médicos, pela mídia e, lentamente, foi sendo absorvido pela sociedade.

Um "coroa enxuto" na *G Magazine*

Foi em abril de 1997 que as bancas de revistas de várias cidades do Brasil começaram a receber os 55 mil exemplares da publicação chamada *Bananaloca*, revista de circulação mensal, de conteúdo erótico, direcionada para o público gay, publicada pela Fractal Edições, tendo como dirigentes a jornalista Ana Maria Fadigas e o apresentador Otávio Mesquita. Era a versão impressa do site que deu nome à revista, e no conselho editorial, além dos diretores da Fractal, estavam os jornalistas e idealizadores do site, Sérgio Lhamas e Paulo Negrão. Algumas edições depois, *Bananaloca* passou a se chamar *G Magazine*. No total, a publicação — cujo slogan era

"A revista do homem com G maiúsculo" — circulou nas bancas de 1997 até junho de 2013, somando, ao todo, 176 edições.

Mesmo com editorial variado, entre notícias, entrevistas e artigos, o prato principal da *G Magazine* eram os ensaios eróticos, que na maioria das vezes ofereciam um cardápio de personalidades famosas ou em ascensão peladas, exibindo um corpo peludo ou depilado, quase sempre modelado, esculpido mediante centenas de horas na academia. Esses corpos obedecem a um modelo que está no imaginário dos homens no geral, sejam eles héteros ou gays. Os corpos devem ser musculosos e bem-dotados, padrão de corporalidade encontrado, a princípio, em quase todas as revistas voltadas ao público gay que exibam ou insinuem o nu masculino. Por ser a nudez o principal destaque, analisaremos um dos ensaios publicados pela revista.

A masculinidade dos modelos que apareceram na *G Magazine* está, em primeiro plano, apresentada e representada no corpo e, em segundo plano, nas roupas e nos cenários onde aparecerá. Como mencionado, quase todos os que posaram para a revista eram joviais. Já que sempre existem exceções, será possível encontrar edições que, possivelmente, causaram estranhamento nos leitores da *G*, tão acostumados com a jovialidade dos que se desnudavam para a revista. A primeira foi a edição 19, publicada em abril de 1999, que anunciava na capa o ator David Cardoso como ensaio principal daquela edição. A segunda surpresa veio na edição 46, que, entre as notícias estampadas na capa, trazia a seguinte manchete: "Especial — Fotografamos um urso americano", fazendo referência a Charles Bearden (Chucky), 63 anos, que aparece em um dos ensaios da edição.

No ensaio de Cardoso, à época com 56 anos, apenas em duas fotos ele aparece com o pênis ereto. Mesmo mostrando a potência do falo, o ator aparece em posições que não indicavam movimento, isto é, aparece sentado ou deitado em um chão de terra seca, corroído pela ausência de água, sendo Cardoso a última espécie que ainda sobrevivia. As marcas e as ranhuras do tempo não aparecem em seu corpo, mas estão simbolizadas pelo espaço não fértil no qual o ator se encontra. Na maioria das outras imagens, ele faz uso de objetos que simbolizam o pênis, a exemplo de um revólver, um cacho de bananas e uma vara de pescar. A potência, a virilidade e o poder não estão na genitália do velho ator, mas nos instrumentos que carrega consigo.

Mesmo sendo anunciado que o modelo seria exibido "sem cortes", o corte já acontece na capa, negando o que é anunciado e não deixando transparecer o corpo que, de certa forma, está em "decomposição". É um mérito da revista trazer em sua capa uma pessoa mais velha, contudo é importante ressaltar que essa pessoa só foi capa da *G Magazine* devido a algumas questões, como sua ligação com a pornochanchada brasileira, o que saciaria o desejo daqueles que acompanharam esse movimento do cinema nacional e tiveram a oportunidade de ver David Cardoso de uma forma que, até então, nenhuma outra revista havia mostrado.

Encontramos, em algumas edições, cartas de leitores elogiando a *G* por ter desnudado um dos ícones masculinos da pornochanchada e sugerindo que outros pertencentes à "terceira idade" também aparecessem despidos na revista, o que indica que Cardoso estava no imaginário de muitos brasileiros como um ator bonito que já fizera filmes dotados de eroticidade. Todavia, o mais importante é que, mesmo velho, Cardoso busca manter a juventude e a "boa forma", exibindo um corpo que aparenta ser magro, jovem, bonito e sem as marcas da velhice — logo, dentro dos padrões "aceitáveis".

Cuidadosamente, os editores da *G Magazine* escolheram uma pessoa próxima dos sessenta anos para ser o ensaio principal de uma edição. O escolhido apresentava em seu corpo a dureza de um corpo juvenil. A imagem dessas pessoas "sortudas", que conseguem manter o corpo dócil, parecendo conservado em formol, quase sempre é "vampirizada pela indústria dos cosméticos, que as capitaliza para vender esperanças a todos aqueles que fracassaram no difícil mercado dos milagres antienvelhecimento" (Sibilia, 2012, p. 150-1).

Na sociedade contemporânea, a idade ainda é um elemento-chave para a participação dos indivíduos na vida social, porém, ao mesmo tempo, essa mesma sociedade produziu uma forte impressão de sobreposição das fronteiras etárias e uma ambiguidade no modo como a idade pode ser usada ora para desqualificar, ora para promover. No caso específico de Cardoso, ele aparecera nu na revista em decorrência de toda a história construída anteriormente, ainda com um corpo esculpido e "potente" — não fosse por isso, teria sido entrevistado, "exemplo de pessoa vitoriosa", experiente e com um saber-fazer secular (Minois, 1999), que serve de modelo para os mais jovens. Poderia aparecer, também, em alguma outra matéria, "ensinando" como evitar a velhice (que se tornará visível pelas marcas no rosto ou pelos cabelos brancos), mantendo sempre um corpo "forte", "rígido" e "potente".

Sobre os vestígios dos corpos velhos

Mesmo na contemporaneidade, muitas pessoas ainda percebem a velhice como demérito e o corpo velho, como um saco de ossos que, em breve, voltará a ser carbono. Por ser abjeto, o melhor a fazer é recolher-se e vivenciar o tempo que resta com a família e/ou os amigos. Os velhos e as velhas que se recusam a assumir tal prática serão vistos de forma enviesada quando estiverem em locais de diversão e lazer ou se permitindo amar e ser amados/as.

A velhice não é mais percebida como o lugar do reconhecimento de vivências, da experiência, mas como algo ultrapassado, vergonhoso. Estar velho — ou apresentar marcas da velhice no corpo — é quase um insulto para os mais jovens ou aqueles que se acham jovens. As indústrias midiáticas, farmacêuticas e clínicas reforçam o tempo todo esse discurso, apresentando possibilidades "milagrosas" para rejuvenescer o rosto, disfarçando as marcas do tempo com um pouco de botox, levantando as pálpebras ou diminuindo a "papada" com cirurgia plástica, além de promover alimentação saudável e detox a fim de desacelerar o processo de envelhecimento da pele. A rapidez precisa ser característica do corpo, que deverá manter a potência por meio de caminhadas e horas na academia, pois o que se torna necessário é mostrar que não se está velho/a. Essas indústrias contribuem para que se acredite que a "indecência" da velhice é algo passageiro. Essa "falha" pode ser corrigida, eliminada, revertida através de plásticas e atividades físicas.

A visibilidade sobre esse assunto nas publicações aqui analisadas ainda é muito pequena se a compararmos com a grande variedade de outros temas apresentados em tais periódicos. Quanto à dizibilidade e aos ditos sobre a velhice e os velhos gays, não foi possível encontrar uma grande ruptura no que se refere aos discursos dos saberes médicos das décadas de 1970 e 1980, por exemplo. Dizer e mostrar a velhice ainda foi um grande incômodo para o periódico *Lampião da Esquina* e as revistas *Sui Generis* e *G Magazine*, pois, mesmo com atitudes de resistência — frequentando locais públicos, mantendo relações afetivas e sexuais, mostrando-se desejosos e desejados —, ser um gay velho é vergonhoso, e muitas vezes essas pessoas não são bem-vindas, tampouco bem-vistas, na "comunidade LGBTQIAP+" brasileira.

Na cartografia dos impressos aqui analisados, os quais poderiam ter rompido com a ideia generalista dos saberes médicos no que se refere à velhice, mostrando a pluralidade de vivenciá-la, encontraremos dois tipos de discurso: o da velhice negativa, que apresenta os idosos homossexuais sendo desvalorizados tanto erótica quanto socialmente, sem que, nas matérias, principalmente nas do *Lampião da Esquina*, qualquer alternativa para reverter isso seja apresentada. Os gays velhos se tornam figuras abjetas, não desejadas, pois nada mais são que refugos, culpados por não terem tido a astúcia de cuidar de si quando jovens para, quando as marcas da velhice aparecessem no corpo, fossem apagadas. No segundo discurso, identificamos uma velhice positiva, com gays das classes média e alta que obtiveram uma velhice "bem-sucedida", que sabem utilizá-la para produzir artes autobiográficas ou não. Essa maneira de dizer a velhice também está ligada aos discursos gerontólogos forjados no fim do século XX no Brasil, que proclamava a velhice como "melhor idade", "feliz idade" ou "terceira idade". Todavia, nenhum dos dois discursos demonstrou a multiplicidade de formas ou imagens da velhice, que sempre foi tratada de maneira singular, homogênea, universal e heterossexista, sem levar em consideração outras sensibilidades geracionais elaboradas para que as pessoas continuem aproveitando as possibilidades ainda oferecidas pela vida.

Referências

ALBUQUERQUE JÚNIOR, Durval Muniz de. "Amores que não têm tempo: Michel Foucault e as reflexões acerca da existência estética homossexual". *Revistas Aulas*, v. 7, 2010, p. 41-58.

DEBERT, Guita Grin. "Pressupostos da reflexão antropológica sobre a velhice. *In*: DEBERT, Guita Grin (org.). *Antropologia e velhice: textos didáticos*. Campinas: Unicamp/Instituto de Filosofia e Ciências Humanas, 1998.

DEBERT, Guita Grin. *A reinvenção da velhice: socialização e processos de reprivatização do envelhecimento*. São Paulo: Edusp, 2012.

FOUCAULT, Michel. "O sujeito e o poder". *In*: DREYFUS, Hubert L. & RABINOW, Paul (org.). *Michel Foucault — Uma trajetória filosófica: para além do estruturalismo e da hermenêutica*. Trad. Vera Portocarrero & Gilda Gomes Carneiro. Rio de Janeiro: Forense Universitária, 1995.

FOUCAULT, Michel. *Vigiar e punir: a história da violência nas prisões*. Trad. Raquel Ramalhete. Petrópolis: Vozes, 1999.

GOLDSTEIN, Lucila de Lourdes Lucchino. "A pesquisa gerontológica no Brasil". *Especiaria — Revista da Universidade Estadual de Santa Cruz*, a. 4, n. 7, jan./jun. 2001.

GUATARRI, Félix & ROLNIK, Suely. *Micropolítica: cartografias do desejo*. Petrópolis: Vozes, 2013.

HENNING, Carlos Eduardo. *Paizões, tiozões, tias e cacuras: envelhecimento, meia-idade, velhice e homoerotismo masculino na cidade de São Paulo*. Tese (Doutorado em Antropologia Social). Campinas: Universidade Estadual de Campinas, 2014.

MINOIS, George. *História da velhice no Ocidente*. Lisboa: Teorema, 1999.

MOTA, Murilo Peixoto da. *Ao sair do armário, entrei na velhice...: homossexualidade masculina e o curso de vida*. Rio de Janeiro: Mobile, 2014.

POCAHY, Fernando Altair. *Entre vapores e dublagens: dissidências homo/eróticas nas tramas do envelhecimento*. Tese (Doutorado em Educação). Porto Alegre: Universidade Federal do Rio Grande do Sul, 2011.

SALGADO, Ana Gabriela Aguiar Trevia *et al.* "Velhice LGBT: uma análise das representações sociais entre idosos brasileiros". *Ciências Psicológicas*, v. 11, n. 2, 2017, p. 155-63.

SANT'ANNA, Denise Bernuzzi de. *Políticas do corpo*. São Paulo: Estação Liberdade, 2001.

SANT'ANNA, Denise Bernuzzi de. *História da beleza no Brasil*. São Paulo: Contexto, 2014.

SIBILIA, Paula. "Imagens de corpos velhos: a moral da pele lisa nos meios gráficos e audiovisuais". *In*: COUTO, Edvaldo Souza & GOELLNER, Silvana Vilorde (org.). *O triunfo do corpo: polêmicas contemporâneas*. Petrópolis: Vozes, 2012.

SILVA, Fábio Ronaldo da. *As porosidades do tempo: velhos e velhices nas publicações homoeróticas brasileiras (1978-2013)*. Tese (Doutorado em História). Recife: Universidade Federal de Pernambuco, 2017.

SILVA, Josymeire Aparecida Romano da & FERRET, Jhainieiry Cordeiro Famelli. "Os aspectos biopsicossociais do envelhecimento: um enfoque na sexualidade". *Uningá Journal*, v. 56, n. S1, mar. 2019, p. 110-7.

Jainara Gomes de Oliveira
Doutora em antropologia social pelo Programa de Pós-
-Graduação em Antropologia Social da Universidade Federal
de Santa Catarina (UFSC), mestra em antropologia pelo
Programa de Pós-Graduação em Antropologia da Universidade
Federal da Paraíba (UFPB) e bacharel em ciências sociais
pelo Instituto de Ciências Sociais da Universidade Federal
de Alagoas (UFAL). Atualmente realiza estágio de pós-doutorado,
vinculada ao Programa de Pós-Graduação em Antropologia
da Universidade Federal da Grande Dourados (UFGD), com
bolsa do PDPG — Pós-Doutorado Estratégico/Capes.

Processos de subjetivação, temporalidades e mundos afetivos, éticos e morais entre mulheres maduras que se relacionam afetiva e sexualmente com mulheres

Jainara Gomes de Oliveira

"Naquele tempo as pessoas tinham medo de ser quem eram." Essa afirmação de Maria suscita uma importante questão, a saber: a que tempo ela está se referindo? Ao se referir a uma época em que os sujeitos precisavam lidar com a gestão individual do medo e da vergonha, Maria sugere que o modo como as discussões sobre questões afetivas, morais e éticas relacionadas a regimes de visibilidade e a desejos de reconhecimento são enquadradas está fortemente marcado pelo problema do tempo.

Para Glória, tratava-se de "um tempo diferente", um tempo em que a aquiescência à norma se dava por meio da produção e da circulação do medo e da vergonha, mas também pela distribuição desigual do sofrimento, o que evocava nela um sentimento de vulnerabilidade. Para Sofia, por outro lado, "o tempo de hoje não é tão diferente do tempo de antigamente". Ela se refere à questão da violência praticada contra "pessoas LGBT" com base em sua orientação sexual e sua identidade de gênero e, sobretudo, aos homicídios e aos suicídios dessas pessoas no país (Melo, 2020).

Nesse sentido, esses relatos não me permitem corroborar uma noção progressista de história, já que os vários relatos dessas mulheres assinalam que suas histórias de vida não se suplantam mutuamente. Por isso, em vez de corroborar tal noção, gostaria de sugerir, por outro lado, que tais histórias não se referem ao passado. Trata-se de assinalar, antes, como o passado continua atuando no presente, isto é, que "essas histórias continuam a acontecer de maneira simultânea e sobreposta, conforme as contamos". Com isso, quero dizer que "elas acontecem, em parte, pelas maneiras complexas como são tomadas" (Butler, 2004, p. 4), individual e coletivamente, por cada uma dessas mulheres. Pois, de maneira própria, elas colocam a questão do sujeito com o tempo, tanto o tempo de si quanto o tempo do outro (Kehl, 2009).

Trata-se de mulheres que têm entre 40 e 65 anos e reconhecem a si mesmas como "mulheres maduras". Nesse sentido, reconhecer-se como uma "mulher madura" pressupõe, em suas próprias palavras, um processo de longa duração por meio do qual o tempo trabalha na criação de si mesmas como sujeitos. Essas mulheres nasceram e cresceram em diferentes estados do Nordeste e, em sua maioria, são naturais de cidades interioranas e mudaram-se para João Pessoa, Paraíba, com idades variadas e por motivos diferentes.

Tornar-se sujeito

Considerando o que conta como afeto, moral e ética para mulheres maduras que se relacionam afetiva e sexualmente com outras mulheres, trata-se neste artigo[1] de discutir questões relativas à moral, à ética e aos afetos entre elas e as articulações dessas questões com seus processos de subjetivação e as temporalidades de tais processos. Dessa maneira, por um lado, discutirei como os afetos, as morais, as éticas e as temporalidades atuam em seus processos de subjetivação e, por outro, como elas sustentam subjetivamente suas relações com tais processos afetivos, morais, éticos e temporais (Butler, 2015c; Foucault, 1984, 1988, 1995; Oliveira, 2020a; Rubin, 2017; Žižek, 2016).

1 Este artigo tem por base minha pesquisa de doutorado em antropologia social realizada na Universidade Federal de Santa Catarina, com a orientação de Sônia Maluf e bolsas do CNPq e da Capes. Aqui, recupero excertos de minha tese de doutorado (Oliveira, 2020a) e de um artigo publicado originalmente na revista *Minima Moralia* (Oliveira, 2020c). Agradeço à Sônia Maluf pela orientação, ao CNPq e à Capes pelas bolsas outorgadas, à Chiara Albino pela leitura atenciosa deste texto e aos colegas Renan Quinalha e Paulo Souto Maior pelo inestimável convite para participar desta coletânea.

Os processos subjetivos pelos quais essas mulheres experienciam as normas sexuais e de gênero também assinalam sofrimentos, traumas e violências que afetam os seus mundos afetivos, éticos e morais (Dunker, 2015; Oliveira, 2020a; Safatle, 2015). Falando sobre o preço que precisaram pagar pelas escolhas que fizeram em relação a tais normas, os relatos dessas mulheres marcam, ainda, os modos pelos quais a violência circula entre as relações e os vínculos sociais que elas estabeleceram com os outros, e nos oferecem relatos descritivos dessa circulação. Dessa maneira, não falam apenas de violência física, mas também de violência sistêmica e estrutural. Tais relatos também apontam os modos de circulação do sofrimento social.

Ao fazerem um relato de suas relações de implicação com a temporalidade social e de como costuram as normas sexuais e de gênero no tecido social e culturalmente constituído de sua vida cotidiana, elas narraram que, desde crianças, se defrontam com a questão das normas sexuais e de gênero. Maria, nesse sentido, narra que sempre gostou de praticar "esportes masculinos" e, principalmente, de jogar bola com os meninos. A mãe dela achava isso "absurdo", pois preferia que a filha vestisse saias e vestidos. Maria, no entanto, não gostava de usar esse tipo de roupa, porque não se sentia bem ao vesti-las. Ela "até" pintava as unhas, mas sempre de cor neutra. A mãe falava que ela devia ser "mais feminina", que precisava "cuidar mais" da aparência, uma "necessidade" que não fazia bem a Maria. Era a "pior coisa do mundo".

Quando ela era criança, as brincadeiras de rua eram divididas entre "brincadeiras de menina" e "brincadeiras de menino". Maria preferia brincar de bola com seus colegas de rua. Também jogava ximbra (bolinha de gude). Sempre estava "no meio" das "brincadeiras de meninos", pois não as "selecionava". Gostava de todas as brincadeiras. Suas colegas, por outro lado, preferiam brincar de queimada, uma "brincadeira de meninas". Maria achava mais divertido jogar bola na rua do que brincar de boneca em casa. Quando estava em casa, preferia jogar ximbra com o irmão. Para a mãe, "aquilo era o fim do mundo", pois temia o que os outros poderiam falar da filha. Maria só queria brincar.

Na adolescência, Maria continuou vestindo roupas "mais masculinas" e "suportando a pressão" da mãe. Também precisou "suportar a pressão" de parentes e amigos da família. Na festa de formatura de uma amiga, ela usou calça e camiseta em vez de vestido. O pai de sua amiga a achou "muito masculinizada" e se sentiu "desconfortável" com a presença dela na festa. A amiga, por outro lado, pediu a Maria que permanecesse ali. Mas, ao saber do "desconforto" do pai de sua amiga, Maria decidiu voltar para casa mais cedo. "Aquela noite me marcou muito. Fiquei muito triste." No ano seguinte, Maria foi convidada por essa mesma amiga para ir à sua festa de aniversário. Naquele ano, decidiu usar um vestido decotado e uma sandália de salto alto. Dessa vez, além do pai da amiga, seus pais também se sentiram "confortáveis" com a presença dela. Maria, no entanto, continuou preferindo usar "camisetas largas".

Elisa "odiava" vestir "roupas muito femininas" quando criança. Não se sentia "bem" as usando, "mas era o que minha mãe preferia". Na infância, gostava de brincar na rua com os amigos e os irmãos em frente de casa. Nos momentos em que não estava na escola, brincar era o que ela mais fazia. Jogar queimada, rodar pião e pular corda, por exemplo, estavam entre as suas brincadeiras preferidas. "Minha infância foi maravilhosa, aproveitei o máximo que pude até a adolescência." Ela brincava muito com os meninos e possuía uma boa relação com eles. Era com os meninos, inclusive, que tinha "mais facilidade de fazer amizades". Sentia-se bem de estar com eles. O seu maior interesse neles, no entanto, sempre foi a amizade, já que, desde a infância, reconhecia a si mesma como uma criança "meio diferente".

Foi durante a adolescência que Elisa começou a sentir atração afetiva e sexual por meninas. O pai, ao contrário da mãe, a deixava vestir as roupas que ela preferia. Aos doze anos, Elisa perdeu a mãe e foi morar com o pai. Como ela já estava "maiorzinha", começou a vestir as roupas que queria e o pai sempre a deixou muito à vontade para escolher o que usaria. Uma vez que sempre preferiu usar roupas "mais masculinas", Elisa era considerada "uma daquelas meninas que todo mundo da família olhava e dizia: 'essa menina vai ser', 'essa menina tem jeito'". Assim, desde criança, foi "obrigada" a aprender a lidar "com o julgamento dos outros".

Quando era "menorzinha", Virgínia costumava brincar com o irmão. Entre eles e os seus poucos colegas de rua não existia divisão entre "brincadeira de meninos" e "brincadeira de meninas". As crianças brincavam "misturadas". Já "maiorzinhos", Virgínia e o irmão passaram a brincar mais frequentemente na rua. Entre as brincadeiras de que mais gostavam, estavam caçar tanajura, colher frutas maduras no pé, caminhar na roça e correr atrás das galinhas que os pais criavam no quintal de casa.

Desde criança, Virgínia gostava de usar vestidos e saias, mas seu irmão a deixou "traumatizada". "Ele falava que os meninos eram muito safados e colocavam espelhos nos sapatos para ver a calcinha das meninas." Sentindo-se psicologicamente "pressionada", decidiu não mais vestir "roupas femininas" e começou a usar calça jeans e camiseta.

Quando ingressou na faculdade, Virgínia passou a morar em João Pessoa. Sentia-se mais livre para vestir as roupas que queria. "Já não tinha tanta pressão porque ninguém me conhecia." "Comecei a usar vestidos curtos e calçar saltos altos, porque aí eu não tinha a pressão da minha família nem a pressão das outras pessoas." Ela vestia aquelas roupas e calçava aqueles saltos "porque queria". "Lembro até hoje da primeira saia que eu comprei: foi uma saia jeans. Eu tinha essa saia até outro dia. Eu tinha um afeto por ela, depois eu me desfiz." O afeto pela saia não era fortuito, mas, sim, "porque foi a primeira saia que eu consegui comprar". Vestindo o que queria, Virgínia não precisava mais escutar as reclamações do pai e do irmão, e eles não podiam mais "controlar" as roupas que ela escolhia para si mesma. "Consegui me libertar, não só porque saí para a faculdade, mas, principalmente, porque saí de perto do meu irmão e da minha família."

Vitória não costumava brincar na rua com seus colegas nem com seus irmãos, pois o pai não gostava. "Meu pai era meio carrancudo." Ela e os irmãos só saíam de casa para ir à escola e à igreja, sempre acompanhados da mãe. "Minha mãe era mais afetiva." À medida que Vitória crescia e se tornava uma "mocinha", seu pai se tornava mais "controlador". Às vezes ela recebia a visita de colegas da escola e da igreja em casa, o que deixava seu pai "muito bravo". O pai também "controlava" as roupas que ela poderia vestir, as quais eram sempre "femininas". Vitória, por sua vez, sentia-se "sufocada" com a presença controladora do pai em sua vida. Como não podia brincar na rua, ela tentava se divertir em casa com seus irmãos. Gostava de brincar com bonecas de pano até adquirir o gosto por desenho. Durante a adolescência, o pai não a deixava se maquiar e dizia que ela não poderia namorar, pois isso atrapalharia os estudos.

A questão das normas sexuais e de gênero com as quais essas mulheres se defrontam desde crianças descreve, assim, os regimes temporais que são incorporados a suas performatividades sexuais e de gênero. Neles, o tempo produz "essências". O tempo de que falam essas mulheres nos remete a uma temporalidade socialmente constituída, uma temporalidade que nos permite marcar que o gênero é "uma identidade tenuemente constituída no tempo, instituído num espaço externo por meio de uma repetição estilizada de atos" (Butler, 2015a, p. 200).

Não raramente, as mulheres entrevistadas começaram seus relatos falando da infância. Nesse sentido, lembraram de quando eram crianças e suas mães as vestiam com "roupas de menina". Ao refletirem sobre o sentido dos gestos de suas mães, com constância, relataram que se sentiam "desconfortáveis" vestindo tais roupas. Porém, acreditando que ainda não possuíam condições de "rejeitar" ou "subverter" os termos pelos quais seu gênero era formado, elas relataram que se sentiam "obrigadas" a incorporar ou representar tais normas de gênero.

Por outro lado, sem necessariamente se conformarem às normas de gênero, as mulheres que preferiram não vestir "roupas femininas" contaram que se sentiam "felizes" usando "camisetas largas". Ao mesmo tempo, as narrativas de Virgínia também nos lembram de que as idealidades que orientam as formas de viver o gênero revelam ideias conflitantes, pois demonstram de que maneira os efeitos dos discursos regulatórios de gênero são difusos. Nesse sentido, ao vestir roupas "menos femininas" quando criança, Virgínia se sentia psicologicamente "pressionada", já que preferia vestidos e saias a calça jeans e camiseta. Mas, quando adulta, passou a ser assediada sexualmente, uma vez que se tornou, aos olhos dos outros, uma mulher bonita, feminina e muito charmosa.

No entanto, se o gênero age sobre os processos de subjetivação dessas mulheres na infância, não deixa de agir sobre esses mesmos processos ao longo do curso da vida. Como podemos perceber a partir de seus próprios relatos, as primeiras impressões que elas têm da formação das normas sexuais e de gênero, no passado, não começam nem terminam na infância. Essas normas não as produzem como sujeitos sexuais e generificados apenas no passado, mas também no decorrer do tempo. Nesse sentido, essas primeiras impressões atuam para estabelecer, de forma produtiva, a temporalidade social de suas vidas.

Quando se referem à infância como o local e o tempo em que a ação dessas normas teria começado, elas procuram indicar em suas narrativas a realização de determinada formação. Dessa maneira, sublinham uma temporalidade social que se liga à ação das normas sexuais e de gênero, isto é, uma ação continuada, já que tal formação não acontece apenas uma vez, de modo que não podemos marcar sua origem e seu fim, pois ela acontece de maneira iterável.[2]

Não se trata, portanto, de um tempo vazio, mas de um tempo regulado por normas sexuais e de gênero que as convida a fazer, desfazer e refazer seus mundos afetivos, éticos e morais. Tais normas sexuais e de gênero abrem, assim, a possibilidade de essas mulheres encontrarem seus próprios caminhos entre as restrições do curso da vida. Nesse sentido, pode-se dizer que as normas as precedem e atuam sobre sua trajetória pessoal de maneiras diferentes, e tais maneiras de atuar as marcam, e essa marca abre um registro afetivo (Butler, 2015b).

Negociando com as normas

Desdobrando essas questões, volto-me, agora, para uma cena que aconteceu à mesa de um bar para, assim, apresentar uma análise social das seguintes questões: "por que a sociedade se importa com a nossa sexualidade?", "por que a sociedade está sempre controlando os nossos comportamentos?". Ao colocar essa questão à mesa, a meu ver, as mulheres estavam relacionando-a, mais precisamente, a um conjunto de valores e regras de ação que importam à "moral sexual" da nossa sociedade, assim como às responsabilidades por suas ações. De um lado, elas se referem ao peso das restrições morais da sociedade sobre seus comportamentos e, de outro, às capacidades individuais de reflexividade sobre tais comportamentos.

Em uma noite quente de verão, sentada à mesa de um bar na orla de João Pessoa, eu conversava com Marta e Carla sobre as regulações morais por meio das quais "a sociedade" governa os desejos e os prazeres das práticas e das relações afetivas e sexuais entre mulheres. Essa questão

---

2 Nesse sentido, a ideia de iterabilidade torna-se relevante para entendermos os modos não determinísticos da atuação das normas, bem como para assinalarmos o motivo pelo qual podemos considerar a performatividade como um termo mais dinâmico analiticamente do que a construção, pois a iterabilidade escapa tanto ao determinismo quanto ao voluntarismo (Butler, 2015d).

me foi colocada, inicialmente, por Carla, que afirmou: "Não devo nada à sociedade, mas a sociedade está sempre aí controlando nossos comportamentos". Quando afirma que, apesar de nada dever à sociedade, ela sente, no entanto, que "a sociedade" controla seus comportamentos, Carla, parece-me, refere-se à obrigação moral que estrutura a sociedade.

Carla acrescentou: "Sempre procuro manter uma postura discreta, porque é preciso respeitar a sociedade se quiser ser respeitada". "Respeitar a sociedade", ela me explicou, implica "dar-se ao respeito", isto é, "não levantar bandeira". E ressaltou: "Apesar desse meu jeito meio masculino, eu não saio por aí andando de pernas abertas feito homem".

Concordando com Carla, Marta também ofereceu sua avaliação sobre o assunto: "Acho que a gente não deve sair por aí se agarrando em público, como eu vejo o pessoal fazendo em ponto de ônibus. Acho isso muito feio, mesmo quando é um casal de homem e mulher". "Por ter um jeito meio masculino", ela sente que "a sociedade" a julga moralmente. Mas, com o passar do tempo, aprendeu a lidar com os "julgamentos das pessoas", principalmente com seus "olhares de reprovação".

Naquela mesma noite, Paula e Aline também chamaram a atenção para a importância do respeito na vida cotidiana e, sobretudo, para a complexidade que marca as relações entre respeito e reconhecimento. Dessa maneira, elas matizaram suas apreciações do significado prático dessas relações. Nessa matização, o respeito aparece como um modo de reconhecimento, que envolve tanto o desejo de serem reconhecidas socialmente quanto o respeito por si próprias. Nesse sentido, Paula disse: "Só quero que as pessoas me respeitem". Ela, no entanto, não faz tal reivindicação se apropriando de predicamentos políticos; ou seja, quando fala sobre respeito, não o entende como se fosse sua propriedade: Paula o faz enquanto pessoa que pertence a uma sociedade na qual "todos deveriam ser respeitados".

Para Aline, porém, "a sociedade não nos respeita, a sociedade apenas nos tolera". Essa referência de Aline à tolerância, parece-me, ressalta as disputas morais sobre o valor dos modos de vida que elas sustentam subjetivamente. Ao mesmo tempo, Aline também atribui significado e valor à tolerância e ao respeito: "Não quero que me tolerem, quero que me respeitem". Tal atribuição de significado e valor, por sua vez, nos provoca em relação à lógica da culturalização do conflito e da autonomia moral individual nas sociedades democráticas liberais (Brown,

2006).[3] Recusando a tolerância liberal, pode-se assim dizer, Aline não ocupa a posição de um sujeito individualizado liberal, pois não separa sua racionalidade deliberativa da sociedade, de maneira que, em sua narrativa, a sociedade a constitui.

Por outro lado, Marta, Carla e Paula, que focaram mais a ideia de respeito do que de tolerância, também não ocupam a posição de sujeito autônomo liberal, isto é, não reivindicam para si uma capacidade de autonomia e autorrealização independente da sociedade. Nesse sentido, suas vontades, suas escolhas e suas racionalidades deliberativas também seriam constituídas pela sociedade: ou seja, uma vez que "a sociedade está sempre aí" regulando moral e socialmente seus desejos e seus afetos, essas mulheres se esforçam moral, ética e afetivamente para respeitar "a sociedade". E, ao respeitarem "a sociedade", isto é, "não levantando bandeira", elas respeitam a si mesmas.

Durante a nossa conversa, elas ainda narraram que, apesar de já terem vivido experiências de envergonhamento, desrespeito e humilhação (Oliveira, 2014; 2016), por exemplo, não se sentiram "vitimizadas" (Oliveira, 2020a). Aline, que já foi obrigada a se retirar de um café depois de ter beijado publicamente a parceira, avalia que "a nossa sociedade" cultivaria determinados princípios de reconhecimento. Nesse sentido, ao experimentarem envergonhamento, desrespeito e humilhação, os sujeitos se sentem feridos (Honneth, 2007).

Mas aquelas experiências expressariam, sobretudo, os modos pelos quais nos relacionamos uns com os outros. Para ela, "as pessoas só têm que respeitar a escolha que cada um faz e deixar de se importar com quem os outros vão para a cama". Na sua avaliação, se as pessoas respeitassem as escolhas e as liberdades sexuais individuais, viveríamos em uma "sociedade melhor". Dessa maneira, ao refletir sobre suas vontades e escolhas, Aline leva "a sociedade" em consideração e, assim, não pressupõe que seja independente dos outros.

Nesse sentido, Marta, que foi chamada de "sapatão" por um taxista quando caminhava ao lado de sua parceira pelas ruas do centro da

---

3 Para uma análise histórica dos variados significados do conceito de tolerância, ver: Forst (2013); particularmente sobre a premissa da tolerância dentro de um paradigma liberal, ver: Brown (2006); por fim, deve-se também ver o interessante debate entre Brown e Forst (2014) sobre o "poder da tolerância".

cidade, acredita que as experiências de insultos tiveram a força de fazê-la se sentir ferida. Marta ressalta que, no entanto, sentia-se ferida porque esse nome faz circular moralidades e sentimentos ligados aos processos de longa duração por meio das quais ela negocia seus afetos, seus desejos e seus prazeres. Decerto, os insultos a interpelam e a constituem como sujeito, mas, ao mesmo tempo, a introduzem na linguagem e, particularmente, na vida temporal da linguagem (Butler, 1997; Oliveira, 2016).

Em resposta ao insulto do taxista, Marta decidiu continuar sua caminhada em silêncio, pois sentia medo de ser violentada fisicamente. Para ela, deveríamos estar "atentas" em relação à articulação dessas experiências de insultos com o discurso dos direitos na esfera pública democrática. Marta nos explica que, "nesses casos", "nem sempre vale a pena" aspirar normativamente pela proteção do Estado, uma vez que "o Estado não nos garante segurança alguma". Por isso, apesar de se sentir exposta à violência e fisicamente vulnerável quando está caminhando pelas ruas da cidade, Marta acredita que as reivindicações de liberdade sexual não deveriam se limitar ao local do Estado (Brown, 1995; Oliveira, 2020b). Como sujeito político, Marta sabe que, quando caminha pelas ruas, seu jeito de andar e sua caminhada particular também são atravessados pela categoria social (Butler, 2018; Oliveira, 2020a). Daí porque, ao assumir o risco de caminhar pelas ruas, tanto ela quanto a categoria social estão sujeitas à violência (Melo, 2016).

Paula nos lembra que ser uma "mulher que gosta de outra mulher" implica assumir o risco de ser exposta à possibilidade de violência — uma violência estrutural ou sistêmica, incluindo aquela praticada pelas próprias instituições do Estado. Ela relatou, nesse sentido, que já havia sido insultada por policiais em bicicletas que faziam a segurança na orla na cidade, os quais pararam ao lado dela e de sua parceira e chamaram-na de "sapatão". Mas Paula ressaltou que somos introduzidas no campo da violência desde a infância e aprendemos, ainda crianças, a reivindicar o direito de persistir em nosso próprio ser e no mundo (Butler, 2017; 2020; Spinoza, 2009), remetendo-nos a uma temporalidade socialmente constituída.

Paula ainda recorda que os processos de longa duração por meio dos quais elas se tornaram sujeito de uma sexualidade e de um gênero também encenam uma temporalidade de dúvidas e de incertezas, bem como de esperas e esperanças, que as envolvem no tempo e com o tempo

(Albino, 2020; Kehl, 2009; Oliveira, 2020a), confundindo, assim, as temporalidades. Entre as lembranças de Paula está aquela na qual sua mãe a vestia com "roupas de menina" e prendia seus cabelos cacheados com laços de tecido feitos à mão: a mãe considerava que aquele era um gesto de cuidado; e Paula avaliava como uma "pressão". Ela se sentia pressionada pela mãe a se tornar uma "menina feminina".

Aqui, gostaria de também retomar um evento de que participei, organizado pelo governo da Paraíba e realizado em um hotel localizado na orla de João Pessoa. Participaram dessas atividades mulheres que se autoidentificavam como "lésbicas" ou "bissexuais", mas uma parte delas não estava organizada no movimento feminista lésbico e bissexual local. Porém, uma parcela significativa dessas mulheres era usuária dos serviços oferecidos pelo Centro Estadual de Referência dos Direitos de LGBT (Espaço LGBT) da Paraíba.

Pela manhã, assistimos às palestras sobre invisibilidade lésbica e políticas públicas e, à tarde, discutimos o tema da saúde mental e sua relação com a questão da visibilidade lésbica e bissexual.

> Eu gostaria de saber a opinião de vocês sobre até que ponto uma militante lésbica deveria se expor publicamente. Eu pergunto isso porque estamos aqui discutindo visibilidade lésbica e como isso afeta a nossa saúde mental, mas não sei até que ponto vale a pena se expor tanto. [...] Outro dia estava com minha parceira no ponto de ônibus da Lagoa [centro da cidade], eram dez horas da noite e só estávamos nós duas lá. Confesso que fiquei com medo de sofrer algum tipo de violência. [...]. Eu e minha parceira não ficamos de mãos dadas [...].

A questão colocada pela participante chama a atenção para a responsabilidade de as militantes "lésbicas" e "bissexuais" articularem suas posições éticas frente à possibilidade de sofrerem violências físicas e simbólicas. Em linhas gerais, as mulheres presentes naquela roda de conversa consideraram a questão muito pertinente, pois enfatizava as condições de aparecimento no espaço público. Ao mesmo tempo, tal questão colocou em pauta tanto a reivindicação do direito de aparecer quanto o desejo de andar livremente pelas ruas. Mesmo as mulheres "lésbicas" militantes, como a participante que levantou a questão, precisam negociar a exposição pública.

Quando a atividade acabou, fomos tomar café e comer biscoitos em uma área reservada do hotel. Nesse momento, Virgínia se aproximou de mim e me pediu para lhe passar o açúcar. Dei-lhe o açúcar e decidi "puxar assunto" com ela: perguntei o que achou da questão colocada pela colega anteriormente.

Ela contou que, em um sábado à tarde, passeava com sua parceira no calçadão da orla da cidade. Compraram duas águas de coco e sentaram na areia da praia. Conversaram sobre como aquela semana havia sido difícil para as duas. Em uma quinta-feira, elas tomaram o café da manhã em uma padaria próxima ao apartamento de Virgínia. Ao chegarem à padaria, pediram seus cafés e, sentadas à mesa, tocaram-se as mãos. Em um gesto espontâneo de afeto, beijaram-se. "Foi apenas um selinho", ela ressaltou. Sentindo-se constrangidas com o "olhar de reprovação" de um dos funcionários da padaria, retiraram-se do local.

Virgínia e sua parceira sentiam medo de demonstrar seus afetos em locais públicos. Quando frequentavam a padaria, o bar ou o restaurante, por exemplo, não se davam as mãos. Não queriam parecer que eram um casal, pois não queriam ser vítimas de violência. Depois daquela manhã na padaria, as duas passaram a refletir sobre o ocorrido e decidiram que não se "esconderiam" mais. Mas, ao contrário da parceira, Virgínia precisou de um tempo para saber lidar com aquela situação.

Em outro momento em que estive com Virgínia, ao relembrar da cena descrita há pouco, ela avaliou o decreto e a sanção da Lei 10.895, de 29 de maio de 2017, que dispõe sobre a obrigatoriedade de afixação de cartaz em estabelecimentos comerciais e órgãos públicos no estado da Paraíba com os dizeres "Discriminação por orientação sexual é ilegal e acarreta multa. Lei estadual 7.309/2003 e decreto 27.604/2006". Embora Virgínia e a parceira não frequentem com regularidade bares e boates da cidade, ela considerou que, "na prática, os atos de discriminação em virtude de orientação sexual não vão deixar de existir, as pessoas ainda sofrem preconceitos. Mas acho que iniciativas como essas ajudam no combate à discriminação". Relatos como os de Virginia sugerem que caminhar pelas ruas ou entrar numa padaria sem "sofrer violência" implica atos cotidianos de exercer o direito de aparecer.

A esse respeito, Vitória conta que prefere ficar em casa. Apesar de falar que não tem uma preferência por boates e bares "GLS", enfatiza que existe uma diferença na forma como as pessoas enxergam suas demonstrações de afeto em público. Isso depende, segundo Vitória, de quais são os espaços. Ela recorda, por exemplo, das vezes que estava no ônibus e as pessoas ficavam "fuxicando" e olhando para elas. O "fuxico" acontece, explica, pelo simples "fato de que você está com uma mulher do lado e de repente está trocando afeto ou algum tipo de carinho. Às vezes nem é namorada, mas as pessoas já olham diferente, já te tratam de outro jeito". Vitória também se lembra de uma vez em que esteve com sua parceira em um restaurante. Na ocasião, o restaurante estava ofertando uma promoção do Dia dos Namorados, a partir da qual os casais teriam direito a descontos.

> Uma vez, num restaurante aqui da cidade, eu estava com minha namorada e a gente foi comemorar o aniversário dela e tinha uma promoção para casais. Era na semana do Dia dos Namorados. Aí tinha uma promoção para os casais, para os namorados. A gente foi lá comemorar o aniversário dela, e uma pessoa veio atender a gente: eu falei que queria a promoção, e a pessoa falou que era só para casais, namorados. Eu falei que ela era minha namorada, e a pessoa que nos atendia ficou sem saber o que fazer, sem saber o que dizer. Ela saiu em silêncio e chamou o gerente.

Essa situação aconteceu antes do decreto da Lei 10.895, de 29 de maio de 2017. Nesse sentido, apesar de os espaços ainda não serem obrigados a fixar cartazes informando a ilegalidade da discriminação por orientação sexual, Vitória e sua parceira exerceram o direito de fazer valer a promoção para elas também, já que, como ressaltou a própria Vitória, a promoção não explicitava que era válida apenas para casais heterossexuais. "Até porque, se era para casais, se era para namorados, por que não valeria para nós?"

No caso de Elisa e sua parceira, esse exercício foi realizado aos poucos, mais precisamente ao longo de quase catorze anos. No começo da relação, elas não andavam de mãos dadas pelas ruas, eram "muito fechadas". Elisa conta que tentava segurar a mão de sua parceira, mas ela não permitia. Elisa, por outro lado, sentia-se "tranquila" quanto a isso, pois desde criança estava "acostumada com os julgamentos". Assim, andar de mãos dadas com uma mulher pelas ruas "não ia fazer nenhuma diferença" para ela. Sua parceira, no entanto, "não estava acostumada" com esse tipo de situação, principalmente "com as críticas, com os preconceitos". Nas ruas, elas demonstravam ser apenas amigas. "No meio da rua não", dizia a parceira à Elisa.

Por "respeito" à parceira, Elisa sempre se "colocava de boa". As demonstrações de afeto entre elas só aconteciam "dentro de casa". Com o passar dos anos, ambas foram "amadurecendo" e "parando de ligar para as pessoas", ou seja, deixaram de se importar "com o que elas vão falar, com o que elas vão achar". "A gente vai amadurecendo e aprendendo a lidar com o medo do julgamento do outro", Elisa me explica. Hoje, apesar de se sentirem "maduras" em relação às possíveis retaliações físicas e morais, e de sua parceira particularmente se "sentir mais aberta", Elisa ressalta que elas não se beijam em público, "porque aí [sua parceira] já não gosta". Mas até a própria Elisa me diz que também não concorda com tamanha exposição.

Elisa conta que o "medo" delas não é o de sofrer violências físicas na rua, por exemplo, mas do "julgamento dos outros". Por isso, para Elisa, iniciativas públicas como a da obrigatoriedade de afixação de cartaz em estabelecimentos comerciais e órgãos públicos "não fazem muita diferença", pois não impedem que Elisa e sua parceira sejam moralmente julgadas pelos outros.

Considerações finais

Neste artigo, considerei o que conta como afeto, moral e ética para mulheres que se relacionam afetiva e sexualmente com outras mulheres. Para tanto, descrevi e analisei de que modo os afetos, as morais e as éticas atuam em seus processos de subjetivação e, ao mesmo tempo, como essas mulheres sustentam subjetivamente suas relações com tais processos subjetivos, afetivos, morais e éticos. Dessa maneira, discuti questões relativas à moral, à ética e aos afetos entre elas, assim como as articulações dessas questões com seus processos de subjetivação.

Essa discussão foi realizada levando a sério as ambiguidades que marcam as normas sexuais e de gênero. Resulta daí um jogo complexo de recusa e aceitação, bem como de valorização e desvalorização dessas normas. Tal jogo impele essas mulheres a questionar as normas morais de comportamento e seus registros afetivos que marcam as subjetividades. Seus questionamentos, decerto reflexivos, orientam-nas em um mundo que abrange uma infraestrutura não apenas emocional, mas também social.

Ademais, quando se referem a uma temporalidade social, essas mulheres não deixam de considerar as condições históricas que as constituem como sujeitos e os termos pelos quais elas podem dar conta de si mesmas. Isto é, ao darem conta de si mesmas, elas não se separam das condições sociais em que surgem nem das normas morais de que podem se apropriar, pois se encontram implicadas "em um conjunto de normas morais condicionadoras, que, por serem normas, têm um caráter social que excede um significado puramente pessoal ou idiossincrático" (Butler, 2015c, p. 18).

Portanto, quando falam da relação que têm consigo mesmas, elas também falam da relação que têm com os outros e contam, sobretudo, as histórias das relações que constituem suas individualidades. Dessa maneira, as histórias pessoais dessas mulheres se encontram igualmente implicadas "numa temporalidade social que excede suas próprias condições de narração" (Butler, 2015c, p. 18).

Para discutir essa relação entre normas sexuais e de gênero, temporalidades sociais e processos de subjetivação, considerei a questão da vida moral e, mais precisamente, a da vida boa (Adorno, 2001; Butler, 2018; Safatle, 2019), ligada ao fazer, ao agir. Isso nos conduz ao problema das normas morais e da apropriação pelos sujeitos da moral, o que, por conseguinte, implica processos de subjetivação, os quais estão presentes nos relatos que os sujeitos fazem de si mesmos.

Dessa maneira, ao considerar as histórias de vida dos sujeitos, não me concentrei exclusivamente nas experiências temporais de mulheres que se identificam como "lésbicas" ou "bissexuais". Nesse sentido, também foquei as temporalidades do curso da vida de mulheres que mantêm relações afetivas e sexuais com outras mulheres, mas que não se identificam necessariamente como "lésbicas", incluindo aquelas que se envolvem apenas em práticas (homo)eróticas; ou, ainda, daquelas mulheres que, em um determinado momento da vida, encontraram-se em relacionamentos heterossexuais, mas não se identificam necessariamente como "bissexuais".

Referências

ALBINO, Chiara. Medo e esperança em tempos (neo)conservadores. *Sociabilidades Urbanas — Revista de Antropologia e Sociologia*, v. 3, n. 9, 2019, p. 137-46.

ALBINO, Chiara. "Afetos, moralidades e temporalidades no trabalho de campo sobre música eletrônica bagaceira em Recife". *Minima Moralia: Journal of Humanities*, v. 1, n. 1, maio-ago. 2020.

ALBINO, Chiara & OLIVEIRA, Jainara. "Apresentação — Dossiê Razão neoliberal e processos de subjetivação em perspectivas socioantropológicas". *Sociabilidades Urbanas: Revista de Antropologia e Sociologia*, v. 4, n. 11, jul. 2020, p. 15-8.

ADORNO, Theodor W. *Problems of Moral Philosophy*. Stanford: Stanford University Press, 2001.

BUTLER, Judith. *Excitable Speech: A Politics of the Performative*. Nova York: Routledge, 1997.

BUTLER, Judith. *Undoing Gender*. Nova York/Londres: Routledge, 2004.

BUTLER, Judith. *Problemas de gênero: feminismo e subversão da identidade*. Trad. Renato Aguiar. 16 ed. Rio de Janeiro: Civilização Brasileira, 2015a.

BUTLER, Judith. *Senses of the Subject*. Nova York: Fordham University Press, 2015b.

BUTLER, Judith. *Relatar a si mesmo: crítica da violência ética*. Trad. Rogério Bettoni. Belo Horizonte: Autêntica, 2015c.

BUTLER, Judith. *Quadros de guerra: quando a vida é passível de luto?* Trad. Sérgio Lamarão & Arnaldo Marques da Cunha. Rio de Janeiro: Civilização Brasileira, 2015d.

BUTLER, Judith. *A vida psíquica do poder: teorias da sujeição*. Trad. Rogério Bettoni. Belo Horizonte: Autêntica, 2017.

BUTLER, Judith. *Corpos em aliança e a política das ruas: notas para uma teoria performativa de assembleia*. Trad. Fernanda Siqueira Miguens. Rio de Janeiro: Civilização Brasileira, 2018.

BUTLER, Judith. *Vida precária: os poderes do luto e da violência*. Trad. Andreas Lieber. Belo Horizonte: Autêntica, 2019.

BUTLER, Judith. *The Force of Nonviolence: An Ethico-Political Bind*. Londres/ Nova York: Verso, 2020.

BROWN, Wendy. *States of Injury: Power and Freedom in Late Modernity*. Princeton: Princeton University Press, 1995.

BROWN, Wendy. *Regulating Aversion: Tolerance in the Age of Identity and Empire*. Princeton: Princeton University Press, 2006.

BROWN, Wendy & FORST, Rainer. *The power of Tolerance: A Debate*. Nova York: Columbia University Press, 2014.

DUNKER, Christian Ingo Lenz. *Mal-estar, sofrimento e sintoma: uma psicopatologia do Brasil entre muros*. São Paulo: Boitempo, 2015.

FORST, Rainer. *Toleration in Conflict: Past and Present*. Cambridge: Cambridge University Press, 2013.

FOUCAULT, Michel. *História da sexualidade*, v. 2, *O uso dos prazeres*. Trad. Maria Thereza da Costa Albuquerque. Rio de Janeiro: Graal, 1984.

FOUCAULT, Michel. *História da sexualidade*, v. 1, *A vontade de saber*. Trad. Maria Thereza da Costa Albuquerque & J.A. Guillon Albuquerque. Rio de Janeiro: Graal, 1988.

FOUCAULT, Michel. "Michel Foucault entrevistado por Hubert L. Dreyfus e Paul Rabinow". *In*: DREYFUS, Hubert L. & RABINOW, Paul (org.). *Michel Foucault — Uma trajetória filosófica: para além do estruturalismo e da hermenêutica*. Trad. Vera Portocarrero & Gilda Gomes Carneiro. Rio de Janeiro: Forense Universitária, 1995.

FOUCAULT, Michel. *Subjetividade e verdade*. Trad. Rosemary Costhek Abilio. São Paulo: Martins Fontes, 2016.

HONNETH, Axel. *Disrespect: The Normative Foundations of Critical Theory*. Cambridge: Polity Press, 2007.

KEHL, Maria Rita. *O tempo e o cão: a atualidade das depressões*. São Paulo: Boitempo, 2009.

MELO, Mariana Soares Pires. *Formas de violência contra mulheres lésbicas: um estudo sobre percepções, discursos e práticas*. Dissertação (Mestrado em Sociologia). João Pessoa: Universidade Federal da Paraíba, 2016.

MELO, Mariana Soares Pires. *Corpo, violência e Estado: percepções de operadores do sistema de justiça criminal acerca do homicídio de pessoas LGBTQI+*. Tese (Doutorado em Sociologia). João Pessoa: Universidade Federal da Paraíba, 2020.

OLIVEIRA, Jainara Gomes de. *Prazer e risco: um estudo antropológico sobre práticas homoeróticas entre mulheres em João Pessoa, PB*. Dissertação (Mestrado em Antropologia). João Pessoa: Universidade Federal da Paraíba, 2014.

OLIVEIRA, Jainara Gomes de. *Prazer e risco nas práticas homoeróticas entre mulheres*. Curitiba: Appris, 2016.

OLIVEIRA, Jainara Gomes de. *Regimes de visibilidade e reconhecimento dos modos de vida de mulheres maduras que se relacionam afetiva e/ou sexualmente com mulheres em João Pessoa, PB*. Tese (Doutorado em Antropologia). Florianópolis: Universidade Federal de Santa Catarina, 2020a.

OLIVEIRA, Jainara Gomes de. "Racionalidade neoliberal e a 'nova saúde pública': sujeitos, Estado e políticas públicas no campo das práticas sexuais entre mulheres". *Sociabilidades Urbanas — Revista de Antropologia e Sociologia*, v. 4, n. 11, 2020b, p. 51-8.

OLIVEIRA, Jainara Gomes de. "Processos de subjetivação e mundos afetivos, éticos e morais entre mulheres". *Minima Moralia — Journal of Humanities*, v. 1, n. 1, 2020c, p. 163-76.

RUBIN, Gayle. *Políticas do sexo*. Trad. Jamille Pinheiro Dias. São Paulo: Ubu, 2017.

SAFATLE, Vladimir. "Prefácio — Depois dos muros de Alphaville, o mato". *In*: DUNKER, Christian Ingo Lenz. *Mal-estar, sofrimento e sintoma: uma psicopatologia do Brasil entre muros*. São Paulo: Boitempo, 2015.

SAFATLE, Vladimir. *Dar corpo ao impossível: o sentido da dialética a partir de Theodor Adorno*. Belo Horizonte: Autêntica, 2019.

SPINOZA, Bento de. *Ética*. Trad. Tomaz Tadeu. Belo Horizonte: Autêntica, 2009.

ŽIŽEK, Slavoj. *O sujeito incômodo: o centro ausente da ontologia política*. Trad. Luigi Barichello. São Paulo: Boitempo, 2016.

Kyara Maria de Almeida Vieira
Professora da Universidade Federal Rural do Semi-Árido
(Ufersa). Doutora em história pela Universidade Federal de
Pernambuco (UFPE). Atua no Programa de Pós-Graduação
Interdisciplinar em Cognição, Tecnologias e Instituições
da Ufersa. Membra do Arquivo Lésbico Brasileiro, da
Rede Historiadorxs LGBTQI+, da Rede Latino-Americana
de Arquivos, Museus, Acervos e Investigadores LGBTQIA+.
Pesquisadora do Grupo de Estudos, Pesquisa e Ensino
de Sociologia e Ciências Humanas (CNPq) e do Núcleo de
Investigações e Intervenções em Tecnologias Sociais (CNPq).

Rozeane Porto Diniz
Realizou pós-doutorado em história pela Universidade Federal
Rural de Pernambuco (UFRPE). Doutora e mestre em literatura
e interculturalidade pela Universidade Estadual da Paraíba
(UEPB). Mestre em história pela Universidade Federal da Paraíba
(UFPB), onde também concluiu licenciatura em história e em
letras. Participa do Núcleo de Investigações e Intervenções
em Tecnologias Sociais (NINETS), do Grupo de Estudos de
Gênero e de Sexualidades, do Laboratório de Estudos
e Intervenções em Patrimônio Cultural e Memória Social (LEPAM).

"Valente que só o cão", "Sim, eu sou uma lésbica!": lesbianidades no cordel e no romance

Kyara Maria de Almeida Vieira
Rozeane Porto Diniz

O presente artigo nasce do encontro de duas pesquisadoras paraibanas, historiadoras, que, por meio de suas pesquisas de doutoramento (Diniz, 2017; Vieira, 2014), se propuseram a pensar as experiências de mulheres que desejam e amam outras mulheres. Com o objetivo de analisar a construção de identidades lesbianas e suas representações, decidimos problematizar o folheto de cordel "O homossexual" (2010), de Raimundo Nonato da Silva,[1] e "A confusão da sapatão com a ronda do quarteirão" (2008), escrito por Jair Moraes, como também o romance *Eu sou uma lésbica* (1981/2006), de Cassandra Rios.[2] Por concordarmos com Swain (2004, p. 13), para quem "o que a história não diz não existiu", nesse percurso pretendemos discutir a etimologia das palavras usadas para definir mulheres que desejam/amam outras mulheres

---

[1] Publicado pelo autor como comentário (21 maio 2010) a uma postagem sobre literatura de cordel no blog *Teatro do Pé*.

[2] Odette Rios (1932-2002) nasceu em 3 de outubro de 1932, no bairro de Perdizes, em São Paulo. Era a caçula das três filhas do casal de descendentes de espanhóis dona Damiana e seu Graciano. Aos treze anos começou sua trajetória de publicações, já assinando com o pseudônimo Cassandra Rios. A maioria de seus livros narra romances lesbianos, mas também é possível encontrar romances de temática heterossexual, homossexual, transexual, poesias, contos. Foi uma das raras autoras no Brasil a sobreviver exclusivamente de direitos autorais. Para mais detalhes sobre a vida e a obra de Cassandra Rios, ver: Vieira (2014).

e construir a historicização das representações de tais mulheres em diálogo com distintos suportes literários.

Antes de iniciarmos a incursão pelos suportes literários que escolhemos analisar, é preciso relembrar que a literatura é uma categoria que surge na Modernidade. Quando o termo "literatura" apareceu em Portugal, no século XVI, significava saber e ciência em geral (filosofia, astronomia, matemática, química, história, eloquência). E assim se manteve até o século XVIII. Foi a partir do século XIX que o referido termo passou a designar algo mais específico: arte que utiliza a linguagem verbal; criação estética e artística específica; conjunto de textos dessa atividade criadora; instituição de índole cultural.

Esses significados remetem à literatura como entidade ou instituição estável e bem definida; uma instituição histórica que cria as próprias regras, que exerce seu poder enquanto saber específico, que passa a ser associada a um valor estético, a uma escrita valorativa, ao cânone literário, por assim dizer, a uma escrita considerada de valor, que resiste à própria historicidade.

A instituição acadêmica literatura e a crítica literária, que detêm a autoridade para estabelecer "o que é literatura", somadas à força da indústria cultural, assumem certo controle, discriminam ou privilegiam certos "gêneros", e isso possibilita, muitas vezes, a desestabilização dessa "entidade" bem definida chamada literatura (Machado, 2001; Foucault, 2001).

Por acreditarmos na força dessa desestabilização da literatura a partir da produção literária, escolhemos trabalhar com a literatura de cordel e com um dos romances de Cassandra Rios. Um escrito em verso, o outro, em prosa, ambos têm em comum a temática das mulheres que desejam/amam outras mulheres.

Sobre a literatura de cordel, nós a consideramos uma produção cultural discursiva, independentemente das controvérsias relacionadas às formas de se referir a ela. Sabemos das críticas produzidas por alguns estudiosos e cordelistas em relação à expressão "literatura de cordel", que preferem fazer referência a folhetos ou literatura de folhetos; e há, inclusive, quem questione o lugar dessa produção como literatura no campo de disputa literária. Trata-se de um terreno escorregadio e não consolidado, denominado por Lucena (2010, p. 10) como "balaio buliçoso", ao referir-se aos impasses pelos quais passa tal produção, em torno não apenas da nomenclatura mas também de sua composição estética e da diferenciação entre aquela produzida em Portugal e a que é produzida no Brasil.

Conhecendo tal problemática, optamos por utilizar, em nosso estudo, o cordel como literatura, considerando, em comum acordo com Lucena (2010, p. 11), que "o cordel é, antes de tudo, uma parte das poéticas das vozes criadas e transmitidas por meio de uma multiplicidade de gêneros". Embora Lucena (2010, p. 11), ao aludir ao cordel, especifique que "refere-se em especial à poesia popular impressa", ampliamos essa concepção, pois vislumbramos que, atualmente, os cordéis têm circulado de forma on-line, em blogs e sites especializados, na maioria das vezes criados por cordelistas como estratégia de sobrevivência frente ao mundo midiático e seus suportes existentes fora do formato "folheto" tradicional. Sendo assim, os dois cordéis analisados aqui fazem parte desse mundo midiático, pois foram disponibilizados on-line ou digitalizados.

Diferentemente do cordel, o romance é um gênero consolidado como produção literária (em prosa). Porém, as definições, as caraterísticas e os significados a ele atribuídos não se mantiveram estáticos temporal e espacialmente (Moretti, 2009). Se antes do século XIX os romances eram lúdicos, feitos para divertir, impressionar, surpreender, a partir do século XIX começa a ser construído um pacto de verossimilhança com o leitor, imperativo da imitação do real, contra a qual muito se lutará durante o século XX (Kundera, 2009; Llosa, 2009; Magris, 2009).

Falando especificamente do Ocidente, o romance surgiu no mundo moderno, este repleto de perigos e incertezas, em que se opera a cisão entre a essência e a vida e no qual o indivíduo se tornou um objeto diante de si mesmo. Como afirma Erickson (2001, p. 119),

> o romance se instaura em uma circunstância histórica caracterizada pela multiplicidade de cosmovisões. A abolição da hierarquia entre essência e existência criou a necessidade de "negociar" entre essa multiplicidade de essências. Os personagens centrais dos romances se tornam indivíduos, cada um controlando a "escrita" e direção de sua própria tragédia individual.

A despeito de todas as disputas nos campos da teoria literária, da teoria do romance e dos investimentos contemporâneos para a definição de literatura (Dantas & Silva Filho, 2017; Martins, 2012; Compagnon, 2010; Erickson, 2001; Lukács, 2000), partimos do pressuposto de que o romance não é exatamente a realidade — o que não significa dizer que não estabeleça conexão com esta. Pensamos o romance como narrativa da existência enquanto campo de possibilidades humanas, que trata daquilo que os sujeitos podem tornar-se, daquilo de que são capazes (Kundera, 2009).

Após essas breves considerações, nós nos deteremos no primeiro texto literário a ser analisado, o folheto "O homossexual", de Raimundo Nonato da Silva, que traz, em seus versos, inúmeros termos usados para nomear não só as lésbicas mas também os gays, compreendendo que são nomes diferentes para a mesma situação:

01
Fresco guei e travesti
Veado eu deixo pra lá
Sapatão e lésbica aqui
Um do outro é xará

Nessa estrofe, aparecem dois termos usados para nomear sujeitos que têm relação amorosa e/ou sexual com mulheres: "sapatão" e "lésbica". São apresentados como sinônimos; porém, mesmo que semanticamente tenham grandes semelhanças, não podemos desconsiderar a historicidade dos termos, inclusive com seus usos pela própria literatura. O primeiro termo é popularizado, vulgarizado e presente no linguajar cotidiano, bem como próprio daqueles que criticam com ironia a relação amorosa entre duas mulheres. O segundo termo, erudito, contemporâneo, está presente na linguagem dos movimentos LGBTQIA+ (lésbicas, gays, bissexuais, travestis, transexuais ou transgêneros, *queer*, intersexo, assexual), na literatura dita canônica. Ou seja, são nomes alusivos a um lugar de enunciação diferenciado, que remetem a representações múltiplas.

O termo "sapatão" surgiu na década de 1970, para se referir a mulheres com preferência sexual alternativa que tinham predileção por usar um tipo de calçado mais caracteristicamente masculino (Pimenta, 2003, p. 197). A afirmativa é apresentada de forma a naturalizar o termo, quando ele foi usado a partir de uma construção identitária heteronormativa.

Ao falar em "alternativa", o autor quer dizer que alternam, ou seja, que não seguem um padrão ou não se adéquam ao papel estabelecido na cultura para a mulher do gênero binário. A partir do surgimento do termo, constroem-se também estereótipos, mas o fato é que leva a um discurso de reconhecimento social da existência das lesbianidades, mesmo que de forma preconceituosa e utilizando-se da imagem do sapato como espaço de inserção social da lésbica. Conforme Swain (2004, p. 70), "o estereótipo, ao se fixar, ao se anunciar, ao se reproduzir, faz nascer o Outro, o indefinido, o improvável, o incompreensível, o excluído". Mesmo aquele excluído da sociedade precisa ser dito, virar linguagem, para se constituir enquanto existência. Muitas vezes, a partir de uma linguagem estereotipada, produz-se uma existência "maldita", ou não, porque mais pronunciada pelas instituições que regulam a sociedade, pelos discursos normatizadores que o perseguem e o excluem, que pode funcionar como estratégia política para visibilizar.

Outras significações foram atribuídas ao termo "sapatão": "mulher lésbica, ativa" (Almeida, 1981, p. 238). Aqui, mais uma definição que equipara a "sapatão" com o papel atribuído ao homem tradicionalmente, que era o de ser ativo na relação sexual, de sempre estar à frente da relação, mas também iguala o termo "sapatão" ao termo "lésbica". No entanto, não podemos negar que uma identidade é construída a partir dessa nomeação que povoa o imaginário social de que sapatão é a mulher que não gosta de homem, e sim de mulher, e, assim, suas caracterizações vão sendo apresentadas.

Não queremos, com isso, afirmar que exista uma identidade centrada, linear, hermética, pois isso foi obra do Iluminismo e de sua construção do sujeito moderno centrado. Como aponta Hall (2006, p. 13), "a identidade plenamente unificada, completa, segura e coerente é uma fantasia". Ainda de acordo com o estudioso, "nossas identificações estão sendo continuamente deslocadas", mas não se rompem bruscamente para a construção de outras identificações, não são transformadas, e sim confrontadas o tempo todo. O fato é que "enquanto não se expressa em palavras o mundo está no limbo, revela-se uma nebulosa misteriosa; mas, quando palavreado, articulado e significativo, esse mesmo mundo corre o risco de descobrir-se delimitado, prisioneiro ou significado" (Ianni, 1999, p. 56), ou seja, o nomear confere existência, embora delimite ou estereotipe os sujeitos na existência, o que ocorre nos cordéis. Nos interessam, aqui, a significação e a identificação trazidas por essas produções culturais para representar as lésbicas e suas práticas.

A identificação das lésbicas ocorre na estrofe a seguir, tratando-se de um cordel atual, de 2010, que circula pela internet com o título "O homossexual". É interessante que tenha problematizado, através do termo "sapatão", a relação amorosa entre duas mulheres, já que o comum era que, ao falar em homossexual, se estivesse falando apenas do masculino, como muitas vezes o fizeram a ciência, o senso comum e os próprios folhetos tradicionais. Portanto, esse cordel contribui para tornar visíveis as lesbianidades:

02
Se o nome é diferente
Tem o mesmo significado
Pois tanto faz para a gente
Sapatão como veado

Por uma questão política e de interpretação discursiva da linguagem, precisamos discordar do cordelista: "sapatão" e "veado" não são semelhantes em suas especificidades nem na etimologia, mas a estratégia do cordelista em assemelhar os termos é uma forma de homogeneizar esses sujeitos, mesmo que o cordelista tenha tomado os dois itens lexicais como sinônimos por uma aproximação semântica, ou seja, os dois são sujeitos que gostam, orientam-se para pessoas do mesmo gênero, logo, pragmaticamente, o que muda é apenas a identidade de gênero, a do "veado" associado ao masculino e a da "sapatão" associada ao feminino,[3] porque a subjetivação constitui a prática comum quanto à preferência sexual: ambos têm como objeto de desejo uma pessoa do gênero igual.

---

3 Aqui é preciso destacar que há uma forte tendência a biologizar as identidades de gênero e as práticas da sexualidade, limitando-as a uma definição correspondente ao sexo biológico, com o qual as pessoas foram designadas ao nascer. Em diálogo com as lutas e as discussões acerca da despatologização das pessoas trans (travestis, trangênero e transexuais), como também dos questionamentos provocados pelas discussões acadêmicas e do movimento LGBTQIA+ à heterossexualidade compulsória e à heteronormatividade, entendemos que ser "veado" ou ser "sapatão" não se restringe ao desejo por outra pessoa do mesmo sexo biológico com o qual a pessoa foi designada nem a uma identidade de gênero naturalmente atrelada/associada ao sexo biológico (Colling, 2018; Colling & Nogueira, 2014).

Todavia, essa homogeneização com o uso generalizado do termo "gay" tem levado as "lésbicas [a ser] historicamente privadas de uma existência política através de (inclusão) como versões femininas da homossexualidade masculina" (Rich, 1993, p. 36). Desse modo, assumir o termo "sapatão" é diferenciá-las e não as ver como versão da homossexualidade masculina; é vislumbrar que, com o termo "veado", não se nomeia o sujeito da relação amorosa entre mulheres, apesar da comparação, embora do ponto de vista da cultura sejam pessoas que se orientam para os/as iguais — e, talvez, fora por essa perspectiva que o cordelista tenha se expressado, já que, do ponto de vista político, os termos nomeiam sujeitos e subjetividades distintas e, por vezes, até divergentes.

No próximo cordel, "A confusão da sapatão com a ronda do quarteirão" (2008), escrito por Jair Moraes, temos mais uma configuração em relação a sapatão:

01
Mas vamos ao assunto
Da ronda e a sapatão
Apolinária das Mangas
Mais braba que Lampião
Cangaceiro do passado
Causador de Leriado
Valente que só o cão

02
Apolinária das Mangas
Era danada e artista
Namorado para ela
Foi nome fora da lista
Pois mesmo quando criança
Em homem metia a trança
Dizendo nasci machista

Nos versos que analisaremos, a sapatão, chamada Apolinária das Mangas, é comparada a Lampião por sua valentia e virilidade, conforme pode ser observado na segunda estrofe, na qual a própria Apolinária se diz machista. Ou seja, a sapatão se autonomeia e legitima seu lugar viril a ponto de o cordelista justificar sua virilidade com atos de violência contra homens.

A virilidade da sapatona é apresentada pelo cordelista atrelada à violência, tal qual o mito da masculinidade (Nolasco, 1993), construído culturalmente para os homens em sua demonstração de que não são gays. Entretanto, o discurso do cordelista, guardadas as especificidades teóricas e culturais, nos leva a refletir sobre o que historicamente foi relegado às lésbicas por romperem com o modelo heterossexual de mulher.

> As lésbicas devem recordar e admitir sempre como ser "mulher" era tão "antinatural", totalmente opressivo e destrutivo para nós nos velhos tempos, antes do movimento de libertação das mulheres. Era uma construção política e aquelas que resistiam eram acusadas de não ser mulheres "verdadeiras" [...] Ao mesmo tempo, éramos acusadas de querer ser homens. (Wittig, 2009, p. 95)

O que o cordelista faz é configurar a sapatão, questionando a "mulher verdadeira", demonstrando que ela tenta se enquadrar como homem. Trata-se de uma estratégia para desqualificar o lugar dela, uma vez que o cordelista concebe os papéis de gênero como "cartas marcadas", e, como tal, seu rompimento é, de alguma forma, negativizado. Ou seja, se a sapatão não apresenta nenhum interesse por homens, já que "namorado para ela/ foi nome fora da lista", logo, na visão do cordelista, Apolinária foge das concepções de mulher de verdade. Quando Apolinária é apresentada com valentia, está rompendo com aquilo que Wittig (2009, p. 96) afirma ser uma característica das mulheres, que é a "passividade", a "não violência", a qual precisa ser combatida. Dessa forma, o cordelista demonstra de forma negativizada que Apolinária não é mulher de verdade, mas, para isso, ele a configura como alguém que busca o lugar do homem, uma vez que consegue, inclusive, sair-se vitoriosa em brigas com os homens, pois "em homem metia a trança". Portanto, é apresentada de forma viril.

Embora precisemos considerar que a própria Apolinária se inscreve no lugar de "macho", "ela disse eu sou é macho/ baixe logo o seu faixo [sic]/ eu nasci foi sapatão" (Moraes, 2008, p. 8), não podemos, por essa fala, atentar apenas à negatividade já alertada por Wittig (2009) em relação a tal concepção, pois o fato de se apropriar do discurso viril também pode representar uma estratégia subversiva de positivação de um estereótipo diante de estratégias de sobrevivência. Muitas vezes, em determinados espaços sociais, é preciso jogar com as identidades e mesmo com os estereótipos, a partir, inclusive, de um ato político. Se autonomear enquanto macho e sapatão é um ato político, que implica negativações, mas que também está associado a determinados objetivos e/ou endereçamentos de visibilidades, através da positivação de termos, quando não são impostos mas tornam-se escolhas.

Nesse sentido, foi possível compreender a construção das identidades lésbicas nos cordéis analisados e perceber a importância das categorizações para firmar um lugar de existência lesbiana a partir da linguagem na literatura de cordel. O cordel "O homossexual", apesar de apresentar termos diferentes para nomear as lésbicas enquanto sinônimos, representou a multiplicidade dos nomes e a possibilidade de problematizá-los em seu contexto histórico de visibilidade para as lesbianidades. O cordel "A confusão da sapatão com a ronda do quarteirão" protagoniza a sapatão como principal personagem, apresentada de forma viril e masculinizada, mas, como estratégia de sobrevivência e resistência, a sapatão Apolinária das Mangas acaba se apropriando desse estereótipo e, de acordo com a necessidade em determinados espaços, realiza performances viris para se impor.

Dessa forma, se nesses cordéis as lésbicas foram apresentadas como protagonistas ou antagonistas, se estereotipadas ou não, se estão representadas com termos diferentes ou semelhantes, o mais importante é que, por meio dessa linguagem e dessa composição, conferem existência e visibilidade às lesbianidades.

A existência e a visibilidade das lesbianidades também será operacionalizada a partir do outro artefato que constituímos como foco de nossa análise. Daqui por diante nos deteremos mais especificamente em um dos romances de Cassandra Rios, *Eu sou uma lésbica* (2006), que conta a história de Flávia e dona Kênia. Foi divulgado, originalmente, como folhetim pela revista *Status* (destinada ao público masculino) entre janeiro e abril de 1980 e publicado como livro pela editora Record em 1981, tendo a segunda edição publicada em 2006 pela Azougue. Nessa reedição, a obra de Cassandra Rios compõe a coleção Devassa, ao lado de outros dois livros descritos como ousados na sinopse elaborada pela editora, quais sejam *Manual de boas maneiras para meninas*, do francês Pierre Louÿs, e *Patty Diphusa*, do consagrado cineasta Pedro Almodóvar.

Não é mera coincidência que essa obra de Cassandra tenha sido lançada como parte de um projeto que traz ao mercado editorial obras que questionam as regras morais e os códigos da sexualidade do período em que foram escritas. Nem é por acaso que, na contracapa da edição de 2006, *Eu sou uma lésbica* seja descrito como o mais ousado de Cassandra, justificando a "obscuridade" da autora, mesmo que tenham sido vendidos cerca de trezentos mil exemplares por ano: "O que levou uma autora que atraiu tantos leitores a se manter na obscuridade? O teor devasso dos seus livros, é claro", diz a sinopse.

De fato, Cassandra Rios foi bastante censurada (36 livros),[4] sem muitas explicações, pelos representantes da ditadura (1964-1985) e antes desse período também.[5] Durante a trajetória de Cassandra, sua obra recebeu vários adjetivos pejorativos, sugerindo um caráter "pornográfico", "imoral", "pervertido" e, portanto, pouco valioso. Tais adjetivos são recusados com veemência pela autora em suas duas autobiografias (Rios, 1977; 2000) e em várias entrevistas,[6] nas quais se define como uma moralista que escreve obras conservadoras e moralizantes.

Entretanto, não é tão "claro", como anunciado na contracapa da edição da Azougue, que a causa de tanta censura tenha tornado Cassandra uma autora obscura, nem que essa "obscuridade" se deva ao fato de que, em seus livros, haja um "teor devasso". Antes, é importante perguntar: o que se entende por "obscuridade"? A obscuridade aqui está associada ao silêncio do cânone literário em relação à obra de Cassandra? À postura da crítica literária que a desqualifica? À ausência de produções acadêmicas (até segunda década do século XXI) que a elegessem como objeto de estudo? Além dessas perguntas, muitas outras

---

4 Ver: "Ditadura e Homossexualidades: Iniciativas da Comissão da Verdade do Estado de São Paulo 'Rubens Paiva'", http://acesse.one/058H2.

5 Vieira (2014, p. 170) menciona que Cassandra Rios publicou seu primeiro romance em 1948, aos dezesseis anos (*A volúpia do pecado*), e começou a vivenciar a censura de sua obra ainda na década de 1950, com o livro *Eudemônia* (1952), a qual segue durante o governo do presidente Juscelino Kubitschek (1956-1961), que aboliu a censura prévia herdada do segundo governo de Getúlio Vargas, mas tomou medidas para prosseguir censurando.

6 Dentre essas entrevistas, poderíamos citar as concedidas ao jornal *O Pasquim* (1976) e à revista *Fatos e Fotos* (1983), além da última entrevista concedida a Fernando Luna, publicada na revista *TPM* (2001).

seriam possíveis. Como pensar em "obscuridade" se é destacado que mais de trezentos mil exemplares das obras de Cassandra Rios foram vendidos ao ano? Que "obscuridade" é essa que, mesmo com a censura e as desqualificações, permitiu que vários livros fossem reeditados, compartilhados e circulassem em diversos espaços, chegando até a se produzirem impressões clandestinas (Rios, 1977, p. 112)? Que "obscuridade" é essa se, na mesma contracapa, há um elogio feito a Cassandra pelo reconhecido escritor baiano Jorge Amado?

Também é importante perguntar: o que seria "teor devasso"? Devasso, aqui, está em um contexto que o associa à definição de vulgaridade, de obscenidade, de libertinagem. Mas os livros de Cassandra são definidos por conter um "teor devasso" a partir de quais critérios? Não seria essa descrição da contracapa da edição da Azougue uma ratificação do preconceito direcionado à autora e à sua obra por décadas? Quais os parâmetros do editorial para afirmar ser esse o "trabalho mais ousado" da autora? Será pelo título tão direto e assertivo? O que há na história de Flávia e dona Kênia que a torna uma trama tão ousada? Como estabelecer esse crivo diante de uma obra de mais de cinquenta livros (Vieira, 2014, p. 25, 233-4)?

Não é nossa pretensão nos determos a tais questões, entretanto acreditamos ser válido postulá-las, a fim de se pensar para além das naturalizações do já dado, do já posto, do repetido *ad nauseam*. Afinal, como afirma Nietzsche (2001, p. 96), "não esqueçamos também isto: basta criar novos nomes, avaliações e probabilidades para, a longo prazo, criar novas 'coisas'". Nesse sentido, o que pretendemos discutir a partir de *Eu sou uma lésbica* não é se temos (ou não) uma narrativa pornográfica e/ou menor, mas como Cassandra Rios constrói, em sua trama, significados para a experiência da prática do desejo entre mulheres, questionando códigos morais, proposituras científicas e religiosas, preconceitos direcionados às mulheres (lésbicas ou não), o que tangencia a construção de identidades lesbianas e suas representações.

Deveras sabemos que o título *Eu sou uma lésbica* tem força propagandística e impactante inegáveis. Isso não se dá por acaso, tendo em vista a maneira como a lesbianidade vem sendo tratada historicamente: com descrédito, silenciamento, punição, exclusão, indiferença. A possibilidade de demonstração de afetividade entre mulheres é permitida não apenas porque, historicamente, as mulheres foram associadas à sensibilidade, à delicadeza, à subjetividade, ao sentimento, mas também porque se parte da crença de que duas mulheres não podem se satisfazer e ser sexualmente felizes juntas, pautando-se na lógica essencialista e biologizante, que limita e condiciona o prazer feminino à existência de sentimentos e desejos por homens, à presença do falo e à relação com um homem.

Uma vez visível e dizível que algumas mulheres rompem com essa lógica que associa felicidade à capacidade gestacional/procriativa e, portanto, a uma relação heteronormativa (Colling & Nogueira, 2014), tais mulheres são levadas "à morte, à prisão, ao internamento, à exclusão, caso sua atitude ameace o institucional e o normativo" (Swain, 1999, p. 126).

Pensando a literatura enquanto narrativa produtora de significados a partir do mundo e para o mundo, um artefato cultural que responde às possibilidades de emergência e inspira formas de estar e de sentir as surpresas do viver os desejos, *Eu sou uma lésbica* não pode ser visto como um discurso solto, neutro, não endereçado. Como afirma Todorov (2009, p. 11), "a obra literária é um organismo vivo". E, portanto, dialoga com o espaço e o tempo em que foi produzida, possibilitando inúmeras leituras, apropriações, significações. Para um romance ambientado em São Paulo, escrito no começo da década de 1980, sob a vigência ainda da ditadura civil militar, não é estranho que muitas sejam as questões levantadas por Cassandra Rios acerca da naturalidade ou não do exercício do amor/desejo entre mulheres.

No Brasil, já em fins do século XIX, é possível encontrar representações da lesbianidade na literatura romanesca. *As mulheres de mantilha* (1870-1871), de Joaquim Manoel de Macedo (1820-1882), narra a vida da moça burguesa Inês, que se apaixona pela agregada da família, Izidora. Porém, o autor não aprofunda o enlace das moças. Em 1890, outro romance expõe, de fato, uma cena lésbica erótica: em *O cortiço*, Aluísio Azevedo (1859-1913) descreve a relação de Pombinha e Léonie (Melo, 2021).

No que tange à literatura escrita por mulheres, as representações das lesbianidades vão aparecer desde, pelo menos, as primeiras décadas do século XX. Sobre isso, é preciso considerar que:

> A autocensura, que às vezes pode calar a expressão erótica feminina em todas as suas formas, encontra-se obviamente enraizada nas práticas sociais vigentes, que tanto procuram controlar a sexualidade feminina como restringir

o acesso da mulher a uma linguagem adequada à representação de sua sexualidade. (Pinto-Bailey, 1999, p. 405)

Para além da autocensura, observa-se também a escassez de estudiosos da literatura lesbiana e de uma crítica literária, o que pode estar ligado às representações históricas e sociais da mulher lesbiana. Como afirma Pinto-Bailey (1999, p. 405):

> O sujeito lesbiano foge à definição aceita de "feminino", rompe radicalmente com os padrões de gênero estabelecidos, ao não se definir em função do desejo masculino e do sistema de reprodução biológica e de transmissão de valores econômicos e ideológicos. Por não ser possível categorizá-la dentro desses padrões, a lésbica termina reduzida ao "não-ser", ao que não se nomeia (e o que não se nomeia não existe).

Por isso não é de estranhar o questionamento de Cassandra Rios sobre as possíveis "causas" do desejo e da prática lesbianos. A autora não destaca apenas a singularidade de uma menina de sete anos desejar e se apaixonar por uma das amigas de sua mãe, durante as visitas vespertinas quando várias vizinhas se encontravam para conversar e lanchar. Dona Kênia não é apenas a amiga que tem pernas bonitas, pés cheirosos e sensuais adornados por sandálias de tiras coloridas. Dona Kênia é, também, aquela que permite que Flávia, aos sete anos, pense na "natureza" de seu desejo, de sua sexualidade, de sua possível identidade:

> Segui e cheguei a um caminho de vida preestabelecido pela minha própria natureza. Não houve intimidações de ordem religiosa, nem houve necessidade de uma educação sexual exata, porque eu ia descobrindo e aprendendo todas as coisas referentes a sexo com muita naturalidade, como se tivesse a consciência lógica da natureza humana, das funções e necessidade do corpo — a excitação das partes genitais e o aparecimento dos pelos em determinadas regiões do corpo na adolescência, nada me causava embaraço ou me surpreendia. (Rios, 2006, p. 34)

Ao contrário do que reza boa parte das definições religiosas e científicas sobre as sexualidades consideradas dissidentes, para Flávia, perceber-se apaixonada por outra mulher, mais velha, casada com um homem, não é narrado como algo incômodo e culposo, tampouco como algo a ser sublimado, corrigido, punido, destruído. Não havia nenhum "complexo de Édipo entre ser heterossexual ou homossexual" (Rios, 2006, p. 38) nem "o ambiente familiar nunca provocou, em mim e em meus irmãos, sentimentos de angústia ou insegurança" (Rios, 2006, p. 33). Em muitos trechos do romance, explicações psicanalíticas e/ou religiosas são descartadas como autorizadas para definir o desejo lesbiano de Flávia como negativo e/ou ruim.

Mesmo afirmando categoricamente: "Eu não gostava da palavra lésbica" (Rios, 2006, p. 61), Flávia não se recrimina nem afirma sentir-se triste por desejar mulheres em nenhuma parte de sua narrativa. Como afirma Swain (2000, p. 57), "Lésbica: a palavra designa e constrói ao mesmo tempo todo um campo de representações negativas". Nesse sentido, para fugir do peso dessa expressão, Flávia afirma ter se identificado "nos estudos de botânica com o criptandro, sentindo bem guardado dentro da boca o meu órgão sexual não aparente" (Rios, 2006, p. 61).

A recusa em usar tal expressão para definir-se, o mal-estar que sentira ao recusar os galanteios de Fábio e gritar: "Sim, eu sou uma lésbica!", como se estivesse se "condenando ou sentenciando algo muito grave" (Rios, 2006, p. 81), não significam que, para Flávia, seu desejo era a representação de tudo que fosse maléfico; sugere a percepção da incongruência entre os significados negativos que a palavra "lésbica" assumira historicamente e a percepção da prática lesbiana para Flávia. Afinal, a "linguagem não é a expressão apenas de uma individualidade, mas o lugar de construção da subjetividade. [...] a linguagem é o lugar onde atuais e possíveis formas de organização de seus respectivos desdobramentos políticos são definidas e contestadas" (Lúcia Helena Vianna *apud* Facco, 2004, p. 89).

Nas memórias infantis de Flávia, a dor não se estabelece pela lembrança de estar embaixo da mesa entre as pernas das amigas de sua mãe, de suportar os fedorentos puns de dona Dulce para poder se inclinar e sentir-se enfeitiçada pelas pernas grossas, delicadas, cheirosas de dona Kênia. O sofrimento não a domina por ter, em suas lembranças de criança, a experiência de ter lambido os pés lascivos e as pernas brancas de dona Kênia antes mesmo de "brincarem de gatinho", quando a menina Flávia, aos sete anos, sugara os seios de dona Kênia. Mas, como sugere a agora adolescente Flávia,

> a dor emocional que me delicia e me arrasta em êxtase para o passado é a lembrança do dia em que, da janela do meu quarto, vi o caminhão de mudança, vi dona Kênia indo embora. Ela não foi no caminhão de mudança, pior ainda: foi sentada ao lado do marido no seu carro velho, sujo de barro, soltando fumaça preta de óleo queimado pelo escapamento barulhento, como se estivesse me ofendendo com desaforados puns, como os de dona Dulce. (Rios, 2006, p. 39)

A tensa relação entre Flávia e seu Eduardo, o esposo de dona Kênia, não é narrada apenas como uma disputa pelo mesmo ente desejado, mas é intensificada pela suspeita de que ele matara a cadela Bibi com bolinhos de carne misturados a vidro pisado, e ainda pela implicância de seu Eduardo com Flávia, a dar-lhe beliscões e fazer caretas enquanto os olhos de dona Kênia estavam ocupados com outras tarefas.

Numa sociedade falocêntrica como a nossa, atravessada pela heteronormatividade,[7] sustentada pelo binarismo heterocentrado, Eduardo é narrado a partir de sua posição como "o" homem da relação: aquele que exige que dona Kênia esteja em casa antes que ele chegue e que o jantar esteja pronto à sua espera; ou quando é narrada sua visível insatisfação ao ser obrigado a ceder seu lugar na cama do casal para que a menina Flávia durma com dona Kênia, numa noite de "conto de fadas", em que os pais de Flávia precisaram ausentar-se de casa às pressas e os irmãos de Flávia, Renato (treze anos) e Elisa (onze anos), também não poderiam cuidar da irmã caçula.

Portanto, aos sete anos, Flávia não será convocada a pensar apenas o desejo, o afeto, a sexualidade, mas nessa mesma idade também será apresentada aos códigos da heteronormatividade, definida no sentido de Lauren Berlant e Michael Warner (2002, p. 230):

> Entendemos aquelas instituições, estruturas de compreensão e orientações práticas que não apenas fazem com que a heterossexualidade pareça coerente — ou seja, organizada como sexualidade — mas também que seja privilegiada. Sua coerência é sempre provisional e seu privilégio pode

---

7 "Por 'heteronormatividade', quero dizer tanto aquelas práticas localizadas quanto aquelas instituições centralizadas que legitimam e privilegiam a heterossexualidade e as relações heterossexuais como fundamentais e 'naturais' dentro da sociedade" (Cathy J. Cohen *apud* Rosa, 2020, p. 59).

adotar várias formas (que às vezes são contraditórias): passa despercebida como linguagem básica sobre aspectos sociais e pessoais; é percebida como um estado natural; também se projeta como um objetivo ideal ou moral.

Esses códigos heteronormativos serão questionados do começo ao fim do romance. Mesmo quando retomados para dar suporte a determinadas visões de mundo, eles são postos em suspeição. Não apenas quando a menina Flávia se incomoda com o medo latente na voz de dona Kênia quando esta se preocupa com horários ou com a descoberta, por parte de seu Eduardo, da "brincadeira do gatinho" realizada com Flávia. Não apenas quando Flávia questiona Núcia, sua primeira namorada, sobre a necessidade de se vestir como homem. Tampouco quando transa com Desirée, prostituta que era amante do dono do clube Arakan. Mas, também, quando faz a denúncia de lesbofobia por boa parte da sociedade ao narrar a experiência do Carnaval no clube Arakan: "Eu já atravessara a porta e vi o homem descer correndo em direção ao grupo que entregava ao porteiro ingressos, gritando neurastênico, brecando a entrada delas: — Não deixe entrar, devolva os ingressos, devolva o dinheiro; paraíbas aqui não entram" (Rios, 2006, p. 97).

Toda essa neurastenia resulta da identificação, no corpo de uma mulher, dos códigos associados à masculinidade, e as definições encontradas nos dicionários que acompanham a palavra "lésbica" são sempre negativas: mulher-macho, paraíba, mulher feia, mal-amada, desprezada.

No ato de nomear uma mulher "paraíba" tem-se, além de xenofobia (Albuquerque Jr., 2012), um investimento na produção da identidade demarcada a partir da diferença, do "outro" como algo negativo que deve ser banido. Uma identificação propositora de exclusão que segue a perspectiva binária *butch/femme*, modelo usado para explicar a prática lesbiana, em que *butch* seria a sapatão, o macho; *femme*, "sua" mulher (Swain, 2000, p. 40). E, ao presenciar essa cena, Flávia desaba em melancolia: "O pau preto desceu na sua cabeça e as pernas da machona dobraram. Comprimi o peito com as mãos, sentindo algo estranho e violento. Revolta. Pena. Lástima — e acima de tudo, vergonha" (Rios, 2006, p. 97).

Todo esse nervosismo, essa violência, essa vergonha, todos esses sentimentos em ebulição não aparecem na narrativa de Cassandra Rios aleatoriamente nem por coincidência. Escrito no início da década de 1980, *Eu sou uma lésbica* mantém relação com uma sociedade que experimenta, de forma muito embrionária e incipiente, as conquistas do movimento de mulheres, da contracultura, do movimento feminista, do movimento homossexual, do movimento negro e da luta pelos direitos humanos.

Nessa sociedade de fins do século XX, o que pauta os códigos sociais e morais de forma muito marcada é ainda o preceito bíblico, ratificado pela ciência moderna, de que a fêmea/mulher/feminino só se encaixa e só pode conseguir a felicidade mediante o encontro com o macho/homem/masculino. Porque, no Ocidente, criou-se

> todo um discurso filosófico-religioso para justificar a divisão dos humanos de acordo com um critério básico: o sexo biológico. Complementares ou diferentes, os sexos biológicos foram dotados de uma importância crucial, de uma evidência indiscutível (Swain, 2000, p. 16)

É ainda o modelo binário macho/fêmea que será retomado por Flávia quando narra seu estranhamento ao conhecer a amiga de Núcia chamada Bia, alguém que, para Flávia, é uma machona, "metida a homem, andar de fanfarrão, impostando a voz, sacudindo as pernas arreganhadas, como se tivesse um enorme saco entre elas, gesticulando, falando de seu caso como se falasse de uma mulher-objeto" (Rios, 2006, p. 67).

Todavia, nesse primeiro contato com Bia, momento em que Flávia tece várias críticas à estética de um feminino abandonado para aproximar-se do masculino, a ponto de sentir nojo de tudo de Bia, eis que ocorre o inesperado e o espanto: "aquela mulher disfarçada de homem [...] atendeu o telefonema e nos disse que seu filho estava no aeroporto, voltando de viagem, e ela precisa ir até lá apanhá-lo" (Rios, 2006, p. 67). Como pode uma "machona" ser mãe? Tais narrativas de Flávia denunciam que o modelo tão convocado e ratificado da *butch/femme* não dá conta de explicar a complexidade das experiências das mulheres com práticas lesbianas.[8]

8 Destaco a necessidade de considerar o contexto em que Cassandra Rios escreve ao analisar o uso de termos/expressões como "machona", "metida a homem", "disfarçada de homem". Não tínhamos ainda no Brasil, na década de 1980, a força das teorias lésbicas, do feminismo lésbico, do feminismo negro, do transfeminismo. Ainda não circulavam por aqui, de forma mais acessível, as intensas contribuições das produções que criticam, questionam, desnaturalizam a vivência/experiência/produção cis-hétero branca (Falquet, 2013; Colling & Nogueira, 2014; Rosa, 2020).

Bia, antes aquela por quem Flávia sentia nojo diante da masculinidade apropriada pelo feminino, passa a ser o fio condutor para colocar em choque as certezas e os padrões anunciados por Flávia: era uma "machona", porém também uma boa mãe, responsável e preocupada com seu filho.

Mesmo não se sentindo anormal, mesmo criticando a violência e o preconceito com que as lésbicas são tratadas, a ponto de preferir a discrição, Flávia não consegue se desgarrar dos códigos culturais que apontam a heteronormatividade como alternativa única, já que esta

> não se refere apenas aos sujeitos legítimos e normalizados, mas é uma denominação contemporânea para o dispositivo histórico da sexualidade que evidencia seu objetivo: formar a todos para serem heterossexuais ou organizarem suas vidas a partir do modelo supostamente coerente, superior e "natural" da heterossexualidade. (Miskolci, 2007, p. 5-6)

Ora se apropriando, ora transgredindo os códigos heteronormativos, *Eu sou uma lésbica* questiona, do começo ao fim, o lugar de inocência destinado às crianças, o papel da educação familiar na determinação do desejo sexual, as hierarquias entre o masculino e o feminino, as transgressões possibilitadas/permitidas/estimuladas em algumas datas (Carnaval) e em alguns espaços (motéis, carros, praças, festas particulares e banheiros). *Eu sou uma lésbica* rompe com os binarismos, com a definição de uma identidade biologizante da mulher, e permite, a partir de sua leitura, pensar na mulher como sexuada, desejante, pulsante, fetichista e lasciva.

Já os cordéis nos permitiram entrever a construção das identidades como táticas de sobrevivência e, muitas vezes, de existência, considerando que as formas viris, masculinizadas, por mais que sejam representadas como um direito exclusivo de quem é definido/percebido/reconhecido como homem, não deixam de ser também mais uma das performances que podem ser apropriadas por quaisquer pessoas, além de conferirem às pessoas marginalizadas uma possibilidade de sair da invisibilidade e do silenciamento de sua própria vida.

Mesmo escritos em épocas diferentes, ancorados em espaços diferentes, marcados por autorias distintas, tanto os cordéis quanto o romance sugerem, cada um a seu modo, que há diferentes maneiras de as mulheres serem felizes e exercerem/viverem suas identidades, seus desejos, a despeito de para quem/o que esse desejo seja direcionado, a despeito de quem provoque os sentimentos/desejos em nós.

Conforme finaliza seu romance, Cassandra afirma: "E as perguntas continuam renovando respostas a cada pensamento. Perguntas que torturam. Mas a gente vai seguindo, como borboletas sem rumo à procura de jardins" (Rios, 2006, p. 142-3). Aqui, pousamos nos jardins de alguns cordéis e em um de seus romances. E finalizamos dizendo que tocamos nessas "flores da literatura", buscando o néctar da arte para pensar, questionar, interpretar e tentar entender mundos que, por séculos, ocuparam o lugar do indizível, do invisível, do inaudível, do incompreensível.

Sabemos que não eram/nem são mundos inexistentes ou apenas possíveis no espectro do encantamento imaginativo, seja dos cordéis, seja do romance. Mas que códigos sociais, culturais, morais estabeleceram, por séculos, aquilo que estava "no verdadeiro" (Foucault, 2009). Tais códigos, ao estabelecerem o que está "no verdadeiro", promovem o controle do silenciamento e da vigilância para que amor/desejo/paixão/afetos entre mulheres permaneçam na dimensão do impossível, do proibido de existir, de ser dito e visto.

Que digam que é "Valente que só o cão" e/ou que "Em homem metia a trança", como nos cordéis; que tenham dúvidas e questionem "Sou uma lésbica. Deve a sociedade me rejeitar?", e/ou declarem, afirmando: "Meu desejo por ela só crescia, algo fervia dentro de mim", como no romance de Cassandra Rios. Dentro ou fora de casulos/armários, ditas/representadas/identificadas de que maneira for, mulheres que amam/desejam mulheres seguirão existindo, seguirão suas vidas e seus voos, ainda que o mundo lhes diga "não". Mas que isso seja um direito, não lhes traga morte, sofrimento, medo ou perigo.

E que continuemos a produzir perguntas torturantes, a fim de que seja questionado e fraturado o que quer nos aprisionar, o que pretende fazer de nosso corpo e de nossos desejos uma tábula rasa, cravada pelos punhais da heteronormatividade. Se preciso, que sejam valentes como elas mesmas (ou como o cão), conseguindo enfrentar hipocrisias e rejeições que lhes podem ser direcionadas. E que, a despeito do léxico, das pejorativas significações e opressões, possam viver suas lesbianidades como asas para a felicidade, para o gozo, para a esperança, para a transformação. E gritem a plenos pulmões: "Sim, eu sou sapatão!", "Sim, eu sou uma lésbica!".

Referências

ALMEIDA, Horácio de. *Dicionário de termos eróticos e afins*. 2 ed. Rio de Janeiro: Civilização Brasileira, 1981.

BARTHES, Roland. *Fragmentos de um discurso amoroso*. Trad. Márcia Valéria Martinez Aguiar. São Paulo: Martins Fontes, 2003.

BERLANT, Laurent & WARNER, Michael. "Sexo em público". *In*: JIMÉNEZ, Rafael M. M. (org.). *Sexualidades transgressoras*. Barcelona: Icaria, 2002.

COHEN, Cathy J. "Punks, Bulldaggers, and Welfare Queens: The Radical Potential of Queer Politics?". *GLQ — A Journal of Lesbian and Gay Studies*, v. 3, n. 4, 1997, p. 437-65.

COLLING, Leandro. "Impactos e/ou sintonias dos estudos *queer* no movimento LGBT do Brasil". *In*: GREEN, James N.; QUINALHA, Renan; CAETANO, Márcio & FERNANDES, Marisa (org.). *História do movimento LGBT no Brasil*. São Paulo: Alameda, 2018.

COLLING, Leandro & NOGUEIRA, Gilmar. "Relacionados mas diferentes: sobre os conceitos de homofobia, heterossexualidade compulsória e heteronormatividade". *In*: RODRIGUES, Alexsandro; DALLAPICULA, Catarina & FERREIRA, Sérgio Rodrigues da S. *Transposições: lugares e fronteiras em sexualidade e educação*. Vitória: EDUFES, 2014.

COMPAGNON, Antoine. *O demônio da teoria: literatura e senso comum*. Trad. Cleonice Paes Barreto Mourão & Consuelo Paes Barreto. 2 ed. Belo Horizonte: Editora UFMG, 2010.

DANTAS, João Francisco de Lima & SILVA FILHO, Antônio Vieira da. "Romance/Literatura: um objeto em transição". *Kalagatos*, v. 14, n. 28, jan./abr. 2017, p. 129-44.

DINIZ, Rozeane Porto. *Do "amor" que dizem o nome: as representações das lesbianidades no cordel*. Tese (Doutorado em Literatura e Interculturalidade). Campina Grande: Universidade Estadual da Paraíba, 2017.

ERICKSON, Sandra S. F. "Georg Lukács: a teoria do romance: um ensaio histórico-filosófico sobre as formas da grande épica. *Princípios*, v. 8, n. 9, jun. 2001, p. 114-21.

FACCO, Lúcia. *As heroínas saem do armário: literatura lésbica contemporânea*. São Paulo: Edições GLS, 2004.

FALQUET, Jules. *Breve resenha de algumas teorias lésbicas*. Cidade do México: fem-e-libros, 2013.

FOUCAULT, Michel. *Ditos e escritos*, v. 3, *Estética: literatura e pintura, música e cinema*. Trad. Inês Autran Dourado Barbosa. Rio de Janeiro: Forense Universitária, 2001.

FOUCAULT, Michel. *A ordem do discurso — Aula inaugural no Collège de France, pronunciada em 2 de dezembro de 1970*. 19 ed.Trad. Laura Fraga de Almeida Sampaio. São Paulo: Loyola, 2009.

HALL, Stuart. *A identidade cultural na pós-modernidade*. 10 ed. Trad. Tomaz Tadeu da Silva & Guacira Lopes Louro. Rio de Janeiro: DP&A, 2006.

IANNI, Octavio. *Língua e sociedade*. Campinas: Unicamp/Instituto de Filosofia e Ciências Humanas, 1999.

KUNDERA, Milan. *A arte do romance*. Trad. Tereza Bulhões Carvalho de Fonseca. São Paulo: Companhia das Letras, 2009.

LLOSA, Mario Vargas. "É possível pensar o mundo moderno sem o romance". *In*: FRANCO, Moretti (org.). *O romance*, v. 1, *A cultura do romance*. Trad. Denise Bottman. São Paulo: Cosac Naify, 2009.

LUCENA, Bruna Paiva de. *Espaços em disputa: o cordel e o campo literário brasileiro*. Dissertação (Mestrado em Literatura). Brasília: Universidade de Brasília, 2010.

LUKÁCS, Georg. *A teoria do romance: um ensaio histórico-filosófico sobre as formas da grande épica*. Trad. José Marcos Mariani de Macedo. São Paulo: Duas Cidades/Editora 34, 2000.

MACHADO, Roberto. *Foucault, a filosofia e a literatura*. 2 ed. Rio de Janeiro: Jorge Zahar, 2001.

MAGRIS, Claudio. "O romance é concebível sem o mundo moderno?". *In*: FRANCO, Moretti (org.). *O romance*, v. 1, *A cultura do romance*. Trad. Denise Bottman. São Paulo: Cosac Naify, 2009.

MARTINS, Tiago. "Notas sobre o romance e sobre a teoria do romance: a questão da condição humana em um gênero que ainda vive". *RevLet — Revista Virtual de Letras*, v. 4, n. 2, ago./dez. 2012.

MELO, Carolinne Taveira de. *O devir lésbico na literatura brasileira: entre a tradição e a ruptura*. Dissertação (Mestrado em Literatura e Interculturalidade). João Pessoa: Universidade Federal da Paraíba, 2021.

MISKOLCI, Richard. "A teoria *queer* e a questão das diferenças: por uma analítica da normalização". Congresso de Leitura no Brasil (COLE) 16, 2007, Campinas: ALB Associação de Leitura do Brasil, v. 1, 2007, p. 1-19.

MORAES, Jair. *A confusão da sapatão com a ronda do quarteirão*. [s.l.], 2008.

MORETTI, Franco. "O romance: história e teoria". Trad. Joaquim Toledo Jr. *Novos Estudos — Cebrap*, n.85, nov. 2009, p. 201-12.

NIETZSCHE, Friedrich. *A gaia ciência*. Trad. Paulo César de Souza. São Paulo: Companhia das Letras, 2001.

NOLASCO, Sócrates. *O mito da masculinidade*. Rio de Janeiro: Rocco, 1993.

PIMENTA, Reinaldo. *A casa da mãe Joana 2: mais curiosidades nas origens das palavras, frases e marcas*. Rio de Janeiro, Elsevier, 2003.

PINTO-BAILEY, Cristina Ferreira. "O desejo lesbiano no conto de escritoras brasileiras contemporâneas". *Revista Iberoamericana*, v. 65, n. 187, abr./jun. 1999, p. 405-21.

RICH, Adrienne. "A heterossexualidade compulsória e a existência lésbica". Trad. Carlos Guilherme do Valle. *Revista Bagoas —Estudos gays: géneross e sexualidades*, n. 5, 2010, p. 17-44.

RIOS, Cassandra. *Censura: minha luta, meu amor*. São Paulo: Global, 1977.

RIOS, Cassandra. *Mezzamaro, flores e cassis: o pecado de Cassandra*. São Paulo: Cassandra Rios Editora, 2000.

RIOS, Cassandra. *Eu sou uma lésbica*. 2. ed. Rio de Janeiro: Azougue, 2006.

ROSA, Eli Bruno do Prado Rocha. "Cisheteronormatividade como instituição total". *Cadernos PET de Filosofia*, v. 18, n. 2, ago. 2020, p. 59-103.

SWAIN, Tania Navarro. "Lesbianismo: identidade ou opção eventual?". Anais do XX Simpósio Nacional da Associação Nacional da (Anpuh). São Paulo: Universidade de São Paulo/Humanitas, 1999.

SWAIN, Tania Navarro. *O que é lesbianismo?* São Paulo: Brasiliense, 2000.

SWAIN, Tania Navarro. "O que a história não diz, nunca existiu? As amazonas brasileiras". *Caminhos da História — Unimontes*, v. 9, 2004, p. 29-48.

TODOROV, Tzvetan. *A literatura em perigo*. Trad. Caio Meira. Rio de Janeiro: Difel, 2009.

VIEIRA, Kyara Maria de Almeida. *"Onde estão as respostas para as minhas perguntas?": Cassandra Rios — a construção do nome e a vida escrita enquanto tragédia de folhetim (1955-2001)*. Tese (Doutorado em História). Recife: Universidade Federal de Pernambuco, 2014.

WITTIG, Monique. "Ninguém nasce mulher". *In*: CASTILHOS, Clarisse & PESSAH, Marian (org.). *Em rebeldia: da bloga ao livro*. Porto Alegre: Colección Libertaria, 2009.

Fábio Henrique Lopes
Doutor em história pela Universidade Estadual de Campinas (Unicamp). Professor associado do Departamento de História da Universidade Federal Rural do Rio de Janeiro (UFRRJ). Realizou pós-doutorado no Brasil, no Departamento de História da Unicamp, entre 2017 e 2018, e outro na França, como pesquisador convidado na Université de Paris, entre 2020 e 2021. Atua principalmente nos seguintes temas: gênero, masculinidades, transgêneros, violências, processos de subjetivação, subjetividades e escritas de si.

Masculinidades homossexuais afeminadas: hierarquias e virilização do(s) masculino(s) no Brasil, décadas de 1970 e 1980

Fábio Henrique Lopes

> Ser um homem de verdade — o que é que isso exige? Repressão das emoções. Calar sua sensibilidade. Ter vergonha de sua delicadeza, de sua vulnerabilidade [...] Não dar sinais de fraqueza. Amordaçar a sensualidade. Vestir-se com cores discretas, usar sempre os mesmos sapatos grosseiros, nunca brincar com os cabelos, não usar muitas joias, nenhuma maquiagem [...] Não saber pedir ajuda. Ter que ser valente, mesmo sem ter nenhuma vontade. Valorizar a força, seja qual for seu caráter. Mostrar agressividade [...] Morrer de medo de sua homossexualidade, porque um homem de verdade não deve nunca ser penetrado. Não brincar de boneca quando pequeno, contentar-se com carrinhos e armas de plástico muito feios. Não cuidar muito do seu próprio corpo. Submeter-se à brutalidade de outros homens sem reclamar. Saber se defender, mesmo sendo doce. Ser privado de sua feminilidade, como as mulheres se privam de sua virilidade, não em função das necessidades de uma situação ou de um caráter individual, mas em função daquilo que o corpo coletivo exige [...]. (Despentes, 2006, p. 28-9)

Virginie Despentes destaca históricas disputas na construção social da(s) masculinidade(s) e do sistema viriarcal.[1] Com precisão e acidez, ilumina

---

1 Segundo Olivia Gazalé (2017, p. 55-8), tradicionalmente os homens detêm o poder, sejam eles pais ou não. Por esse motivo, a noção de viriarcado seria mais potente do que a de patriarcado. Para a autora francesa, o termo "viriarcado" ampliaria nossa possibilidade de análise sobre a dominação masculina e a histórica subvalorização das mulheres.

algumas estratégias, táticas e comportamentos que nos ensinam, desde muito cedo, a reiterar a virilidade como norma e atributo centrais da masculinidade. Despentes mapeia, também, alguns dos jogos por meio dos quais aprendemos a reconhecer, no chamado "grupo dos homens" (Welzer-Lang, 2004, p. 322), aqueles considerados "homens de verdade" — ou seja, os masculinizados e viris.

Para esse exercício de reflexão, indago: o que ocorre àqueles que não correspondem a tais exigências, reiterações, performances e estéticas masculinas pautadas na virilidade? Muitas vezes eles são lidos, percebidos e nomeados como homossexuais, compreendendo, assim, um tipo distinto de pessoas. Entre esses últimos, no fim da fila, estariam os afeminados, os párias, os inferiores dentre os inferiores, um modelo social negativo, um subtipo de pessoas com frequência proibidas de entrar no espaço do legítimo, ou seja, o espaço do *masculino*.

A partir de uma histórica escala de virilidade (Welzer-Lang, 2013, p. 41), aprendemos a forjar socialmente essa diferenciação, separando os considerados melhores, os fortes e os viris dos fracos e dos afeminados. Essa escala opera e cristaliza uma diferenciação entre os homens: de um lado, os "verdadeiros homens"; do outro, todos os demais, ou seja, os que são lidos, percebidos e definidos como afeminados, delicados, sensíveis. Esse binarismo, essa divisão da multiplicidade masculina em dois grandes lados que se opõem, enraíza privilégios para alguns, mas sofrimentos, dor, vergonha e hostilidade para outros. Exercícios de territorialização, de poder e de exclusão fundam e reproduzem polos antagônicos da binariedade do gênero, hierarquizando e diferenciando os homens e contrapondo os que performam uma virilidade ensinada e os tidos como afeminados, afetados, bichas loucas.

Em contextos sociais e culturais específicos, aprendemos a reconhecer, delimitar e produzir diferentes masculinidades (Connell, 1995, p. 188-9). Os atributos, comportamentos, aparências, gestos, códigos de vestuário, modos de expressão e desejos que socialmente aderem e refletem o "ideal de masculinidade" (Oliveira, 2004) que aprendemos a reconhecer como "virilidade" são agenciados para moldar e conformar a "masculinidade viril", naturalizada como a legítima. Não por acaso, os mais fortes e os mais viris foram, e são, mais facilmente identificados como heterossexuais, enquanto todos os demais vivem sob a dúvida constante de ser menos homens, ou seja, homossexuais e/ou afeminados. Essa distinção molda a caricatura de que todo homem homossexual seria afeminado e, por sua vez, todo homem afeminado seria homossexual, empobrecendo as históricas possibilidades identitárias e subjetivas, os múltiplos processos de autodeterminação, autodefinição e autoexpressão. Não é menos importante lembrar que essa diferenciação binária da diversidade masculina permite indagar o porquê de a homossexualidade ser uma histórica categoria descritiva de si e dos outros, uma noção central de classificações, rótulos, identidades e imagens, inclusive de si (Preciado, 2019, p. 25).

Masculinidades nas páginas do *Lampião da Esquina*

Para esta reflexão, opto por focalizar a produção discursivo-estética encontrada nas páginas do jornal *Lampião da Esquina*. A escolha se justifica por três razões. Em primeiro lugar, tal periódico foi palco, exercício e estratégia de identificações, diferenciações, relações e hierarquias entre homens (gays e heterossexuais; gays viris e homossexuais afeminados), entre homens e mulheres, entre homens cisgêneros e travestis/transexuais. Em segundo lugar, porque o *Lampião* participou da construção de uma militância, agiu no sentido de forjar uma consciência, um autorreconhecimento, favorecendo, em certo sentido, a afirmação de uma identidade homossexual no Brasil (Rodrigues, 2014). Ainda sobre essa questão, é importante ressaltar que o jornal tentou atingir um público diverso, o qual compreendia "bichas, gueis,[2] entendidos, viados, homossexuais, travestis, negros, mulheres, feministas, ecologistas etc." (Rodrigues, 2018, p. 241). Outra justificativa, a terceira, é desenhada pelo conselho editorial, quando procurou "dizer 'não' ao gueto e, em consequência, sair dele", e ao mesmo tempo buscou destruir a imagem-padrão que se fazia do homossexual,[3] "combatendo os discursos de preconceito com relação às homossexualidades" (Souto Maior, 2016, p. 272). Talvez por isso, como sublinhado por estudiosos/as, o periódico

---

2 Como já destacado por vários/as estudiosos/as, "guei" foi a grafia adotada pelo jornal. Ver, por exemplo: Rodrigues (2018).

3 *Lampião da Esquina*, edição experimental, n. 0, abr. 1978, p. 2.

"orientava-se para uma alternativa libertária, que desafiava convenções e convicções políticas expressas na época tanto no campo conservador da direita quanto da esquerda" (Simões & Facchini, 2009, p. 86).

A despeito das divergências entre os editores e colaboradores do *Lampião da Esquina*, sugiro que o conteúdo publicado pelo jornal participou da construção daquilo que historicamente passou a ser visto como "aceitável" e "inaceitável" para a masculinidade homossexual. Esse periódico foi parte, efeito e condição de possibilidade de uma ordem discursiva e de uma rede complexa de regulação social que moldou corpos e comportamentos (Weeks, 2010, p. 70). Por ser a primeira publicação de circulação nacional feita *para* e *por* homossexuais, o jornal ajudou a forjar uma identidade considerada positiva e legítima: a dos homossexuais viris, em ressonância e em correspondência com as normas de uma masculinidade viril, transformada em referência original, soberana e essencial para todas as performances masculinas possíveis.

Ainda em relação à principal fonte dessa reflexão, duas outras explicações são necessárias. Em primeiro lugar, concordo que, durante toda a sua existência (1978-1981), o jornal passou por pelo menos duas fases: a do entusiasmo e defesa do ativismo guei; e a da crítica militante e da burocratização do movimento.[4] Contudo, devido aos limites deste texto, focalizarei apenas a primeira fase, deixando para outra oportunidade a análise do conteúdo da segunda, problematizando as diferenças entre as construções e as valorizações das masculinidades na "fase militante" daquela permitida *na* e *pela* "burocratização". Por fim, uma posição deve ser sublinhada: não nego o protagonismo e a importância desse jornal na fase inicial do chamado "Movimento Homossexual Brasileiro" (MHB),[5] pois concordo que "o *Lampião* iluminou o caminho de várias pessoas que viviam à sombra de sua própria experiência. Foi importante para essa geração, que pôde ver que não estava sozinha, que não era louca nem doente e que existia um outro lado, uma outra possibilidade identitária" (Rodrigues, 2018, p. 242).

Desde o número zero, de abril de 1978, até a edição dezenove, de dezembro de 1979, uma estratégia cuidadosamente moldada buscou

---

4 Sobre essas fases, ver: Macrae (1990); Trevisan (2002); Rodrigues (2014).
5 Sobre a articulação do MHB, ver: Quinalha (2018, p. 20-3).

amalgamar "seriedade cultural e política" com o que era entendido, na época, por "homossexualismo".[6] Editores e colaboradores almejavam ampliar as noções sobre o termo, negando, muitas vezes, a imagem de que todo homossexual só pensava em sexo, em frivolidades e em colunismo social. Ao mesmo tempo, e não menos importante, buscavam forjar um "tipo ideal de homossexual", o conscientizado, masculinizado e viril.[7]

Minha hipótese é a de que o jornal promoveu hierarquização entre históricas configurações e performances de masculinidades homossexuais. O conteúdo encontrado em suas páginas ajudou a cristalizar, ao mesmo tempo, uma identidade considerada positiva — a dos homossexuais masculinizados, os "bons homossexuais" (Bourcier, 2017, p. 30), os respeitáveis, os "discretos e viáveis enquanto homossexuais" (Lopes, 2011, p. 68), os "que não se faziam notar" (Souto Maior, 2016, p. 260) — e outra, a dos afeminados, dos ridículos, dos infames, das loucas e espalhafatosas.

O conjunto documental para esta reflexão permite afirmar que há tensão e ambiguidade entre os sentidos, as imagens e as referências em torno da masculinidade homossexual. De um lado, os modos ideais e legítimos de ser homossexual, que compreendem performances, expectativas e expressões viris. Do outro, o que deveria ser banido entre os gays, as performances execráveis e risíveis, as atitudes e os modos inferiores, pois não estavam de acordo com o gênero masculino: os gritinhos afeminados, os desmunhecamentos, o rebolado e a frescura.

Da virilidade esperada dos jogadores de futebol[8] às imagens e ritmos dos integrantes do grupo musical Village People,[9] temos um complexo agenciamento em defesa de uma masculinidade: a viril. Defesa essa que não é inconsciente, tampouco ingênua. Não posso negar que editores, colaboradores, entrevistados e leitores[10] criticaram uma "virilidade exasperante", usada, como denunciado pelo periódico, para legitimar

---

6 Explico que o periódico sempre usou a expressão "homossexualismo" e não "homossexualidade", como hoje a entendemos.

7 A respeito, ver: *Lampião da Esquina*, edição experimental, n. 0, abr. 1978, p. 5.

8 *Lampião da Esquina*, edição experimental, n. 0, abr. 1978, p. 14; *Lampião da Esquina*, a. 1, n. 1, 25 maio-25 jun. 1978, p. 14.

9 *Lampião da Esquina*, a. 1, n. 2, 25 jun.-25 jul. 1978, p. 12.

10 A posição dos leitores é analisada a partir da seção "Cartas na mesa". A ideia do conselho editorial é fazer da seção "uma espécie de tribuna"

a violência heterossexual contra mulheres e homossexuais e, também, útil para "o lucro safado das poderosas multinacionais que operam na indústria do disco".[11] Mas devo sublinhar que o perigo denunciado estaria *apenas* no excesso da virilidade, instrumentalizado para reforçar a "machice", o machismo e os privilégios do machão heterossexual.

Sobre o tema anterior, uma questão precisa ser destacada: como esse tipo "viril" e visivelmente macho foi construído? A pesquisa permite esboçar algumas possíveis respostas. Em primeiro lugar, a partir de referências e signos socialmente reconhecidos. Ele seria o homem bigodudo e de barba cheia, com um modo específico de ser, de agir e de se vestir. Aquele que não abandonou o gênero atribuído quando de seu nascimento, que não optou pelo afeminamento. Esse tipo ideal seria encontrado em instituições e espaços específicos, como no serviço militar,[12] na classe operária[13] e no mundo do futebol.

Devo salientar que as questões futebolísticas aparecem diversas vezes nas páginas do jornal, seja como tema de reportagens ou como polêmica entre editores e leitores. Algumas delas renderam calorosos ataques e acirradas defesas de modelos de masculinidade socialmente reconhecidos. Da organização de "torcidas gays" no Rio Grande do Sul ou no Rio de Janeiro[14] aos jogos de futebol entre times de gays contra times de heterossexuais,[15] não esquecendo os encontros sexuais de jogadores com outros homens,[16] o futebol funcionou, muitas vezes, como significante e/ou significado de masculinidade viril, como referência a identificações e exclusões/interdições entre os homens homossexuais.

Mas esse esporte não é a única estratégia de construção ou de performance da virilidade entre os gays. Encontrei inúmeras defesas de um tipo social que se consolidava naquele momento: o do gay-macho, muito

---

por meio da qual seus leitores se expressariam à vontade. *Lampião*, edição experimental, n. zero, abr. 1978, p. 14.

11 *Lampião da Esquina*, a. 1, n. 2, 25 jun.-25 jul. 1978, p. 12.

12 *Lampião da Esquina*, a. 2, n. 14, jul. 1979, p. 7.

13 *Lampião da Esquina*, a. 2, n. 14, jul. 1979, p. 9.

14 *Lampião da Esquina*, a. 1, n. 3, 25 jul.-25 ago. 1978, p. 5; *Lampião da Esquina*, a. 2, n. 18, nov. 1979, p. 9.

15 *Lampião da Esquina*, a. 2, n. 15, ago. 1979, p. 9.

16 *Lampião da Esquina*, a. 2, n. 17, out. 1979, p. 18.

próximo do modelo viril de homem heterossexual. Por exemplo, em janeiro de 1979, um longo ensaio é publicado sobre esse tipo cristalizado:

> No início de maio deste ano, fiz uma visita ao Anvil Bar, boate gay de Nova York.
>
> [...] Há tipos para todos os gostos, e alguns para nenhum. [Sobre um gogoboy, paixão de um amigo]: Daniel parece um atleta universitário ou um trabalhador da construção civil, os dois mais em voga ultimamente. Quando está vestido, é com o uniforme do momento: camisa xadrez e jeans — ou um simples macacão, se estiver muito quente — e botas ou sapatões de operários de construção... Ele dança freneticamente quatro noites por semana e faz o que lhe mandam porque acha excitante.
>
> [...] Uma vez que se vai ao Anvil, ou a tantos lugares semelhantes, o que se pode fazer para compreender este espetáculo? [...] *a atitude dominante é a de uma estudada masculinidade. Nada de desmunhecadas ou requebros excessivos.* A maneira de andar e de falar, o tom de voz, as roupas, a aparência em geral são corretíssimos: *estamos em terra de machos.*
>
> [...] *Na verdade, os jovens homossexuais parecem ter abjurado o efeminamento com universal sucesso.* Corpos musculosos laboriosamente cultivados durante todo o ano parecem ser o padrão; a agilidade atlética e cheia de juventude é o estilo adotado por todos.
>
> [...] O que entretanto difere de tudo mais é a insensível busca da masculinidade. Não há limites: as mais opressivas imagens da violência e dominação sexual são adotadas sem hesitação. Os homossexuais que adotam imagens de masculinidade que veiculam seu desejo de poder e sua crença na beleza dele estão na verdade erotizando os mesmos valores da sociedade *straight* que tiranizam suas próprias vidas... Antigamente, a duplicidade das vidas escondidas encontrava alívio no comportamento efeminado excessivo e caricato; agora, a supressão ou negação do problema moral implicado em sua escolha é muito mais nociva [...] [17]

Depois de reconhecer e demarcar a construção de uma masculinidade viril entre vários gays, o enunciado anterior reconhece os perigos e as armadilhas de ela ser a "única e verdadeira virtude", pois permitiria a glamorização da força física e a reprodução de comportamentos

---

[17] *Lampião da Esquina*, a. 1, n. 8, jan. 1979, p. 8-9, grifos meus.

machistas. Sobre esse tema, em especial, não posso deixar de analisar o referido ensaio fora de um contexto maior, haja vista que ele ganha novas cores e novos sentidos quando estudado em rede. O conjunto dos dados demonstra que os gays-machos não eram apenas efeito de uma cultura masculina viril norte-americana. No Rio de Janeiro, também são identificados modelos de uma histórica masculinidade, os quais são defendidos por leitores do jornal. Por exemplo, no número de março de 1979, Aristides Nunes Coelho Neto destaca a presença de uma "leva de gays-machos" na Galeria Alaska, no Rio, segundo ele, entre as pessoas que "criam e recriam em cima de padrões impostos".[18]

Como se vê, os gays-machos não eram apenas efeito da cultura viril norte-americana. No Rio de Janeiro, vários homossexuais também reproduziam padrões, signos e referências de uma específica masculinidade, a viril, a qual foi, inclusive, defendida por leitores do *Lampião da Esquina*:

> Volta o gay-macho
>
> Querido jornal *Lampião*... sou americano, brasileiro de sangue. Gato que nasce no forno não é biscoito, é gato! Mas vou defender a tragédia americana no mundo gay-macho. Nós estamos todos curtindo uma boa. Não existe nada disco nem Travolta nos discos. Aliás, ele já era! O gay-macho é simples como um qualquer um que veste jeans para ir à boate. Aliás, aqui ninguém curte roupas e paetês... Aqui é tudo muito simples. *Até as bichas loucas já não são tão loucas assim, chocantes e ridículas.*
>
> Na festa do meu aniversario convidei meus amigos que são casados (*straights*), com filhos já de 21 anos, para ir festejar numa boate guei. Fiquei surpreso com a reação deles. Eles foram e adoraram o comportamento guei nas boates...
>
> [...] as bichas loucas, elas já não encontram aqui nos EUA público para fazer *show-off* ou admirá-las. E nem por isso elas deixaram as lantejoulas em casa. Mas viram que é ridículo ser exibicionista, seja guei ou *straight*...
>
> Jairo Ferry — San Francisco, USA.[19]

De acordo com a sugestão de Ferry, é possível supor que os gays do *club* eram aqueles que gozavam de certos privilégios do homem viril que vive em uma sociedade androcêntrica, talvez os mesmos que se faziam notar

---

18 *Lampião da Esquina*, a. 1, n. 10, mar. 1979, p. 5.
19 *Lampião da Esquina*, a. 2, n. 12, maio 1979, p. 18, grifos meus.

como heterossexuais, ou que performavam uma homossexualidade disfarçada e discreta. É exatamente por isso que seus amigos heterossexuais se sentiram bem naquele espaço, porque os privilégios, modos de expressão e modos de ser heterocentrados não foram confrontados nem fraturados pelo ambiente gay-viril.

Sobre os diversos modos e ideais de masculinidade anteriormente identificados no mesmo número do jornal, encontrei a pequena resposta dos editores, publicada na seção "Cartas na mesa":

> Houve um problema muito sério com o artigo sobre o "gay-macho" publicado no n. 08 de *Lampião*... fazer política, para nós, implica a oposição à sociedade machista e preconceituosa em que vivemos; os gay-machos ao confundirem virilidade com machismo cometem um erro grave; como é grave o erro de alguém que, falando em integração, deixe bem explícita a condenação às pessoas que "dão pinta"... [20]

Se em diversos momentos a resposta do *Lampião* foi potente na crítica ao machismo, ela foi, na mesma medida, inexpressiva em outros aspectos, sobretudo em relação ao afeminamento. Apesar de ser um jornal escrito *para* e *por* homossexuais, encontrei pouca defesa explícita das bichas loucas, dos afeminados, daqueles que "dão pinta" de não ser heterossexuais, que não escondem sua feminilidade em performances, em seus modos de ser, em suas afirmações de si.

Na primeira fase, editores, colaboradores e leitores apontam para uma ambiguidade e um confronto constantes. Criticam todo tipo de preconceito, denunciam o machismo e o sistema patriarcal, a virilidade excessiva, a falocracia,[21] defendem a importância de o homossexual se assumir, de sair do gueto, de revelar sua homossexualidade, sobretudo para neutralizar as opressões machistas e os riscos que a "machice" representava para os homossexuais e para as mulheres, indicam que "existem homossexuais para todos os gostos",[22] que não podemos "discriminar uma parcela que talvez seja a mais necessitada de atenção e a mais alijada, a bichórdia".[23]

20 *Lampião da Esquina*, a. 2, n. 12, maio de 1979, p. 18.
21 *Lampião da Esquina*, a. 2, n. 17, out. 1979, p. 18.
22 *Lampião da Esquina*, a. 2, n. 14, jul. 1979, p. 19.
23 *Lampião da Esquina*, a. 1, n. 4, 25 ago.-25 set. 1978, p. 17.

Ao mesmo tempo, ridicularizam aqueles que definem como "cheios de faniquitos";[24] que dão pinta, as mariconas "de tiques francamente efeminados",[25] "indivíduos rebolantes e desmunhecados",[26] que dão gritinhos e requebram os quadris,[27] excêntricos,[28] de plumas e brilhos,[29] paetês e frescuras,[30] exuberantes, provocantes, radiosas e mais visíveis (Le Talec, 2008, p. 13). Diante de todo o exposto, defendo que a ambiguidade discursiva e a estigmatização da masculinidade homossexual afeminada são efeitos de uma histórica hegemonia cultural masculina: a viril.

Devo insistir sobre a questão anterior. Essa ambiguidade não é um acaso, porque quem escreve para o jornal, ou é por ele entrevistado, não nega nem enfraquece o modelo viril e androcêntrico. Se eles se posicionam contra a dominação dos homens sobre as mulheres, fazem muito pouco para combater a dominação masculina sobre o(s) feminino(s) ou sobre o afeminamento. Essa é a razão pela qual eles querem exaltar a virilidade, para melhor se afastarem do(s) feminino(s).

Dois casos são emblemáticos e serão destacados, pois reforçam minha hipótese de postura ambígua e de confrontação nas páginas do jornal *Lampião da Esquina*. O primeiro diz respeito ao ator Jorge Alves de Souza, entrevistado no camarim do Teatro Brigitte Blair, no Rio de Janeiro, enquanto se preparava para atuar como Georgia Bengston na peça *Mimosas até certo ponto*: "Sempre preocupado em retocar a maquiagem, Jorge faz uma ressalva: '*Acho um horror esse negócio de uiuiui, aiaiai.* Isso é falta de personalidade. *Detesto bicha miau.* Mas também não condeno ninguém, acho que quem vive condenando as pessoas que não são iguais a ele é reacionário e mau-caráter'".[31]

Nosso segundo artista é o conhecido e badalado Lennie Dale. De sua entrevista, intitulada "De presidiário a Dzi Croquette", algumas provocações merecem destaque:

---

24 *Lampião da Esquina*, a. 2, n. 17, out. 1979, p. 18.
25 *Lampião da Esquina*, a. 1, n. 1, 25 maio-25 jun. 1978, p. 4.
26 *Lampião da Esquina*, a. 2, n. 15, ago. 1979, p. 18.
27 *Lampião da Esquina*, a. 1, n. 4, 25 ago.-25 set. 1978, p. 9.
28 *Lampião da Esquina*, a. 1, n. 9, fev. 1979, p. 3.
29 *Lampião da Esquina*, a. 1, n. 5, out. 1978, p. 12.
30 *Lampião da Esquina*, a. 1, n. 1, 25 maio-25 jun. 1978, p. 7.
31 *Lampião da Esquina*, a. 1, n. 4, 25 ago.-25 set. 1978, p. 9, grifos meus.

[Discussão sobre a palavra "bicha"]

LENNIE Mas essa palavra é tão completamente antiga!

CHRYSÓSTOMO Taí, não é, não. Nem ainda foi explorada em todas as suas implicações gramaticais e semânticas...

LENNIE Por exemplo: O Mário Gomes é bicha? Não, claro que não. Mas ele deve fazer muito gostoso, não é? Tem de dar pra ser bicha? Só bicha dá?

CHRYSÓSTOMO Claro que não. Mas as pessoas falam. É o consenso do falatório do país.

LENNIE *É mais complicado. Tem os travestis, tem as bichinhas, tem os homosse-xuais. Tudo muito diferente um do outro* [...]

LENNIE Olha, essa questão, se alguém me perguntasse: "Lennie, você gostaria de ser mulher?". Minha resposta seria NÃO! Porque eu gosto do meu corpo como ele é, gosto do meu peito cabeludo, gosto de transar com outro homem, igual a mim.

CHRYSÓSTOMO Não é vantagem. Noventa por cento dos homossexuais são assim, pensam assim. Mas tem pelo menos dez por cento que gostariam de ser mulher.

LENNIE *As pobres bichinhas querendo ser mulher. Um horror* [...][32]

Conforme já sugerido, as entrevistas anteriores reiteram uma ambiguidade encontrada em todos os números e edições consultados. Mesmo após Lennie ter afirmado que, "desde que eu nasci guei, comecei a participar da libertação do meu pessoal", há desprezo direcionado àqueles transformados em "pobres bichinhas querendo ser mulher", as quais lhe causavam horror. Essa ojeriza sugere que as loucas, as que "dão pinta", deveriam estar nas sombras da homossexualidade masculina (Le Talec, 2008, p. 13).

Ainda sobre as ambiguidades encontradas na fonte, alguns leitores elogiam a seriedade das reportagens e das matérias,[33] outros criticam o fato de o jornal ser "sério demais",[34] sugerindo mais humor, afinal "bicha também ri... ser bicha não é só padecer não...":[35]

---

32 *Lampião da Esquina*, a. 1, n. 2, 25 jun.-25 jul. 1978, p. 6, 7, grifos meus.

33 *Lampião da Esquina*, a. 1, n. 12, maio 1979, p. 17.

34 *Lampião da Esquina*, a. 1, n. 4, 25 ago.-25 set. 1978, p. 18.

35 *Lampião da Esquina*, a. 1, n. 4, 25 ago.-25 set. 1978, p. 17.

Gostei muito do número um e estou a fazer um pedido: um dos leitores solicitou um aumento de frescura e uma seção de Receitas de Prazer, segundo ele, "para inventar modas de como fazer melhor a coisa". Por favor, gente boa, nada disso! Sem frescuras, pois aí cai de novo no ridículo e não leva a nada... Frescura é divertida, é jocoso, coisa e tal — mas na casa do vizinho ou em certos programas de TV. Nunca dentro da família de cada um. Vamos manter a coisa dentro de um limite de seriedade, debatendo, informando, conscientizando, mas as frescuras ficam para o Carnaval.[36]

Historicamente, a chamada "frescura" foi usada para deslegitimar as masculinidades afeminadas. Se por um lado ela divertia e era risível, por outro podia também ser incômoda, perigosa e infame. O mundo masculino viril, mesmo para alguns homossexuais, deveria ser pautado na seriedade. Por isso, de maneira explícita ou não, foram ridicularizadas todas as performances masculinas inapropriadas para a preservação da virilidade. As práticas sociais, os modos e as expressões feminilizantes não deveriam ser encontrados em performances masculinas. Por esse motivo, na coluna "Pauladas na 'bichórdia'", o leitor José Alcides Ferreira, do Rio de Janeiro, reconhece a importância do periódico para o "jornalismo homossexual". Ele assim assegura:

> *Lampião* correspondeu em cheio (pelo menos isto ficou claro) às necessidades intelectuais deste grupo que a bichórdia chama de mariconas, ou seja, de nós homossexuais que somos homens normais e nos relacionamos como seres humanos, sem necessidade de pompas, visuais congestionados de artefatos de consumo e tiques ridículos... *Por favor, não se deixem envolver pelo emaranho de teias e pelo brilho de paetês e miçangas das bichas inoperantes que estão (involuntariamente, claro) a serviço da Sociedade de Proteção ao Machismo*, que também manipula travesti, esboço bizarro da escrava doméstica e do objeto sexual que ainda é a mulher.[37]

O problema inadmissível era justamente a feminilização do masculino, mesmo entre os homossexuais. A figura da louca, a que dá pinta, cheia de brilho e paetês, foi marcada por um duplo estigma: o da homossexualidade

---

36 *Lampião da Esquina*, a. 1, n. 2, 25 jun.-25 jul. 1978, p. 14.
37 *Lampião da Esquina*, a. 1, n. 2, 25 jun.-25 jul. 1978, p. 14, grifos meus.

e do afeminamento (Le Talec, 2008, p. 14). A maior parte dos dados encontrados durante a pesquisa permite supor que os afeminados foram inferiorizados, inclusive pela imprensa homossexual, pois não estavam de acordo com a norma de masculinidade vigente (Lopes, 2011, p. 68). É por isso que foi preciso distinguir claramente o masculino viril do afeminado. Homens afeminados foram ridicularizados pela histórica desvalorização do feminino, prática recorrente da norma masculina viril. Homens homossexuais que se percebem, ou querem se perceber, como masculinizados e viris hostilizaram e desvalorizaram aqueles que se moldaram e se apresentaram no(s) e pelo(s) feminino(s), os quais foram inferiorizados por viverem uma ambiguidade inaceitável (de expressões e papéis de gênero) e/ou por embaralharem as lógicas do pertencimento e das posições específicas, devidamente enraizadas no binarismo do gênero.

Os discursos encontrados nas páginas do jornal funcionam, ao mesmo tempo, como reflexo e como promotores de ambiguidades e confrontações. Encontrei diversos posicionamentos contra o machismo, mas também discursos e imagens que hostilizaram e degradaram os homossexuais não viris, ou melhor, aqueles afetados pelo(s) feminino(s), que, em processos de autodefinição e autoexpressão, não performavam a virilidade, não reproduziam signos, modos e comportamentos naturalizados como "próprios de homem".

Essas ambiguidades não são contradições, mas sim efeitos de uma ordem discursiva, de uma cultura, de uma luta política pelo reconhecimento das identidades, das fronteiras e da binariedade do gênero. Sabemos bem que as identidades são fragmentadas, daí os investimentos em formas de identificação. Contudo, se tais investimentos ajudaram a construir o chamado "Movimento Homossexual Brasileiro", também constrangeram, hierarquizaram, desumanizaram e causaram sofrimento e dor àqueles outros, os transformados em "pintosas", homossexuais assombrados pelo espectro do afeminamento. Trata-se de um histórico processo de virilização.

Sobre ela, evidentemente, não devemos nos esquecer, como bem nos lembra Pollak, de que naquela época de abrandamento da opressão — quando, pela primeira vez, os homossexuais tiveram a oportunidade de construir sua própria imagem social — os ativistas gays tentaram primeiro redefinir a identidade homossexual, libertando-a da imagem que fazia do homossexual, na melhor das hipóteses, um homem afeminado, ou na pior, uma mulher fracassada. Em reação a essa caricatura, o homem "superviril" tornou-se historicamente o tipo ideal no meio homossexual, um estilo que enfatizava a virilidade (Pollak, 1982, p. 47-8). Mas podemos ir um pouco além; afinal, não foi apenas a diferenciação pela orientação sexual que hierarquizou os homens: não devemos nos esquecer da escala de virilidade e de afeminamento. Na mesma direção, Jean-Manuel de Queiroz aponta que, naquele contexto, os gays lutaram por uma "identidade positiva", e me parece que esta é a viril (Queiroz, 2003, p. 129). Como desdobramento desse contexto sociopolítico-identitário, nomear alguém de afeminado tornou-se uma prática pejorativa e ofensiva, dado que a feminilização do masculino era vista como infame.

Entre os trabalhos nacionais sobre os jogos e as tensões que articulam a masculinidade homossexual a comportamentos e expressões afeminadas, devo destacar a reflexão proposta por Charles Lopes. Em sua dissertação de mestrado, o autor analisou a produção das masculinidades homossexuais na *Revista Rose* (Lopes, 2011, p. 92), explorando o projeto político de produção de um homem gay essencialmente masculinizado e discreto. Em paralelo, analisou de que maneira os enunciados do periódico relegaram os comportamentos homossexuais afeminados ao nível da abjeção, forjando, assim, um modelo legítimo de homossexual. O autor encontrou na principal fonte de sua dissertação — que muito se assemelha àquela que permite minha análise — uma prática de censura aos aspectos femininos, com exaltação da discrição, aspecto que parece estar estritamente vinculado à "vivência de uma masculinidade homossexual legítima" (Lopes, 2011, p. 68).

Esse é o jogo e a pluralidade de configurações das masculinidades que separou "nós" de "eles": processo de virilização que transformou as pintosas em agressivas, frívolas e alienadas, em loucas que jogavam contra "nós", o grupo daqueles que se passavam por heterossexuais, disfarçados pela virilidade ou pela discrição nos modos de ser. "Nós", que sabemos como nos comportar e somos, portanto, dignos de nossa masculinidade, politizados e respeitáveis. "Nós", que saímos do gueto, que não queremos voltar para lá, que sabemos bem que essa saída não deve significar afeminamento ou extravagância. "Nós", que, de certa maneira, participamos e gozamos da hegemonia masculina, pelo menos nas performances viris.

Pelas considerações anteriores, posso perguntar: a qual "nós" pertencemos, eu e você, leitor/a? A qual "eles" nós nos opomos? (Eribon, 2018, p. 121) Não podemos mais nos enganar. Desqualificar um homem, independentemente de sua orientação sexual, por não ser viril, rir de seu modo de andar, de seus códigos de vestuário, de seus modos de expressão, de sua aparência e de seus modos de ser, sempre foi, e ainda é, uma prática de abjeção.

Se as produções audiovisuais ridicularizaram as pintosas, insistindo na imagem do gay afeminado, do palhaço desmunhecado[38] — principalmente em papéis de mordomo ou de cabeleireiro[39] — obcecado pelo sexo,[40] é preciso reconhecer, também, que os "homossexuais estereotipados" não foram construídos e pintados apenas em programas de humor ou de auditório heterocentrados.[41] Alguns dos considerados e autodefinidos "homossexuais cultos, letrados, politizados, artistas e conscientes da importância do movimento social" — alguns deles colaboradores, entrevistados e leitores do *Lampião da Esquina* — participaram ativamente dessa inferiorizante teia de imagens e de sentidos. A caricatura é fácil de ser identificada como efeito do "sistema opressor machista e patriarcal". No entanto, o desafio maior é reconhecer em nós mesmos o opressor. Devemos lutar contra aquilo que foi naturalizado em nosso cotidiano. É fácil denunciar a caricatura que a sociedade apresenta como padrão — "o caso do sapatão e da bicha-louca"[42]. Talvez por isso precisemos reconhecer que desqualificar o outro e rir de uma "gueíce desajeitada e desajustada"[43] são práticas de abjeção, modos de alimentar o ódio e a precarização da vida. Os anúncios a seguir são emblemáticos sobre o que proponho como reflexão:

SEÇÃO TROCA-TROCA
(Se você está interessado em trocar correspondência, mande seu anúncio para esta seção. É grátis, a gente não cobra nada para publicá-lo. Só que o texto não pode ser muito longo, senão sobra pouco espaço para os outros.)

38 *Lampião da Esquina*, a. 1, n. 11, abr. 1979, p. 2.
39 *Lampião da Esquina*, a. 2, n. 17, out. 1979, p. 3.
40 *Lampião da Esquina*, a. 2, n. 18, nov. 1979, p. 16.
41 *Lampião da Esquina*, a. 1, n. 8, jan. 1979, p. 11.
42 *Lampião da Esquina*, a. 1, n. 9, fev. 1979, p. 5.
43 *Lampião da Esquina*, a. 1, n. 10, mar. 1979, p. 14.

UNIVERSITÁRIO

Guei, busca hospedagem em apartamento de *guei discreto*, no Rio. Paga ou troca hospedagem em Poços de Caldas ou Campinas. L. Cláudio. Postal 42, CEP 37730, Campestre, MG.

JOVENS

Realistas que desejem um amigo que não os envergonhe, *não seja efeminado*, *nem use qualquer tipo de maricagem*. José R. Garcez, Caixa Postal, n. 6, CEP 76300, Jataí, Goiás.[44]

O afeminamento desqualificaria a homossexualidade masculina respeitável, ou seja, aquela desejada por estar em correspondência com a masculinidade viril. Feminilidades masculinas são ridicularizadas e negadas, impedindo, com isso, novos afetos, redes de amizades e relações sexuais. O afeminamento foi constantemente confrontado nas páginas do *Lampião da Esquina*, tornou-se aterrorizante e repulsivo, foi esvaziado de sua potência disruptiva para, assim, não abalar os privilégios que a virilidade assegurava a determinado segmento homossexual masculino.

Talvez isso nos ajude a entender o incômodo provocado pela existência e pela visibilidade de homens afeminados, ou seja, daqueles que não reiteravam, não performavam sempre os códigos naturalizados como masculinos viris. Proponho que homossexuais lidos como afeminados — aqueles territorializados e definidos como saltitantes, cheios de uis e ais, que desmunhecavam e requebravam o quadril — possam abrir fissuras e instabilidades "nos processos históricos de regulação de práticas identificatórias da virilidade" e em seus "processos de reiteração e de distinção" (Butler, 2010). Eles podem perturbar a norma, a lei, a tradição, as categorias, os signos e as técnicas biopolíticas viris e heterocentradas que enraízam, fixam e congelam subjetividades e (auto) reconhecimentos. Eles são homens que performam, se identificam e positivam o que deveria ser hostilizado, subjugado e desvalorizado: o afeminamento e o(s) feminino(s).

---

44 *Lampião da Esquina*, a. 2, n. 19, dez. 1979, p. 8, grifos meus.

Considerações finais

Para concluir, sugiro que o afeminamento do masculino homossexual se tornou digno de desprezo e de riso, inclusive pelas páginas de um jornal escrito *por* e *para* homossexuais. Os homens homossexuais lidos e percebidos como afeminados tornaram-se alvos de uma violenta oposição. No entanto, devo reconhecer que esses homossexuais viviam em uma sociedade androcêntrica, o que fazia com que gozassem de privilégios. As pessoas socializadas como homens — uma socialização orientada para uma vida heterossexual (Pollak, 1982, p. 41) — são favorecidas por condescendências balizadoras de uma sociedade masculina e viril, pois receberam, ao nascer, um gênero direcionado a demonstrar força e poder; eles foram social e juridicamente marcados e localizados em um imperativo místico de superioridade viril. Contudo, não devemos nos esquecer, nem deixar de ver, que os homens homossexuais afeminados também são vítimas de uma opressão masculina, pautada na virilidade. Por isso, pergunto-me: por que o afeminamento foi percebido como um valor negativo, uma condição/performance que desqualificaria o homem? Por que os atributos, as expressões e as práticas reconhecidas como femininas ou feminilizantes se tornaram objeto de chacota e sarcasmo? (Le Talec, 2008, p. 31).

Devemos reconhecer que os homossexuais são homens que participam de uma sociedade androcentrada e por isso gozam de privilégios. Nesse espaço machista, misógino, masculino e virilizante, eles foram considerados estranhos, bizarros e risíveis, sendo difamados por heterossexuais e também por outros homossexuais. São inferiorizados pelo fato de se deixarem contaminar e afetar pelo(s) feminino(s) e pela feminilidade, recusando, assim, sua "suposta e natural" superioridade de gênero, do masculino. Os ensaios, contos, artigos, notícias, mensagens e entrevistas em torno do tema central de minha pesquisa, publicados no *Lampião da Esquina*, quando analisados em conjunto, sugerem que os afeminados foram hostilizados por negarem sua condição de "homens de verdade", lembrando aqui as provocações de Despentes. Eles foram subalternizados, lidos como frágeis, passivos, delicados. Abdicaram de alguns de seus "naturais" postos e exercícios de poder e de comando, optando pela inferioridade hierárquica que há muito aflige o gênero feminino. Assim, os homossexuais que não performavam a masculinidade viril aprenderam, não apenas com os heterossexuais, a esconder, a temer e a ter vergonha de sua aparência, de seus gestos, códigos de vestuário, modos de expressão, modos de ser, projetos, sonhos e desejos. Tornaram-se "homossexuais afeminados", uma categoria identitária que, muitas vezes, esconde e renaturaliza as regras, os protocolos, as normas, os jogos e as estratégias de naturalização da masculinidade viril.

Para além dessas territorializações, eles esgarçaram as fronteiras da masculinidade naturalizada como legítima. Com eles, compreendemos que há diferentes graus, modos, intensidades e configurações da masculinidade, da virilidade e do afeminamento (Le Talec, 2008, p. 215). Eis aí o perigo! Essa é uma das possíveis razões pelas quais há um esvaziamento da criticidade do afeminamento, da feminilização do masculino homossexual, empobrecendo sua potência política.

Ao longo de minha análise, sugeri que a efeminação do masculino se tornou abjeta e que os homens lidos e percebidos como afeminados foram transformados em bizarros e alvo de chacotas e de ridicularizações pelo fato de buscarem, enaltecerem, valorizarem e performarem o(s) feminino(s) em seus modos de vida, em suas performances, em suas subjetividades. Tal abjeção pode ser efeito de uma cultura, uma epistemologia e um regime político marcados por um binarismo hierárquico — homem/mulher, macho/fêmea, masculinidade/feminilidade, força/fragilidade, normal/anormal, autoridade/submissão, "calar ou falar da homossexualidade" (Souto Maior, 2016, p. 276) — que fundamentaram, forjaram e instituíram as diversas modalidades da abjeção aqui analisadas: do horror à hostilidade, da ojeriza à inferiorizacão, do constrangimento à ridicularização. Binarismo presente, inclusive, no regime político-visual da diferença sexual. Essa seria uma pista importante para refletirmos sobre as possibilidades de o homossexual transformado em "sujeito afeminado" embaralhar, confundir e borrar a histórica e cultural inteligibilidade que naturaliza, localiza e fixa corpos, gêneros, desejos, subjetividades e sistemas de visibilidade (Preciado, 2019, p. 26). Ao mesmo tempo, o afeminamento do masculino colocou — e pode colocar — em xeque alguns privilégios também cristalizados como naturais, tais quais os do homem macho e viril, sobretudo se buscarmos as intersecções entre gênero, sexualidade, raça, classe, faixa etária, nível de escolaridade etc.

Os tradicionais binarismos e fronteiras do gênero são construídos para reforçar a inferioridade do(s) feminino(s), corroborando para a superioridade viril — ou seja, a crença de que o masculino é superior ao feminino, de que a virilidade é superior a outras masculinidades, como a afeminada. Diferenças situadas entre as margens para o benefício de alguns (homens viris) e em detrimento de outros (mulheres, homens efeminados e qualquer pessoa que carregue uma diferença quanto à norma tradicional de gênero). Processos de territorialização dos gêneros que permitem, assim, estabelecer um sistema de supervisão e policiamento de gestos, estilos de vida e aparências (Gazalé, 2017, p. 475), a fim de desacreditar e inferiorizar o feminino e enraizar a masculinidade no domínio da virilidade. Essa é uma das repulsas em relação ao feminino e um dos perigos da emasculação, da desvirilização e do afeminamento para e entre os homens homossexuais (Gazalé, 2017, p. 517).

Por tudo o que foi apresentado, é possível perceber que, em nosso tempo, os embates e as ambiguidades encontrados nas páginas do *Lampião da Esquina* podem potencializar nosso desafio de fazer do afeminamento dos masculinos uma rebelião contra a tradicional dominação masculina, contra a violenta opressão viril, reconhecendo o poder político dos femininos e das feminilidades contra o androcentrismo, o viriarcado, os modelos normativos de virilidade e as normas viris instituídas.

Referências

BOURCIER, Sam. *Homo Inc.orporated. Le triangle et la licorne qui pète*. Paris: Éditions Cambourakis, 2017.

BUTLER, Judith. "Corpos que pesam: sobre os limites discursivos do 'sexo'". *In*: LOURO, Guacira Lopes. *O corpo educado: pedagogias da sexualidade*. Trad. Tomaz Tadeu da Silva. Belo Horizonte: Autêntica, 2010, p. 156-65.

CONNELL, Robert W. "Políticas da masculinidade". Trad. Tomaz Tadeu da Silva. *Educação e Realidade,* v. 20, n. 2, jul./dez 1995, p 185-206.

DESPENTES, Virginie. *King Kong Théorie*. Paris: Éditions Grasset & Fasquelle, 2006.

ERIBON, Didier. *Retour à Reims*. Paris: Flammarion, 2018.

GAZALÉ, Olivia. *Le mythe de la virilité. Um piège pour les deux sexes*. Paris: Éditions Robert Laffont, 2017.

LE TALEC, Jean-Yves. *Folle de France. Repenser l'homosexualité masculine*. Paris: Éditions La Découverte, 2008.

LOPES, Charles Roberto Ross. *Seja gay... mas não se esqueça de ser discreto. Produção de masculinidades homossexuais na* Revista Rose *(Brasil, 1979-1983)*. Dissertação (Mestrado em Educação). Porto Alegre: Universidade Federal do Rio Grande do Sul, 2011.

MACRAE, Edward. *A construção da igualdade: identidade sexual e política no Brasil da abertura*. Campinas: Editora da Unicamp, 1990.

OLIVEIRA, Pedro Paulo. *A construção social da masculinidade*. Belo Horizonte/Rio de Janeiro: Editora UFMG/IUPERJ, 2004.

POLLAK, Michael. "L'homosexualité masculine, ou le bonheur dans le ghetto?". *Communications*, v. 35, 1982, p. 37-55.

PRECIADO, Paul B. *Un appartement sur Uranus*. Paris: Berbard Grasset, 2019.

QUEIROZ, Jean-Manuel. "Différence des sexes". *In*: TIN, Louis-Georges (org.). *Dictionnaire de l'homophobie*. Paris: Presses Universitaires de France, 2003, p. 127-30.

RODRIGUES, Jorge Caê. "Um lampião iluminando esquinas escuras da ditadura". *In*: GREEN, James N. & QUINALHA, Renan. *Ditadura e homossexualidades: repressão, resistência e a busca da verdade*. São Carlos: EdUFSCar, 2014, p. 83-123.

RODRIGUES, Jorge Caê. "A imprensa gay do Brasil". *In*: GREEN, James N.; QUINALHA, Renan; CAETANO, Márcio & FERNANDES, Marisa (org.). *História do movimento LGBT no Brasil*. São Paulo: Alameda, 2018, p. 237-54.

SIMÕES, Julio Assis & FACCHINI, Regina. *Na trilha do arco-íris: do movimento homossexual ao LGBT*. São Paulo: Fundação Perseu Abramo, 2009.

SOUTO MAIOR, Paulo R. "Escrever para inscrever-se: epistolografia homossexual nas páginas do *Lampião da Esquina* (1978-1981)". *Revista Tempo e Argumento*, v. 8, n. 19, 2016, p. 254-82.

TREVISAN, João Silvério. *Devassos no Paraíso*. 5 ed. Rio de Janeiro: Record, 2002.

WEEKS, Jeffrey. "O corpo e a sexualidade". *In*: LOURO, Guacira Lopes. *O corpo educado: pedagogias da sexualidade*. Trad. Tomaz Tadeu da Silva. Belo Horizonte: Autêntica, 2010, p. 35-82.

WELZER-LANG, Daniel. *Les hommes aussi changent*. Paris: Éditions Payot & Rivages, 2004.

WELZER-LANG, Daniel. *Nous, les mecs. Essai sur le trouble actuel des hommes*. Paris: Éditions Payot & Rivages, 2013.

Marcelo Natividade
Antropólogo, jornalista, cantor de MPB, professor associado
da Universidade Federal do Ceará (UFC), membro da
Federação Nacional de Jornalistas do Brasil (Fenaj), da
Sociedade Brasileira de Autores Teatrais (SBAT) e da
Comissão de Laicidade e Democracia (CDC) da Associação
Brasileira de Antropologia (ABA). Autor de inúmeros artigos
e livros sobre a temática religiões e populações LGBTQIA+,
recentemente publicou seu primeiro romance, *Amores
marítimos* (Metanoia, 2021), e lançou seu primeiro álbum
musical, *Dádiva*, em parceria com o Studio Som do Mar.

Violência e anseios de aparecimento em uma igreja LGBT: relatos de Si, uma travesti evangélica

Marcelo Natividade

Introdução

Conheci a travesti Si na Igreja da Comunidade Metropolitana de Belo Horizonte, em um culto feminista que acompanhei numa noite fria de julho de 2018. Eu estava na cidade entrevistando lideranças dos movimentos sociais quando fui convidado para uma celebração evangélica feminista e me dirigi para a igreja, em um bairro da região central.

Quando cheguei ao local, reparei em cartazes LGBT com referência aos simbolismos do arco-íris, um quadro grande de uma figura religiosa indiana, uma banca com livros LGBT e folhetos expostos sobre uma mesa com informações sobre saúde sexual e prevenção de infecções sexualmente transmissíveis etc.

O clima do ambiente se traduzia em uma mistura de liturgia protestante, reflexão bíblica sobre "mulheres" e leituras identificadas ao espiritismo orientalista. O grupo era pequeno e composto por pessoas que demonstravam proximidade familiar, com idades entre 25 e 60 anos, aparentemente. A cerimônia foi conduzida por figuras femininas, tanto por mulheres lésbicas como por mulheres transexuais ou pessoas transgênero. O casal presidente da igreja, dois homens gays, incentivava a posse da palavra pelas mulheres. Todo o conteúdo foi voltado para o protagonismo feminino no texto bíblico, e aquilo me agradou. Era a primeira vez que eu via um culto local inclusivo, com referência explícita ao feminismo bíblico. A. E., lésbica, teóloga, pesquisadora do campo das ciências da religião, se destacou. Já havíamos nos encontrado em fóruns ativistas pelo país e reconhecemos um ao outro, o que facilitou minha aproximação.

Personagens bíblicas empoderadas se mesclaram com orações e ritualísticas orientalistas, naquela intimista e agradável reunião. Logo vi que era um grupo misturado, sincrético e militante. Reparei na atuação forte de uma das senhoras, que conduzia leituras espíritas. Era mãe de um dos pastores gays, dirigentes da congregação. Por questão de espaço, não vou explorar mensagens e hermenêuticas; quero apenas destacar a presença ali de algumas pessoas de perceptível aspecto mais humilde.

Em um dos cantos, tímida e destacada, estava Si, porém não menos envolvida com a expressão da fé, cantando com os olhos fechados e participando com nítido fervor. Só me dirigi a ela no fim, interessado em aprofundar o conhecimento da comunidade. Depois dos esclarecimentos sobre quem era eu, antropólogo, pesquisador e amigo de um professor da Universidade Federal de Minas Gerais (UFMG), falei que estava a recolher depoimentos para escrever sobre comunidades religiosas LGBT e sua luta. Si foi receptiva e disse que me ajudaria. Foi dela que partiu a ideia de agendar uma conversa fora da igreja. Marcamos na rodoviária local, e no dia seguinte me dirigi para lá. Mas, antes de encontrar minha futura interlocutora, fui convidado para um jantar e uma pequena reunião na casa do pastor. Lá participei de uma animada e politizada conversa sobre direitos e eleições e soube um pouco da história local da congregação. Fui convidado a ir a um encontro com lideranças políticas, candidatos a cargos parlamentares por partidos de esquerda nas eleições de 2018, com afinidade às pautas LGBT, o que acabou acontecendo naquela semana.

O pastor S. se destacava entre as muitas lideranças inclusivas que conheci. Era um líder protestante de passado no espiritismo afro-brasileiro. Isso fazia muita diferença para a execução de um culto sincrético e para sua visão de uma religiosidade ativista, verdadeiramente mais plural e aberta a outras denominações. Gostei das histórias que ouvi, e abri ali uma importante relação para circular entre lideranças religiosas e do ativismo na cidade.

No dia seguinte, às 10h30, eu já estava na rodoviária, à espera de Si. Ela demorou a chegar. Esperei por mais de uma hora, olhando aflito para o relógio. Tinha certeza de que levara "um cano", como se diz no bom carioquês. Mas insisti e enviei mensagens de texto no celular, informando que eu a aguardaria. A rodoviária não era mau lugar para esperar. Esperei numa área ao ar livre, onde ela havia indicado. Depois de um longo tempo, Si finalmente chegou. Nós nos cumprimentamos. Ela se desculpou, dizendo que tivera um problema estomacal, uma indisposição decorrente da aids, e precisou se sentir melhor para sair.

Preferira o local por ser perto de onde dormia, uma casa de acolhida para mulheres em situação de vulnerabilidade, ação social fruto de uma parceria entre a prefeitura belo-horizontina e um grupo espírita, o Consolador. A administração do espaço passava agora a outra ONG, também de cunho religioso, a Cáritas. Foi então que comecei a entender melhor as coisas e a importância daquele encontro.

Perguntei onde seria melhor conversarmos. Ela me conduziu até o restaurante por quilo da localidade, em um shopping anexo à rodoviária. Comentou que, por conta da entrevista, perderia o horário da refeição no abrigo, que era bastante rigoroso. Procurei agir com empatia e me ofereci para lhe pagar a refeição. A entrevista aconteceu enquanto comíamos e dialogávamos. Depois do almoço, ofereci sobremesa. Si aceitou. Durante a longuíssima conversa que tivemos, ela demonstrou ainda sentir fome e acabei ofertando lanche da tarde, café com bolo e refrigerante. Era o mínimo que podia fazer, pois entendi que estava diante de uma pessoa em extrema situação de vulnerabilidade, que seria comprovada ainda mais nos minutos seguintes.

Mas, antes de avançar, vamos falar um pouco sobre o que fui fazer em campo e como essa história e seus dramas faziam parte de minhas andanças como antropólogo e pesquisador das questões LGBT e das relações entre etnografia, religião e poder.

Um antropólogo nas igrejas LGBT

Já tem um tempo que pesquiso religião, diversidade sexual e políticas de identidade, fazendo trabalho de campo em diferentes cidades e contextos brasileiros (Natividade & Oliveira, 2013; Natividade, 2016). Foi assim que submeti novo projeto de pesquisa, dessa vez com interesse em mapear experiências de ativismo em congregações nas regiões do

Nordeste e Sudeste brasileiros, com incursões em Salvador, Fortaleza, Rio de Janeiro, São Paulo e Belo Horizonte. Nessas localidades, havia uma notável rede de ativismo de igrejas evangélicas específicas, e estabeleci contatos prévios com elas e com centros de pesquisa e lideranças de movimentos sociais. Assim, juntei encontros de pesquisa em núcleos feministas e LGBT com a visita a templos e coletivos locais, em uma agenda de pesquisa interessada em saber mais sobre as respostas das instituições religiosas aos direitos sexuais no país. A viabilidade para a proposta de um campo multicêntrico foi obtida ao vincular a investigação ao amplo Projeto Temático "Religião, direitos e secularismos", coordenado pela professora Paula Montero, no Centro Brasileiro de Análise e Planejamento (Cebrap),[1] em minha passagem como docente efetivo pelo Departamento de Antropologia da Universidade de São Paulo (USP), participando como pesquisador desse grupo.[2] A atenção a essas temáticas se intensificou nas pesquisas na última década, a reboque de eventos específicos na política nacional e internacional, incluindo avanços nas pautas globais de direitos humanos (Natividade & Nagamine, 2016; Montero *et al.*, 2018). Questões como casamento igualitário, adoção por casais homoafetivos e adesão a novas tecnologias reprodutivas, além do processo transexualizador e do reconhecimento das identidades transgêneros, se converteram em matéria de amplo debate no interior das congregações e diferentes correntes religiosas, especialmente nas igrejas evangélicas e nos cristianismos contemporâneos (Natividade, 2019). O acompanhamento de fatos da política local no país também anunciava essas mudanças, como a decisão do Supremo Tribunal Federal (STF), em 5 de maio de 2011, que equiparou as uniões entre pessoas do mesmo sexo às uniões heterossexuais, e também a posterior decisão do Conselho Nacional de Justiça (CNJ), a Resolução n. 175 de 13 de maio de 2013, que tornou obrigatória a realização de união estável nos

1 Pesquisa desenvolvida com a participação de uma ampla rede de pesquisadores, incluindo sítios de investigação, abordagens, objetos muito plurais em torno da interação entre *ethos* religiosos e civis na contemporaneidade, abrigada no Cebrap no Processo n. 2015/02.497-5.

2 A pesquisa iniciou-se em fins de 2015, desdobrando-se em diferentes projetos e subprojetos nos anos subsequentes. O trabalho de campo findou em 2019, e agora me dedico à produção de diferentes recortes de análise, partindo de amplo material coletado.

cartórios no país. Esses eventos ampliaram o acesso ao casamento e à visibilização dos novos arranjos familiares ao reconhecerem o núcleo familiar homoafetivo como qualquer outro (Natividade, 2019; Natividade & Nagamine, 2016), amparado em mudanças concretas no ordenamento jurídico brasileiro. A união estável virou o casamento igualitário, e o debate lançou um foco de luz sobre suas múltiplas dimensões e aspectos sociológicos plurais: famílias gays e lésbicas (Moore, 2011; Mello, 2005; Tarnovisky, 2005; Turte Cavadinha, 2013), os casos de transparentalidade, fenômenos de monoparentalidade gay e lésbica (Uziel, 2004), as famílias recompostas (Natividade, 2019). A pesquisa que propus com o ingresso no Projeto Temático, então, se voltava para a compreensão de como tais fatos do mundo laico impactavam congregações religiosas no país.[3] O foco era, especialmente, um grupo de igrejas que alteravam dogmas religiosos nos modelos de sexualidade e gênero do tradicionalismo cristão, inaugurando espaços de culto designados pela terminologia "igrejas LGBT". Apesar de essa identidade coletiva nem sempre ser abraçada pelos grupos, em detrimento da terminologia "igrejas inclusivas", hoje parto de um dado sociológico para essa caracterização: a recorrência de uma comunidade de adesão, em sua quase totalidade de lésbicas, gays, bissexuais, travestis e transexuais, bem como seus parceiros e familiares — uma "comunidade homossexual" ou LGBT, em um sentido amplo do termo. Também organizo essa escolha em evidências bibliográficas. A revisão de literatura nas ciências humanas e sociais sugere, hoje, a existência de um movimento global, um movimento gay ou LGBT "cristão", com a formulação de teologias direcionadas a esse público em congregações e denominações que se autorreferenciam a partir de uma identidade gay, lésbica ou LGBT, em diferentes países, com destaque para a atuação da Metropolitan Church, a Igreja da

---

3 A pesquisa foi conduzida em diferentes localidades do país por meio de entrevistas e trabalho de campo em congregações evangélicas específicas, ou seja, com comunidades LGBT, nos municípios e regiões metropolitanas de Rio de Janeiro, São Paulo, Belo Horizonte e Fortaleza. As comunidades visitadas ou abordadas foram: Igreja da Comunidade Metropolitana, Igreja Cristã Contemporânea, Comunidade Cristã Nova Esperança, Igreja Bom Pastor, Igreja Apostólica Filhos da Luz. Na circulação nessas redes, foram entrevistadas lideranças dos movimentos sociais locais e integrantes dessas congregações. Ao todo foram obtidas 28 entrevistas.

Comunidade Metropolitana. Recentemente, sugere-se a incorporação de variações locais dessa alcunha por meio de expressões como LGBT+, LGBTI+ ou LGBTIQ+, LGBTQIA+, indicando o dinamismo da relação entre tais movimentos religiosos e agendas dos coletivos LGBT. O termo êmico "igrejas inclusivas" (Weiss de Jesus, 2012), portanto, não é consensual, ensejando ressignificações, adesões ou distanciamentos, com a adoção de distintos e novos possíveis rótulos (Dias, 2019; Soares, 2019; Ávila, 2019): igreja reformada, igreja "aberta", igreja "da diferença", "da diversidade", entre outros (Natividade, 2008; 2019). Apesar dessa ebulição, também se observam movimentos em denominações de atuação em nível internacional relacionados às conquistas para legitimidades LGBT. As igrejas batista, presbiteriana e metodista nos Estados Unidos, por exemplo, alteraram suas convenções locais para permitir membresias homoafetivas e a realização do casamento igualitário. A igreja anglicana brasileira já conta com núcleos internos LGBT e discute a ordenação de pastores gays e lésbicas (Natividade, 2019; Soares, 2008), abrindo uma ampla discussão sobre sexualidade e transformações das tradições religiosas na atualidade. Atento às dinâmicas dessas transformações, eu me tornei um etnógrafo das religiões em movimento e dos movimentos do religioso nos enlaces da política, da religião, da sexualidade e do gênero. Depois dessa explanação, então, opto por usar aqui, como sinônimos, os termos "igrejas LGBT" e "igrejas inclusivas", compreendendo que o que importa é que tais congregações se constituem em redes e comunidades religiosas com foco nos discursos e nas teologias LGBT, protagonizados por fiéis e lideranças LGBT, a partir de certa identidade coletiva, ampliando-se o debate na medida em que se altera a sopa de letrinhas e suas questões de representatividade (Facchini, 2005). Observo, contudo, a existência de comunidades lideradas por pessoas heterossexuais que possam se alinhar com tais discursos, cabendo aprofundar em pesquisas posteriores essas mudanças e articulações. Apesar da amplitude das transformações, o foco aqui são essas redes dissidentes no campo evangélico brasileiro: um conjunto de congregações que existem no país desde fins dos anos 1990, pluralizando-se em distintas denominações nos anos 2000, com base na ideia de uma igreja *específica*, cuja teologia dissonante da perspectiva hegemônica oferece leituras alternativas do texto bíblico no tocante à relação entre religião e homossexualidade (Taylor & Snowdon, 2014; Hunt, 2001; Meccia, 2006;

Natividade & Nagamine, 2016; Natividade, 2010; Natividade & Oliveira, 2013), tornada finalmente uma relação positiva no tradicionalismo cristão (Boswell, 1981). Nessas comunidades, a hierarquia eclesial é composta por homossexuais e pessoas transgênero: LGBT são pastores e pastoras, presbíteros e presbíteras, diáconos e diaconisas, obreiros e obreiras, dentre outras posições institucionais. É incomum a ocupação de lugar na hierarquia eclesial por pessoa heterossexual. Outro dado resultante da observação é o deslocamento da noção de homossexualidade do rol dos pecados sexuais para o das coisas naturais. Orienta a visão de mundo proposta por uma percepção naturalizante da diversidade sexual, segundo a qual a orientação sexual do fiel pode ser uma espécie de natureza divina (Natividade, 2010). Prega-se, em alguns púlpitos desse movimento plural, que "deus criou os homossexuais" assim como os heterossexuais, sendo, portanto, uma ordenança divina a orientação homossexual, lésbica ou bissexual e a transexual. Entre os anos de 2016 e 2020, comprovei que esse tipo de iniciativa religiosa foi viável em certo campo de possibilidades (Natividade, 2010), um cenário contemporâneo em que ocorrem avanços nas demandas dos movimentos LGBT, que incluem a liberdade religiosa como uma das formas de luta desse grupo contra o preconceito e a discriminação, do mesmo modo que no cenário religioso amplo observam-se dinâmicas de renovação religiosa (Mariz, 2013), possibilitando invenções e novas práticas institucionais, a partir de movimentos emergentes. Se, por um lado, ocorre a revisão de ortodoxias e moralidades rígidas, de outro notam-se novas configurações entre os domínios da religião e da esfera pública, sinalizando a complexificação do campo, alimentando o debate sobre secularismos e o surgimento de movimentos emergentes (Mariz, 2013) e novas formas de crer e de atuar das instituições religiosas (Taylor, 2010; Habermas, 2011). Na sequência, antes de retomar a conversa com nossa interlocutora, vou tentar deixar mais clara a perspectiva de análise que se construiu no acúmulo de algumas evidências em campo e na construção de interpretações desses fenômenos, obtidas durante a incursão etnográfica em diferentes denominações e locais.

Precariedades e violência: a ajuda de um movimento LGBT cristão dissidente

Os dados levantados alimentam um debate corrente nas ciências sociais sobre cenários de modernização religiosa, práticas rituais e transformações que afetam a sociedade, incluindo as lutas dos movimentos feministas e LGBT (Mariz, 2013; Almeida, 2010). Partindo dessa problemática, este artigo avança no entendimento das conexões entre práticas religiosas e agendas políticas dos direitos sexuais.[4] Em outra oportunidade (Natividade, 2019), abordei de que modo experiências e narrativas sobre casamento igualitário e novas famílias proliferam nessas igrejas como forma de construção de legitimidades LGBT cristãs. Problematizei a ênfase em discursos familistas e a exaltação dos modelos do "par homossexual", fosse ele masculino ou feminino, como uma política de santificação dos homoafetos (Natividade, 2019). Demonstrei que, para além das variações internas ao campo e do pluralismo de *ethos* religiosos, as ideias laicas de acesso ao casamento civil e do direito à parentalidade gay permaneciam como modelos ideais dessa cidadania religiosa (Vaggione, 2017). Elas conviviam com moralidades cristãs e com a regulação das pastorais sexuais (Foucault, 2002), com instruções normativas e pedagogia do sexo, da vida conjugal e das relações familiares que ensinam como ser LGBT e cristão. Argumentei que existiam, no culto, relatos de si que reivindicavam formas de aparecer nas quais a valorização do par homoafetivo construía modelos de reconhecimento e visibilidade, em discursos que ganham gradativamente a vida pública. Lideranças desse movimento comparecem a programas de entrevistas, são foco de reportagens, programas televisivos e de abordagem nos webmeios (blogs, sites especializados, portais de notícias, canais de jornalismo independente etc). Na novela *Amor à vida* (Walcyr Carrasco, 2013, Rede Globo), no horário nobre, o casal gay que preside a Igreja Contemporânea deu seu depoimento de adoção homoafetiva, atestando a normalidade de uma vida LGBT. Essas aparições públicas se tornam cada vez mais recorrentes, sugerindo as formas modernas de construir uma religião pública, que

---

4 O anonimato dos entrevistados e entrevistadas está garantido por abreviações de nomes e apelidos e por nomes fictícios.

desorganiza modelos de separação entre laico e religioso na vida contemporânea. Agora, a ideia é ir além desses problemas para compreender nem tanto os discursos estabelecidos e as legitimidades, e sim as margens da política (Natividade, 2016). As experiências de quem se vincula a esses grupos, a partir de explícitas trajetórias e narrativas de subalternidade e de vidas precárias, abrangem verificar se — e como — igrejas desse tipo lidam com algumas dessas precariedades e vidas marginais. Retomo argumentos desenvolvidos anteriormente (Natividade, 2019) de que tais grupos podem ser observados em suas dimensões performativas, nos modos de atuar que organizam o culto e em suas amplas ações no espaço público como uma assembleia (Butler, 2015a; Natividade, 2019), um tipo de reunião em que se fala como "um coletivo" para reivindicar mudanças na política (Butler, 2015a) e ampliar as formas de influência na vida civil (Montero *et al.*, 2018). Trata-se de uma política dos corpos em aliança, um constituir-se como "nós" em atos performativos por meio dos quais se busca aparecer e ter seus direitos civis ampliados.

Partindo disso, quero entender mais como tais congregações operam nas brechas e lacunas do Estado na proteção social de algumas minorias sexuais, despossuídas de redes de proteção e amparo. A ideia é tornar a análise mais complexa e multifacetada, explorando questões que me interpelavam nas andanças antropológicas e nos encontros com sujeitos e sujeitas da pesquisa. O culto e suas pregações, bem como os discursos formulados em contextos informais, compreenderiam uma forma de atuar em que se elaboram anseios por igualdade, equidade de direitos e superação das desigualdades sociais no campo do gênero e da sexualidade? Essas igrejas operariam quais políticas de sexo e gênero em suas formulações públicas? Seria possível pensar em centralidades e margens a partir dessas políticas de sexo e gênero?

Refletindo sobre todas essas coisas, circulei em campo entrevistando, tomando notas, lendo, mantendo conversas informais, arquivando panfletos, assistindo a cultos, participando de protestos, manifestos e paradas, indo a reuniões de sociabilidade, fóruns políticos. Foi assim que constatei que o pão cotidiano das conversas, das pregações e das ministrações eram a violência, o preconceito, as discriminações e outras exclusões.

No entanto, uma narrativa era elaborada por meio do contraste com o tempo atual, de superação pela conversão religiosa. Esse passado dolorido, da queixa coletiva, era objeto de denúncia, mas exemplo de que podia ser superado por discursos e experiências de inclusão e aceitação, sendo a transformação da sociedade um objetivo do grupo e também uma missão divina.

Segui, então, em campo, esperando compreender melhor como tais grupos religiosos e seus agentes trabalhavam para prestar auxílio e assistência com vistas à superação de sofrimentos, violências e exclusões cotidianas, e minhas ideias sobre o assunto se beneficiam da proposta analítica de Butler (2015a): seria possível (ou não) converter em uma "vida boa" as "vidas ruins", ou seja, aquelas que socialmente não são tidas como "vidas", que foram tão sistemática e estruturalmente desamparadas pelas redes de serviços e políticas do Estado e se tornaram descartáveis e desperdiçáveis?

Como e por que meios isso seria possível? Essas igrejas atuavam em alguma medida nessa política das vidas precárias? Que papel podiam ter, nessa luta, comunidades religiosas cristãs, compostas por LGBT advindos, em sua maioria, de igrejas evangélicas?

Para avançar nessa análise, agora discuto algumas formas de participação nessas redes. Nas próximas páginas, priorizarei um relato em específico, dada a profundidade da entrevista, das horas de conversa e da riqueza dos fatos etnográficos. Abro mão, portanto, da possibilidade de generalizações para adentrar em densidade uma história de vida na qual se cruzam múltiplos marcadores da diferença. Acredito que teremos, nesse sentido, mais ganhos que perdas na discussão sobre violências, política, religião e certas formas de construção de si. A entrevista escolhida é um testemunho, um relato sobre si, oferecido de modo generoso por nossa interlocutora, Si, como experiência de violência ética, processos de subjetivação e sua percepção sobre o Estado e sobre políticas de reconhecimento (Butler, 2015a; 2017). Entre as fontes etnográficas para essa abordagem estão, com efeito, os testemunhos dados no púlpito, mas também em entrevistas, que oferecem esse relato-testemunho de modo espontâneo. A análise se interessa pelas vivências plurais, incluindo queixas, frustrações, desejos e anseios, lacunas, inquietudes e expectativas de mudança. Acompanho, assim, as narrativas sobre essa vida precária e as experiências de violência, de modo a elucidar aspectos dos processos de subjetivação e das conexões destes a adesões e experiências de religiosidades LGBT ou inclusivas, de modo a compreender certas políticas de sexo e gênero.

Violência, subjetivação e os testemunhos como política de aparecimento

Seguindo Butler (2015a), trato aqui das reuniões e das assembleias religiosas como atos performativos que envolvem corpos em aliança. Em sua explanação sobre o assunto, Butler esclarece que tanto os movimentos reacionários como os movimentos de minorias que reivindicam a saída de uma posição de subalternidade podem ser avaliados nos termos da teoria performativa da assembleia, segundo a qual são disputadas as formas de representação no espaço público. No caso das minorias, reivindicam-se políticas de aparecimento e reconhecimento. Quando esses corpos se unem, o fazem de modo a clamar por liberdade, justiça e mudanças nas estruturas governamentais que possam melhorar sua vida. Eles reclamam o direito de aparecer e ser considerados pelo Estado. Os corpos em aliança falam: expressam indignação, apresentam suas demandas e exigem — esperam soluções políticas para um amplo conjunto de desigualdades. Butler discute tais desigualdades nos termos da precariedade que assola essas populações, seja material (acesso a bens e a serviços), seja subjetiva (suas experiências, sentimentos e emoções advindas de discriminação, preconceitos ou violências). Quando falamos das políticas de sexo e gênero e sua reivindicação por aparecer e por sair das zonas de esquecimento, tais modos de associação, alianças, os atos de reunir-se em público (seja nas praças ou, nesse caso, nas igrejas ou nos meios virtuais) performam o desejo de ser visto e ouvido em uma real presença política (Butler, 2015a), capaz de provocar mudanças e ganhos objetivos a essas populações. Eles encenam a rejeição coletiva de suas precariedades e expressam o desejo de tornar suas vidas mais possíveis de serem vividas, por meio da ampliação de suas redes de apoio (Butler, 2015a). O que isso tudo tinha a ver com o que eu ouvia nas conversas miúdas e nos púlpitos inclusivos? Não demorei a perceber que muitas dimensões dessa precariedade se faziam notar nos testemunhos e nas conversas pessoais. Foram abundantes as histórias sobre discriminação e intolerância nas igrejas de origem, nas relações e nas interações sociais nos ambientes de socialização (redes familiares, de vizinhança etc.). Em circulação por denominações em vários sítios de pesquisa (Natividade, 2016; 2013; 2008), observei e coletei, ao longo de anos, fartos relatos públicos sobre essa vida precária e seus sofrimentos: impedimentos de ir ao culto, expulsões de templo(s), perda de cargos, nomes expostos em listas públicas de "condutas pecaminosas", fofocas, injúrias e comentários depreciativos, ameaças de danação eterna, sentimentos de ser objeto do ódio de deus, ideação e tentativas de suicídio, alijamento familiar (rejeição por parte das famílias em razão da orientação sexual e/ou trânsitos de gênero), incluindo expulsão de casa, rompimento de laços de amizade e/ou parentais, agressões ou surras paternas ou maternas, recomendações ou internações em clínicas de "cura gay" (Natividade & Oliveira, 2009; Natividade, 2007; Erzen, 2006).

Apesar dessa etnografia da dor (Sontag, 2003), observei que, nos testemunhos apresentados, encontrar uma igreja inclusiva é sinônimo de liberdade, bem-estar e de ser tratado como "igual". É justo esse *ethos* igualitarista (os homossexuais são iguais aos heterossexuais, por isso devem ter os mesmos direitos), preconizado na linguagem ritual, que oferece a possibilidade de reconstrução de si. Esse ambiente social "que aceita" e empreende esforços a fim de neutralizar tais estigmas fornece sentidos positivos à diferença (Natividade, 2008). Essa experiência é descrita, por Tainá Biela Dias (2019), nos termos do encontro de "um lugar para ser" diferente, cristão e LGBT. Esse testemunho, muitas vezes, é um relato da condição de quem deixou de ser objeto da violência para ocupar o lugar de pessoa liberta, cidadã e sujeito de direitos, incluindo-se, aqui, o direito à liberdade religiosa: "Sou gay e lésbica e tenho o direito de ser cristão ou cristã", é a mensagem performada na mudança de status de pessoa perseguida ao status de pessoa cidadã, como se vê repetido em cartazes na participação desses grupos em paradas LGBT ou paradas da diversidade e em outras manifestações públicas. Nessa política das ruas das igrejas LGBT (Natividade, 2019), chamam a atenção outras performances pelo direito de aparecer, expressas em faixas sustentadas pelos participantes durante a caminhada: "Jesus cura a homofobia", "Só Jesus expulsa a homofobia", "Homossexualidade não é doença, mas homofobia é e tem cura". Assim, misturam-se, nessas redes, a batalha civil da luta contra a LGBTfobia e as moralidades e os códigos religiosos, em uma complexa e criativa interpenetração das vidas laicas e religiosas. Avançando no entendimento das formas de agir e falar desses corpos em aliança, a mudança teológica e cultural almejada por igrejas LGBT implica um grande número de outras reivindicações:

o direito à pertença institucional nas tradições religiosas; a liberdade de exercício de culto; a inclusão no plano da salvação (ser amado e aceito por deus, ser inserido nos projetos salvacionistas da tradição); o direito à não violência e à não discriminação, incluindo-se aqui o direito de exercício de funções eclesiais; o direito de casar e constituir núcleos familiares a partir da experiência de serem pais gays ou mães lésbicas, ou ainda a experiência da transparentalidade; a expectativa de acesso a serviços públicos em saúde, educação e segurança pública, assistência social e regimes previdenciários; o processo transexualizador; e, em menor proporção, poder reivindicar o direito à prostituição etc.

Com a frequência aos cultos e a reuniões específicas, em conversas informais e durante a coleta de entrevistas, observei que algumas das congregações pesquisadas são solo cultural de processos de construções identitárias na experiência de assumir-se *gay* e *evangélico* ou *lésbica* e *evangélica*, além da adesão a projetos de parentalidade homoafetiva, incluindo a adoção por casais de mesmo sexo. Presenciei, ainda, relatos de ajuda pastoral no campo das vivências de trânsito de gênero, com lideranças incentivando e apoiando o dito processo transexualizador de fiéis, tanto de homens trans como de mulheres transexuais. Pastores e pastoras podem ajudar, através de apoio emocional e orientação psicológica, quem atravessa a experiência do trânsito de gênero. Em cultos, pastores apresentam instrução pedagógica sobre uso do nome social, de banheiros específicos segundo a identidade de gênero, dentre outras formas de expressar o reconhecimento das identidades transexuais e travestis no espaço congregacional.[5] Em Fortaleza, o depoimento do pastor Beto, da Igreja Filhos da Luz, uma comunidade pentecostal, foi exemplar. O jovem pastor contou sobre alguns fiéis que passavam por trânsito de gênero, cabendo a ele, como liderança espiritual, auxiliar a comunidade a compreender e respeitar a nova identidade social, assim como ajudar o fiel a lidar com os dramas pessoais vividos por homens e mulheres trans na transição entre tais identidades. Desse modo, os dilemas individuais são inseridos, em contexto, na produção da identidade coletiva da pessoa transgênero ou transexual. Isso não ocorre com a mesma ênfase em todas as igrejas

---

5 A trajetória de alguns desses fiéis LGBT tem sido acompanhada por mim por meio de entrevistas.

estudadas, mas foi muito evidente tal amparo na Igreja da Comunidade Metropolitana, em São Paulo e Belo Horizonte, e na Igreja Filhos da Luz. Em suma, uma verdadeira política de aparecimento e saída das sombras do Estado, da sociedade e das instituições religiosas. É claro que em todas essas formas de reivindicar e de apresentar-se se conjugam experiências ambivalentes e contradições (Natividade, 2019). Assim, igrejas LGBT operam por meio das reivindicações com vistas ao reconhecimento do Estado e também pela reforma de alguns dogmas religiosos, enquanto outros são preservados. A gramática de um *ethos* civil igualitário entre homossexuais e heterossexuais se combina com formas de categorização e distinção no culto baseadas em moralidades religiosas. Para além dessas moralidades, interessam aqui bem mais os dilemas da construção de si e as formas de se apresentar e de representar em que a violência interpela os sujeitos e as sujeitas, interpelação esta que se revela em elaborados processos de subjetivação, como veremos na história de vida que exploro nas páginas seguintes.

A ICM: uma igreja dos direitos humanos

Vou falar agora sobre minha circulação e participação nas redes de uma denominação de reconhecida atuação militante no campo dos direitos humanos e das políticas de sexo e gênero: a Igreja da Comunidade Metropolitana (ICM) ou a Fraternidade Universal das Igrejas da Comunidade Metropolitana (FUICM), já que se trata de denominação com experiências missionárias transnacionais (Montero *et al.*, 2018). Acompanhei interações entre lideranças internacionais e gays e lésbicas em processos de formação para o pastorado brasileiro da ICM em São Paulo, Belo Horizonte e Rio de Janeiro. Nessas ocasiões, me impressionava o viés politizado, com densas construções argumentativas que instruíam a respeito dos vínculos entre homofobia, tradições religiosas, aspectos da construção histórica de discursos institucionais misóginos e sexistas, bem como de aspectos da exclusão religiosa das diferenças étnico-raciais. Percebi o perfil qualificado daquele pastorado ativista de lideranças internacionais, constituído de teólogos e pesquisadores que apresentavam dados científicos, sociológicos e estatísticos sobre fenômenos de violência, como procuravam discutir conceitos instrumentais na desconstrução de tais exclusões. Nesse contexto, pessoas como a bispa Darlene Garner, negra, lésbica e feminista, a quem assisti e com quem conversei em algumas ocasiões, me despertavam admiração por sua força pessoal e seus argumentos críticos sobre a necessidade de uma reforma institucional para a construção de teologias mais plurais do ponto de vista racial, sexual e de gênero. Esse viés missionário preconizava que tal reforma se daria nos âmbitos social e civil, mas era também parte da vontade de deus: era ele quem desejava uma sociedade mais igualitária, na qual os direitos civis fossem mais bem distribuídos, a violência contra as minorias fosse erradicada da sociedade global e as políticas estatais fossem verdadeiramente mais equitativas, ampliando o acesso a serviços e a programas sociais sob uma perspectiva dos direitos humanos. Em meio a certa política de sexo e gênero, elaboravam-se desconstruções sobre a divindade: deus podia ser deusa/s em quantas imagens do feminino fossem necessárias para desarticular as imagens misóginas de uma divindade patriarcal, agressiva e violenta que expressava machismo institucional. Deus podia ser, também, transexual e travesti. Assim, nessa forma de atuar da Igreja da Comunidade Metropolitana, conectavam-se projetos de justiça social, políticas de sexo e gênero e missão religiosa.

Em uma perspectiva transnacional, a instituição atua na luta contra a aids, no combate aos racismos e na luta contra a violência de gênero e contra a LGBTfobia (Meccia, 2006). Observei esse viés narrativo em outras perspectivas pastorais de lideranças internacionais que vieram ao Brasil para missão religiosa em algumas igrejas LGBT pentecostais, por exemplo, quando da visita da missionária Sandra Turnbull, da Glory Tabernacle Christian Center (Califórnia), a uma congregação da Comunidade Cristã Contemporânea, na região metropolitana de São Paulo. Sandra é uma reconhecida conferencista evangélica norte-americana, autora de obras sobre a "agenda gay de deus" e formadora de lideranças multiplicadoras dessa boa-nova: a mensagem de que ampliar os direitos civis LGBT é um projeto divino. Apesar dessa visão institucional, como se constroem as experiências LGBT no encontro com congregações desse tipo em contextos locais? Essa é a questão que me anima na descrição de encontros em campo na passagem por algumas congregações durante minha pesquisa. Acredito que relatar esses encontros é uma forma de voltar ao ponto de vista nativo com suas múltiplas interpretações das políticas de sexo e gênero presentes em contextos específicos e conhecer os nexos entre política, religião, violência, marcadores da diferença, as práticas do Estado e a luta dos movimentos. Com esse fim, volto então ao encontro com Si, que iniciou este artigo.

Si: a luta de uma travesti negra, evangélica, positiva e em situação de rua

Si tem sessenta anos. É militante transexual e HIV positivo há trinta anos. Ela contou tudo, logo que nos sentamos no restaurante, frente a frente. Confesso que fiquei impactado com sua coragem e força e, em contraste com tudo isso, impactou-me também sua imagem humilde, de pessoa sofrida. Como coordenadora de uma rede ativista transexual, Si explicou-me que atua no cuidado com a população de terceira idade desse grupo, incluindo a assistência a travestis em situação de rua. Si é, ela mesma, uma pessoa em situação de rua e, nesse sentido, vem dialogando na Igreja da Comunidade Metropolitana de Belo Horizonte a respeito da possibilidade de assistência a esse grupo.

Nas muitas conversas que tive com lideranças da ICM, soube de sua forte atuação com travestis que vivem nas ruas, que se prostituem ou não, algumas das quais são pessoas que vivem com HIV/aids. A ajuda prestada pela comunidade vai desde o auxílio pastoral até alimentação, encaminhamentos para assistência em saúde, documentação e mesmo auxílio para sepultamentos, quando ocorre a morte de uma delas e não se localizam seus familiares.

Ouvi um relato, em São Paulo, sobre a morte da travesti Amanda. A ICM atuou a fim de garantir o direito ao funeral de Amanda, em razão de sua morte ter sido decorrente de HIV. A família dela, evangélica, recusou-se a reclamar seu corpo. O pastor da ICM que assistia Amanda nas ruas de São Paulo comunicou a morte dela por telefone. Do outro lado da linha, o pai, um homem da Assembleia de Deus, ouviu a notícia do falecimento da filha e retrucou: não conhecia Amanda. Disse, no entanto, que o filho, Amadeu, morrera havia muitos anos, quando se entregara a uma "vida de pecados". Concluiu a conversa, dizendo que o salário do pecado era a morte. Nosso pastor da ICM desligou, comovido, e, junto à comunidade, levantou ofertas e realizou o sepultamento de Amanda, evitando que ela fosse enterrada como indigente. Foi o enterro mais triste que já viu. Um corpo abandonado. Velório sem calor, humanidade. Uma pessoa malquerida. Atendendo ao pedido do pastor, quatro irmãos da igreja foram correndo para a capela. Todos se chocaram com o silêncio e a ausência de choro e lamento. A falta familiar pesava dolorosamente sobre eles. Rezaram e cantaram para Amanda. Depois, seguiram carregando o caixão e compartilhando a tristeza pelo desprezo de todos por ela. Literalmente, Amanda era uma pessoa por cuja morte ninguém chorava, não fossem os irmãos da ICM, que a socorriam após a morte. Uma vida que não era passível de luto por ninguém (Butler, 2015b).

Essa história veio à minha mente enquanto conversava com Si e pensava que interagia com uma pessoa que atravessava muitos dilemas de vida ligados ao sustento material, à integridade física, ao acesso aos tratamentos no Sistema Único de Saúde (SUS), mas também aos estigmas sobre suas muitas diferenças: idosa, moradora de rua, pessoa negra, pobre, sem estudo, travesti, evangélica. Uma pessoa a quem tudo faltava, conforme Si relataria a mim nos minutos seguintes.

O semblante de Si era dolorido, as roupas que trajava expressavam carência material, e seu aspecto era bastante emagrecido. Apesar disso, ela me recebia com um sorriso largo e bom humor, demonstrando vontade de ajudar. Não precisava ter me encontrado, mas estava disposta a narrar de que modo a comunidade a auxiliava e a outras pessoas em sua experiência de uma vida precária. Quando me apresentei, não insisti em entrevistá-la, porém Si prontamente se colocou à disposição. Acabamos nos acolhendo mutuamente. Ali, conversando e comendo, ouvi um pouco mais sobre sua trajetória de vida e luta.

Si oferecia sua história de dor, discriminação e marginalidade. A condição de pessoa acometida pelo HIV/aids apareceu com destaque. Ela contou sobre as sucessivas internações, a vulnerabilidade decorrente do viver na rua e a convivência, naquele ambiente, com outras travestis que vivem da prostituição e convivem com a drogadição. Esse universo de tantas vulnerabilidades e agravos à saúde transparece em seu depoimento como um penoso cotidiano de insegurança física e subjetiva (Butler, 2015a) que, longe de se referir apenas à sua trajetória particular, é um relato compartilhado (Queiroz, 1987), um drama não individual, mas coletivo, de violências que podem levar à morte e ao extermínio.

Durante nossa conversa, o lamento de Si se tensionou ao modo como ela se colocava em disposição de luta, em solidariedade às populações que, assim como ela, esperavam e precisavam de mais amparo e proteção do Estado. Si não falava como indivíduo, mas quase sempre no plural, junto de suas companheiras (travestis negras, pobres, em situação de rua, vivendo como portadoras de aids, velhas, prostitutas ou não, adictas ou usuárias de diferentes substâncias entorpecentes, além de sofrer com o alcoolismo). Curioso observar que conversar com Si era ter ali, na cena da entrevista, a companhia das populações pelas quais ela atuava. Sua fala era marcada o tempo inteiro por um eu coletivo, pelos corpos em aliança (Butler, 2015a) que a constituem na interpelação da violência cotidiana, sem a qual nunca se conheceu, nem se viu, nem pode se relatar.

O relato de Si deixa clara a interpelação permanente da violência a partir da qual ela se reconhece como pessoa em luta por justiça e por uma vida melhor. Expressa seus anseios de se ver livre da discriminação, da extrema vulnerabilidade e do perigo iminente.

As suas muitas diferenças atravessam sua biografia, indicando as tantas precariedades que assombram seu frágil senso de segurança. Si só se reconhece na dor e no desprezo, no perigo constante da violência física e da possibilidade de aniquilação por agravos à saúde ou por ataques físicos e morais que rondam sua existência

Graças a essa interpelação incessante, Si atua em luta por dignidade, reivindicando mudanças em muitas dimensões da vida: programas de atenção à saúde, políticas de moradia e segurança pública, educação, segurança alimentar, trabalho e renda; sobretudo, Si entendia ser necessária uma atuação persistente no combate ao conservadorismo religioso na política, que muito entrava as demandas. Mas não apenas ele.

O imobilismo da política local foi mencionado por Si no reconhecimento de que o movimento social LGBT da região enfocava uma perspectiva excessivamente universal (LGBT), relegando travestis e transexuais a um plano secundário. Por outro lado, as políticas atuais da prefeitura encontrariam inúmeros óbices para alcançar tais populações. Inexistiam ou eram parcas as acolhidas em abrigos e políticas de moradia a travestis em situação de rua. Programas de redução de danos para travestis em processo de drogadição também necessitavam ser ampliados. Si referia o presente de tanta falta, de escassas redes de apoio em contraste com o passado de sua experiência de travesti que viajou à Europa e encontrou amparo em programas de atenção em saúde locais. Da França, tem saudades. A vida no exterior aparecia marcada por certo saudosismo que incluía maior experiência de amparo pelo Estado na juventude em contraste com o abandono pleno, hoje, nas ruas brasileiras.

Apesar da pobreza e das condições de vulnerabilidade em saúde, Si alegou receber um salário mínimo de "aposentada" e complementar sua renda com tarefas e palestras que realizava junto ao ativismo transexual em atividades ligadas a programas sociais:

> Eu estou hoje priorizando as minhas saídas durante o dia e algumas palestras que surgem com bolsa de ajuda, como agora nós tivemos. [...] Teve uma semana de visibilidade trans, aonde eles pagaram para cada palestrante que mora em Belo Horizonte [...] e para os que vieram de fora. Então, eu estou priorizando essa situação de estar visando um pouquinho, de estar trabalhando pelo coletivo, mas eu não posso esquecer das minhas prioridades. Eu sou soropositiva, preciso ter uma alimentação adequada na casa, na república. Mas tem algumas coisas que eu preciso comprar como frutas, frutas secas... porque me faz menos mal ao intestino. Suplemento alimentar, hormônio, alguns exames que o SUS não faz, porque não é visto como necessidade. Para o tratamento hormonal, eu tenho que custear, então me sobra muito pouco ou não me sobra nada. Eu tenho que fazer arte com o meu salário mínimo para sobreviver com ele, mesmo não pagando aluguel, imagina você se eu pagasse.

Si considera que sua renda é insuficiente para seu sustento e necessidades, inclusive em relação aos cuidados de saúde necessários a uma pessoa portadora de aids. A república em que mora é uma política que provê apoio a mulheres em situação de vulnerabilidade social, mas, Si detalha, não é uma política de moradia. A acolhida deve ser passageira, cabendo às internas buscar condições de saída a partir de outros auxílios do Estado ou de condições de empregabilidade.

Preocupada, Si me contou que estava prestes a ter que deixar a instituição por já ter completado sessenta anos e por aquela não ser uma instituição voltada à terceira idade. Seu recente aniversário a afligia, por ter colocado limites à permanência e ter exigido dela a promessa de deixar a casa. Si não sabia se teria como viver com dignidade quando tivesse que, inevitavelmente, retornar à vida na rua.

É nesse sentido que ela se referia à república em que residia por meio de sentimentos ambivalentes: uma política pública importante, pois assegurava às mulheres alguma proteção e amparo, no entanto Si percebia-se como a única travesti a fazer uso do espaço devido à relação especial de parceria que estabeleceu com agentes da política pública e dos movimentos, desfrutando, como ativista, de reconhecimento e preocupação com a continuidade de suas ações e sobrevivência, manifestos na sentença: "Eu estou lá porque não quiseram me deixar na rua". Mas, ao mesmo tempo, Si não reconhecia aquele lugar como "seu lugar". A república aparecia como local de segurança, em contraste com "a rua", porém com instável presença do Estado, uma vez que não era política voltada a travestis, com suas especificidades e questões. Também se ressentia das exageradas restrições, excessivas limitações à liberdade. Acabou por expressar anseios de uma vida mais livre e afetiva, impossibilitada ali pelo severo policiamento sobre as mulheres e delas entre si. A casa não comportava experiências afetivo-sexuais, prevalecendo o rigor de horários para visitas e saídas ao mundo externo nas quais, se ultrapassados os limites impostos, a entrada para o pernoite não era autorizada. Relacionamentos e visita de parceiros/as também não eram permitidos. Mas o que mais a afligia no momento era a iminente necessidade de ter que providenciar local de moradia ou pernoite. As instabilidades que Si vivenciava, nessa relação precária com a proteção do Estado, lhe soavam insuportáveis, apesar do esforço por levar adiante sua luta e as demandas de suas populações aos atores do campo e reivindicar direitos e cidadania. Porém a verdade mais nua e crua era que Si, a qualquer momento, poderia não ter onde pernoitar ou como se alimentar. Ela compartilhava isso comigo. A falta de todas as coisas. Algumas vezes, parecia esperar uma resposta de mim ou simplesmente que eu entendesse sua angústia. Houve momentos durante a conversa em que ficamos em silêncio. Pesaroso silêncio. Eu me apequenava em impotência e perplexidade diante de tanta falta. A Si, faltavam todas as coisas de que uma pessoa necessita para existir. A única coisa que não lhe faltava era, triste verdade, insegurança. Todas as inseguranças.

Apesar da preocupação que a rondava, Si fazia o resgate de sua trajetória religiosa. Gostei quando se definiu, com alguma esperança, como uma pessoa de muitas religiões: "Uma igreja, uma religião é muito pouco pra mim", "quanto mais igreja melhor", disse, entre risos. Explicou que transitava em busca de algo desde que se entendia por uma pessoa no mundo. Foi criada em igreja pentecostal autônoma, daquelas em que mulher não usa calça e não assiste ao culto sem véu. Passou por catolicismo, umbanda e espiritismo kardecista. Em todas, ressentia-se do não lugar para si. Mas a ICM lhe atraía como uma "igreja dos direitos humanos", e é assim que Si conhece sua história.

A ida ao grupo era recente e inconstante, devido às limitações de horários do abrigo e das internações. Apesar do vínculo esporádico, o grupo lhe parecia um ambiente de afinidades que queria muito cultivar.

Era justamente a comunidade inclusiva que lhe acenava com maior experiência de acolhimento e projetos de reforma do mundo. Si compartilhava com algumas das pessoas que lá encontrava os sonhos que tinha quanto à ampliação de direitos e ajuda a seus iguais.

Conheceu a comunidade a convite de uma amiga e escolheu o local para comemorar seus sessenta anos. Si conhecia igrejas inclusivas que tinham mais presença travesti e transexual, mas que não lhe agradavam como a ICM. Assim, esperava que sua participação na congregação e seu incentivo para rodas de conversa e ações direcionadas a pessoas de seu grupo pudessem atrair um público mais amplo. Sobre essa expectativa, Si falou longamente, narrando conversas, projetos cultivados, planos para eventos e ações específicas que vinha acalentando e esperava colocar em prática. Si reconhecia que as ações tardavam e ainda não conseguiu uma atuação mais efetiva. Contudo, acreditava que haveria oportunidade, e eventos pontuais já começavam a surgir, a partir de disposições pessoais. O culto sobre feminismo de algum modo a abrangia. Também comentou sobre atividades de intervenção artística trans em espaços públicos, que lhe agradavam pela visibilidade na cidade. Mas Si acreditava que ainda devia sensibilizar os/as participantes da igreja quanto a projetos de assistência social direcionados.

Mais à frente, ela retornou ao tema da ausência de políticas de moradia dignas para travestis, citando os projetos da prefeitura então ligados a albergues para populações de rua. O possível despejo da república ameaçava Si a retornar a uma realidade que ela repudiava. Si passou a tecer uma longa explicação a respeito das deficiências de tais políticas. Vejamos.

A prefeitura atuava em projetos gerais que não consideravam as questões de diversidade sexual e de gênero. Nos albergues direcionados à população de rua, prevaleciam homens retirados das calçadas da cidade. A insegurança decorrente dessa presença masculina foi mencionada nos termos da constante violação de direitos, incluindo o medo do estupro. Chuveiros coletivos favoreciam situações de interação entre travestis e homens, nas quais a ameaça de estupro ou de violência sexual era corriqueira. Essa vivência indigna, sem qualquer direito à privacidade, acabava por ocasionar repetidas situações de xingamentos, agressões verbais, ameaças de violência sexual e até agressões físicas. Para completar, banheiros sem porta (para evitar interação sexual entre internos) oportunizavam reais abordagens e situações de abuso sexual e violência.

Para escapar dessa insegurança permanente, Si sonhava com políticas específicas do Estado, com a criação de albergues direcionados à convivência de mulheres, fossem elas travestis, transexuais, lésbicas ou heterossexuais, mas boa parte de suas esperanças estavam depositadas sobre a congregação da ICM, de onde esperava obter ajuda para fomentar debates sobre a dignidade travesti e auxílio para formalizar demandas de ação a agentes públicos. Si, assim, falou durante toda a entrevista com grande apreço pela comunidade religiosa e por seu papel na luta pelas demandas LGBT.

É nesse sentido que Si oferece seu relato e o lamento das violações cotidianas, exemplificando as muitas vulnerabilidades e situações de violência que constituem a materialidade de sua vida e dos corpos travestis, negros, em situação de rua, vivendo com aids. Nessa forma de se apresentar, mesmo na situação de entrevista, o passado de violência e homofobia religiosa contrasta com a esperança de acolhida de suas questões pela teologia inclusiva e pela atuação da comunidade. A vida religiosa, assim, não aparece dissociada do ativismo político e de propostas de reforma do mundo. A congregação constitui uma experiência de luta por aparecimento, política de saída das sombras para habitar publicamente o mundo e reivindicar dignidade.

Eu confirmei essa disposição pastoral em muitos dos meus circuitos por igrejas inclusivas, mas, em especial, pelas redes da ICM, onde me foram relatados aspectos teológicos (a vida travesti não era incompatível com a santidade, ao contrário, era possível a experiência de santificação); não havia objeção à prática da prostituição como meio de subsistência material nem anseios de resgatar pessoas desse ofício, respeitando a autonomia individual feminina. A par dessas compreensões mais prescritivas e normativas, estabeleciam-se agendas ligadas à ação social junto a esse público, conforme já mencionado. Era bastante comum ouvir de lideranças que elas esperavam atrair mais travestis e transexuais ao culto como prova da efetividade da inclusão e da missão religiosa de acolher os mais desprezados e desprezadas. Em todo lugar por que passei, a presença travesti era desejada ou cultivada como projeto e agenda.

Naquele dia, depois de tantas horas de conversa, foi com o sentimento de gratidão que deixei Si, por tamanha confiança que ela teve em mim ao compartilhar todos os seus dramas e anseios. Si me convidou para um dia ir até o abrigo, nos breves horários de visitas, mas isso acabou não acontecendo. Acho que me senti em falta e deveria realmente ter feito isso. Contudo fui logo tragado por uma nova agenda de entrevistas e encontros e refleti sobre os limites da proximidade que estabelecemos em campo. Me senti constrangido por não ter conseguido revê-la, mas desejava que não tivesse sido expulsa da república e estivesse conseguindo ampliar seus diálogos com a comunidade religiosa.

Depois que Si me deixou para voltar à república, paguei a conta, enquanto rememorava alguns momentos tensos da conversa. Pensei sobre como podemos ser insensíveis ou pouco empáticos, mesmo sem querer. Si não gostou quando eu quis saber mais sobre a sua passagem pela Europa na juventude. Ela contara muito superficialmente sobre esse momento, limitando-se a comentários sobre programas de atenção à saúde de travestis. Achando que obteria um belo relato sobre supostas experiências de prostituição na Europa, retornei ao assunto, indelicadamente: "Você poderia me falar mais sobre sua experiência de travesti jovem na Europa?", indaguei. Si mudou se assunto, e acabei repetindo a indagação, alterando a ordem das palavras, mas insistindo na abordagem desagradável. Ela fechou o tempo e, me encarando secamente, disse: "Eu não vou falar sobre o que você quer ouvir. Você pensa que eu não entendi aonde quer chegar? Acha que eu não sei sobre o que você quer ouvir? Eu tenho nada pra lhe contar". Desviou os olhos e permanecemos em silêncio por uns dois minutos, depois de eu ter pedido com sinceridade: "Me desculpe, por favor". A entrevista se encaminhou para o fim depois que minha inabilidade e vergonha — e a violência da abordagem — ficaram tão em destaque. Acabamos bebendo mais um refrigerante, falamos palavras secas, e Si pediu para ir embora, pois estava cansada de falar.

Ao deixar Belo Horizonte, naqueles dias, fui levado a refletir sobre os compromissos de nossa atuação junto às populações que pesquisamos e se tornam nossas interlocutoras. Por que estou escrevendo sobre Si tanto tempo depois de nossa conversa? O tempo da pesquisa não é o tempo da solução das precariedades vividas. Si poderia estar morta.

Ao construir este texto, soube que Si está viva, mas não sei em que condições ela se encontra diante de tantas vulnerabilidades e precariedades. Será que foi expulsa da república por ter adentrado a terceira idade? Será que retornou às ruas ou encontrou acolhida em outra política pública de amparo a pessoas que vivem nas ruas? E em quais condições, já que tanto a angustiava o abrigo, sem nenhuma qualificação para o atendimento a travestis e transexuais? Será que Si conseguiu sensibilizar as lideranças da comunidade religiosa para compartilharem sua luta e realizar intervenções junto a travestis negras e pobres que vivem nas ruas como ela? Será que sua saúde sofreu alguma piora ou ela conseguiu melhorar suas condições de segurança alimentar de modo a não enfrentar tantos agravos à saúde e internações?

Apesar de tantas indagações sem resposta, espero que, ao escrever este texto e refletir sobre tais problemas e violências, eu possa colaborar para trazer luz sobre tais vulnerabilidades e para o conhecimento dos dilemas e das fragilidades da política pública. Que a universidade cumpra sua missão de transformar a sociedade e melhorar a vida das comunidades através de seus diagnósticos da vulnerabilidade das populações e da produção de dados para as políticas públicas. Que essa discussão possa, de modo mais incisivo, embasar ações e decisões de agentes públicos na promoção do aprimoramento de projetos e propostas de programas sociais. Que possa, ainda que parcialmente, ajudar na ampliação das redes de apoio e respostas do Estado que ajudem a minimizar ou erradicar algumas das desigualdades e precariedades dessas populações. Que o lamento de Si feito a mim e descrito nestas páginas possa ser ouvido de algum modo.

Referências

ALMEIDA, Miguel Valle. *A chave do armário: homossexualidade, casamento e família.* Florianópolis: Editora UFSC/Imprensa de Ciências Sociais, 2010.

ÁVILA, Emanuel Carvalho da Silva. "Homossexualidade e identidade cristã: um estudo de caso da Cidade de Refúgio". Seminário Gênero, Sexualidades e Fé, Igreja da Comunidade Metropolitana, Rio de Janeiro, 2019 [mimeo].

BOSWELL, John. *Christianity, Social Tolerance and Homosexuality. Gay People in Western Europe the Beginning of the Christian Era to the Fourteenth Century.* Chicago: The University of Chicago Press, 1981.

BUTLER, Judith. *Notes Toward a Performative Theory of Assembly.* Cambridge: Harvard University Press, 2015a.

BUTLER, Judith. *Quadros de guerra: quando a vida não é passível de luto.* Trad. Sérgio Lamarão & Arnaldo Marques da Cunha. Rio de Janeiro: Civilização Brasileira, 2015b.

BUTLER, Judith. *A vida psíquica do poder. Teorias da sujeição.* Trad. Rogério Bettoni. Belo Horizonte: Autêntica, 2017.

COURDURIÈS, Jérôme. *Être en couple (gay). Conjugalité et homosexualité masculine en France.* Lyon: Presses Universitaires de Lyon, 2011.

DIAS, Tainá Biela. *Um lugar para ser: o papel das Igrejas da Comunidade Metropolitana (ICMs) no empoderamento de pessoas LGBTI cristãs no Brasil.* Projeto de qualificação (Doutorado). São Paulo: Universidade Metodista de São Paulo, 2019.

ERZEN, Tanya. *Straight to Jesus: Sexual and Christian Conversions in the Ex-Gay Movement.* Berkeley: University of California Press, 2006.

FACHINNI, Regina. *Sopa de letrinhas: movimento homossexual e produção de identidades coletivas nos anos 90.* Rio de Janeiro: Garamond, 2005.

FOUCAULT, Michel. *Os anormais: curso no Collège de France (1974-1975).* Trad. Eduardo Brandão. São Paulo: Martins Fontes, 2002.

HABERMAS, Jurgen. *Mudança estrutural na esfera pública.* Trad. Denilson Luís Werle. São Paulo: Editora Unesp, 2011.

HUNT, Mary. "Teologia feminista lésbica". *In:* JUNG, Patricia Beattie & CORAY, Joseph Andrew (org.). *Diversidade sexual e catolicismo: para o desenvolvimento da teologia moral.* Trad. Adail Ubirajara Sobral. São Paulo: Loyola, 2001.

JUNG, Patricia Beattie & CORAY, Joseph Andrew (org.). *Diversidade sexual e catolicismo: para o desenvolvimento da teologia moral.* Trad. Adail Ubirajara Sobral. São Paulo: Loyola. 2001.

MARIZ, Cecilia. "Instituições tradicionais e movimentos emergentes". *In:* PASSOS, João Décio & USARSKI, Frank (org.). *Compêndio de Ciências da Religião.* São Paulo: Paulinas/Paulus, 2013.

MECCIA, Ernesto. *La cuestión gay: un enfoque sociológico.* Buenos Aires: GranAldea Editores, 2006.

MELLO, Luiz. *Novas famílias: conjugalidade homossexual no Brasil contemporâneo*. Rio de Janeiro: Garamond, 2005.

MONTERO, Paula *et al.* "Fazer religião em público: encenações religiosas e influência pública". *Horizontes Antropológicos*, a. 24, n. 52, set./dez. 2018.

MOORE, Mignon. *Invisible Families. Gay Identities, Relationships and Motherhood Among Black Women*. Berkeley: University of Califórnia Press, 2011.

NATIVIDADE, Marcelo. "O combate da castidade: autonomia e exercício da sexualidade entre homens evangélicos com práticas homossexuais". *Debates do NER,* a. 8, n. 12, 2007.

NATIVIDADE, Marcelo. *Deus me aceita como eu sou? Disputas sobre o significado da homossexualidade entre evangélicos no Brasil*. Tese (Doutorado). Rio de Janeiro: Universidade Federal do Rio de Janeiro, 2008.

NATIVIDADE, Marcelo. "Uma homossexualidade santificada? Etnografia de uma comunidade inclusiva pentecostal". *Religião e Sociedade*, v. 30, n. 2, 2010.

NATIVIDADE, Marcelo. "Preâmbulo". *In*: NATIVIDADE, Marcelo. *Nas margens da política: religião, Estado e direitos sexuais*. Rio de Janeiro: Garamond, 2016.

NATIVIDADE, Marcelo. "Uma família como outra qualquer. Casamento igualitário e novas famílias em igrejas evangélicas LGBT". *Revista CLAM: Sexualidad, Salud e Sociedad*, n. 33, 2019, p. 343-72.

NATIVIDADE, Marcelo & NAGAMINE, Renata. "Entre a hostilidade e a hospitalidade: políticas sexuais em perspectiva internacional". *In*: NATIVIDADE, Marcelo. *Nas margens da política: religião, Estado e direitos sexuais*. Rio de Janeiro: Garamond, 2016.

NATIVIDADE, Marcelo & OLIVEIRA, Leandro de. "Nós acolhemos os homossexuais: homofobia pastoral e regulação da sexualidade". *Revista Tomo*, ano XI, n. 14, jan--jun. 2009.

NATIVIDADE, Marcelo & OLIVEIRA, Leandro de. *As novas guerras sexuais: diferença, poder religioso e identidades LGBT no Brasil*. Rio de Janeiro: Garamond, 2013.

PONTES, Mônica Fortuna. "Homossexualidades ressignificadas a partir da maternidade". *In*: SILVA, Daniele Andrade da; HERNANDEZ, Jimena de Garay; SILVA JUNIOR, Aureliano Lopes da & UZIEL, Anna Paula (org.). *Feminilidades, corpos e sexualidades em debate*. Rio de Janeiro: EdUERJ, 2013.

QUEIROZ, Maria Isaura Pereira. "Relatos Orais: do 'indizível' ao 'dizível'". *Ciência e Cultura*, v. 39, n. 3, mar. 1987, p. 272-86.

RIBEIRO, Lucia. *Sexualidade e reprodução: o que os padres dizem e o que deixam de dizer*. Petrópolis: Vozes, 2001.

SOARES, Aldenor Alves. "A Igreja Anglicana e o conflito ritual a respeito da ordenação e casamento de homossexuais". 26ª Reunião Brasileira de Antropologia, Porto Seguro, 1-4 jun. 2008.

SOARES, Evanway Sellberg. *Religião e transformação de valor na sexualidade: ICM, uma igreja militante*. Dissertação (Mestrado em Ciências Sociais). Marília: Universidade Estadual Paulista, 2019.

SONTAG, Susan. *Diante da dor dos outros*. Trad. Rubens Figueiredo. São Paulo: Companhia das Letras, 2003.

SILVA, Aramis Luis. "Uma igreja em marcha". *Ponto Urbe*, v. 19, 2016, p. 1-14.

SILVA, Aramis Luis. "Ser ou não ser em nome de Deus? Notas sobre uma missão LGBTI em Uganda". *Revista do Arquivo Geral da Cidade do Rio de Janeiro*, v. 12, 2017, p. 201-27.

TARNOVSKI, Flávio. "Pai é tudo igual? Significados da paternidade para homens que se autodefinem como homossexuais". *In*: PISCITELLI, Adriana *et al.* (org.). *Sexualidade e saberes: convenções e fronteiras*. Rio de Janeiro: Garamond, 2005.

TAYLOR, Charles. *Uma era secular*. Trad. Nélio Schneider & Luiza Araújo. São Leopoldo: Editora Unisinos, 2010.

TAYLOR, Yvette & SNOWDON, Ria. *Queering Religion, Religious Queers*. Nova York: Routledge, 2014.

TURTE CAVADINHA, Edu. "Mulheres lésbicas em busca de maternidade: desafios e estratégias". *In*: SILVA, Daniele Andrade da; HERNANDEZ, Jimena de Garay; SILVA JUNIOR, Aureliano Lopes da & UZIEL, Anna Paula (org.). *Feminilidades, corpos e sexualidades em debate*. Rio de Janeiro: EdUERJ, 2013.

UZIEL, Anna Paula. "Família e homoparentalidade". *In*: UZIEL, Anna Paula *et al.* *Construções da sexualidade: gênero, identidade, comportamento em tempos de aids*. Rio de Janeiro: Pallas/IMS/UERJ/ABIA, 2004.

VAGIONE, Juan Marco. "La iglesia católica frente a la política sexual: la configuración de una ciudadanía religiosa". *Cadernos Pagu*, v. 50, 2017.

WEISS DE JESUS, Fátima. *Unindo a cruz e o arco-íris: vivência religiosa, homossexualidade e trânsitos de gênero na Igreja da Comunidade Metropolitana de São Paulo*. Tese (Doutorado). Florianópolis: Universidade Federal de Santa Catarina, 2012.

[cc] Elefante, 2023

Esta obra pode ser livremente compartilhada, copiada, distribuída e transmitida, desde que as autorias sejam citadas e não se faça qualquer tipo de uso comercial ou institucional não autorizado de seu conteúdo.

Primeira edição, junho de 2023
São Paulo, Brasil

Dados Internacionais de Catalogação na Publicação (CIP)
Angélica Ilacqua CRB-8/7057

Novas fronteiras das histórias LGBTI+ no Brasil / organizado
    por Paulo Souto Maior, Renan Quinalha — São Paulo:
    Elefante, 2023.
    608 p.

ISBN 978-85-93115-91-2

1. Homossexualidade 2. Minorias sexuais 3. Homofobia
I. Maior, Paulo Souto II. Quinalha, Renan

23-1755	CDD 306.76

Índice para catálogo sistemático:
1. Homossexualidade

---

elefante

editoraelefante.com.br	Aline Tieme [comercial]
contato@editoraelefante.com.br	Katlen Rodrigues [mídia]
fb.com/editoraelefante	Leandro Melito [redes]
@editoraelefante	Samanta Marinho [financeiro]

Fontes Neue Haas Grotesk & Signifier
Papel Cartão 250g/m^2 e Pólen Natural 70g/m^2
Impressão BMF Gráfica